# Auf den Punkt

Kochen, Backen, Braten

Anne Willan

# Auf den Punkt

## Kochen, Backen, Braten

So gelingt's

Perfekte Ergebnisse • Techniken
Rezepte • Profi-Tipps

Über 150 Anleitungen und Rezepte
mit mehr als 500 farbigen Abbildungen

Fotos von Peter Williams

Mosaik

# INHALT

*Für Mark, der einen letzten Blick auf dieses Buch geworfen hat.*

Die Originalausgabe erschien 1997 unter dem Titel *Cooked to Perfection* im Verlag Quadrille Publishing Ltd, London


Art Director: Mary Evans
Redaktion: Lewis Esson
Gestaltung: Ian Muggeridge
Fotos: Peter Williams
Foodstyling: Róisín Nield

Aus dem Englischen von Barbara Holle, München
Umschlaggestaltung: Heinz Kraxenberger
Umschlagfotos: Peter Williams
Redaktion der deutschen Ausgabe:
Heike Pressler, Siegrid Kroeber, Annette Baldszuhn



 / 5 4 3 2 1
Satz: Filmsatz Schröter, München
Druck und Bindung: China

ISBN 3-576-11438-6

# Rezeptübersicht

# EINFÜHRUNG

Die Idee zu diesem Buch entstand, wie so vieles in unserem Haus, in der Küche. »Das scheint fertig zu sein«, sagte ich eines Tages, als einer meiner Schüler ein Brathuhn aus dem Ofen holte. Aber im selben Moment fragte ich mich: »Woher will ich das eigentlich wissen?« Kochen ist eine Fertigkeit, bei der Erfahrung eine große Rolle spielt, und doch ist nichts schwieriger, als zu beurteilen, wann eine Speise wirklich gar ist. All unsere Sinne wirken dabei mit: Nase, Augen, der Tastsinn, ja sogar das Gehör – und natürlich in erster Linie der Geschmackssinn. Das Brathuhn roch einfach herrlich. Die Haut knisterte, war braun und knusprig. Und eine Keule, an der ich vorsichtig drehte, ließ sich ganz leicht hin und her bewegen. Wenn der Vogel nun noch richtig gewürzt und ausreichend begossen worden war, mußte er eigentlich köstlich schmecken. Und das tat er denn auch!

Mit dieser kleinen Episode begann ein ehrgeiziges Projekt. Von Anfang an stand für mich fest, daß gängige Aussagen, wie »das Fleisch des Fischs löst sich beim Einstechen mit einer Gabel in Flocken« oder »der Kuchen muß bei leichter Berührung mit den Fingerspitzen nachgeben«, überdacht werden müßten. Vor allem ging es mir darum, in Wort und Bild klar und präzise zu beschreiben, wie eine Speise, die wirklich gar ist, aussieht, riecht und sich anfühlt. Und um dies zu veranschaulichen, muß man nicht selten auch mißlungene Gerichte heranziehen.

Dann wurde mir allerdings bewußt, daß es nicht sinnvoll sein kann, Mißlungenes lediglich zu beschreiben, ohne zu zeigen, wie man noch etwas Gutes daraus machen kann. Deshalb erläutere ich von Fall zu Fall, wie man mit Problemfällen, etwa einer geronnenen Mayonnaise oder einem klebrigen Kuchenteig, umgeht, und gebe dabei gleichzeitig Anregungen für leckere Beilagen und richtiges Würzen. Sie werden staunen, wie viele Speisen sich retten lassen, wenn man es wirklich versucht – und dabei sind das Anbrennen und das Versalzen (siehe Seite 9) nur zwei von zahlreichen möglichen Mißgeschicken.

Am meisten Spaß hat uns wahrscheinlich die Erarbeitung meiner Tips gemacht. Nach dreißigjähriger Küchenerfahrung kenne ich eine ganze Reihe von Kniffen, wie man den Geschmack zum Beispiel mit einem Eßlöffel Cognac, einem Spritzer Zitronensaft, ein paar Tropfen Sojasauce, einer einfachen Sauce oder einem Relish, etwa einer *escabèche* bei zerkochtem Fisch (siehe Seite 15), oder einem Joghurtdressing mit Kräutern bei Gemüse (siehe Seite 147) retten kann. Bei Desserts lassen sich viele Fehler mit Schlagsahne vertuschen, bei pikanten Gerichten hilft hier meist gehackte Petersilie.

Viele Anregungen zu meinen 150 Tips kamen aus dem Team von Köchen und Redakteuren, die mich bei meiner Arbeit unterstützten. Mein besonderer Dank gilt Virginia Willis, meiner rechten Hand bei der Verwirklichung dieses Buches. Weitere wichtige Mitarbeiter in der Küche, im Fotostudio und am Redaktionsschreibtisch waren die Küchenchefs Alexandre Bird und Laurent Terrasson, außerdem Kevin Tyldesley, Val Cipollone und Marah Stets (die unter anderem ihre Hände für unsere Fotos zur Verfügung gestellt hat). Wertvolle Hilfe bekam ich aber auch von Ken Atkinson, Tim Furst, Lin Hansen, Amanda Hesser und Bongani Ngwane.

Doch das sind noch lange nicht alle. Da waren außerdem die Teams von Quadrille Publishing in London und Reader's Digest in New York.

*Erbsensuppe nach Art meiner Mutter, Rezept Seite 151*

Mein Dank gilt allen im Impressum Genannten, besonders aber meinem Redakteur Lewis Esson, der von Anfang bis Ende so lange und hart mit uns an diesem umfangreichen Werk gearbeitet hat. Großer Dank gebührt auch unserem Fotografen Peter Williams und der Art Direktorin Mary Evans, deren Phantasie und Einfühlungsvermögen dieses Buch zu etwas ganz Besonderem gemacht haben.

Und das führt mich wieder in die Küche, ins Château du Feÿ in Burgund, wo wir in einem holzgetäfelten Salon aus dem 17. Jahrhundert, der zeitweilig in ein Fotostudio umfunktioniert wurde, gemeinsam der komplizierten Frage nachgingen, wann eine Speise wirklich gar ist, wie man das erreicht und woran es sich erkennen läßt. Nun lade ich Sie ebenfalls dazu ein, dies mit uns zu ergründen.

## VERSALZEN ODER ANGEBRANNT – ZWEI BESONDERE PROBLEMFÄLLE

Ist eine Speise erst einmal versalzen oder angebrannt, läßt sich das nur schwer wiedergutmachen. Was Sie gegen zuviel Salz unternehmen, hängt davon ab, ob die Lebensmittel roh oder gegart sind. Handelt es sich um kleine, rohe Nahrungsmittel, zum Beispiel Oliven oder Schinkenwürfel, können Sie das Salz durch Blanchieren entziehen. Dazu geben Sie diese in einen Topf mit kaltem Wasser, lassen sie langsam aufkochen, gießen sie anschließend ab und spülen sie. Große Stücke oder besonders salzige Zutaten, zum Beispiel ein ganzer Schinken oder Stockfisch, bedürfen einer längeren Behandlung und sollten einige Stunden, einen oder auch mehrere Tage in kaltes Wasser gelegt werden, das man mehrmals erneuert.

Ist ein fertiges Gericht, etwa ein Eintopf oder eine Sauce, versalzen, läßt sich dies durch relativ geschmacksneutrale Zutaten wie Kartoffel, Tomate, Pilze oder mit Milchprodukten wie Sahne, Milch oder Frischkäse beheben. Bei Desserts können bereits kleine Mengen Salz eine süße Füllung oder Glasur verderben.

Nach meiner Erfahrung ist es allerdings weit schwieriger, einen angebrannten Geschmack zu überdecken. Sind die Speisen nur oberflächlich verbrannt, läßt sich der angebrannte Teil (zum Beispiel bei einem Toast oder Teig) relativ leicht durch Abkratzen entfernen. Hängt eine Sauce oder ein Eintopf am Topfboden an, schöpfen Sie den Rest mit einem Löffel ab, so daß der angebrannte Teil im Topf zurückbleibt. Auf keinen Fall sollten Sie umrühren, denn dadurch vermischen sich angebrannte und nicht angebrannte Teile. Ist die Speise stark verbrannt und der angebrannte Geschmack durchzieht das ganze Gericht, kann man leider nichts mehr tun.

## LEBENSMITTEL UND HYGIENE

Am besten verbraucht man Lebensmittel natürlich frisch. Leicht verderbliche Nahrungsmittel sollten im Kühlschrank bei etwa 4 °C gelagert werden. Bewahren Sie gegarte und ungegarte Speisen stets getrennt auf und verpacken Sie sie gut. Achten Sie darauf, wie lange Ihre Einkäufe im Kühlschrank oder in der Gefriertruhe lagern (auch in tiefgefrorenen Lebensmitteln vermehren sich die Bakterien weiter, nur eben langsamer). Hegen Sie nur den geringsten Verdacht, daß die Ware verdorben sein könnte, sollten Sie sie sofort wegwerfen.

Reinigen Sie Schneidbretter nach jedem Gebrauch gründlich. Besondere Vorsicht ist bei rohem Geflügel und Eiern geboten. Nehmen Sie diese erst unmittelbar vor der Zubereitung aus dem Kühlschrank. Menschen, deren Immunsystem geschwächt oder noch nicht ausgeprägt ist – etwa Kleinkinder und ältere Menschen, Schwangere und Kranke –, sollten kurz gegartes Geflügel oder nur kurz gekochte (oder rohe) Eier meiden, um einer Salmonellenvergiftung vorzubeugen.

Bestimmte Kolibakterien sind gesundheitsschädlich und gelangen vor allem durch unsachgemäß behandeltes Rindfleisch in die Nahrungskette. Vergewissern Sie sich deshalb, daß Rindfleisch außen immer gut gegart ist. Fertige Fleischprodukte können, ebenso wie nicht ganz durchgegartes Hackfleisch, eine Gefahr darstellen. Schweinefleisch sollte stets ganz durch sein.

An dieser Stelle auf die mögliche Gefahr einer Ansteckung mit der Creutzfeldt-Jakob-Krankheit durch BSE-infizierte Rinder einzugehen, hat wenig Sinn, denn davor schützt keine Zubereitungsart oder Gartechnik. Ich selbst esse nach wie vor gerne Rindfleisch, achte aber unbedingt auf einwandfreie Qualität.

Trotz der bereits erwähnten Risiken verwenden viele noch immer rohe Eier (zum Beispiel für Mayonnaisen) oder essen Gerichte mit nur kurz gekochten Eiern, nicht ganz durchgebratene Ente oder Beefsteak. Auch in diesem Buch finden Sie entsprechende Garverfahren und Rezepte. Sie sollten sich jedoch stets darüber im klaren sein, daß Lebensmittel, die auf diese Weise zubereitet werden, das Risiko einer Erkrankung erhöhen und für besonders anfällige Personen sogar lebensgefährlich sein können.

# FISCH & MEERESFRÜCHTE

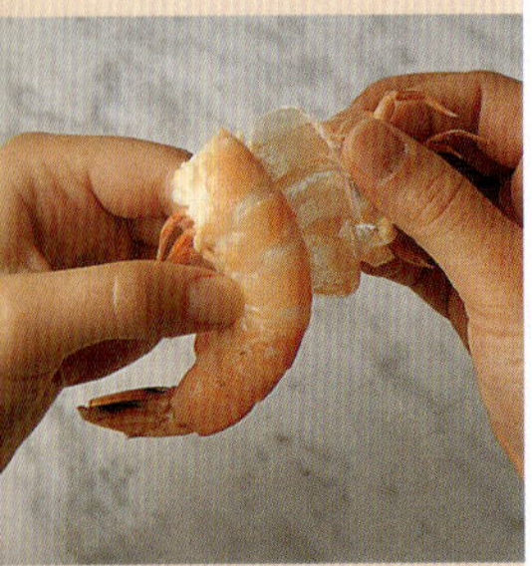

FISCH UND MEERESFRÜCHTE sind zweifelsohne besonders schwer zuzubereiten. Denn ihr zartes Fleisch und ihr feiner Geschmack werden sehr leicht durch zu langes Garen beeinträchtigt, und die richtige Gartemperatur erfordert ein gutes Gespür. Bisweilen läßt sich nur schwer feststellen, wann sie wirklich gar sind. Außerdem ist es individuell verschieden, welchen Garzustand man bevorzugt. Schwert- und Thunfisch können beispielsweise wie ein Steak fast roh, medium oder durchgegart serviert werden. Und doch erkennt – und verabscheut – jeder von uns Fisch, der zu einem Brei zerkocht ist, oder Schalen- und Krustentiere, die so lange gekocht wurden, daß sie zäh und ungenießbar sind.

Die verschiedenen Fischarten tragen von Land zu Land, ja sogar von Ort zu Ort, so unterschiedliche Namen, daß man sie leicht verwechselt. Deshalb halte ich auf dem Markt stets Ausschau nach dem besten Fisch, der gerade im Angebot ist, und lege mich nicht auf einen bestimmten fest. Denn in den meisten Fischrezepten lassen sich die verschiedenen Fischarten mit nur wenigen Abwandlungen durch ähnliche ersetzen – etwa Scholle durch Seezunge oder Seewolf durch Seebarsch. Wir können uns glücklich schätzen, daß das Angebot an fangfrischem Fisch bislang noch so reichhaltig ist. Ich habe zwar nichts gegen Zuchtfisch – im Gegenteil, denn von preiswerten Angeboten (etwa an Lachs) vertrauenswürdiger Händler profitiert jeder –, ihm fehlt aber meist der besondere und intensive Eigengeschmack von fangfrischem Fisch, vor allem wenn dieser richtig behandelt und möglichst schnell zum Verkauf angeboten wurde.

Das wichtigste Auswahlkriterium beim Fisch ist seine Frische, und dabei hilft uns am besten unsere Nase. Sind Fisch und Meeresfrüchte wirklich frisch, riechen sie nach Meer – und schmecken auch so. Die Schuppen glänzen, die Augen sind prall und klar. Schalen- und Krustentiere sollten schwer in der Hand liegen. Krustentiere, wie Hummer und Krebse, und Schalentiere wie Austern kauft man am besten lebend. Dabei ist es wichtig zu wissen, woher sie stammen und ob sie mit Umweltgiften belastet sind – deswegen sollten Sie sie möglichst bei einem Händler Ihres Vertrauens kaufen.

Zum Würzen von Fisch eignen sich am besten Zitrusfrüchte (vor allem Zitrone und Limone), Safran, Ingwer und Sternanis sowie wegen ihres Anisgeschmacks auch Fenchel und Estragon. Nicht zu vergessen die verschiedenen Zwiebeln sowie Porree, Knoblauch und Schnittlauch. Wein, Öl oder Butter und Sahne gehören unbedingt zu Fisch dazu. Tomaten, Auberginen, Paprikaschoten, Sellerie, Zucchini, Kartoffeln und Pilze sind beispielsweise hervorragende Beilagen. Dabei kommt es nicht so sehr auf die Gemüsesorte als vielmehr auf die richtige Menge an. Eine Spur Cognac oder Chili ist göttlich, ein Zuviel kann allerdings leicht zu einer Katastrophe führen.

*Gebratener Red Snapper mit Currygemüse,*
*Rezept Seite 17*

# Fischfilets

*Backen, schmoren, grillen, in der Pfanne oder im Ofen braten, pochieren, sautieren, dünsten*

FISCHFILETS SIND ETWAS HERRLICHES. Sie haben keine Gräten und häufig auch keine Haut, lassen sich auf jede nur erdenkliche Art garen und passen zu den verschiedensten Beilagen. Sie können Sie mit Pilzen, Tomaten oder anderen Meeresfrüchten, zum Beispiel Garnelen, servieren. Sie können sie wie in Australien mit Kokosraspeln fritieren, wie in Portugal mit Banane backen, auf italienische Art mit Kräutern grillen oder wie in Venedig in Essig pochieren. Da hat jeder sein eigenes Lieblingsrezept. Ich beispielsweise habe eine Vorliebe für Seezunge florentinische Art – auf einem Spinatbett und mit Käsesauce.

Fischfilets vor der Zubereitung unter fließendem Wasser waschen und dann trockentupfen. Anschließend mit Salz, weißem Pfeffer (damit das Fleisch schön weiß bleibt) und den übrigen im jeweiligen Rezept angegebenen Gewürzen bestreuen. Beim Pochieren oder Schmoren sollte die Garflüssigkeit gut gewürzt sein. Beim Braten oder Sautieren muß das Fett heiß und der Fisch richtig trocken sein, dann wird er schnell braun. Die Garzeit ist abhängig von der Fischart und der Dicke der Filets. Scholle oder Flunder können bereits nach Sekunden zerfallen, Heilbutt und Seezunge hingegen vertragen auch längeres Garen, weshalb sie sich bei Restaurantköchen besonderer Beliebtheit erfreuen. Als Beilage eignet sich, unabhängig von der Zubereitungsart, am besten ein Salat aus Endivie und Chicorée.

**RICHTIG KURZGEGART** – die Oberfläche ist fest und, je nach Garverfahren, undurchsichtig oder leicht braun; beim Einschneiden bietet das Fleisch einen leichten Widerstand, die innere Schicht ist durchsichtig (diese durchsichtige Schicht sollte etwa 5 mm dick sein; ölhaltige Fische wie Makrelen sollten stets durchgegart sein).

**RICHTIG DURCHGEGART** – die Oberfläche ist sehr fest und, je nach Garverfahren, undurchsichtig oder braun; beim Einschneiden löst sich das Fleisch in Flocken, innen ist es nicht mehr durchsichtig; beim Anheben bricht das Filet nicht auseinander.

## PROBLEMFÄLLE

NICHT GAR
*Grund:* Temperatur zu niedrig; Garzeit zu kurz
→ weitergaren und gegebenenfalls die Temperatur erhöhen.

TROCKEN UND ZERKOCHT
*Grund:* zu schnell oder zu lange gegart
→ mit zerlassener Butter, einer Vinaigrette oder Öl, beispielsweise Oliven- oder Walnußöl, beträufeln; zerfällt der Fisch, das Fleisch zerpflücken und für ein Soufflé oder Fischfrikadellen verwenden.

WEICH ODER FASERIG
*Grund:* zu lange gegart; für die Fischart ungeeignetes Garverfahren (das Fleisch ist von Fischart zu Fischart sehr unterschiedlich)
→ mit frisch gehackter Frühlingszwiebel oder Sellerie bestreuen; mit einer Samt- oder Buttersauce (siehe Seite 112 und 120) servieren.

ZU WENIG GESCHMACK
*Grund:* nicht ausreichend gewürzt (vor allem beim Grillen, Pochieren und Dünsten); Fisch war unsachgemäß behandelt oder nicht mehr frisch; für die Fischart ungeeignetes Garverfahren
→ mit Salz, Pfeffer, Zitronensaft, Weißwein, Sojasauce oder anderen Gewürzen abschmecken und mit Olivenöl oder einem anderen aromatisierten Öl beträufeln. Eventuelle Beilagen gut würzen.

# Petersfisch mit gratinierter Knoblauch-Butter-Sauce

4 PORTIONEN

Petersfisch schmeckt köstlich, wenn man ihn wie in diesem Rezept in der Pfanne brät. Wenn Sie es lieber leichter mögen, können Sie ihn aber auch grillen. Schollen- oder Seezungenfilet eignet sich ebensogut für diese Zubereitung.

*4 Petersfischfilets (ca. 750 g), enthäutet*
*45 g Mehl, mit Salz und Pfeffer gewürzt*
*1 große Tomate, enthäutet, entkernt und gehackt*
*1 EL gehacktes Basilikum*
*45 g Butter*

*FÜR DIE SAUCE:*
*1 Knoblauchknolle*
*1 EL Olivenöl*
*140 g kalte Butter in kleinen Stücken*
*3 Schalotten, fein gehackt*
*75 ml Weißwein*
*75 ml trockener, weißer Wermut*
*1 EL Crème double*
*2 Eigelb*
*1 EL gehacktes Basilikum*
*Salz und weißer Pfeffer*

Zunächst den Knoblauch rösten. Dazu den Backofen auf 175 °C (Gas Stufe 2) vorheizen. Den Stielansatz von der Knoblauchknolle abschneiden, so daß die Zehen etwas freiliegen. Die Knolle in ein kleines, feuerfestes Gefäß setzen, mit dem Olivenöl bestreichen, mit Alufolie abdecken und 35 bis 45 Minuten weich garen.

Die Knoblauchknolle anschließend leicht drücken und die einzelnen Zehen mit der Messerspitze aus der Schale lösen. Die Zehen dann hacken.

15 g Butter in einem Topf zerlaufen lassen und die Schalotten unter gelegentlichem Rühren 2 bis 3 Minuten darin glasig dünsten, ohne daß sie Farbe annehmen.

Knoblauch, Wein und Wermut hinzufügen und das Ganze unter Rühren auf 3 bis 4 Eßlöffel einkochen lassen. Die Crème double unterrühren und weitere 30 bis 60 Sekunden kochen lassen. Die Wärmezufuhr dann verringern und nach und nach die Butterstückchen unterschlagen, bis eine cremige Sauce entstanden ist. Den Topf dabei hin und wieder von der Herdplatte nehmen, so wird die Butter weich und dickt die Sauce an, ohne daß sie zerläuft. Mit Salz und weißem Pfeffer abschmecken und zur Seite stellen.

Die Fischfilets unter fließendem Wasser abspülen und mit Küchenpapier trockentupfen. In dem gewürzten Mehl wenden, überschüssiges Mehl abklopfen. Die Tomate und das Basilikum in einer kleinen Schüssel vermengen und würzen.

Die Butter in einer schweren Pfanne erhitzen, bis sie schäumt, und die Filets mit der Hautseite nach oben 2 bis 3 Minuten bei großer Hitze goldbraun darin anbraten. Anschließend wenden und weitere 3 bis 5 Minuten braten, bis der Fisch nach Wunsch gegart ist. Die Filets dann auf vier feuerfeste Teller verteilen.

Nun die Sauce fertigstellen. Dazu die Eigelbe mit 2 Eßlöffeln Wasser in einen mittelgroßen Topf geben und bei schwacher Hitze 1 bis 2 Minuten zu einer sehr dicken, schaumigen Masse verschlagen. Dabei darauf achten, daß kein Rührei entsteht. Den Topf vom Herd nehmen und die Masse nach und nach unter die warme Buttersauce schlagen. Das Basilikum unterrühren und abschmecken.

Den Backofengrill einschalten. Die Fischfilets mit der Tomaten-Basilikum-Mischung bestreuen und mit der Knoblauchsauce übergießen. 3 bis 5 Minuten unter den Grill schieben, bis die Sauce braun zu werden beginnt, und sofort servieren.

**MEIN TIP**

Hier ein farbenfroher Belag, mit dem ausgetrocknete Fischfilets saftiger werden und sich geschmacklich verfeinern lassen: Den Saft von 1 Zitrone oder Limone in eine Schüssel gießen, 2 entkernte, gehackte (aber ungeschälte) Tomaten, 2 Stangen in sehr feine Scheiben geschnittenen Sellerie und zum Schluß 2 EL grobgehackten Dill oder Petersilie dazugeben. Nach Belieben noch 1 EL Pflanzenöl unterrühren. Mit Salz und Pfeffer abschmecken und über die Fischfilets geben. Ergibt 4 Portionen.

# Fischsteaks

*Backen, schmoren, grillen, in der Pfanne oder im Ofen braten, pochieren, sautieren, dünsten*

FISCHSTEAKS SIND EBENSO VIELSEITIG WIE FISCHFILETS, sind aber, da sie häufig noch Gräten und Haut haben, weniger beliebt. Sie sollten allerdings bedenken, daß die Gräten die Steaks nicht nur zusammenhalten, sondern bei Fischarten mit weniger ausgeprägtem Eigengeschmack, wie etwa Seehecht, auch das Aroma steigern.

Leichter zuzubereiten sind Steaks von großen Fischen, wie Thunfisch, Schwertfisch und Haifisch, die weder Gräten noch Haut haben. Ob Sie dicke oder dünne Scheiben verwenden, bleibt Ihnen überlassen. Richtig gegart, sind sie immer sehr saftig.

Steaks grillt oder brät man am besten mit möglichst wenig Fett. Zum Verfeinern eignen sich Kräuter aus dem Mittelmeerraum, Tomaten, Kapern, Oliven und Sardellen oder, als eher nördliche Variante, feingeschnittener Porree oder Möhrenstifte. Im Winter können Sie als Beilage beispielsweise auch die Vietnamesischen Grünen Bohnen mit Sesam (siehe Seite 172) und im Sommer den Indonesischen Salat mit pikanter Erdnußsauce (siehe Seite 147) dazu reichen. Zwei sehr unterschiedliche, aber ganz köstliche Beilagen!

**RICHTIG KURZGEGART** – beim Einschneiden bietet das Steak in der Mitte einen Widerstand; die innere Schicht ist durchsichtig (diese durchsichtige Schicht sollte etwa 1 cm dick sein; ölhaltige Fische wie Makrelen sollten stets durchgegart sein; Schwert- oder Thunfisch können, wenn man sie nur sehr kurz gart, in der Mitte noch rosa sein), außen ist das Fleisch, je nach Garverfahren, undurchsichtig oder leicht braun; die Ränder sind fest, in der Mitte gibt das Fleisch auf Druck leicht nach und haftet eventuell noch an der Mittelgräte.

**RICHTIG DURCHGEGART** – beim Einschneiden mit einem Messer löst sich das Fleisch in Flocken, innen ist es nicht mehr durchsichtig; außen ist es, je nach Garverfahren, undurchsichtig oder braun; auf Druck gibt es weder an den Rändern noch in der Mitte nach; die Mittelgräte läßt sich leicht lösen, wenn man mit dem Messer daran rüttelt.

ZERKOCHT – das Steak ist weich oder faserig und kann beim Anheben zerfallen; das Fleisch ist trocken und zusammengeschrumpft und löst sich von der Mittelgräte; die Ränder sind eingerissen; nach dem Sautieren oder Braten kann die Oberfläche verbrannt sein.
*Grund:* zu schnell oder zu lange gegart
→ mit einer Samt- oder Buttersauce (siehe Seite 112 und 120) servieren; zerfällt der Fisch, das Fleisch zerpflücken und für ein Soufflé oder Fischfrikadellen verwenden.

**RICHTIG KURZGEGART/RICHTIG DURCHGEGART** – auf Druck gibt das Fleisch in der Mitte und an den Rändern nach bzw. ist fest.

## WEITERE PROBLEME

NICHT GAR
*Grund:* Temperatur zu niedrig; Garzeit zu kurz
→ weitergaren und gegebenenfalls die Temperatur erhöhen.

TROCKEN
*Grund:* zu schnell oder zu lange gegart
→ mit zerlassener Butter oder einer Vinaigrette beträufeln.

WEICH ODER FASERIG
*Grund:* zu lange gegart; für die Fischart ungeeignetes Garverfahren gewählt (das Fleisch ist von Fischart zu Fischart sehr unterschiedlich)
→ mit frischem, gehacktem Stangensellerie, Frühlingszwiebel oder gerösteten Mandeln bestreuen.

ZU WENIG GESCHMACK
*Grund:* nicht ausreichend gewürzt (vor allem beim Grillen, Pochieren und Dünsten); Fisch war unsachgemäß behandelt oder nicht mehr frisch; für die Fischart ungeeignetes Garverfahren
→ mit Salz, Pfeffer, Zitronensaft, Weißwein, Sojasauce oder anderen Gewürzen abschmecken; mit Kräuter-, Knoblauch- oder Chiliöl beträufeln. Eventuelle Beilagen gut würzen.

# *Gegrillter Schwertfisch mit Mais-Tomaten-Sauce*

4 PORTIONEN

Röstet man rohe Maiskörner in einer schweren Pfanne, bekommen sie einen herrlich rauchigen Geschmack – eine ideale Beilage für den fleischigen Schwertfisch.

*4 Schwertfischsteaks (ca. 750 g), 2 cm dick*
*2 EL Olivenöl*
*Salz und Pfeffer*

FÜR DIE SAUCE:
*4 Maiskolben*
*2 rote Paprikaschoten*
*2 EL Olivenöl*
*1 Zwiebel, in Würfel geschnitten*
*2 Tomaten, enthäutet, entkernt und grob gehackt*
*75 g getrocknete Tomaten in Öl, grob gehackt, 1 TL des Öls*
*1 EL Sherry- oder Rotweinessig*
*3–4 EL gehacktes Koriandergrün*
*Saft von 1 Limone*

Zunächst die Sauce zubereiten. Den Backofengrill vorheizen und in der Zwischenzeit den Mais vorbereiten. Die Kolben senkrecht halten und die Körner mit einem scharfen Messer abtrennen. Eine große Pfanne mit schwerem Boden ohne Fett auf großer Flamme erhitzen, bis sie fast raucht. Die Maiskörner hineingeben und 4 bis 5 Minuten rösten, bis sie rauchen, weich und dunkel sind. Die Pfanne dabei laufend rütteln, damit die Körner nicht anhängen. Die Paprikaschoten 7 bis 10 Minuten unter den Grill legen, bis die Haut dunkel wird und aufspringt. Dabei gelegentlich umdrehen. In einen Plastikbeutel geben und abkühlen lassen, die Haut läßt sich dann ganz leicht abziehen. Die Paprikaschoten enthäuten, die weißen Häutchen und die Kerne entfernen und das Fleisch in Würfel schneiden.

1 Eßlöffel Olivenöl in einer großen Pfanne erhitzen und die Zwiebel 3 bis 4 Minuten darin weich dünsten. Die Pfanne vom Herd nehmen und die Zwiebel mit den gerösteten Maiskörnern, den gehackten frischen und getrockneten Tomaten, den Paprikawürfeln, dem Essig und dem restlichen Öl vermischen. Das Ganze unter Rühren erhitzen, vom Herd nehmen und warm stellen.

Die Fischsteaks unter fließendem Wasser abspülen und mit Küchenpapier trockentupfen. Mit der Hälfte des Öls bestreichen und mit Salz und Pfeffer würzen. Die Filets auf den mit Öl bestrichenen Grillrost legen und in circa 7,5 cm Abstand unter dem Grill einschieben. Die Steaks zunächst 3 bis 4 Minuten auf der einen Seite grillen. Anschließend wenden, mit dem restlichen Öl bepinseln und nach Belieben in weiteren 2 bis 3 Minuten fertiggaren.

In der Zwischenzeit den Koriander und den Limonensaft unter die Sauce rühren und abschmecken. Die Sauce auf vier vorgewärmte Teller verteilen, die Steaks darauf anrichten und sofort servieren.

## MEIN TIP

Falls Sie nicht sowieso eine Sauce dazu reichen, können Sie trockene oder zu lange gegarte Fischsteaks mit einer Marinade auch als *escabèche* servieren. Dazu in der Küchenmaschine oder im Mixer 1 kleine, in Stücke geschnittene Zwiebel und 1 geschälte Knoblauchzehe mit der Schale von 1 unbehandelten Orange und 1 Zitrone, 1 Handvoll Petersilie, 2 TL Paprikapulver, 1 Prise Cayennepfeffer, Salz und Pfeffer grob pürieren. 1/8 l Olivenöl und 3 EL Rotweinessig dazugeben und weiterrühren, bis eine glatte Masse entstanden ist. Den noch warmen Fisch in eine Schüssel geben und mit der Marinade begießen. Sie können den Fisch dann sofort servieren, besser ist es aber, wenn Sie ihn luftdicht verschlossen mindestens 8 Stunden in den Kühlschrank stellen. Für 1 kg Fisch, ergibt 4–6 Portionen.

# Ganze Fische

*Backen, schmoren, grillen, in der Pfanne oder im Ofen braten, pochieren, sautieren, dünsten*

EIN GROSSER, GANZER FISCH AUF EINER SERVIERPLATTE – EIN RICHTIGER AUGENSCHMAUS, vor allem wenn er eine so leuchtende Farbe hat wie ein Lachs oder Red Snapper (Roter Schnapper). Ganze Fische eignen sich hervorragend zum Grillen über Holzkohle. Dazu reichen Sie am besten ein pikantes Tomaten-Zwiebel-Relish. Sie können die Fische aber auch auf russische Art im Backofen schmoren und mit saurer Sahne servieren; oder Sie reichen als Beilage ein gemischtes Gemüse mit Curry. Einen ganzen Lachs sollten Sie am besten einfach nur pochieren oder dünsten, damit er seinen intensiven Geschmack entfalten kann. Fische mit weniger ausgeprägtem Eigengeschmack, wie zum Beispiel Catfish (Zwergwels), kann man backen und auf kolumbianische Art mit einer Rosinensauce servieren oder wie in Vietnam mit Zitronengras braten.

Gehen Sie mit Kräutern und Gewürzen bei einem ganzen Fisch stets großzügig um. Es empfiehlt sich, den fertig gewürzten Fisch noch 1 bis 2 Stunden kalt zu stellen, damit er die Aromen aufnimmt. Um ein gleichmäßigeres Garen zu gewährleisten, schneiden Sie die besonders fleischigen Stellen auf beiden Seiten schräg ein und stecken einen Kräuterzweig oder eine halbe Zitronenscheibe in den Schlitz. Durch den Schlitz kommt später das Fleisch zum Vorschein, was recht hübsch aussieht. Die Garzeit errechnen Sie, indem Sie den Fisch an der dicksten Stelle messen. Für 2,5 cm müssen Sie eine Garzeit von 10 Minuten rechnen.

NICHT GAR – beim Einstechen mit einer Gabel oder einem Messer bietet der Fisch (hier eine Lachsforelle) an der fleischigsten Stelle einen Widerstand, innen ist das Fleisch durchsichtig und löst sich nicht von der Mittelgräte; nach dem Backen, Grillen oder Braten ist die Haut meist noch weich und nicht knusprig.
*Grund:* Temperatur zu niedrig; Garzeit zu kurz
→ weitergaren und gegebenenfalls die Temperatur erhöhen.

**RICHTIG GEGART** – sticht man den Fisch an der fleischigsten Stelle ein, löst sich das Fleisch unmittelbar an der Mittelgräte in Flocken und ist nicht mehr durchsichtig; die Augen treten perlig weiß heraus; nach dem Backen, Grillen oder Braten ist der Fisch schön braun, die Haut leicht knusprig. Zu beachten: Große Fische garen durch die Resthitze weiter, beenden Sie den Garvorgang deshalb bereits, wenn der Fisch noch nicht ganz durchgegart ist. Kurzes Garen (siehe Fischfilets und -steaks, Seite 12 – 15) ist bei ganzen Fischen nicht zu empfehlen, denn das Fleisch läßt sich dann nur schwer von der Mittelgräte lösen.

ZERKOCHT – die Augen sind eingefallen; nach dem Backen, Grillen oder Braten ist die Haut trocken, häufig verbrannt; das Fleisch ist trocken und faserig und löst sich leicht von der Mittelgräte; nach dem Schmoren, Pochieren oder Dünsten ist die Haut rissig, die Kiemen stehen ab, und das Fleisch beginnt, sich von den Gräten zu lösen.
*Grund:* zu lange oder zu schnell gegart, so daß der Fisch außen bereits gar ist, bevor die Hitze ins Innere vorgedrungen ist
→ mit einer Samt- oder Buttersauce (siehe Seite 112 und 120) oder einer Vinaigrette servieren; um dem Gericht Farbe zu verleihen und von eventuellen Fehlern abzulenken: zu warmem, pochiertem oder gedünstetem Fisch gedämpftes Gemüse wie Spargel, Brokkoli oder gefüllte Zucchini reichen, kalten Fisch mit Tomatenkörbchen garnieren oder den Fisch, warm oder kalt, mit Salatblättern, Brunnenkresse oder Zitronenscheiben anrichten, mit Kräutern bestreuen und als Farbtupfer eine Kirschtomate darauf setzen.

## WEITERE PROBLEME

WEICH, TROCKEN ODER FASERIG
*Grund:* zu lange gegart; für die Fischart ungeeignetes Garverfahren (das Fleisch ist von Fischart zu Fischart sehr unterschiedlich)
→ mit frischem, in Scheiben geschnittenem Stangensellerie, Paprikaschote oder roter Zwiebel bestreuen; mit einem aromatisierten Öl, etwa Nußöl, oder einer Vinaigrette beträufeln.

ZU WENIG GESCHMACK
*Grund:* nicht ausreichend gewürzt (vor allem beim Pochieren oder Dünsten); der Fisch war nicht richtig behandelt oder nicht mehr frisch; für die Fischart ungeeignetes Garverfahren
→ Garflüssigkeit und eventuelle Beigaben großzügig würzen; den Fisch nach dem Garen gegebenenfalls mit Salz, Pfeffer, Zitronensaft, Weißwein, Sojasauce oder anderen Gewürzen abschmecken oder mit einem aromatisierten Öl, zum Beispiel Oliven- oder Walnußöl, beträufeln.

# *Gebratener Red Snapper mit Currygemüse*

4 BIS 6 PORTIONEN *Foto Seite 10/11*

Ein prächtiger, ganzer Red Snapper (Roter Schnapper) wird auf einem Bett aus pikantem, geröstetem Wurzelgemüse serviert. Damit der Fisch beim Garen seine Form behält, sollten Sie ihn mit Sellerieblättchen oder Petersilie füllen. Der Knoblauch und die Schalotten bewahren ihren Geschmack am besten, wenn man sie nicht schält. Überlassen Sie das Schälen also Ihren Gästen.

*1 ganzer Red Snapper (ca. 1,8 kg), gesäubert, geschuppt und ausgenommen*
*1 Bund Petersilie*
*1 unbehandelte Zitrone, in Scheiben geschnitten*
*ca. 2 EL Pflanzenöl*

*FÜR DAS GEMÜSE:*
*1/8 l Pflanzenöl*
*500 g Möhren, geschabt und der Länge nach geviertelt*
*500 g weiße Rüben, geschält und geviertelt*
*250 g Knollensellerie, geschält und in Stücke geschnitten*
*500 g Kartoffeln, geschält und geviertelt*
*8 Schalotten, ungeschält*
*8 Knoblauchzehen, ungeschält*
*1 EL Currypulver*
*2 TL Zucker*
*75 g ganze Mandeln, blanchiert*
*1 TL Salz*
*1/2 TL Pfeffer*

Den Ofen auf 190 °C (Gas Stufe 2 – 3) vorheizen. Dann zunächst das Currygemüse vorbereiten. Dazu das Öl in der Bratreine erhitzen und die Möhren 2 Minuten darin sautieren. Die weißen Rüben und den Sellerie dazugeben und alles weitere 2 Minuten sautieren. Zum Schluß die Kartoffeln, die Schalotten und den Knoblauch hinzufügen und das Ganze nochmals 2 Minuten sautieren.

Currypulver, Zucker, Mandeln, Salz und Pfeffer in einer Schüssel vermischen. Das Gemüse damit bestreuen und mit zwei Löffeln gut durchmischen. Das Gemüse im vorgeheizten Ofen 25 bis 30 Minuten rösten, bis es weich und braun zu werden beginnt. Dabei gelegentlich umrühren.

In der Zwischenzeit den Fisch außen und innen waschen und mit Küchenpapier trockentupfen. Mit der Petersilie ausstopfen. Den Fisch auf einer Seite drei- bis viermal schräg einschneiden und in jeden Schlitz 1 oder 2 halbierte Zitronenscheiben stecken.

Den Fisch nach 25 bzw. 30 Minuten auf das Gemüse legen, mit Öl bestreichen und mit Salz und Pfeffer bestreuen. Die Reine wieder in den Ofen schieben und das Ganze 30 bis 35 Minuten weiterbraten, bis der Fisch gar und das Gemüse weich und gebräunt ist. Den Fisch dabei immer wieder mit der Kochflüssigkeit begießen. Ist der Fisch vor dem Gemüse gar, auf eine vorgewärmte Platte geben und warm halten, bis das Gemüse ebenfalls fertig ist.

Den Fisch vorsichtig aus der Pfanne heben und auf eine vorgewärmte Platte legen, das Gemüse und die Mandeln darum herum anrichten und den Fisch mit der Kochflüssigkeit übergießen.

## MEIN TIP

Einem zu lange gegarten oder trockenen Fisch verleihen Sie mit diesem Dressing Saftigkeit: 2 EL Zitronensaft, 2 EL Weißweinessig, 1 EL frischen, gehackten Ingwer, 1 grobgehackte Schalotte, 1 EL Dijonsenf, 1 Prise frisch geriebene Muskatnuß, Salz und Pfeffer in der Küchenmaschine oder im Mixer verrühren. 175 ml Olivenöl in einem feinen, gleichmäßigen Strahl unterrühren, bis die Sauce etwas eindickt. Abschmecken und den Fisch damit begießen. Ergibt etwa 1/4 l bzw. 4 Portionen. Der Fisch kann heiß oder kalt (Zimmertemperatur) serviert werden.

## Kleine ganze Fische

Kleine gegarte Sardinen sind im Mittelmeerraum eine beliebte Spezialität, und man ißt sie so, wie sie sind, mit Gräten und allem. Aber auch kürzer gegarte kleine Fische sind ein Genuß. Dabei denkt man natürlich sofort an eine kurzgebratene, braune und knusprige Forelle mit Mandeln. An den Küsten Spaniens und Portugals bäckt man ganze Brassen in einer Salzkruste, und in Nordfrankreich werden Makrelen in Weißwein- oder Cidreessig pochiert.

Kleine Fische zum Ausnehmen möglichst nicht aufschlitzen, sondern die Innereien durch die Kiemen entfernen, damit die Schnittstellen nicht auseinanderklaffen. Falls Sie sie trotzdem aufschneiden, sollten Sie das Fleisch anschließend mit einem Spieß zusammenstecken. Richtet man die Fische so an, daß sie alle mit den Köpfen nach links zeigen, sieht das nicht nur hübsch aus, sie sind dann auch leichter zu zerlegen. Die Garprobe macht man bei kleinen Fischen genauso wie bei großen – das Fleisch um die Mittelgräte muß dann leicht flockig sein. Ein guter Indikator ist außerdem das Auge, das sich weiß färbt, wenn der Fisch gerade gar ist. Und denken Sie daran: Kleine Fische sind bereits zerkocht, wenn die Garzeit nur um wenige Minuten überschritten wird.

**RICHTIG** – sticht man den Fisch (hier Forelle) in der Nähe der Mittelgräte mit einer Gabel ein, ist das Fleisch leicht flockig und nicht mehr durchsichtig; die Augen sind weiß; nach dem Backen, Grillen oder Braten ist die Haut braun und knusprig.

# Ganze Hummer

*Backen, schmoren, grillen, in der Pfanne oder im Ofen braten, pochieren, sautieren, dünsten*

WOHL NIRGENDS ERFREUEN SICH GANZE HUMMER SO GROSSER BELIEBTHEIT WIE IN NEUENGLAND. In den nordöstlichen Staaten der USA genießt man sie mit reichlich zerlassener Butter und einer gut gekühlten Flasche Weißwein. Ich erinnere mich noch gut an einen Sommer – es liegt schon lange zurück –, als die Hummer besonders günstig angeboten wurden und auch wir uns daran gütlich taten. Von den Einheimischen lernte ich schnell, nach möglichst schweren, fleischigen Tieren Ausschau zu halten. Beim Kochen müssen Sie für 500 g zunächst 5 Minuten und für jede weiteren 500 g jeweils weitere 3 Minuten rechnen. Beim Dünsten sind es 8 Minuten für die ersten 500 g und weitere 4 Minuten für jede weiteren 500 g. Das Kochwasser sollte stets gut gewürzt sein. Nehmen Sie 1 Eßlöffel Salz pro Liter und fügen Sie außerdem Weißwein, Essig, Petersilie und Dill, Lorbeerblatt, Sternanis und Pfefferkörner und – wenn Sie mögen – getrocknete Chilischote bei. Der gleiche Sud, allerdings ohne Salz, eignet sich auch zum Dünsten.

Zum Dünsten oder Kochen läßt man den Hummer ganz, die Scheren werden, der leichteren Handhabung wegen, häufig zusammengebunden. Gart man ihn ohne Flüssigkeit, wird er in der Regel der Länge nach halbiert, und die Scheren werden aufgebrochen, so daß das Fleisch freiliegt und der Hitze des Ofens, des Grills oder der Pfanne ausgesetzt ist. So kommt auch der hübsche Panzer zur Geltung. Außerdem läßt sich das Fleisch dann leicht herauslösen. Ich genieße das süßliche Fleisch gerne als Salat und dazu vielleicht Nudeln und Spargel oder Kartoffeln, Artischocken und Mixed Pickles. Besonders beliebt ist nach wie vor der klassisch amerikanische Hummer Newburg, der heiß in einer Cognac-Sahne-Sauce serviert wird. Und ich habe meine Vorliebe für ein neues französisches Rezept, den *navarin d'homard* (Hummerragout) mit Gemüse und einer leichten Weißwein-Samtsauce entdeckt.

### WEITERE PROBLEME

ZU WENIG GESCHMACK
*Grund:* Hummer war nicht richtig behandelt oder nicht mehr frisch; tiefgefrorener Hummer war nicht frisch; nicht ausreichend gewürzt (insbesondere beim Kochen); zu lange gegart
→ heiß mit einer scharfen Sauce, zum Beispiel mit Knoblauch, Chili und Tomate, oder kalt mit einer französischen *rouille* (scharfe Knoblauchmayonnaise mit roten Chilischoten) servieren.

NICHT GAR – Panzer nicht rot, sondern noch schwarzblau (beim Hummer) oder rosa (bei Langusten); der Schwanz ist unter dem Körper nur schwach gekrümmt; das Fleisch ist zäh, haftet am Panzer und ist durchsichtig (bei ganzen Hummern ein Bein abtrennen); die grünliche Leber im Brustkorb ist noch weich (den Panzer an einer Ecke anheben).
*Grund:* Temperatur zu niedrig; Garzeit zu kurz (die Garzeit kann je nach Körperform des Hummers und Dicke des Panzers variieren)
→ weitergaren und gegebenenfalls die Temperatur erhöhen.

RICHTIG – Panzer leuchtend rot; der Schwanz ist eingerollt, aber noch biegsam; das Fleisch ist weich, saftig und weiß und beginnt, sich vom Panzer zu lösen (bei ganzen Hummern zum Prüfen ein Bein abtrennen); die grünliche Leber sollte fest sein; bei halbierten Hummern ist das Fleisch leicht gebräunt, saftig und zart; schneidet man das Schwanzfleisch ein, ist es in der Mitte nicht mehr durchsichtig; intensives Aroma.

# Taschenkrebse und Krabben

*Kochen, dünsten*

DAS ZERLEGEN VON HUMMER BEHERRSCHTE ICH SCHON LANGE, aber an Taschenkrebse und Krabben wagte ich mich nicht so recht heran, bis ich an einem der traditionellen Krabbenkochen in Maryland teilnahm, bei dem jeder Teilnehmer einen Riesenberg scharlachroter gedünsteter Krabben mit Hummerzange und Holzhammer zerlegen mußte. Das Rezept finden Sie auf Seite 21. Ganze Taschenkrebse und Krabben gart man am besten in Essigwasser, das gut gewürzt sein sollte. Auf 1 Liter Wasser rechnet man 1 Eßlöffel Salz, und dazu gibt man Lorbeerblatt, Sternanis, getrocknete rote Chilischote oder Cayennepfeffer.

Das Fleisch sollte nach dem Dünsten oder Kochen schön würzig sein und dazu einladen, es in zerlassene Butter zu tauchen oder aber auch eher gewagte Verbindungen, wie etwa die spanischen *centollos* mit Tomatensauce, Sherry und Brandy, auszuprobieren. Aus Italien stammt die *granseola* mit Olivenöl, Petersilie und Zitrone und aus Schottland der *partan bree* mit Sardellen, Reis, Sahne und Hühnerbrühe.

NICHT GAR – Panzer, je nach Sorte, stellenweise noch braun, rosa oder blau; das Fleisch ist teilweise durchsichtig und haftet am Panzer; dunkles Fleisch ist nicht fest.
*Grund:* Temperatur zu niedrig; Garzeit zu kurz (die Garzeit ist von Art zu Art unterschiedlich – große Tiere mit dickem Panzer brauchen länger)
→ weitergaren und gegebenenfalls die Temperatur erhöhen.

RICHTIG – Panzer leuchtend oder bräunlich-rot; das Fleisch beginnt, sich vom Panzer zu lösen, braunes Fleisch ist fest; das Fleisch ist saftig und cremefarben, hat einen süßlichen, leicht würzigen Geschmack.

## MEIN TIP

Ist der Hummer einmal nicht ganz gelungen, greifen Profi-Köche gerne auf die klassische Thermidor-Sauce zurück. Dazu pro Hummer 1 EL Butter in einer Pfanne zerlaufen lassen und 1 gehackte Schalotte darin weich dünsten. 1 EL Mehl unterrühren und aufkochen lassen, bis es Blasen wirft. 175 g Crème double unterrühren, zum Kochen bringen und die Sauce unter ständigem Rühren eindicken lassen. Anschließend noch 1 Minute köcheln lassen. Den Topf vom Herd nehmen und 2 EL Weißwein, 2 EL geriebenen Parmesan, 1 TL Dijonsenf und 1 EL frischen, gehackten oder 2 TL getrockneten Estragon unterrühren. Abschmecken. Wird der Hummer im Ganzen serviert, die Sauce als Dip dazu reichen. Wird er halbiert, die Hälften mit der Sauce begießen. Mit etwas Parmesan bestreuen und 1–2 Minuten unter den Grill schieben, bis er gebräunt ist. Ergibt 1–2 Portionen.

ZERKOCHT UND ZÄH – der Panzer hat ein kalkiges Aussehen; der Schwanz ist unbeweglich und fest unter dem Körper eingerollt; häufig fällt er vom Körper ab; das Fleisch ist faserig, trocken und hat sich vom Panzer gelöst; vielfach fallen die Scheren ab; der Geruch ist nicht mehr frisch.
*Grund:* der Hummer war unsachgemäß eingefroren; wurde nicht im Wasser aufbewahrt, so daß sich das Fleisch vor dem Kochen vom Panzer gelöst hat; zu lange gegart (bei schmalen Tieren mit dünnem Panzer durchdringt die Hitze den Körper schneller)
→ das Fleisch aus dem Panzer lösen, das Schwanzfleisch quer zur Faser in Scheiben schneiden, mit Oliven-, Walnuß-, Chili- oder einem anderen aromatisierten Öl beträufeln; heiß in einer Samt- oder Buttersauce (siehe Seite 112 und 120) servieren oder mit frischem Gemüse im Wok braten.

## WEITERE PROBLEME

ZERKOCHT
*Grund:* zu lange oder zu schnell gegart (zum Beispiel die schmale, langbeinige Seespinne)
→ mit einem pikanten Dressing oder einer Chilisauce servieren.

TROCKEN
*Grund:* Krabben unsachgemäß behandelt oder nicht mehr frisch; nicht frisch eingefroren; zu lange gegart
→ mit Mayonnaise, einem Joghurtdressing oder einer Vinaigrette anmachen.

ZU WENIG GESCHMACK
*Grund:* siehe Trocken; nicht ausreichend gewürzt
→ für Krabbenbrot verwenden oder mit einer pikanten Sauce servieren.

## MEIN TIP

Gut schmecken Krabben, wenn man sie mit Orange, Grapefruit, Tomate und grünem Paprika als Salat zubereitet. Zudem lenkt die bunte Farbe davon ab, wenn das Fleisch mal nicht so gut ist. Mischen Sie 500 g Krabbenfleisch mit einer Sauce aus 125 g Mayonnaise, 4 EL saurer Sahne und dem Saft von 1 Orange. 2 Orangen oder 1 große Grapefruit und 2 große Tomaten schälen und in Scheiben schneiden. 1 rote oder grüne Paprikaschote putzen, entkernen und in Ringe schneiden. Die Orangen- oder Grapefruitscheiben und die Tomatenscheiben schuppenförmig auf Tellern anrichten, das Krabbenfleisch in Häufchen darauf anrichten und mit den Paprikaringen garnieren. Ergibt 6 Portionen als Vorspeise oder 4 Portionen als leichtes Hauptgericht.

## *Hummer à la bordelaise*

2 Portionen

Hummer wird meist mit einer pikanten *sauce américaine* serviert. Ich hingegen bevorzuge diese milde Alternative.

Verwenden Sie möglichst einen weiblichen Hummer, denn der Rogen (Corail) gibt der Sauce eine kräftige Farbe.

*1 ganzer Hummer (ca. 750 g)*
*75 g Butter*
*Salz und Pfeffer*
*2 – 3 EL Cognac*
*1 kleine Möhre, sehr fein gewürfelt*
*4 Schalotten, gehackt*
*1 EL Mehl*
*1/4 l trockener Weißwein*
*4 EL Crème fraîche oder Crème double*
*2 EL gehackter Kerbel oder Estragon*

Den Hummer auf ein Küchenbrett legen und den Schwanz mit einem Tuch abdecken. Den Hummer am Schwanz gut festhalten. Den Panzer in der Mitte des Kopfes mit der Spitze eines scharfen Messers durchstechen und ihn dann bis zum Schwanz halbieren. Den Hummer in die andere Richtung drehen, am Kopf festhalten und auch den Schwanz der Länge nach halbieren. Die Scheren möglichst dicht am Körper herausdrehen und mit dem Messerrücken abschlagen. Aus beiden Hummerhälften den Magensack und den Darm entfernen und wegwerfen. Die grüne Leber und den schwarzgrünen Rogen herausnehmen, grob hacken und zur Seite stellen.

Die Hälfte der Butter in einer Pfanne zerlaufen lassen. Die Hummerhälften mit der Schnittfläche nach oben hineinlegen und das freiliegende Fleisch mit Salz und Pfeffer würzen. Die Pfanne zudecken und das Fleisch 5 bis 7 Minuten garen.

Den Cognac angießen, mit einem brennenden Streichholz entzünden und den Hummer sorgfältig flambieren. Die Hälften dann aus der Pfanne nehmen.

Die Möhre und die Schalotten 3 bis 5 Minuten unter häufigem Rühren in der Pfanne weich dünsten, ohne daß sie Farbe annehmen. Das Mehl hinzufügen und 1 Minute kochen. Den Wein angießen, zum Kochen bringen und dabei den Bratenfond vom Boden lösen. Anschließend 2 bis 3 Minuten um die Hälfte reduzieren. Die Crème fraîche, die Leber und den Rogen untermischen und unter ständigem Rühren 30 bis 60 Sekunden köcheln lassen. (Der Rogen verfärbt sich beim Kochen rot.)

Die Pfanne vom Herd nehmen, die restliche Butter in Stücken hineingeben und die Pfanne schwenken, bis sich die Butter vollständig mit den übrigen Zutaten verbunden hat. Die Hälfte der gehackten Kräuter untermischen, den Rest aufheben und abschmecken.

Das Fleisch aus den Scheren lösen. Das Fleisch aus dem Körper in Stücken herausschneiden. Das Fleisch aus dem Schwanz holen und schräg in Scheiben schneiden. Die Kiemen auf der Unterseite des Panzers abtrennen und wegwerfen. Jede Panzerhälfte auf einen Teller legen und mit dem Fleisch aus dem Körper füllen. Das Schwanzfleisch darauf verteilen und zum Schluß das Fleisch aus den Scheren darauf setzen. Die Sauce darübergießen und mit den restlichen gehackten Kräutern bestreuen. Falls nötig, noch einmal 1 bis 2 Minuten bei schwacher Hitze im Ofen erwärmen und servieren.

*Hummer à la bordelaise*

## *Gedünstete Maryland-Krabben*

2 bis 3 Portionen

Würzige, gedünstete Blaukrabben, in der Schale serviert – soviel Sie davon nur essen können –, das ist ein alter Brauch an der Chesapeake-Bucht in Maryland. Traditionell ist auch das Rezept, das ich Ihnen hier in einer eigenen Variante vorstelle. Es eignet sich ebenso für gedünstete oder gekochte Garnelen, zum Würzen von Fischsuppen und sogar zum Bestreuen von Fischsalaten. Dazu bedarf es eigentlich keiner weiteren Beilagen, wenn Sie möchten, können Sie aber noch zerlassene Butter dazu reichen.

*12 Blaukrabben oder 2 – 3 Dungeness- oder gewöhnliche europäische Krabben*
*3/4 l abgestandenes Bier*
*1 TL zerriebenes Lorbeerblatt*
*1/2 TL Selleriesalz*
*1/2 TL schwarzer Pfeffer*
*1/2 TL Senfpulver*
*1 Msp. Salz*
*1 Msp. frisch geriebene Muskatnuß*
*1 Msp. gemahlener Ingwer*
*1 Msp. gemahlene Nelken*
*1 Msp. Paprikapulver*
*1 Msp. Chilipulver*

Sämtliche Gewürze in einem kleinen Topf mit dem Bier verrühren und zum Kochen bringen.

Die Hälfte der Krabben in einen großen Topf geben und mit der Hälfte des Bieres begießen. Die restlichen Krabben darauf verteilen und das restliche Bier darübergießen. Aufkochen lassen, den Topf gut verschließen und die Wärmezufuhr verringern. Die Krabben so lange dünsten, bis sie weich sind, und dabei einmal umrühren. Blaukrabben benötigen 20 bis 25, die größeren roten Krabben 30 bis 35 Minuten.

Die Krabben anschließend in eine große, vorgewärmte Schüssel füllen und jeden Gast zum Aufbrechen der Schalen mit einer Hummerzange oder einem Nußknacker ausstatten.

# Shrimps, Garnelen und Flußkrebse

*Backen, schmoren, grillen, in der Pfanne oder im Ofen braten, pochieren, sautieren, dünsten*

SHRIMPS UND GARNELEN ZÄHLEN ZU DEN BELIEBTESTEN KRUSTENTIEREN, man läßt ihnen aber auch am häufigsten durch zu langes Garen und phantasieloses Würzen eine schlechte Zubereitung angedeihen. Flußkrebse, die in Süßwasser leben, sind sogar noch empfindlicher. Um beim Garen eine bessere Kontrolle zu haben, sollte man sie alle am besten roh, mit der Schale (Krebse sogar lebend) kaufen. Wenn ich Shrimps, Garnelen oder Krebse koche, würze ich das Wasser mit 1 Eßlöffel Salz pro Liter und gebe außerdem Lorbeerblatt, Sternanis, Pfeffer- und Senfkörner, getrocknete Chilischote, dicke Scheiben frischen Ingwer oder Zitrone und eine ganze Zwiebel dazu. Die gleichen Gewürze, allerdings ohne das Salz, eignen sich auch zum Dünsten. Sie können aber auch eine scharfe Würzmischung aus getrocknetem Chili und Koriander verwenden. Wollen Sie die Krustentiere schmoren, im Wok zubereiten oder in einer Sauce backen, nehmen Sie am besten kräftige Gewürze wie Knoblauch, frischen Ingwer, Chili und Senf.

Für Gerichte wie Shrimps auf kreolische Art mit Tomate, Stangensellerie, Wein und Cayennepfeffer oder Garnelen auf indische Art mit zerstoßenen Senfkörnern müssen die Krustentiere in rohem Zustand geschält werden. Sie können sie – geschält oder ungeschält – grillen und dabei mit Olivenöl oder einer Wodkamarinade bestreichen oder in einer Gemüsebrühe mit Dill oder einfach nur in Meerwasser kochen. In Brasilien gart man sie in Kokosmilch mit Okra, Stangensellerie und Pfefferkörnern. In Mexiko werden sie mit Limone, Tomate, Koriander, Zwiebel und Rettich zubereitet, und eine amerikanische Spezialität vereint Shrimps mit Krabben, Mais, Kartoffeln, Wurst, Zwiebel und Kräutern.

Wie immer Sie sie auch zubereiten, säubern Sie die Krustentiere vor dem Garen stets unter fließendem Wasser und trocknen Sie sie. Geschälte Krustentiere trocknen Sie auf Küchenpapier, würzen sie reichlich mit Salz, Pfeffer, Sojasauce oder Cayennepfeffer und lassen sie anschließend 10 bis 15 Minuten ziehen.

NICHT GAR – die Schalen haben, je nach Art, noch blaue oder graue Flecken und fühlen sich beim Zusammendrücken weich an; das Fleisch ist noch leicht durchsichtig und haftet an der Schale.
*Grund:* zu langsam gegart; Garzeit zu kurz
→ weitergaren und gegebenenfalls die Temperatur erhöhen.

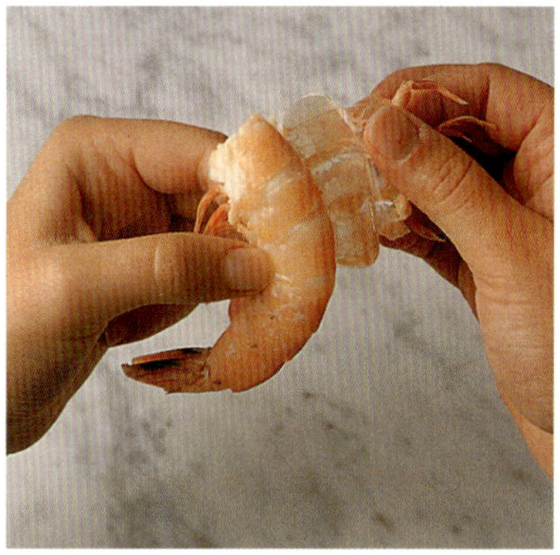

**RICHTIG** – die Schalen sind kräftig rosa und geben beim Zusammendrücken nicht nach; das Fleisch läßt sich leicht von den Schalen lösen; das Fleisch ist weiß mit einem Stich ins Rosa, es ist prall und saftig; bei geschälten Krustentieren ist das Fleisch saftig, perlmuttartig weiß und hat, je nach Art, einen leichten bis kräftigen Stich ins Rosa; der Geschmack ist süßlich und leicht würzig.

ZERKOCHT – die Schale ist trocken, beginnt an Farbe zu verlieren und bricht beim Zusammendrücken leicht; der Schwanz ist etwas eingerollt; das Fleisch ist zusammengeschrumpft, bei großen Garnelen ist es faserig, bei kleinen teigig; der frische Meeresgeschmack ist verlorengegangen.
*Grund:* zu lange oder zu schnell gegart (geschälte Shrimps und Garnelen sind sehr empfindlich und trocknen bei großer Hitze leicht aus)
→ mit einer pikanten Käse-, Tomaten- oder einer weißen Buttersauce (siehe Seite 110, 120 und 126) servieren.

**WEITERE PROBLEME**

ZU WENIG GESCHMACK
*Grund:* die Krustentiere waren unsachgemäß behandelt oder nicht mehr frisch; nicht ausreichend gewürzt (insbesondere beim Kochen); zu lange gegart (Chlorgeschmack kann von übermäßig viel sulfithaltigen Konservierungsmitteln herrühren)
→ mit einem Dressing anmachen (gut eignen sich Schalotten, Knoblauch, Thymian und Limonen- oder Zitronensaft).

FASERIG ODER WEICH
*Grund:* unsachgemäß behandelt oder nicht mehr frisch; nicht frisch eingefroren; zu lange gegart
→ mit Nüssen oder gerösteten Mandelblättchen bestreuen.

WÄSSRIG (GESCHÄLTE KRUSTENTIERE)
*Grund:* unsachgemäß eingefroren oder gelagert; zu viele Krustentiere im Topf, so daß sich zuviel Flüssigkeit gebildet hat
→ überschüssige Flüssigkeit abschöpfen, und die Krustentiere in kleinen Portionen bei großer Hitze fertiggaren, damit sie braun werden.

# *Scharfe Thai-Suppe mit Garnelen*

4 BIS 6 PORTIONEN

Diese klassische Thai-Suppe kann auf zwei verschiedene Arten zubereitet werden: In der traditionellen thailändischen Küche läßt man sämtliche Zutaten in der Suppe und löffelt beim Essen die eßbaren Bestandteile heraus. In den westlichen Ländern wird die Suppe hingegen meist durchpassiert, bevor man die Garnelen und die Pilze hineingibt.

Bei den Chilischoten und beim Limonensaft können Sie die Mengen nach Belieben variieren, beachten Sie aber, daß es auf ein ausgewogenes Verhältnis von scharfen und sauren Zutaten ankommt.

*500 g mittelgroße Garnelen, roh und ungeschält*
*1 kleines Bund Koriandergrün*
*3 Stengel Zitronengras*
*400 ml Kokosmilch*
*125 g Champignons, in feine Scheiben geschnitten*
*2 EL Fischsauce (Nam pla)*
*Saft von 1/2 Limone*
*Salz*

*FÜR DIE BOUILLON:*
*1 EL Öl*
*2 Knoblauchzehen, fein gehackt*
*3/4 l Wasser*
*Schale von 2 unbehandelten Limonen*
*2–4 frische Chilischoten, entkernt und in feine Streifen geschnitten*
*weißer Pfeffer*

Die Garnelen schälen und die Därme entfernen, die Schalen aufheben. Die Korianderblätter abzupfen und hacken, die Stiele aufbewahren. Die trockenen, faserigen Spitzen des Zitronengrases abschneiden und die äußeren Schichten bis auf das saftige, zarte Innere abschälen. Die abgeschälten Teile aufheben. Das Innere mit dem Messerrücken flachdrücken und in feine Streifen schneiden.

Für die Bouillon das Öl in einer mittelgroßen Pfanne erhitzen und die Garnelenschalen 2 bis 3 Minuten darin anbraten, bis sie eine rosa Farbe annehmen. Den Knoblauch und die abgeschälten Teile des Zitronengrases dazugeben und alles weitere 1 bis 2 Minuten unter Rühren braten, bis es sein Aroma entfaltet. Das Wasser angießen, die Korianderstengel, die Limonenschale und die Hälfte der Chilischoten hinzufügen und mit weißem Pfeffer würzen. Zum Kochen bringen, den Topf zudecken und das Ganze 20 bis 25 Minuten köcheln lassen, bis es gut durchgezogen ist.

Die Brühe in einen Topf seihen, die Kokosmilch unterrühren und aufkochen lassen. Die Garnelen salzen und mit den Pilzen und dem geschnittenen Zitronengras in die Brühe geben. 2 bis 3 Minuten köcheln lassen, so daß die Garnelen und die Pilze gerade gar sind. Die Fischsauce, die restlichen Chilischoten, den Limonensaft und den gehackten Koriander unterrühren und abschmecken. Sofort servieren, solange die Suppe noch ihr volles Aroma hat.

**MEIN TIP**

Wenn ich befürchten muß, meine Shrimps, Garnelen oder Krebse könnten zu wenig Geschmack haben, bereite ich daraus einen schnellen Salat zu. Dazu für 375 g geschälte, gekochte und gehackte Krustentiere 150 g gehackten Stangensellerie, 125 g Mayonnaise, 1 mittelgroße, feingehackte Zwiebel, 4 grobgehackte, hartgekochte Eier, den Saft von 1/2 Zitrone, 1/2 TL Paprikapulver, Salz und Pfeffer verrühren. Die Krustentiere dazugeben und durchmischen. Abschmecken und auf einem Bett aus Salatblättern anrichten. Ergibt 3–4 Portionen.

# Ausgelöste Muscheln und Austern

*Backen, grillen, in der Pfanne braten, sautieren, kochen, schmoren*

DAS AUSGELÖSTE FLEISCH VON MUSCHELN UND AUSTERN in ihrem eigenen, natürlichen Gehäuse, der Schale, zu garen, ist ein Brauch, der überall auf der Welt anzutreffen ist. In Amerika beispielsweise finden Sie Gebackene Muscheln mit Knoblauch, grünem Paprika und Speck (siehe Seite 26) und gebackene Austern à la Rockefeller mit Spinat und Käsesauce. Die Belgier füllen ihre riesigen Muscheln mit Zwiebel, Tomate und Käse, während für die Franzosen, soweit ich feststellen konnte, nur die edlen Austern in Champagnersauce in Frage kommen. An den Küsten Amerikas werden ausgelöste Muscheln und Austern nach Größe in Gefäße abgefüllt und so zum Kauf angeboten. Sie eignen sich hervorragend für Suppen, Eintöpfe und Beignets. Sie können sie aber selbstverständlich auch selbst auslösen und für Gerichte wie etwa *angels on horseback* verwenden, bei denen das Fleisch mit Speck umwickelt wird. Ich habe einmal einen *peacemaker*, eine Spezialität aus dem Süden der USA, probiert. Das ist ein mit geschmorten Austern und Sahnesauce gefülltes Baguette – ein unvergeßlicher Genuß!

Vor dem Auslösen und Garen müssen Muscheln und Austern gründlich abgebürstet werden. Bereits geöffnete Muscheln, die sich durch leichtes Zusammendrücken nicht mehr schließen lassen, müssen weggeworfen werden, denn sie könnten tot sein. Bei stark verschmutzten Exemplaren empfiehlt es sich, auch das Fleisch zu reinigen, indem man sie etwa 1 Stunde in Meer- oder Salzwasser legt, damit sich Sand und Steinchen lösen.

**RICHTIG** – das Fleisch ist prall, saftig und gerade durchgewärmt, an den Rändern wellt es sich; der Geschmack ist meeresfrisch und würzig; eventuelle Beläge oder Saucen sind leicht gebräunt.

ZERKOCHT – das Fleisch ist trocken und zusammengeschrumpft; der aromatische Geschmack ist verlorengegangen; Beläge oder Saucen sind meist eingekocht oder ausgetrocknet.
*Grund:* zu lange oder zu schnell gegart (legt man das Fleisch zum Garen auf eine Schalenhälfte, gart es durch die Wärme der Schale weiter; stehen die Schalen nicht gerade, kann Flüssigkeit verlorengehen)
→ halbe Muscheln mit etwas zerlassener Butter, Öl oder einer Vinaigrette beträufeln und mit gehackter Tomate, Kräutern, knusprig gebratenem Speck oder, zum Beispiel als Kontrast zu einer hellen Sauce, 1 Löffel Kaviar bestreuen; ausgelöstes Muschelfleisch mit einem aromatisierten Öl, etwa Chili- oder dunklem Sesamöl, oder einer Vinaigrette mit Schalotten anmachen. Ist das Fleisch sehr zerkocht, hacken und in einer Tomaten- oder einer anderen pikanten Sauce (siehe Seite 126–127) zu Nudeln reichen.

## WEITERE PROBLEME

SANDIG
*Grund:* die Muscheln wurden auf sandigem Boden oder nach einem Sturm gesammelt.
→ Fleisch auslösen, Fleisch und Gehäuse abspülen und die Muscheln wieder in die Schale geben (etwas Geschmack geht verloren).

SALZIG
*Grund:* zuviel Salz oder salzige Zutaten, wie Speck, verwendet.
→ weitere Zutaten möglichst wenig würzen.

## MEIN TIP

Hacken Sie zu lange gegartes Muschelfleisch und verwenden es für Pfannkuchen. Dazu für 175 g gehacktes Muschelfleisch 125 g Mehl mit 1 3/4 TL Backpulver, 1/2 TL Salz, 1/2 TL Zucker und 1 Prise gemahlenem schwarzen Pfeffer in eine Schüssel sieben. Die Kochflüssigkeit durch ein Tuch oder ein Haarsieb seihen und 4 EL abmessen. Eine Mulde in das Mehl drücken und die Kochflüssigkeit mit 175 ml Milch, 2 TL zerlassener Butter und 1 Ei hineingeben. Das Ganze mit einem Schneebesen verrühren und anschließend das Mehl untermengen, bis ein glatter Teig entstanden ist. Das gehackte Muschelfleisch und 1 EL gehackten Thymian untermischen. In einer Bratpfanne mit 10 cm Durchmesser 1–2 EL Butter erhitzen, bis sie zu schäumen beginnt. Mit einem Schöpflöffel 2–3 EL Teig hineingießen und zu einem Pfannkuchen zerlaufen lassen. 2–3 Minuten kräftig braten, bis der Teig fest und braun ist, wenden und auf der anderen Seite backen. Die restlichen Pfannkuchen ebenso zubereiten und gegebenenfalls noch etwas Butter in die Pfanne geben. Mit saurer Sahne servieren. Ergibt 10–12 Pfannkuchen bzw. 4–6 Portionen.

# Ganze Muscheln

*Braten, dünsten*

WÄHREND ES IN NEUENGLAND DIE BESTEN HUMMER GIBT, findet man in Dieppe in der Normandie die besten Muscheln der Welt. Wir besaßen dort an der Küste früher einmal ein Ferienhaus, und die ganze Familie aß diese Muscheln für ihr Leben gern. Meist kochten wir sie *à la marinière*, das heißt mit Zwiebel, Weißwein und Petersilie, bis sich die Schalen gerade zu öffnen begannen. Gut schmecken sie aber auch, wenn man sie dünstet oder wie in Portugal langsam mit Würstchen und Knoblauch gart. Man kann sie aber auch bei einem Picknick zusammen mit Mais, Hummer und Hähnchen auf heißen Steinen backen. Wofür Sie sich auch entscheiden, machen Sie es sich möglichst einfach!

Vor dem Kochen müssen die Muscheln gründlich geschrubbt werden. Muscheln, die sich durch leichtes Zusammendrücken nicht mehr schließen lassen, müssen dabei aussortiert werden, denn sie könnten tot sein und sollten nicht mehr gegessen werden. Bei stark verschmutzten Exemplaren empfiehlt es sich, diese für 1 oder 2 Stunden in Meer- oder Salzwasser zu legen, um das Fleisch von Sand und Steinchen zu reinigen. Muscheln haben häufig einen leicht salzigen Geschmack. Deshalb sollte man sie erst nach dem Garen salzen und sie zuvor abschmecken.

NICHT GAR – die meisten Muscheln haben sich noch nicht geöffnet.
*Grund:* Temperatur zu niedrig; Garzeit zu kurz; Topf nicht geschlossen, ungleichmäßige Wärmezufuhr
→ umrühren und den Topf zudecken; weitergaren und gegebenenfalls die Temperatur erhöhen.

**RICHTIG** – die Muscheln sind geöffnet, das Fleisch ist saftig und prall; frischer Meeresgeruch und pikanter Geschmack. Zu beachten: Muscheln, die sich nicht geöffnet haben, sollten aussortiert werden.

## WEITERE PROBLEME

SANDIG
*Grund:* die Muscheln wurden auf sandigem Grund oder nach einem Sturm gesammelt
→ die Kochflüssigkeit durch ein Tuch seihen. Ist das Fleisch von Steinchen durchsetzt, ist keine Abhilfe möglich.

ZERKOCHT UND ZÄH – die Muscheln sind weit geöffnet, das Fleisch ist zusammengeschrumpft; der salzige Geschmack hat sich verstärkt, die Flüssigkeit hat sich am Topfboden gesammelt.
*Grund:* zu lange gegart; der Topf wurde während des Garens nicht gerüttelt
→ siehe Mein Tip.

## MEIN TIP

Zu lange gegarte Muscheln auslösen und für ein Nudelgericht verwenden. Für 175 g gehackte, gekochte Muscheln müssen Sie 250 g Nudeln rechnen. Die Kochflüssigkeit der Muscheln durchseihen und mit Wasser auf 1/4 l auffüllen. 2 EL Olivenöl in einer Pfanne erhitzen und 2 gehackte Knoblauchzehen 30 Sekunden darin anbraten. Die Kochflüssigkeit angießen, 125 g Crème double dazugeben und mit Pfeffer und 1 Prise Muskat abschmecken. Die Sauce bei schwacher Hitze leicht eindicken lassen. Das Muschelfleisch, 2 EL gehackte Petersilie und 2 EL entsteinte, gehackte schwarze Oliven unterrühren und das Ganze vorsichtig mit den Nudeln vermischen. Ergibt 2 Portionen.

## Tintenfisch und Oktopus

Außerhalb des Mittelmeerraums hielt man Tintenfisch und Oktopus früher für einen kulinarischen Scherz. Ich kann mich noch gut daran erinnern, wie mein Vater, der in Yorkshire geboren war, über einen in der eigenen Tinte gegarten Tintenfisch spottete, den ich unbedingt einmal zubereiten wollte.

Doch diese Zeiten sind inzwischen vorbei. Heute sind wir alle mit tiefgefrorenem Tintenfisch vertraut und haben vielleicht sogar schon einmal Bekanntschaft mit gegrilltem Oktopus oder Gerichten wie Nudelsalat mit Tintenfisch und roter Zwiebel oder dem griechischen gefüllten Tintenfisch mit Reis, Korinthen und viel Knoblauch gemacht.

Man sollte Tintenfisch und Oktopus entweder nur ganz kurz braten, fritieren oder pochieren oder aber langsam bei schwacher Hitze als Eintopf mit vielen Aromen garen. Zunächst werden sie dabei zwar zäh, dann aber allmählich weicher und behalten eine leicht gummiartige Beschaffenheit. Für den Kenner ein Genuß!

**RICHTIG** – der Tintenfisch ist so weich, daß er sich mit dem Fingernagel zerteilen läßt; er ist saftig und nicht zäh und hat einen zarten, leicht salzigen Geschmack.

## *Gebackene Muscheln mit Knoblauch, grünem Paprika und Speck*

4 PORTIONEN

Dieses Rezept, auch Muscheln Casino genannt, eignet sich auch gut für Austern oder große Muscheln. Um den Muschelschalen auf dem Backblech Halt zu geben, empfehle ich Zitronenscheiben anstelle des sonst üblichen groben Meersalzes, das nur zu leicht in die Schalen gelangt.

*24 Venusmuscheln*
*4 Zitronen*
*1 EL Pflanzenöl*
*1 grüne Paprikaschote, entkernt und fein gewürfelt*
*2 Knoblauchzehen, fein gehackt*
*6 dünne Scheiben Speck*

Den Backofen auf 220 °C (Gas Stufe 4) vorheizen. Die Muscheln unter fließendem kaltem Wasser abbürsten und anschließend öffnen. Dazu jede einzelne Muschel mit einem Tuch in die Handfläche legen und mit der Spitze eines kleinen Messers in der Nähe des Scharniers zwischen die Schalen fahren. Das Messer dann drehen und die Schalen dabei aufbrechen. Das Fleisch von den Schalen lösen. Die untere Schale ausspülen und das Muschelfleisch darauf setzen. 1 Zitrone auspressen und die restlichen Früchte in Scheiben schneiden (Sie benötigen 24 Scheiben). Die Zitronenscheiben auf einem Backblech verteilen und die Muschelschalen darauf setzen.

Das Öl in einer kleinen Pfanne erhitzen und die Paprikawürfel 3 bis 5 Minuten darin weich dünsten. Den Knoblauch dazugeben und 1 bis 2 Minuten weitergaren, bis er sein Aroma entfaltet. Den Speck in Stücke von der Größe der Muscheln schneiden.

Das Muschelfleisch mit etwas Zitronensaft beträufeln, mit der Paprika-Knoblauch-Mischung bestreuen und mit dem Speck belegen. 8 bis 10 Minuten im Ofen backen, bis der Speck knusprig ist und die Muscheln gerade gar sind. Mit den Zitronenscheiben auf Tellern anrichten und sofort servieren.

*Gebackene Muscheln mit Knoblauch, grünem Paprika und Speck*

## *Spaghetti mit roter Muschelsauce*

4 PORTIONEN

Je weniger Zutaten, um so besser müssen sie sein – deshalb kommt es hier auf besonders frische Muscheln und besonders reife Tomaten an.

*500 g Spaghetti*
*4 EL Olivenöl*
*Salz und Pfeffer*
*2 EL gehackte Petersilie*

*FÜR DIE SAUCE:*
*2 kg kleine Muscheln*
*1/4 l Weißwein*
*2 EL Olivenöl*
*2 Zwiebeln, fein gehackt*
*6 Knoblauchzehen, fein gehackt*
*1,5 kg Tomaten, enthäutet, entkernt und gehackt*
*1 Lorbeerblatt*

Für die Spaghetti Salzwasser in einem großen Topf zum Kochen bringen. Die Muscheln unter fließendem kaltem Wasser abbürsten und dabei die Bärte mit einem scharfen Messer entfernen. Muscheln, die sich durch leichtes Zusammendrücken nicht mehr schließen lassen, aussortieren.

Die Muscheln zunächst dünsten, damit sie sich öffnen. Dazu in einen großen Topf mit den Weißwein geben, diesen fest verschließen und die Muscheln bei mittlerer Hitze 4 bis 5 Minuten garen. Dabei einmal umrühren. Die Muscheln anschließend aus dem Topf nehmen und die Flüssigkeit aufheben. Geschlossene Muscheln aussortieren und die übrigen Muscheln zudecken, um sie warm zu halten.

Für die Sauce das Olivenöl in einer Pfanne erhitzen und die Zwiebeln 4 bis 5 Minuten etwas darin anbräunen. Den Knoblauch dazugeben und 1 bis 2 Minuten mitbraten, bis er sein Aroma entfaltet. Die Muschelflüssigkeit angießen und dabei darauf achten, daß kein Sand mit hineingelangt. Zum Schluß die Tomaten und das Lorbeerblatt hinzufügen und das Ganze 5 bis 8 Minuten köcheln lassen, bis die Sauce etwas eingedickt ist.

Die Spaghetti ins kochende Wasser geben und unter gelegentlichem Rühren 5 bis 7 Minuten bißfest garen. Abgießen, wieder in den Topf geben und in Olivenöl schwenken. Anschließend in eine Schüssel umfüllen und warm stellen.

Das Lorbeerblatt aus der Sauce nehmen und diese über die Muscheln gießen. Umrühren, 1 bis 2 Minuten erwärmen und abschmecken (Salz wird nicht nötig sein, denn die Muscheln haben bereits einen salzigen Geschmack). Die Spaghetti mit der Muschelsauce begießen, mit Petersilie bestreuen und servieren.

*Spaghetti mit roter Muschelsauce*

# Jakobsmuscheln

*Backen, grillen, in der Pfanne oder im Ofen braten, pochieren, sautieren, dünsten*

DER HUMMER GILT ZWAR ALS DER KÖNIG UNTER DEN KRUSTENTIEREN, aber ich finde, saftige, frisch gebratene und in Butter karamelisierte Jakobsmuscheln stehen ihm kaum nach. Jakobsmuscheln gehören zu den Kammuscheln. In den USA und Kanada sind die wichtigsten Arten der Sea Scallop und der Bay Scallop, in Europa erfreuen sich die Pilger- oder Jakobsmuscheln und die Große Pilgermuschel besonderer Beliebtheit. Nachdem Sie sie sorgfältig auf Küchenpapier getrocknet haben, würzen Sie sie zunächst mit Salz und Pfeffer. Die weitere Zubereitung ist einfach: Sie können sie mit Fenchel in der Pfanne braten, wie in der Normandie in Cidre und Sahne pochieren, mit Kirschtomaten auf Spießen grillen oder wie in Spanien mit Zwiebel, Knoblauch, Schinken und Paniermehl als Gratin zubereiten. Jakobsmuscheln harmonieren gut mit süßlichen Gewürzen wie Kümmel, Koriander und Safran. Aber eines vertragen sie keinesfalls – zu langes Garen.

**RICHTIG KURZGEGART** – das Fleisch ist je nach Garverfahren prall und weiß oder ganz leicht gebräunt; auf Druck gibt es nach (Daumentest, Zeigefinger, siehe rechts); der Geschmack ist süßlich und aromatisch.

**RICHTIG DURCHGEGART** – das Fleisch ist je nach Garverfahren prall und weiß oder leicht gebräunt; auf Druck gibt es nicht nach (Daumentest, Ringfinger, siehe rechts); der Geschmack ist süßlich und aromatisch.

### PROBLEMFÄLLE

ZERKOCHT UND ZÄH
*Grund:* zu lange oder zu schnell gegart
→ mit einem aromatisierten Öl, zum Beispiel Oliven- oder Walnußöl, zerlassener Butter oder einer Vinaigrette beträufeln oder mit einer Sauce hollandaise oder einer gehaltvollen Buttersauce (siehe Seite 118 und 120) servieren.

ZU WENIG GESCHMACK
*Grund:* die Jakobsmuscheln waren nicht frisch oder wurden unsachgemäß gelagert; zuviel Phosphat im Konservierungsmittel; nicht ausreichend gewürzt; zu lange gegart
→ eine gut mit Safran, frischem Ingwer, Tomate oder Kräutern, etwa Basilikum oder Dill, abgeschmeckte helle Samt- oder Buttersauce (siehe Seite 112 und 120) dazu reichen.

WÄSSRIG, SCHWER ZU BRÄUNEN
*Grund:* nicht sorgfältig getrocknet; phosphathaltiges Konservierungsmittel; zu viele Muscheln auf einmal gegart; Pfanne nicht heiß genug
→ überschüssige Flüssigkeit nach dem Garen abgießen und die Muscheln dann in kleinen Portionen bei großer Hitze fertiggaren, damit sie Farbe annehmen.

### DER DAUMENTEST

Eine einfache Methode, um den Garzustand eines Stücks Fisch, Fleisch oder Geflügel zu ermitteln, besteht darin, dessen Elastizität mit der Ihres Daumenballens zu vergleichen. Je weiter der Daumen gestreckt werden muß, desto fester wird der Muskel.

DAUMEN – ZEIGEFINGER
*bei kurzgegartem Fisch und nicht durchgebratenem Fleisch* – führen Sie Daumen und Zeigefinger der einen Hand zusammen und drücken dabei mit einer Fingerspitze der anderen Hand den Daumenballen: Sie spüren keinen Widerstand.

DAUMEN – MITTELFINGER
*bei halbgarem Fleisch* – führen Sie Daumen und Mittelfinger zusammen und drücken den Daumenballen: Sie spüren einen leichten Widerstand.

DAUMEN – RINGFINGER
*bei durchgegartem Fisch und medium gegartem Fleisch, Wild oder Ente* – führen Sie Daumen und Ringfinger zusammen und drücken den Daumenballen: Sie spüren einen stärkeren Widerstand.

DAUMEN – KLEINER FINGER
*bei durchgegartem Fleisch oder Geflügel* – führen Sie Daumen und kleinen Finger zusammen und drücken den Daumenballen: Er fühlt sich fest an.

# *Gegrillte Jakobsmuscheln mit Schinken-Sahne-Sauce*

4 PORTIONEN (6 bis 8 Portionen als Vorspeise)

Diese samtige Sauce mit Schinken und Champignons mag einem zwar auf den ersten Blick als nichts Außergewöhnliches erscheinen, ist aber die ideale Umhüllung für frische, süßliche Jakobsmuscheln. Wenn immer möglich, sollten Sie die Champignons durch Wildpilze ersetzen.

*750 g Jakobsmuscheln*
*30 g Butter*
*Pflanzenöl für den Grillrost*

*FÜR DIE SAUCE:*
*75 g Schinken in dünnen Scheiben*
*30 g Butter*
*1 EL Olivenöl*
*1 Knoblauchzehe, fein gehackt*
*1 Schalotte, fein gehackt*
*1 kleine Möhre, fein gewürfelt*
*3 EL Weißwein*
*165 g Champignons, gewürfelt*
*4 EL Crème double oder Crème fraîche*
*30 g kalte Butter in Stücken*
*Salz und Pfeffer*
*2 EL gehackte Petersilie*

Für die Sauce den Schinken in dünne, etwa 2 cm lange Streifen schneiden. Die Butter und das Olivenöl in einem Topf erhitzen und den Knoblauch und die Schalotte 1 bis 2 Minuten darin andünsten, bis sie ihr Aroma entfalten. Die Möhre dazugeben und 1 bis 2 Minuten garen, bis sie weich zu werden beginnt. Den Wein hinzufügen und unter Rühren auf die Hälfte einkochen lassen. Die Pilze untermischen und 1 bis 2 Minuten garen, bis sie etwas weich sind. Die Crème fraîche und den Schinken unterrühren und die Sauce 1 bis 2 Minuten eindicken lassen.

Bei geringer Wärmezufuhr nach und nach die Butterstückchen unterrühren, bis eine glatte, cremige Sauce entstanden ist. Den Topf dabei immer wieder vom Herd nehmen, damit die Butter weich wird und die Sauce eindickt, ohne zu zerlaufen. Mit Salz und Pfeffer abschmecken und die Sauce zum Warmhalten auf einen Topf mit heißem, aber nicht kochenden Wasser stellen.

Nun den Backofengrill vorheizen. Die kleinen, halbmondförmigen Muskeln von den Jakobsmuscheln entfernen. Die Muscheln unter fließendem Wasser abwaschen und mit Küchenpapier trockentupfen. Auf den geölten Grillrost legen, mit Butterflöckchen besetzen und mit Salz und Pfeffer würzen. Den Grillrost etwa 7,5 cm unterhalb des Grills einschieben und die Muscheln auf beiden Seite jeweils 2 bis 3 Minuten grillen, bis sie gar sind.

In der Zwischenzeit die Petersilie bis auf 1 Teelöffel in die Sauce rühren. Die Sauce auf vier vorgewärmte Teller verteilen, die gegrillten Jakobsmuscheln darauf anrichten und mit der restlichen Petersilie bestreuen. Sofort servieren.

### MEIN TIP

Zu lange gegarte, zähe oder geschmacklose Jakobsmuscheln können Sie für einen Nudelsalat verwenden. Für 750 g Muscheln rechnet man 500 g bunte Nudeln, beispielsweise Muschelnudeln oder Fusilli. In einer kleinen Schüssel den Saft von 3 Zitronen, 2 Limonen und 1 Orange verrühren. 5 EL Pflanzenöl und 2 EL grobgehackte Petersilie unterrühren. Die Jakobsmuscheln gut abtropfen lassen und in dünne Scheiben schneiden. Sie sind dann weniger zäh. Zu den Nudeln geben, mit der Sauce begießen, durchmischen und abschmecken. Ergibt 4 Portionen.

## Rohen Fisch und Schalentiere marinieren

Im wesentlichen gibt es zwei Möglichkeiten, rohen Fisch und Schalentiere zu marinieren: entweder als sogenannten Carpaccio (nach dem italienischen Rindfleischgericht), bei dem der in hauchdünne Scheiben geschnittene Fisch mit Gewürzen bestreut und mit Marinade beträufelt wird, oder als südamerikanisches *seviche*, bei dem der Fisch oder die Schalentiere in Streifen oder Stücke zerteilt werden. In beiden Fällen wird der Fisch durch die für die Marinade verwendete Säure leicht gegart. Das klassische *seviche* wird mit Limonensaft oder Essig mariniert und scharf mit Chili gewürzt. Es läßt sich aber, als mildere Variante, auch einfach nur mit einer Vinaigrette herstellen. Die Marinierzeit kann 1 bis 2 Tage betragen.

Der Fisch muß absolut frisch sein, und es eignen sich nur wenige Sorten mit festem, süßlichem Fleisch. An erster Stelle stehen hier Lachs und Jakobsmuscheln, gut geeignet sind aber auch Seebarsch, Scholle, weißer Thunfisch, Seewolf, Seezunge und Tintenfisch.

**RICHTIG** *(rechts)* – der Fisch (hier Lachs) hat eine leuchtende, weiße oder rosa Farbe und ist durch die Säure leicht blanchiert; er hat einen ausgewogenen, säuerlich-pikanten Geschmack, der feine Geschmack von ganz frischem rohen Fisch oder Meeresfrüchten wird aber nicht überdeckt.
ZU STARK GEGART *(links)* – die Farbe ist ausgeblichen und fleckig; der frische Geschmack ist verlorengegangen.
*Grund:* zuviel Säure, insbesondere Zitrussäure; zu viele scharfe Gewürze, etwa grüner Pfeffer, gehackte Zwiebel, Chilischote; zu lange mariniert (bei sehr dünnen Fischscheiben sind 5 Minuten ausreichend, dickere Scheiben oder Streifen benötigen bis zu 12 Stunden)
→ der saure Geschmack läßt sich durch Beträufeln mit Öl etwas mildern.

# Fritierte Fische und Meeresfrüchte

OB FISH AND CHIPS IN ENGLAND, Tempura in Japan, fritierte Austern in Amerika, der *fritto misto* in Italien oder die *petite friture* in Frankreich – es ist keineswegs Zufall, daß fritierter Fisch überall zu den Nationalgerichten zählt. Eine Hülle aus Mehl, Fritierteig oder Paniermehl schließt den Saft und den feinen Geschmack ein, und der Fisch gelangt ganz heiß auf Ihren Tisch. Sehr viel mehr bedarf es nicht, lediglich einen Spritzer Zitronensaft, etwas Essig oder eventuell einen leichten asiatischen Dip. Reichhaltigere Saucen, etwa die pikante französische Sauce tartare oder die griechische *skordalia* mit viel Knoblauch, sind zwar verlockend, aber keineswegs unbedingt erforderlich.

Da beim Fritieren alles sehr schnell gehen muß, kommt es besonders auf eine sorgfältige Vorbereitung an. Waschen Sie den Fisch und tupfen ihn trocken. Wenn Sie eine Panade aus Ei und Paniermehl verwenden, wälzen Sie den Fisch frühzeitig darin, legen die Teile dann auf ein Backblech und stellen sie kalt. So wird die Panade trocken und um so knuspriger. Verwenden Sie hingegen Mehl oder einen Fritierteig, sollten Sie den Fisch erst unmittelbar vor der Zubereitung darin wälzen. Während Sie das Fritierfett erhitzen, legen Sie sich alles bereit, was Sie benötigen: den Fritiereinsatz, einen Schaumlöffel und ein mit Küchenpapier ausgelegtes Kuchengitter zum Abtropfen. Auch wenn Sie mit einem Thermostat arbeiten, sollten Sie die Temperatur des Fettes mit einem Tropfen Teig oder einem kleinen Stückchen Fisch prüfen. Dann endlich können Sie mit dem Fritieren beginnen. Sie werden dazu nur wenige Minuten benötigen.

Das Fritieren selbst dauert nicht lange, es kommt aber darauf an, daß es erst unmittelbar vor dem Servieren geschieht. Lassen Sie den Fisch oder die Meeresfrüchte anschließend auf Küchenpapier abtropfen und geben Sie sie gegebenenfalls zum Warmhalten kurz in den warmen, geöffneten Backofen, während Sie den Rest fritieren.

NICHT GAR – die Kruste hat eine blasse Farbe, ist häufig feucht und haftet nicht am Fritiergut; bei Meeresfrüchten ist das Fleisch hart, bei Schalentieren weich und zum Teil durchsichtig.
*Grund:* das Fett war nicht heiß genug (je nach Größe der Stücke liegt die richtige Temperatur zwischen 175 und 190 °C); es wurde zuviel Fritiergut auf einmal ins Fett gegeben, dadurch hat es sich abgekühlt; Fritierzeit zu kurz
→ das Fritiergut herausnehmen und abtropfen lassen, das Fett auf die richtige Temperatur erhitzen, den Fisch nochmals hineingeben und fertiggaren.

RICHTIG – das Fleisch ist saftig und undurchsichtig; die Kruste ist gleichmäßig goldbraun; der Geschmack ist pikant und intensiv.

## MEIN TIP

Bestreuen Sie Ihren Fisch doch einmal mit fritierten Kräutern. Während das Fritierfett etwas abkühlt, 1 großes Bund Petersilie waschen, die Blättchen abzupfen und sorgfältig auf Küchenpapier trocknen. 1 Bund Basilikum und/oder Salbei waschen, abzupfen und die Blätter ebenfalls trocknen. Eine Handvoll Petersilie ins Fett geben und etwa 30 Sekunden fritieren, bis das Fett nicht mehr spritzt. Den Fritierkorb dann sofort herausnehmen oder die Kräuter mit einem Schaumlöffel herausheben. Mit den restlichen Kräutern ebenso verfahren. Den Fisch damit bestreuen und servieren.

## WEITERE PROBLEME

ZERKOCHT
*Grund:* das Fett war zu heiß, so daß die Hülle bereits verbrannt ist, bevor der Fisch gar ist; Fritierzeit zu lange
→ mit dünnen Pommes frites und einer kalten Sauce, zum Beispiel der Tomatensalsa mit Koriander auf Seite 129, servieren.

ZU WENIG GESCHMACK
*Grund:* der Fisch oder die Hülle waren nicht ausreichend gewürzt; der Fisch oder die Meeresfrüchte haben keinen sehr intensiven Geschmack; das Öl überdeckt den Fischgeschmack
→ mit Zitronensaft oder Essig beträufeln und mit einer pikanten Sauce, etwa einer Sauce tartare oder einer Vinaigrette servieren.

KRUSTE FEUCHT
*Grund:* Teig war zu dünn oder Paniermehl nicht trocken; Temperatur zu niedrig
→ das Fritiergut sorgfältig abtropfen lassen, das Fett auf 190 °C erhitzen und den Fisch noch einmal kurz darin fritieren.

KRUSTE HAFTET NICHT
*Grund:* das Fritiergut war nicht trocken; Teig war zu dünn oder Paniermehl nicht trocken; Fritierfett nicht heiß genug
→ keine Abhilfe möglich.

## *Fischfilets im Bierteig*

4 BIS 6 PORTIONEN

Ich wähle hier drei Fischarten, die besonders gerne zum Fritieren genommen werden. Es eignen sich aber auch viele andere. Verwenden Sie möglichst frischen Fisch, wenn möglich mit unterschiedlichem Fleisch. Bier wird gerne für Fritierteige verwendet, denn es macht fritierte Speisen leichter verdaulich, und der Teig wird lockerer. Dazu serviere ich meist ein asiatisches Dressing (siehe Mein Tip, Seite 35) als Dip.

*250 g Lachsfilet, enthäutet*
*250 g Kabeljaufilet, enthäutet*
*250 g Catfish- (Zwergwels-) oder Weißfischfilet, enthäutet*
*45 g Mehl, mit Salz und Pfeffer gewürzt*
*Öl zum Fritieren*

*FÜR DEN BIERTEIG:*
*150 g Mehl*
*1/2 TL Salz*
*1 Ei, getrennt*
*300 ml Bier*
*1 EL Pflanzenöl*

Für den Teig das Mehl mit dem Salz in eine große Schüssel sieben und in der Mitte eine Mulde eindrücken. Das Eigelb und die Hälfte des Biers hineingeben. Umrühren und nach und nach das Mehl unterarbeiten, bis ein glatter Teig entstanden ist. Anschließend das restliche Bier und das Öl unterrühren. Achtung: Nicht zu lange rühren, sonst wird der Teig zäh. Zudecken und 15 bis 30 Minuten ruhenlassen, damit das Mehl ausquellen kann und der Teig locker wird.

Das Fritierfett auf 190 °C erhitzen. Die Fischfilets waschen und mit Küchenpapier trockentupfen. Die Filets dann in jeweils vier gleich große Stücke zerteilen.

Das Eiweiß zu einem steifen Schnee schlagen und vorsichtig unter den Teig heben.

Die Fischfilets in Mehl wälzen, überschüssiges Mehl abklopfen. Zunächst ein Stück Fisch in den Teig tauchen und in das heiße Öl geben. Anschließend 3 bis 4 weitere Stücke ins Fett geben und je nach Dicke 3 bis 4 Minuten fritieren. Zum Abtropfen auf Küchenpapier legen und warm stellen. Mit den restlichen Filetstücken ebenso verfahren.

Die Filets auf vier vorgewärmten Tellern anrichten, ein Schälchen mit einem Dip dazustellen und sofort servieren.

# Eintöpfe

FRÜHER DIENTEN EINTÖPFE DAZU, FISCHABFÄLLE ZU VERARBEITEN, zum Beispiel grobe Stücke mit großen Gräten, grätenreiche Fische, die sich nicht zum Filetieren eigneten oder beschädigten Fisch, den man zu nichts anderem verwenden konnte. Heute würde man das angesichts der hohen Preise nicht mehr tun, und jedes Rezept, mit dem man aus Köpfen und Gräten, aber auch aus dem Fleisch, ein Maximum an Geschmack herausholen kann, erfreut sich großer Beliebtheit. Geeignet sind nahezu alle Arten von Fisch und Meeresfrüchten. Zu meinen Lieblingsgerichten zählen die scharfe *gumbo* mit Shrimps und Okra aus Louisiana, die bretonische *cotriade* mit Kabeljau, Kartoffeln, Muscheln und Sahne und selbstverständlich die provenzalische Bouillabaisse mit Safran. Zu nennen wären aber auch noch der flämische *waterzöi* aus Aal mit Lauch und Sellerie oder der italienisch-amerikanische *cioppino* aus Seebarsch, Muscheln und Krabben, der mit Tomaten und Knoblauch zubereitet wird.

Woher er auch stammt, die Grundregeln für einen Fischeintopf sind stets die gleichen. Fisch mit einer kurzen Garzeit sollte in größeren Stücken verwendet werden. Bei längerer Garzeit wird er besser in kleinere Stücke zerteilt. Der Fisch mit der längsten Garzeit kommt als erstes in den Topf, dann nach und nach je nach Garzeit die übrigen Sorten. Achten Sie darauf, daß die Kochflüssigkeit gut gewürzt ist und der Fisch nur knapp damit bedeckt ist. Er sollte nicht wie im Meer darin schwimmen.

**RICHTIG** – die Fischstücke sind halbgar (in der Mitte noch etwas durchsichtig) oder aber durchgegart; die Meeresfrüchte sind prall und zart, aber noch fest, wenn man sie mit den Fingern zusammendrückt; die Brühe ist konzentriert und dünnflüssig oder aber dick genug, daß sie etwas an einem Löffelrücken haften bleibt; Geschmack und Farbe sollten kräftig sein.

### MEIN TIP

Verwenden Sie zerkochten Fisch für eine Suppe. Die Fischstücke oder die Meeresfrüchte aus der Kochflüssigkeit nehmen. Den Fisch enthäuten und entgräten und die Meeresfrüchte beiseite stellen. Den Fisch in 2–3 Portionen mit etwas Kochflüssigkeit pürieren. Das Püree in einen Suppentopf geben, die restliche Kochflüssigkeit hinzufügen, aufkochen lassen und mit Cayennepfeffer, Salz und Pfeffer abschmecken. Ist das Püree sehr dick, mit etwas Sahne, Milch oder Wasser verdünnen. Die Meeresfrüchte hineingeben, vorsichtig erwärmen und mit Weißwein, Zitronensaft oder Tomatenmark abschmecken.

### PROBLEMFÄLLE

ZU WENIG GESCHMACK
*Grund:* Fisch war unsachgemäß behandelt oder nicht mehr frisch; nicht ausreichend gewürzt; es fehlt an pikanten Zutaten
→ mit Zwiebel, Porree, Fenchel oder Sellerie und mit pikanten Gewürzen wie frischem Ingwer, Knoblauch und Safran anreichern; darauf achten, daß die Kochflüssigkeit gut gewürzt ist, etwa mit Weißwein, Sojasauce und Kräutern wie Lorbeer, Dill, Koriander, Petersilie oder Estragon; vor dem Servieren mit Salz, Pfeffer, Chiliöl, Essig, asiatischer Fischsauce, Sojasauce, Cayennepfeffer, Limonen- oder Zitronensaft abschmecken.

BRÜHE ODER SAUCE DÜNN UND GESCHMACKLOS
*Grund:* Fisch war unsachgemäß behandelt oder nicht mehr frisch; zuviel Flüssigkeit
→ den Fisch herausnehmen, die Flüssigkeit richtig abschmecken und den Fisch wieder hineingeben; siehe auch Zu wenig Geschmack.

FISCH UNGLEICHMÄSSIG GEGART
*Grund:* Fischstücke haben nicht die richtige Größe oder wurden in der falschen Reihenfolge gegart; die Stücke liegen nicht locker im Topf, so daß die unteren Schichten vor den oberen gar sind
→ fertige Stücke in Schüsseln umfüllen und warm stellen, den Rest weitergaren.

ZERKOCHT – Fisch ist zerfallen, Meeresfrüchte sind zäh; die Sauce ist glanzlos.
*Grund:* die Suppe hat zu stark gekocht; zu lange gegart
→ möglichst nicht umrühren, damit der Fisch nicht zerfällt; den Eintopf deshalb gleich in vorgewärmten Suppentassen servieren und nicht erst in eine Terrine füllen; eine pikante Sauce dazu reichen.

# Fisch und Meeresfrüchte im Wok garen

DAS KURZE BRATEN IM WOK, URSPRÜNGLICH EIN ASIATISCHES GARVERFAHREN, wird inzwischen überall auf der Welt angewandt. Bunt aus verschiedenen Landesküchen zusammengewürfelte Gerichte wie kurzgebratenes Haifischfleisch mit scharfem Gemüse oder Garnelen mit Möhren, weißem Rettich und Porree sind deshalb heute nichts Außergewöhnliches mehr. Trotzdem sind Klassiker wie die chinesischen Muscheln in schwarzer Bohnensauce oder das vietnamesische *ca sao mang tuoi* (Barsch mit Bambussprossen und getrockneten Pilzen) nicht zu schlagen.

Die asiatischen Köche sind Meister darin, ihren Fisch und ihre Meeresfrüchte vor dem Garen in pikanten Marinaden, beispielsweise aus Sojasauce, Reiswein, Zitronen- oder Limonensaft, Reisessig, Fischsauce, gehacktem Knoblauch und Ingwer einzulegen. Besondere Sorgfalt verwenden sie darauf, die einzelnen Zutaten in der richtigen Größe zu hacken oder zu schneiden, vor allem aber, sie in der richtigen Reihenfolge und im richtigen Moment zu garen. Wie beim Fritieren kommt es auch bei der Zubereitung im Wok auf schnelles Arbeiten und gutes Timing an.

NICHT GAR – Fisch oder Meeresfrüchte außen durchsichtig; übrige Zutaten noch fast roh, der Geschmack hat sich noch nicht entfaltet und zu einem harmonischen Ganzen verbunden.
*Grund:* der Wok war zu voll; Temperatur zu niedrig; Garzeit zu kurz
→ Temperatur erhöhen und weitergaren; sind Meeresfrüchte und andere wesentliche Zutaten bereits angebräunt, den Wok zudecken und alles bei schwacher Hitze fertiggaren.

**RICHTIG** – Fisch und Meeresfrüchte sind außen undurchsichtig und gerade noch fest; innen können sie halbgar und durchsichtig oder aber durchgegart sein; die übrigen Zutaten sind ebenfalls leicht gegart und verleihen dem Gericht Farbe und Biß; kräftiger Geschmack.

**MEIN TIP**

Sind die Zutaten durch zu langes Garen weich geworden und haben an Geschmack verloren, empfehle ich, sie mit knackigem Gemüse zu bedecken. Gießen Sie den Inhalt des Woks in ein Sieb und lassen Sie sämtliche Flüssigkeit abtropfen. Füllen Sie das Gericht dann in eine Schüssel um und stellen Sie sie warm. 1–2 Zucchini in der Küchenmaschine oder mit dem Pommes-frites-Schneider sehr fein hobeln. Den Wok säubern und austrocknen und 2,5–5 cm hoch mit Pflanzenöl füllen. Das Öl sehr heiß werden lassen und das Gemüse nach und nach in kleinen Portionen hineingeben, damit es nicht anhängt. 2–3 Minuten unter laufendem Rühren braten, bis es eine schöne goldbraune Farbe hat. Mit einem Schaumlöffel herausnehmen und auf Küchenpapier abtropfen lassen. Die übrigen Zucchinischeiben auf die gleiche Weise fritieren.

Die Scheiben zum Schluß mit Salz bestreuen und das Gericht damit bedecken.

## WEITERE PROBLEME

ZERKOCHT – Fisch ist weich, Meeresfrüchte sind zäh.
*Grund:* zu langsam gegart (meist weil zu viele Zutaten gleichzeitig gegart wurden); zu lange gegart
→ überschüssige Flüssigkeit abschöpfen und knackige, farbenfrohe Zutaten, etwa gehackten Sellerie, Frühlingszwiebel, Rettich oder Wasserkastanien, dazugeben.

ZU WENIG GESCHMACK
*Grund:* nicht ausreichend gewürzt; zu lange gegart
→ mit Sojasauce, Reiswein, Zitronen- oder Limonensaft, Tabasco, gehacktem Zitronengras oder Frühlingszwiebel anreichern.

FARBEN STUMPF
*Grund:* Zutaten von minderer Qualität; zu lange gegart
→ mit gehackter Paprikaschote, Tomate oder Kräutern, zum Beispiel Koriandergrün, bestreuen.

UNGLEICHMÄSSIG GEGART – einige Zutaten sind noch fast roh, andere bereits zu lange gegart.
*Grund:* die Zutaten wurden in der falschen Reihenfolge gegart
→ wenn möglich bereits fertige Zutaten herausnehmen und den Rest weitergaren.

# *Brasse mit Morcheln*

4 Portionen

Bei diesem herzhaften Gericht kontrastieren schwarze, getrocknete Morcheln mit weißen Brassestreifen. Einen besonders guten Geschmack erzielen Sie, wenn Sie schwarze chinesische Morcheln oder Pfifferlinge verwenden; Holzohrenpilze verleihen dem Gericht zwar Farbe, aber nur wenig Geschmack.

*30 g getrocknete schwarze Morcheln*
*500 g Brassenfilet, enthäutet und entgrätet*
*3 EL Pflanzenöl*
*1 Stück (1,25 cm) Ingwerwurzel, fein gehackt*
*2 Knoblauchzehen, fein gehackt*
*2 getrocknete rote Chilischoten*
*2 Frühlingszwiebeln, in Ringe geschnitten*
*500 g Paksoi oder Mangold, Stengel und grüne Blätter in Streifen geschnitten*
*1/8 l Fisch- oder Hühnerbrühe*
*2 EL Sojasauce*
*1 EL Reiswein*
*1 EL Stärkemehl, mit 2 EL Wasser angerührt*

*Für die Marinade:*
*1 EL Reiswein oder trockener Sherry*
*1/2 TL Salz*
*1/4 TL Krabbenpaste*
*1 Prise Pfeffer*
*1 steifgeschlagenes Eiweiß*
*1 1/2 EL Stärkemehl*
*1 EL Öl*

Zunächst die getrockneten Pilze in eine Schüssel geben und reichlich mit kochendem Wasser bedecken. 20 bis 30 Minuten weichen lassen, dann abgießen und auf Küchenpapier trocknen. Harte Stiele abschneiden und die Pilze in 5 cm große Stücke schneiden.

Inzwischen den Fisch marinieren. Die Filets waschen, mit Küchenpapier trockentupfen und in 5 cm große Streifen schneiden. Mit dem Reiswein, Salz, der Krabbencreme und Pfeffer in eine Schüssel geben und alles gut durchmischen. Das Eiweiß, das Stärkemehl und das Öl hinzufügen und so lange durchrühren, bis der Fisch die Zutaten angenommen hat. Zudecken und 15 bis 30 Minuten kalt stellen.

Anschließend den Wok bei großer Hitze sehr stark erhitzen und den Boden und die Wände mit 2 Eßlöffeln Öl benetzen. Das Öl bei starker Hitze etwa 30 Sekunden erhitzen. Den Ingwer, den Knoblauch und die Chilischoten hineingeben und circa 30 Sekunden unter Rühren braten, bis sie ihr Aroma entfalten. Den Fisch und die Frühlingszwiebeln dazugeben und 2 bis 3 Minuten unter Rühren braten, bis der Fisch weiß wird. Die Chilischoten herausnehmen, den Fisch in eine Schüssel umfüllen und zur Seite stellen.

Den Wok mit Küchentüchern ausreiben und erneut sehr stark erhitzen. Das restliche Öl 15 Sekunden darin erwärmen. Den Kohl und die Pilze hineingeben und bei starker Hitze 2 bis 3 Minuten unter Rühren braten, bis die Kohlstengel knackig-zart und die Pilze heiß sind. Die Brühe, die Sojasauce und den Reiswein angießen und gut umrühren.

Den Fisch wieder in den Wok geben und alles gut durchmischen. Die angerührte Speisestärke hinzufügen und bei großer Hitze 1 bis 2 Minuten rühren, bis die Sauce eindickt. Den Wok vom Herd nehmen und gegebenenfalls noch einmal mit Sojasauce abschmecken.

Sofort servieren.

## Fisch und Meeresfrüchte räuchern

Das Räuchern diente lange Zeit der Haltbarmachung von Fischen und Meeresfrüchten, insbesondere von Lachs, Hering, Austern und Muscheln, denn dadurch wird vermieden, daß das im Fisch enthaltene Fett ranzig wird. Heute geht es mehr um den Geschmack, und man räuchert von der Forelle über den Aal bis hin zur Jakobsmuschel nahezu alles. Der Rauch brennender Teeblätter oder Maiskolben, von Ahorn-, Hickory- oder Birkenholz verleiht dem Fisch einen herrlichen Geschmack, während Obsthölzer ihm ein besonderes Aroma geben. Nach dem Räuchern sollte das Fleisch fest, aber keinesfalls zäh sein. Das Raucharoma sollte erkennbar sein und der Fisch je nach Verfahren eine gelbe bis bräunliche Farbe angenommen haben.

Zuvor wird der Fisch gesalzen oder in Salzlake getaucht und dann meist kalt oder heiß geräuchert. Beim Konservieren durch Kalträuchern wird der Fisch kaltem Rauch (32 °C) ausgesetzt, so daß er eher getrocknet und gepökelt als gegart wird. Fisch, der 24 Stunden kaltgeräuchert wurde, ist bis zu 2 Wochen haltbar. Dieses Verfahren ist am sichersten, wenn es von Fachbetrieben und unter strenger Kontrolle durchgeführt wird. Beim Heißräuchern wird der Fisch im 38 bis 88 °C warmen Rauch gegart, was ihn nur bedingt haltbar macht. Heißgeräucherter Fisch sollte innerhalb weniger Tage verzehrt werden. Einige Heißräuchereien verfügen über Kammern mit Flüssigkeiten wie Bier, Wein oder Fruchtsaft, die dem Fisch während des Räucherns zusätzliches Aroma verleihen. Fisch, der zu lange heißgeräuchert wurde, sieht schrumpelig aus und riecht säuerlich.

**Richtig** – der Fisch (von oben im Uhrzeigersinn: Lachs, Jakobsmuscheln und Makrele) ist saftig; er sieht glänzend und goldbraun aus und ist nicht zu dunkel; er fühlt sich fest an; beim Einstechen mit einer Gabel flockt er leicht aus; das Aroma ist angenehm intensiv. Zu beachten: Ist der Fisch faserig, wurde er vermutlich zu lange geräuchert.

# Pasteten und Mousselines

FISCHPASTETEN UND DIE FEINEREN MOUSSELINES AUS PÜRIERTEM ROHEM FISCH ODER MEERESFRÜCHTEN, die mit Eiweiß gebunden und mit Sahne verfeinert werden, sind Bestandteil des klassischen Küchenrepertoires. Untrennbar verbunden sind sie mit der französischen Küche und Gerichten wie Lachs mit Jakobsmuschelmousseline und Seezungenfilets, die mit einer Garnelenmousseline in einer runden Form gebacken werden. Die moderne Küche reiht sich mit einfacheren Rezepten, etwa warmer Seebrassenmousse mit Fenchel und Safran oder Heilbuttmousse mit Dillsauce ein, und aus Asien stammen Rezepte wie das vietnamesische *cha tom*, eine Art Garnelenpastete.

Für all diese Gerichte benötigt man wohlschmeckenden Fisch oder Meeresfrüchte mit zartem Fleisch, wie zum Beispiel Hecht, Weißfisch oder Jakobsmuscheln. Lachs wird vor allem wegen seiner Farbe geschätzt. Makrelen und Sardinen sollte man nicht verwenden, da die Pastete wegen ihres hohen Ölgehalt zerfallen könnte. Rohe Meeresfrüchte werden fein püriert – einfacher geht das zwar mit der Küchenmaschine, doch mit der klassischen Lotte bekommt die Pastete eine feinere Konsistenz. Verwenden Sie aber stets ein Gerät aus rostfreiem Stahl oder Nylon, damit sich der Fisch nicht verfärbt. Das zum Würzen verwendete Salz trägt dazu bei, daß die Masse steif wird. Vor dem Unterschlagen der Sahne müssen die Meeresfrüchte auf Eis gekühlt werden.

Vor dem Garen sollten Sie unbedingt ein Probeklößchen von der Masse abstechen und in leicht kochendes Wasser geben, um zu sehen, ob es zerfällt. In diesem Fall heben Sie noch etwas Eischnee unter. Gleichzeitig schmecken Sie das Klößchen ab und würzen gegebenenfalls nach. Die Pastete muß im Wasserbad gegart werden, damit die Wärmezufuhr während des Garens kontrolliert werden kann, denn diese zarten Mischungen zerfallen leicht. Aber keine Sorge, selbst wenn Ihre Pastete oder Mousseline zu lange gegart hat oder zerfallen ist, schmeckt sie immer noch köstlich.

NICHT GAR – die Masse ist feucht und zerfällt; beim Stürzen und Aufschneiden senken sich die Seiten ab und das Innere ist weich; die Masse gibt auf Druck nach (Daumentest, Zeigefinger, siehe Seite 28); sticht man mit einem Spieß in der Mitte ein und zieht ihn nach 30 Sekunden wieder heraus, ist er nur lauwarm; führt man in der Mitte ein Bratenthermometer ein, zeigt es weniger als 70 °C an; das Aroma hat sich kaum entfaltet.
*Grund:* Temperatur zu niedrig; Garzeit zu kurz
→ weitergaren und das Wasserbad vorher gegebenenfalls zum Kochen bringen.

**RICHTIG** – die Pastete oder Mousseline ist leicht und glatt, zugleich aber fest; drückt man darauf, fühlt sie sich fest an (Daumentest, kleiner Finger, siehe Seite 28); sticht man in der Mitte mit einem Spieß ein und zieht ihn nach 30 Sekunden wieder heraus, fühlt er sich heiß an; führt man in der Mitte ein Bratenthermometer ein, zeigt es 70 °C an; der Geschmack ist fein und frisch, die Farbe hell und kräftig.

ZERKOCHT UND ZERFALLEN – trockene, unebene Beschaffenheit, fast wie geronnen; die Masse hat sich verfärbt und löst sich an den Rändern, in den Ecken hat sich Flüssigkeit gebildet; sticht man in der Mitte mit einem Spieß ein und zieht ihn nach 30 Sekunden wieder heraus, fühlt er sich sehr heiß an; führt man in der Mitte ein Bratenthermometer ein, zeigt es mehr als 70 °C an; der frische Geschmack ist verlorengegangen.
*Grund:* Temperatur zu hoch; zu lange gegart; zerfallen: Fischsorte ungeeignet oder tiefgefrorener Fisch; nicht richtig püriert; Mengenverhältnisse stimmen nicht (meist zuviel Sahne); die Masse wurde während des Mischens nicht gekühlt
→ mit einer Buttersauce mit Kräutern (siehe Seite 120), Petersilienmayonnaise oder japanischer Sauce aus Dashi, Sojasauce, Ingwer und Zitrone servieren. Mit gehackter Tomate oder Brunnenkresse garnieren.

## MEIN TIP

Fehler können Sie überdecken, indem Sie die Pastete oder Mousseline mit einem der folgenden Dressings überziehen:

- 250 g Joghurt, 3 EL gehackten Schnittlauch, abgeriebene Schale von 2 unbehandelten Zitronen oder Limonen, Saft von 1 Zitrone, 2 EL Mayonnaise, Salz und 1 kräftige Prise Cayennepfeffer oder einige Tropfen Tabasco verrühren und abschmecken. Ergibt etwa 375 ml, ausreichend für 3 – 4 Portionen.
- Für eine asiatische Variante die abgeriebene Schale von 1 unbehandelten Zitrone, 1 Stengel gehacktes Zitronengras, 2 gehackte Knoblauchzehen, 1/2 gehackte und entkernte grüne Chilischote, Saft von 3 Limonen, 4 EL Fischsauce (Nam pla) und 2 EL Zucker in einer Schüssel verrühren. Dabei darauf achten, daß sich der Zucker vollständig auflöst.

NICHT GAR *(links)* – die Masse ist schwammig, bleibt kaum in Form.
**RICHTIG** *(Mitte)* – die Scheibe ist fest, glatt und saftig.
ZERKOCHT UND ZERFALLEN *(rechts)* – die Masse ist bröckelig und fällt auseinander.

### WEITERE PROBLEME

ZU WENIG GESCHMACK
*Grund:* nicht ausreichend gewürzt; Fisch oder Meeresfrüchte ungeeignet oder unsachgemäß behandelt
→ mit einer pikanten Sauce oder Dressing servieren (siehe Zerkocht und zerfallen, Seite 34 und Mein Tip oben).

GRÄULICHE FARBE
*Grund:* farbloser Fisch oder Meeresfrüchte; die Masse hat sich durch Verwendung eines Metallsiebs verfärbt; zu lange gegart
→ mit farbenfrohen Beilagen, etwa blanchierten Paprikawürfeln, Trüffeln oder Pistazien, servieren.

## Fischklößchen

Klöße oder Knödel haben große Ähnlichkeit mit der Mousseline, denn der Grundteig ist der gleiche und wird lediglich zusätzlich durch eine Panade auf Mehlbasis (häufig einfach Brandteig) gebunden. Die meisten Rezepte stammen aus Frankreich, aber auch einige andere Nationalgerichte, etwa die jüdischen Gefilte Fisch aus Hechtfleisch, die mit Matzenmehl gebunden werden, können dazu gezählt werden. Der Teig ist so fest, daß er zusammenhält, wenn man ihn mit einem Löffel absticht und in Brühe oder Wasser gar ziehen läßt. Wenn sie gar sind, gehen die Klößchen auf, werden leicht und schwimmen an die Oberfläche. Bei der Zubereitung ist es, wie bei der Mousseline im Rezept auf Seite 37, wichtig, zunächst probeweise ein Klößchen zu garen, um Konsistenz und Geschmack zu prüfen. Ist es schwer oder schmeckt nach Mehl, ist es in der Regel noch nicht gar. Ist das Ergebnis trotz richtigen Garens

noch immer nicht zufriedenstellend, lockere ich den Teig durch Unterschlagen von 1 oder 2 Eiern noch etwas auf. Außerdem muß man in diesem Fall meist auch noch nachwürzen.

**RICHTIG** – die Klößchen (Bild oben) sind etwas aufgegangen, fühlen sich fest an und bleiben in Form. Zerteilt man sie, sind sie innen weich und glatt, haben eine frische Farbe und einen intensiven Fischgeschmack.

# *Lachs-Jakobsmuschel-Terrine mit Ingwersauce*

6 BIS 8 PORTIONEN

Diese luftige Mousseline aus Jakobsmuscheln mit rosa Lachsfiletstreifen schmeckt sowohl warm mit dieser frischen, herben Ingwersauce als auch eisgekühlt mit einer pikanten Mayonnaise oder einer Vinaigrette mit Walnußöl. Dazu reicht man dünne, geröstete Brotscheiben oder Vollkorntoast.

*250 g Lachsfilet, enthäutet und in Streifen geschnitten*
*1/2 grüne Paprikaschote, entkernt und gehackt*
*1/2 rote Paprikaschote, entkernt und gehackt*
*2 Trüffel aus der Dose, mit Flüssigkeit (nach Belieben)*
*1 Kästchen Brunnenkresse (nach Belieben)*

*FÜR DIE MOUSSELINE:*
*750 g Große Pilgermuscheln*
*3 Eiweiß*
*1 Prise geriebene Muskatnuß*
*Salz und weißer Pfeffer*
*250 g Crème double*

*FÜR DIE SAUCE:*
*375 g kalte Butter in Stücken*
*3 Knoblauchzehen, zerdrückt*
*1 kleine Zwiebel, in Ringe geschnitten*
*1 Schalotte, in Ringe geschnitten*
*1 Kräutersträußchen*
*1 Stück (5 cm) frischer Ingwer, gehackt*
*1/8 l Weißwein*

eine Pasteten- oder Kastenform mit 1,25 l Fassungsvermögen

Den Backofen auf 175 °C (Gas Stufe 2) vorheizen und die Form mit Butter einstreichen. In einem kleinen Topf Salzwasser zum Kochen bringen und die Paprikaschoten 1 Minute darin blanchieren. Abgießen, unter fließendem, kaltem Wasser abschrecken und sorgfältig trocknen. Die Trüffel, sofern verwendet, abtropfen lassen und die Flüssigkeit aufheben. 1 Trüffel hacken, die andere in Scheiben schneiden.

Für die Mousseline die Eiweiße steifschlagen. Die Jakobsmuscheln in der Küchenmaschine fein pürieren und anschließend nach und nach den Eischnee unterrühren. Mit Muskat, Salz und weißem Pfeffer würzen. In eine Metallschüssel umfüllen und 10 bis 15 Minuten in den Kühlschrank stellen, bis die Masse sehr kalt ist.

Die gekühlte Schüssel in eine größere, mit Eis und Wasser gefüllte Schüssel setzen und die Masse 1 bis 2 Minuten mit einem Kochlöffel schlagen, bis sie etwas eindickt. Anschließend löffelweise die Crème double unterschlagen. Die Mischung sollte danach sehr dick sein. Zum Schluß die Paprikaschoten, die gehackte Trüffel und die Trüffelflüssigkeit untermischen.

In einem kleinen Topf Wasser zum Kochen bringen, 1 Teelöffel Teig abstechen und 1 bis 2 Minuten darin ziehen lassen. Probieren und den restlichen Teig gegebenenfalls nachwürzen (er sollte gut gewürzt sein). Der Teig sollte nach dem Garen in Form bleiben. Ist er zu weich, noch 1 Eiweiß unterschlagen und nochmals sehr gut kühlen.

Die Hälfte der Masse in die gebutterte Form füllen und der Länge nach mit Lachsfiletstreifen belegen. Die restliche Masse darauf verteilen, glattstreichen und mit dem Deckel oder mehreren Schichten Alufolie verschließen.

Für das Wasserbad einen Bräter zur Hälfte mit Wasser füllen, die Form mit der Terrine hineinstellen und das Wasser auf dem Herd aufkochen lassen. Die Form dann in den vorgeheizten Ofen stellen und die Terrine 40 bis 50 Minuten garen.

In der Zwischenzeit die Ingwersauce zubereiten. Dazu 2 Eßlöffel Butter in einer mittelgroßen Kasserolle zerlaufen lassen und den Knoblauch, die Zwiebel, die Schalotte, das Kräutersträußchen und den Ingwer 3 bis 5 Minuten darin dünsten. Das Gemüse sollte weich sein, darf aber keine Farbe annehmen. Den Wein angießen und 1 bis 2 Minuten köcheln lassen, bis er auf die Hälfte reduziert ist. Die restliche Butter nach und nach in kleinen Portionen unterrühren. Die Kasserolle dabei immer wieder vom Herd nehmen, so wird die Butter weich und dickt die Sauce an, ohne zu zerlaufen. Die Sauce anschließend in eine zweite Kasserolle passieren. Das Gemüse dabei gut ausdrücken. Abschmecken und auf einem Topf mit warmem Wasser warm halten.

Die Terrine nach dem Garen 10 bis 15 Minuten ruhenlassen, damit sich die Flüssigkeit verteilt. Anschließend mit einem Messer an den Rändern entlangfahren und die Terrine auf ein Küchenbrett stürzen. Da die Paprikaschoten vermutlich Flüssigkeit abgegeben haben, die Seiten mit Küchenpapier trockentupfen. In gut 1 cm dicke Scheiben schneiden und diese auf einer vorgewärmten Platte oder Tellern anrichten. Mit etwas Sauce begießen, die restliche Sauce getrennt dazu reichen. Nach Belieben noch mit Trüffelscheibchen und Brunnenkresse garnieren.

# GEFLÜGEL & FEDERWILD

WIE GLÜCKLICH WIR UNS DOCH SCHÄTZEN KÖNNEN! Oder könnten Sie sich Ihre Küche ohne das preiswerte Geflügel vorstellen, das es in unterschiedlichster Form zu kaufen gibt – im Ganzen, in Stücken, zum Teil sogar bereits entbeint. Dabei hat es erst seit 1950, seit der Gründung der ersten Geflügelfarmen, größere Verbreitung gefunden. Als ich ein Kind war, gab es Hähnchen nur an Sonn- und Feiertagen.

Heute spielt das Hähnchen eine Hauptrolle, sein wenig ausgeprägter Eigengeschmack ist zugleich seine Stärke und seine Schwäche. So harmoniert es mit nahezu allen Zutaten. Es schmeckt herzhaft gewürzt oder so, wie es ist. Man kann es mit Gemüse, Fleisch, etwa Speck und Würsten, ja sogar mit Meeresfrüchten, wie zum Beispiel Garnelen, kombinieren. Wenn Sie es pikant mögen, sollten Sie unbedingt einmal einige der Würzvorschläge in meinen Tips ausprobieren.

Es wird viel über die Vorzüge von Freilandhühnern geredet, aber man muß mich erst noch davon überzeugen, daß allein die Art der Haltung den höheren Preis rechtfertigt. Weitaus wichtiger ist, wie die Hühner gefüttert wurden, denn einige Futtermittel verderben das Fleisch. Bei Enten werden Sie hingegen feststellen, daß magere Tiere, die man in Feinkostläden und Chinamärkten findet, weit besser sind als die fetten Tiere, die in den Supermärkten angeboten werden. Dasselbe gilt meines Erachtens auch für ganze Truthähne oder Gänse. Hier ist das Geld gut angelegt, wenn man es für ein mit Liebe aufgezogenes Freilandtier ausgibt. Der Geschmacksunterschied kann erheblich sein. Für alle vier Arten von Zuchtgeflügel eignen sich eine ganze Reihe von Gewürzen und anderen Zutaten.

Das interessanteste aller Geflügel habe ich bislang noch nicht erwähnt: das Federwild. Es findet zunehmend Eingang in unsere Küchen, da immer mehr Arten, darunter Strauß, Emu, Fasan, Perlhuhn, Wildente, Taube und Wachtel – um sie der Größe nach zu nennen –, auch aus Zuchthaltung angeboten werden. Zart sind sie fast immer, vorausgesetzt man gart sie richtig. Und ihr feiner Geschmack ist ein Erlebnis, das Sie sich keinesfalls entgehen lassen sollten.

Geflügel, insbesondere Hähnchen, eignet sich für fast jedes Garverfahren. Beim Braten und Grillen sorgt die starke Hitze für Geschmack und knusprige Haut. Es besteht allerdings die Gefahr, daß das Fleisch austrocknet. Doch um hier Abhilfe zu schaffen, finden Sie in diesem Kapitel alle möglichen Tips. Durch die niedrigere, feuchte Hitze beim Sautieren, Schmoren und Pochieren geht der Eigengeschmack etwas verloren. Deshalb kommt es hier besonders darauf an, die Saucen, wie es die französische Küche seit jeher verlangt, möglichst langsam einzukochen und so den Geschmack zu verstärken.

*Zitronenente mit Oliven und Kapern,*
*Rezept Seite 53*

# Ganze Hähnchen

*Backen, schmoren, braten, am Spieß braten*

EIN GANZES GEBRATENES ODER GESCHMORTES HÄHNCHEN IST EIN EINFACH ZUZUBEREITENDES ESSEN, das man sich glücklicherweise auch bei schmalem Geldbeutel leisten kann. Bei uns kommt es wenigstens einmal pro Woche auf den Tisch, deshalb verstehe ich mich auch besonders gut auf seine Zubereitung. Reiben Sie das Huhn innen und außen mit Küchenpapier trocken. Wenn Sie es anschließend – ebenfalls innen und außen – würzen, nehmen Sie einmal nicht nur einfach Salz und Pfeffer, sondern streichen es vielleicht mit einer Mischung aus Sojasauce, Weißwein und Olivenöl ein oder reiben die Haut mit einer Würzmischung aus Senf, gemahlenem Ingwer, Muskat, Paprikapulver und gemahlenem Koriander ein. Vor dem Garen sollten Sie das Tier noch 1 bis 2 Stunden in den Kühlschrank stellen, damit die Gewürze ins Fleisch einziehen. Zusätzlich können Sie es auch noch mit Kräutern, einer ganzen Zwiebel oder abgeriebener Zitronenschale füllen. Und zum Schluß sollten Sie es stets mit einem Faden zusammenbinden, damit es die Form behält (dressieren). Damit sich die Hitze gleichmäßiger verteilt, braten Sie es zunächst auf dem Rücken an, bis es braun zu werden beginnt. Dann drehen Sie es auf die Seiten und braten die Beine an, und schließlich legen Sie es wieder auf den Rücken. Um beim Braten das bestmögliche Ergebnis zu erzielen, ist es unerläßlich, das Hähnchen laufend mit Flüssigkeit zu begießen. Meine Mutter setzt sich immer mit einem guten Buch neben den Herd und begießt es alle 10 Minuten. Lassen Sie das Tier vor dem Auftragen mindestens 10 Minuten an einem warmen Ort ruhen, damit sich der Saft gleichmäßig im Fleisch verteilt.

NICHT GAR – aus dem Bauch fließt ein rosa Saft; die Haut ist blaß und nicht knusprig; die Unterkeule läßt sich nicht hin und her bewegen; das Fleisch bietet beim Einstechen mit einer Gabel Widerstand; ein Bratenthermometer, das man zwischen Oberkeule und Brust einführt, zeigt weniger als 83 °C an; beim Aufschneiden ist das Brustfleisch noch leicht rosa, die Keulen sind noch ganz rosa.
*Grund:* Temperatur zu niedrig; Garzeit zu kurz
→ weitergaren und gegebenenfalls die Temperatur erhöhen.

**RICHTIG** – hebt man das Huhn mit einer Gabel an, fließt aus dem Bauch ein klarer Saft; die Haut ist gleichmäßig goldbraun und knusprig; die Unterkeule läßt sich leicht hin und her bewegen; das Fleisch fühlt sich beim Einstechen mit einer Gabel prall und zart an und beginnt sich an den Enden der Keulen zu lösen; führt man zwischen Keule und Brust ein Bratenthermometer ein, zeigt es 83 °C an (bei Tieren unter 1,4 kg zeigt das Thermometer keine verläßlichen Werte an); beim Aufschneiden ist das Fleisch saftig und nicht mehr rosa.

TROCKEN UND ZERKOCHT – das Fleisch ist faserig und löst sich von den Knochen; die Haut ist unter Umständen verbrannt; Ober- und Unterkeule fallen auseinander, wenn man daran zieht; wurde das Geflügel nicht dressiert, kann es ungleichmäßig gegart sein.
*Grund:* zu lange oder zu schnell gegart; beim Braten nicht ausreichend begossen
→ mit einer dunklen Sauce, Bratensaft oder Salsa (siehe Seite 114–115 und 126–127) überziehen; mit Brunnenkresse garnieren und mit farbenfrohen Beilagen wie Paprikaschote oder einer Grilltomate servieren.

## WEITERE PROBLEME

ZÄH
*Grund*: das Geflügel war zu alt (Suppenhuhn); nicht gar
→ beim Schmoren überprüfen, ob genug Flüssigkeit vorhanden ist und weitergaren; beim Braten Flüssigkeit zugeben und weitergaren.

ZU WENIG GESCHMACK
*Grund*: wenig geschmacksintensives Fleisch; nicht ausreichend gewürzt
→ mit pikant abgeschmecktem Bratensaft, einer dunklen Sauce oder einer Salsa und bunten Beilagen servieren.

FEUCHT UND FETTIG
*Grund*: das Geflügel war unsachgemäß eingefroren und aufgetaut; nicht gar; Temperatur zu niedrig; beim Schmoren zuviel Flüssigkeit im Topf; beim Braten nicht ausreichend begossen
→ 5–10 Minuten offen und bei großer Hitze weitergaren; beim Braten immer wieder begießen.

## MEIN TIP

Ein einfaches Brathuhn, das nach dem Garen trocken und zerkocht ist oder zu wenig Geschmack hat, mit einer asiatischen Würzmischung aus 2 EL Sojasauce, 2 TL dunklem Sesamöl, 1 feingehackten Knoblauchzehe, 1 EL frischem, gehacktem Ingwer, Saft von 1/2 Limone und 1 EL frischem, gehacktem Koriandergrün bestreichen und eine asiatische Beilage, etwa die Vietnamesischen Grünen Bohnen mit Sesam (siehe Seite 172) dazu reichen.

# Ganze Hähnchen

*Pochieren, Dämpfen*

VIELE MEINER RATSCHLÄGE ZUM SCHMOREN UND BRATEN GANZER HÄHNCHEN lassen sich genauso auch auf das Pochieren anwenden. Das Dressieren ist hier besonders wichtig, da sich Flügel und Keulen sonst während des Kochens von der Karkasse lösen. Zum Pochieren nimmt man am besten ein älteres Tier (Suppenhuhn). Die Garzeit ist dann zwar länger, aber dafür hat es um so mehr Geschmack.

Um einen möglichst guten Geschmack zu erzielen, sollte die Kochflüssigkeit mit Aromen wie Zwiebel, Knoblauch und Kräutern angereichert werden. Für die Sauce lassen Sie die Kochflüssigkeit gut einkochen und verfeinern sie anschließend mit Zitronensaft oder Cognac.

Ein pochiertes oder gedämpftes Hähnchen muß keineswegs ein einfaches Gericht sein, auch wenn es nur mit Wasser gegart wird. Aus meinem nordenglischen Geburtsort stammt *hindle wakes*, ein mit Pflaumen gefülltes Hähnchen, das langsam gegart und mit einer Zitronen-Sahne-Sauce serviert wird. In manchen Gegenden Italiens füllt man die Tiere mit Mangold, Ricotta und Parmesan. Mein Lieblingsgericht ist aber die klassische französische *poule au pot*, die mit Kräutern, Räucherschinken, Hühnerleber und Brotkrume gefüllt und langsam in einer Brühe mit Gemüse pochiert wird.

ZÄH UND NICHT GAR – sticht man die Keule an der dicksten Stelle mit einer Gabel ein, bietet das Fleisch Widerstand, und es fließt ein rosa Saft heraus; das Fleisch ist feucht und fettig; es hat, besonders zwischen Brust und Keule, noch eine leicht rosa Farbe; die Unterkeule läßt sich nicht hin und her bewegen; ein Bratenthermometer, das man zwischen Keule und Brust einführt, zeigt weniger als 83 °C an.
*Grund:* Temperatur zu niedrig; Garzeit zu kurz
→ weitergaren und gegebenenfalls die Temperatur erhöhen.

**RICHTIG** – sticht man die Keule an der dicksten Stelle mit einer Bratengabel ein, ist das Fleisch zart, und es fließt ein klarer Saft heraus; das Hähnchen ist prall, und an den Enden der Keulen beginnt sich das Fleisch zu lösen; die Unterkeulen lassen sich leicht hin und her bewegen; ein Bratenthermometer, das man man zwischen Keule und Brust einführt, zeigt 83 °C an (bei Tieren unter 1,4 kg zeigt das Thermometer keine verläßlichen Werte an); beim Aufschneiden ist das Fleisch saftig, aber nicht weich und verströmt einen intensiven Geruch.
Zu beachten: Ganze Hühner garen durch die Resthitze weiter. Beenden Sie den Garvorgang also bereits, wenn das Fleisch noch nicht ganz gar ist.

## MEIN TIP

Ein zerkochtes oder geschmackloses Huhn können Sie für einen Geflügelsalat verwenden. Dazu das Fleisch von den Knochen lösen und in grobe Stücke reißen oder schneiden. Für etwa 500 g gekochtes Hühnerfleisch 2 EL Dijonsenf, 2 EL gehackten Estragon, Petersilie oder Schnittlauch, 2 EL geröstete Mandelblättchen, 375 g halbierte, kernlose Trauben und 175 g Mayonnaise in einer Schüssel verrühren. Anschließend das Hühnerfleisch untermischen und mit Salz und Pfeffer abschmecken. Wenn Sie wollen können Sie auch etwas mehr Mayonnaise verwenden. Ergibt 4–6 Portionen.

## WEITERE PROBLEME

ZERKOCHT
*Grund:* zu lange oder zu schnell gegart; falls nicht dressiert, ungleichmäßig gegart
→ das Huhn in Stücke zerteilen (die Knochen dabei ordentlich zurechtschneiden) und mit einer Samtsauce oder einem Gemüsepüree (siehe Seite 112 und 126) überziehen. Ist das Huhn sehr zerkocht, entbeinen und enthäuten, das Fleisch in Stücke zerteilen und in einer Sauce oder mit einer Vinaigrette mit Kräutern und Schalotte servieren.

ZU WENIG GESCHMACK
*Grund:* wenig geschmacksintensives Fleisch; nicht ausreichend gewürzt
→ das Fleisch, falls es heiß serviert werden soll, mit etwas Salz und Pfeffer bestreuen und dazu ein pikantes Gemüsepüree oder eine Salsa (siehe Seite 126–127) reichen; kalt 1–2 Stunden in einer Vinaigrette oder einfach nur in Öl und Zitronensaft marinieren.

## Geschmortes Huhn mit Kartoffeln, Speck und Zwiebel

4 Portionen

Die klassische Hausmannsbeilage bestehend aus Kartoffeln, Speck und Zwiebel macht dieses Gericht zu einem sättigenden Essen.

*1 Hähnchen (ca. 1,75 kg)*
*45 g Butter*
*125 g magerer Speck, gewürfelt*
*20–24 junge Zwiebeln, blanchiert und geschält*
*625 g Kartoffeln, geschält und in 2 cm große Stücke geschnitten*
*Salz und Pfeffer*

Faden zum Dressieren

Den Backofen auf 175 °C (Gas Stufe 2) vorheizen. Das dressierte Hähnchen außen und innen mit Salz und Pfeffer würzen und zusammenbinden.

Die Butter in einer feuerfesten Kasserolle zerlaufen lassen und den Speck und die Zwiebeln unter häufigem Rühren 8 bis 10 Minuten darin anbräunen. Anschließend herausnehmen und die Kartoffeln in den Topf geben. Mit Salz und Pfeffer würzen, ebenfalls 8 bis 10 Minuten anbräunen und herausnehmen. Nun das Hähnchen in die Kasserolle geben und 8 bis 10 Minuten rundherum anbraten.

Das Hähnchen dann auf den Rücken drehen, den Topf gut verschließen und das Huhn im vorgeheizten Ofen 35 bis 45 Minuten braten, bis es fast gar ist. Dabei von Zeit zu Zeit umdrehen.

Das Hähnchen aus der Kasserolle nehmen und überschüssiges Fett bis auf 2 Eßlöffel abschöpfen. Nun die Zwiebeln, den Speck und die Kartoffeln einfüllen und das Huhn darauf setzen. Den Topf schließen und das Ganze weitere 15 bis 20 Minuten garen, bis das Fleisch gar und das Gemüse sehr weich ist.

Die Fäden entfernen und das Hähnchen auf eine Platte geben. Den Speck und das Gemüse abschmecken und mit der Kochflüssigkeit rund um das Huhn anrichten.

*Geschmortes Huhn mit Kartoffeln, Speck und Zwiebel*

## Gekochtes Huhn mit Schwarzwurzeln und Sahnesauce

4 Portionen

Dieses traditionelle Hochzeitsgericht aus der Normandie besteht ausschließlich aus weißen Zutaten. Die Schwarzwurzeln, ein dünnes, längliches Wurzelgemüse, das in Form und Geschmack dem weißen Spargel ähnelt, können Sie auch durch junge weiße Rüben oder Knollensellerie ersetzen.

*1 Hähnchen oder Suppenhuhn (ca. 1,8 kg)*
*Salz und weißer Pfeffer*
*1 Zwiebel, mit 2 Nelken gespickt*
*2 Möhren, geviertelt*
*2 Knoblauchzehen*
*1 Kräutersträußchen (mit Estragon)*
*300 ml Weißwein*
*2 l Hühnerbrühe oder Wasser (ggf. etwas mehr)*
*1 kg Schwarzwurzeln*

Für die Sauce:
*75 g Butter*
*45 g Mehl*
*375 g Crème fraîche oder Crème double*

Faden zum Dressieren

Das Huhn außen und innen würzen und zusammenbinden. Mit der Zwiebel, den Möhren, dem Knoblauch und dem Kräutersträußchen in einen gerade ausreichend großen Topf geben. Den Wein und so viel Brühe oder Wasser angießen, daß das Tier knapp bedeckt ist. Mit etwas Salz und Pfeffer würzen und aufkochen lassen. Den Topf zudecken und 1 bis 1 1/4 Stunden (bei Suppenhuhn 1 1/2 bis 2 Stunden) köcheln lassen. Dabei gelegentlich abschäumen.

Die Schwarzwurzeln etwa 30 Minuten vor Ende der Kochzeit schälen und in 5 cm große Stücke schneiden. In einen Topf geben und reichlich mit der Kochflüssigkeit des Huhns bedecken. Zudecken und 25 bis 35 Minuten köcheln lassen. Anschließend abgießen und die Brühe wieder in den Topf zurückgießen.

Das fertige Huhn auf ein Küchenbrett legen, die Fäden entfernen und zum Warmhalten in Alufolie wickeln. Die Brühe entfetten, 1 Liter davon abnehmen und um ein Viertel reduzieren.

Für die Sauce die Butter in einem Topf zerlaufen lassen, das Mehl einrühren und kochen, bis es Blasen wirft. Die reduzierte Brühe durchseihen, in das Mehl einrühren und das Ganze zum Kochen bringen. Die Sauce anschließend unter ständigem Rühren 1 bis 2 Minuten eindicken lassen. Weitere 2 Minuten köcheln lassen, dann die Crème fraîche oder Crème double unterrühren und abschmecken. Die Sauce nochmals 3 bis 5 Minuten bei schwacher Hitze einkochen lassen, bis sie etwas an einem Löffelrücken haftenbleibt.

Die Schwarzwurzeln in die Sauce geben und 1 bis 2 Minuten vorsichtig erwärmen. Das Huhn in 6 bis 8 Stücke zerteilen und auf einer Platte anrichten. Die Schwarzwurzeln und etwas Sauce darum herum verteilen und die restliche Sauce getrennt dazu reichen.

# Ganze Truthähne

*Backen, schmoren, braten, am Spieß braten*

Ein paar Tips sind gewiss hilfreich, wenn man vor der Herausforderung steht, einen ganzen Truthahn zuzubereiten. Zunächst einmal sei gesagt, daß das Tier nicht unbedingt gebraten werden muß. Man kann es mit verschiedenen Gewürzen und Wein oder Brühe auch schmoren. So bleibt es saftig, und die Zubereitung ist einfacher und erfordert weniger Aufmerksamkeit. Ich wähle häufig einen Mittelweg: Einige Stunden vor der Zubereitung reibe ich den Truthahn mit einer Würzmischung ein. Später brate ich ihn dann an, gieße danach Brühe oder Wein an und decke ihn mit Alufolie ab, so daß er in feuchter Hitze weitergart.

Je größer das Tier, desto niedriger sollte die Temperatur im Ofen sein. So durchdringt die Hitze den Truthahn allmählich, ohne daß die Oberfläche austrocknet. Die Temperatur sollte allerdings nicht unter 160 °C liegen, da die Hitze sonst unter Umständen zu langsam ins Innere dringt und sich dort schädliche Bakterien ausbreiten. Durch das Füllen verlängert sich die Garzeit ebenfalls. Deshalb verzichte ich darauf und backe die Füllung getrennt in einer großen oder mehreren kleinen Formen, bis sie eine schöne, braune Kruste hat. Den fertigen Truthahn sollten Sie vor dem Tranchieren noch mindestens 10 Minuten an einem warmen Ort ruhenlassen, damit die Säfte das Fleisch gleichmäßig durchziehen.

Ein ganzer Truthahn schmeckt am besten, wenn man ihn ganz einfach zubereitet. Bei festlichen Anlässen richte ich ihn meist mit einer ganzen Reihe von Beilagen an, etwa gerösteten Kartoffeln, geschmorten Kastanien, glasierten Zwiebeln, Rosenkohl oder Brokkoli oder aber Glasiertem Wurzelgemüse (siehe Seite 175). Für die Füllung eignen sich gut Wurstbrät mit Kastanien, Sellerie mit Trockenfrüchten und Walnüssen oder eine würzige Mischung aus Zwiebeln, Rosinen, Mandeln und Reis, wie man sie in Griechenland bevorzugt.

Nicht gar – die Unterkeule läßt sich nicht hin und her bewegen; die Haut ist noch nicht richtig knusprig, und das Fleisch sieht schwammig aus; sticht man die Keule an der dicksten Stelle mit einer Gabel ein, fließt ein rosa Saft heraus; ein Bratenthermometer, das man zwischen Keule und Brust einführt, zeigt weniger als 83 °C an.
*Grund*: Garzeit zu kurz; Temperatur zu niedrig
→ weitergaren und gegebenenfalls die Temperatur erhöhen.

**Richtig** – die Unterkeule läßt sich leicht hin und her bewegen; die Haut ist gleichmäßig goldbraun und knusprig; das Fleisch ist prall und beginnt, sich an den Enden der Keulen zu lösen; sticht man die Keule an der dicksten Stelle mit einer Bratengabel ein, fließt ein klarer Saft heraus; ein Bratenthermometer, das man zwischen Keule und Brust einführt, zeigt 83 °C an; beim Aufschneiden ist das Fleisch saftig und verströmt einen intensiven Geruch.

**MEIN TIP**

Ist Ihnen der Truthahn nicht ganz gelungen, lenken Sie davon einfach dadurch ab, daß Sie die Platte mit Tomatenkörbchen garnieren, die Sie mit knackigen Sellerie- oder Gurkenwürfeln füllen. Üppiger wirkt das Geflügel, wenn Sie die Platte reichlich mit gegrillten Cocktailwürstchen und kleinen, knusprig gebratenen Schinkenröllchen belegen. Sie können aber auch den Truthahn selbst – mit Brunnenkresse, Kräuterzweigen oder vielleicht sogar mit einer kunstvoll plazierten Blume – so garnieren, daß niemand bemerkt, wenn etwa die Haut nicht braun, aufgesprungen oder verbrannt ist. Puristen mögen zwar die Stirn runzeln, aber der Truthahn muß nun einmal zelebriert werden, und die Situation erfordert ein bißchen Phantasie.

# *Gebratener Truthahn mit Honig-Mandel-Glasur*

8 PORTIONEN

Durch das Bestreichen mit einer Honig-Mandel-Glasur bleibt der Truthahn saftig, und die Haut wird herrlich knusprig und schön goldbraun. Dazu paßt sehr gut ein Couscous, das Sie noch mit Safran und Rosinen verfeinern können

*1 Truthahn (ca. 4,5 kg), mit Innereien*
*2 EL Sesamkörner*
*175 g Mandeln, blanchiert und sehr fein gehackt*
*2 EL gemahlener Zimt*
*1 EL gemahlener Kreuzkümmel*
*1 EL gemahlener Koriander*
*2 TL gemahlener Ingwer*
*1 TL gemahlene Nelken*
*1 TL Salz*
*1 TL Pfeffer*
*1 Zwiebel, mit 6 Nelken gespickt*
*30 g weiche Butter*
*2 Zimtstangen*
*125 g Honig*
*$^1/_2$ l Hühnerbrühe (ggf. etwas mehr)*

Faden zum Dressieren

Den Backofen auf 175 °C (Gas Stufe 2) vorheizen. Die Sesamkörner und die Mandeln 8 bis 10 Minuten in einer Pfanne rösten. Dabei darauf achten, daß sie nicht übereinanderliegen, und die Pfanne gelegentlich rütteln. Anschließend abkühlen lassen.

Zimt, Kreuzkümmel, Koriander, Ingwer und Nelken in einer kleinen Schüssel mit Salz und Pfeffer vermischen und den Truthahn innen und außen damit einreiben. Die Zwiebel in den Bauch geben und den Truthahn dressieren. Auf dem Rücken in einen Bräter legen und die Haut mit Butterflöckchen besetzen. Die Innereien zerkleinern und zusammen mit den Zimtstangen in den Bräter geben. Den Honig mit der Hälfte der Brühe verrühren und über den Truthahn gießen.

Das Tier $2^1/_2$ bis 3 Stunden im vorgeheizten Ofen braten. Dabei einmal auf die eine, dann auf die andere Seite und zum Schluß wieder auf den Rücken drehen und laufend begießen. Sobald die Honigglasur Farbe annimmt, mit der restlichen Brühe auffüllen.

Den Truthahn etwa 15 Minuten vor Ende der Garzeit aus dem Bräter nehmen und den Bratensaft in einen kleinen Topf seihen. Entfetten und gegebenenfalls auf circa $^1/_4$ Liter einkochen lassen. Die gerösteten Mandeln und Sesamkörner einrühren. Den Truthahn wieder in den Bräter legen, mit Sauce begießen und weitere 10 bis 15 Minuten braten, bis die Haut knusprig und schön goldbraun ist. Dabei laufend begießen.

Die Fäden entfernen und den Truthahn auf eine vorgewärmte Platte geben. Mit der restlichen Sauce begießen, mit Alufolie abdecken und vor dem Tranchieren 10 bis 15 Minuten ruhenlassen.

## WEITERE PROBLEME

TROCKEN UND ZERKOCHT
*Grund*: zu lange oder zu schnell gegart; beim Braten nicht ausreichend begossen; der Truthahn ist sehr groß, deshalb ist er außen ausgetrocknet, bevor er innen gar ist
→ mit einer dunklen Sauce oder Bratensaft (siehe Seite 114–115) servieren; dazu saftige, farbenfrohe Beilagen, zum Beispiel Süßkartoffeln, Maronen-, Kürbis- oder Kartoffelpüree, Preiselbeersauce oder Tomatenconfit, reichen.

ZÄH
*Grund*: nicht gar; beim Braten nicht oft genug begossen
→ beim Schmoren überprüfen, ob ausreichend Flüssigkeit vorhanden, und weitergaren; beim Braten Brühe oder Wein angießen, zudecken und weitergaren.

ZU WENIG GESCHMACK
*Grund*: wenig geschmacksintensives Fleisch; nicht ausreichend gewürzt
→ vor dem Auftragen mit Sojasauce oder einer Vinaigrette bestreichen; mit einer pikanten Sauce servieren.

# Kleines Geflügel und Federwild

*Backen, grillen, braten*

KLEINES GEFLÜGEL ERFREUT SICH ÜBERALL GROSSER BELIEBTHEIT, sei es nun scharf gebraten oder gegrillt, wie in Italien mit Feigen und Oliven serviert oder wie in Hongkong mit Sesamsamen glaciert. Mit Vergnügen erinnere ich mich an eine Wachtel, die ich einmal in der Cadillac Bar im texanischen Houston gegessen habe. Sie wurde in einem Korb über einem Holzfeuer gegrillt, und dazu gab es riesige Margueritas. Die Wachteln waren auf den Punkt gegart, herrlich knusprig und saftig, und jeder von uns hat mindestens ein halbes Dutzend verspeist. Dem Geschmack nach zu urteilen, waren sie zuvor mariniert worden. Bei kleinem Geflügel ist das sehr empfehlenswert. Bestreichen Sie es also 1 bis 2 Stunden vor der Zubereitung mit einer leichten Barbecuesauce oder auch mit Senf, Worcestersauce oder Zitronensaft und einem zerriebenen Lorbeerblatt.

Damit es gleichmäßiger gart, schneide ich kleines Geflügel vor dem Grillen meist auf, klappe die beiden Hälften auseinander und stecke sie mit Spießen so fest, daß sie flach auf dem Grill liegen (siehe Rezept Seite 47). Bei fleischigen Tieren ist es außerdem ratsam, die besonders fleischigen Stücke einzuschneiden, so werden sie gleichmäßiger von der Hitze durchzogen. Und als Beilage kommt hier nur eines in Frage: hauchdünne Pommes frites.

NICHT GAR – das Fleisch ist leicht rosa; schneidet man einen Schenkel mit einem Messer ein, fließt ein rosa Saft heraus; das Fleisch ist schwammig, und die Haut ist unter Umständen nicht braun.
*Grund:* Temperatur zu niedrig; Geflügel zu weit von der Wärmequelle entfernt; Garzeit zu kurz
→ weitergaren und gegebenenfalls die Temperatur erhöhen oder den Grillrost näher an die Wärmequelle rücken.

**RICHTIG** – das Fleisch (hier ein Stubenküken) ist gleichmäßig gegart und weiß; schneidet man den Schenkel an der dicksten Stelle mit einem Messer ein, fließt ein klarer Saft heraus; die Haut ist knusprig und schön braun, aber nicht verbrannt; das Fleisch ist saftig und aromatisch.

TROCKEN UND ZERKOCHT – das Fleisch ist faserig, die Haut verbrannt; beim Einschneiden läuft aus der Keule kein oder so gut wie kein Saft heraus.
*Grund:* zu lange oder zu schnell gegart; zu nah an der Wärmequelle; zu selten bestrichen
→ mit flüssiger Butter oder Öl bestreichen; mit einer dunklen Sauce oder Salsa (siehe Seite 114–115 und 126–127) servieren; gut eignen sich auch Relishs wie Mangochutney oder eingelegtes Gemüse.

## WEITERE PROBLEME

ZU WENIG GESCHMACK
*Grund:* wenig geschmacksintensives Fleisch; nicht ausreichend gewürzt
→ mit einer scharfen Sauce, einer Barbecuesauce oder einer Salsa servieren.

VERBRANNT UND UNGLEICHMÄSSIG GEGART
*Grund:* zu nah an der Wärmequelle; nicht richtig flachgedrückt
→ den Grillrost weiter von der Wärmequelle entfernen oder das Geflügel locker in Alufolie einschlagen und im 175 °C (Gas Stufe 2) heißen Ofen fertiggaren; Serviervorschläge siehe Trocken und zerkocht.

## MEIN TIP

Kleines Geflügel wird vielfach absichtlich so lange gegart, bis es trocken ist, um es dann zum Dippen, etwa mit folgender Sauce, zu verwenden: 4 EL Ketchup, 3 EL Rotweinessig, 30 g Butter, 1 EL braunen Zucker und 1 Spritzer Tabasco in einem kleinen Topf verrühren. Aufkochen lassen, umrühren und gegebenenfalls noch mit etwas Tabasco abschmecken. Das Geflügel damit bestreichen und die restliche Sauce als Dip dazu reichen. Für 4 kleine Vögel bzw. 4 Portionen.

## *Gegrilltes Stubenküken mit Schalottenconfit*

4 PORTIONEN

Kleines Geflügel schneide ich vor dem Grillen auf – wobei das Brustfleisch nicht durchtrennt werden darf – und klappe die beiden Hälfen auseinander, so daß das Tier flach auf dem Grill liegt. Statt der Stubenküken können Sie auch 2 Hähnchen nehmen. Reste des Confits halten sich bis zu 2 Wochen im Kühlschrank.

*4 Stubenküken (à ca. 500 g)*
*60 g Butter*
*Salz und Pfeffer*
*2 EL Dijonsenf*

*FÜR DAS CONFIT:*
*500 g Schalotten*
*4 EL Weißwein*
*4 EL Weißweinessig*
*150 g Zucker*
*1/2 TL Salz*

8 Holz- oder Metallspieße

Die Küken entlang des Rückgrats aufschneiden. Das Rückgrat abtrennen und die Flügelspitzen abschneiden. Den Gabelknochen herauslösen (wenn Sie möchten, können Sie aus den Abfällen eine Brühe zubereiten). Das Geflügel mit der Brust nach oben legen, das Brustbein durchdrücken, bis es flach liegen bleibt. Je ein Loch zwischen Keule und dem unteren Ende des Brustbeins seitlich in die Bauchhaut stechen und den jeweiligen Unterschenkel im Loch fixieren. Einen Spieß durch die Flügel stecken, damit die Küken flach liegen bleiben. Einen zweiten Spieß durch die Keulen ziehen.

Für das Confit die Schalotten schälen und in dünne Ringe schneiden. Wein, Essig, Zucker, Salz und 1 Prise Pfeffer in einer großen Pfanne verrühren und unter gelegentlichem Rühren langsam erwärmen, bis sich der Zucker aufgelöst hat. Aufkochen lassen und die Schalotten untermischen. Zudecken und unter laufendem Rühren bei sehr schwacher Hitze 20 bis 25 Minuten köcheln lassen, bis die Schalotten glasig und sehr weich sind. Das Confit zum Schluß noch einmal abschmecken.

In der Zwischenzeit den Backofengrill vorheizen und den Grillrost mit Öl einstreichen. Die Butter zerlassen. Die Küken mit der Hälfte der Butter bepinseln und mit Salz und Pfeffer würzen. Mit der Hautseite nach oben auf den Rost legen und etwa 7,5 cm unterhalb des Grills einschieben. Die Küken circa 10 Minuten grillen und dabei hin und wieder mit Butter bestreichen. Das Geflügel dann umdrehen, mit der restlichen Butter bestreichen und nochmals etwa 10 Minuten grillen. Die Küken anschließend erneut umdrehen, mit dem Senf bestreichen und mit der Hautseite nach oben nochmals circa 10 Minuten grillen.

Vor dem Servieren die Spieße herausziehen und die Küken auf vier Tellern anrichten. Etwas Confit dazugeben und den Rest getrennt dazu reichen.

### Hähnchen- und Putenrollbraten

Ausgelöste Hähnchen und Puten, die vor dem Braten sorgfältig zu einer Rolle verschnürt werden, sind fast ebenso beliebt wie ausgelöste Geflügelbrust, da sie, wie Schweine- oder Kalbsbraten, besonders einfach zu garen sind. Verwenden Sie aber nicht zuviel Flüssigkeit, denn das Fleisch kann wäßrig sein. Da der Geschmack nicht sehr intensiv ist, sollten Sie großzügig würzen und das Fleisch während des Bratens laufend begießen. Um den Braten noch zu verfeinern, entfernen Sie vor dem Garen das Netz oder die Fäden, klappen das Fleisch auseinander und bestreichen es mit einer pikanten Farce oder bestreuen es beispielsweise mit gehackten Zwiebeln, Knoblauch, Schalotten, frischem Ingwer oder Kräutern. Anschließend wird es wieder aufgerollt und zusammengebunden.

Garnieren Sie den fertigen Braten hübsch, zum Beispiel mit gedörrten Feigen, kandierten Pfirsichen oder Kirschen, und reichen dazu farbenfrohe Beilagen, etwa geschmorten Rot- oder Grünkohl, Erbsen, orangefarbene Linsen oder Kürbispüree, um nur einige Beispiele zu nennen.

**RICHTIG** – führt man in der Mitte des Bratens (siehe Hähnchenrollbraten oben) ein Bratenthermometer ein, zeigt es 83 °C an; außen ist er goldbraun, und beim Einstechen mit einer Bratengabel oder einem Spieß fließt ein klarer Saft heraus; sticht man einen Bratenspieß in die Mitte und zieht ihn nach 30 Sekunden wieder heraus, fühlt er sich heiß an.

Zu beachten: Bei großen Rollbraten sollte man den Garvorgang bereits beenden, wenn das Fleisch noch nicht ganz gar ist, denn sie garen durch die Resthitze weiter.

# Geflügelteile

*Backen, schmoren, grillen, in der Pfanne oder im Ofen braten, pochieren, sautieren, dünsten*

BEI GEFLÜGELTEILEN HAT MAN DIE QUAL DER WAHL: Nimmt man ein ganzes Tier und zerlegt es, so daß man bei einem Abendessen eine vielfältigere Auswahl an Fleisch hat, oder entscheidet man sich ausschließlich für Keulen oder Brüste, die die gleiche Garzeit haben und deshalb einfacher zuzubereiten sind. Ich bin da meistens selbst unschlüssig. In jedem Fall würze ich die Teile vorher, indem ich sie mit getrockneten Kräutern, zum Beispiel Provence-Kräutern, einreibe oder sie in Wein oder Sojasauce mariniere. Eine würzige Weinmarinade kann man anschließend auch zum Garen verwenden, wie etwa beim klassischen *coq au vin* oder einer Ente, die in einer Marinade aus Balsamico-Essig, Rotwein und Knoblauch eingelegt wird, ein Gericht, das man in Italien bereits seit der Renaissance schätzt. Geflügelteile lassen sich auf die unterschiedlichste Art zubereiten – von einfacher gebratener Hähnchenbrust oder gegrillten Hühnerflügeln bis hin zu Truthahn in scharfer mexikanischer Schokoladensauce. In Spanien wird der weihnachtliche Truthahn ebenfalls zerlegt und mit Zwiebel, Kräutern und Safran geköchelt.

ZÄH UND NICHT GAR – beim Einstechen mit einer Gabel fließt ein rosa Saft heraus; das Fleisch bleibt an den Zinken kleben; die Haut ist blaß; das Fleisch fühlt sich schwammig und weich an.
*Grund*: das Geflügel war zu alt oder unsachgemäß behandelt; Temperatur zu niedrig; Garzeit zu kurz
→ weitergaren und gegebenenfalls die Temperatur erhöhen. Brustfleisch, falls es danach immer noch zäh ist, vor dem Servieren fein aufschneiden; dunkles Fleisch beispielsweise für einen Salat verwenden.

**RICHTIG** – sticht man das Geflügel mit einer Fleischgabel ein, fließt ein klarer Saft heraus; das Fleisch fällt leicht von der Gabel, ist fest, zart und saftig; die Haut ist gleichmäßig gebräunt; der Geschmack ist kräftig.

TROCKEN UND ZERKOCHT – Fleisch und Haut lösen sich von den Knochen; das Fleisch ist zäh.
*Grund*: zu lange oder zu schnell gekocht; das Geflügel wurde unsachgemäß behandelt; beim Backen oder Grillen nicht ausreichend begossen
→ Fleisch, das in einer Sauce gegart wurde, entbeinen und in Stücke zerteilen; in der Sauce mit Nudeln oder Reis servieren und mit gehackter Tomate oder Kräutern garnieren; gegrilltes Fleisch ebenfalls entbeinen und für einen Salat verwenden.

## WEITERE PROBLEME

ZU WENIG GESCHMACK
*Grund*: wenig geschmacksintensives Geflügel; nicht ausreichend gewürzt
→ mit einer pikant abgeschmeckten und mit Pilzen oder Tomaten verfeinerten hellen oder braunen Sauce (siehe Seite 108–109 und 114–115) oder mit einer roten Papriakasauce, einem Zwiebelconfit oder einem Pesto mit frischem Koriandergrün servieren; mit herzhaften Beilagen, etwa Nudeln mit Pesto, Kascha oder Buchweizen, reichen.

AUSSEN TROCKEN, UNGLEICHMÄSSIG GEGART
*Grund*: die Hitze, vor allem beim Grillen, war zu stark oder nicht gleichmäßig
→ Wärmezufuhr verringern, das Fleisch weiter von der Wärmequelle entfernen und weitergaren.

FEUCHT UND FETTIG
*Grund*: nicht gar; Geflügel unsachgemäß eingefroren und aufgetaut; beim Schmoren, Pochieren oder Dünsten wurde zuviel Flüssigkeit verwendet
→ bei geöffnetem Topf und großer Hitze weitergaren, damit das Fleisch trocken wird; mit einer großzügig gewürzten Sauce oder Dressing servieren.

SAUCE GERONNEN
*Grund*: zu lange gegart; zuviel Flüssigkeit verdunstet
→ mehr Brühe oder – falls der Geschmack bereits intensiv genug ist – Wasser zugießen und rühren, bis die Sauce emulgiert.

# *Hähnchenpfanne mit Paprika*

4 Portionen

**MEIN TIP**

Haben Ihre Geflügelteile zu wenig Geschmack oder sind zu lange gegart worden, versuchen Sie doch einmal diese Sauce. Sie eignet sich für jedes Geflügel, egal wie es gegart wurde. Den Bratensaft zunächst gegebenenfalls abschöpfen und aufheben. Das Geflügel mit Öl bepinseln. Für 6 – 8 Stücke 4 EL Paniermehl, 2 TL Senfpulver, 1 TL gemahlenen Ingwer, 1 TL gemahlenes Piment, 1 TL gemahlenen schwarzen Pfeffer, 1 Prise geriebene Muskatnuß und 1 Prise Chilipulver in eine große Plastiktüte schütten. Die Geflügelteile dazugeben, die Tüte zudrehen und kräftig schütteln, damit das Fleisch das Paniermehl und die Gewürze annimmt. Die Stücke dann auf ein mit Öl eingefettetes Backblech legen und auf beiden Seiten jeweils 3 – 5 Minuten braun grillen. Die Bratensauce gegebenenfalls erwärmen und getrennt dazu reichen.

Mit einigen Löffeln saurer Sahne kommt das leuchtende Rot der Paprikasauce besonders gut zur Geltung. Traditionell reicht man dazu frische Nudeln.

*1 Hähnchen (ca. 1,4 kg), in 6 Stücke zerteilt*
*Salz und Pfeffer*
*2 EL edelsüßer Paprika*
*2 EL Pflanzenöl*
*1 Zwiebel, gehackt*
*175 ml Hühnerbrühe (ggf. etwas mehr)*
*3 rote Paprikaschoten*
*2 EL Tomatenmark*
*75 g saure Sahne, Crème double oder Crème fraîche*

Die Hähnchenteile mit Salz und Pfeffer würzen und sorgfältig mit Paprikapulver einreiben. Das Öl in einer Pfanne erhitzen. Dann zunächst die Keulen mit der Hautseite nach unten hineingeben. Sobald sie Farbe annehmen, die Flügel und zum Schluß die Brüstchen dazugeben (die Hitze sollte nicht zu groß sein, da der Paprika sonst verbrennen könnte). Sind alle Teile schön braun, wenden und auf der anderen Seite braten. Insgesamt beträgt die Bratzeit 8 bis 10 Minuten.

Die Hähnchenteile dann aus der Pfanne nehmen und die Zwiebel 3 bis 4 Minuten darin weich dünsten, ohne daß sie Farbe annimmt. Die Geflügelteile wieder in die Pfanne geben und mit der Hälfte der Brühe aufgießen. Die Pfanne gut verschließen und das Geflügel bei schwacher Hitze weitere 30 bis 35 Minuten garen. Dabei gegebenenfalls noch einmal Brühe nachgießen.

In der Zwischenzeit die Paprikaschoten über einer offenen Flamme oder unter dem heißen Backofengrill 7 bis 10 Minuten rösten, bis die Haut dunkel wird und aufspringt. Dabei einmal umdrehen. Anschließend in eine Plastiktüte geben, damit sie Flüssigkeit abgeben können und sich die Schale löst, und abkühlen lassen. Die Paprikahaut dann abziehen, die weißen Häutchen und die Kerne entfernen und das Fruchtfleisch in Streifen schneiden.

Die fertigen Hähnchenteile aus der Pfanne nehmen. Der Bratensaft sollte dann sirupartig eingekocht sein. Ist dies nicht der Fall, so lange kochen, bis er reduziert ist. Fett gegebenenfalls abschöpfen, das Tomatenmark und die restliche Brühe einrühren und das Ganze noch einmal aufkochen lassen. Die Geflügelteile und die Paprikastreifen hineingeben, 1 bis 2 Minuten vorsichtig erwärmen und die Sauce abschmecken.

Die Hähnchenteile auf einer vorgewärmten Platte oder vier Tellern anrichten und mit der Sauce begießen. Zum Schluß als Kontrast die saure Sahne oder Crème fraîche darübergeben und sofort servieren.

# Entbeinte Hähnchen- und Putenbrüste

*Backen, schmoren, fritieren, grillen, in der Pfanne, im Ofen oder im Wok braten, pochieren, sautieren, kochen*

Hähnchen- und Putenbrust haben viele Vorzüge: Sie sind überall erhältlich, von zuverlässiger Qualität, einfach zu garen und harmonieren aufgrund ihres wenig ausgeprägten Eigengeschmacks mit nahezu jeder Zutat. Andererseits trocknen sie aber auch leicht aus und können dann zäh und faserig werden. Deshalb sollte man sie vor dem Garen kurz marinieren und etwas einschneiden, damit sie die Marinade aufnehmen. Ich verwende zum Garen stets eine Flüssigkeit oder etwas Fett.

Entbeinte Hähnchen- und Putenbrüste sind beim Kauf in der Regel bereits von Haut und Fett befreit. Auf der Unterseite befindet sich allerdings eine Sehne, die sich während des Garens zusammenzieht und zäh wird. Um sie zu entfernen, lockern Sie das weiße, sichtbare Ende mit einem Messer. Dann halten Sie es mit einem Tuch gut fest und ziehen die Sehne mit Daumen und Zeigefinger der anderen Hand heraus. Auf der Brustunterseite befindet sich auch ein lockeres Teil, das sogenannte Filet. Falls es sich löst, garen Sie es getrennt, denn es benötigt nur einige Minuten.

Bei der Zubereitung von Hähnchen- und Putenbrüsten können Sie Ihrer Phantasie freien Lauf lassen. Eher ausgefallen sind Rezepte wie gebackene Hähnchenbrust mit Zitrone, Artischocken und Wildpilzen und sautierte Putenbrust mit einer Balsamico-Tomaten-Vinaigrette. Zu den traditionelleren Zubereitungen zählen Hähnchenbrust im Blätterteigmantel mit Bries, Hähnchen Cordon bleu mit Schinken und Käse gefüllt und Hähnchen Kiew, das mit Kräuterbutter gefüllt und anschließend fritiert wird. Hähnchenbrust läßt sich auch aufklappen und mit einer bunten Füllung, etwa aus Gemüsestreifen und Ziegenkäse oder Schinken und Ricotta, belegen. Anschließend rollt man sie wieder zusammen, bäckt sie und schneidet sie auf, wobei dann ein hübsches Spiralmuster zum Vorschein kommt. Hähnchen- oder Putenbrust eignet sich auch hervorragend zum Braten im Wok, wie in *tung an*, einer chinesischen Spezialität mit Frühlingszwiebel, Morcheln und Reiswein oder einem Gericht mit dem beziehungsreichen Namen *explosion chicken* mit Cashewkernen, Paprikaschote und Bambusprossen, dem Chili und Hoisinsauce besondere Schärfe verleihen. Ein einfaches Rezept für die Zubereitung im Wok finden Sie auf Seite 51 (Mein Tip).

**RICHTIG** – drückt man mit der Fingerspitze auf das Fleisch, fühlt es sich wie ein Schwamm an (Daumentest, Mittelfinger, siehe Seite 28); beim Einstechen mit einer Bratengabel ist es ganz zart, und es fließt ein klarer Saft heraus; das Fleisch ist saftig, aromatisch und zart.

**PROBLEMFÄLLE**

ZÄH UND NICHT GAR
*Grund*: unsachgemäß eingefroren; Temperatur zu niedrig; Garzeit zu kurz
→ weitergaren und gegebenenfalls die Temperatur erhöhen.

TROCKEN UND ZERKOCHT
*Grund*: das Geflügel war von minderer Qualität; zu schnell gegart; Temperatur zu hoch; beim Backen, Grillen, Räuchern oder Braten in der Pfanne nicht ausreichend begossen (entbeinte Hähnchen- und Putenbrüste trocknen sehr schnell aus)
→ laufend begießen; mit dem Bratensaft, einer hellen oder dunklen Sauce oder einer Buttersauce (siehe Seite 108–109, 114–115, 120) servieren und pikante Beilagen wie gerösteten Knoblauch, Zwiebeln oder Schalotten oder gebackene Auberginen, Zucchini und Tomaten mit frischen Kräutern dazu reichen.

ZU WENIG GESCHMACK
*Grund:* wenig geschmacksintensives Fleisch; nicht ausreichend gewürzt
→ mit einer fruchtigen oder scharfen Sauce, Zwiebelconfit, Mangochutney, einer Raita mit Gurke und Joghurt oder einer Tomatensalsa mit Koriander (siehe Seite 129) servieren.

# *Gefüllte Hühnerbrust mit Tomatenconcassé*

4 Portionen

Dieses einfache Gericht eignet sich hervorragend als sommerliches Abendessen, vor allem dann, wenn es frische Tomaten in Hülle und Fülle gibt. Das Tomatenconcassé wird aus geschälten, entkernten und gehackten Tomaten und Gewürzen hergestellt.

*4 Hähnchenbrüste, entbeint und enthäutet*
*2 dünne Scheiben gekochter Schinken (ca. 45 g)*
*8 dünne Scheiben Mozzarella (ca. 125 g)*
*1 Bund Basilikum*
*Salz und Pfeffer*

*Für das Concassé:*
*5 EL Olivenöl*
*3 Tomaten, enthäutet, entkernt und gehackt*
*Saft von 1 Zitrone*

Den Backofen auf 190 °C (Gas Stufe 2 – 3) vorheizen. Zunächst die Schinken-Mozzarella-Füllung vorbereiten. Die Schinkenscheiben dazu in vier Stücke etwa von der Größe der Mozzarellascheiben zurechtschneiden. Die Basilikumblättchen abzupfen und vier Zweige zum Garnieren zurückbehalten. Die Hälfte der Basilikumblätter hacken und für die Sauce beiseite stellen. 4 Mozzarellascheiben mit jeweils 1 Stück Schinken belegen, 2 bis 3 Basilikumblättchen darauf geben und mit einer zweiten Mozzarellascheibe abschließen.

Eine mittelgroße Backform mit Butter einstreichen. Die Hähnchenbrüste auf die Hautseite legen und die Sehnen in der Mitte sorgfältig mit der Spitze eines scharfen Messers entfernen. Die Filetstücke, die sich dabei ablösen, zur Seite stellen. Die Brüste dann umdrehen und von oben nach unten eine Tasche einschneiden. Die Brüste dabei aber nicht vollständig durchschneiden.

In jede Tasche ein Mozzarellapäckchen und anschließend die Filetstreifen stecken, so daß die Tasche vollständig verschlossen ist. Die Hähnchenbrüste mit der Hautseite nach oben in die Backform setzen. Mit Salz und Pfeffer würzen, gut mit Alufolie abdecken und 30 bis 35 Minuten im vorgeheizten Ofen backen.

Kurz bevor die Hähnchenbrüste gar sind, das Tomatenconcassé zubereiten. Dazu das Öl in einer kleinen Pfanne erhitzen, die Tomaten und den Zitronensaft untermischen und abschmecken.

Die fertigen Hähnchenbrüste schräg in Scheiben schneiden und fächerförmig auf vier Tellern anrichten, so daß man die Füllung sehen kann. Das gehackte Basilikum unter das Concassé rühren und noch einmal erhitzen, bis es sehr heiß ist. Die Hähnchenbrüste damit begießen, mit den Basilikumzweigen garnieren und sofort servieren

**MEIN TIP**

Gegarte Hähnchenbrust bekommt mehr Pfiff, wenn man sie mit knackigem Gemüse und pikanten Gewürzen im Wok brät. Die Brüstchen in feine Streifen schneiden. Für 375 g gekochtes Fleisch 2 EL dunkle Sojasauce und 2 EL Reiswein mit 1 Prise Zucker und 2 TL Stärkemehl verrühren. Mit den Fleischstreifen vermengen und ziehen lassen. 2 EL Öl im Wok erhitzen. 6 gehackte Frühlingszwiebeln, 2 kleine, getrocknete Chilischoten, 1 Stück (2,5 cm) feingehackten, frischen Ingwer und 1 feingehackte Knoblauchzehe etwa 30 Sekunden unter Rühren darin anbraten, bis das Gemüse sein Aroma entfaltet. 250 g in Streifen geschnittenen Paksoi oder Chinakohl dazugeben und circa 1 Minute unter Rühren braten, bis er weich zu werden beginnt. Das Fleisch abtropfen lassen und ebenfalls in den Wok geben. Die Marinade aufheben. Etwa 2 Minuten unter Rühren braten. Die Marinade angießen und unter ständigem Rühren eindicken lassen. Die Chilischoten herausnehmen, abschmecken und sofort servieren. Ergibt 4 Portionen.

# Ganze Enten und Gänse

*Backen, schmoren, im Bräter oder am Spieß braten*

GEBRATENE ENTE MIT MAISBROTFÜLLUNG, Ente mit Rosinensauce, geschmorte Ente mit Sauerkraut oder Oliven, russische Gans mit Walnußfüllung, die österreichische gefüllte Weihnachtsgans mit Äpfeln und Pflaumen – läuft einem da nicht schon bei der bloßen Vorstellung das Wasser im Munde zusammen? Mir jedenfalls geht es so. Ich esse dieses saftige Geflügel mit dem dunklen Fleisch, das so gut mit Obst harmoniert, für mein Leben gern. Wer eine knusprige Haut mag, sollte es braten. Beim Schmoren hingegen ist gewährleistet, daß auch ältere Tiere saftig und zart werden.

Trotz ihres saftigen Fleischs können auch Enten und Gänse trocken werden, wenn man sie nicht richtig behandelt. Meine Anleitungen zum Würzen und Dressieren von ganzen Hähnchen (siehe Seite 40–41) gelten auch für Enten und Gänse. Beim Garen beginnt man mit hohen Temperaturen, die man später, wenn die Haut anfängt, braun zu werden, verringert. Damit das Fett austreten kann, steche ich die Haut vorher ein und begieße das Geflügel laufend. Das Fett sollten Sie aufheben, denn damit lassen sich die knusprigsten Bratkartoffeln zubereiten. Beide Geflügelarten liefern einen schmackhaften Bratensaft. Bevor Sie ihn ablöschen, sollten Sie aber unbedingt sämtliches Fett abschöpfen. Wenn Sie das Geflügel braten, denken Sie daran, es vor dem Auftragen mindestens 10 Minuten an einem warmen Ort ruhenzulassen, damit die Säfte das Fleisch gleichmäßig durchziehen.

**RICHTIG KURZGEGART** – beim Einschneiden ist das Fleisch (hier Ente) rosa und saftig; die Haut ist knusprig und gleichmäßig goldbraun; beim Anheben läuft aus dem Bauch ein rosa Saft heraus; die Unterkeulen lassen sich nicht hin und her bewegen, und das Fleisch fühlt sich fest an, wenn man mit einer Bratengabel einsticht; führt man zwischen Keule und Brust ein Bratenthermometer ein, zeigt es weniger als 83 °C an; voller, fleischiger Geschmack. Zu beachten: Die Keulen werden noch nicht gar und zäh sein und müssen noch weitergegart werden. Für gewöhnlich grillt man sie.

**RICHTIG DURCHGEGART** – beim Einschneiden ist das Brustfleisch durchgegart, aber noch saftig und zart; die Haut ist knusprig und schön goldbraun; beim Anheben läuft aus dem Bauch ein klarer Saft (nicht rosa) heraus; an den Enden der Unterkeulen, die sich leicht hin und her bewegen lassen, beginnt sich das Fleisch abzulösen; führt man zwischen Keule und Brust ein Bratenthermometer ein, zeigt es 83 °C an; voller, fleischiger Geschmack. Zu beachten: Die Keulen werden ebenfalls durch sein, sind aber nicht so zart wie die Brust.

**PROBLEMFÄLLE**

NICHT GAR
*Grund*: Garzeit zu kurz; Temperatur zu niedrig
→ weitergaren und gegebenenfalls die Temperatur erhöhen.

ZÄH
*Grund*: das Geflügel war zu alt oder unsachgemäß behandelt; nicht ausreichend gegart
→ beim Schmoren oder Braten im Bräter überprüfen, ob ausreichend Flüssigkeit vorhanden, und dann weitergaren; beim offenen Braten Flüssigkeit zugeben, den Bräter gut verschließen und weitergaren.

FETTIG
*Grund*: das Geflügel war fett; durch die Füllung blieb das Fleisch zu feucht; nicht ausreichend gegart; beim Schmoren oder Braten im Bräter zuviel Flüssigkeit im Topf
→ 10–15 Minuten bei starker Hitze im offenen Topf weitergaren, beim offenen Braten laufend begießen; mit einer pikanten Orangen- oder Pfeffersauce, einer anderen dunklen Sauce oder Bratensaft (siehe Seite 114–115) servieren und als Beilagen zum Beispiel Rotkohl, weiße Rüben oder einen Pilaw aus Wildreis reichen.

# Zitronenente mit Oliven und Kapern

3 BIS 4 PORTIONEN

*Foto Seite 38/39*

**MEIN TIP**

Dieser bunte Salat mit süß-saurem Dressing wird davon ablenken, wenn Ihnen Ihre Ente oder Gans einmal nicht recht gelungen ist: 4 große Tomaten entkernen und in dünne Scheiben schneiden. 4 große Orangen sorgfältig schälen und ebenfalls in dünne Scheiben schneiden. Die Tomaten- und Orangenscheiben schuppenförmig auf vier Salattellern anrichten. 4 EL Portwein, 2 EL Himbeeressig, 2 EL Zitronensaft und 1 EL Honig in einer kleinen Schüssel verrühren und mit Salz und Pfeffer abschmecken. Die Orangen- und Tomatenscheiben mit dem Dressing begießen und jeden Teller mit einem Minzezweig verzieren. Ergibt 4 Portionen.

VERKOCHT UND TROCKEN – beim Einschneiden ist das Brustfleisch trocken und faserig und löst sich am Brustknochen und an den Keulen ab; die Haut ist trocken, glanzlos und kann verbrannt sein; zieht man an den Keulen, lösen sie sich von der Karkasse.
*Grund*: zu lange oder zu schnell gegart; beim Braten nicht ausreichend begossen
→ mit Orangensauce, einer dunklen Sauce oder Bratensaft (siehe Seite 114–115) und aromatischen Beilagen wie Selleriepüree, Safranreis, geröstetem Knoblauch und Schalotten oder einer Wildpilzpfanne mit Haselnüssen (siehe Seite 170) servieren.

Dieses Rezept, eine moderne Version der klassischen Ente à l'orange, nimmt Anleihen bei der mediterranen Küche. Die Sauce, bei der karamelisierter Zucker in Essig aufgelöst wird, harmoniert sehr gut mit Früchten.

*1 Ente (ca. 2 kg), mit Innereien*
*Salz und Pfeffer*
*2 unbehandelte Zitronen*
*3–4 Lorbeerblätter*
*4 Nelken*
*4 EL Olivenöl*

*FÜR DIE SAUCE:*
*4 EL Zucker*
*2 EL Wasser*
*5 EL Weißweinessig*
*3/4 l Hühner- oder Kalbsbrühe*
*1 Zwiebel, in Würfel geschnitten*
*1 Möhre, in Würfel geschnitten*
*2 EL Mehl*
*60 g milde schwarze Oliven, in Salzlake oder in Öl eingelegt*
*1 EL Kapern, gespült und abgetropft*

Faden zum Dressieren

Den Backofen auf 230 °C (Gas Stufe 4) vorheizen. Die Ente außen und innen mit Salz und Pfeffer würzen und die Haut einstechen, damit das Fett während des Bratens austreten kann. Die Zitronen schälen und die Ente mit der Schale, den Lorbeerblättern und den Nelken füllen. Die Ente dressieren und auf dem Rücken in den Bräter legen. Die Haut mit Olivenöl und dem Saft von 1 Zitrone bestreichen. Die Innereien kleinschneiden und mit in den Bräter geben.

Die Ente im vorgeheizten Ofen etwa 15 Minuten braten, bis die Haut zu knistern beginnt. Die Temperatur dann auf 200 °C (Gas Stufe 3) herunterschalten, die Ente auf die Seite drehen, begießen und weitere 15 Minuten braten. Anschließend auf die andere Seite drehen, begießen und nochmals 15 Minuten garen. Die Ente danach wieder auf den Rücken drehen und 1 bis 1 3/4 Stunden weiterbraten. Dabei laufend begießen.

Für die Sauce zunächst den Zucker mit dem Wasser in einem kleinen Topf erhitzen, bis er sich aufgelöst hat, und anschließend hellbraun karamelisieren lassen. Den Topf dann vom Herd nehmen und den Essig auf einmal hineinschütten (treten Sie dabei vom Herd zurück, denn der Essigdampf könnte Ihre Augen reizen). Vorsichtig erhitzen, bis sich der Karamel aufgelöst hat. Nun die Brühe und den Saft der zweiten Zitrone angießen, das Ganze zum Kochen bringen und 3 bis 5 Minuten auf kleiner Flamme einkochen lassen.

Die fertige Ente auf eine vorgewärmte Platte geben, mit Alufolie abdecken und vor dem Tranchieren 10 bis 15 Minuten ruhenlassen. Das Fett im Bräter bis auf 1 Eßlöffel abschöpfen. Die Zwiebel und die Möhre zu den Innereien in den Topf geben und alles 5 bis 7 Minuten gut anbräunen. Das Mehl einrühren und unter ständigem Rühren 1 bis 2 Minuten kochen lassen, bis es schön angebräunt ist. Die Karamelsauce dazugießen, aufkochen lassen und gut umrühren. Danach 4 bis 5 Minuten köcheln lassen, bis die Sauce etwas eingedickt ist. In einen Topf passieren und dabei das Gemüse und die Innereien gut ausdrücken. Die Sauce nochmals 4 bis 5 Minuten köcheln lassen, bis sie schön reduziert ist, glänzt und etwas an einem Löffelrücken haften bleibt.

Die Oliven und die Kapern in die Sauce geben. Das Ganze noch einmal vorsichtig erhitzen, ohne daß es zum Kochen kommt, und anschließend abschmecken. Die Ente mit etwas Sauce begießen und den Rest getrennt dazu reichen.

# Ganzes Federwild

*Backen, schmoren, in der Pfanne, im Bräter und am Spieß braten, sautieren*

MEIN VATER WAR JÄGER, und so sah unser Speiseplan jeden Herbst gleich aus: viel zu lange gebratener Fasan, knochentrocken und meist zäh wie Leder, und das mindestens dreimal die Woche. Was dachte sich meine Mutter nur dabei? Ich konnte sie bis heute nicht davon überzeugen, daß gebratenes Federwild saftig, vielleicht sogar noch rosa sein sollte. Auch für das Marinieren und Schmoren kann sie sich nicht erwärmen, obwohl es das Wildgeflügel zart macht und es durch Rotwein, Essig, Kräuter und Gemüse mehr Geschmack bekommt.

Auf eines verzichtete sie allerdings nie: das Federwild gut abhängen zu lassen, damit sich sein Geschmack entfalten konnte. Eine wunderbare Methode, durch die man Wildgeflügel gut von relativ geschmacklosem Zuchtgeflügel unterscheiden kann. Der Geschmack von Federwild läßt sich aber auch durch Bardieren verbessern. Das heißt, man umwickelt es mit dünnen Scheiben Speck oder wie meine Mutter mit Schinken. Anschließend wird das Tier dressiert. Während des Garens dreht man es von einer Seite auf die andere und zum Schluß auf den Rücken. Vor allem beim Braten muß das Geflügel laufend begossen werden. Wird es geschmort oder im geschlossenen Bräter in feuchter Hitze gegart, verlangt es weniger Aufmerksamkeit.

Selbst Federwild von Zuchtfarmen, und sei es noch so geschmacklos, hat einen unverkennbaren Wildgeschmack, der dazu einlädt, es mit Wildpilzen und Pürees aus Wurzelgemüse zu kombinieren. Größere Tiere werden meist gebraten oder geschmort, Wachteln und andere kleine Vögel sind vielseitiger zuzubereiten.

**RICHTIG KURZGEGART** – beim Anheben läuft aus dem Bauch ein rosa Saft heraus; die Haut ist leicht gebräunt; die Unterkeule läßt sich nicht hin und her bewegen; beim Einstechen mit einer Bratengabel fühlt sich das Fleisch fest an; beim Aufschneiden ist das Brustfleisch rosa und saftig und hat, je nach Tier und Alter, einen Fleisch- oder Wildgeruch. Zu beachten: Die Keulen werden noch zäh und nicht gar sein und deshalb meist für ein Ragout oder einen Eintopf weiterverwendet.

**RICHTIG DURCHGEGART** – beim Anheben läuft aus dem Bauch ein klarer (nicht rosa) Saft; die Haut ist goldbraun; an den Enden der Unterkeulen, die sich leicht hin und her bewegen lassen, beginnt sich das Fleisch etwas abzulösen; das Brustfleisch ist beim Aufschneiden durch, aber noch saftig und zart und hat einen intensiven Fleischgeruch; die Keulen sind wahrscheinlich noch nicht gar. Zu beachten: Ganze Tiere garen in der Regel durch die Resthitze weiter, der Garvorgang sollte deshalb bereits beendet werden, wenn das Geflügel noch nicht ganz gar ist.

## PROBLEMFÄLLE

TROCKEN UND ZERKOCHT
*Grund*: zu lange oder zu schnell gegart; nicht ausreichend begossen
→ mit Bratensaft oder einer herzhaften dunklen Sauce (siehe Seite 114–115) und sämigen Beilagen wie Sellerie-, Kürbis- oder Süßkartoffelpüree servieren.

NICHT GAR
*Grund*: Garzeit zu kurz; Temperatur zu niedrig
→ weitergaren und gegebenenfalls die Temperatur erhöhen.

ZÄH
*Grund*: das Geflügel war alt oder von minderer Qualität (älteres Federwild ist sehr zäh und sollte geschmort oder im geschlossenen Bräter gebraten werden); nicht ausreichend gegart
→ beim Schmoren oder Braten im Bräter überprüfen, ob ausreichend Flüssigkeit vorhanden ist, und dann weitergaren; beim offenen Braten Flüssigkeit angießen, den Topf gut verschließen und weitergaren.

## *Geschmorter Fasan mit Linsen*

4 PORTIONEN

Die grünen Linsen aus Le Puy, das in den vulkanischen Bergen Zentralfrankreichs liegt, sind berühmt. Das Rezept eignet sich auch hervorragend für Perlhuhn oder Kaninchen.

*2 Fasane (à ca. 750 g)*
*1 EL Öl*
*15 g Butter*
*250 g Schinken, in Würfel geschnitten*
*1 Zwiebel, gehackt*
*1 Möhre, in Würfel geschnitten*
*1 Kräutersträußchen*
*1/4 l Weißwein*
*1/4 l Hühnerbrühe (ggf. etwas mehr)*
*Salz und Pfeffer*

FÜR DIE LINSEN:
*250 g Le-Puy-Linsen oder dunkelgrüne Linsen*
*1 Zwiebel, mit 1 Nelke gespickt*
*1 Knoblauchzehe*
*1 Kräutersträußchen*

Faden zum Dressieren

Den Backofen auf 190 °C (Gas Stufe 2–3) vorheizen. Die Fasane dressieren. Das Öl und die Butter in einer schweren, feuerfesten Kasserolle erhitzen und den Schinken darin leicht anbräunen. Herausnehmen, die Fasane in den Topf geben und gut anbraten. Die Zwiebel und die Möhre hinzufügen und bei mittlerer Hitze 5 bis 7 Minuten weich garen.

Den Schinken zusammen mit dem Kräutersträußchen, dem Wein und der Brühe wieder in den Topf geben und mit Salz und Pfeffer würzen. Das Ganze zum Kochen bringen, den Topf schließen und die Fasane je nach Geschmack 1 bis 1 1/2 Stunden im Ofen schmoren lassen. Dabei von Zeit zu Zeit begießen und gegebenenfalls noch etwas Brühe nachgießen.

Die Linsen verlesen und gründlich waschen. Mit der gespickten Zwiebel, dem Knoblauch und dem Kräutersträußchen in einen Topf geben und reichlich mit Wasser bedecken. Aufkochen lassen und abschäumen. Im etwas geöffneten Topf 30 bis 45 Minuten köcheln lassen, bis sie weich sind und das Wasser weitgehend aufgesogen haben. Dabei gelegentlich umrühren und gegebenenfalls noch etwas Wasser nachfüllen. Die Linsen sollten saftig, aber nicht verkocht sein. Überschüssige Flüssigkeit gegebenenfalls abschöpfen. Zum Schluß die Zwiebel, den Knoblauch und das Kräutersträußchen herausnehmen.

Die fertigen Fasane aus der Kasserolle nehmen. Die Fäden und das Kräutersträußchen entfernen und die Kochflüssigkeit in einen Topf passieren. Den Schinken und das Gemüse aufheben. Nun die Linsen in die Kasserolle geben und den Schinken und das Gemüse untermischen. Abschmecken und bei schwacher Hitze nochmals 10 Minuten kochen, damit die Linsen den Geschmack annehmen.

In der Zwischenzeit die Fasane halbieren. Dabei das Rückgrat heraustrennen und die Flügelspitzen und die Unterkeulen abtrennen. Die Hälften auf die Linsen legen. Den Bratensaft gegebenenfalls entfetten, etwas einkochen lassen und abschmecken.

Das Gericht in der Kasserolle servieren oder auf einer Platte anrichten. Die Fasane mit etwas Bratensaft begießen und den Rest getrennt dazu reichen.

### MEIN TIP

Ein Kartoffelpüree mit Schinkenspeck ist eine ausgezeichnete Unterlage für trockenes oder zu lange gegartes Federwild (außerdem sollten Sie reichlich Bratensaft oder Sauce dazu servieren). Pro Person rechnet man 1 mittelgroße Kartoffel. Die ungeschälten Kartoffeln in dicke Scheiben schneiden. In kochendes Wasser geben und 10–15 Minuten köcheln lassen, bis sie sehr weich sind. Pro Person 1 dicke Scheibe Schinken in Würfel schneiden und anbräunen. Auf Küchenpapier abtropfen lassen und das Fett aufheben. Die Kartoffeln abgießen, wieder in den Topf geben und bei schwacher Hitze 1–2 Minuten trocknen. Im Topf mit dem Kartoffelstampfer zerdrücken und pro Kartoffel 1 EL Bratfett und 2 EL Milch hinzufügen. Auf kleiner Flamme 3–5 Minuten mit einem Kochlöffel schlagen, bis eine lockere Masse entstanden ist. Die Schinkenwürfel untermengen und gegebenenfalls noch mit Salz und Pfeffer abschmecken.

# Entbeinte Enten- und Wildgeflügelbrüste

*Backen, schmoren, grillen, in der Pfanne oder im Ofen braten, sautieren, dünsten*

WENN SIE SICH DIE BRÜSTE VON ENTEN UND FEDERWILD ALS EINE ART BESONDERE STEAKS VORSTELLEN, können Sie nicht viel falsch machen. Sie haben die gleichen Vorzüge: ein gehaltvolles, saftiges Fleisch, Portionsgröße (manchmal reichen sie auch für zwei) und einen herzhaften Geschmack, der dazu einlädt, sie mit ebenso schmackhaften Beilagen zu kombinieren. Sie weisen allerdings auch die gleichen Nachteile auf: Gart man sie zu lange, werden sie furchtbar zäh, und am besten sind sie, wenn sie innen noch rosa sind oder wenn man sie gut durchbrät.

Die Brüste von Zuchtenten sind häufig fett. Deshalb lege ich sie zum Grillen oder Anbraten zunächst mit der Hautseite nach unten in die heiße Pfanne, bis sie schön braun sind und möglichst viel Fett abgegeben haben. Wenn Sie die Haut einschneiden, tritt das Fett während des Garens ebenfalls aus. Sie können sie aber auch entfernen, obwohl ich sie für das Beste halte. Brüste von Federwild trocknen hingegen leicht aus und sollten deshalb vorsichtig angebraten und in feuchter Hitze gegart werden.

Zum Verfeinern eignen sich besonders grüner und schwarzer Pfeffer, Trockenfrüchte, aber auch frische Früchte wie Äpfel, Brombeeren, Kirschen, Schwarze und Rote Johannisbeeren. Wie wäre es einmal mit einer gebratenen, mit Karamel und Essig abgelöschten Entenbrust, einer scharf gewürzten Fasanenbrust mit einem gemischten Salat aus jungen Wildkräutern oder geräucherten Taubenbrüstchen mit Würstchen und Polenta?

**RICHTIG KURZGEGART** – beim Einstechen mit der Messerspitze ist das Fleisch innen saftig und rosa; die Haut ist goldbraun und knusprig; drückt man mit der Fingerspitze darauf, fühlt sich das Fleisch schwammig an (Daumentest, Mittelfinger, siehe Seite 28); das Aroma ist intensiv.

**RICHTIG DURCHGEGART** – beim Einstechen mit der Messerspitze ist das Fleisch durch, aber noch saftig und zart; die Haut ist knusprig und schön goldbraun, das Fett (bei Ente) ist weitgehend ausgetreten; drückt man mit der Fingerspitze darauf, fühlt sich das Fleisch fest an (Daumentest, kleiner Finger, siehe Seite 28); das Aroma ist intensiv.

### MEIN TIP

Trockenen, zähen oder zerkochten Enten- oder Wildgeflügelbrüsten kann man mit Äpfeln, die zudem mit fast jeder Sauce harmonieren, Saftigkeit verleihen. Die Brüste abtropfen lassen und den Bratensaft aufheben. Das Fleisch quer zur Faser in dünne, schräge Scheiben schneiden, auf Tellern anrichten und warm stellen. Für 4 Personen 3 Äpfel vierteln, entkernen und in Scheiben schneiden. 2 EL Butter in einer Pfanne zerlaufen lassen, die Äpfel hineingeben und mit 1 TL Zucker bestreuen. Wenden und die andere Seite ebenfalls mit 1 TL Zucker bestreuen. Die Äpfel kurz braten, bis sie angebräunt und karamelisiert sind. Mit 2–3 EL Calvados oder Cognac flambieren. Die Bratflüssigkeit angießen, abschmecken und über die Geflügelbrüste geben.

### PROBLEMFÄLLE

NICHT GAR
*Grund*: Garzeit zu kurz; Temperatur zu niedrig
→ weitergaren und gegebenenfalls die Temperatur erhöhen.

TROCKEN UND ZERKOCHT
*Grund*: das Geflügel war zu alt (bei Federwild); zu lange oder zu schnell gegart; beim Braten nicht ausreichend begossen
→ mit Bratensaft oder einer pikant mit Preiselbeeren, grünem Pfeffer, Schwarzen oder Roten Johannisbeeren abgeschmeckten dunklen Sauce oder Buttersauce (siehe Seite 114–115 und 120) servieren.

ZÄH
*Grund*: zu lange gegart; das Geflügel war alt oder von minderer Qualität (insbesondere bei Federwild)
→ quer zur Faser sehr dünn aufschneiden.

FETT
*Grund*: nicht ausreichend gegart; zu langsam gegart; das Geflügel war sehr fett (insbesondere bei Zuchtenten); Temperatur zu niedrig
→ vor dem Servieren die Haut entfernen; sehr saftiges Fleisch auf jeder Seite 1–2 Minuten in einer sehr heißen Pfanne anbraten.

# Geflügel im Wok garen

Im unterschied zu anderen Geflügelgerichten spielen beim Garen im Wok Gemüse und Gewürze neben dem Fleisch eine gleichberechtigte Rolle. An Klassikern wie Zitronenhähnchen, Hähnchen mit Morcheln und dem herzhaften Hähnchen *kung pao* mit rotem Paprika, Knoblauch, Ingwer und Erdnüssen läßt sich gut erkennen, welche Zutaten am besten zusammenpassen. Worauf es besonders ankommt, das sind mageres Fleisch, pikante Gewürze und möglichst viel buntes Gemüse.

Beim Fleisch bevorzuge ich Hähnchen- und Entenbrust. In der asiatischen Küche werden allerdings meist ganze Tiere verwendet, die man in gleich große Stücke zerteilt, denn die Knochen verleihen dem Gericht einen besonderen Geschmack. Aromen wie Knoblauch, Ingwer, schwarze Bohnen und Chilischoten müssen gut zur Geltung kommen. Das Gemüse, beispielsweise Wildpilze, Zuckerschoten, Bambussprossen, Paprikaschoten und Auberginen, sollte dem Gericht nicht nur Farbe verleihen, sondern auch für die unterschiedlichsten Geschmackserlebnisse – von weich bis knackig – sorgen. Machen Sie also reichlich Gebrauch davon.

Für welche Zusammenstellung Sie sich auch entscheiden, besonders gut wird das Geflügel, wenn man es vor der Zubereitung kurz in einer würzigen, aromatischen Marinade, etwa aus Reiswein oder trockenem Sherry, Knoblauch und Ingwer, einlegt. Schon 5 Minuten machen einen Unterschied.

**RICHTIG** – das Fleisch hat etwas Farbe angenommen und ist noch saftig; die übrigen Zutaten geben Farbe, sind knackig oder weich; der Geschmack ist pikant.

## PROBLEMFÄLLE

NICHT GAR
*Grund*: Garzeit zu kurz; Temperatur zu niedrig
→ den Wok zudecken und das Geflügel und die übrigen Zutaten bei schwacher Hitze fertiggaren.

ZERKOCHT UND FEUCHT
*Grund*: zu langsam gegart, meist weil zu viele Zutaten auf einmal in den Wok gegeben wurden; zu lange gegart
→ überschüssige Flüssigkeit abschöpfen und frische, knackige Zutaten, etwa gehackten Sellerie, Frühlingszwiebel oder Paprikaschote, untermischen.

ZU WENIG GESCHMACK
*Grund*: nicht ausreichend gewürzt; zu lange gegart
→ mit Sojasauce, Reiswein, Zitronensaft oder dunklem Sesamöl nachwürzen.

FARBEN MATT
*Grund*: die Zutaten waren von minderer Qualität; zu lange gegart
→ mit farbenfrohen, rohen Zutaten wie gehackter Frühlingszwiebel, Tomate oder Kräutern bestreuen.

UNGLEICHMÄSSIG GEGART (ZUTATEN TEILWEISE NOCH ROH, TEILWEISE ZERKOCHT)
*Grund*: die Zutaten wurden in der falschen Reihenfolge gegart; zu große Mengen gleichzeitig gegart; nicht laufend gerührt
→ wenn möglich, bereits fertige Zutaten herausnehmen und den Rest weitergaren.

## MEIN TIP

Mit etwas Glück wird niemand bemerken, daß Ihr Pfannengericht mißlungen ist, wenn Sie es auf einem Bett aus fritierten Nudeln servieren. Dazu den Wok etwa 5 cm hoch mit Pflanzenöl füllen und so lange erhitzen, daß eine Nudel, die man zur Probe hineingibt, beim Hineinfallen knistert. Pro Person 1 Handvoll Mungobohnennudeln in 13 cm lange Stücke brechen und mit einem Schaumlöffel in das heiße Fett geben. Den Löffel sofort wegziehen und die Nudeln damit in das Fett tauchen. 30–60 Sekunden fritieren, bis die Nudeln aufgegangen und knusprig sind. Herausnehmen und auf Küchenpapier abtropfen lassen. Die restlichen Nudeln ebenso zubereiten.

# *Enten-Magret mit grüner Pfeffersauce*

2 PORTIONEN

*Magret* ist das französische Wort für Entenbrust. Traditionell handelt es sich hier um das Brustfilet. Die Keulen werden für ein Confit verwendet.

*1 große oder 2 kleine entbeinte Entenbrüste (ca. 375 g)*
*1 EL Öl*
*Salz und Pfeffer*

*FÜR DIE SAUCE:*
*3 Schalotten, fein gehackt*
*375 ml Rotwein*
*4 EL dunkle Rinder- oder Kalbsbrühe*
*2 EL Crème fraîche oder Crème double*
*1 TL grüne Pfefferkörner, abgetropft und zerdrückt*
*1 EL Butter*

Das Öl in einer Pfanne erhitzen. Die Entenbrust auf beiden Seiten mit Salz und Pfeffer würzen und die Haut einritzen, damit das Fett während des Garens austreten kann. Bei großer Hitze 3 bis 5 Minuten mit der Hautseite nach unten anbraten, bis die Haut schön braun ist. Die Wärmezufuhr verringern und das Fleisch auf der anderen Seite je nach Belieben in 3 bis 7 Minuten fertiggaren. Auf ein Küchenbrett legen und warm halten.

Für die Sauce das Fett in der Bratpfanne bis auf 1 Eßlöffel abschöpfen. Die gehackten Schalotten 1 Minute darin andünsten. Den Rotwein angießen und umrühren, damit sich der Bratenfond vom Boden löst. Aufkochen lassen und auf die Hälfte reduzieren. Anschließend die Brühe einrühren und gegebenenfalls noch etwas einkochen lassen. Zum Schluß die Crème fraîche und die Pfefferkörner unterrühren und die Sauce noch 2 bis 3 Minuten köcheln lassen.

Die Entenbrust schräg in Scheiben schneiden und auf zwei vorgewärmten Tellern anrichten (die Haut vorher gegebenenfalls entfernen). Die Sauce vom Herd nehmen und die Butter in 2 oder 3 Stücken hineingeben. Die Pfanne dabei schwenken, bis sich die Butter vollständig mit der Sauce verbunden hat. Die Sauce abschmecken, die Ente damit begießen und sofort servieren.

*Enten-Magret mit grüner Pfeffersauce*

# *Gebratene Hähnchenbrust mit Zuckerschoten und Cashewkernen*

4 PORTIONEN

Das Fleisch wird zunächst in gewürztem Stärkemehl gewälzt und anschließend kurz geköchelt. Dadurch wird verhindert, daß es durch die starke Hitze im Wok austrocknet. Außerdem bekommt es beim Braten einen seidigen Glanz.

*500 g Hähnchenbrust, entbeint und enthäutet*
*2 EL Pflanzenöl*
*4 getrocknete rote Chilischoten*
*1 Stück (2,5 cm) frischer Ingwer, gehackt*
*250 g Zuckerschoten, schräg in drei Teile geschnitten*
*75 g gesalzene Cashewkerne*

*ZUM WÄLZEN:*
*1/2 TL Salz*
*1 EL trockener Reiswein oder Sherry*
*1 großes Eiweiß, verquirlt*
*1 EL Stärkemehl*
*1 EL Öl*
*1 Liter Wasser*

*FÜR DIE SAUCE:*
*1 1/2 EL Stärkemehl*
*1 1/2 EL trockener Reiswein oder Sherry*
*2 EL dunkle Sojasauce*
*1 1/2 EL Reisessig*
*1 TL Zucker*
*1 1/2 TL dunkles Sesamöl (nach Belieben)*

Die Hähnchenbrust zunächst mit der Faser der Länge nach in Streifen und dann in gut 1 cm große Würfel schneiden. Die Fleischwürfel mit dem Salz und dem Reiswein in eine Schüssel geben und gut umrühren. Dann das Eiweiß, das Stärkemehl und das Öl hinzufügen und so lange rühren, bis das Fleisch damit überzogen ist. Zudecken und 30 bis 60 Minuten kalt stellen.

Das Fleisch dann vorkochen. Dazu das Wasser in einem mittelgroßen Topf zum Kochen bringen, die Fleischwürfel hineingeben und umrühren, damit die Stücke nicht zusammenkleben. Noch einmal aufkochen lassen und das Fleisch unter ständigem Rühren 1 Minute köcheln lassen. Abgießen und bei Zimmertemperatur abkühlen lassen. In der Zwischenzeit die angegebenen Zutaten zu einer Sauce verrühren.

Den Wok auf großer Flamme 30 Sekunden erhitzen. Anschließend Boden und Wände mit Öl benetzen und nochmals 30 Sekunden erhitzen. Die Wärmezufuhr dann verringern und die Chilischoten etwa 1 Minute anbräunen. Den Ingwer dazugeben und unter Rühren einige Sekunden braten. Nun die Chilischoten herausnehmen. Den Herd wieder auf große Flamme schalten und die Zuckerschoten 30 bis 60 Sekunden pfannenrühren, bis sie gerade weich zu werden beginnen. Nun das Fleisch dazugeben und etwa 30 bis 60 Sekunden unter Rühren braten, bis es sehr heiß ist. Die Sauce noch einmal kurz umrühren und in den Wok gießen. Den Wok dabei rütteln, damit das Fleisch und die Zuckerschoten die Sauce annehmen. Zum Schluß die Cashewkerne untermischen und kurz erwärmen. Abschmecken, in eine Schüssel umfüllen und sofort servieren.

# FLEISCH & WILD

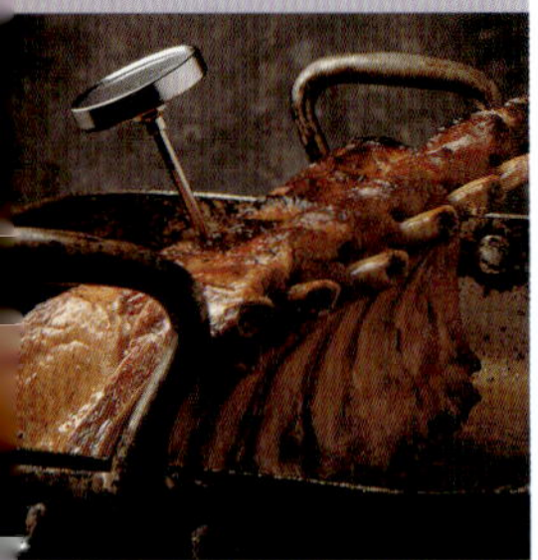

FLEISCH GEHÖRT ZU DEN DANKBARSTEN BESTANDTEILEN eines Hauptgerichts. Ob es nun etwas zu trocken ist, einige Minuten zu lange gegart wurde oder keine schöne Farbe hat – all das läßt sich, wie ich Ihnen im folgenden Kapitel zeigen möchte, ohne allzu großen Aufwand beheben.

Zunächst aber einmal ein Blick auf die typischen Merkmale der verschiedenen Fleischsorten. Rindfleisch ist zwar saftig und voll im Geschmack, wird aber leicht zäh. Zur Verfeinerung eignen sich am besten Senf, Paprika, Cayennepfeffer, Meerrettich, Rotwein und Knoblauch. Bei Lamm, dem anderen Zuchttier mit rotem Fleisch, bevorzuge ich Zutaten aus der mediterranen Küche, etwa Kapern, Oliven, Rosmarin, Thymian und Knoblauch, vergesse aber auch die Minze nicht, die meine Mutter in unserem Garten in England zog. Angesichts des unterschiedlichen Garverhaltens von Kalb- und Rindfleisch wundert man sich fast ein bißchen, daß es sich hier um ein und dieselbe Rasse handelt. Da das Fleisch von Jungtieren stammt, wird Kalbfleisch weniger leicht zäh, trocknet dafür aber schneller aus. Deshalb sollte man es höchstens bei mittlerer Hitze garen und auf ausreichend Flüssigkeit achten. Zitrone, Muskat, Rosmarin, Petersilie und Weißwein bringen den Geschmack am besten zur Geltung. Und an Sahne, Butter oder Olivenöl sollte man ebenfalls nicht sparen. Das Schweinefleisch, die andere weiße Fleischsorte, ist wunderbar saftig und vielseitig. Denken Sie nur an die Koteletts, Schinken und Würste, die mit Honig, Äpfeln, braunem Zucker, Salbei und Gewürzen so gut schmecken. Trotz seiner Saftigkeit trocknet Schweinefleisch genau wie Kalbfleisch aber leicht aus.

Bei Wild, insbesondere bei Fleischstücken vom Wild, besteht die Gefahr, daß es zäh wird. Für die Zubereitung der Saucen empfehlen sich vor allem Wein und Bier und Gewürze wie Wacholder, Lorbeer, Knoblauch und Sirup. Ich persönlich bevorzuge Wacholder und einen Spritzer Gin. Man kann die Herkunft eines Kochs übrigens mit einiger Sicherheit an der Wahl der Gewürze erkennen.

Achten Sie aber stets auch auf die Qualität des Fleischs, denn mindere Qualität läßt sich auch durch eine gute Zubereitung nicht verbessern. Fleisch von artgerecht aufgezogenen und sachkundig geschlachteten Tieren ist teuer. Das gilt vor allem für Rind- und Lammfleisch, das gut abgehangen sein muß, damit es zarter und geschmacksintensiver wird, und das dann auch noch korrekt zurechtgeschnitten werden muß. Vorausgesetzt, Sie garen es richtig, können Sie ruhig ein preiswerteres Stück Fleisch kaufen. Ein Rippenstück kann es jederzeit mit einem Filetstück aufnehmen, wenn man es nur sorgsam behandelt.

# Große Stücke von Rind, Lamm und Wild

*Grillen, braten, am Spieß braten*

ICH SCHÄTZE MICH GLÜCKLICH, EINER GENERATION ANZUGEHÖREN, die noch das sonntägliche Mittagessen mit Roastbeef – richtiges Roastbeef mit Knochen – mit vielen knusprigen Zutaten und Yorkshire Pudding kannte. Meine Mutter nahm immer ein Roastbeef mit schön marmorierter Lende und Filetfleisch, so daß jeder von uns eine wunderbar schmackhafte feste und eine butterzarte Scheibe bekam. Sie bereitete es so zu, wie sie es besonders mochte, nämlich sehr gut durchgebraten. Und der Saft kochte im Topf zu einer dunklen, unvergeßlichen Bratensauce ein. Wenn Sie es auch so machen, können Sie nichts mehr verbessern. Wählen Sie ein Stück Fleisch aus, das Sie am liebsten mögen, vielleicht ein Rinderfilet oder eine Lammkeule (zum Grillen auf dem offenen Grill eignen sich nur dünne, zarte Scheiben, beispielsweise aus der Lammkeule oder Wildrücken ohne Knochen), und garen Sie es nach Belieben. Beim Braten von Rindfleisch sind vier verschiedene Gargrade möglich (siehe Gargrade beim Braten und Grillen, Seite 64).

Rind, Lamm und das meiste Wild sind robust und saftig und vertragen deshalb auch trockene Hitze. Dabei gehe ich aber in der Regel nach dem Aussehen. Beginnt ein Braten oben trocken zu werden, bevor er gar ist, gieße ich Wein, Brühe oder auch Wasser an, decke das Fleisch locker mit Alufolie ab, schalte den Ofen herunter und gare dann weiter.

Damit das Fleisch mehr Geschmack bekommt, können Sie es vor dem Garen mit Pfeffer, Senfpulver und Gewürzen wie Paprika oder Piment oder aromatischen Kräutern, etwa Thymian und Rosmarin, einreiben. Anschließend geben Sie es für 1 oder 2 Stunden in den Kühlschrank, damit die Gewürze einziehen können. Salzen sollte man erst ganz zum Schluß, denn das Salz entzieht dem Fleisch Flüssigkeit, und es wird vor dem Garen außen feucht. Damit es beim Braten knuspriger wird, können Sie es vorher mit Mehl bestäuben. Die Schwarte ritzen Sie gegebenenfalls ein oder bestreichen das Fleisch mit 1 oder 2 Teelöffeln Öl, so wird es schön braun. Kleinere Fleischstücke brät man am besten zunächst an, dann garen sie schneller.

Ist der Braten erst einmal im Ofen, wird er schon bald zu knistern beginnen. Dann sollten Sie ihn begießen – beim Braten mit der Bratflüssigkeit aus dem Topf, beim Grillen mit einer eigens hergestellten Flüssigkeit. Neben Fett eignen sich zum Begießen auch Brühe, Wein, Sojasauce oder eine Barbecuesauce. Das ständige Begießen ist außerordentlich wichtig, denn selbst das beste Bratenfleisch verdirbt, wenn man ihm nicht genug Aufmerksamkeit schenkt. Ist das Fleisch dann fertig, lassen Sie es mindestens 10 Minuten, bei großen Stücken auch länger, an einem warmen Ort ruhen, damit sich die Säfte gleichmäßig verteilen können.

Soweit die Grundregeln. Für ausgefallenere Ideen zum Braten und Grillen lassen Sie sich am besten von dem Fleischstück selbst inspirieren, indem Sie beispielsweise ein Rippenstück zu einer Krone formen oder ein Schulterstück so entbeinen, daß Sie es mit einer würzigen Farce, etwa einer Pilz-Duxelles, mit Kräutern und Zwiebel, Spinat und Schinkenspeck – um nur einige Beispiele zu nennen – füllen können. Eher zähe Fleischstücke wie Rinderkeule, Lammschulter und Wildkeulen legt man vor dem Garen am besten in Wein oder einer Beize ein, die später auch als Grundlage für die Sauce dienen kann.

Die Beilagen sind ebenso traditionell wie der Braten selbst. Je nach Land wird Rindfleisch mit Ofenkartoffeln, Rübenpüree, Yorkshire Pudding und Meerrettichsauce serviert. Zu Lamm sind in Frankreich frische grüne Bohnen, getrocknete grüne Bohnenkerne und ein cremiges Kartoffelgratin unerläßlich, in England hingegen bedarf es in aller Regel junger, gekochter Kartoffeln und einer Minzsauce. Ein Wildbraten verlangt nach einer pikanten, dunklen Rotweinsauce mit Pfeffer und Zimt und als Ausgleich dazu einem Maronen-, Kürbis- oder Selleriepüree und vielleicht noch einer pochierten Birne.

Bereits lange bevor er auf den Tisch kommt, verlockt so ein großartiger Braten durch sein Aussehen und seinen Duft. Zu meinen Lieblingsgerichten zählen der über Hickory-Holz geräucherte Lammrücken aus dem Süden der USA, die gebratene Lammkeule mit weißen Bohnen und Tomate aus der Bretagne, der gebratene Wildrücken mit saurer Sahne, Wacholder und rotem Johannisbeergelee aus Schweden, der über Ahornholz geräucherte Wildschinken aus Kanada und nicht zu vergessen das Filet Wellington mit Leberpastete und Trüffelsauce, das überall auf der Welt beliebt ist.

GÄNGIGE FLEISCHSTÜCKE
zum Grillen, Braten und Braten am Spieß
*Rind:* Keule (Oberschale), Roastbeef, Schulter, Filet, Hochrippe, Rumpsteak
*Lamm:* Keule, Rücken, Schulter, Kamm
*Wild:* Keule, Rücken, Schulter

## GARVERFAHREN FÜR FLEISCH

Beim Garen von Fleisch spielt die Temperatur eine wichtige Rolle. Das Braten und Grillen bei großer Hitze ist zwar einfach und schnell, aber das Fleisch trocknet dabei auch aus. Deshalb sollte man es sorgfältig auswählen. Das langsame Garen mit viel Flüssigkeit beim Schmoren macht das Fleisch hingegen saftiger und verleiht ihm mehr Geschmack und ist deshalb eher zu empfehlen.

Bei Stücken, die sich zum Grillen und zum Braten im Ofen oder in der Pfanne eignen, wird das Fleisch außen häufig angebraten, so daß der Saft karamelisiert und für mehr Geschmack sorgt. Anschließend läßt man die Hitze, je nach Belieben (siehe Gargrade beim Braten und Grillen, Seite 64), mehr oder weniger stark ins Innere vordringen. Dabei darf die Garzeit aber nicht zu lange sein, denn sonst trocknet das Fleisch aus, die Fasern werden zäh, und das Fleisch kann unter Umständen sogar ungenießbar werden.

Eher zähe Stücke, die man am besten schmort, im Bräter zubereitet oder kocht, vertragen, ja verlangen sogar eine weit längere Garzeit, da durch das langsame Garen in feuchter Hitze auch die Fasern zarter werden. Die Garzeit reicht hier von 15 – 20 Minuten bei dünnen, zarten Fleischscheiben wie etwa Kalbschnitzel bis zu mehreren Stunden bei großen Stücken vom Rind oder Wild. Ein beliebtes französisches Gericht, der *gigot de sept heures*, ist eine Lammkeule, die 7 Stunden gegart wird.

*Gebratenes Rinderfilet mit Kaffeesauce, Rezept Seite 65*

## GARGRADE BEIM BRATEN UND GRILLEN

Beim Braten und Grillen unterscheidet man vier Gargrade:

- Ist das Fleisch noch fast roh, ist es außen heiß, innen aber noch nicht gegart; dabei fühlt es sich weich an. Lediglich Rindersteak und Wild wie Straußenfleisch werden so gegessen.
- Ist das Fleisch halb roh, sieht es innen nicht mehr ganz rot aus; der Saft ist rosa und spritzt heraus, wenn man mit einer Bratengabel hineinsticht.
- Wird das Fleisch weitergegart, erreicht die Hitze das Innere. Das Fleisch ist dann halb gar, immer noch sehr zart, und der Saft ist nicht mehr ganz so rosa. In diesem Zustand kann jedes Fleisch serviert werden.
- Ist das Fleisch ganz durch, wird es fester und zäher. Innen ist es heiß, und der Saft ist nicht mehr rosa. Um zu verhindern, daß es trocken und gummiartig wird, darf man es an diesem Punkt nicht mehr weiterbraten oder -grillen.

*von links nach rechts*

FAST ROH *(bei Rind und sehr magerem Wild wie Strauß)* – außen angebräunt, aber das Fleisch (hier Rinderfilet) hängt noch fest am Knochen; beim Aufschneiden ist das Fleisch oben durch und innen halb gar oder fast roh; sticht man es mit einem Spieß ein, fühlt er sich kalt an, Saft läuft nicht heraus, da er noch nicht warm genug ist; das Bratenthermometer zeigt weniger als 52 °C an. Zu beachten: Nur wenige mögen Rindfleisch in diesem Stadium.

HALB ROH *(bei Rind, Lamm, Büffel, Wild und Strauß)* – außen gut angebräunt; das Fleisch beginnt, sich vom Knochen zu lösen; beim Aufschneiden ist das Fleisch durch und in der Mitte noch rot; sehr saftig und aromatisch; sticht man mit einem Spieß hinein, fühlt er sich kühl an, und es fließt ein roter Saft heraus; das Bratenthermometer zeigt 52 °C an. Zu beachten: Nachdem man sie aus dem Ofen genommen hat, garen große Fleischstücke durch ihre eigene Resthitze noch 5–10 Minuten weiter.

HALB GAR *(bei Rind, Lamm, Büffel, Wild, Wildschwein)* – außen dunkelbraun; das Fleisch löst sich von den Knochen; beim Aufschneiden ist es saftig und aromatisch, außen ist es knusprig, oben durch, und innen ist es rosig; sticht man mit einem Spieß hinein, fühlt er sich warm an, und es fließt ein dunkelrosa Saft heraus; das Bratenthermometer zeigt 60 °C an.

GANZ DURCH *(bei Rind, Lamm, allen Arten von Wild)* – außen knusprig und braun; der Braten ist sichtlich zusammengeschrumpft; beim Aufschneiden ist das Fleisch nicht mehr rosa, und die Oberfläche ist trocken und faserig; der Spieß fühlt sich heiß an, und es fließt ein klarer Saft heraus; das Bratenthermometer zeigt 70 °C an. Zu beachten: Rindfleisch und Wild können in diesem Stadium bereits sehr trocken sein.

### MEIN TIP

Der *soffritto* ist die klassische Grundlage vieler italienischer Gerichte und zugleich eine herrlich schmackhafte Würze für Braten. 2 Zwiebeln in Stücke schneiden und mit 2 geschälten Knoblauchzehen in der Küchenmaschine grob hacken. Anschließend in eine Schüssel geben. 2 Selleriestangen und 2 geschälte Möhren in Stücke zerteilen und ebenfalls in der Küchenmaschine grob hacken. Danach mit den Zwiebeln, dem Knoblauch und 1/8 l Olivenöl vermischen. Das Gemüse in einen Topf geben, mit Salz und Pfeffer würzen und unter häufigem Rühren 10–12 Minuten anschwitzen, bis es weich und glasig ist und etwas Farbe anzunehmen beginnt. Zum Schluß noch einmal abschmecken. Ergibt 4–6 Portionen.

# *Gebratenes Rinderfilet mit Kaffeesauce*

4 PORTIONEN

*Foto Seite 63*

Der Brauch, Kaffee zum Würzen von Saucen zu verwenden, stammt aus dem Süden der USA. Inzwischen haben ihn auch einige französische Küchenchefs aufgegriffen, und die Ergebnisse sind einfach köstlich. Einen besonderen Pfiff bekommt Ihre Sauce, wenn Sie diese nach dem Durchseihen mit 1 Eßlöffel grobkörnigem Senf abschmecken. Eine asiatische Note können Sie ihr mit gerösteten Sesamkörnern und einigen Tropfen dunklem Sesamöl oder mit 1 Teelöffel Sojasauce verleihen. Tun Sie dabei aber nicht zuviel des Guten, denn der Geschmack sollte nur andeutungsweise durchkommen.

*1 Stück Rinderfilet (1,2 kg)*
*Salz und Pfeffer*
*2 EL Pflanzenöl*
*1/4 l dunkle Rinder- oder Kalbsbrühe*
*2 EL Kaffeebohnen*
*1/4 l schwarzer Kaffee*
*30 ml Whisky (nach Belieben)*
*2 EL kalte Butter in Stücken*

Faden zum Dressieren

Den Backofen auf 250 °C (Gas Stufe 5) vorheizen. Das Fleisch gegebenenfalls von Sehnen, Häutchen und Fett befreien. Das spitz zulaufende Ende unterschlagen, damit der Braten eine gleichmäßig runde Form bekommt, und in regelmäßigen Abständen dressieren. Die Dicke des Bratens mit einem Lineal ermitteln (die Garzeit läßt sich viel besser anhand der Dicke als anhand des Gewichts abschätzen).

Das Fleisch mit Salz und Pfeffer würzen. Das Öl in einem Bräter erhitzen und den Braten bei großer Hitze 5 bis 7 Minuten rundherum anbraten. Den Braten dann in den Ofen schieben und nach Belieben garen (halb roh: 8 bis 10 Minuten je 2,5 cm; halb gar: 9 bis 10 Minuten; durch: 10 bis 12 Minuten). Den Braten etwa 5 Minuten vor Ende der Garzeit mit der Hälfte der Brühe begießen. Dabei vom Ofen zurücktreten, denn die Flüssigkeit spritzt.

Die Kaffeebohnen entweder in der Kaffeemühle grob hacken oder in einen Plastikbeutel geben und mit dem Nudelholz leicht zerdrücken.

Den fertigen Braten aus dem Ofen holen und auf den Herd stellen. Das Fleisch auf eine Platte geben und zum Warmhalten in Alufolie wickeln. Den Kaffee, gegebenenfalls den Whisky und die restliche Brühe in den Bräter gießen und aufkochen lassen. Dabei gut umrühren, damit sich der Bratensaft vom Boden löst. Die Kaffeebohnen dazugeben und die Sauce 8 bis 10 Minuten einkochen lassen. Anschließend abseihen, noch einmal aufkochen lassen und mit Pfeffer und Salz abschmecken. Den Topf vom Herd nehmen, die kalte Butter hineingeben und den Bräter schwenken, bis die Butter zerlaufen ist und sich mit dem Bratensaft vermischt hat. Die Fäden vom Braten entfernen, mit etwas Sauce begießen und den Rest getrennt dazu servieren.

## BRATZEITEN UND BRATTEMPERATUREN

Über die richtige Brattemperatur läßt sich streiten. Ich selbst halte mich an die französische Methode, bei der das Fleisch zunächst bei sehr großer Hitze (230 °C, Gas Stufe 4–5) 15 Minuten angebräunt wird. Bei welcher Temperatur man es weitergart, hängt sehr von Größe und Art des Fleischs ab. Handelt es sich um ein großes Stück, schaltet man den Ofen auf 175 °C (Gas Stufe 2) herunter, damit die Hitze gleichmäßig ins Innere des Fleischs vordringt. Bezüglich der Bratzeit gelten folgende Faustregeln: 12 Minuten je 500 g, soll es noch fast roh sein; 14–16 Minuten, soll es halb roh sein; 16–18 Minuten, soll es halb gar sein, und 18–20 Minuten, soll es ganz durch sein. Ein dickes Fleischstück braucht allerdings länger, und ein langes, schmales Rinderfilet sollte man auf höchster Stufe braten, damit es möglichst schnell gar ist (siehe Rezept oben).

## PROBLEMFÄLLE

NICHT GAR, AUSSEN BLASS
*Grund:* Temperatur zu niedrig; Garzeit zu kurz
→ weiterbraten und gegebenenfalls die Temperatur erhöhen.

ZERKOCHT UND TROCKEN
*Grund:* das Fleisch (vor allem Rind) enthält nur wenig Fett; zu lange gegart; Temperatur zu hoch; das Fleischstück hat eine längliche, schmale Form und gart deshalb schneller; nicht ausreichend begossen; zu früh aufgeschnitten, so daß sich der Saft nicht verteilen konnte
→ das Fleisch quer zur Faser aufschneiden, so ist es weniger zäh; mit reichlich dunkler Sauce oder Bratensaft (siehe Seite 114–115) servieren; auf farbenfrohe Beilagen wie Möhren, Rosenkohl oder Grünkohl bei Rind, grüne Bohnen, Zucchini oder junge Zwiebeln bei Lamm und Rotkohl oder Kürbis bei Wild achten.

ZÄH
*Grund:* das Fleisch (vor allem Rind) enthält nur wenig Fett; ungeeignetes Garverfahren; das Tier (insbesondere bei Wild) war alt; das Fleisch war nicht ausreichend abgehangen; unsachgemäß eingefroren; nicht ausreichend begossen; zu lange gegart
→ das Fleisch in Scheiben schneiden, in einer Sauce köcheln lassen, bis es weich ist, und wie einen Eintopf servieren.

ZU WENIG GESCHMACK
*Grund:* wenig geschmacksintensives Fleisch; nicht abgehangen; nicht ausreichend gewürzt
→ mit einer pikanten Sauce, zum Beispiel Meerrettich (bei Rind), Minze oder rotem Johannisbeergelee (bei Lamm), Rotwein und Pfeffer oder saure Sahne (bei Wild), servieren.

AUSSEN NICHT BRAUN UND KNUSPRIG
*Grund:* nicht gar; nicht ausreichend begossen; das Fleisch wurde unsachgemäß gelagert oder eingefroren und ist deshalb außen feucht; zu früh gesalzen und deshalb außen feucht; Temperatur zu niedrig
→ den Ofen gegen Ende der Garzeit auf höchste Stufe schalten, um das Bräunen zu beschleunigen.

# Große Stücke vom Kalb

*Braten, am Spieß braten*

Ein Kalbsbraten bedarf einer vorsichtigeren Behandlung als rotes Fleisch (Rind, Lamm, Wild). Bezüglich der Zubereitung, des Würzens und Begießens gilt aber auch hier das im vorausgegangenen Kapitel Ausgeführte. Sie haben die Wahl zwischen kurzgegartem Kalbfleisch, das noch leicht rosa ist, wie ich es bevorzuge, oder Sie können es durchbraten. In beiden Fällen darf das Fleisch aber keinesfalls bei zu großer Hitze gegart werden, da es sonst austrocknet. Deshalb empfiehlt es sich, es bei niedrigerer Temperatur etwas länger zu garen. Ich brate es in der Regel bei 175 °C (Gas Stufe 2) und rechne etwa 20 Minuten pro 500 g, wenn es halb gar sein soll. Soll es ganz durch sein, gebe ich pro 500 g noch jeweils 2 Minuten zu.

Zum Begießen von Kalbsbraten wird meist Butter verwendet, denn dadurch bekommt er Geschmack und Farbe. Häufig stammt das Fleisch von einem Knochenstück und lädt daher geradezu dazu ein, es mit Kräutern, Brotkrume und Zwiebel oder einer Spinat-Ricotta-Mischung zu füllen. Achten Sie darauf, daß der Braten fest verschnürt ist, denn er schrumpft während des Bratens leicht zusammen, und lassen Sie ihn vor dem Aufschneiden mindestens 10 Minuten ruhen, damit sich der Saft gleichmäßig verteilen kann.

GÄNGIGE FLEISCHSTÜCKE
Zum Braten und Braten am Spieß sind Keule (Oberschale, Nuß), Rücken (Kotelettstück, Filet), Schulter, Brust, Haxe, Kalbsrollbraten

NICHT GAR – außen nur schwach gebräunt; sticht man mit einem Spieß hinein und zieht ihn nach 30 Sekunden heraus, fühlt er sich kühl an, und es läuft ein dunkelrosa Saft heraus; das Bratenthermometer zeigt weniger als 66 °C an; beim Aufschneiden ist das Fleisch in der Mitte rosa und durchsichtig.
*Grund*: Temperatur zu niedrig; Bratzeit zu kurz; das Fleischstück ist zu dick oder hat einen Knochen und gart deshalb langsamer
→ weiterbraten und gegebenenfalls die Temperatur erhöhen.

**RICHTIG HALBGEGART** – das Fleisch (hier Kalbsrollbraten) ist außen leicht angebräunt; sticht man mit einem Spieß hinein und zieht ihn nach 30 Sekunden heraus, fühlt er sich warm an, und es fließt ein heller, rosa Saft heraus; das Bratenthermometer zeigt 66 °C an; beim Aufschneiden ist das Fleisch saftig, in der Mitte leicht rosa und aromatisch. Zu beachten: Große Stücke garen, nachdem man sie aus dem Ofen genommen hat, 5–10 Minuten durch die eigene Resthitze weiter.

**RICHTIG GANZ DURCH** – das Fleisch ist außen goldbraun, drückt man darauf, fühlt es sich fest an (Daumentest, kleiner Finger, siehe Seite 78); sticht man mit einem Spieß hinein und zieht ihn nach 30 Sekunden heraus, fühlt er sich heiß an, und es fließt ein klarer Saft heraus; das Bratenthermometer zeigt 70 °C an; beim Aufschneiden ist das Fleisch nicht mehr rosa, aber immer noch saftig und aromatisch.

## WEITERE PROBLEME

ZERKOCHT UND TROCKEN
*Grund*: zu lange gebraten; Temperatur zu hoch; das Fleischstück ist länglich und schmal und ist deshalb schneller gar
→ mit einer Samtsauce, reichlich dunkler Sauce oder Bratensaft (siehe Seite 112 und 114–115), Möhren, weißen Rüben, jungen Zwiebeln und Rahmspinat servieren.

ZÄH ODER ZU WENIG GESCHMACK
*Grund*: das Kalb wurde nicht mit Milch aufgezogen; ungeeignetes Garverfahren; unsachgemäß gelagert oder eingefroren; nicht ausreichend begossen; nicht ausreichend gewürzt; zu lange gegart
→ quer zur Faser aufschneiden, so ist das Fleisch weniger zäh; pikante Beilagen, etwa sautierten Spinat mit Knoblauch und Zwiebel, Spätzle oder Möhrenpüree mit Kardamom (siehe Seite 177), dazu reichen.

## MEIN TIP

Ich verwende eine Sauce aus rohen Tomaten, Knoblauch und Basilikum häufig als pikante Würze, um einen etwas faden Geschmack, ob bei Fisch oder Fleisch, zu überdecken. Dazu 5 EL Balsamico-Essig und 3 gehackte Knoblauchzehen in einer kleinen Schüssel verrühren und mit Salz und Pfeffer abschmecken. Dann nach und nach 150 ml Olivenöl unterrühren, bis das Dressing emulgiert und etwas eindickt. 3 Tomaten enthäuten, halbieren und die Kerne herausdrücken. Das Fruchtfleisch hacken, mit den kleingezupften Blättchen von 1 Bund Basilikum unter das Dressing mischen und abschmecken. Ergibt 1/4 l bzw. 4 Portionen.

# *Kalbsbraten mit Sauerampfer-Spinat-Püree*

6 BIS 8 PORTIONEN

## ERMITTELN DES GARZUSTANDS

Es gibt drei Möglichkeiten, den Garzustand von gebratenem Fleisch zu ermitteln: mit einem Thermometer, mit einem Spieß oder mit den Fingern. Die sicherste Methode ist die Verwendung eines guten Bratenthermometers.

THERMOMETER – stechen Sie das Bratenthermometer an der dicksten Stelle des Bratens ein (dabei darauf achten, daß es nicht mit Knochen in Berührung kommt) und lassen Sie es mindestens 1 Minute stecken. Saft, der möglicherweise austritt, ist ebenfalls ein Indikator für den Garzustand.
Zu beachten: Große Fleischstücke garen, nachdem man sie aus dem Ofen genommen hat, 5–10 Minuten durch die eigene Resthitze weiter. Im Inneren steigt die Temperatur in dieser Zeit an. Um diesen Anstieg auszugleichen, sollte man den Braten bereits aus dem Ofen holen, solange er noch nicht ganz die richtige Temperatur hat.

SPIESS – stechen Sie einen Metallspieß an der dicksten Stelle in das Fleisch (dabei darauf achten, daß er nicht mit Knochen in Berührung kommt) und ziehen ihn nach 30 Sekunden wieder heraus. Fühlt er sich dann kalt an, ist das Fleisch noch fast roh, fühlt er sich kühl an, ist es halb roh, fühlt er sich warm an, ist es halb gar, und fühlt er sich heiß an, ist es ganz durch. Der Saft, der beim Herausziehen austritt, ist bei halb rohem Fleisch rot, bei halb gegartem rosa und bei ganz durch gegartem klar. Außerdem werden Sie feststellen, daß das Fleisch, wenn es noch halb roh ist, fest am Knochen haftet und sich während des weiteren Garens immer stärker ablöst.

FINGER – drücken Sie das Fleisch mit den Fingern.
Im Laufe der Zeit werden Sie lernen, den Unterschied von festem, elastischem, durchgegartem Fleisch und der eher schwammigen Beschaffenheit von halb rohem Fleisch zu fühlen.

Ich verwende zum Braten am liebsten Kalbskeule (Oberschale oder Nuß) ohne Knochen – Kalbsbrust ist preiswerter und ebenfalls gut geeignet. Spickt man den Braten mit Speckstreifen, bleibt er saftig und zart. Falls Sie keinen Sauerampfer bekommen, können Sie auch Brunnenkresse verwenden, die Sie zusammen mit dem Spinat kochen.

*1 Kalbsbraten (ca. 1,25 kg; wie oben beschrieben)*
*125 g Speck, in kleine Streifen geschnitten*
*Salz und Pfeffer*
*2 EL Pflanzenöl*
*1 Möhre, in dünne Scheiben geschnitten*
*1 Zwiebel, in Ringe geschnitten*
*175 ml Weißwein*
*175 ml dunkle Rinder- oder Kalbsbrühe (ggf. etwas mehr)*

*FÜR DAS PÜREE:*
*750 g Sauerampfer*
*750 g Spinat*
*30 g Butter*
*175 g Crème double*

Faden zum Dressieren

Den Backofen auf 175 °C (Gas Stufe 2) vorheizen. Den Kalbsbraten spicken: Das Fleisch mit der Spitze eines scharfen Messers einstechen und in jeden Schlitz einen Speckstreifen stecken. Das Fleisch zu einer gleichmäßigen Rolle formen und in regelmäßigen Abständen dressieren. Zum Schluß mit Salz und Pfeffer würzen.

Das Öl in einem Bräter erhitzen und den Braten rundherum anbraten. Die Möhre und die Zwiebel dazugeben und unter Rühren 3 bis 5 Minuten leicht anbräunen. Den Wein angießen, aufkochen und auf die Hälfte reduzieren. Dann die Brühe angießen. Den Braten anschließend je nach Geschmack 1 bis 1¼ Stunden im Ofen braten. Dabei laufend begießen und gegebenenfalls noch etwas Brühe nachgießen, damit er saftig bleibt.

In der Zwischenzeit das Sauerampfer-Spinat-Püree zubereiten. Das Gemüse gründlich waschen und das Wasser dabei mehrmals erneuern. Die Blätter abzupfen und die Stiele wegwerfen. Den Sauerampfer mit etwas Salz in eine große Pfanne geben, zudecken und 3 bis 5 Minuten erhitzen, bis er zusammengefallen ist. Dabei zweimal umrühren. Die Butter und die Crème double dazugeben und das Ganze etwa 5 Minuten unter Hitze rühren, bis der Sauerampfer zu einem Püree eingedickt ist, das leicht vom Löffel fällt. Die Pfanne dann zur Seite stellen. Eine zweite Pfanne 2 cm hoch mit Wasser füllen und den Spinat hineingeben. Zudecken und bei großer Hitze kochen, bis die Blätter zusammenzufallen beginnen. Umrühren, wieder zudecken und den Spinat weitere 2 bis 3 Minuten kochen, bis er vollständig zusammengefallen ist. Abgießen, abkühlen lassen und dann ausdrücken, um überschüssiges Wasser zu entfernen. Den Spinat hacken, unter das Sauerampferpüree mischen und abschmecken.

Den Braten auf ein Küchenbrett legen und zum Warmhalten mit Alufolie zudecken. Den Bratensaft durchseihen und gegebenenfalls noch etwas einkochen lassen. Die Fäden entfernen und das Fleisch in gut 1 cm dicke Scheiben schneiden. Das Püree gegebenenfalls noch einmal erwärmen und in der Mitte einer vorgewärmten Platte verteilen. Die Fleischscheiben schuppenförmig darauf anrichten, mit etwas Bratensaft begießen und den Rest getrennt dazu reichen.

# Große Stücke vom Schwein

*Grillen, braten, am Spieß braten*

GÄNGIGE FLEISCHSTÜCKE zum Grillen, Braten und Braten am Spieß sind Keule (Ober-, Unterschale, Nuß), Lende (Kotelettstück, Filet), Schulter, Halsgrat, Haxe

DER RINDERBRATEN MAG DER EDELSTE UNTER DEN BRATEN SEIN, und Kalbfleisch ist sicher etwas für die gehobene Küche, doch bei Familienfesten – ich hoffe, Sie stimmen mir da zu – macht Schweinefleisch spielend das Rennen. Gefüllt mit Knoblauch, Zwiebel und Kräutern, dann während des Garens laufend mit Wein und Bratensaft begossen, so wird ein Schweinebraten ein königliches Mahl. Schweine werden heute so gezüchtet, daß sie mageres Fleisch geben, das natürlich leichter austrocknet. Ich bevorzuge Stücke mit Knochen, wie etwa Haxe oder Lendenkotelettstück, denn durch den Knochen bleibt das Fleisch saftig. Ob Sie es nun braten oder grillen, achten Sie in jedem Fall darauf, daß die Hitze nicht zu groß ist.

Schweinefleisch muß immer durchgegart werden (ein wenig rosa Saft ist akzeptabel). Ich stelle den Ofen für gewöhnlich auf 190 °C (Gas Stufe 2 – 3) ein und rechne 18 Minuten pro 500 g bei halbgarem und 20 Minuten bei ganz durch gegartem Fleisch. Das Beste von allem ist die Schwarte, die in manchen Ländern mitgegessen wird. Beim Spanferkel ist sie sogar das Wichtigste. Damit sie trocken und knusprig wird, schneidet man sie tief ein, reibt sie mit Salz und Gewürzen ein und begießt sie kurz nach Beginn des Garens mit 1 oder 2 Tassen heißem Wasser. Und denken Sie auch hier wieder daran, das Fleisch vor dem Aufschneiden mindestens 10 Minuten ruhenzulassen, damit sich der Saft gleichmäßig verteilt.

Ohne alles kann gegrilltes oder gebratenes Schweinefleisch etwas langweilig schmecken. Ich süße es deshalb gern mit getrockneten Feigen oder Pflaumen oder aromatisiere es mit Orange oder Preiselbeeren. Zu gebratenem Schweinefleisch passen gut Chilisauce, Apfelsauce, gerösteter Knoblauch und als Beilagen Maisbrot, Polenta, Sauerkraut und Kartoffelpüree. In Österreich serviert man einen Rosinenpudding dazu, und in Mexiko brät man Spanferkel mit Kümmel, Paprika und Orangensaft und wickelt es in Bananenblätter. Ein tolles Überraschungspaket!

NICHT GAR *(oben)* – das Fleisch ist außen leicht angebräunt und haftet an den Knochen; ein Spieß, den man nach 30 Sekunden herauszieht, fühlt sich kühl oder warm an, und es fließt ein rosa Saft heraus; das Bratenthermometer zeigt weniger als 70 °C an; beim Aufschneiden ist das Fleisch in der Mitte rosa. Zu beachten: Gart man Schweinefleisch so lange, bis es eine Innentemperatur von 70 – 75 °C erreicht hat, werden Parasiten, die eine Trichinose verursachen können, abgetötet, und das Risiko einer Infizierung wird stark vermindert.
*Grund:* Temperatur zu niedrig; Bratzeit zu kurz; das Fleischstück ist dick oder hat einen Knochen und gart deshalb langsamer
→ weiterbraten und gegebenenfalls die Temperatur erhöhen.

# *Gefüllte Schweinelende mit Feigen und Portwein*

6 Portionen

Verwenden Sie möglichst noch etwas feste Feigen, dann garen sie schön und und geben reichlich Saft an die Sauce ab. Dazu paßt vorzüglich ein Pilaw mit Wildreis oder Bulgur.

*1 Schweinelende (ca. 1 kg)*
*Salz und Pfeffer*
*2 TL gemahlener Zimt*
*8 große Feigen (ca. 375 g)*
*1 EL Butter*
*1 EL Pflanzenöl*
*1/4 l dunkle Rinder- oder Kalbsbrühe (ggf. etwas mehr)*
*1/4 l Portwein*
*1 EL brauner Zucker*
*2 EL rotes Johannisbeergelee*
*Saft von 1/2 Zitrone*
*1 1/2 TL Stärkemehl, mit 2 EL kaltem Wasser angerührt*

Faden zum Dressieren

Den Backofen auf 190 °C (Gas Stufe 2–3) vorheizen. Die Lende längs bis zur Hälfte einschneiden, so daß eine Tasche entsteht. Dabei die Enden nicht durchschneiden, damit die Füllung während des Bratens nicht herausfällt. Die Tasche und die Schnittfläche des Bratens mit Salz, Pfeffer und 1 Teelöffel Zimt würzen. 2 Feigen putzen und vierteln. Die Viertel in die Tasche drücken und den Braten in regelmäßigen Abständen dressieren. Mit Salz, Pfeffer und dem restlichen Zimt würzen.

Die Butter mit dem Öl in einem Bräter erhitzen, bis sie zu schäumen beginnt, und das Fleisch rundherum darin anbraten. Mit der Brühe begießen, in den vorgeheizten Ofen schieben und 1 bis 1 1/4 Stunden braten. Dabei gelegentlich umdrehen und begießen. Ist nicht mehr genug Flüssigkeit im Bräter, etwas Brühe nachgießen, damit das Fleisch saftig bleibt.

In der Zwischenzeit die restlichen Feigen glacieren. Die Früchte dazu oben kreuzförmig einschneiden und vorsichtig wie eine Blume auseinanderfalten. In eine kleine Auflaufform setzen, mit der Hälfte des Portweins übergießen und mit dem Zucker bestreuen. Zu dem Braten in den Ofen geben und 15 bis 20 Minuten backen, bis die Feigen weich und glaciert sind. Anschließend herausnehmen und warm stellen.

Den fertigen Braten auf ein Küchenbrett legen und zum Warmhalten mit Alufolie abdecken. Den restlichen Portwein, das Gelee und den Zitronensaft in den Bräter geben und aufkochen lassen. Dabei gut umrühren, damit sich der Bratensaft vom Boden löst. Die Sauce dann in einen kleinen Topf seihen und das Fett abschöpfen. Mit dem Feigensaft auf etwa 375 ml auffüllen, gegebenenfalls auch noch etwas Brühe hinzufügen. Das Ganze aufkochen lassen, die Sauce mit dem angerührten Stärkemehl andicken und abschmecken.

Die Fäden entfernen und den Braten in gut 1 cm dicke Scheiben schneiden. Diese schuppenförmig auf einer vorgewärmten Platte anrichten und mit etwas Sauce beträufeln. Die Feigen rundherum garnieren und die restliche Sauce getrennt dazu reichen.

## MEIN TIP

Trockenes und geschmackloses Schweinefleisch servieren Sie am besten mit dieser Honig-Senf-Sauce: 3 EL feingehackten Dill, 2 EL grobkörnigen Senf, 2 EL Honig, 1 EL Dijonsenf und 1 EL Zucker in einer kleinen Schüssel gut verrühren. Ergibt 75 ml bzw. 4 Portionen.

**RICHTIG** *(links)* – das Fleisch (hier ein Kotelettstück) ist außen schön braun und knusprig und löst sich von den Knochen; das Bratenthermometer zeigt bei halbgarem Fleisch 70 °C und bei durchgegartem 75 °C an; ein Spieß, den man nach 30 Sekunden herauszieht, fühlt sich sehr warm oder heiß an, und es fließt ein ganz hellrosa (halb gar) oder ein klarer (durch) Saft heraus; beim Einstechen mit einer Bratengabel fühlt sich das Fleisch weich an; beim Aufschneiden ist es saftig, aromatisch und nicht mehr rosa. Zu beachten: Große Fleischstücke garen, nachdem man sie aus dem Ofen genommen hat, 5–10 Minuten durch die eigene Resthitze weiter.

## WEITERE PROBLEME

ZERKOCHT UND TROCKEN
*Grund*: zu lange gegart; Temperatur zu hoch; das Fleischstück ist länglich und schmal und war deshalb schneller gar
→ mit reichlich Sahnesauce, Bratensaft oder einer Fruchtsauce und kräftig schmeckenden Beilagen wie pochierten Trockenfrüchten oder Sauerkraut servieren.

ZÄH UND ZU WENIG GESCHMACK
*Grund*: ungeeignetes Garverfahren; das Fleisch wurde unsachgemäß behandelt; nicht ausreichend begossen; zu lange gegart
→ quer zur Faser aufschneiden, so ist es weniger zäh, und mit knackigem Gemüse, etwa kurzgebratenem Sellerie und Möhren oder Zuckerschoten, servieren; ist das Fleisch sehr zäh, in Scheiben schneiden und im Bratensaft oder einer würzigen Sauce weiterköcheln lassen, bis es weich ist.

# Große Stücke von Rind, Kalb, Lamm, Schwein und Wild

*Kochen, schmoren, pochieren, im Bräter braten*

NICHT ALLE FLEISCHSTÜCKE EIGNEN SICH ZUM BRATEN, sondern werden besser geschmort. Das liegt daran, daß viele Fleischstücke beim Braten leicht zäh werden und es ihnen besser bekommt, wenn man sie langsam in feuchter Hitze gart und sich so die Fasern auflösen. Sogar teure Braten können zäh sein, wenn das Fleisch von mittelmäßiger Qualität ist und zu wenig Fett enthält (was angesichts des gegenwärtigen Trends zu magerem Fleisch immer häufiger der Fall ist). In diesen Fällen hilft nur eines: das Fleisch langsam und gründlich zu garen, bis es butterzart ist und seinen Saft an die Sauce oder Brühe abgegeben hat. Nebenbei bemerkt: Der Begriff »gekochtes Rindfleisch« ist eigentlich falsch; denn bei den entsprechenden Gerichten kommt es vor allem darauf an, daß das Fleisch bei schwacher Hitze langsam geköchelt wird, so daß die Hitze gleichmäßig ins Innere vordringt. Je sanfter das Fleisch gegart wird, desto besser ist es anschließend.

Die meisten Ländern haben einen traditionellen Schmorbraten, auf den sie besonders stolz sind. In Deutschland ist das der süß-saure Sauerbraten, in Amerika der *pot roast* und in Frankreich der *boeuf en estouffade*. In Australien schmort man sogar Känguruhfleisch in Rotwein. Auf der ganzen Welt anzutreffen sind auch sättigende Eintopfgerichte, bei denen das Fleisch mit Gemüse und Aromen geköchelt wird. Dazu zählen etwa der brasilianische *cozido* mit Rindfleisch, Schinken, Knoblauch, Wurst und Gemüse, der englische *hot-pot* und der französische *pot au feu*, und in Österreich gart man Rindfleisch mit Bier, Wacholder, Speck und Gemüse.

Manche Rezepte verlangen sogar, das Fleisch so weich zu garen, bis es fast zerfällt und man es mit dem Löffel zerteilen kann. In diesen Fällen ist Rindfleisch meist am besten geeignet, aber auch Lamm kommt hier in Frage, etwa in Gerichten wie der klassischen griechischen Lammkeule in Zitronensauce und der gekochten Lammkeule mit Kapern aus England. Wie auch immer Sie es zubereiten wollen, das Fleisch sollte stets in die kalte Flüssigkeit (in der Regel Wasser) gegeben, dann langsam zum Kochen gebracht und anschließend leise geköchelt werden. Gibt man es in kochendes Wasser oder wird es zu schnell gegart, wird es außen unangenehm hart. Gesalzenes Fleisch, etwa gepökelte Rinderbrust, muß vor dem Garen blanchiert werden. Einige Köche blanchieren auch anderes Fleisch, vor allem Kalbfleisch, um es von Verunreinigungen zu befreien.

Vielfach legt man das Fleisch, bevor man es schmort oder im Bräter brät, auch in Wein oder einer Marinade ein, die später für die Sauce verwendet wird. Die Kochflüssigkeit selbst kann eine Rinder- oder Kalbsbrühe, Rot- oder Weißwein, Bier oder Essig sein. Achten Sie darauf, daß sie gut gewürzt ist, beispielsweise mit Gemüse wie Zwiebel, Möhre, Porree und Sellerie, Kräutern wie Lorbeer, Thymian, Petersilie und Oregano und Gewürzen wie Piment, Pfeffer, Muskat, Wacholder, Nelke und getrockneten Chilischoten. Angesichts dieser Auswahl ist es kein Wunder, daß kein Gericht dem anderen gleicht!

Gekochtes Fleisch schmeckt vorzüglich mit Senf, Mixed Pickles, Meersalz, rotem Johannisbeergelee (Lamm und Wild), Pflaumen- und Aprikosenkompott (Schweinefleisch). Und dazu bedarf es unbedingt einer stärkehaltigen Beilage, etwa Nudeln, gekochte Kartoffeln oder Kartoffelpüree, Reis oder ein Pilaw, um die Sauce aufzutunken.

**RICHTIG** – das Fleisch (hier geschmorte Lammkeule) ist außen saftig und nach dem Braten oder Schmoren angebräunt; ein Spieß, den man nach 30 Sekunden herauszieht, fühlt sich heiß an, und es fließt ein klarer Saft heraus; beim Einstechen mit einer Bratengabel fühlt sich das Fleisch weich an, es beginnt, sich von den Knochen zu lösen; das Bratenthermometer zeigt 70 °C an; beim Aufschneiden ist das Fleisch gleichmäßig gegart und saftig. Zu beachten: Große Fleischstücke garen, nachdem man sie aus dem Ofen genommen hat, 5–10 Minuten durch die eigene Resthitze weiter.

**RICHTIG GANZ DURCH** – das Fleisch ist trockener und nach dem Schmoren oder Braten sehr braun; ein Spieß, den man nach 30 Sekunden herauszieht, fühlt sich sehr heiß an; das Fleisch ist so weich, daß man es mit einem Löffel zerteilen kann, und löst sich von den Knochen; das Bratenthermometer zeigt mehr als 70 °C an; beim Aufschneiden ist das Fleisch sehr zart und zerfällt fast.

GÄNGIGE FLEISCHSTÜCKE
zum Kochen, Schmoren, Pochieren und Braten im Bräter
*Rind:* Schulter, Querrippe, Keule (Oberschale, Blume), Brustspitze, Brustkern, Nacken, Beinfleisch
*Kalb:* Schulter, Haxe, Nacken
*Lamm:* Brust, Keule, Schulter, Nacken
*Schwein:* Kotelettstück, Keule (Ober- und Unterschale), Haxe, Nacken, Spareribs
*Wild:* Keule, Rücken, Schulter

# *Geschmorte Lammkeule mit Knoblauch und Wildpilzen*

6 BIS 8 PORTIONEN

Hier kommt der Steinpilz, einer meiner Lieblingspilze, zum Zuge – Sie können ihn aber jederzeit auch durch irgendeinen anderen ersetzen, Hauptsache, er ist frisch. Billiger ist es, wenn Sie die Wildpilze teilweise oder ganz durch gewöhnliche Champignons ersetzen.

*1 Lammkeule (ca. 2,25 kg)*
*4 Knoblauchzehen, geschält und in Stifte geschnitten*
*Salz und Pfeffer*
*3 EL Öl*
*1 EL Butter*
*2 Zwiebeln, in Ringe geschnitten*
*2 Möhren, in Scheiben geschnitten*
*1 Stange Sellerie, in Scheiben geschnitten*
*500 g Steinpilze, in Scheiben geschnitten*
*1 Bund Thymian*
*1 Bund Rosmarin*
*375 ml Weißwein*
*1/2 l dunkle Rinder- oder Kalbsbrühe (ggf. etwas mehr)*
*175 g Crème double oder Crème fraîche*
*2 EL gehackte Petersilie*

Den Backofen auf 175 °C (Gas Stufe 2) vorheizen. Die Lammkeule mit der Spitze eines scharfen Messers mehrmals einritzen und die Knoblauchstifte hineinstecken. Mit etwas Salz und Pfeffer würzen.

Die Butter mit 2 Eßlöffeln Öl in einer großen, feuerfesten Kasserolle erhitzen. Die Lammkeule rundherum darin anbraten und anschließend auf ein Küchenbrett legen. Die Zwiebeln, die Möhren und den Sellerie in die Kasserolle geben und 5 bis 7 Minuten anbräunen. Anschließend mit einem Schaumlöffel herausnehmen und ebenfalls auf ein Küchenbrett geben.

Das restliche Öl sehr heiß werden lassen und die Pilze unter Rühren darin anbraten, bis sie sämtliche Flüssigkeit abgegeben haben. Sobald die Flüssigkeit einzukochen beginnt, die Pilze mit einem Schaumlöffel herausnehmen und zur Seite stellen.

Das Gemüse mit dem Thymian und dem Rosmarin wieder in die Kasserolle geben, die Lammkeule darauf legen, mit dem Wein übergießen und 1 bis 2 Minuten köcheln lassen. Die Brühe angießen und aufkochen lassen. Den Topf zudecken und in den vorgeheizten Ofen schieben. Das Fleisch nach Belieben 2 bis 2 1/2 Stunden schmoren. Dabei gelegentlich begießen und gegebenenfalls noch etwas Brühe nachgießen.

Die fertige Lammkeule auf ein Küchenbrett legen und zum Warmhalten mit Alufolie abdecken. Die Schmorflüssigkeit durchseihen, gegebenenfalls entfetten und in die Kasserolle zurückgießen. Aufkochen lassen und auf etwa 1/4 l reduzieren. Die Crème double oder Crème fraîche einrühren, die Pilze hineingeben und 2 bis 3 Minuten köcheln lassen, bis sie weich sind. Abschmecken und die gehackte Petersilie untermischen.

Die Lammkeule aufschneiden und die Scheiben auf einer vorgewärmten Platte anrichten. Mit etwas Pilzsauce umgießen und den Rest getrennt dazu reichen.

## PROBLEMFÄLLE

NICHT GAR
*Grund*: Temperatur zu niedrig; Garzeit zu kurz; das Fleischstück ist dick oder hat einen Knochen und gart deshalb langsamer
→ weitergaren und gegebenenfalls die Temperatur erhöhen; häufig begießen.

ZERKOCHT UND TROCKEN
*Grund*: zu lange gegart; Temperatur zu hoch; das Fleischstück ist länglich und schmal und gart deshalb schneller; ungeeignetes Garverfahren; beim Schmoren oder Braten im Bräter nicht genug Flüssigkeit im Topf
→ das Fleisch in Scheiben schneiden, mit Bratensaft oder Sauce begießen und bei schwacher Hitze im Ofen erwärmen, so wird es saftiger.

ZÄH UND FASERIG
*Grund*: ungeeignetes Garverfahren; das Fleisch enthielt nur wenig Fett (insbesondere bei Rindfleisch); das Tier war alt (vor allem bei Wild); es wurde nicht mit Milch aufgezogen (Kalb); das Fleisch war nicht abgehangen; unsachgemäß gelagert oder eingefroren; das Fleisch wurde beim Kochen oder Pochieren sofort in heißes Wasser gegeben; zu schnell gegart (insbesondere Kalbfleisch); zu lange gegart
→ quer zur Faser aufschneiden, so ist das Fleisch weniger zäh.

ZU WENIG GESCHMACK
*Grund*: wenig geschmacksintensives Fleisch oder nicht abgehangen; unsachgemäß gelagert oder eingefroren; nicht ausreichend gewürzt; zu lange gegart
→ bei rotem Fleisch die Sauce pikant mit Cognac, Senf, Sojasauce oder Tabasco abschmecken, bei weißem Fleisch mit Sherry, Balsamico-Essig oder Zitronensaft.

GRAUE FARBE (BESONDERS NACH DEM KOCHEN ODER POCHIEREN)
*Grund*: das Fleisch wurde unsachgemäß gelagert oder eingefroren und hat deshalb an Saftigkeit verloren; weißes Fleisch wurde vor dem Garen nicht blanchiert
→ mit farbenfrohem Gemüse, zum Beispiel Möhren, Porree, Grünkohl und Süßkartoffeln, servieren.

## MEIN TIP

Ist das Fleisch etwas zerkocht, schneide ich es meist klein und verwende es für einen Salat. Für 375 g gekochtes Fleisch 1 EL Dijonsenf, 1 EL grobkörnigen Senf und 2 feingehackte Schalotten in einer mittelgroßen Schüssel vermischen und mit Salz und Pfeffer abschmecken. Dann nach und nach 1/8 l Olivenöl unterrühren, bis das Dressing emulgiert. Das Fleisch untermengen, bis es das Dressing angenommen hat, und abschmecken. Ergibt 4 Portionen.

# Ganze und halbe Schinken

*Kochen, backen, schmoren, im Bräter braten, rösten*

Die verschiedenen Schinkensorten unterscheiden sich weit mehr als jedes andere Stück Fleisch und müssen deshalb auch auf unterschiedliche Weise zubereitet werden. Man bekommt sie roh oder gekocht, mehr oder weniger stark gepökelt, geräuchert oder mit Pfeffer oder einer Würzmischung gebeizt. Genaugenommen handelt es sich bei einem Schinken stets um ein Stück aus der Hinterkeule, inzwischen werden allerdings auch andere Teile vom Schwein, beispielsweise Schulter, als Schinken angeboten.

Mild gepökelte und vorgegarte Schinken schmecken gut, wenn man sie in sehr wenig Flüssigkeit gart oder in trockener Hitze bäckt oder brät. Große Schinken- oder Speckstücke lassen sich auf die gleiche Weise zubereiten, Sie können sie aber auch als Steaks in der Pfanne braten (siehe Schweinekoteletts, Spareribs und Schinkensteaks, Seite 82). Sehr gut abgehangene und stark gepökelte Schinken wässern Sie am besten vor dem Garen mindestens 1 Tag. Dabei das Wasser mehrmals erneuern. Anschließend das Fett bis auf eine dünne Schicht entfernen und den Schinken mehrfach einschneiden, damit er gleichmäßig gart. Solche Schinken sind weniger geeignet zum Backen, Schmoren oder Braten, sondern werden am besten mit Äpfeln, Zwiebel, Lorbeer und Thymian in ungesalzenem Wasser geköchelt.

Zucker und Gewürze eignen sich gut zum Glacieren von Schinken; zudem gleichen sie den salzigen Geschmack aus. Üblicherweise verwendet man zum Glacieren braunen Zucker oder Ahornsirup und eine Mischung aus Nelken und Fruchtsaft, etwa Ananas- oder Orangensaft. Aus Maryland stammt ein Rezept, bei dem der Schinken entbeint und mit einer Mischung aus Hafergrütze und Kohl gefüllt wird. In Burgund, in der Gegend um Chablis, schneidet man ihn in Scheiben und gart ihn in einer Sahnesauce mit Weißwein, Essig, Zwiebel, Schalotte, Wacholder und Pfefferkörnern. Hat der Schinken eine blasse oder gräuliche Farbe, wurde er entweder nicht richtig gepökelt oder er ist alt. Dann sollten Sie ihn nicht mehr verwenden.

**RICHTIG** – das Fleisch beginnt, sich vom Knochen zu lösen; zieht man einen Spieß nach 30 Sekunden heraus, fühlt er sich heiß an; das Bratenthermometer zeigt 75 °C an; nach dem Backen, Schmoren oder Braten hat der Schinken eine glänzende, braune Kruste; beim Aufschneiden ist das Fleisch saftig und hell oder dunkelrosa; je nachdem wie der Schinken gepökelt wurde, ist der Geschmack kräftig, aber nicht salzig. Zu beachten: Große Stücke garen, nachdem man sie aus dem Ofen genommen hat, noch 5–10 Minuten durch die eigene Resthitze weiter.

## PROBLEMFÄLLE

NICHT GAR, FEUCHT UND SCHWAMMIG
*Grund:* der Schinken war von minderer Qualität und enthielt sehr viel Wasser; Garzeit zu kurz
→ wird er gekocht, den Schinken trocknen und fertigbacken oder -braten; beim Schmoren oder Braten im Bräter den Deckel abnehmen, die Temperatur erhöhen und weitergaren.

ZERKOCHT, TROCKEN UND FASERIG
*Grund:* der Schinken war zu alt oder wurde zu lange geräuchert; zu lange gegart; Temperatur zu hoch
→ mit Bratensaft oder Gemüsepüree (siehe Seite 126) und Beilagen wie Trockenfrüchten, Sauerkraut, Blattspinat mit Rosinen oder Süßkartoffelpüree servieren.

SALZIG
*Grund:* zu stark gepökelt; der Schinken wurde vor dem Garen nicht gewässert; zu wenig Kochflüssigkeit; zu lange gegart
→ mit einer fruchtigen oder süßlichen Sauce, zum Beispiel mit Pflaume, Apfel oder Aprikose, servieren. Ist der Schinken sehr salzig, das Fleisch zerkleinern und mit Nudeln, Reis oder Kartoffeln vermischen.

ZU WENIG GESCHMACK
*Grund:* es handelt sich um einen mild gepökelten Schinken; zu lange gegart
→ den Schinken aufschneiden und in einer Sahnesauce mit Weißweinessig und Senf oder mit Portwein abgeschmecktem Bratensaft fertiggaren.

## MEIN TIP

Ist der Schinken feucht, faserig, zu salzig oder hat zu wenig Geschmack, bestreichen Sie ihn mit einer süßen Senfpaste. Ist er noch nicht ganz durch, das Fett zuvor tief in Rautenform einschneiden. Bei einem Schinken für 6–8 Personen 4 EL Dijonsenf und 100 g braunen Zucker verrühren und den Schinken damit bestreichen. Die einzelnen Rauten in der Mitte mit Nelken spicken. Den Schinken dann 15–20 Minuten bei 200 °C im Ofen braten, bis der Zucker geschmolzen ist und der Schinken eine schöne, dunkelbraune Kruste hat. Dabei alle paar Minuten begießen.

# *Geschmorter Schinken mit Ingweräpfeln*

6 BIS 8 PORTIONEN

Die Kombination von Schinken und Äpfeln ist typisch für die Normandie, wo die Schweine oft unter Apfelbäumen aufgezogen werden. Am besten schmeckt dieses Schmorgericht, wenn Sie einen milden Pökelschinken und feste Äpfel verwenden.

*1 ungekochter Schinken (1,5 kg)*
*1 EL Pflanzenöl*
*1 EL Butter*
*2 Möhren, geschabt und in Scheiben geschnitten*
*2 Zwiebeln, gehackt*
*1 Stange Sellerie, in Scheiben geschnitten*
*1 TL Nelken*
*3/4 l Apfelsaft (ggf. etwas mehr)*
*1 EL Stärkemehl, mit 3 EL Apfelsaft angerührt*
*Pfeffer*

*FÜR DIE GEFÜLLTEN ÄPFEL:*
*6–8 kleine, feste Äpfel (ca. 1,2 kg), vorzugsweise Granny Smith*
*60 g Butter*
*4 EL dunkler brauner Zucker*
*30 g Rosinen*
*2 EL eingelegter Ingwer, gehackt*
*1/2 TL geriebene Muskatnuß*
*5 EL Apfelsaft*

Den Backofen auf 160 °C (Gas Stufe 1) vorheizen. Das Öl und die Butter in einer großen, feuerfesten Kasserolle erhitzen, die Möhren, die Zwiebeln, den Sellerie und die Nelken 5 bis 7 Minuten unter gelegentlichem Rühren darin weich dünsten.

Das Fett bis auf eine dünne Schicht von dem Schinken abschneiden und die Restschicht rautenförmig einschneiden. Den Schinken auf das Gemüse legen, mit dem Apfelsaft übergießen und zum Kochen bringen. Den Topf schließen und den Schinken 1 bis 1 1/4 Stunden im Ofen schmoren. Dabei immer wieder begießen und gegebenenfalls noch etwas Apfelsaft nachgießen.

In der Zwischenzeit die Äpfel halbieren und die Kerngehäuse, die Stiel- und die Blütenansätze entfernen, aber nicht schälen. Mit der Schnittfläche nach oben in eine flache Auflaufform setzen. Die Butter mit dem Zucker schaumig rühren. Die Rosinen, den Ingwer und den Muskat unterrühren und die Mischung in die ausgehöhlten Apfelhälften füllen. 5 Eßlöffel Apfelsaft in die Form gießen, die Äpfel zu dem Schinken in den Ofen geben und 40 bis 50 Minuten backen, bis sie weich sind. Dabei gelegentlich begießen. Die Äpfel dann auf eine Platte geben und warm stellen. Den Saft aufheben.

Den fertigen Schinken auf ein Küchenbrett legen und zum Warmhalten mit Alufolie abdecken. Die Kochflüssigkeit in eine Pfanne seihen, das Fett abschöpfen und mit dem Saft von den Äpfeln auf 375 ml auffüllen. Gegebenenfalls noch etwas einkochen lassen. Mit dem angerührten Stärkemehl andicken, bis die Sauce etwas an einem Löffelrücken haften bleibt, und mit Pfeffer abschmecken.

Den Schinken aufschneiden, die Scheiben auf einer vorgewärmten Platte anrichten (Sie können ihn aber auch erst bei Tisch aufschneiden) und die Äpfel rundherum anordnen. Mit etwas Sauce begießen und den Rest getrennt dazu reichen.

# Rindersteaks, Lammkoteletts und Wildmedaillons

*Grillen, in der Pfanne braten, sautieren*

Steaks und Lammkoteletts zählen bei allen Köchen mit Abstand zu den beliebtesten Fleischstücken. Gleiches gilt beim Wild für Medaillon und Nüßchen, jene kleinen, zarten Stücke, die so problemlos zu garen sind. Ich bereite diese edlen Teile, wie zum Beispiel bei der Gemischten Grillplatte auf Seite 77, möglichst einfach zu, nehme höchstens etwas Kräuterbutter. Wenn Sie sie in der Pfanne braten, reicht es, wenn Sie dazu den eingekochten Bratensaft reichen, den Sie mit Schalotten, Kräutern und Rotwein verfeinern. Das ist schnell geschehen, und Sie haben ein wunderbares Essen.

Traditionell werden diese edlen Fleischstücke mit aufwendigeren Saucen – Rindersteaks etwa mit einer getrüffelten Madeirasauce – serviert. Zu Lamm und Rind eignen sich eine Sauce béarnaise, die man statt mit Estragon auch mit Minze verfeinern kann, ein Gemüsepüree mit Knoblauch, Paprikaschote oder Schalotte oder auch eine orientalisch angehauchte Joghurtsauce. Bei Wild würde ich mich entweder für eine pikante oder für eine süßliche Sauce entscheiden, etwa eine *poivrade* mit schwarzem Pfeffer oder eine Cumberlandsauce mit rotem Johannisbeergelee, Orange und Portwein.

Damit Sie beim Grillen und Braten ein optimales Ergebnis erzielen, verwenden Sie möglichst sehr gutes, nicht zu mageres Fleisch. Allerdings sind nur wenige Stücke vom Rind oder Lamm zart genug, um der trockenen Hitze standzuhalten. Nicht so zartes Fleisch, etwa Lammschulter, nehmen Sie besser für Spieße, bei denen knackige Zwiebel, Pilze, saftige Kirschtomaten und aromatische Kräuter die Aufmerksamkeit vom Fleisch etwas ablenken.

Rotes Fleisch (Rind, Lamm, Wild) legt man vor dem Garen am besten in Rotwein oder einer anderen sauren Marinade ein. So bekommt es mehr Geschmack und wird – allerdings nur außen – zarter. Ich halte es nicht für empfehlenswert, das Fleisch zu klopfen oder mit einem handelsüblichen Zartmacher zu bestreuen, um es mürber zu machen, da dadurch die Fasern zerstört werden und das Fleisch an Saftigkeit verliert. Besser reiben Sie es etwa 30 Minuten vor der Zubereitung mit einer Würzmischung aus Senf, Pfeffer und Paprika ein und salzen es erst in letzter Minute. Bezüglich des Salzens gibt es die verschiedensten Auffassungen. Ich bin zwar fest davon überzeugt, daß man das Fleisch vor dem Garen salzen sollte, damit das Salz durch die Hitze ins Fleisch eindringen kann; viele Köche salzen Steaks und Koteletts allerdings erst nach dem Garen, weil sie fürchten, dem Fleisch könnte Wasser entzogen werden und es würde nicht braun.

Steaks und Koteletts werden auf unterschiedlichste Weise serviert: in Deutschland ist Steak Holsteinische Art beliebt, das mit einem Spiegelei belegt wird; in Italien wendet man Lammkoteletts in Parmesan und Paniermehl, und in Australien werden Rindersteaks mit Austernfleisch gefüllt. Wildschweinmedaillons bereitet man in Italien mit Pflaumen, Schokolade und Zimt, in Frankreich mit Wacholder zu.

Weitere Fleischstücke
zum Grillen, Braten und Sautieren
*Lamm:* Lendenchops, Nüßchen

*Gemischte Grillplatte, Rezept Seite 77*

*von links nach rechts*

**FAST ROH** *(bei Rind)* – außen angebräunt, das Fleisch gibt auf Druck nach (Daumentest, Zeigefinger, siehe Seite 78); an der Oberfläche setzt sich noch kein Fleischsaft ab; beim Aufschneiden ist das Fleisch innen halb bis fast roh; milder Geschmack.

**HALB ROH** *(bei Rind, Lamm und Wild)* – außen gut angebräunt, drückt man das Fleisch in der Mitte, fühlt es sich schwammig an (Daumentest, Mittelfinger, siehe Seite 78), am Rand ist es fest; an der Oberfläche setzt sich der Saft dunkelrosa ab; beim Aufschneiden ist das Fleisch innen rot, saftig und aromatisch.

**HALB GAR** *(bei Rind, Lamm und Wild)* – außen knusprig und braun, in der Mitte gibt das Fleisch auf Druck nicht nach (Daumentest, Ringfinger, siehe Seite 78), am Rand ist es fest; an der Oberfläche setzt sich der Saft rosa ab; beim Aufschneiden ist das Fleisch innen saftig, dunkelrosa und aromatisch.

**GANZ DURCH** *(bei Rind, Lamm und Wild)* – außen knusprig, braun und trocken, in der Mitte fühlt sich das Fleisch fest an (Daumentest, kleiner Finger, siehe Seite 78); an der Oberfläche setzt sich klarer Saft ab; beim Aufschneiden ist das Fleisch innen nicht mehr rosa.
Zu beachten: Rindfleisch und Wild können sehr trocken werden, wenn man sie durchgart.
Siehe auch Gargrade beim Braten und Grillen, Seite 64.

# *Gemischte Grillplatte*

4 PORTIONEN

*Foto Seite 74/75*

**PROBLEMFÄLLE**

ZERKOCHT UND TROCKEN

*Grund:* zu lange gegart; Temperatur zu hoch; Fleisch zu dünn geschnitten

→ mit einer üppigen Portwein- oder Madeirasauce, einer Sauce béarnaise oder Salsa (siehe Seite 119 und 126–127) und farbenfrohen Beilagen wie einem grünen Salat, gegrillter Tomate, kurz angebratenen Möhrenstreifen mit Pastis, sautierten Zucchini, knusprigen Bratkartoffeln oder einer Wildpilzpfanne mit Haselnüssen (siehe Seite 170) servieren.

ZÄH

*Grund:* ungeeignetes Garverfahren; das Fleisch (besonders bei Steak) war zu mager; das Tier (insbesondere bei Wild) war zu alt; das Fleisch war nicht genug abgehangen; unsachgemäß behandelt oder eingefroren; zu lange gegart

→ quer zur Faser in dünne Scheiben schneiden, so ist das Fleisch weniger zäh (vor allem bei magerem Steak und Wild); ist das Fleisch sehr zäh, in Scheiben schneiden und in einer Sauce garen, bis es weich ist.

ZU WENIG GESCHMACK

*Grund:* wenig geschmacksintensives Fleisch; nicht abgehangen; nicht ausreichend gewürzt

→ großzügig mit Salz, frisch gemahlenem Pfeffer und Gewürzen wie Chilipfeffer und Muskat bestreuen; mit Sojasauce, Worcestersauce oder Tabasco bestreichen; mit Cognac oder Whisky flambieren; Beilagen siehe Zerkocht und trocken.

**MEIN TIP**

Jeder Küchenprofi weiß, daß die klassische Pfeffersauce zugleich auch eine ausgezeichnete Tarnung bei zerkochten, zähen oder faden Rindersteaks ist. 2 EL schwarze Pfefferkörner in einen Plastikbeutel geben und mit einer schweren Pfanne oder dem Nudelholz zerdrücken. Sie können aber auch geschroteten Pfeffer nehmen. In 175 ml Rotwein geben und den Wein auf 2 EL einkochen lassen. 175 g Crème double und 1 EL Cognac unterrühren und mit Salz abschmecken. Ergibt 2 große Portionen.

Für diese Grillplatte können Sie nach Belieben auch Lammnieren, Wachtelbrüstchen, mageren Speck und Ihr Lieblingsgemüse verwenden. Traditionell reicht man dazu dünne Pommes frites.

*4 kleine Filetsteaks (ca. 500 g)*
*4 Lammkoteletts (ca. 375 g)*
*4 kleine Scheiben Kalbsleber (ca. 500 g)*
*4 große Egerlinge (ca. 375 g)*
*2 Tomaten, halbiert und entkernt*
*45 g Butter, zerlassen (ggf. etwas mehr)*
*1 Kästchen Brunnenkresse zum Garnieren*

*FÜR DIE PETERSILIENBUTTER:*
*1 EL gehackte Petersilie*
*1 TL Zitronensaft*
*75 g weiche Butter*
*Salz und Pfeffer*

Zunächst die Petersilienbutter zubereiten. Dazu die Petersilie, den Zitronensaft und die weiche Butter gründlich vermengen und mit Salz und Pfeffer abschmecken. Zu einer Rolle formen, in Klarsichtfolie einschlagen und in den Kühlschrank legen.

Nun den Backofengrill vorheizen. Die Stiele der Pilze abschneiden. Die Pilze und die Tomatenhälften auf allen Seiten mit zerlassener Butter bestreichen und mit Salz und Pfeffer würzen. Den Grillrost ebenfalls mit der zerlassenen Butter einstreichen.

Die Pilze und die Tomaten (mit der Schnittfläche nach unten) darauf verteilen und den Rost circa 7,5 cm unterhalb des Grills einschieben. Die Tomaten auf beiden Seiten jeweils 4 bis 5 Minuten garen, bis sie weich sind. Die Pilze auf jeder Seite 5 bis 7 Minuten grillen und dabei von Zeit zu Zeit mit Butter bestreichen. Das Gemüse anschließend auf eine Platte geben und warm stellen.

Das Fleisch mit zerlassener Butter bestreichen und mit Salz und Pfeffer würzen. Die Steaks und die Lammkoteletts auf dem Grillrost verteilen und je nach Geschmack halb roh (3 bis 4 Minuten), halb gar (4 bis 5 Minuten) oder ganz durch (6 bis 8 Minuten) garen. Dabei einmal umdrehen.

Nach 2 bis 3 Minuten die Leber dazugeben und je nach Geschmack auf beiden Seiten jeweils 3 bis 4 Minuten garen.

Das Fleisch mit dem Gemüse auf einer vorgewärmten Platte oder auf vier Tellern anrichten. Die gekühlte Petersilienbutter in Scheiben schneiden und diese auf die Steaks legen. Mit der Kresse garnieren und sofort servieren.

# Kalbskoteletts, -medaillons und -schnitzel

*Grillen, in der Pfanne braten, sautieren*

WER WIE ICH SCHON EINMAL IN FRANKREICH GELEBT HAT, IST VERWÖHNT, denn dort bekommt man in aller Regel nur ausgezeichnetes Kalbfleisch. Ich finde, seine Zartheit und sein feiner Geschmack kommen – vorausgesetzt, man bereitet sie ganz einfach zu – am besten bei kleinen Stücken wie Koteletts und Medaillons zur Geltung. Da Kalbfleisch sehr leicht austrocknet, bestreiche ich es vor dem Braten oder Grillen großzügig mit Öl oder, was noch besser ist, lege es in einer Marinade aus Oliven- oder Walnußöl mit Zitronensaft oder Balsamico-Esssig und Kräutern ein. Sie können es aber auch in Mehl wälzen, dann bleibt es nicht nur saftig, sondern wird außen auch knusprig.

Ist das Fleisch bereits älter, nimmt es schnell eine dunkelrosa Färbung an und wird leicht zäh. Dem können Sie etwas abhelfen, indem Sie es vor dem Garen in Milch legen. Gegen Zähigkeit gibt es allerdings kaum ein Mittel. Am besten schmort oder brät man es (siehe Steaks, Koteletts und Teile vom Wild, Seite 79), zumal es auch hierfür eine Reihe verführerischer Rezepte gibt, wie etwa Kalbfleisch Marengo mit Tomate, Pilzen und Weißwein oder die in Deutschland beliebte Kalbshaxe mit Zwiebel, Porree, Möhren und Apfelessig.

Zutaten aus dem Mittelmeerraum, zum Beispiel Gemüse wie Auberginen und Zucchini und Kräuter wie Salbei, Rosmarin und Basilikum, passen gut zu Kalbfleisch. Traditionell wird es aber auch gerne mit Pilzen, vor allem Morcheln, kombiniert und in einer Sahnesauce geköchelt.

**RICHTIG HALB GAR** – das Fleisch (hier Medaillons) ist außen leicht angebräunt und fühlt sich in der Mitte schwammig und an den Rändern fest an (Daumentest, Mittelfinger, siehe rechts); an der Oberfläche setzt sich rosa Saft ab; beim Aufschneiden ist das Fleisch innen saftig, blaßrosa und aromatisch.

**RICHTIG GANZ DURCH** – das Fleisch ist außen goldbraun und – nach dem Grillen – knusprig und fühlt sich in der Mitte fest an (Daumentest, kleiner Finger, siehe rechts); an der Oberfläche setzt sich klarer Saft ab; beim Aufschneiden ist das Fleisch nicht mehr rosa, aber immer noch saftig und aromatisch.

### PROBLEMFÄLLE

NICHT GAR
*Grund:* Garzeit zu kurz; Temperatur zu niedrig
→ weitergaren und gegebenenfalls die Temperatur erhöhen.

ZERKOCHT UND TROCKEN
*Grund:* das Fleisch wurde unsachgemäß gelagert oder eingefroren; zu lange gegart; Temperatur zu hoch; während des Garens nicht ausreichend begossen
→ mit einer Madeira- oder einer Buttersauce mit Kräutern (siehe Seite 120) und farbenfrohen Beilagen, etwa Safranreis, Rahmspinat und glacierten jungen Zwiebeln und Möhren, servieren.

ZÄH
*Grund:* ungeeignetes Garverfahren; das Kalb wurde nicht mit Milch aufgezogen; das Fleisch wurde unsachgemäß gelagert oder eingefroren; zu schnell oder zu lange gegart
→ bei schwacher Hitze weitergaren, bis das Fleisch zart ist; damit es saftig bleibt, gegebenenfalls Brühe oder Wein angießen.

ZU WENIG GESCHMACK
*Grund:* wenig geschmacksintensives Fleisch; unsachgemäß gelagert oder eingefroren; nicht ausreichend gewürzt; zu lange gegart
→ mit Zitronensaft beträufeln und mit Salz, Pfeffer und gehacktem Salbei oder Thymian bestreuen; mit einer pikanten Sauce, etwa einer Tomatensauce mit rotem Paprika (siehe Seite 129), servieren.

### MEIN TIP

Sind Kalbsmedaillons oder -koteletts zäh oder wurden zu lange gegart, 1 EL Öl oder Butter in einer Pfanne erhitzen und 1 in dünne Ringe geschnittene Zwiebel darin andünsten. 2 Medaillons oder -koteletts darauf legen und mit Brühe bedecken. Den Topf zudecken und das Fleisch 15 – 20 Minuten (Medaillons) bzw. 30 – 40 Minuten (Koteletts) köcheln lassen, bis es sich beim Einstechen mit einer Bratengabel sehr weich anfühlt. Herausnehmen und warm stellen. 2 – 3 feingeschnittene Champignons in die Pfanne geben und 5 – 7 Minuten köcheln lassen. 1 – 2 EL Sahne, 1 EL Madeira, Sherry oder süßen Weißwein und gehackte Kräuter unterrühren und die Sauce über das Fleisch gießen. Ergibt 2 Portionen.

### DER DAUMENTEST

Eine einfache Methode, um den Garzustand eines Stücks Fisch, Fleisch oder Geflügel zu ermitteln, besteht darin, dessen Elastizität mit der Ihres Daumenballens zu vergleichen. Je weiter der Daumen gestreckt werden muß, desto fester wird der Muskel.

DAUMEN – ZEIGEFINGER
*bei kurzgegartem Fisch und nicht durchgebratenem Fleisch* – führen Sie Daumen und Zeigefinger der einen Hand zusammen und drücken dabei mit einer Fingerspitze der anderen Hand den Daumenballen: Sie spüren keinen Widerstand.

DAUMEN – MITTELFINGER
*bei halbgarem Fleisch* – führen Sie Daumen und Mittelfinger zusammen und drücken den Daumenballen: Sie spüren einen leichten Widerstand.

DAUMEN – RINGFINGER
*bei durchgegartem Fisch und medium gegartem Fleisch, Wild oder Ente* – führen Sie Daumen und Ringfinger zusammen und drücken den Daumenballen: Sie spüren einen stärkeren Widerstand.

DAUMEN – KLEINER FINGER
*bei durchgegartem Fleisch oder Geflügel* – führen Sie Daumen und kleinen Finger zusammen und drücken den Daumenballen: Er fühlt sich fest an.

# Steaks, Koteletts und Teile vom Wild

*Braten, schmoren*

Das Schmoren und Braten in feuchter Hitze sind die geeignetsten Garverfahren für Rinderbrust und -querrippe sowie preiswertere Steaks aus der Oberschale, Nacken oder Schulter, für Koteletts aus der Lammschulter, Nackenstücke, Rippchen und Stücke aus der Lammkeule. Dabei spielt es keine Rolle, ob sie mit oder ohne Knochen gegart werden. Sehr zu empfehlen ist das Schmoren und Braten aber auch bei nahezu allen Teilen vom Wild, insbesondere bei Keule und Schulter, vor allem dann, wenn es sich um Zuchttiere handelt, bei denen in der Regel nur die besten Stücke zart genug sind, um der trockenen Hitze beim Grillen standzuhalten. Das Garen in feuchter Hitze hat viele Vorteile – wenn man es nur richtig macht. Das heißt, das Fleisch muß man lange und langsam genug garen, damit die Fasern weich werden und sich ausdehen und nicht wie beim Garen bei starker Hitze sich als zäh erweisen.

Zum Verfeinern eignen sich eine ganze Reihe von Zutaten. Für den klassischen französischen Schmorbraten nimmt man Zwiebel, Möhre, Sellerie, Knoblauch, Wein und ein Kräutersträußchen. Für ein einfaches indisches Curry verwendet man Kümmel, Zimt, schwarzen Pfeffer und Nelken. In Spanien schmort man Lammkeule mit Zwiebel, Knoblauch, Paprika, Essig und Rotwein, und in Amerika bereitet man Rinderbrust mit Bier und Zwiebel zu. Ideal ist es, wenn Sie das Fleisch 2 bis 3 Tage im Kühlschrank in einer Marinade aus Wein, Essig und Gemüse oder anderen sauren Zutaten einlegen, die Sie dann auch zum Kochen und für die Sauce verwenden.

**RICHTIG** – das Fleisch (hier geschmortes Rumpsteak) ist so weich, daß es beinahe zerfällt, und löst sich vom Knochen; es ist saftig, sehr aromatisch und hat einen zarten Glanz.

### MEIN TIP

Ein tunesisches Tabbouleh ist eine herrlich frische Beilage zu Fleischgerichten mit Sauce. Dazu 175 g Couscous mit 1/4 l kochendem Wasser übergießen und mit 1 TL Salz würzen. Umrühren und quellen lassen. 2 unbehandelte Zitronen schälen und auspressen. Die Schale mit dem Saft im Mixer pürieren. 1 Zwiebel in Stücke schneiden und mit den Blätter von je 1 großen Bund Minze und Petersilie grob pürieren und über das Couscous gießen. 3 Tomaten enthäuten, halbieren und entkernen. Das Fleisch fein würfeln und zum Couscous geben. 175 ml Olivenöl darübergießen und durchmischen. Ergibt 4–6 Portionen.

### PROBLEMFÄLLE

NICHT GAR
*Grund:* Temperatur zu niedrig; zu lange gegart
→ weitergaren und gegebenenfalls die Temperatur erhöhen.

ZERKOCHT UND TROCKEN
*Grund:* ungeeignetes Garverfahren; zu lange gegart; Temperatur zu hoch; zu wenig Kochflüssigkeit
→ mit herzhaften Beilagen, etwa Kartoffelgratin oder Safranreis, servieren; zu Rindfleisch eignen sich Meerrettichsauce und Ofenkartoffeln, zu Lamm Linsen oder gerösteter Fenchel und zu Wild ein fruchtiges Chutney.

ZÄH UND FASERIG
*Grund:* das Fleisch enthält zu wenig Fett; das Tier (besonders Wild) war alt; das Fleisch war nicht abgehangen; unsachgemäß behandelt oder eingefroren; zu schnell gegart; nicht ausreichend gegart
→ weiterköcheln lassen, auch wenn das Fleisch bereits zu zerfallen beginnt; Serviervorschläge siehe Zerkocht und trocken.

ZU WENIG GESCHMACK
*Grund:* wenig geschmacksintensive Fleischsorte; Fleisch war nicht abgehangen; unsachgemäß behandelt oder eingefroren; nicht ausreichend gewürzt; Sauce zu dünn; zu lange gegart
→ ist die Sauce zu dünn, das Fleisch herausnehmen, die Sauce etwas einkochen lassen und das Fleisch wieder hineingeben; mit pikanten Beilagen servieren: zu Rind passen Senf und Mixed Pickles, zu Lamm Auberginenkaviar oder eingelegte Zitronen auf marokkanische Art, zu Wild eingelegte Pilze und Preiselbeeren.

## Schnitzel

Schnitzel sind vielseitig und beliebt. Man kann sie mit Mehl bestäuben und als *saltimbocca* kurzbraten. Das klassische Wiener Schnitzel wird paniert und fritiert. Als Cordon bleu werden sie mit Schinken und Käse gefüllt, oder man bestreicht sie mit einer Farce und rollt sie auf. Die besten Kalbsschnitzel gewinnt man aus der Nuß. Damit sie schön zart bleiben, sollten sie quer zur Faser geschnitten werden und kein oder nur noch wenig Bindegewebe enthalten. Dieses Fleisch wird allerdings leicht faserig. Sie können deshalb auch auf preiswertere Stücke zurückgreifen, die sich ebensogut als Schnitzel eignen.

Bei Schnitzeln denkt man im allgemeinen an Kalbfleisch, aber inzwischen werden zunehmend auch Scheiben aus der Puten- und Hähnchenbrust angeboten. Häufig wird empfohlen, Schnitzel zwischen zwei Schichten Papier zu klopfen. Dabei muß man allerdings behutsam vorgehen, damit das Fleisch seine Saftigkeit nicht einbüßt. Und auch beim Garen ist Vorsicht geboten, denn gart man sie auch nur wenige Minuten zu lange, sind sie schon zerkocht.

**RICHTIG** – auf beiden Seiten leicht gebräunt; innen ist das Fleisch hell, saftig und nicht mehr rosa.

*Geschmortes Rehfleisch mit Wacholder und Sahnesauce*

## *Geschmortes Rehfleisch mit Wacholder und Sahnesauce*

4 Portionen

Für dieses Schmorgericht können Sie auch jedes andere Wildbret, sogar Bärenfleisch, verwenden. Wählen Sie eher zähe Stücke, auch aus der Keule aus. Sie werden durch das langsame Garen in feuchter Hitze besonders gut. Die Garzeit kann je nach Alter des Tiers schwanken.

*1 kg Fleisch aus der Rehkeule, ohne Knochen*
*1 EL Butter*
*3 EL Pflanzenöl*
*2 EL Mehl*
*Salz und Pfeffer*
*250 g Crème fraîche oder Crème double*

Faden zum Dressieren

*Für die Beize:*
*3/4 l Rotwein*
*2 Zwiebeln, geviertelt*
*4 Schalotten, halbiert*
*3 Knoblauchzehen, fein gehackt*
*1 Stange Porree, geputzt, halbiert und in feine Ringe geschnitten*
*2 Möhren, in Scheiben geschnitten*
*1 EL Wacholderbeeren, zerdrückt*
*2 EL Pflanzenöl*

Für die Beize den Wein mit dem Gemüse und den Wacholderbeeren in einem Topf aufkochen lassen. 10 Minuten köcheln und anschließend abkühlen lassen.

Das Fleisch in regelmäßigen Abständen dressieren, mit der Beize in eine tiefe Schüssel (kein Metall) geben und das Öl darübergießen. Zudecken und 1 bis 2 Tage in den Kühlschrank stellen. Gelegentlich umrühren.

Den Backofen auf 170 °C (Gas Stufe 1–2) vorheizen. Das Fleisch aus der Beize nehmen, das Gemüse abseihen und die Beize aufheben. Das Fleisch mit Küchenpapier trockentupfen. Die Butter mit 2 Eßlöffeln Öl in einer Pfanne oder einer großen, feuerfesten Kasserolle erhitzen und das Fleisch 5 bis 7 Minuten bei großer Hitze rundherum anbraten. Anschließend auf eine Platte geben.

Das restliche Öl und das abgetropfte Gemüse aus der Beize in die Kasserolle geben und 4 bis 6 Minuten leicht anbräunen. Mit Mehl bestäuben und unter Rühren 1 bis 2 Minuten anbraten, bis es braun ist. Das Fleisch wieder in den Topf geben, mit der Beize übergießen (das Fleisch sollte vollständig bedeckt sein) und mit Salz und Pfeffer würzen. Zudecken und zum Kochen bringen. Die Kasserolle dann in den Ofen schieben und das Fleisch 2 bis 3 Stunden garen. Dabei gelegentlich umrühren und gegebenenfalls noch etwas Wasser angießen.

Das Fleisch danach auf eine Platte geben und zum Warmhalten mit Alufolie abdecken. Die Kochflüssigkeit in einen Topf seihen und dabei das Gemüse gut ausdrücken. Fett gegebenenfalls abschöpfen und die Sauce 5 bis 10 Minuten einkochen lassen. Dabei immer wieder umrühren. Zum Schluß sollte die Sauce so dick sein, daß sie an einem Löffelrücken haften bleibt. Die Crème fraîche einrühren, noch einmal kurz aufkochen lassen und abschmecken. Die Fäden entfernen, das Fleisch in Scheiben schneiden und mit etwas Sauce begießen. Die restliche Sauce getrennt dazu reichen.

## *Kalbskoteletts mit Zitronenjus und Paprikarelish*

4 Portionen

Je einfacher das Rezept, desto mehr kommt es bei den Zutaten auf Qualität und Frische an. Deshalb sollten Sie hier auch nur erstklassige Kalbskoteletts verwenden. Das Paprikarelish wird feiner und aromatischer, wenn man es bereits im voraus zubereitet und es später noch einmal erwärmt.

*4 Kalbskoteletts (à ca. 250 g, 2 cm dick)*
*1 unbehandelte Zitrone*
*5 EL Olivenöl*
*4 EL Wasser*
*2 EL gehackte Petersilie*
*Salz und Pfeffer*

*Für das Relish:*
*3 rote Paprikaschoten*
*2 EL Olivenöl*
*2 Zwiebeln, in dünne Ringe geschnitten*
*2 Knoblauchzehen, fein gehackt*
*1 EL gehackte Kräuter (Basilikum, Oregano, Majoran, Petersilie, Thymian)*
*Zucker zum Abschmecken*

Die Zitronenschale abreiben und die Frucht auspressen. 3 Eßlöffel Olivenöl und den Zitronensaft in eine Schüssel (kein Metall) geben und mit Salz und Pfeffer würzen. Die Koteletts in eine Schale legen und mit der Marinade übergießen. Zudecken, für 2 Stunden in den Kühlschrank stellen und ab und zu umdrehen.

Inzwischen das Relish zubereiten. Den Backofengrill vorheizen und die Paprikaschoten 7 bis 10 Minuten rösten, bis die Haut dunkel wird und aufplatzt. Dabei gelegentlich umdrehen. Anschließend in einen Plastikbeutel geben oder in feuchte Küchentücher wickeln, damit sie Flüssigkeit abgeben können und sich die Schale löst, dann abkühlen lassen. Die Haut dann abziehen, die weißen Häutchen und die Kerne entfernen und das Fleisch in 1 cm breite Streifen schneiden. Das Öl in einer Pfanne erhitzen und die Zwiebeln und den Knoblauch 3 bis 4 Minuten darin weich dünsten, ohne daß sie Farbe annehmen. Die Paprikastreifen und die Kräuter dazugeben, mit Salz, Pfeffer und 1 Prise Zucker abschmecken und alles weitere 2 bis 3 Minuten garen. Abschmecken und warm stellen.

Die Koteletts aus der Marinade nehmen und die Marinade aufheben. Das restliche Öl in einer großen Pfanne erhitzen und das Fleisch bei relativ großer Hitze auf jeder Seite 4 (wenn es nur kurz gegart sein soll) bzw. 5 Minuten (wenn es durchgegart sein soll) braten, bis es schön braun ist. Die Koteletts anschließend auf einer vorgewärmten Platte anrichten und warm stellen.

Nun eine Jus zubereiten. Dazu das Fett abschöpfen und das Wasser und die Marinade in die Pfanne geben. 1 bis 2 Minuten bei geringer Wärmezufuhr erhitzen und dabei umrühren, damit sich der Bratensaft vom Boden löst. Die Pfanne dann vom Herd nehmen, die Zitronenschale und die Petersilie einrühren und abschmecken. Die Koteletts mit der Sauce begießen und mit dem Paprikarelish servieren.

# Schweinekoteletts und Spareribs

*Backen, schmoren, grillen, in der Pfanne oder im Ofen braten, sautieren*

MEINE HEIMAT YORKSHIRE IST BERÜHMT FÜR IHRE SCHWEINE. Und so boten auch die meisten Metzgereien meiner Heimatstadt Schweinefleisch an, Rind- und Lammfleisch bekam man hingegen nur in wenigen. Das ist wohl auch der Grund, weshalb ich so gerne ein dickes, saftiges Schweinekotelett mit viel gebratenen Zwiebeln esse.

Heute ist das Schweinefleisch sehr viel magerer als noch vor zehn Jahren. Weniger Fett bedeutet aber auch mehr Vorsicht beim Garen, und deshalb ist es auch nicht verwunderlich, daß Koteletts und andere magere Stücke wie Medaillons und Filetscheiben oft besser gelingen, wenn man sie schmort – vielleicht mit Rosinen und Marsala wie in Italien oder mit roten Beeren in Essig wie in Skandinavien. Ich mag Schweinefleisch am liebsten gut durchgegart. Dabei sollte man allerdings stets darauf achten, daß es zart und saftig bleibt. Nicht ganz durchgegart, schmeckt es aber auch noch recht annehmbar.

Besonders gut wird das Schweinefleisch, wenn Sie es mit Knochen garen. Das ist übrigens unter anderem auch ein Grund, weshalb Spareribs so beliebt – und so lecker – sind. Spareribs sollte man vor und während des Garens mit einer raffinierten Sauce, etwa einer pikanten Barbecuesauce (siehe Seite 83), einer asiatischen Sauce aus Sojasauce, braunem Zucker und Reiswein oder einer mexikanischen Sauce aus grünem Chili, Zucchini und Chayote (tropisches Gurkengewächs) bestreichen. Diese Saucen eignen sich auch gut für dicke Schinkensteaks, denn der fruchtige, würzige Geschmack gleicht deren salzigen Geschmack etwas aus. Bei Schinkensteaks, die stark gepökelt sind, empfiehlt es sich, sie vor dem Garen in kaltes Wasser zu legen, um ihnen Salz zu entziehen.

NICHT GAR – das Fleisch ist außen leicht angebräunt und haftet am Knochen; beim Aufschneiden ist es innen sehr rosa; an der Oberfläche setzt sich ein rosa Saft ab; in der Mitte fühlt sich das Fleisch schwammig an (Daumentest, Mittelfinger, siehe Seite 78).
Zu beachten: Gart man Schweinefleisch so lange, bis es eine Innentemperatur von 70–75 °C erreicht hat, werden Parasiten, die eine Trichinose verursachen können, abgetötet, und das Risiko einer Infizierung wird stark vermindert.
*Grund:* Garzeit zu kurz; Temperatur zu niedrig
→ weitergaren und gegebenenfalls die Temperatur erhöhen.

**RICHTIG** – das Fleisch (hier Kotelett) ist außen braun und beginnt, sich vom Knochen zu lösen; beim Aufschneiden ist es saftig; an der Oberfläche setzt sich ein blaßrosa (halb gar) oder klarer (ganz durch) Saft ab; in der Mitte bietet das Fleisch einen Widerstand (halb gar; Daumentest, Ringfinger, siehe Seite 78) bzw. ist fest (ganz durch; Daumentest, kleiner Finger), an den Rändern ist es fest.

WEITERE FLEISCHSTÜCKE
zum Backen, Schmoren, Grillen, Braten sind Medaillons, Lendenkoteletts und Filetscheiben

## *Gegrillte Schweinekoteletts mit Barbecuesauce*

4 PORTIONEN

Wenn Sie die Koteletts ständig mit dieser pikanten Sauce bestreichen, bleiben sie saftig und schmackhaft. Dazu paßt am besten ein Warmer Kartoffelsalat mit Estragon und Weißwein (siehe Seite 167).

*4 Lendenkoteletts vom Schwein (à ca. 250 g, 2,5 cm dick)*
*Salz und Pfeffer*

FÜR DIE SAUCE:
*2 EL Pflanzenöl*
*1 Zwiebel, fein gehackt*
*1 Knoblauchzehe, fein gehackt*
*1 unbehandelte Zitrone*
*100 g brauner Zucker*
*4 EL Essig*
*1/8 l Tomatenketchup*
*1 EL Worcestersauce*
*1/2 TL Tabasco (nach Belieben)*
*1 Prise Chilipulver (nach Belieben)*

Für die Barbecuesauce das Öl in einer Pfanne erhitzen und die Zwiebel und den Knoblauch 4 bis 5 Minuten darin anbraten, bis sie weich und leicht angebräunt sind. Die Zitronenschale abreiben und den Saft auspressen. Die Zitronenschale mit der Hälfte des Safts, dem Zucker, dem Essig, dem Ketchup, der Worcestersauce, dem Tabasco und dem Chilipulver in die Pfanne geben und das Ganze 5 Minuten köcheln lassen. Abschmecken und abkühlen lassen.

Den Backofengrill vorheizen oder den Holzkohlengrill anheizen. Die Koteletts mit Salz und Pfeffer würzen und mit der erkalteten Barbecuesauce bestreichen. Dann zunächst 5 bis 7 Minuten auf einer Seite grillen und dabei immer wieder mit Sauce bestreichen. Wenden und weitere 5 bis 7 Minuten garen. Dabei ebenfalls immer wieder bestreichen.

### WEITERE PROBLEME

TROCKEN UND ZERKOCHT
*Grund:* zu lange gegart; Temperatur zu hoch; Fleischscheiben zu dünn
→ mit reichlich Bratensaft, einem Apfelchutney oder einer Rote-Bete-Sauce mit Ingwer servieren.

ZÄH
*Grund:* ungeeignetes Garverfahren; das Fleisch war von minderer Qualität; unsachgemäß behandelt oder eingefroren; Temperatur zu hoch; zu lange gegart
→ mit Sauerkraut und Kartoffelpüree mit Schinken oder Grieben oder mit Olivenöl und Salbei servieren.

ZU WENIG GESCHMACK
*Grund:* wenig geschmacksintensives Fleisch; unsachgemäß gelagert oder eingefroren; nicht ausreichend gewürzt; zu lange gegart
→ mit einer pikanten oder scharfen Sauce oder süß-sauren Mixed Pickles und einem Fruchtchutney, beispielsweise aus Preiselbeeren, Aprikose oder Mango, servieren.

SCHINKEN ZU SALZIG
*Grund:* stark gepökelt; zu lange gegart
→ mit einer fruchtigen Sauce, zum Beispiel mit Pflaume oder Apfel, servieren; ist der Schinken sehr salzig, für eine Suppe, ein Nudel-, Reis- oder Kartoffelgericht verwenden.

### MEIN TIP

Zu trockenem oder salzigem gekochtem Schinken eignet sich diese Paprikasauce: 1 EL Butter in einer großen Pfanne zerlaufen lassen und 1 in Ringe geschnittene Zwiebel darin weich dünsten. 1 EL Paprikapulver dazugeben und 1 Minute unter Rühren köcheln lassen. Mit 2 – 3 EL Wodka begießen und flambieren. 250 g Crème double unterrühren und aufkochen lassen. Den Schinken hineingeben, vorsichtig erhitzen und dabei laufend mit der Sauce begießen. Abschmecken. Ergibt 4 Portionen.

# Ragouts

EIN GUTES RAGOUT ZEICHNET SICH DURCH EINEN BESONDERS REICHEN GESCHMACK AUS. Um das zu erzielen, kommt es sowohl auf richtiges Würzen an als auch darauf, daß die Kochflüssigkeit langsam zu einer kräftigen Sauce einkocht. Muß das Fleisch wie beim *bœuf bourguignonne* vorher angebraten werden, achten Sie darauf, daß es rundherum schön angebräunt ist. Dann geben Sie zunächst das Gemüse mit der längsten Garzeit dazu, damit alle Zutaten zur gleichen Zeit gar sind. Und vergessen Sie nicht, großzügig mit Kräutern und Gewürzen abzuschmecken. Das Gelingen eines Ragouts hängt nicht allein von der Qualität des Fleischs ab, sondern vielmehr davon, die übrigen Zutaten zu einer geschmacklich perfekten Sauce zu verbinden. In einem Ragout finden all die Fleischstücke – Rippen, Brust, Bauch, Haxe – Verwendung, mit denen die Köche alter Schule so gut umzugehen verstanden. In nebenstehender Liste finden Sie weitere Fleischteile, die sich ebenfalls gut für Ragouts eignen. Wenn Sie Stücke mit Knochen, zum Beispiel Rippchen, Kalbshaxe oder -nacken, verwenden, wird der Geschmack noch intensiver.

Lassen Sie sich beim Kauf nicht von Sehnen oder Fett abschrecken. Schön marmoriertes Rind- oder Lammfleisch ist noch zarter und schmackhafter. Sichtbares Fett kann man gegebenenfalls wegschneiden, und Sehnen lösen sich bei längerem Garen auf, werden dabei ganz zart, binden die Sauce und geben ihr Glanz. Außerdem würde ich Ihnen empfehlen, das Fleisch vorher zu marinieren. Dazu können Sie es entweder über längere Zeit in einer Weinmarinade einlegen oder es einfach nur mit Gewürzen wie Piment, Muskat, Koriander oder Paprika einreiben.

GÄNGIGE FLEISCHSTÜCKE für Ragouts

*Rind:* Brust, Querrippe, Beinfleisch, Schulter, Nacken, Zungenstück

*Kalb:* Nacken, Schulter, Keule, Brust

*Lamm:* Brust, Nacken, Rippchen, Schulter

*Schwein:* Haxe, Nacken, Schulter, Rippchen

**MEIN TIP**

Fehlt es der Sauce an Geschmack und Farbe, 2–3 TL Tomatenmark unterrühren.

ZÄH UND NICHT GAR – die Fleischstücke bieten einen Widerstand, wenn man sie mit Daumen und Zeigefinger drückt, und bleiben an den Zinken einer Bratengabel haften; die Sauce ist dünn und fade.
*Grund:* Garzeit zu kurz; das Fleisch (vor allem Rind) war nicht abgehangen; das Tier (besonders Wild) war alt oder wurde nicht mit Milch aufgezogen (Kalb); das Fleisch wurde unsachgemäß behandelt oder eingefroren; zu schnell gegart
→ weitergaren, bis das Fleisch weich ist; Serviervorschläge siehe Zerkocht.

**RICHTIG** – das Fleisch läßt sich leicht mit Daumen und Zeigefinger zusammendrücken; es ist zart und zerfällt beim Einstechen mit einer Bratengabel leicht; es ist schön braun (Rind, Lamm und Wild), leicht angebräunt oder weiß (Schwein und Kalb); die Sauce ist schmackhaft und aromatisch und hat einen schönen Glanz.

ZERKOCHT – das Fleisch ist weich und beginnt zu zerfallen; die Sauce ist trüb, und an der Oberfläche setzt sich Fett ab.
*Grund:* zu lange oder zu schnell gegart; Fleischstücke zu klein
→ herzhafte Beilagen, etwa einen Pilaw mit Kräutern, Maisbrot oder frisch gebackene *focaccia* mit Thymian und Salbei, dazu reichen; ist das Fleisch sehr zerkocht, kleinschneiden, wieder in die Sauce geben und mit Nudeln oder Reis servieren.

## WEITERE PROBLEME

ZU WENIG GESCHMACK
*Grund:* wenig geschmacksintensives Fleisch; unsachgemäß behandelt oder eingefroren; nicht ausreichend gewürzt; Sauce zu dünn; zu lange gegart
→ ist die Sauce zu dünn, das Fleisch, sobald es gut gegart ist, herausnehmen und die Sauce langsam etwas einkochen lassen; die Sauce gut würzen, zum Beispiel mit Zitronensaft, Essig, gehackten Anchovis, Cognac, Whisky, gehackten Kräutern, abgeriebener Zitronenschale, dunklem Sesamöl, Muskat, getrockneter Chilischote, Sojasauce, Madeira oder Portwein.

SAUCE GERONNEN
*Grund:* zu lange gegart; zuviel Flüssigkeit verdampft
→ mehr Brühe oder – falls der Geschmack bereits intensiv genug ist – Wasser zugießen und rühren, bis die Sauce wieder emulgiert.

# *Würziges Lammragout mit Mandel-Kokos-Sauce*

3 BIS 4 PORTIONEN

Die dunkle Sauce aus Nordindien paßt gleichermaßen gut zu Lamm- wie Rindfleisch. Servieren Sie dieses Ragout mit einem Pilaw oder mit Indischem Naan-Brot (siehe Seite 269).

*1 kg Lammschulter mit Knochen, in 2,5 cm große Stücke geschnitten*
*Salz und Pfeffer*
*5 EL Pflanzenöl*
*1 TL Nelken*
*2 kleine getrocknete rote Chilischoten*
*1 TL Pfefferkörner*
*2 Zwiebeln, fein gehackt*

FÜR DIE SAUCE:
*60 g Mandelblättchen, blanchiert*
*2 TL gemahlener Kreuzkümmel*
*1 EL gemahlener Koriander*
*2 EL ungesüßte Kokosraspel*
*4 Knoblauchzehen, in Stücke zerteilt*
*1 Stück (2,5 cm) frischer Ingwer, gehackt*
*1 TL gemahlenes Piment*
*1/8 l dunkle Rinder- oder Kalbsbrühe (ggf. etwas mehr)*
*1 EL Tomatenmark*
*75 g Joghurt*

Das Fleisch weitgehend vom Fett befreien und mit Salz und Pfeffer würzen. Das Öl in einer feuerfesten Kasserolle erhitzen, die Nelken, die Chilischoten und die Pfefferkörner hineingeben und unter Rühren 3 bis 5 Minuten vorsichtig erhitzen, bis die Gewürze ihr Aroma entfalten und das Öl aufnehmen. Mit dem Schaumlöffel herausnehmen und in die Küchenmaschine geben. Die Herdplatte auf höchste Stufe schalten und das Fleisch in 2 oder 3 Portionen in der Kasserolle rundherum gut anbraten. Die Fleischstücke dann auf eine Platte geben. Die Zwiebeln 5 bis 7 Minuten goldbraun anbraten. Dabei gelegentlich umrühren.

Nun die Sauce zubereiten. Die Hälfte der Mandeln hacken und die andere Hälfte zur Seite stellen. Eine schwere Pfanne bei geringer Wärmezufuhr 3 bis 5 Minuten erhitzen und den Kreuzkümmel, den Koriander, die Kokosraspel und die gehackten Mandeln 5 bis 7 Minuten darin rösten, bis die Gewürze ihr Aroma entfaltet haben und die Mandeln goldbraun sind. Dabei laufend rühren. Anschließend mit dem Knoblauch, dem Ingwer, dem Piment und der Brühe zu den übrigen Gewürzen in die Küchenmaschine geben und das Ganze zu einer glatten Sauce verrühren.

Die Sauce mit dem Tomatenmark zu den Zwiebeln in die Kasserolle geben und 5 Minuten köcheln lassen. Dabei gut umrühren, damit sich die Bratflüssigkeit vom Boden löst. Dann den Joghurt einrühren. Das Fleisch wieder in die Kasserolle geben und aufkochen lassen. Den Topf zudecken und das Fleisch 1 bis 1 1/4 Stunden köcheln lassen. Dabei gelegentlich umrühren und gegebenenfalls noch etwas Brühe nachgießen.

Achtung: Der Joghurt wird sich absetzen, aber das ist bei diesem Gericht so gewollt.

Sobald das Fleisch gar ist, die Sauce abschmecken. Das Ragout in eine vorgewärmte Schüssel füllen oder direkt aus der Kasserolle servieren und mit den restlichen Mandeln bestreuen.

# Hackfleisch

*Backen, grillen, in der Pfanne oder im Ofen braten, sautieren, kochen, schmoren*

HACKFLEISCHGERICHTE AUS FREMDEN LÄNDERN sind für mich irgendwie verführerischer als die meiner eigenen Landesküche. Dem englischen *shepherd's pie* (gehacktes Lammfleisch mit Kartoffelpüree, das im Ofen überbacken wird) würde ich beispielsweise jederzeit ein libanesisches *kibbeh* aus gehacktem Lammfleisch, Bulgur, Nüssen, Joghurt und Petersilie oder den skandinavischen *frikadeller* (siehe Seite 87) vorziehen. Und doch erfreut sich inzwischen auch der *shepherd's pie* – in verfeinerten Varianten – überall auf der Welt großer Beliebtheit. Das bekannteste Hackfleischgericht ist zweifelsohne das Beefsteak. Deshalb wollen wir einmal sehen, was ein gutes Beefsteak ausmacht.

Vor allem muß das Fleisch frisch gehackt sein, denn Hackfleisch verdirbt – selbst wenn man es gut verschlossen im Kühlschrank aufbewahrt - innerhalb von nur 12 Stunden. Zu Hackfleisch verarbeitet man zähes Fleisch, das in anderer Form ungenießbar wäre. Auf diese Weise läßt sich – vorausgesetzt, es hat keine Sehnen und wenig Fett – aus einem relativ preiswerten Stück Fleisch etwas Gutes zubereiten. Wenn möglich sollten Sie Ihr Fleisch selbst hacken. Dazu eignet sich am besten der altbewährte Fleischwolf, denn in der Küchenmaschine wird das Fleisch eher zerstampft als zerschnitten und dadurch schwer. Damit es beim Untermengen der übrigen Zutaten schön locker bleibt, sollten Sie möglichst mit einem Kochlöffel arbeiten. Wenn Sie wollen, können Sie auch noch etwas Weißbrot untermischen, das Sie zuvor in Milch oder Wasser eingeweicht und ausgedrückt haben.

Der Fleischteig für Beefsteaks oder Fleischbällchen sollte stets mit Salz, Pfeffer, Kräutern oder anderen Gewürzen abgeschmeckt werden. Dann brät man zur Probe ein kleines Bällchen und würzt den Teig gegebenenfalls noch einmal nach. Wie es letztendlich schmeckt, hängt allerdings davon ab, wie Sie Ihr Rind-, Lamm- oder Kalbfleisch garen. Beefsteaks und Frikadellen sollte man stets bei großer Hitze braten, damit sie knusprig und braun werden. Fleischsaucen, etwa eine Sauce Bolognese, müssen langsam gegart werden, dann sind sie schön glatt und schmackhaft.

Und vergessen wir die Würste nicht. Denn überwiegend wird Hackfleisch, insbesondere vom Schwein, wohl in Form von Würsten verzehrt. Die amerikanische *country sausage* aus Schweine- und Lammfleisch mit Kräutern, der spanische *chorizo*, eine geräucherte Schweinswurst mit rotem Paprika, die deutsche Weißwurst aus Kalbfleisch und Petersilie, die kanadische Wurst aus Rehfleisch und der britische *banger* aus Schweinefleisch und Salbei sind nur einige Beispiele. Wie beim Beefsteak sind auch für eine gute Wurst hervorragendes Fleisch, die richtige Zubereitung und großzügiges Würzen unerläßlich.

GÄNGIGE FLEISCHSTÜCKE für Hackfleisch
*Rind:* Brust, Nacken, Schulter, Flanke
*Kalb:* Brust, Flanke, Schulter
*Schwein:* Haxe, Schulter, Lendenstück
*Lamm:* Brust, Keule, Schulter

RICHTIG KURZGEBRATEN *(bei Rind, Lamm, Wild und Kalb; siehe dazu auch Seite 9 – Kolibakterien)* – nach dem Braten oder Grillen ist das Fleisch außen knusprig und braun, und an der Oberfläche setzt sich rosa Saft ab; nach dem Kochen ist es außen braun und saftig; Frikadellen fühlen sich in der Mitte schwammig und an den Rändern fest an (Daumentest, Mittelfinger, siehe Seite 78); innen ist das Fleisch saftig, aromatisch und, je nach Fleischsorte, dunkelrot bis blaßrosa.

RICHTIG DURCHGEGART *(bei Rind, Lamm, Wild, Schwein und Kalb)* – nach dem Braten oder Grillen ist das Fleisch außen knusprig, sehr braun, und an der Oberfläche setzt sich ein klarer Saft ab; nach dem Kochen ist es außen gut braun und saftig; Frikadellen fühlen sich in der Mitte und am Rand fest an (Daumentest, kleiner Finger, siehe Seite 78); innen ist das Fleisch saftig und aromatisch, aber nicht mehr rosa. Zu beachten: Durchgebratenes Rind- und Wildfleisch kann sehr trocken sein. Schweinefleisch sollte hingegen stets durchgegart werden, um Parasiten, die eine Trichinose verursachen können, abzutöten und so das Risiko einer Infizierung zu vermindern

**MEIN TIP**

Servieren Sie zerkochtes oder fades Hackfleisch mit dieser schnellen Tomatensauce: 500 g Eiertomaten halbieren und entkernen. Das Fruchtfleisch hacken, mit 2 – 3 EL Rotweinessig, 2 gehackten Knoblauchzehen und reichlich gehackter Minze vermischen und mit Salz und Pfeffer abschmecken. Ergibt 4 Portionen.

# *Skandinavische Frikadeller mit Champignonsauce*

4 BIS 6 PORTIONEN

*Frikadeller* werden meist mit gekochten Kartoffeln und süß-sauer eingelegter Roter Bete serviert. Sie können Sie aber auch als Suppeneinlage in einer Brühe kochen.

*375 g Kalbfleisch, gehackt*
*375 g Schweinefleisch, gehackt*
*2 Scheiben Weißbrot*
*1/4 l Milch*
*1 kleine Zwiebel, gerieben*
*2 Eigelb*
*1 Msp. geriebene Muskatnuß*
*1 Msp. Piment*
*Salz und Pfeffer*
*1 Liter Kalbs- oder Hühnerbrühe*
*1/8 l Weißwein*
*1/8 l Weißwein- oder Cidreessig*

*FÜR DIE SAUCE:*
*75 g Butter*
*3 EL Mehl*
*375 g Champignons, in dünne Scheiben geschnitten*
*2 Schalotten, fein gehackt*
*1 Knoblauchzehe, fein gehackt*
*2 EL gehackte Petersilie*

Das Brot in Stücke brechen und in der Milch einweichen. Das Fleisch in einer Schüssel mit der Zwiebel, den Eigelben und den Gewürzen vermengen und mit Salz und Pfeffer abschmecken. Das Weißbrot ausdrücken, zerbröckeln und ebenfalls untermischen. Ist die Masse zu trocken, etwas Milch dazugeben.

In einem kleinen Topf Wasser zum Kochen bringen, 2 Teelöffel von dem Fleischteig abstechen und darin pochieren. Abschmecken, den restlichen Teig gegebenenfalls nachwürzen (er sollte gut gewürzt sein) und anschließend walnußgroße Bällchen daraus formen.

Die Brühe mit dem Weißwein und dem Essig aufkochen lassen und die Hälfte der Fleischbällchen 8 bis 10 Minuten darin garen. Mit einem Schaumlöffel herausheben, in eine Auflaufform geben, mit Alufolie abdecken und im warmen Backofen warm halten. Mit den restlichen Fleischbällchen ebenso verfahren. Die Brühe dann auf die Hälfte einkochen lassen und zur Seite stellen.

Für die Sauce die Hälfte der Butter und das Mehl mit einer Gabel zu einer Paste verarbeiten und beiseite stellen. Die restliche Butter in einer Pfanne zerlaufen lassen und die Pilze unter gelegentlichem Rühren 2 bis 3 Minuten darin weich dünsten. Die Schalotten und den Knoblauch dazugeben, mit Salz und Pfeffer würzen und das Ganze nochmals 1 bis 2 Minuten anbraten, bis die Pilze Farbe angenommen haben und die Schalotten weich sind. Die eingekochte Brühe angießen und alles 5 Minuten köcheln lassen. Die mit Mehl verknetete Butter nach und nach einrühren, bis die Sauce angedickt ist. Sie sollte danach etwas an einem Löffelrücken haften bleiben. Ist die Sauce zu dünn, noch etwas einkochen lassen.
Zum Schluß die gehackte Petersilie untermischen und abschmecken. Die Fleischbällchen in die heiße Sauce geben und 3 bis 5 Minuten vorsichtig erwärmen. Die Sauce noch einmal abschmecken und sofort servieren.

## PROBLEMFÄLLE

NICHT GAR
*Grund:* Frikadellen oder Fleischbällchen sind zu groß; Garzeit zu kurz; Temperatur zu niedrig
→ weitergaren und gegebenenfalls die Temperatur erhöhen.

ZERKOCHT UND TROCKEN
*Grund:* Frikadellen oder Fleischbällchen sind zu klein; zu lange gegart; Temperatur zu hoch
→ Rindfleisch mit einer pikanten Barbecuesauce oder Salsa (siehe Seite 126–127) und klassischen Beilagen wie gebratenem Mais und Bratkartoffeln servieren; ein würziges indisches Linsengericht (Dal) oder ein Zaziki mit Gurke und Joghurt und warmes Pittabrot eignen sich besonders zu Lamm.

ZÄH
*Grund:* das Fleisch enthielt Sehnen und Fett; ungeeignetes Garverfahren; das Tier (besonders Wild) war alt; das Fleisch wurde unsachgemäß gelagert oder eingefroren
→ siehe Zerkocht und trocken.

FETT
*Grund:* das Fleisch enthielt zuviel Fett; ungeeignetes Garverfahren
→ mit Senf, Mixed Pickles oder mit in Zitronensaft angemachten Selleriestreifen servieren; Reis und Nudeln saugen überschüssiges Fett auf.

SCHWER
*Grund:* das Fleisch war fett; wurde in der Küchenmaschine gehackt; bei der Zubereitung zu sehr durchgearbeitet
→ mit einem Relish aus Maiskörnern und Sellerie, gebratenen jungen Zwiebeln in Obstessig, einem pikanten Beerenchutney oder süßen Pickles servieren.

ZU WENIG GESCHMACK
*Grund:* wenig geschmacksintensives Fleisch; nicht frisch gehackt; nicht ausreichend gewürzt; zu lange gegart
→ die Kochflüssigkeit oder Sauce scharf würzen; Serviervorschläge siehe Zerkocht und trocken.

ZERFÄLLT
*Grund:* der Teig war zu trocken; zu schnell gegart; das Fleisch ist am Pfannenboden haften geblieben; zu lange gegart
→ das Fleisch möglichst gut zerkleinern und in einer Sauce zu Nudeln oder Reis servieren.

# Terrinen

TERRINEN SIND KEINESFALLS NUR EINE SACHE DER GEHOBENEN FRANZÖSISCHEN KÜCHE, denn dazu zählen auch der einfache Hackbraten und Fleischpudding. All dies sind herrliche Möglichkeiten, um aus Hackfleisch etwas Besonderes zu machen. Schweinefleisch, insbesondere Leber, sorgt für Saftigkeit, Rindfleisch und Wild für den Geschmack, und Kalb oder Huhn verleihen dem Ganzen eine feine Note, können allerdings auch trocken sein. Nur Lammfleisch muß hier außen vor bleiben, denn es würde der Terrine einen unangenehm strengen Geschmack geben.

Sie können nicht viel falsch machen, wenn Sie sich beim Würzen von Fleischterrinen an der Wurst orientieren und aromatische Kräuter wie Thymian, Salbei und Lorbeer, ja sogar eine Spur Chili, verwenden. Und wenn Ihre Terrine noch etwas Farbe bekommen soll, bieten sich zum Beispiel blanchierte Pistazien, gekochte dunkle Wildpilze, gehackte Trockenfrüchte und Schinken- oder Zungenwürfel an. Geeignet sind aber auch Fleischstreifen, etwa Leber, Kalbs- oder Hähnchenbrust, und Schweinegrieben, durch die die aufgeschnittenen Scheiben ein ansprechendes Muster bekommen. Rohe Fleischstreifen sollten vorher kurz angebraten werden, damit das Fleisch während des Garens nicht zusammenschrumpft und die Terrine dadurch zerfällt.

Für eine gute Terrine müssen Sie zum Würzen pro Kilogramm Fleisch 1 Eßlöffel Salz und 3/4 Teelöffel gemahlenen schwarzen Pfeffer rechnen. Küchenprofis verwenden außerdem noch gemahlenes Piment und manchmal auch Nelken, Koriander oder Muskat und – zur Verfeinerung und Haltbarmachung – vielleicht auch noch einige Löffel Cognac. Um festzustellen, ob der Fleischteig ausreichend gewürzt ist, braten Sie probeweise ein kleines Teigbällchen und kosten es. Es sollte kräftig gewürzt sein, denn der Geschmack wird nach dem Garen milder.

Bei einer Terrine oder einem Hackbraten kommt es nicht nur auf einen guten Fleischteig, sondern ebenso auf richtiges Garen an. Damit sich die Hitze gleichmäßig verteilt, verwenden Sie am besten eine schwere Form und streichen sie mit Öl ein oder legen sie mit Speck aus, damit die Terrine saftig wird. Edlere Terrinen werden mit einer Paste aus Mehl und Wasser versiegelt und anschließend im Backofen in einem Wasserbad (das Wasser muß zuerst auf dem Herd zum Kochen gebracht werden, damit die Garzeit genau eingehalten werden kann) gegart. Damit sich die Terrine leichter aufschneiden läßt, beschwert man sie während des Abkühlens. Dafür eignet sich gut ein Ziegelstein. Rustikalere Fleischpuddings und Hackbraten können offen gebacken werden. So bekommen sie eine knusprige, braune Kruste. Sie müssen anschließend auch nicht beschwert werden.

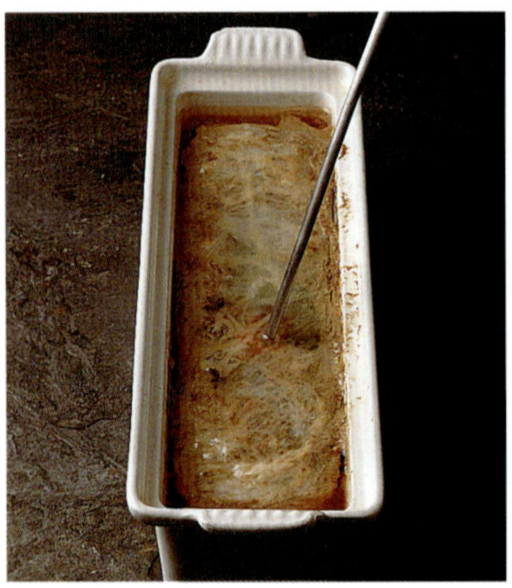

NICHT GAR – die Masse fühlt sich in der Mitte weich an; sticht man in der Mitte mit einem Spieß hinein und zieht ihn nach 30 Sekunden wieder heraus, fühlt er sich kühl oder warm an; führt man das Bratenthermometer in der Mitte ein, zeigt es weniger als 75 °C an; es setzt sich ein rosa Saft ab; beim Aufschneiden ist die Masse feucht und schwammig.
*Grund:* Temperatur zu niedrig; Garzeit zu kurz
→ weitergaren und das Wasserbad vorher gegebenenfalls zum Kochen bringen.

**RICHTIG** – die Masse löst sich von den Wänden der Form und fühlt sich fest an; sticht man in der Mitte mit einem Spieß hinein und zieht ihn nach 30 Sekunden wieder heraus, fühlt er sich heiß an; führt man das Bratenthermometer in der Mitte ein, zeigt es 75 °C an; es setzt sich ein klarer Saft ab; beim Aufschneiden ist die Terrine fest, saftig und aromatisch. Zu beachten: Nachdem man sie aus dem Ofen genommen hat, gart die Terrine noch 5–10 Minuten durch die eigene Resthitze weiter.

TROCKEN UND ZERKOCHT – die Masse ist zusammengeschrumpft, an den Seiten haben sich Fett und Saft abgesetzt; sticht man in der Mitte mit einem Spieß hinein und zieht ihn nach 30 Sekunden wieder heraus, fühlt er sich sehr heiß an; das Bratenthermometer zeigt mehr als 75 °C an; beim Aufschneiden ist die Terrine trocken und zerfällt.
*Grund:* Form zu dünn; zu lange oder zu schnell gegart, dadurch außen schneller gar als innen; durch zu hohes Gewicht ist der Saft ausgetreten
→ mit einer Kräutermayonnaise servieren.

## WEITERE PROBLEME

GUMMIARTIG
*Grund:* Fleisch war zäh; unsachgemäß gelagert oder eingefroren; wurde im Mixer püriert; zu grob gehackt; Terrine zu lange, zu kurz oder zu schnell gegart
→ mit Landbrot und knackigen Beilagen wie eingelegten Zwiebeln, Mixed Pickles, Walnüssen oder gerösteten Haselnüssen servieren.

ZU WENIG GESCHMACK
*Grund:* nicht ausreichend gewürzt; wenig geschmacksintensives Fleisch; Fleisch von minderer Qualität; die Masse enthielt nicht genug Fett
→ mit sauren Gurken oder schwarzen und grünen Oliven servieren.

MATTE FARBE
*Grund:* blasses Fleisch; zu lange gegart
→ mit Radieschen, Tomatenröschen und Brunnenkresse oder Alfalfasprossen garnieren.

KRÜMELIG
*Grund:* Masse zu grob; nicht ausreichend gebunden; Teig in der Form angehangen; zu lange gegart; beim Abkühlen nicht richtig beschwert
→ mit einem gezackten Messer wie mit einer Säge aufschneiden; Garniervorschläge siehe Trocken und zerkocht.

# Bauernterrine mit Haselnüssen

6 BIS 8 PORTIONEN

Bereiten Sie diese klassische französische Terrine bereits 1 Woche, mindestens aber 3 Tage im voraus zu, damit sich der Geschmack entfalten kann.

*250 g mageres Schweinefleisch, gehackt*
*250 g fettes Schweinefleisch, gehackt*
*250 g Kalbfleisch, gehackt*
*250 g Hühnerleber, gehackt*
*250 g fetter Speck*
*1 1/2 EL Butter*
*1 Zwiebel, gehackt*
*2 Knoblauchzehen, fein gehackt*
*3/4 TL gemahlenes Piment*
*1 Msp. gemahlene Nelken*
*1 Msp. geriebene Muskatnuß*
*1 TL Salz (ggf. etwas mehr)*
*3/4 TL Pfeffer*
*2 Eier, verquirlt*
*2 EL Brandy*
*45 g Haselnüsse, geröstet und geschält*
*1 Lorbeerblatt*
*1 Zweig Thymian*

eine Pastetenform mit 1,5 l Fassungsvermögen

Den Boden und die Wände der Form mit Speck auslegen, etwas Speck zum Belegen zurückbehalten. Den Backofen auf 175 °C (Gas Stufe 2) vorheizen. Für das Wasserbad einen Bräter zur Hälfte mit Wasser füllen.

1 Eßlöffel Butter in einer Pfanne zerlaufen lassen und die Zwiebel darin weich dünsten, ohne daß sie Farbe annimmt. Die Zwiebel dann mit dem Fleisch, der Leber, dem Knoblauch, den Gewürzen, den Eiern und dem Brandy in eine Schüssel geben und das Ganze sorgfältig mit einem Kochlöffel verschlagen. Zum Schluß die Haselnüsse untermischen. 1/2 Eßlöffel Butter in einer Pfanne erhitzen und einen Löffel der Masse darin braten. Abschmecken und die Masse gegebenenfalls nachwürzen (sie sollte kräftig gewürzt sein). Die Masse weitere 2 bis 3 Minuten schlagen, bis sie zusammenhält und sich von den Rändern der Schüssel löst.

Die Masse dann in die Form füllen, oben glattstreichen und mit dem restlichen Speck belegen. Zum Schluß das Lorbeerblatt und den Thymian darauf setzen. Die Form mit einem Deckel verschließen, ins Wasserbad stellen und das Wasser auf dem Herd aufkochen lassen. Den Bräter in den vorgeheizten Ofen schieben und die Terrine 1 1/4 bis 1 1/2 Stunden garen. Wenn das Wasser während des Garens zu stark verdunstet, noch etwas nachfüllen.

Die fertige Terrine aus dem Wasserbad nehmen und abkühlen lassen, bis sie lauwarm ist. Den Deckel dann abnehmen, die Terrine mit einem 1 kg schweren Gewicht beschweren und in den Kühlschrank stellen.

Das Lorbeerblatt und den Thymian entfernen. Vor dem Auftragen in 1 cm dicke Scheiben aufschneiden oder in der Form servieren.

Fleischterrine (hier Bauernterrine) *von links nach rechts*
NICHT GAR – in der Mitte noch rosa, feucht und schwammig.
**RICHTIG** – fest, saftig und aromatisch.
TROCKEN UND ZERKOCHT – trocken, außen krümelig, innen nicht mehr locker.

**MEIN TIP**

Ist Ihre Terrine trocken oder wurde zu lange gegart, richten Sie einzelne Scheiben mit rohem Gemüse an, etwa Rettich und Möhren oder Sellerie und Zucchini, die Sie vorher in Stifte schneiden. Soll die Terrine auf einer Platte serviert werden, legen Sie die Scheiben schuppenförmig übereinander, um eventuelle Beschädigungen zu kaschieren, und garnieren sie mit rohem Gemüse, das Sie in Häufchen oder als Sträußchen rundherum anordnen. Dazu reichen Sie Oliven, eingelegte Paprikaschoten, Artischockenherzen oder Okra und, wenn Sie mögen, auch etwas Senf.

# EIER

BEIM GAREN VON EIERN SOLLTEN SIE STETS DARAN DENKEN, daß sie bereits bei relativ niedrigen Temperaturen – Eiweiß bei 63 °C, Eigelb bei 66 °C – gerinnen und deshalb am besten nur bei mittlerer Hitze gegart werden. Wenn Sie sich die verschiedenen Garverfahren einmal ansehen, werden Sie feststellen, daß die Eier nie direkt der Hitze ausgesetzt sind, denn sie sind entweder durch die eigene Schale, eine Form oder Pfanne oder beim Kochen durch das Wasser oder ein Wasserbad geschützt. Lediglich das Omelett, das bei starker Hitze gegart wird, bildet eine Ausnahme, aber auch hier muß mit einer schweren Pfanne gearbeitet werden.

Aus Eiern lassen sich die unterschiedlichsten Gerichte herstellen, denen sie zudem noch eine ansprechende Farbe verleihen. Ihr feiner Geschmack harmoniert hervorragend mit herzhafteren Zutaten wie Speck, Spinat, Trüffeln oder Käse. Würzen sollte man möglichst sparsam, denn nur zu leicht wird der zarte Geschmack eines frischen Eis mit einer Chili- oder Sojasauce oder auch zuviel Salz und Pfeffer überdeckt. Nahezu unschlagbar sind einfache Gerichte wie Rührei mit frischen Kräutern oder Spiegelei mit Salz, Pfeffer und einem Klecks Sahne.

Es wird allgemein davor gewarnt, zu viele Eier zu essen. Andererseits läßt sich oft nur schwer abschätzen, wie viele Eier man für eine sättigende Mahlzeit benötigt. Denn während bereits ein einziges weichgekochtes Ei durchaus satt machen kann, mag ein aus zwei Eiern zubereitetes Omelett oder eine Portion Rührei ausgesprochen unbefriedigend sein. Ein bescheidenes pochiertes Ei oder ein Spiegelei können – vorausgesetzt, sie sind reichlich garniert – sogar als Hauptgericht ausreichen.

Denken Sie stets daran, daß Eier nach dem Garen rasch zusammenfallen. Ein klassisches Beispiel dafür ist das Soufflé, auf das wir zwar oft lange warten müssen, das aber nicht auf uns wartet. Omeletts, Rührei und Spiegeleier, ja selbst weichgekochte Eier, schmecken sehr viel besser, wenn sie sofort serviert werden und man ihren einfachen, frischen Geschmack noch richtig genießen kann.

*Da viele der in diesem Kapitel vorgestellten Rezepte rohe oder nur kurz gegarte Eier enthalten, lesen Sie bitte meine Anmerkungen zum Thema Salmonellen auf Seite 9.*

*Hartgekochte Eier mit Knoblauch und Kräutern,*
*Rezept Seite 95*

# Gekochte Eier

Selbstverständlich sind gekochte Eier uns allen von Kindesbeinen an vertraut. Damals aßen wir sie besonders gerne mit Buttertoast, der in Streifen geschnitten wurde, mit denen wir dann das Eigelb dippten. Aber auch für Erwachsene gibt es eine ganze Reihe von Eiergerichten, zu denen etwa Klassiker wie gefüllte Eier und die französischen *œufs mayonnaise* zählen.

Man könnte zwar meinen, das Eierkochen sei ein Kinderspiel, doch selbst diese einfache Sache hat ihre Tücken. Sehr frische und sehr große Eier brauchen 1 bis 2 Minuten länger. Die Schale zerplatzt beim Kochen nur zu leicht, vor allem, wenn es sich um Eier von Hennen aus Legebatterien handelt. Geben Sie die Eier deshalb immer in kaltes Wasser, damit sie sich langsam erwärmen. Die Zeit messen Sie dann ab dem Moment, in dem das Wasser zu kochen beginnt. Ein weichgekochtes Ei benötigt 3 bis 4, ein halbfest gekochtes (bei ihm ist, ähnlich wie bei pochierten Eiern, das Eiweiß fest und das Eigelb weich) 5 bis 7 Minuten und ein hartgekochtes 10 bis 12 Minuten.

Der Begriff »gekocht« ist strenggenommen nicht richtig, denn die Eier sollten nur leise geköchelt werden, und zwar zum einen, um die Schale zu schützen, und zum anderen, damit das Eiweiß nicht hart wird. Geben Sie 1 Löffel Essig oder Salz ins Kochwasser – dann läuft das Eiweiß aus einem geplatzten Ei nicht aus. Mit zunehmendem Alter bildet sich auf der stumpfen Seite des Eis eine Luftkammer. Die dort eingeschlossene Luft dehnt sich beim Erhitzen aus, und das ist häufig der Grund, weshalb die Schale platzt. Oft werden Eier auf der stumpfen Seite angestochen, damit die Luft entweichen kann. Zu beachten: Hartgekochte Eier – ob geschält oder ungeschält – sollte man nicht im Kühlschrank aufbewahren, da das Eiweiß durch die Kälte hart wird.

**MEIN TIP**

Halbfeste oder hartgekochte Eier, die zu lange gekocht wurden, aufgeplatzte Eier oder Eier, die schwer zu schälen sind, können Sie zu einer Eiermayonnaise verarbeiten. Die Eier dazu grob hacken und mit Mayonnaise vermengen. Für 6 Eier rechnet man 125 g Mayonnaise. 4 EL gehackte Kräuter und 2 feingehackte Frühlingszwiebeln untermischen und abschmecken. Auf Toast mit knackigen Salatblättern servieren.

**RICHTIG WEICHGEKOCHT** – das Eigelb ist weich und relativ flüssig, das Eiweiß mehr oder weniger fest.

**RICHTIG HALBFEST** *(oben)* – das Eigelb ist weich, aber nicht flüssig, es hat eine leuchtendgelbe Farbe, das Eiweiß ist fest; die Schale kann vorsichtig entfernt werden. Wird häufig wie pochierte Eier in einer Sauce oder in Aspik serviert.

**RICHTIG HARTGEKOCHT** *(Mitte)* – Eigelb und Eiweiß sind fest; das Eigelb hat eine etwas blasse Farbe; die Schale läßt sich leicht entfernen. Wird aufgeschnitten, zum Füllen verwendet und heiß mit Sauce oder kalt mit Mayonnaise serviert.

ZERKOCHT *(unten)* – das Eigelb hat eine sehr blasse Farbe und einen grau-grünen Rand; das Eiweiß ist hart; das Ei riecht und schmeckt leicht schwefelig.
*Grund:* zu lange gekocht; die Eier waren sehr klein
→ halbfeste und hartgekochte Eier in kaltes Wasser geben, um den Kochvorgang zu stoppen; sind die Eier sehr zerkocht, die Eiweiße hacken (so erscheinen sie weniger hart), und die Eigelbe durch ein Sieb streichen und eine luftige Creme daraus zubereiten.

**WEITERE PROBLEME**

NICHT GAR
*Grund:* Kochzeit zu kurz; die Eier waren sehr groß oder sehr frisch
→ ist das erste Ei, das man schält, nicht gar, den Rest weiterkochen.

SCHWEFELIGER GESCHMACK
*Grund:* zu lange gekocht; die Eier waren sehr alt
→ mit sehr pikanten Beilagen, etwa Anchovis oder Oliven, servieren.

SCHALE PLATZT WÄHREND DES KOCHENS
*Grund:* die Eier wurden direkt aus dem Kühlschrank ins heiße Wasser gegeben; die Schalen waren dünn oder bereits angeschlagen
→ die Eier nach dem Schälen zerkleinern und weiche Teile entfernen.

SCHWER ZU SCHÄLEN
*Grund:* die Eier waren sehr frisch, und die Schalenhaut haftet am Eiweiß
→ die Eier unter fließendem kaltem Wasser schälen.

# Pochierte Eier

DIE ZUBEREITUNG VON POCHIERTEN EIERN IST ZWAR NICHT GANZ EINFACH, aber dafür sind sie sehr vielseitig. Sie eignen sich als Suppeneinlage, für einen Salat (siehe Rezept Seite 95), oder man kann sie zum Frühstück auf Toast servieren. In Griechenland reicht man eine Joghurtsauce dazu, und zu den Klassikern der burgundischen Küche gehören die *œufs pochés en meurette*, das sind pochierte Eier mit Schinkenwürfeln und Champignons und einer leichten Rotweinsauce.

Beim Pochieren hängt das Gelingen fast ausschließlich von der Frische der Eier ab. Am besten nehmen Sie ganz frische Eier, dann ist die Gefahr geringer, daß sich das Eiweiß vom Eigelb löst, sobald Sie das Ei ins kochende Wasser gleiten lassen. Das können Sie aber auch verhindern, wenn Sie dem Wasser Essig oder Salz zugeben (pro Liter 3 Eßlöffel Essig oder 1 Eßlöffel Salz). Lassen Sie die Eier (maximal vier) einzeln ins sprudelnd kochende Wasser gleiten, so daß sich das Eiweiß rasch um das Eigelb legt. Dann verringern Sie die Wärmezufuhr, bis das Wasser nur noch leicht sprudelt. So garen die Eier langsam, ohne zu zerfallen.

Sie können die Eier selbstverständlich auch in einer Spezialform pochieren, doch das Ergebnis ist dann nicht dasselbe, weil sie dabei ihre natürliche Form verlieren und, da sie nicht unmittelbar mit dem Wasser in Berührung kommen, eher gebacken als pochiert werden.

**RICHTIG** – das Eigelb fühlt sich noch weich an, wenn man mit der Fingerspitze darauf drückt; das Eiweiß ist schon etwas fest und umschließt das Eigelb; das Eigelb ist mit einer undurchsichtigen Haut überzogen.

EIWEISS ZERLAUFEN – es umschließt das Eigelb nicht mehr.
*Grund:* das Ei war nicht frisch; wurde zu schnell ins kochende Wasser gegeben
→ die Fäden abschneiden und das Eigelb, wenn möglich, mit dem Eiweiß umhüllen. Warm mit einer hellen Sauce, einer Samtsauce oder einer Sauce hollandaise (siehe Seite 108–109, 112 und 118) oder kalt mit einer Mayonnaise oder Salsa (siehe Seite 122 und 127) servieren.

**MEIN TIP**

Pochierte Eier, die zu lange gekocht wurden oder bei denen das Eiweiß zerlaufen ist, in Salatblätter einschlagen. Dazu pro Ei 1 großes Salatblatt 20–30 Sekunden in kochendem Wasser blanchieren und anschließend unter fließendem, kaltem Wasser abschrecken. Die Eier damit umwickeln und gegebenenfalls mit einer Sauce servieren.

## WEITERE PROBLEME

ZU WEICH – das Eiweiß ist sehr weich und noch teilweise durchsichtig; die Haut um das Eigelb ist noch nicht undurchsichtig.
*Grund:* das Ei war sehr frisch; Kochzeit zu kurz
→ das Ei wieder ins Wasser geben und weiterkochen.

EIWEISS HART, EIGELB FEST
*Grund:* zu lange gegart (das pochierte Ei wurde beispielsweise noch einmal in einer Sauce erwärmt)
→ mit reichlich Sauce servieren (harte pochierte Eier schmecken immer noch gut).

## Salat mit knusprigen Speckwürfeln

2 PORTIONEN (4 Portionen als Vorspeise)

Dieser Salat, der mit heißen, knusprigen Speckwürfeln und einem pochierten Ei serviert wird, ist besonders in den Bistros von Lyon beliebt.

*750 g Endiviensalat*
*4 Eier*
*2 EL Essig*

FÜR DAS DRESSING:
*1 EL Öl*
*175 g magerer Frühstücksspeck, in Würfel geschnitten*
*2 Knoblauchzehen, in feine Scheibchen geschnitten*
*5 EL Rotweinessig*
*frisch gemahlener schwarzer Pfeffer*

Die äußeren harten Blätter der Salatköpfe wegwerfen und die harten Blattrippen entfernen. Die Blätter waschen, gut trocknen und in eine Salatschüssel geben.

Einen großen, flachen Topf zu zwei Dritteln mit Wasser füllen, den Essig hineingeben und zum Kochen bringen. Die Eier nacheinander aufschlagen und ins sprudelnd kochende Wasser gleiten lassen. Die Wärmezufuhr dann verringern, so daß das Wasser nur noch leicht sprudelt, und die Eier 3 bis 4 Minuten darin ziehen lassen (die Eigelbe müssen weich bleiben, damit sie später über dem Salat zerlaufen). Die Eier anschließend mit einem Schaumlöffel herausholen und warm halten.

Das Öl in einer Pfanne erhitzen und den Schinken unter Rühren darin anbräunen. Sobald er eine schöne Farbe angenommen und sein Fett abgegeben hat, die Wärmezufuhr verringern und den Knoblauch dazugeben. Etwa 30 Sekunden braten, bis er weich ist und sein Aroma entfaltet. Der Knoblauch darf aber keine Farbe annehmen. Das Fett bis auf 3 oder 4 Eßlöffel abschöpfen, den Pfanneninhalt über dem Salat verteilen und alles gut durchmischen.

Die Pfanne auf den Herd zurückstellen, den Essig hineingeben und aufkochen lassen. Auf die Hälfte einkochen lassen und dabei gut umrühren, damit sich der Bratensaft vom Boden löst. Über den Salat gießen und nochmals durchmischen. Mit Pfeffer abschmecken und auf Teller oder Salatschüsselchen verteilen.

Die Eier auf Küchenpapier abtropfen lassen, auf die Salatportionen verteilen und sofort servieren.

*Salat mit knusprigen Speckwürfeln*

## Hartgekochte Eier mit Knoblauch und Kräutern

6 PORTIONEN

*Foto Seite 90/91*

Zu diesem einfachen sardischen Gericht paßt am besten ein Tomatensalat mit frischem Basilikum.

*6 Eier*
*Salz*
*4 EL Olivenöl*
*4 TL Rotweinessig*
*1 Knoblauchzehe, fein gehackt*
*3 EL Paniermehl*
*2 TL feingehackte Petersilie*

Die Eier in einen mittelgroßen Topf geben und gut mit kaltem Wasser bedecken. 2 Teelöffel Salz hinzufügen, damit das Eiweiß nicht ausläuft, falls die Eier aufplatzen. Zum Kochen bringen und 10 bis 12 Minuten kochen. Die Eier dann mit kaltem Wasser abschrecken. Unter fließendem, kaltem Wasser schälen, abtrocknen und der Länge nach halbieren.

Das Öl mit dem Essig und 1 Prise Salz in einer Pfanne erhitzen. Die Eierhälften mit der Schnittfläche nach unten hineingeben und bei schwacher Hitze 3 bis 5 Minuten braten, bis der Essig verdunstet ist. Die Eier dabei ein- oder zweimal wenden. Mit einem Schaumlöffel herausholen, mit der Schnittfläche nach oben auf einer vorgewärmten Platte anrichten und warm stellen.

Den Knoblauch in die Pfanne geben und bei schwacher Hitze etwa 1 Minute anbraten. Das Paniermehl hinzufügen und 1 bis 2 Minuten goldbraun rösten. Die Mischung auf den Eiern verteilen, mit der Petersilie bestreuen und warm servieren.

# Spiegeleier

BEIM BRATEN VON EIERN KOMMT DER GESCHMACK DES FETTS, sei es nun Butter, Olivenöl oder Speck, besonders zur Geltung. Pro Ei sollten Sie 1 Eßlöffel Fett rechnen, so können Sie es während des Bratens damit begießen, und es wird durch das heiße Fett auch oben gegart. Und verwenden Sie eine schwere Pfanne, damit Ihre Eier nicht anbrennen. In der Regel brät man Spiegeleier nur auf einer Seite, man kann sie aber auch wenden und die andere Seite ebenfalls anbräunen. Um Fett einzusparen, können Sie sie mit wenig Fett in einer beschichteten Pfanne braten, das Ergebnis kommt dann allerdings eher einem gebackenen als einem gebratenen Ei gleich.

Zu einem Spiegelei gehört eigentlich unbedingt eine Fleischbeilage, etwa eine Scheibe Speck oder vielleicht eine saftige Wurst. Sehr gut schmeckt es auch, wenn man ein Beefsteak, ein Steak oder ein Kalbsschnitzel damit belegt. Krönt man einen *croque monsieur*, das ist ein Schinken-Käse-Sandwich, mit einem Spiegelei, wird daraus ein *croque madame*. Ich esse Spiegeleier am liebsten mit einem herzhaften Gemüse wie Spinat oder Endivie, die kurz mit Knoblauch angebraten wird. Andere bevorzugen hingegen die pikanten mexikanischen *huevos rancheros* (siehe rechts), die inzwischen zu einem Klassiker geworden sind.

**RICHTIG** – das Eigelb ist weich, und das Häutchen ist nur noch leicht durchsichtig; das Eiweiß ist fest, unten leicht angebräunt und umschließt das Eigelb wie ein Ring.

### PROBLEMFÄLLE

GLITSCHIG, EIWEISS NICHT FEST
*Grund:* Garzeit zu kurz; zu langsam gebraten; zuviel Fett; zu viele Eier in der Pfanne
→ gegebenenfalls etwas Fett abschöpfen; die Temperatur erhöhen und das Ei kräftig braten, damit das Eiweiß fest und leicht braun wird.

EIGELB ZU FEST, EIWEISS AM RAND ANGEBRANNT
*Grund:* Pfannenboden zu dünn, so daß sich die Hitze ungleichmäßig verteilt; Fett war zu heiß, als das Ei hineingegeben wurde; zu lange gebraten
→ siehe Mein Tip.

EIWEISS LÖST SICH VOM EIGELB, ZERLÄUFT IN DER PFANNE
*Grund:* das Ei wurde nicht vorsichtig genug aufgeschlagen; war zu alt
→ Eier zuerst über einer Tasse aufschlagen und dann in die Pfanne gleiten lassen.

### MEIN TIP

Spiegeleier, die zu lange gebraten wurden oder keine schöne Form haben, gleichmäßig zurechtschneiden und angebrannte Ränder entfernen.

## *Huevos rancheros*

4 PORTIONEN

Die Samen und die weißen Rippen sind die schärfsten Teile der Chilischoten, deshalb entferne ich sie meist, damit diese Tomaten-Chili-Sauce nicht zu scharf wird. Wenn Ihrem Gaumen das allerdings nichts ausmacht, können Sie sie auch mit verwenden.

*4 Tortillas (16 cm Durchmesser)*
*5 EL Pflanzenöl*
*4 Eier*
*2 EL geriebener Parmesan*
*1 EL gehacktes Koriandergrün*

*FÜR DIE SAUCE:*
*1/2 kleine Zwiebel, in Stücke geschnitten*
*3–4 kleine grüne Chilischoten, entkernt und in Stücke geschnitten*
*2 Knoblauchzehen, in Stücke geschnitten*
*750 g Tomaten, enthäutet, entkernt und in Stücke geschnitten*
*1 EL Pflanzenöl*
*Salz*

Für die Sauce die Zwiebel, die Chilischoten und den Knoblauch in der Küchenmaschine fein hacken. Die Tomaten dazugeben und alles zu einem groben Püree verarbeiten. Das Öl in einer mittelgroßen Pfanne erhitzen und das Tomatenpüree unter laufendem Rühren 8 bis 10 Minuten darin köcheln lassen, bis es etwas eindickt. Die Pfanne vom Herd nehmen, das Püree mit Salz abschmecken und warm stellen.

Eine große Pfanne mit schwerem Boden so lange erhitzen, bis sie heiß ist. Die Tortillas ohne Fett auf jeder Seite 2 bis 3 Sekunden rösten, bis sie heiß und leicht angebräunt sind. Anschließend auf vier vorgewärmte Teller verteilen.

Den Herd auf mittlere Temperatur herunterschalten, das Öl in die Pfanne geben und so lange erhitzen, bis es zischt, wenn man einen Tropfen Wasser hineingibt. 1 Ei über einer Tasse aufschlagen und dann in die Pfanne gleiten lassen. Mit den restlichen Eiern ebenso verfahren. Die Eier bei mittlerer Hitze 2 bis 3 Minuten braten und dabei laufend mit dem Fett begießen. Danach mit einem Schaumlöffel herausheben und auf die Tortillas setzen.

Die Sauce gegebenenfalls noch einmal erwärmen und die Tortillas damit begießen. Mit Parmesan und Koriander bestreuen und sofort servieren.

# Gerollte Omeletts

VORAUSSETZUNG FÜR EIN PERFEKTES OMELETT IST DIE RICHTIGE PFANNE. Jeder Koch hat da so seinen eigenen Favoriten. Ich bevorzuge die klassische französische Omelettpfanne aus Gußeisen mit leicht schrägen Wänden, deren Griff so angebracht ist, daß sich das Omelett gut wenden läßt. Vor dem Gebrauch muß die Pfanne mit einer Schicht Salz und Öl erhitzt werden, damit nichts anhängt. Zum Reinigen reibt man sie einfach mit feuchtem Küchenpapier aus – sie darf keinesfalls gespült werden. Beschichtete Pfannen sind zwar ebenfalls geeignet, die Eier werden darin allerdings, wie ich finde, nicht so schön braun.

Und hier noch ein paar Tips: Um einen guten Geschmack zu erzielen, sollten Sie das Omelett bei starker Hitze backen. So wird es außen schön braun und bleibt innen weich. Wollen Sie eine Füllung, etwa Käse, Fisch oder eine Gemüsemischung, verwenden, die kleben könnte, backen Sie die Eier zuerst ohne Füllung. Und achten Sie darauf, daß die Pfanne die richtige Größe hat. Ist sie zu groß, stockt die Eiermasse zu schnell und wird hart, ist sie zu klein, stockt die Masse nur langsam und wird zu Rührei.

Zum Füllen eignen sich vor allem herzhafte Zutaten, etwa verschiedene Kräuter, Schinken, Tomate, gebratene Champignons, Spinat oder sautierte Paprikastreifen. Das deutsche Königinomelett wird mit einer sahnigen Farce aus Hähnchenfleisch und Champignons gefüllt und die mexikanische *tortilla de huevo* mit Tomate, Avocado, Zwiebel und Chili. Denken Sie aber daran, daß die Füllung den Geschmack der Eier lediglich heben und nicht überdecken soll.

BLASS UND NICHT GAR – das Omelett ist außen nicht angebräunt und hat deshalb auch nicht den typischen Geschmack.
*Grund:* die Pfanne war zu klein oder nicht heiß genug; die Eier wurden zu langsam oder zu kurz gegart
→ sind die Eier noch weich, die Temperatur erhöhen und rasch anbräunen; sind sie bereits fest, läßt sich nichts mehr tun.

**RICHTIG WEICH** – das Omelett ist außen leicht gebräunt, aber weich; in der Mitte ist es noch ganz leicht flüssig.

**RICHTIG FEST** – das Omelett ist außen gleichmäßig angebräunt, aber nicht angebrannt; die Eiermasse ist vollständig gestockt, ist fest, aber noch luftig.

## WEITERE PROBLEME

ANGEBRANNT UND HART
*Grund:* die Eier wurden in zu heißes Fett gegeben; zu schnell gegart; der Pfannenboden war zu dünn; die Pfanne war zu groß; zu lange gebacken
→ siehe Mein Tip.

ZU WENIG GESCHMACK
*Grund:* nicht ausreichend gewürzt; die Eier waren zu alt
→ das Omelett vor dem Zusammenfalten mit Salz und Pfeffer bestreuen; eine pikante Füllung, etwa geriebenen Käse, knusprige Speckwürfel, gebratene Zwiebel oder Ratatouille, verwenden.

## MEIN TIP

Ein Omelett, das zu lange gebacken wurde oder in der Pfanne anhängt, nicht zusammenklappen, sondern mit 2–3 EL Crème double bestreichen und mit geriebenem Käse bestreuen. Anschließend 1–2 Minuten grillen und vor dem Servieren wie eine Torte aufschneiden.

# Flache Omeletts

FLACHE OMELETTS GIBT ES BEI MIR HÄUFIG AN SONNTAGABENDEN. Ein herzhaftes Gericht, das sich mit allen möglichen frischen und gegarten Zutaten zubereiten läßt. Im Unterschied zum gerollten Omelett spielen die Eier hier nicht die Hauptrolle, sondern dienen zum Binden der Füllung. Klassische Kombinationen sind beispielsweise die spanische *tortilla a la gallega* mit Pfefferschote, Kartoffel und Chorizos (Würstchen aus rohem Schweinefleisch), das schwedische *bondomelett* mit Zwiebel, Schinken und Kartoffel und die italienische *frittata alla romana* mit Bohnen, Zwiebel und Kräutern. Ich verwende alles, was ich gerade im Hause habe, sei es Räucherfisch, gekochtes Hühnerfleisch oder Gemüse. Zum Verfeinern nehme ich gebratene Zwiebel, Knoblauch und Chili, Schinken, Speck, Anchovis, Sellerie, blanchiertes Blattgemüse oder Croûtons. Verwenden Sie möglichst knackige und bunte Zutaten, damit das Gericht Biß und Geschmack bekommt.

Flache Omeletts werden in der Regel auf beiden Seiten gebacken, so daß eine Art Kuchen entsteht, der vor dem Servieren in Stücke aufgeschnitten werden kann. Eine Ausnahme bildet das englische *omelett Arnold Bennett*, das mit geräuchertem Schellfisch zubereitet, mit Parmesan bestreut und anschließend unter dem Grill überbacken wird. Anders als diese Omeletts, die relativ schnell fertig sind, wird die italienische *frittata* bei sehr schwacher Hitze gegart, so daß die Eier in der Pfanne wie bei einem Soufflé aufgehen.

**RICHTIG** – das Omelett ist vor dem Wenden unten fest und angebräunt, oben glänzend; wenn es fertig ist, sind beide Seiten gleichmäßig gebräunt; die Füllung macht den größten Anteil aus, das Ei dient lediglich zum Binden; der Geschmack ist herzhaft, die Füllung verleiht ihm Biß. Zu beachten: Läßt sich das Omelett nicht wenden, die obere Seite unter dem Grill backen.

### PROBLEMFÄLLE

BLASS UND ZERFALLEN

*Grund:* Garzeit zu kurz; die Füllung, insbesondere bei Gemüse, war zu feucht

→ bei großer Hitze weitergaren, bis das Omelett fest und schön braun ist.

WEICH, UNAPPETITLICHES AUSSEHEN

*Grund:* es fehlt an herzhaften, farbenfrohen Zutaten

→ das Omelett auf beiden Seiten gut anbräunen; mit knackigen, bunten Zutaten wie gehackter Frühlingszwiebel, Sellerie und Paprikaschote bestreuen.

ANGEBRANNT UND HART

*Grund:* das Ei wurde in zu heißes Fett gegeben; zu schnell oder zu lange gebacken

→ das warme Omelett mit einer Olivenölvinaigrette beträufeln.

ZU WENIG GESCHMACK

*Grund:* die Eier oder die übrigen Zutaten waren nicht ausreichend gewürzt

→ das fertige Omelett mit Salz und Pfeffer bestreuen und mit Tabasco, Sojasauce, Zitronensaft oder dunklem Sesamöl beträufeln.

### MEIN TIP

Flache Omeletts, die zu lange gebacken wurden, zerfallen oder unappetitlich aussehen, eignen sich als Füllung für ein Baguette oder ein Pittabrot.

## SCHAUMOMELETTS

Schaumomeletts sind besonders locker und luftig. Bei salzigen Schaumomeletts werden die Eier mindestens 5 Minuten geschlagen, bis die Masse schön cremig und dick ist. Sie können als flache oder gerollte Omeletts zubereitet werden. Damit die Eier schön locker bleiben, füllt man sie meist einfach nur mit ein paar Kräutern oder etwas geriebenem Käse. Erfunden wurde das Schaumomelett von einer gewissen Mère Poulard (einem Pseudonym, das im Deutschen »Mutter Henne« bedeutet) in Mont St. Michel in der Normandie. Sie schlug ihre Eier noch in einer Kupferschüssel und garte sie anschließend in einer langstieligen Pfanne über dem offenen Feuer.

Bei süßen Schaumomeletts werden die Eier getrennt. Das Eiweiß wird dann mit etwas Zucker steifgeschlagen und unter das Eigelb gehoben. Ein süßes Schaumomelett kann entweder bei schwacher Hitze auf dem Herd zubereitet werden – es braucht etwa 10 Minuten –, oder man bräunt die Unterseite zunächst auf dem Herd an und bäckt es anschließend rasch im Backofen fertig. Danach wird es in der Regel mit warmer Marmelade bestrichen, zusammengeklappt und mit Puderzucker bestreut. Wie ein Soufflé darf auch ein Schaumomelett vor dem Auftragen nicht lange stehen.

Schaumomeletts sind aber nicht nur schnell zubereitet, man kann auch leicht etwas falsch machen. In der Mitte sollten sie etwas weich sein. Bäckt man sie zu lange, werden sie zäh und trocken. Außerdem fallen sie rasch zusammen. Sind Ihre Schaumomeletts zu trocken, können Sie mit 1 oder 2 Löffeln Sahne Abhilfe schaffen, gegen die zähe Beschaffenheit läßt sich allerdings nichts tun.

## Omelett mit Roquefort und Walnüssen

2 bis 3 Portionen

Saftiger Roquefort verleiht diesem Omelett eine besondere Note. Je nach Geschmack können Sie eine milde oder pikante Sorte verwenden.

*5 – 6 Eier*
*45 g Butter*
*1 kleine Zwiebel, gehackt*
*Salz und Pfeffer*
*125 g Roquefort, zerkrümelt*
*30 g Walnüsse, gehackt*
*1 EL Crème double*

eine Omelettpfanne mit 24 cm Durchmesser

1 Eßlöffel Butter in einer Pfanne zerlaufen lassen und die Zwiebel bei mittlerer Hitze 3 bis 4 Minuten darin weich dünsten, ohne daß sie Farbe annimmt. Mit Salz und Pfeffer würzen, die Pfanne vom Herd nehmen und den Käse, die Nüsse und die Crème double unterrühren.

Die Eier in einer Schüssel mit Salz und Pfeffer würzen und etwas schaumig rühren. Die restliche Butter auf relativ großer Flamme in der Omelettpfanne erhitzen, bis sie braun zu werden beginnt. Die Eiermasse hineingeben und 20 bis 25 Sekunden garen, bis sie dick zu werden beginnt. Die Masse dabei kurz und kräftig mit einer Gabel vom Rand zur Mitte rühren. Unter laufendem Rühren die Käsemischung unterheben und weiterbraten, bis die Eiermasse leicht fest ist. Das Omelett dann weitere 1 bis 1 1/2 Minuten backen, bis es unten leicht angebräunt und, je nach Geschmack, weich oder fest ist. Dabei nicht mehr rühren.

Das fertige Omelett zusammenklappen, auf eine vorgewärmte Platte gleiten lassen und sofort servieren.

## Omelett mit Garnelen

4 Portionen

Dieses leckere, bunte Omelett eignet sich hervorragend als sommerliches Abendessen. Genießen Sie es am besten mit einem Rucolasalat und einem Glas gut gekühltem, trockenen Weißwein.

*8 Eier*
*2 Maiskolben, geschält*
*45 g Butter (ggf. etwas mehr)*
*1 große Kartoffel, in Würfel geschnitten*
*1 rote Paprikaschote, entkernt und in Streifen geschnitten*
*4 Frühlingszwiebeln, in Ringe geschnitten*
*Salz und Pfeffer*
*125 g mittelgroße Garnelen, geschält und gekocht*
*75 g Erbsen, gekocht*

eine Omelett- oder Bratpfanne mit 23 cm Durchmesser

In einem großen Topf Wasser zum Kochen bringen und die Maiskolben 5 bis 7 Minuten darin weich garen. Abtropfen lassen und die Körner abstreifen.

Die Hälfte der Butter in einer Pfanne zerlaufen lassen und die Kartoffelwürfel 10 bis 15 Minuten darin anbräunen. Dabei immer wieder umrühren. Das Gemüse dazugeben, mit Salz und Pfeffer würzen und alles weitere 2 bis 3 Minuten garen. Zum Schluß die Garnelen, den Mais und die Erbsen untermischen und abschmecken.

Die Eier mit Salz und Pfeffer würzen und in einer Schüssel leicht schaumig schlagen. Die restliche Butter auf relativ großer Flamme in der Omelettpfanne erhitzen, bis sie braun zu werden beginnt. Die Eiermasse hineingeben und 8 bis 10 Sekunden garen, bis sie dick zu werden beginnt. Die Masse dabei kurz und kräftig mit einer Gabel vom Rand zur Mitte rühren. Die Gemüsemischung unterheben und das Omelett unter laufendem Rühren 1 bis 1 1/2 Minuten weiterbraten, bis es etwas fest ist. Dann aufhören zu rühren und das Omelett weitere 2 bis 3 Minuten backen, bis es unten leicht angebräunt und oben fast fest ist.

Die Pfanne vom Herd nehmen, eine feuerfeste Platte verkehrt herum darauf setzen und das Omelett darauf stürzen. Gegebenenfalls noch etwas Butter in die Pfanne geben, das Omelett wieder hineingleiten lassen und von der anderen Seite 1 bis 2 Minuten backen. Das fertige Omelett auf eine vorgewärmte Platte geben und sofort servieren.

*Omelett mit Garnelen*

# Rührei

Ein gutes Rührei ist relativ glatt, samtig und je nach Geschmack noch etwas weich oder fest. Vieler Gewürze bedarf es nicht – Salz, Pfeffer, ein paar gehackte Kräuter oder gebratene Champignons genügen. Gelegentlich wird Rührei auch zum Binden verwendet, wie etwa in der baskischen *pipérade*, die mit rotem und grünem Paprika, Zwiebel und Tomate zubereitet wird. Vorzüglich harmoniert es auch mit edlen Zutaten wie frischen Trüffeln, Kaviar und Räucherlachs. Und wenn man es in Blätterteigpastetchen oder einfach auf einer Scheibe Toast serviert, ergibt das einen feinen Kontrast.

Manche Köche garen ihr Rührei im Wasserbad, um die Temperatur besser kontrollieren zu können. Das ist allerdings absolut unnötig. Ich verwende lediglich eine schwere Pfanne, lasse die Eier bei schwacher Hitze mindestens 3 bis 4 Minuten stocken und rühre dabei laufend mit einem Kochlöffel. Lassen Sie sich aber auf keinen Fall verführen, Ihr Rührei zu schnell zu garen. Andererseits ist es auch nicht erforderlich, den Garprozeß, wie es Spitzenköche gelegentlich tun, über 30 Minuten und länger auszudehnen. Da nimmt es nicht Wunder, daß französische Köche, die zum Wettstreit um die höchste Auszeichnung antreten, ihr Können ausgerechnet mit einem Rührei unter Beweis stellen müssen!

**RICHTIG WEICH** – die Masse ist cremig, noch relativ flüssig und fast glatt, und der Kochlöffel hinterläßt eine Spur; die Farbe ist je nach Dotter unterschiedlich, verwenden Sie deshalb wenn möglich Eier mit einem kräftig gelben Dotter.

**RICHTIG FEST** – die Masse fällt nicht vom Löffel und hat weiche Klümpchen gebildet; um einen besonders guten Geschmack zu erzielen, sollten Sie möglichst frische Eier verwenden. Zu beachten: Rühren Sie, nachdem Sie die Pfanne vom Herd genommen haben, noch etwas weiter. Dann gerinnt das Rührei an den Rändern nicht.

STEIF UND GERONNEN – die Masse ist klumpig, am Rand setzt sich häufig Flüssigkeit ab.
*Grund:* die Eier wurden nicht gründlich genug verschlagen, so daß sich das Eiweiß nicht richtig mit dem Eigelb verbunden hat; zu lange gegart; das Rührei wurde nicht rechtzeitig aus der heißen Pfanne genommen und hat weitergegart. Zu beachten: Bei Zugabe von Sahne, Milch oder Wasser gerinnt Rührei leichter
→ die Pfanne vom Herd nehmen und ein sorgfältig verquirltes rohes Ei unterrühren.

## WEITERE PROBLEME

ZU WENIG GESCHMACK
*Grund:* nicht ausreichend gewürzt; die Eier waren zu alt
→ mit Salz, Pfeffer und etwas Cayennepfeffer nachwürzen; den Geschmack mit geriebenem Parmesan, gehackten Oliven, Anchovis, Kräutern, Speck oder Räucherlachs heben.

WÄSSRIG
*Grund:* die Eier wurden mehr als 5 Minuten vor dem Garen gesalzen; es wurden zuviel Wasser, Milch oder Sahne oder zu viele saftige Zutaten, etwa Tomate, zugegegeben
→ in einem Blätterteigpastetchen, auf geröstetem Brot oder einer anderen knusprigen Unterlage servieren.

## MEIN TIP

Klumpiges oder wäßriges Rührei auf geröstetem Weißbrot oder Baguette servieren. Dazu aus dem warmen Toast 6 cm große Kreise ausstechen und mit zerlassener Butter oder Öl bestreichen. Mit einem Eisportionierer oder zwei Teelöffeln Klößchen aus dem Rührei abstechen, die Kreise damit besetzen und kreuzförmig mit in feine Streifen geschnittener Pfefferschote, Räucherlachs und Trüffelspänen garnieren.

## *Kräuterrührei auf Tomatentoast*

4 PORTIONEN

Bei diesem einfachen Gericht spielt es keine Rolle, ob Sie nun Schnittlauch, Estragon, Kerbel oder Petersilie verwenden – nur frisch müssen die Kräuter sein.

*8 Eier*
*2 EL gemischte, gehackte Kräuter und einige Zweige zum Garnieren*
*30 g Butter*

FÜR DIE TOASTS:
*2 große Tomaten*
*8 Scheiben Baguette oder 4 Scheiben Weißbrot (1 cm dick)*
*2 EL Olivenöl*
*Salz und Pfeffer*

Für die Tomatentoasts jede Tomate quer in vier Scheiben zerteilen, dabei die Stielansätze entfernen. Wenn Sie Weißbrot verwenden, die Scheiben halbieren. Den Backofen auf 175 °C (Gas Stufe 2) vorheizen. Das Brot auf beiden Seiten mit Olivenöl bepinseln und auf ein Backblech legen. Jeweils mit einer Tomatenscheibe belegen, mit etwas Salz und Pfeffer bestreuen und 12 bis 15 Minuten im vorgeheizten Ofen backen, bis das Brot knusprig ist und die Tomaten weich zu werden beginnen. Anschließend auf eine Platte geben und warm halten. Die Tomatenscheiben mit einer Gabel andrücken, damit sie Saft an das Brot abgeben.

Die Eier mit Salz und Pfeffer würzen, leicht schaumig schlagen und die gehackten Kräuter unterrühren. Die Butter in einer schweren Pfanne, wenn möglich aus Kupfer, zerlaufen lassen und die Eier nach Geschmack, mindestens aber 8 bis 10 Minuten, darin garen (je langsamer das Rührei gart, desto besser wird es). Dabei laufend mit einem Kochlöffel umrühren. Zu beachten: Das Rührei gart in der heißen Pfanne weiter, auch wenn Sie diese bereits vom Herd genommen haben.

Das Rührei abschmecken und auf die Toasts verteilen. Mit Kräuterzweigen garnieren und sofort servieren.

# Gebackene Eier

GEBACKENE EIER KÖNNEN AUF ZWEI ARTEN SERVIERT WERDEN: *en cocotte*, das heißt in kleinen Förmchen, oder *au plat* in einer flachen Auflaufform. Sie sehen dann ähnlich wie Spiegeleier aus. Meist werden sie nur mit Salz und Pfeffer gewürzt – die Gewürze müssen stets auf den Boden der Form gegeben werden, damit die Eier oben schön sauber bleiben – und mit einem Löffel Sahne gekrönt. Sie können die Eier aber auch noch mit anderen Zutaten verfeinern, die Sie entweder vor dem Garen in die Form geben oder mit denen Sie die fertigen Eier garnieren. In Amerika serviert man gebackene Eier beispielsweise mit Austern, in Portugal mit Stockfisch und Tomate und in Frankreich mit Wildpilzen, Tomate und Petersilie. In Spanien überbäckt man sie gerne mit Eischnee, und gebackene Eier mit Käse finden Sie nahezu überall.

Als schnelles Abendessen nehme ich gelegentlich Reste eines Pilaws oder Risottos oder auch gehacktes, gekochtes Gemüse und gebe es in eine Auflaufform, die ich zuvor mit Öl eingestrichen habe. Dann grabe ich Vertiefungen in die Unterlage, schlage die Eier in diese Mulden und backe das Gericht im auf 175 °C (Gas Stufe 2) vorgeheizten Ofen, bis die Eier gestockt sind.

**RICHTIG** – oben glänzt das Ei wie Spiegelglas, ist aber nicht durchsichtig; das Eigelb ist leicht dicklich, und das Eiweiß ist fest.

HART UND ZERKOCHT – das Eigelb ist fest, das Eiweiß ist trocken und an der Oberfläche nicht mehr glatt (beim Backen in der Auflaufform passiert dies leichter).
*Grund:* zu schnell oder zu lange gegart
→ mit Paprika, Schnittlauchröllchen oder geriebenem Käse bestreuen.

### WEITERE PROBLEME

OBERFLÄCHE FLECKIG ODER UNEBEN
*Grund:* das Ei wurde mit dunklen Gewürzen, etwa Pfeffer, bestreut; durch Bestreuen mit Salz haben sich im Eiweiß Löcher gebildet
→ die Eier mit hauchdünnen Tomatenscheiben belegen und mit Kräuterzweigen garnieren.

ZU WENIG GESCHMACK
*Grund:* nicht ausreichend gewürzt; die Eier waren zu alt
→ nachwürzen und mit gebratenen Zwiebelringen, Paprikaschote, Speck, Pilzen oder Croûtons garnieren.

### MEIN TIP

Gebackene Eier, die zu lange gegart wurden, mit 1 Löffel Crème double besetzen oder mit etwas zerlassener Butter oder Walnußöl beträufeln und mit 1 Basilikumstengel, 2 gekreuzten Schnittlauchstengeln oder 1/2 schwarzen Olive garnieren.

# Soufflés

Ein heisses Soufflé erfordert eine perfekte Ausführung und viel Geschick. Aber ich liebe es – und das nicht nur in der Küche, sondern auch auf meinem Teller. Ich nehme an, Sie wissen, daß ein Soufflé aus einer mit Eischnee aufgezogenen Schaumfarce besteht, die im Ofen aufgeht, und beschränke mich hier deshalb auf einige Ratschläge für erfolgreiches Gelingen.

Je höher die Form, desto mehr geht das Soufflé zwar auf, desto größer ist aber auch die Gefahr, daß es über den Rand hinaus läuft. Verwenden Sie also besser eine breitere, flachere Form. Die Form streicht man, vor allem am Rand, großzügig mit zerlassener Butter ein, stellt sie anschließend in den Kühlschrank und streicht sie dann nochmals ein. Viel hängt davon ab, ob das Eiweiß richtig geschlagen wurde (siehe Seite 223) und davon, ob die Schaumfarce die richtige Konsistenz hat. Ist sie zu schwer oder zu klebrig, kann sie durch das Eiweiß nicht aufgelockert werden. Ist sie hingegen zu dünn, läßt sich der Eischnee nur schwer unterheben. Da das Eiweiß nahezu geschmacklos ist, sollte die Schaumfarce kräftig abgeschmeckt werden. Dazu eignen sich besonders Kräuter, Knoblauch, Anchovis, Senf, Tabasco, Worcestersauce und Sojasauce sowie bei süßen Soufflés Zitronensaft, Rum, Kirschwasser und Liköre.

Der Eischnee muß sehr vorsichtig untergehoben werden. Dabei ist es hilfreich, die Schaumfarce zu erwärmen und zunächst nur etwa ein Viertel des Eischnees unterzuheben, denn dadurch wird die Masse lockerer. Dann rührt man das restliche Eiweiß sorgfältig unter. Ich verwende dazu am liebsten einen Metallöffel, andere Köche bevorzugen hingegen einen Kochlöffel oder einen Plastikschaber. Beginnt die Masse weich zu werden oder zusammenzufallen, hören Sie sofort mit dem Rühren auf. Einige Eiweißspuren sind eher akzeptabel als ein zusammengefallenes Soufflé. Backen Sie das Soufflé im unteren Drittel des vorgeheizten Ofens. Vermeiden Sie jede Zugluft und denken Sie daran: Ein richtig vorbereitetes Soufflé geht bei jeder Hitze auf – je heißer der Ofen ist, desto schneller ist es fertig.

Käsesoufflés und süße Soufflés sollten möglichst weich und luftig sein und müssen deshalb bei großer Hitze gebacken werden. Die schwereren Fisch- und Gemüsesoufflés gart man hingegen besser bei einer etwas niedrigeren Temperatur, bis sie in der Mitte fest sind. In jedem Fall sind es aber die Gäste, die auf das Soufflé warten müssen, und nicht umgekehrt. Denn Sie können es zwar im warmen Backofen bei geöffneter Ofentür warm halten, aber keinesfalls länger als 2 bis 3 Minuten.

**MEIN TIP**

Ist ein Soufflé zusammengefallen, gibt es leider keinerlei Abhilfe. Das muß der Koch dann eben durchstehen. Um das ein wenig zu kaschieren, servieren Sie ein pikantes Soufflé mit einem grünen Salat und schneiden es wenn möglich vorher wie einen Kuchen auf. Ein zusammengefallenes süßes Soufflé garnieren Sie wie einen Pudding mit geschlagener Sahne oder Eis.

**RICHTIG WEICH** – das Soufflé ist aufgegangen und gebräunt, in der Mitte ist es aber noch etwas nach innen gewölbt; rüttelt man an der Form, bewegt sich die Masse; in der Mitte ist sie noch etwas flüssig; das Soufflé ist glatt und locker.

**RICHTIG DURCHGEBACKEN** – das Soufflé ist aufgegangen und gebräunt und in der Mitte eben; rüttelt man an der Form, ist die Masse fest; innen ist sie durchgegart und in der Mitte fast fest; das Soufflé ist locker und hat einen feinen Geschmack.

# Fischsoufflé mit Currysauce

4 PORTIONEN

**WEITERE PROBLEME**

NICHT AUFGEGANGEN UND FLÜSSIG
*Grund:* nicht lange genug gebacken
→ weiterbacken (auch wenn ein unfertiges Soufflé kurz aus dem Ofen genommen wurde, kann es beim Weiterbacken noch aufgehen).

KÖRNIG, ZIEMLICH FEUCHT
*Grund:* das Eiweiß wurde zu lange geschlagen und war nicht glatt; die Schaumfarce enthält saftige Zutaten, zum Beispiel Zwiebelstückchen; das Soufflé wurde nicht sofort gebacken, und das Eiweiß ist deshalb leicht geronnen
→ pikante Soufflés mit einer Gemüsesauce oder einem Gemüsepüree (siehe Seite 126), süße Soufflés mit Karamel- oder Schokoladensauce oder Fruchtpüree (siehe Seite 136) servieren.

SCHWER, KAUM AUFGEGANGEN
*Grund:* zu wenig Eischnee (auf 250 g Schaumfarce müssen Sie 3–4 Eiweiß rechnen); die Schaumfarce war zu schwer, zu klebrig oder zu dünn; der Eischnee wurde nicht vorsichtig genug untergehoben; zu lange gebacken
→ das Soufflé zu einer Mousse verarbeiten, siehe Zäh und zusammengeschrumpft.

ZU WENIG GESCHMACK
*Grund:* die Schaumfarce war nicht ausreichend gewürzt
→ pikante Soufflés mit einer würzigen Sauce, etwa einer Senf- oder Currysauce, servieren; süße Soufflés in der Mitte einstechen und mit 1 Löffel Likör beträufeln.

DAS SOUFFLÉ FÄLLT NACH DEM BACKEN ZUSAMMEN
*Grund:* das Soufflé war Zugluft ausgesetzt oder hat vor dem Auftragen zu lange gestanden, so daß sich die Luft im Eiweiß komprimiert hat
→ ist das Soufflé noch nicht vollständig zusammengefallen, noch einmal 1–2 Minuten im Ofen erhitzen, es geht dann wieder auf; ist es vollständig zusammengefallen und bereits kalt, ist keine Abhilfe mehr möglich.

ZÄH UND ZUSAMMENGESCHRUMPFT – das Soufflé zieht sich zusammen; innen ist die Masse zäh und nicht mehr glatt.
*Grund:* zu lange gebacken
→ das Soufflé zu einer Mousse verarbeiten: in eine Form stürzen, mit einer Sauce begießen und noch einmal im Ofen erhitzen. Bei pikanten Soufflés eignet sich eine helle Sauce oder Samtsauce (siehe Seite 108–109 und 112) oder Sahne mit Curry und geriebenem Käse, bei süßen Soufflés Sahne mit Kaffee- oder Kakaopulver.

UNGLEICHMÄSSIG AUFGEGANGEN – das Soufflé ist auf einer Seite nicht aufgegangen (und häufig am Rand festgebacken).
*Grund:* die Form wurde nicht sorgfältig mit Butter eingestrichen und die Masse ist am Rand haftengeblieben; die Hitze im Ofen war ungleichmäßig; Eiweiß nicht ausreichend geschlagen
→ ist das Soufflé noch nicht fertig und die Hitze ungleichmäßig, die Form drehen und weiterbacken; die Kruste mit der Spitze eines Messers auflockern, die Form mit eingefetteter Alufolie umwickeln, drehen und weiterbacken.

Dieses Soufflé wird länger gebacken als üblich und ist deshalb in der Mitte relativ fest. Verwenden Sie einen möglichst geschmacksintensiven Fisch, wie Kabeljau, Snapper oder Lachs. Die pikante Currysauce bildet einen leckeren Kontrast.

*300 g gekochter Fisch, in kleine Stücke zerteilt*
*4 EL Crème double*
*1 Msp. Senfpulver*
*4 Eigelb*
*6 Eiweiß*

*FÜR DIE BÉCHAMELSAUCE:*
*1/2 l Milch*
*1 großes Stück Zwiebel*
*1 Lorbeerblatt*
*1/2 TL Pfefferkörner*
*45 g Butter*
*3 EL Mehl*
*Salz und weißer Pfeffer*
*1/2 TL geriebene Muskatnuß*

*FÜR DIE CURRYSAUCE:*
*30 g Butter*
*2 Schalotten, fein gehackt*
*2–3 TL Curry*
*4 EL Crème double*
*1/8 l Milch*

eine Auflaufform mit 1,5 l Fassungsvermögen

Den Backofen auf 190 °C (Gas Stufe 2–3) vorheizen. Die Form mit Butter einstreichen.

Für die Béchamelsauce die Milch mit der Zwiebel, dem Lorbeerblatt und den Pfefferkörnern aufkochen lassen. Zudecken, vom Herd nehmen und 10 bis 15 Minuten ziehen lassen. Die Butter in einem Topf mit schwerem Boden zerlaufen lassen, das Mehl einrühren und unter Rühren etwa 1 Minute kochen, bis es Blasen wirft. Es darf aber keine Farbe annehmen. Den Topf dann vom Herd nehmen und die heiße Milch hineinseihen. Gut umrühren, zum Kochen bringen und die Sauce unter Rühren eindicken lassen. Mit Salz, Pfeffer und Muskat abschmecken und noch 1 bis 2 Minuten köcheln lassen.

Die Hälfte der Béchamelsauce in eine Schüssel gießen und zur Seite stellen. Den Fisch, die Crème double und das Senfpulver unter die restliche Sauce mischen und abschmecken (die Mischung sollte gut gewürzt sein). Die Mischung sehr heiß werden lassen und die Eigelbe unterschlagen, bis die Masse etwas andickt.

Die Eiweiße in einer Schüssel (möglichst aus Kupfer, siehe Seite 223) steifschlagen. Die Fischmasse noch einmal erhitzen und circa ein Viertel des Eischnees sorgfältig unterheben. Anschließend vorsichtig das restliche Eiweiß untermengen. Die Masse in die Form füllen, glattstreichen und im vorgeheizten Ofen 25 bis 30 Minuten backen, bis das Soufflé aufgegangen und oben angebräunt ist.

In der Zwischenzeit die Currysauce zubereiten. Dazu die Butter in einem Topf zerlaufen lassen, die Schalotten mit dem Curry hineingeben und unter gelegentlichem Rühren 3 bis 4 Minuten köcheln lassen. Die restliche Béchamelsauce, die Crème double und die Milch unterrühren, aufkochen lassen und abschmecken. Das Soufflé sofort servieren und die Sauce getrennt dazu reichen.

# SAUCEN

NICHT VON UNGEFÄHR HAT DER SAUCENCHEF in der Restaurantküche eine besondere Stellung inne. Denn eine in Geschmack und Konsistenz ausgewogene Sauce herzustellen, setzt großes Können voraus, und das gilt gleichermaßen für die modernen Buttersaucen und Salsas oder für Klassiker wie etwa die Sauce hollandaise und die braune Grundsauce. Aber auch in der heimischen Küche ist diese Kunst gefordert. Vielleicht erinnern Sie sich noch, wie Ihre Großmutter nach ihrer Bratensauce beurteilt wurde. Die Grundsaucen, das heißt helle und braune Grundsauce, Samtsauce, Sauce hollandaise, weiße Buttersauce und Mayonnaise, spielen eine so wichtige Rolle, daß man sie auch als »Muttersaucen« bezeichnet, aus denen ganze Saucenfamilien hervorgegangen sind.

Wir sind heute in der glücklichen Lage, eine weitaus größere Palette an Saucen genießen zu können als noch eine Generation vor uns. Ein Steak beispielsweise kann mit einer klassischen Madeirasauce, einer getrüffelten braunen Sauce, mit einer Sauce béarnaise, mit einer mit Butter aufmontierten Sauce oder einem Bratenfond, der mit geröstetem Knoblauch angedickt wurde, oder aber mit einer pikanten Salsa mit Chili und Koriander serviert werden. Zu einer Ente kann man statt der traditionellen Orangensauce auch eine grüne Pfeffersauce reichen. Truthahn läßt sich statt mit Preiselbeeren mit einer würzigen *mole* mit Schokolade und Seebarsch statt mit einer Weißweinsamtsauce mit einer *tapenade* aus grünen Oliven kombinieren.

Bei der Zubereitung Ihrer Saucen sollten Sie stets daran denken, daß sie dazu dienen, den Geschmack der Speisen, zu denen sie gereicht werden, zu unterstreichen und zu heben. Deshalb empfiehlt es sich, die Sauce nicht wie eine Suppe allein abzuschmecken, sondern wenn möglich zusammen mit der Speise, zu der sie serviert wird. Besonders ratsam ist das bei Salatsaucen, da vor allem grüner Salat häufig keinen besonders ausgeprägten Eigengeschmack hat. Neben einem guten Geschmack kommt es auch auf die richtige Konsistenz an. Soll Ihre Sauce dünn sein wie etwa ein ungedickter Bratenfond, soll sie die Speisen leicht überziehen oder bedecken oder soll sie dick genug sein, um die Zutaten zu binden? Die richtige Konsistenz der Sauce kann für ein Gericht von entscheidender Bedeutung sein.

Und schließlich sollte die Sauce, ob sie nun fein ist wie eine Vanillesauce, säuerlich wie eine Sauce mit roten Früchten oder pikant wie eine dunkle Rotweinsauce, stets auch die gleiche Intensität haben wie das Gericht, zu der sie serviert wird.

*Da viele der in diesem Kapitel vorgestellten Rezepte rohe oder nur kurz gegarte Eier enthalten, lesen Sie bitte meine Anmerkungen zum Thema Salmonellen auf Seite 9.*

*Hähnchenbrust mit Estragonsamtsauce,*
*Rezept Seite 112*

# Helle Grundsauce

WAS WÄRE UNSERE KÜCHE OHNE DIE HELLE GRUNDSAUCE? Folgten wir der Aufforderung einiger Spitzenköche, auf sie zu verzichten, gäbe es eine ganze Reihe beliebter Gerichte ganz einfach nicht. Dann hätten wir keinen Makkaroni-Käse-Auflauf, keine Moussaka und keinen Spinatauflauf, Cannelloni und Lasagne wären nur noch halb so gut, und ein Soufflé wäre gar nichts mehr. Die helle Grundsauce ist die Grundlage für ein halbes Dutzend anderer Saucen, wie Sahne-, Pilz-, Zwiebel- und Austernsauce, und nicht zu vergessen die französische Béchamelsauce mit Kräutern und Muskat und die besonders beliebte Mornay- oder Käsesauce (siehe Seite 110). Kräftiges Rühren ist entscheidend, damit sie eine glatte Konsistenz und ein glänzendes Aussehen bekommt.

**MEIN TIP**

Muskat paßt sehr gut zu Milch, deshalb verleiht eine kräftige Prise frisch geriebener Muskatnuß jeder hellen Sauce einen besonders guten Geschmack.

**RICHTIG DÜNN** – die Sauce glänzt und hat eine zarte Cremefarbe; sie bleibt etwas am Löffelrücken haften, ist aber noch relativ flüssig; der Geschmack ist fein, aber nicht fade. Mit dieser Konsistenz ist sie noch dünn genug, um als Grundlage für eine Suppe zu dienen.

**RICHTIG ANGEDICKT** – die Sauce bleibt gut am Löffelrücken haften, ist dabei aber immer noch flüssig; sie ist glatt und glänzt; der Geschmack ist cremig und aromatisch. Mit dieser Konsistenz ist sie zum Überziehen von Eiern, Fisch, Geflügel, weißem Fleisch und Gemüse, vor allem Gratins, geeignet.

**RICHTIG DICK** – die Sauce hat einen öligen Glanz und eine kräftige Cremefarbe; sie ist dick genug, um ein Gericht zu binden, läuft aber immer noch leicht vom Löffel; der Geschmack ist kräftig. Als Grundlage für Soufflés und Füllungen geeignet.

**RICHTIG BINDEND** – die Sauce ist glatt und so steif, daß ein Löffel Spuren hinterläßt; der Geschmack ist kräftig, das Mehl schmeckt aber nicht hervor. Zum Binden, zum Beispiel in Brandteigen, Beignets und Klößen, geeignet.

## PROBLEMFÄLLE

ZU DÜNN
*Grund:* zu wenig Mehl; die Sauce wurde nicht lange genug gekocht
→ unter Rühren weiterköcheln lassen, bis die Sauce die richtige Konsistenz hat.

ZU DICK
*Grund:* zuviel Mehl; die Sauce hat zu lange gekocht, und die Milch ist verdunstet
→ mit Milch verdünnen.

KLUMPIG
*Grund:* zu schnell gekocht; die Sauce wurde während des Eindickens nicht oft genug umgerührt; während des Kochens wurde nicht regelmäßig gerührt, und die Sauce hat am Topfboden angesetzt; beim Abkühlen hat sich eine Haut gebildet
→ den Topf sofort vom Herd nehmen und kräftig mit dem Schneebesen oder dem Pürierstab rühren, um die Sauce zu glätten; gegebenenfalls durch ein Sieb pürieren; die Sauce während des Abkühlens zudecken.

MEHLIGER GESCHMACK
*Grund:* nicht lange genug gekocht; zuviel Mehl
→ noch 3–5 Minuten weiterköcheln lassen.

DIE SAUCE HAT DUNKLE FLECKEN
*Grund:* sie wurde zu stark erhitzt oder nicht häufig genug umgerührt und ist angebrannt. Zu beachten: Beim Würzen mit schwarzem Pfeffer kann die Sauce ebenfalls dunkle Flecken bekommen
→ die Sauce durch ein Sieb in einen zweiten Topf passieren, dabei darauf achten, daß angebrannte Teile nicht mit hineingelangen. Eine stark angebrannte Sauce ist nicht mehr verwendbar.

# *Porreegratin mit Schinken*

4 PORTIONEN ALS HAUPTGERICHT (6 bis 8 Portionen als Vorspeise)

Als ich in Paris lebte, gehörte dieses Gratin, bei dem Porree und Schinken durch eine gehaltvolle Béchamelsauce harmonisch miteinander verbunden werden, zu meinen bevorzugten Abendessen. Statt Porree können Sie auch geschmorten Chicorée verwenden.

*4 mittelgroße Stangen Porree (ca. 1,25 kg)*
*8–10 dünne Scheiben gekochter Schinken (ca. 375 g)*

FÜR DIE BÉCHAMELSAUCE:
*1/2 l Milch*
*1 großes Stück Zwiebel*
*1 Lorbeerblatt*
*1/2 TL Pfefferkörner*
*45 g Butter*
*3 EL Mehl*
*Salz und weißer Pfeffer*
*2 Msp. geriebene Muskatnuß*

Den Backofen auf 175 °C (Gas Stufe 2) vorheizen und eine mittelgroße Auflaufform mit Butter einstreichen. In einem großen Topf Wasser zum Kochen bringen. Den Porree putzen, die Wurzeln und die harten Blattspitzen entfernen. Die Stangen der Länge nach aufschneiden, so daß sie am unteren Ende noch zusammenhängen, und gründlich unter fließendem kaltem Wasser waschen. Die einzelnen Stangen anschließend mit einem Faden zusammenbinden, damit sie beim Garen ihre Form behalten. Ins kochende Wasser geben und bei geöffnetem Topf je nach Größe 10 bis 15 Minuten köcheln lassen, bis sie weich sind.

In der Zwischenzeit die Béchamelsauce zubereiten. Dazu die Milch mit der Zwiebel, dem Lorbeerblatt und den Pfefferkörnern aufkochen lassen. Zudecken und 10 bis 15 Minuten ziehen lassen. Die Butter in einem Topf mit schwerem Boden zerlaufen lassen, das Mehl einrühren und etwa 1 Minute kochen, bis es Blasen wirft. Es darf dabei aber keine Farbe annehmen. Den Topf vom Herd nehmen und die heiße Milch hineinpassieren. Gut umrühren und unter Rühren so lange kochen, bis die Sauce eindickt. Mit Salz, Pfeffer und Muskat abschmecken und noch 1 bis 2 Minuten köcheln lassen. Den Topf dann vom Herd nehmen, zudecken und zur Seite stellen.

Den Porree abgießen, mit kaltem Wasser abschrecken und sorgfältig trocknen. Das Wasser dabei mit der Hand etwas herauspressen. Die Stangen in etwa 10 cm lange Stücke zerteilen. Von einer Stange 2 oder 3 grüne Blätter zurückbehalten, glattstreichen, der Länge nach in ganz dünne Streifen schneiden und zum Garnieren aufheben.

Die einzelnen Porreestücke mit Schinken umwickeln und dicht an dicht in die gebutterte Auflaufform schichten. Mit der Béchamelsauce überziehen und 20 bis 25 Minuten im vorgeheizten Ofen überbacken, bis die Sauce Blasen zu werfen beginnt. Ist das Gratin oben noch nicht braun, noch einmal 2 bis 3 Minuten unter den Backofengrill schieben. Mit den Porreestreifen bestreuen und sofort servieren.

## MENGENANGABEN

Bei der Zubereitung einer hellen Grundsauce kommt es immer auch auf die richtigen Mengen an.
Für 1/4 l Sauce benötigen Sie
*dünn:* 15 g Butter und 1 knappen EL (7 g) Mehl
*mittel:* 20 g Butter und 1 EL (10 g) Mehl
*dick:* 30 g Butter und 1 gehäuften EL (15 g) Mehl
*bindend:* 45 g Butter und 2 EL (20 g) Mehl

## CRÈME FRAÎCHE

Crème fraîche, die dicke, nussig schmeckende Sahne aus Frankreich, läßt sich relativ einfach aus Rahm und Buttermilch herstellen. Der Rahm sollte dabei einen hohen Gehalt an Butterfett haben, und die Buttermilch muß als »reine Buttermilch« gekennzeichnet sein. Um sicherzugehen, daß die Kultur genug Säure enthält, füge ich außerdem noch Zitronensaft hinzu.

Für 500 g Crème fraîche in einem Topf 750 g Rahm mit 1/4 l Buttermilch und dem Saft von 1 Zitrone verrühren. Bei schwacher Hitze (circa 30 °C) unter Rühren auf etwa 36 °C (Körpertemperatur) erwärmen. Dazu am besten ein Thermometer verwenden oder die Temperatur mit der Fingerspitze überprüfen.

Die Creme dann zur Hälfte abdecken und an einem warmen Ort (bei 21–27 °C) mindestens 12 bis 24 Stunden stehenlassen, bis sie dick wird und einen leicht säuerlichen Geschmack angenommen hat. Die Zeit hängt von der Buttermilchkultur und der Temperatur der Creme ab.

Sobald die Creme so dick ist, daß ein Löffel Spuren hinterläßt, zudecken und in den Kühlschrank stellen. Sie hält sich dort mindestens 1 Woche.

## DICKUNGSMITTEL FÜR SAUCEN

Die Saucendicker lassen sich in zwei Gruppen unterteilen, nämlich solche, die von Anfang an Bestandteil der Sauce sind, und solche, die ihr nach dem Kochen zugegeben werden.

- Eine Einbrenne aus Mehl und Butter liefert eine solide Grundlage für weiße Samtsaucen und braune Saucen. Bei dunklen Saucen sollte sie, bevor weitere Flüssigkeit zugegeben wird, gut angebräunt werden, damit die Sauce Geschmack bekommt.
- Die Mehlbutter ist eine Variante der Einbrenne, bei der Butter und Mehl verknetet werden und die man in kleinen Portionen am Ende der Kochzeit unter die Sauce rührt.
- Frucht- und Gemüsepürees geben der Sauce ein angenehmes, kräftiges Aroma. Besonders farbintensive Pürees, etwa aus Möhren oder Beeren, verleihen ihr zudem eine schöne Farbe.
- Eigelb, manchmal auch ganze Eier, wird verwendet, um Saucen zu binden und etwas anzudicken (siehe Emulsionen & Emulgatoren, Seite 123).
- Eigelb und Sahne, oder einfach nur Eigelb, kann hellen Saucen und Suppen nach dem Kochen beigegeben werden, um sie gehaltvoller zu machen und etwas anzudicken. Damit sich keine Klumpen bilden, empfiehlt es sich, die Eier-Sahne-Mischung zuvor mit etwas heißer Sauce anzurühren, sie erst dann unter die Sauce zu rühren und das Ganze danach noch einmal zu erwärmen (nicht kochen!), bis es eindickt.
- Maisstärke, Kartoffelstärke und Pfeilwurzelmehl eignen sich hervorragend, um Flüssigkeiten oder dünne Saucen in letzter Minute anzudicken. Das Stärkemehl muß zuvor mit kalter Flüssigkeit zu einem dünnen Brei angerührt werden. Dann rührt man es in die heiße Sauce. 1 TL Stärkemehl reicht aus, um etwa 1/4 l Flüssigkeit anzudicken. Läßt man mit Stärkemehl angedickte Saucen auf dem Herd stehen oder erhitzt sie noch einmal, können sie sich wieder verflüssigen und müssen noch einmal angedickt werden.
- Frische Brotkrume oder Paniermehl kann der Sauce jederzeit zugegeben werden. In Maßen verwendet, wird die Sauce überraschend leicht, wenn auch nicht besonders glatt. Steht die Sauce über längere Zeit oder wird noch einmal erhitzt, wird sie merklich dicker.
- Blut, in der Regel Schweineblut, wird traditionell insbesondere bei Federwild zum Andicken von dunklen Weinsaucen verwendet. Das Blut wird unmittelbar vor dem Auftragen in die heiße Sauce gerührt. Es darf nicht kochen, sonst gerinnt es, und die Sauce wird klumpig.

# Käsesauce

DIE KÄSESAUCE STEHT DER HELLEN GRUNDSAUCE an Vielseitigkeit in nichts nach. Ich glaube sogar, sie hat ihr noch einiges voraus. Eine helle Sauce ist nie besonders kräftig im Geschmack, eine Käsesauce, wenn sie richtig gewürzt ist, hingegen immer. Stellen Sie sich doch nur einmal eine solche Käsesauce vor – eine zarte, goldgelbe Farbe, dick, aber nicht zäh – und dazu Seezungenfilet, Jakobsmuscheln, Blumenkohl oder Nudeln. Sie kann aber auch als Füllung oder Überzug für Crêpes und zum Überbacken eines Gemüsegratins dienen.

Eine Käsesauce ist genauso einfach zuzubereiten wie eine helle Grundsauce. Nehmen Sie den Topf aber stets vom Herd, wenn Sie den Käse einrühren, und erhitzen Sie die Sauce nicht noch einmal, da sie sonst gerinnen und der Käse Fäden ziehen könnte.

**MEIN TIP**

Ist Ihre Käsesauce zu dünn oder zu blaß, rühren Sie noch 1 oder 2 Eigelb unter die fertige Sauce und schmecken sie danach noch einmal ab. Die Sauce darf dann aber nicht mehr erwärmt werden, weil sie sonst klumpt.

**RICHTIG** – die Sauce glänzt, hat eine schöne Cremefarbe und bleibt gut an einem Löffelrücken haften; der Geschmack ist kräftig. Sie eignet sich zum Binden, zum Beispiel von Meeresfrüchten, Gemüseaufläufen und Makkaroni-Käse-Auflauf.

DIE SAUCE ZIEHT FÄDEN – die Sauce ist dick und zieht lange Fäden, wenn man den Schneebesen herauszieht.
*Grund:* die Sauce wurde gekocht, wieder erhitzt oder zu lange warm gehalten, und das Eiweiß im Käse ist geronnen (bei einem harten, ausgereiften Käse, etwa Parmesan, ist die Gefahr geringer)
→ keine Abhilfe möglich.

## WEITERE PROBLEME

ZU DÜNN
*Grund:* zu wenig Mehl; die Sauce wurde nicht lange genug gekocht
→ die Sauce vor Zugabe des Käses weiterköcheln lassen, bis sie die richtige Konsistenz hat, dabei immer wieder umrühren; nachdem der Käse hinzugefügt wurde, noch 1 oder 2 Eigelb unterrühren und die Sauce unter Rühren noch einmal vorsichtig erhitzen, bis sie eindickt.

ZU DICK
*Grund:* zuviel Mehl; die Sauce hat zu lange gekocht, und die Milch ist verdunstet
→ mit Milch verdünnen.

KLUMPIG
*Grund:* der Käse war nicht richtig geschmolzen; die Sauce wurde zu schnell gekocht; während des Eindickens wurde nicht genug gerührt; während des Kochens wurde nicht gerührt, und die Sauce hat am Topfboden angesetzt; beim Abkühlen hat sich eine Haut gebildet
→ ist der Käse nicht geschmolzen, die Sauce unter Rühren vorsichtig erhitzen; hat das Mehl Klumpen gebildet, den Topf sofort vom Herd nehmen und kräftig rühren; die Sauce gegebenenfalls durch ein Sieb passieren.

ZU WENIG GESCHMACK
*Grund:* nicht ausreichend gewürzt; zu wenig oder wenig geschmacksintensiver Käse (am besten eignen sich Parmesan, Gruyère oder Cheddar)
→ nachwürzen, zum Beispiel mit Senfpulver, Dijonsenf und Salz; noch etwas Käse hinzufügen.

# *Zweifach gebackenes Käsesoufflé*

6 PORTIONEN

Im Unterschied zu allen anderen Soufflés wird dieses Soufflé nicht sofort serviert. Man läßt es vielmehr nach dem Backen abkühlen, stürzt es dann aus der Form und überzieht es mit einer Sahnesauce. Man kann es auch 1 Tag im Kühlschrank aufbewahren und dann noch einmal aufbacken. Als Käse eignet sich am besten Parmesan oder Gruyère, Sie können aber auch einen herzhaften Cheddar nehmen. Was die Wahl der Kräuter angeht, harmoniert Schnittlauch ideal mit Käse; gut schmeckt das Soufflé aber auch mit frischem Thymian oder Petersilie.

*60 g Butter*
*3 EL Mehl*
*375 ml Milch*
*Salz und Pfeffer*
*1 Msp. geriebene Muskatnuß*
*375 ml Sahne*
*5 Eigelb*
*100 g geriebener Käse*
*1 Bund Schnittlauch, in Röllchen geschnitten*
*6 Eiweiß*

6 Förmchen mit 250 ml Fassungsvermögen und 6 Auflaufformen mit 15 cm Durchmesser

Die Förmchen großzügig mit Butter einstreichen und kalt stellen. Die Butter in einem Topf mit schwerem Boden zerlassen, das Mehl einrühren und etwa 1 Minute kochen, bis es Blasen wirft. Es darf dabei aber keine Farbe annehmen. Die Milch einrühren, mit Salz, Pfeffer und Muskat würzen und unter Rühren aufkochen lassen, bis die Sauce eindickt. Anschließend weitere 2 Minuten köcheln lassen. Den Topf vom Herd nehmen und circa ein Drittel der Sauce in einen kleinen Topf umfüllen. Die Sahne darübergießen und zur Seite stellen.

Die Eigelbe nacheinander unter die restliche Sauce rühren. Den Topf dann vom Herd nehmen und den Käse und den Schnittlauch untermischen. 3 bis 4 Eßlöffel Käse und 1 Eßlöffel Schnittlauch zum Bestreuen aufheben. Die Sauce kräftig abschmecken, mit Klarsichtfolie abdecken oder die Oberfläche mit Butter bestreichen, damit sich keine Haut bildet.

Den Backofen auf 175 °C (Gas Stufe 2) vorheizen und in einem Bräter Wasser für das Wasserbad zum Kochen bringen. Die Eiweiße, wenn möglich in einer Kupferschüssel (siehe Seite 223), steifschlagen. Die Käsesauce noch einmal vorsichtig erwärmen, bis sich der Topf heiß anfühlt (nicht zu sehr erhitzen, sonst zieht der Käse Fäden). Zunächst etwa ein Viertel des Eischnees sorgfältig unter die Sauce heben, anschließend das restliche Eiweiß so vorsichtig wie möglich unterziehen. Die Masse in die Förmchen füllen, mit einem Messer glattstreichen und einmal mit dem Daumen am Rand entlangfahren, damit die Masse nicht anhängt und die Soufflés schön aufgehen.

Die Förmchen ins Wasserbad stellen, auf dem Herd noch einmal aufkochen lassen und dann in den Backofen geben. 15 bis 20 Minuten backen, bis die Soufflés aufgegangen, oben schön braun und in der Mitte etwas fest sind. Die Förmchen aus dem Wasserbad nehmen und abkühlen lassen. Die Soufflés werden dabei ein wenig zusammenschrumpfen und sich etwas von den Rändern lösen.

Die Soufflés in die Auflaufformen stürzen. Die Sahne unter die restliche Sauce rühren, bis sie glatt ist, und noch einmal kurz aufkochen. Abschmecken, die Soufflés damit begießen und mit Käse bestreuen. Die Soufflés können dann bis zu 24 Stunden zugedeckt im Kühlschrank aufbewahrt werden.

Um das Gericht fertigzustellen, den Backofen auf 220 °C (Gas Stufe 4) vorheizen und die Soufflés 5 bis 7 Minuten backen, bis sie aufgegangen und oben goldbraun sind und die Sauce Blasen wirft. Mit dem restlichen Schnittlauch bestreuen und sofort servieren.

# Samtsauce

EINE SAMTSAUCE (WEISSE GRUNDSAUCE, VELOUTÉSAUCE) WIRD MIT BRÜHE oder mit der Kochflüssigkeit des Fleischs oder Fischs hergestellt, zu dem sie serviert werden soll. Diese nüchterne Definition läßt nur wenig vom Aroma und Gehalt einer guten Samtsauce ahnen. Weitaus poetischer sind da die französischen Köche, die sie mit Beinamen wie *suprême* (Geflügelvelouté mit Zitrone und Champignons) oder *à la reine* (Hühnerbrust in Samtsauce) schmücken. Wenn Sie das Gericht dann noch in einem Blätterteigförmchen servieren, können Sie es selbst einer Königin vorsetzen.

Eine Samtsauce paßt hervorragend zu Fisch. Klassiker wie die *sauce normande* mit Muscheln, Pilzen und Garnelen oder die *sauce cardinale* mit Hummerbutter werden dabei häufig mit Weißwein verfeinert. Man kann sie aber auch mit Kapern, Tomate oder mit Zitronensaft und Petersilie anreichern. Bei der griechischen *avgolemono*-Sauce handelt es sich um eine Zitronensamtsauce. Königsberger Klopse werden ebenfalls mit einer Samtsauce zubereitet, und in meiner Heimat Nordengland servieren wir eine Samtsauce mit Kapern zu Lammfleisch.

**RICHTIG** – die Sauce bleibt etwas am Löffelrücken haften, ist aber noch relativ flüssig; sie hat eine kräftige Cremefarbe und glänzt; sie hat den vollen Geschmack der Brühe – Kalb, Huhn oder Fisch –, mit der sie zubereitet wurde.

**MEIN TIP**

Mit einem Spritzer Zitronensaft können Sie den Geschmack der Sauce noch heben. Soll sie besonders dick und glatt sein, rühren Sie noch 1 Löffel Crème double oder Crème fraîche unter.

**PROBLEMFÄLLE**

ZU DÜNN
*Grund:* zuviel Flüssigkeit
→ weiterköcheln lassen, bis die Sauce die richtige Konsistenz hat.

ZU DICK, ZÄHFLÜSSIG
*Grund:* zu wenig Flüssigkeit oder zu lange gekocht
→ mit Brühe oder, falls der Geschmack bereits sehr intensiv ist, mit Wasser verdünnen.

GLANZLOS
*Grund:* die Sauce wurde während des Eindickens nicht genug gerührt; nicht lange genug gekocht
→ 1 Minute kräftig rühren, dann 3–5 Minuten köcheln lassen und gegebenenfalls abschäumen.

ZU WENIG GESCHMACK
*Grund:* Brühe oder Sauce nicht ausreichend gewürzt
→ nachwürzen; falls verfügbar mit Fleisch-, Geflügel- oder Fischextrakt anreichern; die Sauce noch etwas einkochen lassen; mit 1 oder 2 TL Cognac, Madeira oder Sherry abschmecken.

## *Hähnchenbrust mit Estragonsamtsauce auf Kartoffelküchlein*

4 PORTIONEN

*Foto Seite 106/107*

Estragon verleiht diesen Hähnchenbrüsten, die auf knusprigen Kartoffelküchlein serviert werden, eine pikante Note.

*4 Hähnchenbrüste, entbeint und enthäutet*
*500 g mehlig-festkochende Kartoffeln*
*4 EL Crème double*
*Salz und weißer Pfeffer*

*FÜR DIE SAUCE:*
*1 großes Bund Estragon*
*1 Liter Hühnerbrühe*
*60 g Butter*
*3 EL Mehl*
*Saft von 1/2 Zitrone*

Den Backofen auf 175 °C (Gas Stufe 2) vorheizen. Für die Sauce die Estragonzweige zur Hälfte abzupfen, die Stengel aufheben und 4 kleine Zweige zum Garnieren zurückbehalten. Die abgezupften Blätter hacken und zur Seite stellen. Die Brühe in einem Topf zum Kochen bringen und die Estragonstengel hineingeben.

Die Hähnchenbrüste in eine mittelgroße Auflaufform legen und mit der Brühe übergießen. Mit einer gebutterten Alufolie abdecken und 15 bis 20 Minuten im Ofen garen, bis sie sich beim Einstechen weich anfühlen. Auf eine Platte geben, mit Alufolie abdecken und warm stellen. Die Garflüssigkeit aufheben. Den Backofen auf 200 °C (Gas Stufe 3) schalten.

Für die Kartoffelküchlein die Kartoffeln schälen und grob raspeln. In einem Tuch auspressen und in eine große Schüssel geben. Die Crème double untermischen und mit Salz und Pfeffer würzen. Dabei möglichst schnell arbeiten, damit sich die Kartoffeln nicht verfärben. Ein Backblech mit Pflanzenöl einstreichen und den Kartoffelteig in vier Häufchen darauf setzen. Mit einem Holzpfannenwender zu 6 mm dicken Küchlein flachstreichen und 12 bis 15 Minuten im vorgeheizten Ofen backen, bis sie braun sind. Anschließend wenden und auf der anderen Seite ebenfalls 12 bis 15 Minuten backen, bis sie knusprig sind.

Nun die Sauce fertigstellen. Die Butter in einem Topf mit schwerem Boden zerlassen, das Mehl einrühren und 30 bis 60 Sekunden kochen, bis es Blasen wirft. Es darf dabei aber keine Farbe annehmen. Die Kochflüssigkeit mit den Estragonstengeln einrühren und unter Rühren kochen, bis die Sauce eindickt. Sparsam mit Salz und Pfeffer abschmecken (der Geschmack wird durch das Einkochen bereits ziemlich intensiv) und weitere 15 bis 30 Minuten köcheln lassen. Dabei von Zeit zu Zeit abschäumen.

Die Sauce danach in einen zweiten Topf passieren und noch einmal kurz aufkochen lassen. Die gehackten Estragonblätter und den Zitronensaft unterrühren und abschmecken. Die Kartoffelküchlein auf vier Teller verteilen, die Hähnchenbrüste fächerförmig aufschneiden und auf den Kartoffelküchlein anrichten. Mit etwas Sauce begießen und jeweils mit 1 Estragonzweig garnieren. Sofort servieren und die restliche Sauce getrennt dazu reichen.

# Brühen herstellen

BRÜHEN AUS FISCHGRÄTEN, Geflügel-, Kalbs- oder Rinderknochen, die mit Gemüse und Gewürzen gekächelt werden, damit sie möglichst viel von ihrem Geschmack abgeben, bilden die Grundlage zahlreicher Saucen und Suppen. Eine gute Brühe hat einen kräftigen Geschmack – bei Fisch ist er eher frisch, bei Geflügel und Fleisch eher mild – und sollte möglichst viel Gelatine (aus den Knochen) enthalten. Fischbrühen sind fast klar, Hühnerbrühen haben eine goldgelbe, Kalbsbrühen eine weiße oder hellbraune und Rinderbrühen eine braune Farbe. Ihre Farbe bekommen Sie durch das sorgfältige Anbräunen von Knochen und Gemüse. Die Knochen müssen vorher zunächst abgekocht und dann abgegossen werden.

Einen besonders intensiven Geschmack erzielen Sie, indem Sie die Brühe so lange köcheln lassen, bis sie eingekocht und konzentriert ist. Kochen Sie sie danach noch weiter, wird daraus unter Umständen ein Extrakt (siehe Seite 114). Wie Sie noch sehen werden, würze ich nicht mit Salz, denn die Brühe wird durch das Einkochen bereits salzig. Eine Brühe hält sich im Kühlschrank bis zu 3 Tagen und kann auch eingefroren werden. Ich friere sie meist in einem Eiswürfelbehälter ein. So habe ich immer auch kleine Mengen verfügbar. (Gemüsebrühen siehe Seite 165)

**RICHTIG** – die Brühe ist klar und durchsichtig und hat eine leuchtende Farbe (hell bei Fisch und Gemüse, goldgelb bei Geflügel und Kalbfleisch, dunkler bei Rindfleisch); der Geschmack ist kräftig und konzentriert (frisch bei Fisch und Gemüse, mild bei Geflügel und Fleisch).

TRÜB – die Brühe ist nicht klar, häufig dunkel; Geschmack unangenehm. *Grund:* die Knochen wurden nicht gewaschen; die Brühe hat gekocht → 2 Eiweiß in die warme Brühe rühren, langsam aufkochen, 5 Minuten köcheln lassen und dann durch ein Tuch seihen.

### WEITERE PROBLEME

FETTIG
*Grund:* die Knochen waren fettig, das Fett wurde nach dem Anbräunen nicht entfernt; die Brühe hat gekocht → die Brühe kalt stellen und anschließend das Fett abschöpfen.

ZU WENIG GESCHMACK
*Grund:* zuviel Wasser; Kochzeit zu kurz → weiterköcheln lassen; nach dem Durchpassieren rasch einkochen lassen.

### MEIN TIP

Fett läßt sich von heißer Brühe schnell abschöpfen, indem man mit einem Stück Küchenpapier über die Oberfläche fährt.

## *Braune Kalbs- und Rinderbrühe*

ERGIBT CIRCA 2 1/2 LITER

Eine Kalbsbrühe wird ausschließlich aus Knochen hergestellt, eine Rinderbrühe hingegen zur Hälfte aus Knochen (wegen der Gelatine) und zur Hälfte aus Fleisch (wegen des Geschmacks). Das Gemüse, das hier verwendet wurde, soll lediglich als Anregung dienen. Damit die Brühe mehr Farbe bekommt, können Sie beispielsweise auch Porree, Möhren oder Tomaten nehmen, außerdem Kräuter für mehr Geschmack. Wurzelgemüse ist allerdings nicht zu empfehlen, weil es zerfällt. Bei einer braunen Brühe müssen Knochen und Gemüse gut angebräunt werden. Am einfachsten ist das im Backofen. Zwiebeln mit Schale geben übrigens auch Farbe. Die Brühe muß dann mindestens 4, besser noch 5 bis 6 Stunden köcheln, damit die Knochen ihren vollen Geschmack abgeben.

*2,5 kg Kalbsknochen (oder halb Rind, halb Kalb), in große Stücke zerteilt*
*2 ungeschälte Zwiebeln, geviertelt*
*2 Möhren, geviertelt*
*1 Stange Sellerie, in Stücke geschnitten*
*1 Kräutersträußchen*
*1 TL Pfefferkörner*
*1 EL Tomatenmark*
*3–4 ungeschälte Knoblauchzehen (nach Belieben)*
*5 l Wasser (ggf. etwas mehr)*

Den Backofen auf 250 °C (Gas Stufe 5) vorheizen. Die Knochen in einen Bräter geben und 30 bis 40 Minuten rösten, bis sie schön braun sind. Wenden, die Zwiebeln, die Möhren und den Sellerie dazugeben und alles weitere 30 Minuten rösten, bis das Gemüse sehr braun und an den Rändern fast verbrannt ist.

Das Ganze in einen Kochtopf umfüllen, das Kräutersträußchen, die Pfefferkörner, das Tomatenmark und gegebenenfalls den Knoblauch hinzufügen und mit Wasser bedecken. Langsam zum Kochen bringen und dabei immer wieder abschäumen. 5 bis 6 Stunden köcheln lassen. Dabei gelegentlich abschäumen und nötigenfalls noch mit Wasser auffüllen. Die Brühe danach durchseihen und, sollte der Geschmack nicht intensiv genug sein, noch einmal kräftig einkochen lassen. Kalt stellen und vor Gebrauch das Fett abschöpfen.

### *Hühnerbrühe*

Eine Hühnerbrühe wird genauso zubereitet wie eine Kalbs- oder Rinderbrühe. Die Knochen werden dabei durch 1,4 kg rohe Hähnchenrücken, -hälse und -knochen ersetzt, Fleisch und Knochen werden aber nicht angebräunt. Das Ganze mit 1 geviertelten Zwiebel, 1 geviertelten Möhre, 1 kleingeschnittenen Stange Sellerie, 1 Kräutersträußchen und 1 Teelöffel Pfefferkörnern 2 bis 3 Stunden köcheln lassen. Dabei immer wieder abschäumen und, falls die Knochen nicht mehr bedeckt sind, mit Wasser auffüllen. Sie können aber auch ein ganzes Hähnchen nehmen und das Fleisch für ein anderes Gericht, etwa einen Salat, verwenden. Milder wird die Brühe, wenn Sie sie mit der Karkasse eines gekochten Hähnchens zubereiten. Ergibt 1 1/2 l.

### *Fischbrühe*

Im Unterschied zu den Fleischbrühen werden bei der Fischbrühe die Gräten nur kurz und schnell gekocht, damit sie ihr Aroma abgeben und der Geschmack frisch bleibt. Die Gräten müssen vorher gründlich gewaschen werden und dürfen nicht zu lange kochen, sonst wird die Brühe bitter. Für 1 Liter Brühe 750 g gewaschene und kleingeschnittene Fischgräten und -köpfe mit 1 in Ringe geschnittenen Zwiebel, 1 Kräutersträußchen, 1 Teelöffel Pfefferkörnern, 1/4 l trockenem Weißwein oder 4 Eßlöffeln Weißweinessig in einen Kochtopf geben und mit Wasser bedecken. Aufkochen lassen und dabei laufend abschäumen. Die Brühe dann 20 Minuten köcheln lassen und dabei gelegentlich abschäumen.

# Braune Grundsauce, angedickter Bratensaft

DIE BRAUNE GRUNDSAUCE IST EINE UNVERZICHTBARE GRUNDLAGE der professionellen Küche, aber auch in der heimischen Küche ist sie zu finden, und zwar als angedickter Bratensaft, dem vielgeliebten Begleiter von Kartoffelpüree, gebratenem Fleisch und Geflügel. Die Zubereitung einer braunen Grundsauce, sei es nun die klassische Art, die mit einer Einbrenne aus Mehl und Öl hergestellt und langsam geköchelt wird, oder eine mit angerührtem Stärkemehl angedickte Kalbsbrühe, erfordert ein gewisses Können, vielfältige Zutaten und langes, langsames Kochen. Rühren sollte man hier gerade nur so viel, daß die Sauce nicht anhängt, denn durch zu häufiges und zu heftiges Rühren kann eine braune Sauce zu schäumen beginnen und wird trüb. Verfeinert wird die Grundsauce traditionell mit Madeira, mit Trüffeln (*sauce périgueux*), mit eingekochtem Rotwein, Schalotten und Gewürzgurke (*sauce charcutière*) oder mit eingekochtem Rotwein, Schalotten und Rindermark (*sauce bordelaise*). Eine weitere Variante ist die italienische *salsa piemontese* mit Anchovis, Schalotten und weißen Trüffeln; in den Südstaaten der USA schmeckt man den Bratensaft mit weißem Pfeffer ab, eine Sauce, die dort sehr gerne zu Geflügel gereicht wird.

## EXTRAKTE

Einen Extrakt gewinnt man, indem man eine Fleisch-, Geflügel- oder Fischbrühe so lange einkochen läßt, bis sie eine sirupartige Konsistenz angenommen hat. Aus 2 l Brühe läßt sich so 1/4 l Extrakt herstellen. Achten Sie aber darauf, daß die Brühe möglichst viel Gelatine aus den Knochen enthält. Nach dem Erkalten wird der Extrakt fest und kann mehrere Monate im Kühlschrank gelagert werden. Bereits 1 Teelöffel gibt Ihrer Sauce einen kräftigen Geschmack. Abschmecken sollten Sie erst, nachdem Sie den Extrakt hinzugefügt haben, denn er kann sehr salzig sein. Sie können ihn aber auch in Wasser auflösen und erhalten so eine Brühe mit einem angenehm nussigen Geschmack.

ZU DÜNN – die Farbe ist blaß; die Sauce ist noch fast flüssig; der Geschmack ist fade.
*Grund:* zuviel Brühe; die Brühe war von minderer Qualität; der Fleischsaft (bei Bratenfonds) war nicht ausreichend eingekocht
→ weiterköcheln lassen, bis die Sauce gut eingekocht ist; falls verfügbar mit Fleischextrakt anreichern; mit Wasser angerührtes Pfeilwurzelmehl oder Maisstärke in die kochende Sauce rühren, bis sie die richtige Konsistenz hat.

**RICHTIG** – die Sauce glänzt, hat eine schöne rotbraune Farbe (bei rotem Fleisch und Federwild kann sie auch dunkler sein); sie ist relativ flüssig; der Geschmack ist kräftig und ausgewogen.

ZU DICK – die Sauce ist matt und dickflüssig.
*Grund:* mit zuviel Mehl oder Stärke angedickt; zu stark eingekocht
→ mit Brühe oder, falls der Geschmack bereits sehr kräftig ist, mit Wasser verdünnen.

## WEITERE PROBLEME

KLUMPIG
*Grund:* das Mehl oder Stärkemehl wurde nicht sorgfältig angerührt; die Sauce wurde beim Aufkochen und Eindicken nicht genug gerührt
→ die Sauce durch ein Haarsieb passieren.

ZU WENIG GESCHMACK
*Grund:* nachwürzen; falls verfügbar mit Fleischextrakt anreichern; weiterköcheln lassen, damit der Geschmack kräftiger wird.

BITTER
*Grund:* zu stark eingekocht; das Mehl war angebrannt
→ mit Wasser verdünnen; den bitteren Geschmack mit Worcestersauce, Tabasco oder Senf kaschieren; ist die Sauce sehr stark angebrannt, ist keine Abhilfe mehr möglich.

MATTE FARBE
*Grund:* die Brühe war trüb; wurde gerührt, bevor sie angedickt war; beim Einkochen zu stark gekocht oder nicht abgeschäumt
→ kalte Brühe oder Wasser angießen, bei schwacher Hitze einkochen lassen und dabei immer wieder abschäumen.

## MEIN TIP

Ist Ihre Sauce etwas fade, können Sie ihr mit einigen Eßlöffeln Madeira Geschmack und Farbe verleihen. Lassen Sie sie anschließend 5–10 Minuten köcheln und schmecken sie vor dem Auftragen noch mit 1 weiteren Löffel Madeira ab. Mit Marsala bekommt die Sauce eine italienische Note, ebenso bietet sich eine Mischung aus Portwein und Cognac an.

# Ungedickte Bratenfonds

EIN GUTER, UNGEDICKTER BRATENSAFT, AUCH *JUS* GENANNT, wird normalerweise aus dem karamelisierten Bratensaft hergestellt, der sich nach dem Braten von Fleisch oder Geflügel am Pfannenboden absetzt. Diesen Fond läßt man zunächst in der Pfanne einkochen; anschließend wird er deglaciert, das heißt mit Brühe, Wein oder Wasser abgelöscht. Da der Bratensaft immer auch etwas Fett enthält, kann die fertige Sauce emulgieren (siehe Seite 123) und dickt etwas ein. Dazu reicht eine kleine Menge – höchstens 1 bis 2 Eßlöffel – aus. Das restliche Fett sollten Sie deshalb vor dem Ablöschen abschöpfen. Nachdem Sie die Flüssigkeit angegossen haben, muß die Sauce rasch aufgekocht und reduziert werden, damit sie ihren vollen Geschmack entfalten kann. Welche Flüssigkeit zum Ablöschen verwendet wird, sagt auch etwas über den jeweiligen Nationalcharakter aus. Wie Sie vermutlich erwartet haben, bevorzugen die Franzosen je nach Fleisch Weiß- oder Rotwein, die Italiener Marsala und die Portugiesen Madeira oder Portwein. Britische Köche sind eher sparsam und verwenden das Wasser vom Gemüsekochen, und in Amerika bereitet man einen vorzüglichen Bratensaft mit Kaffee zu. Probieren Sie einmal mein Gebratenes Rinderfilet mit Kaffeesauce (siehe Seite 65) – einfach köstlich!

**RICHTIG** – die Sauce hat eine goldbraune Farbe (bei rotem Fleisch und Federwild ist sie dunkler), einen vollen Geschmack und ist ganz leicht angedickt.

DAS FETT IST GERONNEN – an der Oberfläche hat sich eine schwere Fettschicht abgesetzt.
*Grund:* zuviel Fett; der Bratensaft hat beim Kochen nicht emulgiert
→ das Fett – möglichst vor dem Angießen der Flüssigkeit – fast vollständig abschöpfen; noch einmal kräftig kochen, damit sich Flüssigkeit und Fett verbinden.

**MEIN TIP**

Einen ungedickten Bratensaft, der nicht ganz gelungen ist, zum Schluß mit Sahne oder Butter verfeinern. Dazu den Topf vom Herd nehmen und 1 EL Crème double oder 15 g Butter unterrühren (für 1/4 l Bratensaft).

## WEITERE PROBLEME

ZU DÜNN
*Grund:* es war nicht genug Bratensaft in der Pfanne; die Bratensauce wurde nicht ausreichend reduziert; der Fond wurde mit Wasser und nicht mit Wein oder Brühe abgelöscht
→ weiterkochen, bis die Sauce emulgiert und etwas eindickt.

ZU WENIG GESCHMACK
*Grund:* die Brühe war von minderer Qualität; es war zu wenig Bratensaft in der Pfanne; nicht ausreichend gewürzt
→ einige Eßlöffel Rotwein, Madeira oder Portwein (bei Schwein und Ente) hinzufügen und die Sauce noch 1–2 Minuten köcheln lassen; falls verfügbar mit Fleischextrakt anreichern.

## Schweinefilet mit Muskatellersauce und Preiselbeeren

4 Portionen

Wenn Sie das Schweinefilet so dressieren, daß Sie später Medaillons erhalten, läßt es sich sehr gut in der Pfanne braten. Dazu reichen Sie diesen süß-sauren Bratensaft und als Beilagen Knollensellerie, weiße Rüben oder Kartoffeln. Die getrockneten Preiselbeeren können Sie auch durch andere Trockenfrüchte, etwa kleingeschnittene Aprikosen oder Kirschen, ersetzen.

*2 Schweinefilets (ca. 750 g)*
*1 TL gemahlener Zimt*
*Salz und Pfeffer*
*1 EL Butter*
*1 EL Öl*
*60 g getrocknete Preiselbeeren*
*1/4 l süßer weißer Muskateller*
*1/4 l braune Kalbs- oder Rinderbrühe (siehe Seite 113)*
*1 EL rotes Johannisbeergelee*
*1 Spritzer Zitronensaft*

Die Schweinefilets von Haut und Fett befreien. Die Filets dann so nebeneinanderlegen, daß das breite Ende des einen Filets neben dem schmalen Ende des anderen liegt. In regelmäßigen Abständen mit acht Fäden abbinden, so daß eine Rolle entsteht, und zwischen den Fäden in acht etwa 4 cm dicke Medaillons aufschneiden. Das Fleisch anschließend mit Zimt, Salz und Pfeffer würzen.

Die Butter mit dem Öl in einer Pfanne erhitzen, bis es schäumt. Die Medaillons hineingeben und 3 bis 5 Minuten anbraten. Wenden, die Temperatur verringern und weitere 5 bis 7 Minuten braten, bis sie auch auf dieser Seite angebräunt und gerade gar sind. Auf eine Platte geben und warm halten.

Das Fett in der Pfanne bis auf 1 Teelöffel abschöpfen, die Preiselbeeren, den Wein und die Brühe hineingeben und 10 bis 12 Minuten kochen, bis die Flüssigkeit auf die Hälfte reduziert ist. Dabei gut umrühren, damit sich der Bratenfond vom Boden löst. Zum Schluß das Johannisbeergelee und den Zitronensaft sorgfältig unterrühren und abschmecken.

Die Medaillons in die Sauce legen und 1 Minute erhitzen. Die Fäden entfernen, die Medaillons auf vier Tellern anrichten, mit der Sauce begießen und sofort servieren.

*Schweinefilet mit Muskatellersauce und Preiselbeeren*

## Steak mit Rotweinsauce

4 Portionen

Die klassische braune Grundsauce, für deren Zubereitung man Tage benötigte, ist inzwischen zwar aus der Mode gekommen, aber das langsame Einkochen bei schwacher Hitze ist nach wie vor die Voraussetzung für eine feine und glänzende braune Sauce. Und da machen sich auch schon die 20 Minuten, die diese Sauce nur köcheln muß, bemerkbar.

*2 Lendensteaks (ca. 750 g), 2,5 cm dick*
*2 EL Öl*
*Salz und Pfeffer*
*1 Kästchen Brunnenkresse zum Garnieren*

*Für die Sauce:*
*30 g Butter*
*3 Schalotten, fein gehackt*
*1/2 l Rotwein*
*1/2 TL grob gemahlener schwarzer Pfeffer*
*1 Msp. geriebene Muskatnuß*
*375 ml braune Kalbs- oder Rinderbrühe (siehe Seite 113)*
*1 TL Pfeilwurzelmehl oder Kartoffelstärke, mit 1 EL kaltem Wasser angerührt*

Die Steaks mit Öl bestreichen, mit Pfeffer würzen und dann ruhenlassen.

Für die Sauce die Hälfte der Butter in einem Topf mit schwerem Boden zerlassen und die Schalotten 2 bis 3 Minuten darin weich dünsten. Den Wein angießen und Pfeffer und Muskat dazugeben. Die Sauce zum Kochen bringen und auf die Hälfte reduzieren. Die Brühe in einem zweiten Topf kurz aufkochen lassen und die reduzierte Rotweinsauce hineinpassieren. Das Ganze dann nochmals 15 bis 20 Minuten bei schwacher Hitze einkochen lassen.

In der Zwischenzeit den Backofengrill vorheizen, die Steaks salzen und auf den Grillrost legen. Den Rost etwa 5 cm unterhalb des Grills einschieben und die Steaks je nach Geschmack (siehe Seite 76) 6 bis 10 Minuten grillen. Dabei nach der Hälfte der Zeit umdrehen.

Die Sauce noch einmal aufkochen lassen und gerade so viel Stärke einrühren, daß sie etwas eindickt. Den Topf dann vom Herd nehmen und die Sauce abschmecken. Die restliche Butter in Stücken hineingeben und den Topf dabei schwenken, bis sich die Butter vollständig mit der Sauce verbunden hat.

Die Steaks vor dem Auftragen schräg in Scheiben schneiden, das Fett dabei gegebenenfalls entfernen, und auf einer vorgewärmten Platte oder vier Tellern anrichten. Mit etwas Sauce begießen, mit der Kresse garnieren und sofort servieren. Die restliche Sauce getrennt dazu reichen.

# Sauce hollandaise

DIE SAUCE HOLLANDAISE BEDARF NICHT VIELER WORTE. Abgesehen davon, daß sie in Klassikern wie pochierten Eiern Bénédict mit Schinken und Toast oder Seezunge *bonne femme* mit Champignons und Weißweinsauce eine wesentliche Rolle spielt, wird sie auch sehr gerne zu gekochtem Gemüse und pochiertem oder gedünstetem Fisch gereicht. Darüber hinaus eignet sie sich gut zum Gratinieren und zum Anreichern von Cremesuppen und -saucen. Besonders locker wird sie, wenn man noch etwas geschlagene Sahne unterzieht, und der Geschmack läßt sich zum Beispiel mit Senf, Kräutern, Tomate oder wie in der Maltesersauce mit Blutorange heben.

Damit Ihre Hollandaise schön dick und gehaltvoll wird, achten Sie darauf, daß die Grundmasse aus Eigelb und Wasser gut eingedickt ist (die Spur des Schneebesens sollte sich mindestens 3 Sekunden abzeichnen), bevor Sie die Butter unterrühren. Da die Butter der Sauce ihren eigentlichen Geschmack gibt, verwenden Sie möglichst nur sehr gute ungesalzene Butter, die Sie vorher klären, um sie von Unreinheiten zu befreien. Ich habe da in Moskau so meine Erfahrungen gemacht, als ich meine Hollandaise mit der heimischen Butter aufschlug – sie schmeckte zwar nicht unangenehm, aber eigenartig nach Käse.

Die Sauce hollandaise wird sehr leicht klumpig, denn sie basiert auf einer Emulsion (siehe Seite 123) und darf deshalb nur bei sehr schwacher Hitze gekocht und warm gehalten werden. Sie sollte stets nur handwarm sein. Manche Köche verwenden deshalb auch ein Wasserbad, ich finde allerdings, daß ein schwerer Topf während des Kochens ausreichend Schutz bietet (hier zahlt sich die Anschaffung eines Kupfertopfs wirklich aus). Und Sie werden sehen, selbst im schlimmsten Fall läßt sich eine Hollandaise noch auf verschiedenste Weise retten.

ZU DÜNN – die Sauce ist schaumig; es fehlt ihr an Substanz, und sie läuft sehr leicht vom Löffel; der Geschmack ist fade.
*Grund:* die Grundmasse war noch nicht dick genug, als die Butter untergeschlagen wurde
→ bei schwacher Hitze oder im Wasserbad weiterkochen, bis die Sauce die richtige Konsistenz hat, und dabei alle 1–2 Minuten umrühren.

**RICHTIG** – die Sauce ist relativ dick, die Spur des Schneebesens zeichnet sich 10–15 Sekunden ab; der Geschmack ist fein und voll mit einer leichten Zitronennote.

KLUMPIG – die Butter gerinnt, und das Ei bildet Klumpen.
*Grund:* die Grundmasse wurde zu schnell gekocht; die Butter wurde zu schnell untergeschlagen; die Sauce wurde zu lange oder bei zu großer Hitze gekocht; die Eier waren alt

→ den Topf sofort in kaltes Wasser stellen, einen Eiswürfel in die Sauce geben und die klumpige Sauce nach und nach unter den schmelzenden Eiswürfel rühren, damit sie wieder emulgiert. Hilft das nicht, siehe Mein Tip.

## WEITERE PROBLEME

SCHMECKT FADE ODER NACH EI
*Grund:* nicht ausreichend gewürzt; zu wenig Butter; die Butter war nicht geklärt oder von minderer Qualität
→ nachwürzen (zum Beispiel mit Zitronensaft); noch etwas geklärte Butter unterrühren.

MATTE, GRÄULICHE FARBE, METALLISCHER GESCHMACK
*Grund:* die Eier und die Säure haben mit dem Metall des Topfs oder des Schneebesens reagiert
→ keine Abhilfe möglich; beim nächsten Mal einen Topf aus rostfreiem Stahl verwenden.

## MEIN TIP

Wenn Ihre Hollandaise klumpt, bereiten Sie am besten eine neue zu und verwenden die klumpige Sauce anstelle der zerlassenen Butter. 1 Eigelb bei schwacher Hitze mit 1 EL Wasser zu einer lockeren Mousse verschlagen. Den Topf vom Herd nehmen und nach und nach die klumpige Sauce einrühren. Dabei zunächst mit 1 TL beginnen und die Menge, sobald die Sauce zu emulgieren beginnt, erhöhen. Zu beachten: Sind die Klumpen bereits fast fest, kann die Sauce nicht mehr verwendet werden.

# *Pochierte Eier Florentiner Art*

4 PORTIONEN

Nach dem klassischen Rezept werden die Eier Florentiner Art mit einer Käsesauce überzogen. Ich bevorzuge allerdings diese Variante mit einer braunen Hollandaise. Servieren Sie dazu Baguette zum Auftunken der Sauce.

*4 Eier*
*3–4 EL weißer Essig*
*1 kg Spinat*
*30 g Butter*
*1 Schalotte, fein gehackt*
*Salz und weißer Pfeffer*

*FÜR DIE SAUCE:*
*175 g Butter*
*3 EL Wasser*
*3 Eigelb*
*Saft von 1/2 Zitrone*

Zunächst die Eier pochieren. Dazu einen breiten, flachen Topf zu zwei Dritteln mit Wasser füllen, den Essig hineingeben und aufkochen lassen. Die Eier nacheinander aufschlagen und ins sprudelnd kochende Wasser gleiten lassen. Den Herd dann herunterschalten, bis das Wasser nur noch köchelt, und die Eier 3 bis 4 Minuten pochieren, bis das Eiweiß fest, das Eigelb aber noch weich ist. Die Eier mit einem Schaumlöffel herausholen und zum Warmhalten in eine Schüssel mit heißem Wasser geben.

Die Stiele der Spinatblätter entfernen, die Blätter in reichlich kaltem Wasser waschen und gut trocknen. Den Spinat in einen großen Topf mit wenig Wasser geben, zudecken und 3 bis 4 Minuten kochen, bis er zusammengefallen ist. Dabei gelegentlich umrühren. Den Spinat abkühlen lassen und anschließend ausdrücken.

Die Butter bei mittlerer Hitze in einer großen Pfanne zerlassen und die Schalotte 1 bis 2 Minuten darin weich dünsten. Den Spinat dazugeben und unter Rühren 1 bis 2 Minuten braten, bis die Flüssigkeit vollständig verdunstet ist.

Für die Sauce zunächst die Butter anbräunen. Die Butter dazu langsam in einem kleinen Topf mit schwerem Boden erhitzen und dabei abschäumen. Unter gelegentlichem Rühren weitere 5 bis 7 Minuten erhitzen, bis die Butter nicht mehr zischt und sich am Boden ein goldgelber Satz mit nussigem Aroma gebildet hat. Die Butter dann in eine Schüssel gießen und etwas abkühlen lassen.

Den Topf mit Küchenpapier ausreiben, das Wasser und die Eigelbe hineingeben und mit etwas Salz und Pfeffer würzen. Das Ganze dann so lange verrühren, bis sich die Eier und das Wasser verbunden haben und die Eier in der Farbe etwas heller geworden sind. Den Topf in ein Wasserbad stellen und die Eiermasse bei schwacher Hitze 3 bis 5 Minuten kräftig schlagen, bis sie dick und cremig ist. Der Topfboden darf dabei nur handwarm sein, sonst gart das Eigelb zu schnell.

Den Topf dann vom Herd nehmen und zunächst nur so viel von der braunen Butter unterrühren, bis die Sauce etwas eindickt. Die restliche Butter langsam, in einem feinen Strahl einrühren. Der braune Satz muß in der Schüssel zurückbleiben. Zum Schluß den Zitronensaft untermischen und abschmecken.

Den Spinat auf vier Teller verteilen. Die Eier abtropfen lassen, mit Küchenpapier trockentupfen und auf die Spinatbetten legen. Die Eier mit der Sauce begießen und sofort servieren.

## Sauce béarnaise

Die Sauce béarnaise hat ihren Namen von der französischen Provinz Béarn und ist eine pikante Version der Hollandaise. Anstelle von Wasser wird hier eingekochter Estragonessig mit Estragonzweigen und Schalotte verwendet. Die Sauce béarnaise sollte sehr gehaltvoll und dicker als die Sauce hollandaise sein. Dazu muß die Eigelbmasse, bevor man die zerlassene Butter unterrührt, so lange gekocht werden, bis sich die Spur des Schneebesens mindestens 15 Sekunden lang abzeichnet. Nach dem Durchpassieren schmeckt man sie mit frischem, gehacktem Estragon und frisch gemahlenem schwarzem Pfeffer ab. Ist der Geschmack noch nicht kräftig genug, können Sie sie noch mit 1 Spritzer Zitronensaft und 1 Prise Cayennepfeffer würzen. Wie die Hollandaise bildet auch die Béarnaise leicht Klümpchen, die Sie auf die gleiche Weise beseitigen können.

Die Béarnaise zählt zu meinen Lieblingssaucen. Sie paßt nicht nur, wie traditionell üblich, zu Filetsteaks und Lammkoteletts, sondern zum Beispiel auch zu pochiertem oder gegrilltem Fisch und sogar zur Entenbrust.

RICHTIG – der Schneebesen hinterläßt am Topfboden eine deutliche Spur, die sich 10–15 Sekunden abzeichnet; die Sauce ist cremig, fällt aber noch leicht vom Löffel; sie hat einen angenehmen Estragongeschmack.

# Weiße Buttersauce und andere Buttersaucen

WIE DIE HOLLANDAISE UND DIE BÉARNAISE bekommt auch die weiße Buttersauce ihre Konsistenz durch eine Emulsion (siehe Seite 123). Sie ist allerdings noch empfindlicher, da hier die festen Bestandteile der Milch und die Molke der Butter als Emulgatoren fungieren. Deshalb darf eine Buttersauce auch nicht mit geklärter Butter zubereitet werden, die keine Molke mehr enthält. Das Gelingen einer weißen Buttersauce hängt davon ab, daß die Emulsion durch kräftiges Unterschlagen einer kleinen Menge kalter Butter sofort eingeleitet wird. Dann kann eigentlich nicht mehr viel passieren. Und hier noch ein kleiner Tip: Als zusätzlichen Emulgator können Sie noch 1 Löffel Crème double in die Sauce rühren. Puristen behaupten zwar, die Sauce büße dadurch an Geschmack ein, aber es funktioniert.

Traditionell verfeinert man Buttersaucen mit Weißwein, Weißweinessig und Schalotte oder mit Rotwein und Schalotte. Zusätzlichen Geschmack können Sie ihr mit Kräutern, Zitrone, Safran, Sojasauce oder einem Anislikör verleihen. Achten Sie darauf, daß alle diese Zutaten sehr gut eingekocht sind, bevor Sie die kalte Butter hinzufügen. Am schwierigsten zuzubereiten ist eine Buttersauce, bei der die Butter ohne weitere Zutaten lediglich mit 1 Löffel Wasser verrührt und höchstens noch mit etwas Zitronensaft und ein paar gehackten Kräutern verfeinert wird. Früher wurden Buttersaucen vorwiegend zu gedünstetem und gegrilltem Fisch gereicht, inzwischen serviert man sie aber auch zu Fleisch und Geflügel. Dann wird sie meist mit der eingekochten Garflüssigkeit zubereitet. Am besten schmeckt eine Buttersauce aber zu Gemüse.

Zum Warmhalten stellen Sie die Sauce mit einer Unterlage auf einen Topf mit heißem Wasser. Halten Sie sie nicht zu lange warm. Was Sie tun können, falls sie gerinnt, erfahren Sie in meinem Tip unten oder Sie servieren die Sauce einfach als fein abgeschmeckte zerlassene Butter.

ZU DÜNN – die Sauce ist fast durchsichtig und bleibt kaum am Löffelrücken haften. *Grund:* die übrigen Zutaten wurden vor dem Unterschlagen der Butter nicht zu einem sirupartigen Konzentrat eingekocht; die Butter war nicht kalt genug; die Butter wurde zu schnell unterrührt, und die Sauce wurde nicht kräftig genug geschlagen
→ den Topf vom Herd nehmen und die Sauce kräftig mit dem Schneebesen oder dem Pürierstab aufschlagen.

**RICHTIG** – die Sauce bleibt etwas am Löffelrücken haften, fährt man mit dem Finger darüber, hinterläßt er eine Spur; die Zutaten haben sich gleichmäßig verbunden; der Geschmack ist fein und ausgewogen, Schalotte, Weißwein und Essig schmecken noch etwas durch.

GERONNEN – die Butter setzt sich an der Oberfläche ab. *Grund:* die Butter wurde nicht kräftig genug untergeschlagen und hat sich nicht mit den übrigen Zutaten verbunden; die Sauce wurde bei zu starker Hitze gekocht oder zu lange warm gehalten
→ beginnt die Sauce, dünn zu werden, aufhören zu rühren und den Topf in kaltes Wasser stellen, dann der Anleitung in Mein Tip folgen.

## WEITERE PROBLEME

ZU INTENSIVER BUTTERGESCHMACK
*Grund:* nicht ausreichend gewürzt
→ nachwürzen (zum Beispiel mit Essig); mit gehackten Kräutern oder abgeriebener Zitronenschale verfeinern.

ZU SALZIG
*Grund:* die Butter war gesalzen; die Sauce wurde zu stark gewürzt
→ mit Anislikör, gehackten Kräutern, Safran oder 1 Löffel Crème double abschmecken.

## MEIN TIP

Ist Ihre Buttersauce geronnen, in einem Topf 2 EL Crème double (für 1/4 l geronnene Sauce) 1–2 Minuten unter Rühren einkochen lassen. Bei schwacher Hitze 1 TL der geronnenen Buttersauce unter die reduzierte Crème rühren, bis sie emulgiert. Anschließend weitere 2–3 Löffel unterarbeiten. Zum Schluß den Rest in einem feinen Strahl unterrühren und abschmecken. Diese Sauce behält ihre Konsistenz, anders als eine perfekte Sauce, nur maximal 5 Minuten.

# *Gedämpfter Seewolf mit Fenchel-Butter-Sauce*

4 PORTIONEN

In der Provence ist der heimische Anislikör, der Pastis, ebenso beliebt wie im übrigen Frankreich der Cognac. Bei diesem Rezept mit Seewolf, einem Fisch, der im Mittelmeerraum sehr häufig anzutreffen ist, unterstreicht er den Fenchelgeschmack. Dieses Rezept eignet sich auch gut für Seehecht oder Lachsforelle.

*4 Seewolffilets (ca. 750 g), mit Haut*
*Salz und Pfeffer*

FÜR DIE BRÜHE:
*1 Zwiebel, mit 1 Nelke gespickt*
*1 Möhre, in Scheiben geschnitten*
*1 EL Fenchelsamen*
*1 Kräutersträußchen*
*1/4 l Weißwein*
*1/2 l Wasser*

FÜR DIE BUTTERSAUCE:
*250 g kalte Butter in Stücken*
*2 Schalotten, fein gehackt*
*1 TL Fenchelsamen*
*1/8 l Weißwein*
*2 EL Pastis oder Anislikör*

Sämtliche Zutaten für die Brühe in einen Dampfkochtopf geben, den Topf schließen und das Ganze 15 bis 20 Minuten köcheln lassen, bis es sein Aroma entfaltet. In der Zwischenzeit die Fischfilets waschen, mit Küchenpapier trockentupfen und mit Salz und Pfeffer würzen.

Die Filets mit der Hautseite nach oben in den Dämpfeinsatz legen, über der Brühe einhängen, den Topf wieder schließen und den Fisch je nach Geschmack 10 bis 12 Minuten garen. Anschließend herausnehmen und warm stellen. Die Brühe in einen mittelgroßen Topf passieren und bei starker Hitze 7 bis 10 Minuten sirupartig auf 2 bis 3 Eßlöffel einkochen lassen.

Für die Buttersauce 30 g Butter in einem mittelgroßen Topf zerlassen, die Schalotten und die Fenchelsamen hineingeben und 1 bis 2 Minuten weich dünsten, ohne daß die Schalotten Farbe annehmen. Den Wein und die Hälfte des Pastis angießen und so lange köcheln lassen, bis die Flüssigkeit auf etwa 2 Eßlöffel eingekocht ist. Die restliche Butter in kleinen Portionen unterschlagen. Den Topf dabei immer wieder vom Herd nehmen, so wird die Butter weich und dickt die Sauce an, ohne zu zerlaufen. Die Sauce in den Topf mit der eingekochten Brühe passieren und dabei die Schalotten gut zerdrücken. Das Ganze gut verrühren, den restlichen Pastis untermischen und abschmecken.

Etwas Sauce auf vier vorgewärmte Teller verteilen, die Fischfilets mit der Hautseite nach oben darauf anrichten und sofort servieren. Die restliche Sauce getrennt dazu reichen.

*Fenchel-Butter-Sauce*

# Mayonnaise

EINE MAYONNAISE ZUZUBEREITEN, GILT ALLGEMEIN ALS SCHWIERIG. Deshalb sei hier kurz erläutert, warum das so ist. Damit die Mayonnaise eine samtige, dicke Konsistenz bekommt, müssen Essig, Öl und rohes Eigelb emulgieren (siehe Seite 123). Dazu benötigt man pro Eigelb in der Regel 175 ml Öl. Damit die Sauce emulgieren kann, sind verschiedene Voraussetzungen nötig. Zunächst einmal müssen sämtliche Zutaten Zimmertemperatur haben. Wenn Sie die Eier gerade aus dem Kühlschrank genommen haben, sollten Sie sowohl die Eier als auch die Schüssel erwärmen. Bevor Sie das Öl – anfangs tropfenweise und dann in einem feinen Strahl – unterrühren (dazu können Sie auch den elektrischen Mixer verwenden), werden die Eigelbe mit den Gewürzen und 1 Teelöffel Essig oder Zitronensaft verrührt. Eine kleine Menge Essig oder Zitronensaft ist nötig, damit die Eigelbe und das Öl emulgieren. Hat die Emulsion erst einmal eingesetzt und die Mayonnaise beginnt, dick zu werden, ist die weitere Zubereitung nicht mehr schwierig, und Sie werden mit einer Mayonnaise belohnt, die so dick ist, daß ein Löffel senkrecht darin stecken bleibt. Angesichts der gesundheitlichen Risiken, die rohes Eigelb birgt, sollte man Mayonnaise stets im Kühlschrank aufbewahren und binnen 24 Stunden verbrauchen.

Im Vergleich zu einer hausgemachten Mayonnaise ist eine fertig gekaufte nur ein schwacher Ersatz. Denn wenn Sie sie selbst machen, können Sie ihr, beispielsweise mit Weiß- oder Rotweinessig, Cidreessig oder aber einem mit Knoblauch und Kräutern verfeinerten Essig, eine besondere Note verleihen. Statt Olivenöl harmoniert auch Walnuß- oder Haselnußöl. Oder Sie entscheiden sich für eine geschmacksneutrale Mayonnaise, die Sie mit einem Pflanzenöl ohne Eigengeschmack zubereiten und später mit Kräutern, Tomate, Knoblauch oder Gewürzgurke anreichern. Lassen Sie sich dabei von dem jeweiligen Gericht – Fisch, Eier, Fleisch oder gekochtes Wurzelgemüse – inspirieren.

Auch in anderen Ländern erfreut sich die Mayonnaise großer Beliebtheit, etwa als provenzalisches *aïoli* mit frischem Knoblauch oder als rotbraune *rouille* mit Chili. In Amerika bereitet man die Mayonnaise mit saurer Sahne, Schnittlauch und Estragon zu, und die Sauce tartare mit Kapern, Schalotten, Gewürzgurke und gehackten, hartgekochten Eiern kennt man auf der ganzen Welt.

**MEIN TIP**

Ist Ihre Mayonnaise geronnen, die erkaltete Mayonnaise in einem Wasserbad auf Zimmertemperatur erwärmen. In einer zweiten Schüssel 1 TL Dijonsenf mit 1 Prise Salz verrühren und dann nach und nach, so als wäre es Öl, in die geronnene Mayonnaise rühren, bis sie zu emulgieren beginnt. Denken Sie dabei aber daran, daß die Emulsion sofort einsetzen und die Mayonnaise sofort eindicken muß.

RICHTIG ANGEDICKT – der Schneebesen hinterläßt eine dauerhafte Spur; die Mayonnaise ist cremefarben und glänzt; der Essig und die übrigen Zutaten gleichen den Ölgeschmack angenehm aus.

RICHTIG DICK – der Schneebesen bleibt aufrecht stehen; die Mayonnaise hat eine helle, goldgelbe Farbe und einen pikanten Geschmack.

GERONNEN – die Mayonnaise läuft leicht vom Löffel; grobe Beschaffenheit; Öl hat sich oben abgesetzt. *Grund:* Eigelb und Öl waren zu kalt; die Mayonnaise wurde am Anfang nicht kräftig genug geschlagen; das Öl wurde zu schnell untergerührt → siehe Mein Tip.

## WEITERE PROBLEME

ZU DÜNN UND ZU FLÜSSIG
(Die Mayonnaise wird wahrscheinlich mit der Zeit gerinnen.)
*Grund:* Eigelb und Öl waren zu kalt; die Mayonnaise wurde am Anfang nicht kräftig genug geschlagen, um die Emulsion einzuleiten; zu wenig Essig, nicht genug Öl
→ kein Öl mehr unterrühren, den Topf in eine Schüssel mit warmem Wasser stellen und kräftig schlagen, bis die Mayonnaise dick wird; wurde zuviel Essig verwendet, noch etwas Öl unterschlagen.

ÖLIGER GESCHMACK
*Grund:* das Öl hatte einen strengen Geschmack; zu wenig Essig, Zitronensaft oder Gewürze
→ nachwürzen (zum Beispiel mit Salz und Essig oder Zitronensaft).

SAURER GESCHMACK
*Grund:* zuviel Essig oder Zitronensaft; nicht ausreichend gewürzt
→ nachsalzen; mehr Öl, zum Beispiel ein aromatisiertes Öl wie etwa Olivenöl, unterschlagen.

# Vinaigrette

### EMULSIONEN & EMULGATOREN

Eine Emulsion entsteht, wenn sich zwei Zutaten, die sich normalerweise nicht mischen lassen – zum Beispiel Essig und Öl –, zu einer glatten, dicklichen Masse verbinden. Saucen, die auf einer Emulsion basieren, sind beispielsweise die Sauce hollandaise, die Sauce béarnaise, die weiße Buttersauce, die Mayonnaise und die Vinaigrette.

Damit eine Emulsion entstehen kann, müssen verschiedene Voraussetzungen erfüllt sein. Zum einen wird ein Emulgator benötigt, das heißt eine Zutat, die es ermöglicht, daß sich die übrigen Zutaten miteinander verbinden. Als Emulgatoren dienen in der Regel Eigelb (in der Sauce hollandaise, der Sauce béarnaise und der Mayonnaise), Dijonsenf (in der Mayonnaise und der Vinaigrette), die festen Milchbestandteile in der Butter (in Buttersaucen) sowie Kräuter und Gewürze.

Unterstützt wird das Emulgieren außerdem durch kräftiges Schlagen, wobei dem Emulgator zunächst nur tropfenweise eine Flüssigkeit zugesetzt wird. Dabei muß die Mischung sofort emulgieren, und darin besteht die besondere Schwierigkeit. Hat sie erst einmal emulgiert – zu erkennen ist das daran, daß die Mischung sichtlich dicker wird –, kann die Flüssigkeit rascher zugegeben werden.

Weitere Voraussetzungen für das Gelingen einer Emulsion sind die genaue Einhaltung der Mengenangaben und die richtige Temperierung der Zutaten und Küchengeräte (Zimmertemperatur). Eine Mayonnaise beispielsweise läßt sich nur schwer mit Eiern zubereiten, die gerade aus dem Kühlschrank kommen.

»SEI VERSCHWENDERISCH MIT DEM ÖL, geize mit dem Essig und rühre wie der leibhaftige Teufel«, so ein Sprichwort zum Thema Vinaigrette, dem ich nur beipflichten kann. Als Faustregel gilt: drei Teile Öl auf einen Teil Essig. Ich variiere hier allerdings, je nachdem wie kräftig das Öl oder der Essig schmeckt. Besonders gut harmonieren Olivenöl mit Rotweinessig oder Zitronensaft (dabei sollten Sie fünf Teile Öl auf einen Teil Zitronensaft rechnen), Walnußöl mit Sherryessig und Haselnußöl mit Himbeer- oder Balsamico-Essig.

Eine gute Vinaigrette erkennt man daran, daß sie durch kräftiges Schlagen leicht emulgiert hat und die Salatblätter bzw. andere Salatzutaten überzieht. Noch besser verbinden sich Öl und Essig, wenn Sie 1 Löffel Dijonsenf oder Sahne hinzufügen, aber das ist nicht unbedingt erforderlich. Wenn sie längere Zeit steht, gerinnt die Vinaigrette, kann aber durch erneutes Aufschlagen mühelos wieder gebunden werden (siehe Mein Tip). Im Kühlschrank sollte man sie nicht aufbewahren, da das Öl durch die Kälte gerinnt.

Voraussetzung für eine gute Vinaigrette ist richtiges Würzen. Ich würze meist gleich dreimal mit Salz und frisch gemahlenem Pfeffer: einmal den Essig, einmal das fertige Dressing und einmal die Salatzutaten (die Behauptung, das Salz löse sich nicht mehr auf, nachdem das Öl zugegeben wurde, ist Unsinn). Den Essig können Sie außerdem beispielsweise noch mit feingehackter Schalotte, Knoblauch oder Sojasauce anreichern. Kräuter dürfen allerdings erst ganz zum Schluß hinzugefügt werden, da sie rasch ihre Farbe und ihr Aroma einbüßen.

Eine Vinaigrette eignet sich nicht nur zum Anmachen kalter und warmer Salate, sondern auch als Marinade und zum Begießen von Grillfleisch und -fisch, und sie wird sogar zu pochiertem Fisch und Gemüse gereicht. Ich habe sogar schon einmal Lammkoteletts mit einer Tamarindenvinaigrette und warme Hühnerbrust mit einer Walnußvinaigrette und Roquefort gegessen. Ein weiterer Beweis für die Vielseitigkeit dieser Sauce.

RICHTIG *(rechts)* – die Vinaigrette ist leicht angedickt, und die Zutaten haben sich zu einer glatten Sauce verbunden; der Geschmack ist ausgewogen und pikant.
DÜNN, NICHT EMULGIERT *(links)* – Öl und Essig sind nicht mehr gebunden und setzen sich in zwei Schichten ab.
*Grund:* das Öl wurde nicht kräftig genug untergeschlagen; das Dressing hat längere Zeit gestanden
→ eine dünne Vinaigrette läßt sich noch recht gut verwenden, sie überzieht die Zutaten dann eben nur leicht; enthält sie bereits weitere Zutaten, noch einmal aufschlagen (siehe Mein Tip).

### WEITERE PROBLEME

ZU WENIG GESCHMACK
*Grund:* nicht ausreichend gewürzt; die Zutaten sind nicht sehr geschmacksintensiv
→ mit sehr fein gehackter Zwiebel, Schalotte, Knoblauch, frischem Ingwer, Chili oder gehackten Kräuter anreichern; mit einigen Tropfen Sojasauce, Worcestersauce, Cognac oder Tabasco abschmecken, Obstsalate mit Likör verfeinern.

SAURER GESCHMACK
*Grund:* nicht ausreichend gewürzt; zu wenig Öl; der Essig war sehr sauer; zuviel Zwiebel, Schalotte oder zuviel saure Zutaten enthalten
→ noch einmal mit Salz (bei süßen Dressings mit etwas Zucker) abschmecken; noch etwas Öl, insbesondere Olivenöl, hinzufügen.

ÖLIGER GESCHMACK
*Grund:* nicht ausreichend gewürzt; zu wenig Säure
→ noch einmal mit Salz würzen; noch etwas Essig, Zitronensaft oder Senf hinzufügen.

### MEIN TIP

Ist Ihre Vinaigrette zu dünn oder nicht gebunden, schlagen Sie sie noch einmal kräftig mit dem Schneebesen oder dem Pürierstab auf, bis sie emulgiert und etwas andickt. Sollte das nichts nützen, in einer kleinen Schüssel noch einmal einen Emulgator, etwa aus 1 TL Dijonsenf, 1 EL Joghurt oder Crème double oder 1 sehr fein gehackten Schalotte, herstellen und das fertige Dressing nach und nach – bis die Sauce emulgiert hat, in kleinen Mengen, danach in einem feinen Strahl – unterschlagen und anschließend abschmecken.

## *Rucola mit Grapefruit und Schinken in Balsamico-Vinaigrette*

4 PORTIONEN

Balsamico-Essig paßt wegen seines milden Geschmacks gut zu Früchten, vor allem zu Zitrusfrüchten. Beim Öl spielt es keine Rolle, ob Sie nun Oliven- oder ein anderes Pflanzenöl verwenden.

*3 rosa Grapefruits, unbehandelt*
*125 g roher Schinken, in dünnen Scheiben*
*1 großes Bund Rucola (ca. 175 g)*

*FÜR DIE VINAIGRETTE:*
*3 EL Balsamico-Essig*
*2 TL Dijonsenf*
*Salz und frisch gemahlener schwarzer Pfeffer*
*1/8 l Oliven- oder anderes Pflanzenöl*

1 Grapefruit dünn abschälen und die Schale in feine Streifen schneiden. In einem kleinen Topf Wasser zum Kochen bringen, die Schale 2 Minuten darin blanchieren und abtropfen lassen.

Von jeder Grapefruit den oberen und unteren Teil abschneiden und die Früchte sorgfältig schälen. Dabei auch die weiße Haut und die Kerne entfernen. Anschließend in Spalten zerteilen und filetieren.

Für die Vinaigrette den Essig und den Senf in eine Schüssel geben, mit Salz und Pfeffer würzen und zu einer glatten Sauce verrühren. Dann nach und nach das Öl unterschlagen, bis die Vinaigrette emulgiert und leicht andickt. Anschließend abschmecken.

Die Rucola mit circa einem Drittel der Vinaigrette anmachen, abschmecken und auf vier Teller verteilen. Die Grapefruitspalten und die aufgerollten Schinkenscheiben darauf anrichten. Mit dem restlichen Dressing beträufeln, mit der blanchierten Schale bestreuen und sofort servieren.

## *Sellerieremoulade*

4 BIS 6 PORTIONEN

Eine Remoulade wird für gewöhnlich mit Kapern, Gewürzgurke, Anchovis und gehackten Kräutern zubereitet. Hier wird der pikante Geschmack des Knollensellerie jedoch lediglich mit etwas Senf unterstrichen.

*1 Sellerieknolle (ca. 750 g)*
*1 Zitrone, halbiert*

*FÜR DIE MAYONNAISE:*
*1 großes oder 2 kleine Eigelb*
*2 TL Dijonsenf*
*2 EL Weißweinessig*
*Salz und weißer Pfeffer*
*175 ml Pflanzenöl*

Für die Mayonnaise das Eigelb mit dem Senf, 1 Eßlöffel Essig und etwas Salz und Pfeffer 1 bis 2 Minuten in einer kleinen Schüssel zu einer dicklichen Sauce verschlagen. 2 Eßlöffel Öl tropfenweise unterschlagen, bis eine sehr dicke Masse entstanden ist. Dann das restliche Öl, entweder löffelweise oder in einem feinen Strahl, hinzufügen und dabei kräftig weiterschlagen. Zum Schluß den restlichen Essig unterrühren und abschmecken (die Mayonnaise sollte deutlich nach Senf schmecken).

Den Sellerie schälen und mit der halben Zitrone abreiben, damit er sich nicht verfärbt. Die Knolle mit dem Messer oder einer Mandoline in streichholzgroße Stifte schneiden. Diese in einen Topf mit kaltem Salzwasser geben, aufkochen lassen und 1 Minute blanchieren. Den Sellerie dann abgießen, abschrecken und abtropfen lassen. Sollte er faserig sein, muß er noch einige Minuten blanchiert werden (der Sellerie sollte knackig, aber nicht hart sein).

Die Selleriestreifen sorgfältig mit der Mayonnaise vermischen und mit Zitronensaft, Salz, Pfeffer und gegebenenfalls noch etwas Senf abschmecken. Zudecken und mindestens 1, maximal 12 Stunden im Kühlschrank durchziehen lassen, damit die Mayonnaise ihren Geschmack entfalten kann.

*Rucola mit Grapefruit und Schinken in Balsamico-Vinaigrette*

# Tomatensaucen und gekochte Salsas

Die italienischen Köche sind Meister in der Zubereitung von Tomatensaucen. Um so verwunderlicher ist es, daß sie ihre Liebe zur Tomate erst vor knapp 150 Jahren entdeckten. Eine derartige Vielfalt an Tomatensaucen – sei es nun für Pastagerichte und Pizza oder zu Fisch, Geflügel, Fleisch und Gemüse – findet man nur in Italien. Die einfachste Sauce ist ein mit Salz, Pfeffer und frischen Kräutern verfeinertes Püree aus frischen Tomaten, das eigentlich gar nicht gekocht, sondern lediglich erhitzt wird. Gehaltvoller sind da schon die mediterran angehauchten Tomatensaucen (siehe Seite 129), die mit Zwiebel und Knoblauch zubereitet werden. Und ganz am Ende des Spektrums finden wir die terrakottafarbenen Tomatenextrakte, die so stark konzentriert sind, daß ein einziger Teelöffel eine ganze Tomate ersetzen kann.

In Frankreich erfreut sich das sogenannte Tomatenconcassé – so genannt, weil die Tomaten zuvor enthäutet, entkernt und gehackt werden – besonderer Beliebtheit; dabei werden die Tomaten so lange eingekocht, bis die Flüssigkeit fast vollständig verdunstet ist. Eine ganz andere Art der Zubereitung finden wir bei der gekochten mexikanischen Salsa. Hier werden die Tomaten mit Knoblauch und Zwiebel geröstet und mit Chili gewürzt. Gelungen ist eine Tomatensauce jedoch nur, wenn sie einen kräftigen Geschmack und eine schöne Farbe hat, weder zu süß noch zu sauer und gerade so dick oder dünn ist, wie Sie es wünschen.

**RICHTIG ANGEDICKT** – die Sauce enthält noch ganze Tomatenstückchen, sie fällt leicht vom Löffel, ist aber nicht flüssig; sie hat eine leuchtende, kräftige Farbe; der Geschmack ist mild und intensiv.

**RICHTIG DICK** – die Flüssigkeit ist vollständig verdunstet, der Löffel hinterläßt eine deutliche Spur, die Sauce ist dabei aber nicht zäh; der Geschmack ist kräftig, aber weder salzig noch sauer; die Farbe ist bräunlich-rot.

## PROBLEMFÄLLE

ZU DÜNN
*Grund:* zu kurz gekocht; zu viele flüssige Zutaten
→ die Sauce rasch einkochen lassen, bis sie eindickt.
ZÄHFLÜSSIG
*Grund:* zu lange gekocht
→ mit knackigen Zutaten, etwa gehackter Gurke oder Zwiebel, anreichern, mit Brühe oder Wasser verdünnen und noch einmal 3–5 Minuten kochen.
SAUER ODER BITTER
*Grund:* die Tomaten waren nicht reif; die Sauce ist zu stark eingekocht
→ 1–2 TL Zucker oder 1 Msp. kohlensaures Natron dazugeben (dadurch wird die Säure neutralisiert).

## MEIN TIP

Ist Ihre Tomatensauce zähflüssig, verkocht oder hat sie zu wenig Geschmack, können Sie sie durch Zugabe folgender Zutaten verbessern (die Wahl der Zutat richtet sich nach dem dazugehörigen Gericht):

- 125 g Crème double
- 2–3 gehackte Tomaten
- so viel Rotwein, wie Sie benötigen, um die gewünschte Konsistenz zu erzielen
- 2–3 EL feingehackter Stangensellerie und/oder süßliche Zwiebel
- zum Nachwürzen eignen sich vor allem Zitronensaft, Essig, Senf und frische Kräuter.

## Gemüsepürees

Die traditionsreichen Gemüsepürees waren lange Zeit aus der Mode und wurden erst vor einigen Jahren durch Rezepte wie etwa die Tomatensauce mit rotem Paprika und die Tomatensalsa mit Koriander (siehe Seite 129) wiederentdeckt.

Zwiebel- und Wurzelgemüse wie Zwiebel, Knoblauch und Süßkartoffel, kombiniert mit Tomate, Kürbis und anderem fleischigem Gemüse, eignen sich nicht nur hervorragend zum Andicken, sondern sorgen auch für eine kräftigere Farbe. Getrocknete Hülsenfrüchte, etwa Linsen und Kidneybohnen, binden noch stärker, dürfen aber nur sparsam verwendet werden, denn sie können zäh sein. Eine Gemüsesauce darf durchaus noch Fruchtfleisch enthalten, vor allem dann, wenn sie Bestandteil eines Fleisch- oder Geflügelragouts sind. Damit das Püree schön glatt wird, pürieren Sie das Gemüse und streichen es möglichst auch noch durch ein Sieb, um die Fasern zu entfernen.

**RICHTIG** *(links)* – die Sauce ist dickflüssig und bleibt am Löffelrücken haften; der Geschmack ist pikant oder aromatisch und mild.
KLUMPIG *(rechts)* – die Sauce hat eine grobe Beschaffenheit; an den Rändern kann sich Flüssigkeit absetzen; der Geschmack ist nicht ausgeprägt.
*Grund:* das Gemüse war zu fest, wurde nicht ausreichend gegart oder war faserig und enthielt etwas Stärke; wurde nicht lange genug püriert
→ noch einmal gründlich pürieren; durch ein Sieb passieren, um die Fasern zu entfernen. Gemüsepürees sind häufig klumpig oder haben keine leuchtende Farbe. Da helfen gehackte Kräuter wie Minze und Oregano, ein aromatisiertes Öl und Tomatenmark.

# Kalte Salsas

EINE GUTE KALTE SALSA IST KNACKIG, SAFTIG UND UNGEHEUER REICH IM GESCHMACK. Die bunten – roten, grünen und gelben – Zutaten sollten möglichst aus der »Neuen Welt«, der Heimat der Salsa, stammen. Eine Salsa ist nicht nur der unverzichtbare Begleiter von Tacos, Empanadas, Burritos und anderen mexikanischen Gerichten. Sie ist vielmehr, ähnlich wie ein Relish, eine Beilage zu gegrilltem Fisch, Geflügel und Fleisch und soll die Speisen, anders als die klassische, glatte Sauce, nicht umhüllen.

Eine kalte Salsa muß einen besonders kräftigen Gemüsegeschmack haben, weshalb sie traditionell auch mit gehackter süßer Zwiebel, Gurkenscheiben, Sellerie, Rettich, Paprika und Chili zubereitet wird. Zu den typischen Kräutern zählen Koriander, Basilikum, Thymian und Dill. Zum Binden dient in der Regel gehackte Tomate, es kommen aber auch saftige Früchte wie Avocados, Mangos, Pfirsiche oder Pflaumen in Frage. Das Gemüse kann, je nach Geschmack, fein oder grob gehackt werden. Geben Sie aber acht, daß zarte Kräuter wie Basilikum oder Koriander dabei nicht zerdrückt werden.

Ich lasse die fertige Salsa gerne 1 bis 2 Stunden, manchmal auch über Nacht, durchziehen. Lassen Sie sie aber nicht zu lange stehen, denn manche Früchte, insbesondere Steinobst wie etwa Pfirsiche, verfärben sich sonst und büßen ihr Aroma ein.

*von links nach rechts*
VERWÄSSERT – die Zutaten sind aufgeweicht, unten setzt sich Flüssigkeit ab; die Farbe ist blaß und der Geschmack fade.
**RICHTIG FEIN** – die Zutaten sind fein gehackt; der Geschmack ist kräftig und aromatisch.
**RICHTIG GROB** – die Zutaten sind grob gehackt, sind aber noch klein genug, um sich zu verbinden; man kann die einzelnen Zutaten gut herausschmecken.

## PROBLEMFÄLLE

VERWÄSSERT
*Grund:* die Zutaten, insbesondere Früchte, sind sehr saftig, haben nicht ausreichend abgetropft oder wurden zu fein gehackt; die Salsa hat zu lange gestanden, und Salz oder Zucker hat den Zutaten Flüssigkeit entzogen
→ in ein Sieb abgießen und noch etwas frisches, grobgehacktes Gemüse zufügen.

ZU WENIG GESCHMACK
*Grund:* nicht ausreichend gewürzt; die Zutaten, vor allem Tomaten und Kräuter, waren von minderer Qualität; die Salsa hat zu lange gestanden
→ den Geschmack mit Zitronensaft, Essig, Sojasauce, Tabasco und Kräutern heben; Tomaten und Früchte mit etwas Zucker abschmecken.

BITTER
*Grund:* die Zutaten, vor allem Gurke, waren bitter; Zwiebel oder Kräuter wurden beim Hacken zerdrückt
→ mit kräftigen Gewürzen wie Chili, Tabasco, Zitronen- oder Limonensaft kaschieren.

## MEIN TIP

Wenn Ihnen die Salsa zu fade erscheint, probieren Sie einmal folgendes aus: Zunächst überschüssige Flüssigkeit abgießen. Den Geschmack dann mit Zitrussaft, vor allem Limonensaft, und aromatischen Kräutern wie Basilikum, Dill oder Koriander heben und das Ganze zum Schluß mit 1 Spritzer Tabasco abschmecken.

## *Tomatensalsa mit Koriander*

ERGIBT 3/4 LITER

Die Salsa ist eine typisch mexikanische Spezialität, die sich jedoch von Region zu Region erheblich unterscheiden kann. Während sie in der nördlichen Region Sonora mild zubereitet wird und man von den hier so zahlreichen Chilisorten nur sparsamen Gebrauch macht, liebt man sie auf der Halbinsel Yucatán im Süden Mexikos besonders feurig. Wenn Sie mögen, können Sie diese milde Tomatensalsa auch schärfer abschmecken, indem Sie noch mehr Chilischoten verwenden.

*500 g Tomaten, enthäutet, entkernt und gehackt*
*2 Knoblauchzehen, fein gehackt*
*1 große Zwiebel, gehackt*
*1 grüne oder rote Paprikaschote, enthäutet, entkernt und gehackt*
*1 kleines Bund Koriandergrün, gehackt*
*1–2 Chilischoten, enthäutet, entkernt und gehackt*
*Saft von 1 Zitrone*
*Salz und Pfeffer*

Das Gemüse, den Koriander und die Chilischoten in einer Schüssel (kein Metall) vermengen. Den Zitronensaft unterrühren und mit Salz und Pfeffer abschmecken. Anschließend mindestens 30 Minuten bei Zimmertemperatur ziehen lassen.

Die Salsa vor dem Auftragen noch einmal gut durchrühren, damit sich der Geschmack entfalten kann, und noch einmal abschmecken. Sie kann gekühlt oder bei Zimmertemperatur serviert werden und hält sich 2 bis 3 Tage. Am besten schmeckt sie allerdings frisch.

*Tomatensalsa mit Koriander*

## *Tomatensauce mit Oregano*

ERGIBT 1 LITER

Womit diese Tomatensauce verfeinert wird, hängt sehr von der Jahreszeit und auch davon ab, was der Koch gerade zur Hand hat. Je nach Konsistenz und Kochzeit läßt sie sich sowohl für Pastagerichte als auch als Pizzaaufstrich verwenden.

*1,4 kg Tomaten, enthäutet, entkernt und gehackt*
*5 EL Olivenöl*
*3 Zwiebeln, gehackt*
*5 Knoblauchzehen, fein gehackt*
*90 g Tomatenmark*
*3–4 EL gehackter Oregano*
*1 Prise Zucker*
*Salz und Pfeffer*

Das Öl in einem hohen Topf mit schwerem Boden erhitzen und die Zwiebeln bei mittlerer Hitze 3 bis 5 Minuten leicht anbräunen. Den Knoblauch dazugeben und 1 Minute mitgaren, bis er sein Aroma entfaltet. Dann die Tomaten, das Tomatenmark und den Oregano untermischen und mit Zucker, Salz und Pfeffer würzen. Zudecken und das Ganze 10 bis 15 Minuten köcheln lassen, bis die Tomaten sehr weich sind.

Den Deckel abnehmen und die Sauce, soll sie als Nudelsauce verwendet werden, noch 5 bis 10 Minuten, soll sie als Pizzaaufstrich dienen, 20 bis 25 Minuten einkochen lassen (die Sauce ist dann entweder nur leicht angedickt oder sehr dick und konzentriert). Dabei gelegentlich umrühren und anschließend abschmecken.

### *Tomatensauce mit rotem Paprika*

Diese raffinierte Tomatensauce, die mit rotem Paprika zubereitet wird, habe ich auf Mallorca entdeckt. Sie wird dort gerne als Aufstrich für die *coca am pebres*, eine typisch mallorquinische Pizza, verwendet. Die Zubereitung ist die gleiche wie bei der Tomatensauce mit Oregano, lassen Sie sie zum Schluß aber nur 10 bis 15 Minuten einkochen, bis sie so dick ist, daß sie gerade noch vom Löffel fällt.

Während die Sauce kocht, 3 rote Paprikaschoten 7 bis 10 Minuten unter dem Backofengrill rösten, bis die Schale dunkel wird und aufspringt. Die Paprikaschoten dabei gelegentlich umdrehen. Anschließend in eine Plastiktüte geben, damit sich die Haut löst. Abkühlen lassen und die Schale abziehen. Die Schoten halbieren, die weißen Häutchen und die Kerne entfernen und das Fleisch in Streifen schneiden. Die Paprikastreifen unter die Sauce mischen und abschmecken. Ergibt 1 1/4 Liter.

# Englische Creme

Es gibt wohl keine Dessertkarte, auf der Englische Creme, die sich bisweilen hinter ihrem französischen Namen *crème anglaise* verbirgt, nicht in irgendeiner Form zu finden wäre. Von Anis über Kaffee bis hin zur Zitrusschale – sie harmoniert mit nahezu allen Gewürzen und wird zu einer ganzen Reihe warmer und kalter Puddings, Soufflés, Mousses, Kuchen und Kompotten gereicht. Englische Creme ist aber beispielsweise auch die Grundlage für kalte Soufflés, Bayerische Cremes, Charlotten und sogar für Eiscremes.

Am besten schmeckt sie, wenn man sie aus Vollmilch, die mit Eigelb angedickt und mit Zucker gesüßt wird, selbst zubereitet. Dabei müssen Sie für 1/2 l Milch 5 Eigelb und 50 g Zucker rechnen. Da der Geschmack nur zu leicht beeinträchtigt werden kann, sollten Sie nur frische, ungeöffnete Milch verwenden und darauf achten, daß Ihre Küchengeräte sauber sind. Bisweilen wird die Englische Creme auch noch mit etwas Stärke angedickt, mehr dazu auf Seite 131.

Die Hauptgefahr bei der Zubereitung einer Englischen Creme ist das Klumpen. Sie darf lediglich auf 82 °C erhitzt werden, um einzudicken, darf aber keinesfalls zum Kochen kommen. Damit sich die Hitze gleichmäßig verteilt, verwende ich einen schweren Topf, möglichst aus Kupfer, koche die Englische Creme bei schwacher bis mittlerer Hitze und rühre dabei laufend mit einem Kochlöffel um. Sie können aber auch ein Wasserbad verwenden, dann dauert die Zubereitung allerdings länger. Die Eigelbe können, bevor man sie in die heiße Milch gibt, leicht mit Zucker aufgeschlagen werden. Während des Kochens darf die Englische Creme aber nicht geschlagen werden, da sie sonst schaumig und nicht glatt wird.

ZU DÜNN – die Englische Creme ist dünn wie Milch; fährt man mit dem Finger über den Löffelrücken, hinterläßt er keine Spur.
*Grund:* nicht lange genug gekocht; zu wenig Eigelb
→ bei mittlerer Hitze weiterkochen und gelegentlich umrühren; wurde zu wenig Eigelb verwendet, 1–2 TL Stärkemehl mit 1–2 EL Wasser anrühren, unter die Englische Creme rühren und weiterkochen, bis sie eindickt.

**RICHTIG** – die Englische Creme ist cremig und glatt; fährt man mit dem Finger über den Löffelrücken, bleibt eine Spur zurück; der Geschmack ist fein mit einem leichten Vanillearoma.

KLUMPIG – die Milch setzt sich ab, und die Eigelbe bilden Klümpchen.
*Grund:* zu lange oder bei zu großer Hitze gekocht; die Milch war nicht mehr frisch und bereits leicht angesäuert
→ die Englische Creme in eine gekühlte Schüssel umgießen und kräftig schlagen. Ist sie dann immer noch klumpig, siehe Mein Tip.

## WEITERE PROBLEME

GESCHMACK BEEINTRÄCHTIGT
*Grund:* die Englische Creme ist sehr empfindlich und nimmt leicht den Geschmack anderer Lebensmittel an
→ gut verschlossen aufbewahren; vor dem Servieren beispielsweise mit Likör verfeinern.

## MEIN TIP

Ist Ihre Englische Creme dünn und etwas klumpig, können Sie sie mit dem Pürierstab oder in der Küchenmaschine emulgieren, bis sie glatt ist. Hat das Eigelb allerdings bereits feste Klümpchen gebildet, ist keine Abhilfe mehr möglich.

# Tortencreme und angedickte Englische Creme

DIE TORTENCREME IST EINE DER WICHTIGSTEN GRUNDLAGEN FÜR DESSERTS. Sie ist unverzichtbar bei Obsttorten, zum Festigen von Cremefüllungen und als Grundlage für warme Soufflés. Ohne Tortencreme gäbe es keine Eclairs, keine Windbeutel und auch nicht die klassische Saint-Honoré-Torte. Häufig dient sie auch zum Anreichern und Andicken anderer Zutaten, weshalb es bei ihr auch besonders auf die richtige Konsistenz ankommt. Für die meisten Verwendungszwecke muß die Tortencreme so dick sein, daß man sie stürzen kann. Dabei darf sie aber nicht zäh sein. Auf 1/4 l Milch müssen Sie 3 Eigelb, 50 g Zucker und 10 g (1 Eßlöffel) Mehl oder 7 g (1 knappen Eßlöffel) Stärkemehl rechnen. Wenn Sie mehr Milch nehmen, können Sie aus einer Tortencreme schnell eine Englische Creme für Puddings und Fruchtdesserts zaubern.

Sowohl die Tortencreme als auch die angedickte Englische Creme müssen laufend gerührt werden, damit sie gleichmäßig eindicken. Und damit sie nicht anbrennen, sollten Sie möglichst einen schweren Topf verwenden. Da beide mit Milch und Eiern zubereitet werden, könnte man glauben, sie klumpten leicht. Sie enthalten aber genug Mehl oder Stärke, daß sie getrost auch gekocht werden können. Nimmt man Mehl zum Andicken der Tortencreme, wird sie glatt und weich. Mit Maisstärke hingegen wird sie glänzend, kann aber auch zäh werden, und mit Kartoffelstärke wird sie besonders locker. Manchmal wird auch eine Mischung aus Mehl und Stärkemehl verwendet. Egal welchen Geschmack die Tortencreme oder die angedickte Englische Creme letztendlich haben soll, in jedem Fall sollten beide kräftig mit Vanille aromatisiert werden. Dazu lassen Sie am besten Vanilleschoten in der Milch ziehen.

**MEIN TIP**

Ist Ihre Tortencreme oder Ihre Englische Creme schwer, matt oder fehlt es an Geschmack, können Sie sie mit 2–3 TL Kirschwasser oder einem anderen Obstbrand und abgeriebener unbehandelter Zitronenschale verbessern.

**RICHTIG (TORTENCREME)** – die Creme glänzt und ist sehr glatt; ist sie heiß, hinterläßt der Schneebesen eine Spur, die sich 3–5 Sekunden abzeichnet, aber die Creme fällt noch leicht vom Löffel; der Geschmack ist kräftig und aromatisch, das Mehl oder die Stärke schmecken nicht durch; nach dem Abkühlen ist die Creme dick genug, daß man sie stürzen kann.

ZU DÜNN (TORTENCREME) – die heiße Creme ist zäh und sehr fest; kalt ist sie steif und klebrig; sie schmeckt nach Mehl.
*Grund:* zuviel Mehl oder Stärke; zu stark reduziert
→ mit Milch, Likör oder Fruchtsaft verdünnen.

**RICHTIG (ANGEDICKTE ENGLISCHE CREME)** – die Englische Creme glänzt und ist sehr glatt; sie bleibt am Löffel haften und ist flüssig; der Geschmack (für gewöhnlich Vanille) ist fein.

## WEITERE PROBLEME

ZU DÜNN
*Grund:* zu wenig Mehl oder Stärke; nicht lange genug gekocht
→ unter Rühren bei schwacher Hitze einkochen.

KLUMPIG
*Grund:* zu schnell gekocht; während die Englische Creme eindickte, wurde nicht ausreichend gerührt
→ sofort vom Herd nehmen und kräftig schlagen; eventuell noch durch ein Sieb passieren.

ES BILDET SICH EINE HAUT
*Grund:* beim Abkühlen nicht mit Folie zugedeckt
→ noch einmal kräftig schlagen, bis die Creme wieder glatt ist; gegebenenfalls durch ein Sieb passieren.

GERONNEN
*Grund:* zu wenig Mehl oder Stärke; die Milch war nicht mehr frisch; es wurde eine saure Zutat verwendet
→ vom Herd nehmen und kräftig schlagen; in der Küchenmaschine erneut emulgieren.

ZU WENIG GESCHMACK
*Grund:* es fehlt an Aromastoffen, insbesondere Vanille
→ die erkaltete Englische Creme mit Vanilleextrakt, Rum, Cognac oder einem Likör verfeinern.

SCHMECKT NACH MEHL ODER STÄRKE
*Grund:* nicht ausreichend gekocht
→ ist die Englische Creme noch warm, noch einmal aufkochen und unter Rühren 2 Minuten köcheln lassen, ist sie erkaltet, zum Beispiel mit Kaffee verfeinern.

DUNKLE FLECKEN; ANGEBRANNT
*Grund:* die Wärmezufuhr war zu hoch oder es wurde nicht häufig genug umgerührt
→ durch ein Sieb in einen zweiten Topf passieren, ohne daß angebrannte Teile mit hineingelangen. Ist sie stark verbrannt, ist keine Abhilfe mehr möglich.

# Minzsauce

ERGIBT 1/2 LITER

Minze wird sehr gerne zum Aromatisieren von Englischer Creme genommen, es eignen sich aber auch andere aromatische Kräuter wie etwa Zitronenmelisse. Servieren Sie die Sauce warm zu einem saftigen Schokoladenkuchen oder kalt mit einer Schokoladen-Karamel-Terrine (siehe Seite 245).

*1 kleines Bund frische Minze*
*1/2 l Milch*
*5 Eigelb*
*50 g Zucker*

Die Spitzen der Minzezweige abschneiden und aufheben. Die Stengel und die großen Blätter in die Milch geben und aufkochen lassen. Zudecken und 10 Minuten ziehen lassen.

Die Eigelbe 1 bis 2 Minuten mit dem Zucker schlagen, bis sie leicht andicken. Mit der Hälfte der Milch anrühren und das angerührte Eigelb anschließend in die restliche Milch rühren.

Unter Rühren erhitzen, bis die Sauce etwas eindickt. Die Sauce darf aber nicht zum Kochen kommen, da sie sonst gerinnt. Den Topf dann sofort vom Herd nehmen und die Sauce in eine gekühlte Schüssel passieren. Vor dem Abkühlen gut abdecken, damit sich keine Haut bildet. Vor dem Servieren mit der restlichen Minze garnieren.

# *Millefeuille mit Himbeeren und leichter Tortencreme*

4 BIS 6 PORTIONEN

Dieses Rezept ist eine leichte Variante des klassischen Millefeuille. Der Blätterteig wird hier durch Filo-Teigblätter (siehe Seite 310) ersetzt, und die Creme wird durch geschlagene Crème double besonders locker. Um dem Ganzen mehr Farbe zu geben, können Sie ein Himbeerpüree (siehe Seite 136) dazu reichen. Die Himbeeren können auch durch andere rote Beeren ersetzt werden.

*4 Filo-Teigblätter*
*45 g Butter*
*3 EL Honig*
*175 g Himbeeren*

FÜR DIE CREME:
*1/4 l Milch*
*1 Vanilleschote, der Länge nach aufgeschnitten*
*3 Eigelb*
*50 g Zucker*
*1 1/2 EL Mehl*

FÜR DIE SAHNE:
*250 g Crème double*
*2 EL Puderzucker*
*1 EL Cognac*

Für die Tortencreme die Milch mit der Vanilleschote in einem mittelgroßen Topf aufkochen. Zudecken, den Topf vom Herd nehmen und 5 bis 10 Minuten ziehen lassen. In der Zwischenzeit die Eigelbe mit dem Zucker zu einer dicken, lockeren Masse verschlagen und das Mehl untermischen. Die Milch unter die Eiermasse rühren und das Ganze in den Topf zurückgießen. Bei schwacher Hitze unter Rühren aufkochen lassen, bis die Creme eindickt. Anschließend noch 1 bis 2 Minuten köcheln lassen und dabei laufend umrühren. Die Creme in eine Schüssel passieren (die Vanilleschote kann abgespült und wiederverwendet werden). Die Oberfläche mit Butter bestreichen oder die Creme mit Frischhaltefolie abdecken, damit sich keine Haut bildet, und die Creme dann gut kühlen.

Den Backofen auf 230 °C (Gas Stufe 4–5) vorheizen und ein Backblech mit Butter einstreichen. Den Honig mit der restlichen Butter erhitzen, bis die Butter zerlaufen ist. 1 Filo-Blatt auf das Backblech legen und mit der Honigbutter bestreichen. Ein zweites Blatt darauf legen und ebenfalls bestreichen. Die restlichen Blätter genauso darüberschichten. Die Teigschichten mit einem scharfen Messer oder einem Teigschneider der Länge nach in drei gleich große Streifen schneiden und die Ränder abschneiden. Jeden Streifen wiederum in sechs Rechtecke zerteilen, so daß Sie zum Schluß 18 Rechtecke haben. Im vorgeheizten Ofen 5 bis 6 Minuten backen, bis die Rechtecke eine goldgelbe Farbe angenommen haben und die Honig-Butter-Glasur zu karamelisieren beginnt. Anschließend auf einem Kuchengitter auskühlen lassen.

Die Crème double steifschlagen. Den Zucker und den Cognac hinzufügen und weiterschlagen, bis die Creme wieder steif ist. Die Himbeeren verlesen und nur waschen, wenn sie sandig sind. Die schönsten Beeren zum Garnieren zurücklegen.

Die erkaltete Tortencreme noch einmal kurz durchrühren und die Sahne untermengen. 1 Filo-Rechteck mit 1 bis 2 Eßlöffeln Creme bestreichen, mit einigen Himbeeren belegen und ein zweites Filo-Rechteck leicht schräg darauf setzen. Wieder mit Creme bestreichen, mit Himbeeren belegen und mit einem dritten Filo-Rechteck abschließen. Den Millefeuille dann auf eine Platte geben und mit ein paar Himbeeren garnieren. Mit den restlichen Filo-Rechtecken ebenso verfahren. Gut gekühlt servieren.

*Millefeuille mit Himbeeren und leichter Tortencreme*

# Sabayon

DAS SABAYON HAT GROSSE ÄHNLICHKEIT mit dem italienischen *zabaglione*, einem luftigen Dessert aus Eigelb, Zucker und Marsala. Das Sabayon kann auf unterschiedlichste Weise serviert werden, etwa als warmes Rumsabayon zu kandierten Maronen oder als Muskatellersabayon zu Feigen und einem Walnußpudding. Am beliebtesten ist es wohl, wenn man frische Früchte, vor allem Beeren und Orangenspalten, damit überzieht und das Ganze anschließend gratiniert (siehe Seite 135).

Da es relativ viel Flüssigkeit (Likör oder Fruchtsaft) enthält – pro Eigelb rechnet man 1 Eßlöffel Zucker und 2 Eßlöffel Flüssigkeit –, klumpt das Sabayon auch sehr leicht. Deshalb sollten Sie es bei schwacher Hitze kräftig schlagen, so daß die Masse nach 2 oder 3 Minuten einzudicken beginnt. Mit Bedauern muß ich einräumen, daß der Handmixer hier kein guter Ersatz für den Schneebesen ist. Erhitzen Sie die Sauce nicht zu sehr – der Boden der Schüssel darf sich nicht heiß anfühlen. Und servieren Sie das Sabayon möglichst, solange es noch warm ist.

ZU DÜNN – das Sabayon ist sehr flüssig.
*Grund:* nicht lange genug gekocht; zu schnell gekocht, deshalb macht das Eigelb die Masse nicht schaumig und dick; das Eigelb hat zu lange gegart und beginnt zu klumpen; zuviel Flüssigkeit
→ hat das Sabayon nicht ausreichend gekocht, weiterkochen; verflüssigt sich die bereits angedickte Sauce wieder und beginnt zu klumpen, die Schüssel oder den Topf sofort in kaltes Wasser stellen und die Sauce so lange schlagen, bis sie nur noch lauwarm ist; siehe Mein Tip.

RICHTIG – das Sabayon ist glatt, locker und so dick, daß sich die Spur des Schneebesens 10 Sekunden lang abzeichnet; es hat einen feinen Geschmack nach Likör, Wein oder Fruchtsaft. Zu beachten: Wird das Sabayon so lange geschlagen, bis es kalt ist, bleibt es nur 10–15 Minuten fest und gerinnt dann.

KLUMPIG – das Sabayon ist dünn, und das Eigelb hat kleine, feste Klümpchen gebildet.
*Grund:* das Sabayon wurde zu lange oder bei zu großer Hitze gekocht oder zu lange warm gehalten
→ hier ist leider keine Abhilfe mehr möglich. Zum Kaschieren siehe Mein Tip.

## WEITERE PROBLEME

ZU WENIG GESCHMACK
*Grund:* nicht ausreichend abgeschmeckt
→ noch etwas Zucker oder süßen Likör unterrühren.

GERONNEN, AM BODEN SETZT SICH FLÜSSIGKEIT AB
*Grund:* das Sabayon hat zu lange gestanden
→ noch einmal kräftig aufschlagen und sofort servieren.

## MEIN TIP

Beginnt sich Ihr Sabayon zu verflüssigen und Klümpchen zu bilden, den Topf sofort vom Herd nehmen, in eine Schüssel mit kaltem Wasser setzen und das Sabayon so lange schlagen, bis es kalt ist. Dann machen Sie eine leckere Cremesauce daraus. Dazu für 1/4 l Sabayon 125 g Crème double relativ steif schlagen und das Sabayon unter die Creme heben.

## *Beeren und Birnen mit Sabayon*

4 Portionen

Dieses Dessert können Sie zum Schluß auch noch unter dem Backofengrill gratinieren.

*2 reife Birnen*
*125 g gemischte Beeren*
*30 g geriebene Schokolade*

*Für das Sabayon:*
*5 Eigelb*
*4 EL Zucker*
*150 ml süßer Weißwein*

Die Birnen schälen und vierteln. Die Kerngehäuse entfernen und die Viertel in Spalten zerteilen. Die Spalten auf vier feuerfeste Teller verteilen. Die Beeren verlesen und nur waschen, wenn sie sandig sind. Über die Birnen streuen, die Teller mit Klarsichtfolie abdecken und in den Kühlschrank stellen.

Für das Sabayon die Eigelbe mit dem Zucker und dem Wein in eine Schüssel, möglichst aus Kupfer oder rostfreiem Edelstahl, geben und mit dem Schneebesen oder dem Handmixer verrühren. Die Schüssel dann auf einen Topf mit heißem, aber nicht kochendem Wasser setzen und die Masse 5 bis 7 Minuten schlagen, bis sie dick ist. Das Sabayon kann 10 bis 15 Minuten im voraus zubereitet werden. Schlagen Sie es so lange, bis es kalt ist, und rühren dann gelegentlich um, damit es nicht gerinnt. Lassen Sie es immer nur bei Zimmertemperatur stehen.

Vor dem Auftragen die Früchte mit der Sauce begießen, so daß sie vollständig bedeckt sind. Mit der geriebenen Schokolade bestreuen und sofort servieren.

# Fruchtcoulis und -pürees

DER NAME COULIS LEITET SICH vom französischen *couler* »fließen« her, es handelt sich dabei um eine süße oder pikante pürierte Sauce. Sie sollte zwar flüssig, aber trotzdem dicker als eine herkömmliche Sauce sein und eignet sich hervorragend zu Gebäck und Kuchen. Ein Fruchtpüree ist dicker als ein Coulis und wird im allgemeinen, wie etwa die Englische Creme im Eis oder die geschlagene Sahne in einem Parfait, mit feineren Zutaten gemischt.

Fruchtcoulis können gekocht oder ungekocht sein. In beiden Fällen sollten sie aber eine leuchtende Farbe und einen kräftigen Geschmack haben und können glatt sein oder kleine Fruchtstückchen enthalten. Am besten verwenden Sie Früchte mit einem ausgeprägten Eigengeschmack. Gut geeignet sind deshalb Aprikosen, Pfirsiche, Mangos, Ananas, Preiselbeeren, Himbeeren, Brombeeren und Erdbeeren.

Bei beiden püriere ich das Fruchtfleisch kurz im Mixer oder mit dem Pürierstab, damit das fertige Coulis oder Püree noch Fruchtstückchen enthält. Will man eine glattere Sauce, kann man das pürierte Fruchtfleisch auch noch durch ein Sieb streichen. Einige Früchte, etwa Himbeeren, müssen in jedem Fall durchpassiert werden, um Kerne oder Fasern zu entfernen. Denken Sie daran, daß Zucker, wie das Salz bei pikanten Speisen, die Früchte würzt und dafür sorgt, daß sich der Geschmack entfaltet. Manche Früchte verfärben sich rasch und müssen deshalb großzügig mit Zitronensaft beträufelt werden.

## *Erdbeercoulis mit schwarzem Pfeffer*

ERGIBT 1/4 LITER

Sie werden überrascht sein, welch pikante Note der frisch gemahlene schwarze Pfeffer und der Balsamico-Essig diesem Erdbeercoulis verleihen. Besonders gut schmeckt es zu Gebäck und Kuchen, wie zum Beispiel dem Angel food cake auf Seite 281.

*500 g Erdbeeren, entstielt*
*2 EL Puderzucker*
*1 EL Balsamico-Essig*
*1/2 TL frisch gemahlener schwarzer Pfeffer*

Die Erdbeeren im Mixer oder in der Küchenmaschine pürieren. Zucker, Essig und Pfeffer unterrühren und gegebenenfalls noch mit etwas Zucker oder Pfeffer abschmecken.

ZU DÜNN – das Coulis oder Püree ist wäßrig und dünn; der Geschmack ist fade und die Farbe blaß.
*Grund:* es wurde zuviel Flüssigkeit oder zuviel Zucker zugegeben
→ etwas frisches Püree der gleichen Frucht oder festes Fruchtfleisch, etwa frische Himbeeren (bei roten Früchten) oder Pfirsich (bei gelben Früchten) untermischen; ein Püree in ein Coulis und ein Coulis in eine gekochte Fruchtsauce (siehe Seite 137) umwandeln.

**RICHTIG (COULIS)** – das Coulis glänzt und ist glatt, ist aber weniger gebunden als eine durchpassierte Sauce; es bleibt gut am Löffel haften, ist dabei aber immer noch relativ flüssig; die Farbe ist leuchtend und der Geschmack kräftig.

**RICHTIG (PÜREE)** – das Püree hat eine ausgewogene Konsistenz, enthält eventuell noch einige Fruchtstückchen, ist aber nicht faserig; es ist dick genug, um eine Spur zu ziehen, fällt aber immer noch leicht vom Löffel; der Geschmack ist intensiv.

### MEIN TIP

Ein Coulis, das zu dünn, zu fade, zu blaß oder verfärbt ist, können Sie mit frischen, gehackten Früchten verschönern. Für 1/4 l rotes Beerencoulis 175 g grob gehackte Erdbeeren und Himbeeren und gehackte Minze untermischen. Bei einem Mango- oder Pfirsichcoulis 175 g gehackte Orange, Honig- oder Kantalupemelone, gehackte Zitronenmelisse und geröstete Mandelblättchen verwenden. Eine perfekte Tarnung!

### WEITERE PROBLEME

GROB ODER FASERIG
*Grund:* die Früchte enthielten Kerne oder Fasern; nicht ausreichend püriert
→ die Früchte gründlich im Mixer pürieren und anschließend durch ein Sieb passieren.

ZU WENIG GESCHMACK
*Grund:* die Früchte waren von minderer Qualität; zu wenig Zucker oder andere Aromen
→ mit Zucker, Zitronensaft, Kirschwasser oder einem anderen klaren Obstbrand abschmecken.

SAUER
*Grund:* die Früchte waren unreif; zu wenig Zucker
→ mit Zucker oder Honig süßen.

FARBLOS ODER VERFÄRBT
*Grund:* die Früchte waren unreif oder von minderer Qualität; die Sauce hat oxidiert
→ mit frischen, ganzen oder gehackten Früchten, zum Beispiel Beeren, oder gehackten Kräutern, etwa Minze, kaschieren; mit Lebensmittelfarbe färben.

# Gekochte Fruchtsaucen

AUCH WENN SIE AUF DEM TELLER ÄHNLICH AUSSEHEN, unterscheidet sich eine gekochte Fruchtsauce doch von einem Coulis. Während das Coulis einen kräftigen Geschmack hat, ist er bei einer Fruchtsauce eher mild. Eine Fruchtsauce kann dick sein wie Apfelmus, das man gerne zu Pfannkuchen serviert, oder sie ist fast durchsichtig oder aber so dünn, daß sie die Speise nur gerade eben umhüllt. Die Früchte sollten einen kräftigen Eigengeschmack haben. Besonders beliebt sind Aprikosen, Brombeeren, Kirschen, Preiselbeeren, Zitrone, Orange, Pflaumen und Johannisbeeren. Häufig werden sie in Sirup gekocht und können anschließend auch noch püriert werden. Zum Andicken eignet sich am besten eine Stärke, die durchsichtig und glänzend wird, wie zum Beispiel Mais- oder Kartoffelstärke und Pfeilwurzelmehl.

Gekochte Fruchtsaucen lassen sich aber nicht nur für Desserts verwenden. Man denke nur an gebratenen Truthahn mit Preiselbeersauce oder neuere Kreationen wie etwa gebratenen Snapper (Schnapper) mit Orangen-Ingwer-Sauce oder Pfeffersteak mit roter Johannisbeersauce. Solche süß-sauren Zusammenstellungen waren zu jeder Zeit beliebt.

## *Beerensauce*

ERGIBT 1/2 LITER

*500 g süße Heidelbeeren, Himbeeren oder Brombeeren*
*1/4 l Wasser*
*2 EL brauner Zucker*
*2 Stücke unbehandelte Zitronenschale*
*2 TL Pfeilwurzelmehl, mit 1 EL Wasser angerührt*
*1 TL gemahlenes Piment*

Die Beeren mit dem Wasser, dem Zucker und der Zitronenschale in einen schweren Topf geben. Zudecken, aufkochen lassen und 5 bis 7 Minuten köcheln, bis die Beeren sehr weich sind. Durch ein feines Sieb in einen zweiten Topf passieren und zum Kochen bringen. Pfeilwurzelmehl und Piment einrühren und noch 1 Minute köcheln lassen. Gegebenenfalls noch einmal mit Zucker oder Zitronensaft abschmecken. Warm oder kalt servieren.

ZU DÜNN – die Sauce ist wäßrig und fast durchsichtig, hat wenig Geschmack und Farbe.
*Grund:* zuviel Flüssigkeit; zu wenig Fruchtfleisch oder Stärke
→ bei schwacher Hitze einkochen lassen, bis die Sauce die richtige Konsistenz hat.

**RICHTIG** – die Sauce ist schön glatt und bleibt etwas am Löffel haften; die Farbe ist kräftig und glänzend; der Geschmack intensiv und frisch.

KLUMPIG – die Sauce ist grob, manchmal auch zähflüssig, und hat meist eine unappetitliche Farbe.
*Grund:* das Fruchtfleisch wurde nicht ausreichend püriert oder nicht durchpassiert
→ die Sauce noch einmal gründlich im Mixer oder mit dem Pürierstab pürieren; gegebenenfalls noch durch ein Sieb passieren.

### WEITERE PROBLEME

ZU DICK, ZÄHFLÜSSIG
*Grund:* zu wenig Flüssigkeit; zuviel Stärke, insbesondere Maisstärke
→ mit Fruchtsaft, Likör oder Wasser verdünnen.

ZU WENIG GESCHMACK
*Grund:* die Früchte waren von minderer Qualität; zuviel Flüssigkeit; die Sauce wurde zu lange aufbewahrt, und der Geschmack hat sich verflüchtigt
→ mit Zucker, Zitronensaft, Likör oder gehackten Kräutern verfeinern; die Sauce kräftig einkochen lassen.

UNAPPETITLICHE FARBE
*Grund:* die Früchte waren von minderer Qualität; das Fruchtfleisch hat sich verfärbt, als es mit der Luft in Berührung kam
→ mit einem farbintensiven Likör, etwa Cassis, einem Fruchtpüree, zum Beispiel Himbeerpüree, oder Lebensmittelfarbe färben; mit gehackten Kräutern, beispielsweise Minze, bestreuen.

### MEIN TIP

Nach dem Kochen muß die Sauce unter Umständen geschmacklich noch etwas verfeinert werden. Dazu eignen sich einige Tropfen Mandelextrakt (paßt gut zu Pflaumen, Aprikosen und anderem Steinobst), 1 TL Vanilleextrakt oder Orangenblütenwasser.

# Schokoladensaucen

ES GIBT EINE GANZE REIHE VON REZEPTEN FÜR SCHOKOLADENSAUCE, das Ergebnis sollte aber stets das gleiche sein: eine gehaltvolle, dunkle, glänzende Sauce mit reichem Geschmack. Zutaten wie Kaffee, Rum, Cognac und Gewürze, ja sogar Chili, unterstreichen den Geschmack der Schokolade noch. Ob im Rezept nun eine herbe, eine Vollmilch- oder eine weiße Schokolade verlangt ist – achten Sie darauf, stets eine gute Marke ohne Kakaoersatzstoffe oder Zusatzstoffe zu verwenden. Probieren Sie einfach verschiedene Sorten aus und entscheiden dann nach Ihrem Geschmack. Mit einer weniger guten Schokolade wird Ihre Sauce fade, dünn und manchmal sogar bitter.

Wird die Sauce kalt serviert, beispielsweise zu einer Mousse, einem Biskuitkuchen oder pochierten Früchten wie etwa Birne Helene, sollte sie relativ dünn sein. Wird sie heiß zu Windbeuteln, Puddings und Soufflés gereicht, muß sie hingegen etwas dicker sein. Und als Fondant für Eisbecher muß sie besonders dick sein.

In guten Rezepten ist stets eine ausreichende Menge Flüssigkeit angegeben – damit die geschmolzene Schokolade schön glatt bleibt, müssen Sie mindestens 1 1/2 Teelöffel Flüssigkeit auf 30 g Schokolade rechnen. Wenn Sie die Sauce auf die gewünschte Konsistenz einkochen lassen, kann es Ihnen passieren, daß Sie sie zu lange kochen oder daß die Schokolade, wenn sie mit heißer oder kalter Flüssigkeit in Berührung kommt, von einem Augenblick auf den anderen zu einer klumpigen Masse erstarrt. In einem solchen Fall lassen Sie sie noch etwas köcheln, dann wird sie wieder glatt. Also, keine Sorge.

Ich habe bislang nur von süßen Schokoladensaucen gesprochen. Schokolade findet aber auch in ausgesprochen pikanten Saucen Verwendung, wie zum Beispiel der mexikanischen *mole poblano*, einer aufwendigen Sauce mit Chili, Nüssen, Gewürzen und Schokolade, die zu gebratenem Truthahn serviert wird. Hier ist die Schokolade aber nur eine von vielen Zutaten und spielt nicht die Hauptrolle.

**RICHTIG** – die Sauce glänzt und hat einen intensiven Geschmack; sie bleibt heiß wie kalt etwas am Löffel haften.

**RICHTIG (FONDANT)** – die Sauce ist sehr dick und gehaltvoll; bei Berührung mit einer kalten Oberfläche, beispielsweise Eis, bildet sie eine Kruste.

### PROBLEMFÄLLE

ZU DÜNN
*Grund:* zuviel Flüssigkeit
→ bei schwacher Hitze auf die gewünschte Konsistenz einkochen lassen.

GESCHMACK BITTER ODER PULVERIG
*Grund:* zu wenig Zucker oder Fett
→ noch etwas Zucker, Butter oder Öl hinzufügen und unter vorsichtigem Rühren schmelzen.

## *Schokoladen-Bier-Sauce*

ERGIBT 1/4 LITER

Schokolade, so erklärte mir einmal ein befreundeter Journalist, paßt sehr viel besser zu Bier als zu Wein. Und das hat mich zu dieser Sauce inspiriert, die besonders köstlich mit frischen Früchten, vor allem Birne und Orange, schmeckt.

*175 g Blockschokolade, gehackt*
*175 ml dunkles Bier*

Die Schokolade bei schwacher Hitze in dem Bier schmelzen und dabei vorsichtig rühren, bis die Sauce glatt ist. Aufkochen lassen und unter Rühren, je nach gewünschter Konsistenz, noch 1 bis 2 Minuten köcheln lassen.

Die Sauce vom Herd nehmen und warm oder kalt servieren.

**MEIN TIP**

Mit einem Schuß Alkohol werden Sie eine Schokoladensauce auf jeden Fall verbessern. Rühren Sie deshalb unmittelbar vor dem Auftragen (damit der Alkohol nicht verdunstet) 1–2 EL Rum, Whisky oder Cognac unter die Sauce. Sie können Schokolade auch in Milch oder Sahne auflösen und sie als heiße Schokolade servieren. Für 175 g Schokolade nehmen Sie 1/4 l Milch. Eine heiße Schokolade wird allerdings nie richtig glatt sein.

# Schokolade schmelzen

Es gibt dutzende verschiedener Schokoladensorten mit den unterschiedlichsten Geschmacksrichtungen, und jede von ihnen enthält eine unterschiedliche Menge Kakaobutter. Je höher der Anteil an Kakaobutter, desto schneller wird die Schokolade weich und schmilzt. In manchen Rezepten wird sogar eigens Schokoladenkuvertüre verlangt. Sie ist besonders für Konditoren geeignet, denn sie hat einen hohen Anteil an Kakaobutter, der zwischen 35 und 50 Prozent variieren kann, und enthält kein Pflanzenöl. Wie gut die Schokolade schmilzt, hängt – vor allem bei besonders süßer und Vollmilchschokolade – von ihrem Zuckergehalt ab.

Das Hauptproblem beim Schmelzen von Schokolade ist, daß sie plötzlich fest und klumpig wird. Das passiert, wenn die Schokolade mit Wasser, beispielsweise aus dem Dampf eines Wasserbads, in Berührung kommt. Die Schokolade läßt sich zwar wieder verflüssigen (siehe unten), hat dann aber nicht mehr denselben Glanz. Schwieriger ist es, wenn die Schokolade durch Überhitzen fest und klumpig wird, denn dadurch setzt sich die Kakaobutter von den festen Bestandteilen ab, und das läßt sich nicht mehr rückgängig machen.

Nachdem Sie sie geraspelt haben, können Sie die Schokolade schmelzen, indem Sie sie entweder im Wasserbad erwärmen oder in eine Schüssel legen, die Sie auf einen Topf mit heißem Wasser (circa 48 °C) stellen. Genausogut geht es aber auch in der Mikrowelle. Beginnen Sie nicht sofort mit dem Rühren, sondern warten Sie, bis die Wärme eingedrungen ist. Wenn sich die Form der Schokolade verwischt, ist sie nahezu geschmolzen. Rühren Sie dann vorsichtig alle 15 bis 20 Sekunden um, bis die Schokolade glatt ist. Die Konsistenz kann von Schokolade zu Schokolade variieren: ungesüßte Schokolade wird am dünnsten, Vollmilchschokolade am dicksten. Bei Vollmilch- und weißer Schokolade ist besondere Vorsicht geboten, deshalb schmilzt man sie am besten bei einer niedrigeren Temperatur von etwa 37 °C. Nach dem Schmelzen kann die Schokolade noch temperiert werden, ein Verfahren, bei dem man sie durch Erhitzen und Abkühlen noch geschmeidiger und glänzender macht. Schokolade läßt sich aber auch in einer größeren Menge Flüssigkeit schmelzen (siehe Schokoladen-Bier-Sauce, Seite 138).

**RICHTIG** – die Schokolade ist glatt, noch relativ flüssig und glänzt; beim Umrühren sind keine Klümpchen zu spüren; die Farbe ist kräftig und variiert je nach Schokoladensorte.

GEKLUMPT – die Schokolade ist von einem Augenblick zum anderen zu einer groben, klumpigen Masse erstarrt; an der Oberfläche kann sich ölige Kakaobutter absetzen; die Schokolade sieht körnig aus und glänzt nicht mehr.
*Grund:* die Schokolade ist mit Wassertropfen oder Dampf in Verbindung gekommen; sie wurde über 48 °C erhitzt, und die Kakaobutter hat sich abgesetzt (bei Vollmilch- und weißer Schokolade besteht diese Gefahr weniger)
→ siehe Mein Tip.

## *Kirschen mit Schokoladenüberzug*

Ergibt 36 Stück

Es gibt eine ganze Reihe von Früchten, die man gerne mit einem Schokoladenüberzug versieht, etwa frische Kirschen und Erdbeeren oder kandierte Zitrusschalen. Am besten schmecken, wie ich finde, aber Cognackirschen. Die Kirschen sollten mit Stielen verwendet werden, damit man sie leichter eintauchen kann. Außerdem würde ich hier empfehlen, die Schokolade zu temperieren, damit sie schön glänzt. Geschmolzene Schokolade tut es aber auch.

*36 in Cognac eingelegte Kirschen, mit Stielen*
*150 g Schokoladenkuvertüre, geraspelt*

Die Kirschen abtropfen lassen (den Cognac für ein anderes Rezept aufheben), auf Küchenpapier legen und offen für 5 bis 8 Stunden zum Trocknen in den Kühlschrank legen.

Die Schokolade in eine hohe, schmale Schüssel geben. Die Schüssel auf einen Topf mit heißem Wasser oder in ein heißes Wasserbad stellen. Sobald die Schokolade zu zerlaufen beginnt, vorsichtig umrühren, bis sie glatt und vollständig geschmolzen ist. Die Temperatur sollte bei 45 °C liegen. Die Schüssel dann in einen Topf mit kaltem Wasser stellen und die Schokolade 15 bis 20 Minuten abkühlen lassen. Dabei immer wieder umrühren. Die Temperatur sollte jetzt bei 32 °C liegen. Die Schokolade wird wieder etwas fest werden und muß noch einmal über heißem Wasser oder im Wasserbad geschmolzen werden.

Ein Backblech mit Pergamentpapier auslegen und die Schokolade vom Herd nehmen. Die Kirschen nacheinander in die Schokolade tauchen, 15 bis 30 Sekunden abtropfen lassen und dann auf das Backblech legen. Sollten die Kirschen keine Stiele mehr haben, können Sie sie mit einer Gabel aufspießen.

Die Kirschen an einen kühlen Platz (nicht im Kühlschrank, sonst verliert die Schokolade ihren Glanz) stellen, bis die Schokolade fest ist. Vorausgesetzt sie sind vollständig mit Schokolade überzogen, sind die Kirschen 2 bis 3 Tage haltbar.

### MEIN TIP

Wenn die Schokolade beim Schmelzen plötzlich zu einer klumpigen Masse erstarrt, den Topf vom Herd nehmen und Wassertropfen gegebenenfalls entfernen. Dann nach und nach 1–2 TL Pflanzenöl unterrühren, bis die Schokolade wieder glatt ist. Zu beachten: Wurde die Schokolade sehr stark erhitzt und ist angebrannt, läßt sie sich nicht mehr verwenden.

# GEMÜSE

IN GEMÜSE STECKT WEIT MEHR, als man ihm vielleicht auf den ersten Blick ansieht. Das habe ich während meiner Zeit im Château du Feÿ mit seinem fruchtbaren Gemüsegarten gelernt. Kein Jahr ist wie das andere – einmal fällt die Tomatenernte üppig aus, im darauffolgenden Jahr reifen dagegen eventuell nur wenige Früchte. Der Porree scheint bei jedem Wetter zu gedeihen, während die Ausbeute bei Knoblauch und Schalotten stets eher mager ist. Auch die Qualität des Gemüses ist bei jeder Ernte verschieden.

Man sollte sich darüber im klaren sein, daß es für das Garen von Gemüse keine Faustregeln gibt. Zubereitungsvorschläge und die Angabe von Garverfahren und -zeiten können immer nur Richtwerte sein. Um so wichtiger ist es zu erkennen, wann ein Gemüse wirklich gar ist. Und deshalb habe ich mich in diesem Kapitel auch ganz bewußt auf empfindliche Gemüsearten, wie zum Beispiel den Spargel, konzentriert, der zäh und ungenießbar ist, wenn er nicht gar ist, andererseits aber bereits innerhalb kürzester Zeit zerkocht sein kann. Für Kohlgemüse gibt es mindestens zwei mögliche Garmethoden: blanchieren oder sanft garen. Ähnlich verhält es sich mit Wurzelgemüse, das entweder gerade bißfest gegart werden kann oder, wenn es püriert oder für eine Suppe verwendet werden soll, sehr weich sein muß. Die Zwiebel verändert ihren Geschmack ganz erheblich, je nachdem, wie rasch und wie lange man sie gart und ob man sie anbräunen und karamelisieren läßt oder nicht.

Gemüse tritt in so vielfältigen Formen auf, daß es nur wenige allgemeingültige Regeln für seine Zubereitung gibt. Manche Arten, insbesondere Kartoffeln und Knollensellerie, weißer Spargel und Artischocken, verfärben sich beim Schälen rasch. Deshalb sollte man sie stets mit einem Messer aus rostfreiem Stahl schneiden und nach dem Schälen gegebenenfalls in Zitronenwasser legen. Heute geht die Tendenz dahin, Gemüse wenn möglich nicht mehr zu schälen – sowohl wegen des Geschmacks als auch um die Nährstoffe zu schonen. Dabei ist allerdings zu bedenken, daß sich unter der Schale auch Düngemittelrückstände und Pestizide ansammeln. Deshalb empfiehlt es sich, auf biologisch angebaute Erzeugnisse zurückzugreifen. Schneiden Sie Gemüse vor der Zubereitung in möglichst gleich große Stücke, so gart es gleichmäßig und sieht überdies ansprechender aus.

Das war aber nur ein Anfang, denn von den Köchen in La Varenne habe ich noch weit mehr gelernt. Chef Chambrette hat mich beispielsweise mit seinem Butterkohl bekannt gemacht, der zunächst blanchiert und anschließend langsam in Butter geschmort wird, bis er zu einem herrlichen, glänzenden Confit zerfallen ist. Kürbissuppe war die Spezialität von Chef Claude: Ein ganzer Kürbis wurde mit Milch gefüllt und so lange gegart, bis man das Fleisch mit einem Löffel herausholen konnte. Und Chef Bouvier brachte mir bei, kleine Ingwer- und Porreejuliennes als Garnitur für Fischgerichte zu fritieren. Auch von Kräutern wurde hier, wie überall in der modernen Küche, reichlich Gebrauch gemacht.

*Bruschetta mit geröstetem Gemüse,*
*Rezept Seite 163*

# Artischocken

Der Blütenkopf einer Artischocke wirkt geheimnisvoll. Wie Zerberusse scheinen die stacheligen Blätter und das » Heu« das saftige Fleisch im Innern zu bewachen. Vor dem Garen von Artischocken bricht man den Stiel direkt am Blütenboden ab, schneidet den Blütenkopf oben etwa 3–4 cm mit einem Sägemesser ab, entfernt die holzigen äußeren Blätter und stutzt die übrigen an den Spitzen. Nach dem Garen wird das » Heu« mit einem Teelöffel entfernt. So ist Platz für eine Füllung aus frischen Tomaten und Ziegenkäse oder eine provenzalische *barigoule* aus gehacktem Schweinefleisch, Knoblauch, Thymian, Oliven und Brotkrume. Sie können die Artischocken aber auch nur mit einer pikanten Kräutermayonnaise (siehe Seite 143) servieren. Beim Kochen rechnet man pro Artischocke mindestens 1 Liter Salzwasser.

Steckt man noch eine Knoblauchzehe zwischen die Blätter, bekommt die ganze Artischocke ein herrliches Aroma, und ein Spritzer Zitronensaft im Kochwasser sorgt dafür, daß sie ihre grüne Farbe behält. Artischocken schwimmen während des Kochens häufig an die Oberfläche und bekommen dann an der Stelle, wo sie aus dem Wasser herausragen, einen häßlichen schwarzen Rand. Deshalb beschwere ich sie während des Kochens mit einem Teller.

**RICHTIG** – die Artischocke hat eine gleichmäßige, olivgrüne Farbe; die Blätter lassen sich leicht herausziehen; das Herz fühlt sich beim Einstechen weich an; der Geschmack ist kräftig, aber nicht bitter.

ZERKOCHT UND VERFÄRBT – die Blätter lösen sich; das Herz fühlt sich beim Einstechen sehr weich an; die Farbe ist unappetitlich. *Grund:* zu langsam oder zu lange gekocht; das Wasser hat nicht richtig gekocht, als die Artischocken hineingegeben wurden; es wurde nicht genug Wasser verwendet (siehe Grünes Gemüse blanchieren und kochen, Seite 153)
→ mit einer pikanten Sauce, zum Beispiel einem Pesto oder einer Vinaigrette mit Senf und Kräutern servieren. Sind die Artischocken sehr zerkocht, die Blätter und das »Heu« entfernen, das Herz kleinschneiden und mit anderem Gemüse, etwa Reis, Dicken Bohnen und Pilzen, zu einem Salat verarbeiten.

**MEIN TIP**

Sind Artischocken zerkocht oder verfärbt, die fleischigen äußeren Blätter herausziehen und kreisförmig auf Tellern anrichten. Die kleineren äußeren und inneren Blätter und das »Heu« entfernen und die Artischockenböden in die Mitte der Teller setzen. Die Böden mit Tomatensalsa mit Koriander (siehe Seite 129) oder einer braunen Hollandaise (siehe Seite 119) beträufeln und die restliche Sauce getrennt dazu reichen.

## WEITERE PROBLEME

NICHT GAR, ZÄH UND FASERIG
*Grund:* zu langsam oder nicht ausreichend gekocht; die Artischocken waren nicht mehr frisch
→ weitergaren, bis sie weich sind, dabei gegebenenfalls die Temperatur erhöhen. Nach meiner Erfahrung sind junge Artischocken bereits nach 20–30 Minuten gar, größere und ältere Exemplare benötigen hingegen bis zu 1 Stunde.

STACHELIG ODER HAARIG
*Grund:* die Artischocken wurden vor dem Garen nicht sorgfältig geputzt; das »Heu« wurde nicht vollständig entfernt
→ die inneren Blätter nach außen biegen, das »Heu« mit einem Teelöffel herausschaben, die Blätter wieder in ihre ursprüngliche Form bringen und andrücken.

BITTER
*Grund:* die Artischocken waren nicht mehr frisch; der Stiel wurde nicht herausgebrochen; es wurde zu wenig Wasser verwendet
→ mit einer pikanten Zitronenvinaigrette servieren.

# *Artischocken mit Kräutermayonnaise*

4 PORTIONEN

Diese leichte Kräutermayonnaise paßt hervorragend zu gekochtem kalten Gemüse, etwa Spargel, Brokkoli und Blumenkohl. Hier serviere ich sie zu großen Artischocken. Sie können aber auch kleine Artischocken verwenden, denn diese haben kein » Heu« und können vollständig verzehrt werden. Sie müssen dann lediglich die Blattspitzen abschneiden und die Stiele, die bei kleinen Artischocken zum großten Teil ebenfalls eßbar sind, schälen. Da dieses Gericht rohes Eigelb enthält, lesen Sie bitte meine Anmerkungen zum Thema Salmonellen auf Seite 9.

*4 große Artischocken*
*1/2 unbehandelte Zitrone*
*4 Knoblauchzehen*

*FÜR DIE KRÄUTERMAYONNAISE:*
*2 hartgekochte Eier*
*1 Eigelb*
*Salz*
*1/4 l Pflanzenöl*
*2 EL Weißwein*
*1 TL Dijonsenf*
*1 EL gehackte Gewürzgurke*
*1 EL Kapern, gespült und abgetropft*
*2 EL gehackte Petersilie*
*Saft von 1/2 Zitrone*
*Pfeffer*

In einem großen Topf Salzwasser zum Kochen bringen. Die Stiele der Artischocken herausbrechen. Die Böden mit einem Messer so zurechtschneiden, daß Sie die Artischocken aufrecht hinstellen können. Die Schnittflächen mit der halbierten Zitrone abreiben, um Verfärbungen zu vermeiden. Den Saft der Zitronenhälfte dann ins Kochwasser geben. Die äußeren holzigen Blätter entfernen, die übrigen an den Blattspitzen stutzen. Die Artischocken oben etwa 3–4 cm mit einem Sägemesser bündig abschneiden. Jede Artischocke mit 1 Knoblauchzehe spicken. Die Artischocken dann ins kochende Wasser geben, mit einem Teller beschweren und bei geöffnetem Topf je nach Alter und Größe 30 bis 50 Minuten köcheln lassen. Anschließend verkehrt herum abtropfen lassen, damit zwischen den Blättern kein Wasser zurückbleibt, und abkühlen lassen.

Für die Kräutermayonnaise die Eiweiße der hartgekochten Eier grob hacken und zur Seite stellen. Die Eigelbe durch ein Sieb in eine Schüssel streichen. Das rohe Eigelb mit einer Prise Salz verquirlen und dazugeben. Anschließend nach und nach 2 Teelöffel Öl unterschlagen, bis die Eier andicken. Den Wein unterrühren und dann das restliche Öl in einem feinen Strahl unterschlagen. Zum Schluß den Senf, das gehackte Eiweiß, die Gurken, die Kapern, die Petersilie und den Zitronensaft unterrühren und mit Pfeffer abschmecken.

Die Herzblätter der Artischocken mit einem kurzen Dreh herausziehen und zur Seite legen. Die Knoblauchzehen entfernen. Das » Heu« mit einem Teelöffel oder Kugelausstecher herauskratzen und wegwerfen. Die Herzblätter kopfunter in die Mitte der Artischocken setzen. Die Artischocken auf vier Teller verteilen und etwas Sauce in die Herzblätter gießen. Die restliche Sauce getrennt dazu reichen.

## VERFÄRBUNGEN VERMEIDEN

Ähnlich wie viele Früchte oxidieren auch manche Gemüsearten rasch, wenn sie geschält oder zerteilt werden und das Fleisch mit der Luft in Berührung kommt. Dabei kann sich das Fleisch innerhalb kürzester Zeit erheblich verfärben.

Bei der Zubereitung solcher Gemüse – dazu zählen beispielsweise Artischocken, Kartoffeln, Pastinaken, Knollensellerie, Topinambur und Schwarzwurzeln – sollte man möglichst ein Messer aus rostfreiem Stahl verwenden, da andere Metalle die Verfärbung noch beschleunigen können.

Säuren wie Essig oder Zitronensaft verhindern das Oxidieren. Deshalb empfiehlt es sich, das freiliegende Fleisch unmittelbar nach dem Zerteilen mit einer halbierten Zitrone abzureiben oder es mit Zitronensaft oder Essig zu bestreichen. Kartoffeln sollte man sofort in kaltes Wasser legen. Bei anderem Wurzelgemüse muß das Wasser noch mit etwas Essig oder Zitronensaft angereichert werden.

Es kann auch nicht schaden, dem Kochwasser Essig oder Zitronensaft beizugeben. Beim Dämpfen läßt sich gegen das Verfärben hingegen kaum etwas tun.

Sie können Gemüse, das zum Verfärben neigt, aber auch in einem Sud aus Wasser, Zitronensaft und etwas Mehl garen. Dazu bringt man in einem Topf Salzwasser zum Kochen und rührt pro Liter Kochwasser 1 EL Mehl mit 3 EL Wasser an. Anschließend wird das Mehl in das kochende Wasser gerührt, und man gibt noch den Saft einer 1/2 Zitrone hinein. In diesem Sud wird das Gemüse dann wie gewohnt gekocht.

# Spargel

ES GIBT WEISSEN UND GRÜNEN SPARGEL. Wann der grüne Spargel am besten schmeckt, darüber gehen die Meinungen auseinander. Ich finde ihn besonders gut, solange die Stangen noch dünn sind und nicht geschält werden müssen. Da der weiße Spargel unter der Erde, ohne Sonnenlicht, heranwächst, färben sich die Stangen nicht grün. Beim weißen Spargel schmecken die dicken Stangen am besten. Die äußere, holzige Schale muß allerdings immer abgeschält werden, und selbst dann kann es Ihnen noch passieren, daß Sie holzigen Spargel erwischen, der auch nach sorgfältigstem Garen nicht weich wird. In diesem Fall verwenden Sie die Stangen am besten für eine Suppe und heben die Spitzen zum Garnieren auf.

Spargel wird meist in Salzwasser gekocht. Will man ihn für einen Salat verwenden oder im Wok braten, wird er lediglich blanchiert (siehe Seite 153), ansonsten kurz gegart (siehe unten, Abb. Mitte). Man kann ihn aber auch grillen. Dann sollte er vorher mit Öl oder zerlassener Butter bestrichen werden, damit er nicht austrocknet. Egal, wie Sie Spargel garen, um seinen frischen Geschmack zu unterstreichen – ich bevorzuge ihn lediglich mit zerlassener Butter oder einer Vinaigrette mit Walnußöl. Gut schmeckt dazu aber auch eine weiße Buttersauce mit Estragon (siehe Seite 120) oder eine japanische Miso-Sauce, die man mit Senf abschmeckt.

**RICHTIG BLANCHIERT** – die Spitzen neigen sich beim Herausheben etwas nach unten, und die Stangen bieten, wenn man mit dem Messer hineinsticht, einen Widerstand; das Fleisch ist knackig, aber nicht faserig; die Farbe ist leuchtend grün. Schneiden Sie die blanchierten Stangen schräg in Stücke und braten sie im Wok oder geben Sie diese in eine Sauce oder einen Salat.

**RICHTIG GEGART** – die Spitzen neigen sich beim Herausheben etwas nach unten, und die Stangen fühlen sich, wenn man mit einem Messer hineinsticht, relativ weich an; das Fleisch ist fest, aber nicht mehr knackig; die Farbe ist leuchtend grün; der Geschmack ist frisch und nicht strohig. Zu beachten: Da die Stangen häufig unterschiedlich groß sind und deshalb eine kürzere oder längere Garzeit haben, sollte man sie der Größe nach sortieren und zusammenbinden. So können die dünnen Stangen, die schneller gar sind, zuerst aus dem Topf genommen werden.

ZERKOCHT – die Stangen biegen sich beim Herausnehmen stark und fühlen sich, wenn man mit einem Messer hineinsticht, weich an; das Fleisch ist weich, bisweilen sogar glitschig; die Stangen haben sich gelblich verfärbt. *Grund:* zu langsam oder zu lange gegart; das Wasser hat nicht gekocht, als der Spargel hineingegeben wurde, oder die Wassermenge war nicht ausreichend (siehe Grünes Gemüse blanchieren und kochen, Seite 153) → keine Abhilfe möglich. Der Spargel eignet sich auch nicht mehr für eine Suppe, da er seinen frischen Geschmack eingebüßt hat.

## WEITERE PROBLEME

HOLZIG

*Grund:* nicht ausreichend gegart; nicht gut geschält; nicht frisch; beim Grillen nicht häufig genug begossen → weiterkochen; beim Grillen laufend begießen; bei sehr holzigem Spargel ist keine Abhilfe möglich.

VERFÄRBT

*Grund:* zu langsam oder zu lange gegart; der Spargel wurde im geschlossenen Topf gekocht → mit kaltem Wasser abschrecken und gut abtropfen lassen; mit gehackten, hartgekochten Eiern, rotem Paprika oder Kräutern garnieren.

## MEIN TIP

Ist Ihr Spargel etwas zerkocht, können Sie ihn mit einer Vinaigrette als Salat zubereiten. Dazu die Stangen schräg in 1 cm lange Stücke schneiden und die Spitzen aufheben. Für 250 g Spargel 3 Stangen Sellerie oder 1/2 Fenchelknolle in feine Scheiben schneiden und mit 3–4 EL gehacktem Estragon mischen. Aus 1 TL Dijonsenf, 2 EL Zitronensaft, 5 EL Olivenöl, Salz und Pfeffer eine Vinaigrette herstellen und mit den restlichen Zutaten vermischen. Den Salat in eine Schüssel geben oder auf Tellern anrichten und mit den Spargelspitzen garnieren. Ergibt 2–3 Portionen.

# Chicorée, Karde, Stangensellerie, Mangold, Fenchel und Porree

STENGEL- UND SPROSSENGEMÜSE WIE STANGENSELLERIE UND PORREE ist in den verschiedensten Formen auf der ganzen Welt zu finden. Teilweise kann es auch roh gegessen werden. Was wäre Italien ohne den Fenchel oder China ohne seine Bambussprossen? Auch wenn sie aus botanischer Sicht nicht unbedingt miteinander verwandt sein müssen, verhalten sich Stengel- und Sprossengemüse bei der Zubereitung oft ähnlich. Sie sind widerstandsfähig und knackig und lassen sich auf unterschiedlichste Weise garen, zum Beispiel schmoren, grillen oder dünsten. Allerdings sind sie häufig auch relativ faserig, eine Eigenschaft, die sich durch falsches oder zu langes Garen noch verstärken kann, und schmecken dann fade oder bitter. Viele beliebte Gerichte, etwa Selleriesuppe mit Kümmel, geschmorter Chicorée mit Schinken und Käsesauce, Porree mit Vinaigrette und der italienische, mit Zimt, Muskat und Zucker in Milch geschmorte Fenchel, werden aus Stengel- und Sprossengemüse zubereitet. Sellerie, Porree und Fenchel werden, vielfach kombiniert mit Zwiebel, Möhre und Kräutern, darüber hinaus zum Verfeinern von Suppen und Schmorgerichten verwendet.

**RICHTIG BLANCHIERT** – das Gemüse ist undurchsichtig; fühlt sich beim Einstechen mit einem Messer knackig an; ist etwas faserig und hat einen leicht strohigen Geschmack. Zu beachten: Einige Stengel- und Sprossengemüse wie etwa Chicorée und Fenchel, sind nach dem Blanchieren bereits genießbar, andere, zum Beispiel Porree und Mangold, müssen anschließend noch weitergegart werden.

**RICHTIG GEGART** – das Gemüse ist leicht durchsichtig; es ist gerade weich, aber noch bißfest und hat einen vollen Geschmack.

## *Fenchelgratin mit Walnüssen und Rosinen*

4 PORTIONEN

Den Fenchel können Sie auch durch ein großes Bund Stangensellerie ersetzen.

*2 Fenchelknollen (ca. 375 g)*
*60 g Butter*
*Salz und Pfeffer*
*75 g Rosinen*
*75 g Walnußkerne*
*4 EL geriebener Parmesan*

Den Backofen auf 175 °C (Gas Stufe 2) vorheizen. Das Fenchelgrün abschneiden und die Knollen halbieren. Die Hälften mit der Schnittfläche nach unten auf einem Küchenbrett in 6 mm dicke Scheiben schneiden.

Die Hälfte der Butter in einer Pfanne zerlassen, den Fenchel hineingeben und mit Salz und Pfeffer würzen. Zudecken und das Gemüse bei schwacher Hitze 10 bis 15 Minuten garen, bis es weich ist. Den Deckel dann abnehmen, die Wärmezufuhr erhöhen und den Fenchel unter Rühren 3 bis 5 Minuten anbräunen.

Die Rosinen, die Walnußkerne und die Hälfte des Parmesan untermischen und abschmecken. Die Mischung in eine gebutterte Auflaufform füllen und mit dem restlichen Käse bestreuen. Die restliche Butter in Flöckchen darauf verteilen und das Gemüse 10 bis 15 Minuten im Ofen überbacken.

### PROBLEMFÄLLE

ZERKOCHT UND WÄSSRIG
*Grund:* zu lange gekocht; die Stücke waren verschieden groß und wurden deshalb nicht gleichzeitig gar
→ mit gerösteter Brotkrume bestreuen; mit einem Dressing anmachen und mit heißen Speckwürfeln bestreuen; mit Schinkenstreifen und Parmesanspänen garnieren.

HOLZIG
*Grund:* das Gemüse war nicht mehr frisch oder von minderer Qualität; nicht ausreichend gegart
→ weiterkochen, bis das Gemüse weich ist; vor dem Servieren quer zur Faser zerteilen, so erscheint es weniger holzig; Serviervorschläge siehe Zerkocht und wäßrig.

ZU WENIG GESCHMACK ODER BITTER
*Grund:* das Gemüse war nicht mehr frisch oder von minderer Qualität; zu lange gegart; nicht ausreichend gewürzt; ist es bitter, war nicht genug Kochflüssigkeit vorhanden (siehe Grünes Gemüse blanchieren und kochen, Seite 153)
→ kräftig abschmecken und mit Anissamen, Koriander, Anchovis oder Roquefort verfeinern.

MATTE, GRÄULICHE FARBE
*Grund:* das Gemüse war nicht mehr frisch oder von minderer Qualität; zu lange gegart
→ mit gehackten, hartgekochten Eiern, gehackter Tomate oder Paprikaschote garnieren.

### MEIN TIP

Garfehler lassen sich bei all diesen Gemüsen nur schwer wettmachen. Am einfachsten ist es dann, sie in einer Sahnesauce zu servieren. Für 375 g gekochtes und in Scheiben geschnittenes Gemüse benötigen Sie 45 g Butter, Salz und Pfeffer und 1 Msp. geriebene Muskatnuß. Sämtliche Zutaten in einen Topf geben, zudecken und 3–4 Minuten schmoren lassen. Den Deckel dann abnehmen und das Gemüse 3–4 Minuten weitergaren, bis es fast trocken ist. 125 g Crème double unterrühren und bei mittlerer Hitze 7–10 Minuten kochen, bis das Ganze weich und cremig ist. Abschmecken. Ergibt 4 Portionen.

# Grüne Bohnen, Zuckerschoten und Zuckererbsen

Beim Garen von grünen Bohnen gehen die Meinungen auseinander. Die einen blanchieren sie lediglich, so daß sie anschließend noch sehr knackig sind. Die anderen, zu denen auch ich mich zähle, finden, daß die Bohnen einen strohigen Geschmack haben, wenn sie nur kurz blanchiert wurden, und ihren vollen Geschmack erst entfalten, wenn man sie noch 1 oder 2 Minuten länger kocht. Sie haben also die Wahl! Zuckerschoten hingegen können glitschig werden, Zuckererbsen zerfallen – hier sind sich alle Köche darüber einig, daß sie nur kurz gegart werden dürfen. Wird die Kochzeit auch nur um 1 Minute überschritten, macht das bereits einen erheblichen Unterschied aus. Und vergessen Sie nicht, Bohnen und Zuckerschoten vor dem Garen von Stielansätzen und Fäden zu befreien.

Da Zuckerschoten nicht ganz einfach zu kochen sind, werden sie gerne im Wok, beispielsweise zusammen mit Sojasprossen und Morcheln, mit roten oder gelben Paprikastreifen oder mit Radieschenscheiben, gebraten. Damit die Zuckererbse ihrem Namen wirklich Ehre macht, sollte man sie am besten nur kochen oder dünsten und anschließend vielleicht noch in etwas Butter schwenken. Grüne Bohnen sind weniger empfindlich und schmecken gut mit einem *aïoli* oder einem japanischen Sesam-Miso-Dressing. Junge grüne Bohnen eignen sich hervorragend für Salate, wie zum Beispiel dem klassischen *salade niçoise.* Sind sie bereits älter und faseriger, harmonieren sie mit Speck, Tomate, ganzen geschälten Knoblauchzehen und jungen Zwiebeln.

**RICHTIG BLANCHIERT** – die Bohnen knacken beim Auseinanderbrechen; sie sind etwas weich, aber noch bißfest; beim Einstechen spürt man einen Widerstand; der Geschmack hat sich noch nicht voll entfaltet und ist strohig. Blanchierte Bohnen und Zuckerschoten eignen sich am besten zum Braten im Wok, für Suppen und Eintopfgerichte.

**RICHTIG GEGART** – die Bohnen (hier Buschbohnen) sind zart genug, daß sie sich biegen lassen, haben aber immer noch Biß; sie lassen sich leicht mit dem Messer schneiden; die Farbe ist leuchtend, der Geschmack ausgeprägt und frisch.

## PROBLEMFÄLLE

ZERKOCHT

*Grund:* zu langsam (außer beim Schmoren) oder zu lange gegart; das Wasser hat nicht gekocht, als die Bohnen hineingegeben wurden; zu wenig Kochflüssigkeit (siehe Grünes Gemüse blanchieren und kochen, Seite 153)

→ abgießen und mit kaltem Wasser abschrecken, um den Garprozeß zu stoppen; gut abtropfen lassen; vor dem Servieren mit Zitronenschale, gemahlenem Kreuzkümmel oder Koriander verfeinern.

HOLZIG

*Grund:* das Gemüse war nicht mehr frisch oder von minderer Qualität; es wurde vor dem Garen nicht abgefädelt

→ weitergaren, bis das Gemüse weich ist; gekochtes Gemüse mit Zwiebel, Möhre, Stangensellerie und etwas Brühe im Ofen schmoren; bei sehr holzigem Gemüse ist keine Abhilfe möglich.

VERFÄRBT

*Grund:* das Gemüse war von minderer Qualität; zu langsam gegart; das Gemüse war beim Kochen nicht mit Wasser bedeckt; wurde im geschlossenen Topf gegart; zu lange gegart

→ abgießen und sofort mit kaltem Wasser abschrecken, um den Garprozeß zu stoppen; reichlich mit gehackter Tomate oder rotem Paprika bestreuen.

# *Indonesischer Salat mit pikanter Erdnußsauce*

4 BIS 6 PORTIONEN

Diesen Salat sollten Sie möglichst aus einer bunten Mischung verschiedener Gemüse zubereiten. Das Gemüse wird vorher blanchiert, sollte aber noch Biß haben. Die Erdnußsauce schmeckt, je länger man sie aufbewahrt, immer besser.

*250 g Zuckerschoten, abgefädelt*
*125 g Sojasprossen, gewaschen*
*250 g Möhren, geschält und in streichholzgroße Stifte geschnitten*
*175 g grüne Bohnen, abgefädelt*

FÜR DIE SAUCE:
*250 g Erdnußbutter*
*1/2 Zwiebel, gehackt*
*1 Knoblauchzehe*
*1/2 TL rote Chiliflocken*
*1 TL gemahlener Ingwer*
*1/2 TL brauner Zucker*
*Saft von 1/2 Limone (ggf. etwas mehr)*
*175 ml heißes Wasser (ggf. etwas mehr)*
*Sojasauce*
*Pfeffer*

Für die Sauce die Ernußbutter im Mixer oder in der Küchenmaschine mit der Zwiebel, dem Knoblauch, dem Chili, dem Ingwer, dem Zucker und dem Limonensaft zu einem sehr glatten Püree verrühren. Dabei soviel heißes Wasser hinzufügen, daß die Mischung schön glatt wird. Gegebenenfalls noch etwas mehr heißes Wasser oder Limonensaft unterrühren, bis eine relativ dicke Sauce entsteht. Mit Sojasauce und Pfeffer und eventuell noch etwas Limonensaft abschmecken und zur Seite stellen.

In einem großen Topf Salzwasser zum Kochen bringen und die Zuckerschoten 30 Sekunden darin blanchieren. Abgießen, mit kaltem Wasser abschrecken und abtropfen lassen. Mit den Sojasprossen und den Möhren ebenso verfahren. Zum Schluß die Bohnen ins kochende Wasser geben und 4 bis 6 Minuten blanchieren. Abgießen, mit kaltem Wasser abschrecken und abtropfen lassen.

Das Gemüse in eine Schüssel geben oder auf Tellern anrichten und die Sauce getrennt dazu reichen. Der Salat kann gekühlt oder bei Zimmertemperatur serviert werden.

**MEIN TIP**

Nicht mehr ganz knackige Bohnen und Zuckerschoten können Sie mit diesem mediterran angehauchten Joghurtdressing aufpolieren: Für 375 g gekochtes und abgetropftes Gemüse aus 125 g Joghurt, 1 EL gehacktem Dill, 1 EL gemischten, gehackten Kräutern, zum Beispiel Koriandergrün, Minze, Petersilie oder Estragon, 1 Msp. gemahlenem Zimt, dem Saft von 1/2 Zitrone und 1 Prise Zucker ein Dressing herstellen. Über das Gemüse gießen, gut durchmischen und abschmecken. Ergibt 4 Portionen.

# Brokkoli und Blumenkohl

Beim garen von Brokkoli und Blumenkohl muß man berücksichtigen, daß sie aus derberen Stielen und zarteren Röschen bestehen. Gart man nur die Röschen, gibt es keine Probleme. Gart man sie hingegen mit Stielen (was sehr zu empfehlen ist), sollten die Stiele möglichst kurz sein, damit sie ebenso schnell garen wie die Röschen. Mit Käse überbackener Blumenkohl ist uns allen aus der Kindheit bekannt; heute esse ich sehr gerne die moderne Variante mit Brokkoli. Lecker sind auch die italienische Version, bei der der Brokkoli mit Olivenöl und Knoblauch angebraten wird, und der spanische Blumenkohl, der mit einer Knoblauch-Paprika-Sauce serviert wird.

**RICHTIG BLANCHIERT** – der Stiel bietet beim Einstechen einen Widerstand und ist noch etwas bißfest; die Farbe hat sich möglicherweise nicht verändert. So eignet sich Blumenkohl hervorragend für Salate oder Rohkostplatten und zum Braten im Wok.

**RICHTIG GEGART** – der Stiel fühlt sich beim Einstechen fast weich an, und die Schnittfläche ist leicht durchsichtig; die Röschen sind noch intakt; das Gemüse hat eine leuchtende grüne oder weiße Farbe, ist fest und noch etwas knackig; der Geschmack ist frisch.

## PROBLEMFÄLLE

ZERKOCHT UND ZERFALLEN
*Grund:* die Stiele waren zu lang, deshalb wurden die Röschen früher gar; die Röschen waren zu klein oder hatten unterschiedliche Größen; zu langsam oder zu lange gegart; das Wasser hat nicht richtig gekocht, als das Gemüse hineingegeben wurde, oder es war nicht genug Wasser im Topf
→ sofort abgießen und mit kaltem Wasser abschrecken; die Röschen auf einem Backblech verteilen und für 3–5 Minuten zum Trocknen in den warmen Backofen schieben; nicht umrühren, da das Gemüse sonst zerfällt; mit gehackten, hartgekochten Eiern, gerösteter Brotkrume oder kleinen Croûtons, Blumenkohl auch mit gehackten Kräutern bestreuen; mit einer Käse- oder Tomatensauce überziehen.

ZU WENIG GESCHMACK
*Grund:* das Gemüse war nicht mehr frisch oder von minderer Qualität; nicht ausreichend gewürzt; zu lange gegart
→ mit Salz, Pfeffer, Zitronensaft, Anchovis, Knoblauch, Kräutern wie Dill und Gewürzen, etwa Muskat und Koriander, abschmecken.

VERFÄRBT
*Grund:* das Gemüse war nicht mehr frisch (Brokkoli verfärbt sich gelb, Blumenkohl braun); das Gemüse war beim Kochen nicht mit Wasser bedeckt; es wurde zu lange oder im geschlossenen Topf gegart
→ keine Abhilfe möglich.

## MEIN TIP

Zerkochtes oder fades Gemüse für eine Suppe verwenden. Für 375 g gekochten Blumenkohl oder Brokkoli benötigen Sie 1/2 l Hühner- oder Gemüsebrühe. Einige kleine Röschen heben Sie zum Garnieren auf. In einem großen Topf 2 in Ringe geschnittene Zwiebeln in 30 g Butter weich dünsten. 2 Knoblauchzehen dazugeben, die Brühe angießen, mit Salz und Pfeffer würzen und aufkochen lassen. Die Suppe anschließend im Mixer oder in der Küchenmaschine pürieren, 250 g Crème double unterrühren, noch einmal aufkochen lassen und mit Salz und Pfeffer abschmecken. Die Suppe heiß mit Röschen garniert oder kalt mit saurer Sahne servieren. Ergibt 4 Portionen.

## *Brokkoli und Blumenkohl mit Zitronen-Butter-Sauce*

3 bis 4 Portionen

Die Zitronensauce verleiht dem Gemüse eine eigenwillige Note. Es paßt sehr gut zu Geflügel und allen Arten von Fisch. Verwenden Sie möglichst jungen Blumenkohl, so bekommt das Gericht ein besonders ansprechendes Aussehen.

*1 Brokkoli (ca. 500 g)*
*1/2 Blumenkohl (ca. 375 g)*

Für die Sauce:
*175 g kalte Butter in Stücken*
*2 Schalotten, gehackt*
*1 EL Crème double*
*Saft von 1 Zitrone (ggf. etwas mehr)*
*Salz und weißer Pfeffer*

Das Gemüse in große Röschen zerteilen und die Stiele kurz abschneiden. Getrennt waschen und abtropfen lassen. In zwei großen Töpfen Salzwasser zum Kochen bringen und den Brokkoli 5 bis 7 Minuten, den Blumenkohl 7 bis 10 Minuten darin garen. Die Töpfe dabei nicht zudecken.

In der Zwischenzeit die Sauce zubereiten. Dazu 30 g Butter in einer mittelgroßen Pfanne zerlassen und die Schalotten 1 bis 2 Minuten darin weich dünsten, ohne daß sie Farbe annehmen. Die Crème double einrühren und die Sauce 1 bis 2 Minuten auf die Hälfte einkochen lassen.

Die restliche Butter in kleinen Stücken unterschlagen. Den Topf dabei immer wieder vom Herd nehmen, so wird die Butter weich und dickt die Sauce an, ohne zu zerlaufen. Zum Schluß den Zitronensaft unterrühren und abschmecken. Die Sauce dann zum Warmhalten mit einer Unterlage auf einen Topf mit warmem (nicht heißem!) Wasser stellen.

Die gut abgetropften Brokkoli- und Blumenkohlröschen abwechselnd auf einer Platte anrichten, mit der Sauce begießen und sofort servieren.

# Erbsen und Gemüsemais

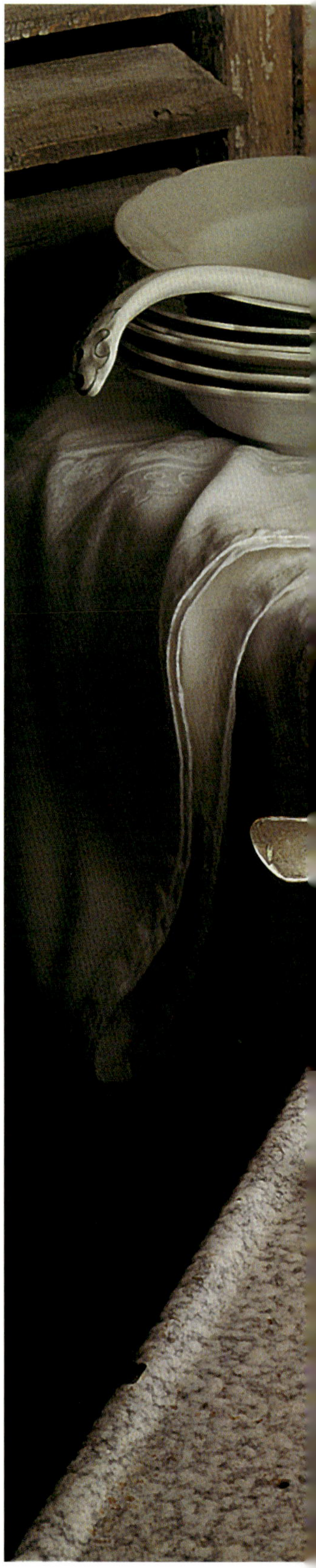

Wenn Sie einen Franzosen nach frischen grünen Erbsen fragen, wird er ins Schwärmen geraten. Im späten 17. Jahrhundert, so schildert Madame de Sévigny, gingen die Höflinge Ludwigs XIV. absichtlich hungrig nach Hause, um sich an den zarten, süßen Erbsen gütlich zu tun, die nur kurz Saison hatten. Junge Erbsen schmecken am besten, wenn man sie frisch gekocht ohne weitere Beilagen oder, wie im berühmten italienischen *risi e bisi* (siehe Mein Tip), mit Reis genießt. Man kann daraus aber auch eine herrliche Suppe (siehe Seite 151) zubereiten. Sind sie älter und zäher, schmore ich sie lieber, zum Beispiel mit Schinken oder mit kleinen Artischocken, wie es in Griechenland und Italien üblich ist.

Merkwürdigerweise gilt der Gemüsemais in Frankreich nur als Viehfutter. Welch ein Irrtum! Die feldfrischen, unvergleichlich süßen Maiskolben an einem heißen Sommerabend so wie sie sind zu kochen oder zu grillen, das ist zwar vielleicht nicht gerade ein anspruchsvolles, aber ein leckeres Essen. Die Qualität spielt beim Mais eine ganz entscheidende Rolle. Er sollte möglichst jung und frisch geerntet sein. Wenn Sie sich nicht sicher sind, geben Sie statt Salz Zucker ins Kochwasser oder grillen ihn mit Knoblauch. Die Palette der Gerichte, in denen frischer Gemüsemais Verwendung findet, reicht von Maiscremesuppe, Maispudding und -pfannkuchen bis hin zu *succotash*, dem amerikanischen Gericht aus Maiskörnern und Limabohnen, die zur gleichen Zeit auf dem Markt sind.

Obwohl sie verschiedenen Pflanzenfamilien angehören, sehen Erbsen und Maiskörner recht ähnlich aus. Beim Kochen oder Dünsten verhalten sie sich genau wie grünes Gemüse (siehe Grünes Gemüse blanchieren und kochen, Seite 153).

**RICHTIG BLANCHIERT** – das Fleisch ist noch knackig, die Schale ist etwas weich; die Farbe ist kräftig, der Geschmack hat sich noch nicht voll entfaltet. Blanchierte Erbsen und Maiskörner eignen sich zum Braten im Wok und für Eintopfgerichte.

**RICHTIG** – die Erbsen oder Maiskörner sind gerade weich und haben noch etwas Biß; die Farbe ist kräftig und der Geschmack frisch.

ZERKOCHT UND WEICH – das Fleisch ist breiig und die Schale häufig aufgesprungen; die frische Farbe und der Geschmack sind verlorengegangen.
*Grund:* zu lange oder zu langsam gegart; nicht in kochendes Wasser gegeben, oder die Wassermenge war nicht ausreichend, um das Gemüse schnell zu garen
→ abgießen und mit kaltem Wasser abschrecken, damit das Gemüse rasch abkühlt; gut abtropfen lassen; in Öl oder Butter und reichlich gehacktem Majoran, Thymian oder Petersilie schwenken; mit etwas Zucker abschmecken.

### WEITERE PROBLEME

ZU WENIG GESCHMACK
*Grund:* das Gemüse war nicht mehr frisch oder von minderer Qualität; zu langsam gegart; nicht ausreichend gewürzt
→ etwas gehackte Schalotte oder Knoblauch in Walnuß- oder Olivenöl anschwitzen und mit dem Gemüse vermischen.

### MEIN TIP

Haben Ihre Maiskörner zu wenig Geschmack, können Sie sie zu einer Maiscremesuppe verarbeiten. Dazu etwa die Hälfte der Maiskörner im Mixer oder mit dem Pürierstab pürieren und in einem Topf mit den restlichen Körnern vermengen. Dann gerade so viel Crème double hinzufügen, daß die Maiscremesuppe leicht vom Löffel fällt. Die Suppe erhitzen, bis sie sehr heiß ist, und mit Salz, Pfeffer, Muskat und Zucker abschmecken.
Sind Ihre Erbsen fade, hier eine schnelle Variante des italienischen *risi e bisi*: Für 375 g Erbsen die gleiche Menge Hühnerbrühe zum Kochen bringen. 200 g Langkornreis einrühren und mit Salz und Pfeffer würzen. Zudecken und 15–18 Minuten bzw. so lange köcheln lassen, bis der Reis die Flüssigkeit aufgesogen hat und gerade weich ist. In der Zwischenzeit 2–3 Scheiben Speck in 1 EL Olivenöl anbraten. Die Erbsen dazugeben und 1–2 Minuten erhitzen. Die Erbsen und den Speck mit 2 EL gehackter Petersilie unter den Reis mischen und abschmecken. Ergibt 4–6 Portionen.

## *Erbsensuppe nach Art meiner Mutter*

4 BIS 6 PORTIONEN

Als Kind wurde ich Anfang Juni immer zum Erbsenpalen eingesetzt. Da nicht sämtliche Erbsen groß und prall waren, löste meine Mutter das Problem, indem sie alle gleichmäßig bei schwacher Hitze garte und eine Suppe daraus zubereitete, die reichlich mit frischer Minze verfeinert wurde.

*1,25 kg Erbsen*
*30 g Butter*
*1 Zwiebel, fein gehackt*
*1 Knoblauchzehe, fein gehackt*
*1 Liter Hühnerbrühe*
*1 TL Zucker*
*Salz und weißer Pfeffer*
*1 großes Bund frische Minze*
*125 g Crème double (ggf. etwas mehr)*

Die Erbsen palen. Die Butter in einem großen Topf zerlassen und die Zwiebel und den Knoblauch 3 bis 4 Minuten darin weich dünsten, ohne daß sie Farbe annehmen. Die Erbsen dazugeben, die Brühe angießen und mit Zucker, Salz und Pfeffer würzen. Zudecken und aufkochen lassen. Die Wärmezufuhr dann verringern und die Erbsen, je nach Reife, 10 bis 15 Minuten köcheln lassen, bis sie weich sind.

Die Minzeblättchen abzupfen und 4 Zweige zum Garnieren zurückbehalten. Die Blätter hacken. Das Gemüse mit einem Schaumlöffel aus der Brühe nehmen und mit etwas Kochflüssigkeit in der Küchenmaschine zu einer glatten Masse pürieren. Das Püree über einem großen Topf durch ein Sieb streichen, die Kochflüssigkeit darüberseihen und die Suppe gut verrühren.

Die Suppe anschließend noch einmal aufkochen lassen, die Crème double und die gehackte Minze unterrühren und abschmecken. Auf vier vorgewärmte Suppentassen verteilen und eventuell noch 1 Löffel Crème double unterrühren. Mit den Minzezweigen garnieren und sofort servieren.

### Ganze Maiskolben

Die Hüllblätter und Fäden von frischen Maiskolben sind schnell entfernt, und dann ab ins kochende Wasser. Zum Rösten oder Grillen streift man die Blätter zurück und entfernt die Fäden. Dann bestreicht man die Kolben mit Butter oder Öl und Gewürzen und streift die Blätter wieder darüber. Eine ungeschälte Knoblauchzehe und etwas Chiliöl geben eine pikante Note. Wenn sie ihr Aroma entfalten, ist das ein Zeichen, daß der Mais gar ist. Sind die Körner richtig gar, lassen sie sich ganz leicht mit der Messerspitze vom Kolben lösen. Sie sind dann zart, haben aber immer noch Biß und einen saftigen, süßlichen Geschmack. Ist der Mais bereits älter, wird er selbst durch längeres Garen nicht mehr zart. Dann streifen Sie die Körner ab und geben sie in eine Suppe oder einen Salat.

# Blattgemüse, Spinat und Kohl

BLATTGEMÜSE IST NAHEZU ÜBERALL ANZUTREFFEN, aber in jedem Land werden andere Arten bevorzugt. Im Süden der Vereinigten Staaten wird beispielsweise gerne Schwarzkohl, Senfkohl (Pak Choi) und Stielmus (Rübstiel) gegessen, der in Europa so beliebte Rosenkohl wird in Amerika hingegen mit Geringschätzung betrachtet. Die Endivie zählt in Italien zu den Grundnahrungsmitteln, während die Griechen hartnäckig an ihrem Spinat festhalten. Vor der Zubereitung gilt es zunächst einmal festzustellen, ob das Gemüse faserig ist. In diesem Fall sollte man es vor dem Garen blanchieren, damit es weicher wird. Zudem wird beim Blanchieren der bittere Geschmack etwas gemildert, und die Farben bleiben leuchtend (siehe Seite 153). Weißkohl, Grünkohl und Spinat sind besonders vielseitig. Kräftigeres Blattgemüse wie Wirsing, Senf- und Rotkohl schmeckt am besten, wenn man es schmort oder langsam kocht, denn dabei wird der herbe Geschmack milder. Rotkohl sollte stets mit Essig oder einer anderen sauren Zutat gegart werden, damit er eine schöne Farbe bekommt.

Zu meinen Lieblingsgerichten zählen Löwenzahnsalat mit Vinaigrette und heißen Speckwürfeln, mit Schweinefleisch und Maronen gefüllter Grünkohl und der unübertroffene *gumbo z'herbes* aus Louisiana, der aus mindestens sieben verschiedenen Blattgemüsen und Okra zubereitet wird. Darüber hinaus gibt es auch herrliche asiatische Rezepte, wie zum Beispiel den chinesischen Spinat, der mit Knoblauch im Wok gebraten wird, und das indische geschmorte Blattgemüse mit Quark.

**MEIN TIP**

Ist Ihr Blattgemüse sehr zerkocht, hacken Sie es und überbacken es mit einer Käsesauce. Dazu den Backofen auf 175 °C vorheizen. Das Gemüse sorgfältig trocknen und mit dem Messer grob hacken. Für 375 g Gemüse vier Förmchen mit 250 ml Fassungsvermögen mit Butter einstreichen und locker mit dem gehackten Gemüse füllen. 2 Eier und 2 Eigelb mit 4 EL Crème double, 4 EL Milch, 4 EL geriebenem Parmesan verquirlen und mit geriebener Muskatnuß, Salz und Pfeffer würzen. Die Sauce über das Gemüse gießen und im vorgeheizten Ofen 15 – 20 Minuten backen, bis die Sauce fest ist und ein Spieß, den man in der Mitte einsticht, beim Herausziehen sauber ist.
Ergibt 4 Portionen.

**RICHTIG BLANCHIERT** – die Farbe ist kräftig; das Gemüse ist weich, aber noch bißfest; beim Einstechen spürt man einen Widerstand; der Geschmack ist strohig und noch nicht richtig ausgeprägt.

**RICHTIG GEGART** – die Farbe ist immer noch kräftig; wird das Gemüse gekocht, sautiert, gedämpft oder gedünstet, wird es zart und durchsichtig (gilt für Kohl und Endivie), hat aber noch Biß; es läßt sich leicht mit dem Messer schneiden; der Geschmack ist kräftig und frisch; wird das Gemüse gebraten oder geschmort, ist es anschließend zart und saftig, aber nicht wäßrig, es läßt sich leicht mit dem Löffel zerteilen und hat keinen Biß mehr; der Geschmack ist kräftig.

ZERKOCHT UND WEICH – die Blätter sind schlaff und haben sich mit Flüssigkeit vollgesogen; sie sind gelb und matt; der Geschmack ist fade und leicht säuerlich.
*Grund:* zu langsam oder zu lange gegart; das Wasser hat nicht richtig gekocht, als das Gemüse hineingegeben wurde, es wurde nicht genug Wasser verwendet (siehe Grünes Gemüse blanchieren und kochen, Seite 153)
→ abgießen und sofort mit kaltem Wasser abschrecken, um den Garprozeß zu stoppen; gut abtropfen lassen, das Wasser gegebenenfalls von Hand herausdrücken; mit gebratenen Speckwürfeln oder Croûtons, gehackten Walnußkernen, gerösteten Mandelblättchen oder Pinienkernen bestreuen; in Olivenöl angeschwitzte Zwiebel oder Knoblauch untermischen; mit Chilipulver, Kümmel, Senfkörnern oder abgeriebener unbehandelter Zitronenschale verfeinern; Gemüse hacken, mit einer weißen Sauce oder Crème double kochen und zu einem Püree verarbeiten; Gemüse fein hacken, mit gerösteten Nüssen und Käse vermischen und als Belag oder Füllung für Nudeln verwenden.

## WEITERE PROBLEME

FASERIG UND ZÄH
*Grund:* das Gemüse war nicht mehr frisch oder von minderer Qualität; nicht ausreichend gegart
→ weitergaren, bis das Gemüse weich ist; das Gemüse vor oder nach dem Kochen quer zur Faser zerschneiden, so erscheint es weniger zäh. Zu beachten: Das Gemüse im Zweifelsfall vor dem Garen immer erst blanchieren.

BITTER ODER SAUER
*Grund:* das Gemüse war nicht mehr frisch; wurde zu lange gegart. Zu beachten: Manche Blattgemüse haben von Natur aus einen säuerlichen Geschmack
→ 1 – 2 TL Zucker hinzufügen, um dem Gemüse etwas die Bitterkeit zu nehmen, dann 1 Stunde oder länger weitergaren, bis es zerfällt und zu einem Confit wird.

VERFÄRBT
*Grund:* das Gemüse war von minderer Qualität; es wurde zu langsam, mit zu wenig Wasser oder im geschlossenen Topf gegart; zu lange gekocht
→ abgießen und sofort mit kaltem Wasser abschrecken, um den Garprozeß zu stoppen und weiterer Verfärbung vorzubeugen; reichlich gehackte Kräuter, zum Beispiel Schnittlauch und Petersilie, hinzufügen.

# Blattsalate

ERST SEIT ICH EINEN GEMÜSEGARTEN BESITZE, weiß ich, warum man dieses zarte Gemüse, das für gewöhnlich roh als Salat gegessen wird, auch kocht. Um die saftigen Salatköpfe, von denen wir Jahr für Jahr geradezu überschwemmt werden, vor dem Verderben zu bewahren, werden sie schon seit Generationen geschmort, gedünstet oder zu pikanten Suppen verarbeitet. Der nicht sehr ausgeprägte Eigengeschmack des Salats läßt sich heben, indem man ihn beispielsweise mit Zwiebel, Möhre und Schinken schmort oder ihn brät und mit angebräunter Zwiebel, Zitronensaft und Paprika verfeinert. Seit kurzem ist es auch in Mode gekommen, Salate, insbesondere Radicchio, zu grillen und ihn dabei mit einer Mischung aus Olivenöl, Salz und geschrotetem Pfeffer zu begießen. Beim Garen von Salaten kommt es besonders darauf an, sie möglichst zart zu machen (Salate können recht faserig sein), ohne daß sie ihre schöne Farbe einbüßen.

**RICHTIG BLANCHIERT** – die Farbe ist leuchtend; die Blätter sind weich, haben aber noch Biß; beim Einstechen spürt man einen Widerstand; der Geschmack hat sich noch nicht voll entfaltet. Durch das Blanchieren bleibt die Farbe erhalten, und es trägt überdies dazu bei, daß das Gemüse beim Garen seine Bitterkeit verliert.

**RICHTIG GEGART** – die Farbe ist kräftig; das Gemüse (hier Salat) ist gerade weich, zerfällt aber nicht und läßt sich leicht mit dem Messer schneiden; der Geschmack ist kräftig.

## PROBLEMFÄLLE

ZERKOCHT
*Grund:* zu langsam oder zu lange gekocht
→ nach dem Kochen oder Dünsten mit kaltem Wasser abschrecken, um den Garprozeß zu stoppen und Verfärbungen vorzubeugen; mit gebratenen Speckwürfeln oder Croûtons, gehackten, getrockneten Tomaten oder gerösteten Sesamsamen bestreuen.

FASERIG
*Grund:* das Gemüse war nicht mehr frisch; nicht ausreichend gegart
→ weitergaren, bis das Gemüse weich ist; das Gemüse vor oder nach dem Garen quer zur Faser zerschneiden, so erscheint es weniger faserig.

BITTER
*Grund:* das Gemüse war nicht mehr frisch; es ist beim Grillen verbrannt
→ im Zweifelsfall vor dem Garen blanchieren; ist das Gemüse verbrannt, ist keine Abhilfe möglich.

BLASS ODER VERFÄRBT
*Grund:* das Gemüse war von minderer Qualität; es wurde nicht genug Wasser zum Kochen verwendet; es wurde im geschlossenen Topf oder zu lange gegart
→ abgießen und sofort mit kaltem Wasser abschrecken, um den Garprozeß zu stoppen und weiterer Verfärbung vorzubeugen; mit gehackter Chilischote bestreuen oder mit einer Käsesauce überziehen und gratinieren.

**MEIN TIP**

Für eine Salatsuppe: Für 250 g Salat 1 in Ringe geschnittene Zwiebel in 2 EL Olivenöl weich garen. Den Salat und 2 gehackte Knoblauchzehen dazugeben und 1–2 Minuten anbraten. Circa 1 Liter Brühe angießen, abschmecken und 10–15 Minuten köcheln lassen. 1 Dose abgetropfte weiße Bohnen unterrühren und noch einmal aufkochen lassen. Zum Schluß 2 EL gehackte Basilikumblätter untermischen.

## GRÜNES GEMÜSE BLANCHIEREN UND KOCHEN

Grünes Gemüse wird aus mehreren Gründen blanchiert: damit es seine Farbe behält, um den herben Geschmack zu mildern und um hartes und faseriges Gemüse weicher zu machen. Nach dem Kochen ist das Gemüse hingegen vollständig (wenn auch möglichst nur leicht) gegart.

Für das Kochen von grünem Gemüse gibt es eine alte Faustregel: Grünes Gemüse (das über der Erde wächst) muß in kochendes Wasser gegeben und bei geöffnetem Topf so rasch wie möglich gegart werden. Dadurch bleiben die Vitamine und die empfindliche Zellstruktur besser erhalten. Wird das Gemüse ohne Deckel gegart, können die Säuren, durch die sich das Gemüse sonst gelb verfärben würde, verdunsten. Wurzelgemüse (das unter der Erde wächst) muß hingegen in kaltes Wasser gegeben und langsam im geschlossenen Topf gegart werden.

Beim Blanchieren oder Kochen muß das Gemüse gut mit Wasser bedeckt sein. Für 375 g Gemüse sollten Sie mindestens 4 l Wasser und 2 TL Salz rechnen. Gibt man, vor allem bei Kohl und Blumenkohl, noch ein Lorbeerblatt ins Kochwasser, kann man dadurch verhindern, daß ein unangenehmer Geruch entsteht. Achten Sie darauf, daß die Stücke möglichst gleich groß sind, und geben Sie das Gemüse immer erst dann ins Wasser, wenn es sprudelnd kocht. Anschließend sollte es so rasch wie möglich im offenen Topf gegart werden. Hat es den gewünschten Gargrad erreicht, gießen Sie es ab, schrecken es mit kaltem Wasser ab (dadurch wird der Garprozeß abrupt beendet, und die kräftige grüne Farbe bleibt weitgehend erhalten) und lassen es gut abtropfen.

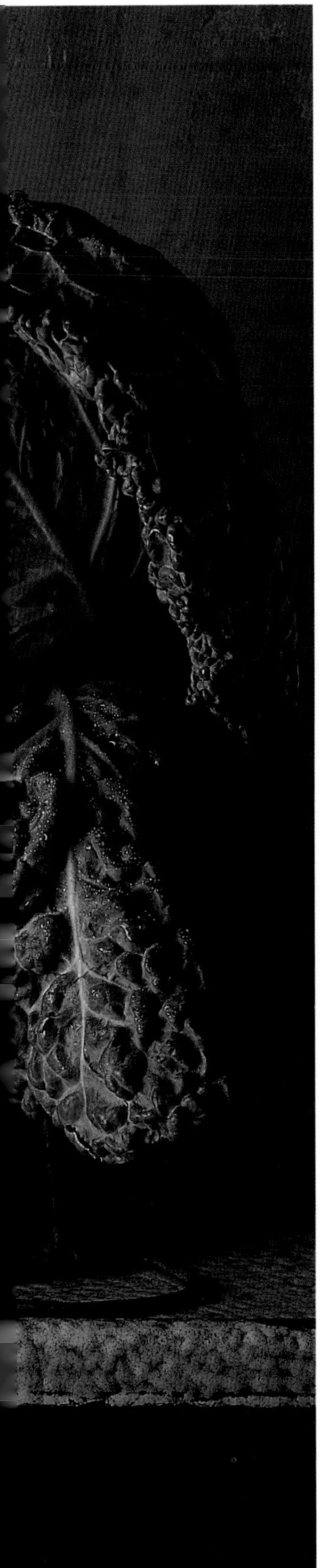

# *Sautierter Wirsing*

4 Portionen

Der Geschmack des Wirsings ist kräftig und angenehm würzig. Er wird in der Regel gekocht oder gedünstet verzehrt und eignet sich vor allem für Eintöpfe, Kohlrouladen, Aufläufe und Suppen. Andere Kohlarten, Blattgemüse oder -salate wie Mangold, Senfkohl, ja sogar Grünkohl oder die krause Endivie lassen sich ebenso nach diesem Rezept zubereiten.

*500 g Wirsing*
*1 EL Pflanzenöl*
*250 g würziges italienisches Wurstbrät*
*1 Zwiebel, gehackt*
*3 Knoblauchzehen, fein gehackt*
*Salz und Pfeffer*
*1/2 TL Chiliflocken*

Den Wirsing gründlich waschen und die harten Stiele entfernen. Abtropfen lassen und die Blätter schwenken, um sie möglichst vollständig zu trocknen. Das Öl in einer Pfanne erhitzen und das Wurstbrät 3 bis 5 Minuten unter Rühren darin anbräunen.

Die Zwiebel und den Knoblauch dazugeben und 4 bis 5 Minuten anbraten, bis sie leicht angebräunt sind und ihr Aroma entfalten.

Den Wirsing untermischen, mit etwas Salz und Pfeffer würzen und bei großer Hitze 2 bis 3 Minuten garen, bis er zusammenfällt. Die Wärmezufuhr dann verringern, den Topf zudecken und den Kohl in weiteren 10 bis 12 Minuten fertiggaren. Mit den Chiliflocken bestreuen, abschmecken und sofort servieren.

*Sautierter Wirsing*

# *Salatpäckchen mit Jus*

4 Portionen

Wenn es nach dem Frühling mit dem jungen Salat vorbei ist und im Herbst ungeheure Mengen an weniger zartem Salat anfallen, fange ich an, ihn zu kochen. Besonders ansprechend finde ich diese geschmorten Salatpäckchen, die gut zu gebratenem Huhn oder Fisch passen.

*1 kg Kopfsalat*
*125 g Speck, in Würfel geschnitten*
*1/2 l Hühner- oder Gemüsebrühe*
*Salz und Pfeffer*
*30 g kalte Butter in Stücken*

Die Salatköpfe von den Strünken befreien und welke äußere Blätter entfernen. 8 bis 12 besonders schöne Blätter waschen und trockentupfen, die restlichen Blätter in Streifen schneiden und in einem Sieb unter fließendem kalten Wasser waschen.

In einem großen Topf Salzwasser zum Kochen bringen und die ganzen Salatblätter etwa 1 Minute darin blanchieren. In einer Schüssel mit kaltem Wasser abschrecken und mit den Rispen nach oben zum Trocknen auf Küchenpapier auslegen.

Den Speck in einer Pfanne rösten. Das Fett anschließend abschöpfen, die Brühe in die Pfanne gießen und aufkochen lassen. Dabei laufend umrühren, damit sich der Bratensatz vom Boden löst. Die Salatstreifen dazugeben und 2 bis 3 Minuten köcheln lassen, bis sie zusammenfallen.

Den Salat und den Speck mit einem Schaumlöffel aus der Pfanne nehmen und in eine große Schüssel geben. Die Kochflüssigkeit in einen kleinen Topf seihen und auf die Hälfte einkochen lassen. Die Salatmischung abschmecken und jeweils 1 Löffel davon in die Mitte der blanchierten Salatblätter geben. Die Blätter über der Füllung verschließen und zu Päckchen formen. Die Päckchen auf eine vorgewärmte Platte legen und warm stellen.

Für die Jus die Butter nach und nach unter die reduzierte Kochflüssigkeit rühren. Den Topf dabei immer wieder vom Herd nehmen, so wird die Butter weich und dickt die Sauce an, ohne zu zerlaufen. Die Jus zum Schluß abschmecken, die Salatpäckchen damit begießen und sofort servieren.

# Sommer- und Winterkürbis

AUCH WENN DER NAME ETWAS ANDERES VERMUTEN LÄSST, können wir uns fast das ganze Jahr über an Sommerkürbis erfreuen. Zu den Sommerkürbissen zählt der formenreiche Gartenkürbis mit Ölkürbis, Pattison (Squash), Spaghettikürbis, Rondini, aber auch Zucchini. Am besten gart man dieses zarte Gemüse mit der Schale. So bleibt nicht nur die Farbe erhalten, sondern das Fleisch wird auch zusammengehalten. Verwenden Sie möglichst nur kleine Exemplare, denn große Sommerkürbisse enthalten sehr viel Wasser und haben deshalb weniger Geschmack. Da sie so saftig sind, zerkochen sie auch leicht. Schneiden Sie sie daher nie in dünne Scheiben, es sei denn, Sie wollen sie nur kurz fritieren oder im Wok braten. Reife Sommerkürbisse enthalten überdies große Kerne, die man am besten herauskratzt und wegwirft. Sehr kleine Kürbisse haben zwar ein festes Fleisch, können allerdings bitter sein. Sommerkürbis paßt besonders gut zu Schalentieren, Tomate, Zwiebel, Paprikaschote und Kräutern wie Lorbeer und Minze. Ich mag sie am liebsten scharf gewürzt, beispielsweise mit Knoblauch und Chiliflocken.

Winterkürbisse, wie etwa der Riesenkürbis mit seiner Sorte 'Gelber Zentner' und der Moschuskürbis, sind wegen ihrer besonderen Form und ihres leuchtenden Fleischs sehr dekorativ. Das faserige Fleisch, das unangenehm holzig sein kann, wird von einer harten Schale umschlossen. Winterkürbisse enthalten weniger Wasser als Sommerkürbisse und zerkochen deshalb nicht so leicht. Damit er seinen Geschmack möglichst gut entfaltet, wird der Winterkürbis gerne gewürzt und gesüßt und dann in der Schale, als Suppe oder Beilage serviert. Der italienische Brauch, das Kürbisfleisch mit Zitrusschale und Zimt zu garen, stammt aus der Zeit der Renaissance.

## MEIN TIP

Ist Ihr Kürbis, insbesondere Zucchini, zerkocht und wäßrig, bereiten Sie daraus eine *rougaille*, ein Gemüseragout von der Insel Mauritius, das besonders gut zu Reis und Linsen schmeckt.

Für 375 g gegartes und grob gehacktes Kürbisfleisch 2 EL Olivenöl im Wok erhitzen. 1 gehackte Zwiebel unter Rühren goldgelb darin anbraten. Das Kürbisfleisch, 2 gehackte Knoblauchzehen und 1 TL gemahlenen Kreuzkümmel dazugeben, mit Salz und Pfeffer würzen und das Ganze bei starker Hitze 3–5 Minuten braten. 2 entkernte, gehackte Tomaten hinzufügen und alles nochmals 1–2 Minuten braten. Zum Schluß 2–3 EL gehacktes Koriandergrün untermischen und abschmecken. Ergibt 4 Portionen.

**RICHTIG BLANCHIERT** – die Farbe ist leuchtend, das Gemüse ist noch nicht durchsichtig; es ist saftig und hat noch etwas Biß. Für Rohkostteller, Salate und zum Braten im Wok geeignet.

**RICHTIG GEGART** – das Gemüse ist durchsichtig; beim Einstechen fühlt es sich zart an; das Fleisch ist fest, aber nicht knackig; die Farbe ist kräftig, und das Gemüse ist an den Rändern leicht angebräunt; Sommerkürbis hat einen frischen, Winterkürbis einen süßlichen Geschmack. Für eine Suppe oder ein Püree sollte das Fleisch sehr weich, aber nicht wäßrig sein.

ZERKOCHT UND WÄSSRIG – die schöne Farbe ist verlorengegangen; das Fleisch ist wäßrig und fühlt sich beim Einstechen sehr weich an; die Stücke sind häufig zerfallen und verbrannt; der Geschmack ist fade. Zu beachten: Sommerkürbis zerkocht sehr schnell, häufig schon binnen 1 oder 2 Minuten.
*Grund:* der Kürbis war sehr groß und hatte ein grobes, wäßriges Fleisch; er wurde zu lange, bei zu starker Hitze oder mit zuviel Flüssigkeit gegart (reife Kürbisse sollte man am besten dünsten)
→ gut abtropfen lassen, dann mit angedünsteter gehackter Schalotte, Zwiebel oder Knoblauch und mit gehackten Kräutern wie Dill, Basilikum, Thymian oder Petersilie bestreuen; Winterkürbis mit gemahlenem Kreuzkümmel, Koriander, Muskat, Zimt, Piment oder Ingwer bestreuen; mit Käse überbacken. Zu beachten: Bei zu langem Garen zerfällt das Kürbisfleisch sehr leicht, deshalb sollte man möglichst nicht rühren und das Fleisch anschließend zu einem Püree oder einer Suppe verarbeiten.

## WEITERE PROBLEME

HOLZIG
*Grund:* der Kürbis war nicht mehr frisch oder von minderer Qualität; nicht ausreichend gegart
→ weitergaren, bis das Fleisch weich ist. Ist der Kürbis sehr faserig, das Fleisch hacken, mit Kräutern und Nudeln vermengen, unter ein Kartoffelpüree mischen oder durch ein Sieb passieren und für ein Püree oder eine Suppe verwenden, siehe Mein Tip.

ZU WENIG GESCHMACK
*Grund:* der Kürbis war sehr groß oder von minderer Qualität; nicht ausreichend gewürzt; zu lange gegart
→ mit braunem Zucker bestreuen und unter den Grill schieben; siehe Zerkocht und wäßrig.

BITTER
*Grund:* der Kürbis war sehr groß oder nicht mehr frisch
→ mit Sojasauce, Worcestersauce, getrockneten roten Chilischoten, Kapern, Mixed Pickles oder Anchovis verfeinern. Ist der Kürbis sehr bitter, ist keine Abhilfe möglich.

# Aubergine

AUS DER VEGETARISCHEN KÜCHE IST DIE ROBUSTE, FLEISCHIGE AUBERGINE nicht wegzudenken. Sie hat allerdings die sonderbare Eigenschaft, beim Garen die Flüssigkeit oder das Fett wie ein Schwamm aufzusaugen und sie anschließend, sobald das Fleisch durch die Hitze zusammenschrumpft, wieder abzugeben. Deshalb sollte man sie vor dem Garen in Scheiben schneiden oder halbieren und mit Salz bestreuen, um ihr die Flüssigkeit zu entziehen. Dafür 15 bis 20 Minuten ziehen lassen, anschließend abspülen und trockentupfen und mit der Zubereitung fortfahren. Sehr reifen Auberginen (ein Anzeichen dafür sind große Samenkörner) kann man mit dem Salz überdies die Bitterkeit nehmen.

Der Geschmack der Aubergine harmoniert vortrefflich mit den verschiedensten Zutaten, ohne daß er dabei untergeht. Man kann sie als Vorspeise mit Zitronensaft marinieren oder wie in der provenzalischen *ratatouille* mit Zwiebeln, Paprikaschoten, Tomaten und Zucchini anbraten. In der Türkei bekommt man sie gefüllt als *imam bayildi*, und in Italien wird sie mit Weißweinessig, Tomate und Rosmarin gedünstet. Am besten schmeckt sie aber, wenn man sie paniert oder durch einen Teig zieht und anschließend fritiert, wie zum Beispiel im Japanischen fritierten Gemüse auf Seite 173 – eine köstliche Vorspeise.

**RICHTIG GEGART** – das Fleisch ist saftig und zergeht auf der Zunge, es ist leicht durchsichtig und etwas angebräunt; der Geschmack ist kräftig, fast rauchig.

**RICHTIG KNUSPRIG** – das Fleisch ist außen goldbraun und knusprig, innen ist es noch weich; der Geschmack ist kräftig, rauchig und süßlich.

## MEIN TIP

Vorausgesetzt, die Auberginen wurden allein gegart, können Sie daraus auch ein Auberginenmus zubereiten. Dazu das Fleisch aus 4 mittelgroßen Auberginen (ca. 375 g) herausschaben und die Schalen wegwerfen. Das Fleisch dann mit der Gabel mit 1 feingehackten Knoblauchzehe, 3 EL Zitronensaft, 3 EL Olivenöl, 2 EL Crème double, 1/2 TL gemahlenem Kreuzkümmel, 1/2 TL gemahlenem Koriander, 1/2 TL Tabasco zerdrücken und mit Salz und Pfeffer würzen. Je nach Geschmack können Sie auch etwas mehr Tabasco verwenden. Die Mischung sollte einen kräftigen Geschmack haben und etwas grob sein. In einer hübschen Keramikschüssel mit grünem Salat oder geröstetem, mit Knoblauch eingeriebenem Landbrot servieren. Ergibt 4 Portionen.

## PROBLEMFÄLLE

NICHT GAR
*Grund:* Temperatur zu niedrig; Garzeit zu kurz; nicht ausreichend begossen
→ weitergaren, bis die Auberginen weich sind, und dabei laufend mit dem Bratfett oder der Sauce begießen.

ZERKOCHT UND TROCKEN
*Grund:* zu lange gegart; Temperatur zu hoch; nicht ausreichend begossen
→ mit etwas Olivenöl bestreichen, dann mit saftigen Zutaten wie Tomate, gebratener Zwiebel, einer weißen Sauce, einer Käse- oder Fleischsauce zubereiten; mit Käse bestreuen oder nach türkischer Art mit Kreuzkümmel, Cayennepfeffer, gehackter Minze und etwas Zucker bestreuen und mit Zitronensaft beträufeln.

ZU WENIG GESCHMACK
*Grund:* nicht genügend gewürzt; nicht ausreichend gegart
→ mit Salz, Pfeffer und einem der folgenden Gewürze verfeinern: Koriander, Kreuzkümmel, Piment, Paprika, Thymian, Oregano, Rosmarin, Petersilie, Zitronensaft oder aromatisiertes Öl. Und den Knoblauch nicht vergessen!

BITTER
*Grund:* die Aubergine war nicht mehr frisch oder war zu reif
→ vor dem Garen mit Salz bestreuen, um ihr die bitteren Säfte zu entziehen; mit aromatischen Zutaten wie Knoblauch, Weinessig und Walnüssen verfeinern. Ist die Aubergine sehr bitter, ist keine Abhilfe möglich.

## *Auberginen mit Käsefüllung in pikanter Tomatensauce*

4 PORTIONEN

Eine in Scheiben geschnittene Aubergine ersetzt bei diesem »Sandwich« mit Ricotta und Ziegenkäse das Brot. Sie wird in einer kräftigen Tomatensauce gegart und mit Parmesan bestreut. Verwenden Sie nur einen frischen, weichen und cremigen Ziegenkäse.

*500 g Auberginen*
*Salz und Pfeffer*
*4 EL Olivenöl*
*1 kleines Bund Basilikum*
*1 kleines Bund Petersilie*
*250 g Ricotta*
*175 g Ziegenkäse*
*30 g Parmesan, gerieben*

*FÜR DIE SAUCE:*
*5 EL Olivenöl*
*3 Zwiebeln, gehackt*
*5 Knoblauchzehen, fein gehackt*
*1,5 kg Tomaten, enthäutet, entkernt und gehackt*
*90 g Tomatenmark*
*3–4 EL gehackter Oregano*
*1 Prise Zucker*

4 kleine Auflaufformen

Den Backofen auf 190 °C (Gas Stufe 2–3) vorheizen. Die Stielansätze der Auberginen abschneiden und die Früchte der Länge nach in 16 gut 1 cm dicke Scheiben schneiden. Die Scheiben nebeneinander auf ein Küchenbrett legen, auf beiden Seiten großzügig mit Salz bestreuen und 20 bis 30 Minuten Flüssigkeit ziehen lassen.

Die Auberginenscheiben dann abspülen, in einem Sieb abtropfen lassen und mit Küchenpapier trockentupfen. Auf ein mit Öl bestrichenes Backblech legen und oben mit Olivenöl bestreichen. 25 bis 30 Minuten im Ofen knusprig backen und anschließend abkühlen lassen.

In der Zwischenzeit die Tomatensauce zubereiten. Dazu das Öl in einem großen, hohen Topf erhitzen und die Zwiebeln bei mittlerer Hitze 4 bis 5 Minuten darin anschwitzen, bis sie weich und leicht angebräunt sind. Den Knoblauch hinzufügen und 1 Minute mitgaren, bis er sein Aroma entfaltet. Die Tomaten, das Tomatenmark und den Oregano untermischen und mit Zucker, Salz und Pfeffer würzen. Zudecken und bei schwacher Hitze 10 bis 15 Minuten garen, bis die Tomaten sehr weich sind. Den Deckel dann abnehmen und die Sauce unter gelegentlichem Rühren 5 bis 10 Minuten weiterkochen, bis sie etwas eingedickt ist. Abschmecken.

Die Basilikum- und die Petersilienblättchen abzupfen und hacken. 4 Basilikumstengel zum Garnieren zurückbehalten. Den Ricotta in einer Schüssel mit dem Ziegenkäse zu einer glatten Masse verschlagen. Die gehackten Kräuter untermischen und mit Salz und Pfeffer abschmecken. Vier Auflaufförmchen mit Olivenöl einstreichen. Je 1 Auberginenscheibe hineinlegen, mit der Käsemasse bestreichen und eine zweite Scheibe darauf legen. Den Vorgang so lange wiederholen, bis alle Auberginenscheiben aufgebraucht sind.

Die Auberginen mit der Sauce begießen und mit Parmesan bestreuen. Anschließend 20 bis 25 Minuten im Ofen überbacken, bis sie sehr heiß sind und die Sauce Blasen wirft. Mit den Basilikumstengeln garniert sofort servieren.

*Auberginen mit Käsefüllung in pikanter Tomatensauce*

## *Gefüllte Zucchini à la Pat*

4 PORTIONEN

Wenn Sie nach einem Kürbisrezept suchen, müssen Sie nur jemanden aus Neuengland fragen. Pat Kelly aus Boston hatte viel Erfahrung darin, mit der alljährlichen Schwemme an Zucchini und Kürbissen fertig zu werden. Sie empfahl mir dieses einfache Gericht, das sich gut als Beilage zu Fisch, Fleisch oder Geflügel eignet. Sättigender wird es, wenn Sie für die Füllung noch circa 125 g gekochte, geschälte und gehackte Garnelen verwenden.

*750 g kleine Zucchini*
*2 Scheiben Weißbrot*
*60 g Butter, zerlassen*
*1 mittelgroße Zwiebel, gehackt*
*2 Knoblauchzehen, gehackt*
*1 mittelgroße Tomate, enthäutet, entkernt und gehackt*

*45 g geriebener Gruyère*
*3–4 EL gehackter Thymian*
*abgeriebene Schale von 1 unbehandelten Zitrone*
*1/2 TL frisch geriebene Muskatnuß*
*Salz und Pfeffer*

Den Backofen auf 175 °C (Gas Stufe 2) vorheizen. In einem großen Topf Salzwasser zum Kochen bringen. Die Stielansätze der Zucchini abschneiden und die Früchte der Länge nach halbieren. Die Kerne mit einem Teelöffel herauskratzen. Das Gemüse ins kochende Wasser geben und 8 bis 10 Minuten kochen. Anschließend abgießen, mit kaltem Wasser abschrecken und trocknen lassen.

Für die Füllung das Brot in Stücke reißen und in der Küchenmaschine zerkleinern. Die Hälfte der Butter in einer Pfanne erhitzen und die Zwiebel 3 bis 5 Minuten darin weich dünsten, ohne daß sie Farbe annimmt. Den Knoblauch dazugeben und 1 Minute mitgaren. Das Ganze etwas abkühlen lassen und anschließend die Brotkrume, die Tomaten, den geriebenen Käse, den Thymian, die Zitronenschale und den Muskat unterrühren und mit Salz und Pfeffer abschmecken.

Die Zucchini großzügig damit füllen und in eine gebutterte Auflaufform setzen. Mit der restlichen Butter beträufeln und im vorgeheizten Ofen 20 bis 25 Minuten überbacken, bis die Oberfläche schön gebräunt ist.

# Paprikaschoten und Chillies

DER KÜCHENPROFI UNTERSCHEIDET BEIM PAPRIKA ZWEI GRUPPEN, nämlich die milden Paprikaschoten und die scharfen Pfefferschoten (Chillies oder Chilischoten). Innerhalb dieser beiden Gruppen gibt es wiederum Hunderte verschiedener Sorten. Der Geschmack hängt nicht nur von der Sorte ab, sondern auch vom Boden, auf dem die Schoten angebaut wurden. Deshalb läßt sich nie genau vorhersehen, wie sie schmecken. Sie müssen sie eben kosten und ausprobieren. Beim Rösten oder Grillen verändert sich der Geschmack ebenfalls. Die Schale platzt dabei auf und kann anschließend ganz leicht abgezogen werden. Darunter kommt dann das zarte Fleisch zum Vorschein, das man für einen Salat oder in pürierter Form für eine Sauce verwenden kann.

Für knackige Gerichte, etwa die in Spanien beliebten sautierten grünen Paprikaschoten und Pimientos (das sind ziegelrote Paprikaschoten mit süßlichem Geschmack), werden die Schoten mit der Schale gehackt, in Streifen oder Ringe geschnitten. Zum Füllen und Überbacken werden sie meist ebenfalls nicht enthäutet, denn so bleiben sie besser in Form. Durch das Blanchieren werden sie weicher, und ihr bisweilen etwas herber Geschmack wird milder.

**RICHTIG GERÖSTET (ZUM ENTHÄUTEN)** – die Schale ist aufgeplatzt, das Fleisch gibt auf Druck nach, ist aber noch fest, es ist saftig, hat eine leuchtende Farbe und einen rauchigen Geschmack; werden die Schoten gefüllt und mit der Schale gebacken oder gebraten, behalten sie ihre Form, fühlen sich beim Einstechen aber weich an.

**RICHTIG BLANCHIERT** – die Farbe ist kräftig, das Fleisch hat noch Biß, beim Einstechen spürt man einen Widerstand; der Geschmack ist etwas strohig. Blanchierte Paprikastreifen werden für Salate und zum Garnieren verwendet.

## MEIN TIP

Aus zerkochten Paprikaschoten läßt sich gut ein spanisches Omelett zubereiten. Dabei spielt es keine Rolle, ob die Schoten gefüllt sind oder nicht. 2 gefüllte Paprikaschoten (oder 375 g Fruchtfleisch) grob hacken und mit 2 – 3 EL gehacktem Koriandergrün vermengen. 4 Scheiben Speck in Würfel schneiden und knusprig braun braten. Das Fett bis auf 2 EL abschöpfen. In einer Schüssel 4 Eier mit Salz und Pfeffer verquirlen. Das restliche Fett und den Speck noch einmal sehr heiß werden lassen. Die Eier in die Pfanne schlagen und 30 Sekunden kurz und heftig mit einer Gabel rühren, bis die Eiermasse am Rand eindicken beginnt. Nun das Gemüse untermengen. Weitergaren und die Masse etwa 1 Minute mit der Gabel vom Rand zur Mitte rühren. Wenn die Eier fast gestockt sind, mit dem Rühren aufhören und das Omelett 2 – 3 Minuten braten, bis es unten fest und goldbraun ist. Auf einen Teller stürzen, wieder in die Pfanne gleiten lassen und die andere Seite ebenfalls 2 – 3 Minuten bräunen.
Ergibt 4 Portionen.

## PROBLEMFÄLLE

NICHT GAR
*Grund:* Temperatur zu niedrig; Garzeit zu kurz
→ weitergaren und gegebenenfalls die Temperatur erhöhen.

SAUER
*Grund:* die Paprikaschoten waren nicht reif oder von minderer Qualität; nicht ausreichend gegart
→ ist das Gemüse noch nicht weich, weitergaren; den sauren Geschmack mit Olivenöl, angedünsteter Zwiebel, Rosinen und anderen Trockenfrüchten mildern oder mit frischen oder getrockneten Chilischoten kaschieren.

BLASSE FARBE
*Grund:* die Paprikaschoten waren nicht mehr frisch oder von minderer Qualität; zu lange gegart
→ blanchierte Schoten mit kaltem Wasser abschrecken, um den Garprozeß zu stoppen und weiterer Verfärbung vorzubeugen; grüne Schoten mit gehackter Tomate, rote mit gehacktem Koriandergrün oder Petersilie bestreuen.

ZERKOCHT UND WÄSSRIG – das Fleisch ist schlaff, die Farbe blaß, und der Geschmack ist fade.
*Grund:* zu lange oder zu langsam gegart
→ mit kaltem Wasser abschrecken, um den Garprozeß zu stoppen, und gut abtropfen lassen. 1 EL Öl in einer Pfanne oder im Wok erhitzen und die Schoten bei starker Hitze 30 – 60 Sekunden unter Rühren anbraten, damit sie trocken werden. Mit knusprigen gerösteten Sonnenblumenkernen bestreuen.

# Tomaten

WIR SIND SO SEHR DARAN GEWÖHNT, TOMATEN FRISCH IN SALATEN zu verarbeiten, daß wir oft gar nicht daran denken, daß man sie auch garen kann. Dabei gibt es Dutzende verschiedener Möglichkeiten, Tomaten im Ganzen, halbiert oder in Scheiben zu garen, um sie als Vorspeise oder als schmackhafte Beilage zu gegrilltem oder gebratenem Fleisch zu reichen. In Frankreich werden sie mit Wurstbrät gefüllt oder mit Knoblauch, Kräutern und Paniermehl *à la provençale* überbacken. In den Südstaaten der USA werden die noch grünen Tomaten paniert und mit Essig, Walnußkernen und Kräutern gebraten oder gebacken. Aber auch reife Tomaten lassen sich, beispielsweise mit Thymian und Parmesan, im Ofen überbacken.

Bei längerem Garen verändert sich der Geschmack der Tomaten ganz erheblich. Sie verlieren dann ihre fruchtige Säure und bekommen einen milden, kräftigen Geschmack. Mehr dazu finden Sie im Kapitel Saucen.

Damit sich Tomaten leichter enthäuten lassen, können Sie sie vorher blanchieren. Dazu bringen Sie in einem großen Topf Wasser zum Kochen, schneiden die Stielansätze der Tomaten heraus, ritzen die Schale oben kreuzförmig ein und geben die Tomaten dann für 10 Sekunden – nicht sehr reife Tomaten auch etwas länger – ins kochende Wasser, bis die eingeritzte Haut sich zu kräuseln beginnt. Anschließend lassen Sie sie in kaltem Wasser abkühlen und enthäuten sie dann (siehe links unten).

**RICHTIG BLANCHIERT** – die Schale beginnt sich zu lösen und läßt sich ganz leicht abziehen; das Fleisch ist noch roh und fest.

**RICHTIG GEBACKEN** – die Tomate ist heiß und saftig, fühlt sich beim Einstechen weich an, behält aber ihre Form; die Schale beginnt aufzuplatzen; Farbe und Geschmack sind kräftig.

## MEIN TIP

Anregungen für die Weiterverwendung zerkochter Tomaten gibt es zuhauf. Hier nur einige Beispiele. Die Schale sollten Sie dabei möglichst vollständig entfernen, entkernt werden müssen die Tomaten aber nicht.

- Die Tomaten grob hacken, mit gehacktem Basilikum oder glatter Petersilie und Olivenöl vermischen und zu gekochten Nudeln servieren oder für einen Nudelsalat verwenden.
- Die gehackten Tomaten mit Polenta oder Hafergrütze vermengen und als Beilage zu Fleisch oder Geflügel reichen.
- Eine gekochte oder kalte Salsa (siehe Seite 126–127) daraus zubereiten.
- Für ein Tomatensandwich verwenden. Dazu ein Baguette der Länge nach halbieren, mit Tomaten belegen, mit Balsamico-Essig beträufeln und mit Salz und Pfeffer bestreuen. Das Sandwich dann für mindestens 15 Minuten zwischen zwei schweren Platten zusammenpressen, damit das Brot den Tomatensaft vollständig aufsaugt.

## PROBLEMFÄLLE

ZERKOCHT
*Grund:* zu lange gegart; Temperatur zu niedrig (Tomaten bleiben besser in Form, wenn man sie rasch und bei großer Hitze gart)
→ reichlich mit gehackten Kräutern, insbesondere Oregano, Basilikum oder Petersilie, bestreuen; mit geriebenem Käse und Paniermehl bestreuen und überbacken.

BLASS UND WEICH
*Grund:* die Tomaten waren von minderer Qualität oder wurden unreif geerntet
→ mit knusprig gebratener Zwiebel oder einer Würzmischung aus abgeriebener unbehandelter Zitronenschale, frischem Knoblauch und Petersilie verfeinern.

SAUER
*Grund:* die Tomaten waren noch unreif oder von minderer Qualität
→ 1 TL Zucker hinzufügen (Tomaten sind schließlich ein Fruchtgemüse).

## Gefüllte Gewürzpaprika

4 PORTIONEN

Die klassischen mexikanischen *chiles rellenos* werden mit Käse gefüllt, anschließend in einen Teig getaucht und fritiert. Keine Sorge – wenn man sie richtig zubereitet, sind sie durchaus leicht verdaulich. Da die Gewürzpaprika unter Umständen recht scharf sein können, sollten Sie eine milde, kühlende Salsa dazu reichen.

*125 g würziger Cheddar*
*8 grüne Gewürzpaprika (ca. 625 g), mit Stielen*
*150 g feines gelbes Maismehl (ggf. etwas mehr)*
*3 Eier, getrennt*
*Salz und Pfeffer*
*Pflanzenöl zum Fritieren*

*FÜR DIE SALSA:*
*500 g Tomaten, enthäutet, entkernt und gehackt*
*2 Knoblauchzehen, fein gehackt*
*1 große Zwiebel, gehackt*
*1 grüne oder rote Paprikaschote, entkernt und gehackt*
*1 kleines Bund Koriandergrün*
*Saft von 1 Zitrone*

Für die Salsa die Tomaten in einer Schüssel (kein Metall) mit dem Knoblauch, der Zwiebel, dem Paprika und den gehackten Korianderblättern vermischen, den Zitronensaft unterrühren und mit Salz und Pfeffer würzen. Anschließend mindestens 30 Minuten bei Zimmertemperatur durchziehen lassen.

Den Backofengrill vorheizen. Den Käse in längliche Streifen schneiden (sie sollten nicht ganz die Länge der Paprikaschoten haben). Die Paprikaschoten mit Öl bestreichen und 10 bis 12 Minuten über der offenen Flamme oder unter dem Grill rundherum rösten, bis die Haut dunkel wird und aufplatzt. In eine Plastiktüte geben und abkühlen lassen.

Die Haut dann abziehen, die Stiele aber nicht entfernen. Die Schoten auf einer Seite vom Stielansatz bis zur Spitze vorsichtig einschneiden und die weißen Häutchen und die Kerne mit der Messerspitze oder den Fingern herausholen. Die Schoten anschließend mit den Käsestreifen füllen.

Ein Küchenbrett mit dem Maismehl bestreuen. Die Eigelbe mit Salz und Pfeffer verquirlen. Die Eiweiße mit etwas Salz steifschlagen und unter das Eigelb heben. Die Gewürzpaprika an den Stielen fassen, zunächst in die Eiermasse tauchen und anschließend im Mehl wälzen.

Eine gußeiserne Kasserolle oder Bratpfanne 6 mm hoch mit Öl füllen. Das Öl heiß werden lassen, ohne daß es zu rauchen beginnt, und die Gewürzpaprika 3 bis 5 Minuten fritieren, bis sie rundherum goldbraun sind. Auf Küchenpapier abtropfen lassen und sofort servieren. Die Salsa getrennt dazu reichen.

*Gefüllte Gewürzpaprika*

## Bruschetta mit geröstetem Gemüse

4 PORTIONEN ALS VORSPEISE *Foto Seite 140/141*

Das Gemüse, insbesondere die Kirschtomaten, läßt sich sehr gut bei starker Hitze im Ofen rösten und nimmt dabei einen kräftigen, leicht süßlichen Geschmack an. Wenn Sie noch zusätzlich härteres Gemüse verwenden, müssen Sie es in kleine Stücke schneiden, damit das ganze Gemüse zur gleichen Zeit gar ist. Der Rest ist einfach.

*500 g Kirschtomaten*
*2 Zwiebeln*
*8 Knoblauchzehen*
*125 g Maronenröhrlinge*
*3 EL Olivenöl (ggf. etwas mehr)*
*Salz und frisch gemahlener schwarzer Pfeffer*
*1 EL Balsamico-Essig*
*1 EL grobgehackte glatte Petersilie*
*2–3 EL grobgehacktes Basilikum*
*8 kleine Scheiben italienisches Landbrot, 2 cm dick*

Die Stielansätze der Tomaten herausschneiden. Die Zwiebeln schälen, der Länge nach halbieren und anschließend in feine Ringe schneiden. Die Knoblauchzehen ebenfalls schälen und der Länge nach halbieren. Die Stiele der Pilze abschneiden und die Köpfe je nach Größe halbieren oder vierteln.

Den Backofen auf 250 °C (Gas Stufe 5) vorheizen. Das Gemüse mit 1 Eßlöffel Olivenöl, Salz und Peffer durchmischen und in einer großen Pfanne ausbreiten. Anschließend 6 bis 8 Minuten im vorgeheizten Ofen rösten, bis es weich und angebräunt ist. Dabei einmal umrühren. Das Gemüse danach mit dem Essig und den gehackten Kräutern vermischen, abschmecken und warm stellen.

Die Brotscheiben auf beiden Seiten mit dem restlichen Öl bestreichen, auf ein Backblech legen und 6 bis 8 Minuten goldbraun rösten. Das Brot dabei nach der Hälfte der Zeit umdrehen. Die Gemüsemischung darauf verteilen und sofort servieren.

# Wurzelgemüse und Süßkartoffeln

DAS WURZELGEMÜSE WURDE BISLANG IN DER KÜCHE EHER STIEFMÜTTERLICH BEHANDELT. Üblicherweise ließ man es zu einem wäßrigen, geschmacklosen Brei zerkochen, an den ich mich noch lebhaft aus meiner Schulzeit erinnere. Heute schenkt man dem Wurzelgemüse wesentlich mehr Aufmerksamkeit, was immer wieder zu ungewöhnlichen Kreationen führt. Man denke nur an Gerichte wie gebratenes Wurzelgemüse mit gehackten Walnußkernen, in Weißwein geschmorten Topinambur mit Schinken und Tomate oder Daikon-Rettich mit Sternanis, Ingwer, Zucker, Sojasauce und Reiswein. Rote Bete schmeckt sehr viel besser mit einer Orangenvinaigrette angemacht, und Pastinaken und Topinambur bekommen einen süßlichen, nussigen Geschmack, wenn man sie in Butter brät.

Obwohl sie verschiedenen Familien angehören, verhalten sich Süßkartoffel und Yamswurzel bei der Zubereitung ähnlich wie die Kartoffel (siehe Seite 166–167). Ihre Schale verfärbt sich im Laufe des Herbsts von Orange über Pink bis hin zu Braun oder gar Violett. Das Fleisch ist hingegen in der Regel cremefarben. Beide harmonieren gut mit Orange, Preiselbeeren und Pekannüssen. Die Yamswurzel ist sehr dunkel und süß und läßt sich ausgezeichnet mit Zimt, Piment, Nelke, braunem Zucker oder Honig abschmecken. Wurzelgemüse ist nicht nur sehr vielseitig und preiswert, sondern macht, abgesehen vom Schälen, auch wenig Arbeit. Und selbst das können Sie sich ersparen, wenn Sie die etwas zähe, aber schmackhafte Schale mitessen.

Zerteilen Sie Wurzelgemüse stets in möglichst gleich große Stücke, damit es gleichmäßig gart. Und achten Sie insbesondere bei Knollensellerie, gelben Kohlrüben und Pastinaken auf Fasern. Zum Kochen bedeckt man das Wurzelgemüse reichlich mit kaltem Salzwasser und läßt es bei geöffnetem Topf leise köcheln, damit es nicht zerfällt. In vielen Rezepten wird außerdem noch eine Prise Zucker verlangt – ein alter Trick, der der besseren Geschmacksentfaltung dient.

**RICHTIG** – das Fleisch ist weich, zerfällt aber beim Einstechen nicht; nach dem Abtropfen ist es saftig, aber nicht wäßrig, und leicht durchsichtig; der Geschmack ist mild, bisweilen süßlich (etwa bei Möhren) oder pikant (zum Beispiel bei weißen Rüben). Zu beachten: Soll das Gemüse anschließend zu einer Suppe oder einem Püree verarbeitet werden, muß es zwar sehr weich, darf dabei aber nicht wäßrig sein.

## PROBLEMFÄLLE

NICHT GAR UND HOLZIG
*Grund:* Garzeit zu kurz; Temperatur zu niedrig; durch Beigabe von säuerlichen Zutaten, etwa Tomaten, hat sich die Garzeit verlängert; das Gemüse war nicht mehr frisch oder von minderer Qualität
→ weitergaren und dabei gegebenenfalls die Temperatur erhöhen; ist das Gemüse dann immer noch holzig, durch ein Sieb streichen und zu Püree verarbeiten (siehe Mein Tip, Seite 165).

ZERKOCHT
*Grund:* zu lange gegart; das Gemüse wurde zu schnell gegart und ist deshalb außen früher gar als innen
→ das Gemüse gut abtropfen lassen, in den Topf zurückgeben und bei schwacher Hitze trocknen; auf einem Backblech verteilen, im warmen Backofen trocknen und anschließend mit der Zubereitung fortfahren.

ZU WENIG GESCHMACK
*Grund:* das Gemüse war von minderer Qualität; nicht ausreichend gewürzt; zu lange gegart
→ mit Zucker, Honig, süßlichen Gewürzen, etwa Kreuzkümmel, Koriander, Ingwer, Zimt oder Nelken, oder Kräutern wie Thymian, Oregano, Minze oder Koriandergrün verfeinern; einige Eßlöffel Sahne oder Butter hinzufügen.

BITTER ODER SCHARF
*Grund:* das Gemüse war nicht mehr frisch oder von minderer Qualität
→ die Schale entfernen; den Geschmack mit säuerlichen oder süßlichen Zutaten ausgleichen: zu Möhre paßt Orange, zu Roter Bete und Pastinake Apfel, zu Topinambur geröstete Sesamkörner; Süßkartoffeln mit Zucker und Paniermehl bestreuen und gratinieren.

VERFÄRBT
*Grund:* das Gemüse war nicht mehr frisch, von minderer Qualität oder wurde falsch gelagert; das geschälte Gemüse wurde der Luft ausgesetzt (insbesondere Topinambur, Pastinake, Knollensellerie und Schwarzwurzeln); das Gemüse war beim Kochen nicht mit Wasser bedeckt
→ das Gemüse vor dem Garen sorgfältig putzen; geschältes Gemüse in kaltes Zitronenwasser legen; in einer ausreichenden Menge Salzwasser garen (das Wasser gegebenenfalls noch mit Zitronensaft anreichern).

# Couscous mit Wurzelgemüse

8 Portionen

In einem marokkanischen Couscous sind sieben Gemüsearten vertreten – das soll Glück bringen. Ich habe hier vor allem Wurzelgemüse verwendet, das Sie aber auch durch andere Gemüse ersetzen können. Damit alles gleichmäßig gart, muß das Gemüse, je nachdem wie hart es ist, in größere oder kleinere Stücke zerteilt werden. Dazu reicht man *harissa* (marokkanisches Chilipüree), das mit etwas Olivenöl und Zitronensaft verdünnt wird.

*500 g neue Kartoffeln*
*500 g Pastinaken*
*500 g Möhren*
*250 g Knollensellerie*
*250 g Gartenkürbis*
*1 Bund Koriandergrün*
*1 Kräutersträußchen*
*2 EL Olivenöl*
*1 Zwiebel, gehackt*
*1 TL gemahlene Gelbwurzel*
*1 TL gemahlener Ingwer*
*1 Zimtstange, in Stücke gebrochen*
*1 kg Tomaten, enthäutet, entkernt und gehackt*
*2 l Hühner- oder Gemüsebrühe (ggf. etwas mehr)*
*Salz und Pfeffer*
*30 g Rosinen*
*2–3 frische rote Chilischoten, entkernt und gehackt*

Für das Couscous:
*50 g Mandelblättchen*
*1 Msp. Safranfäden*
*625 g Couscous*
*45 g Butter*
*1 1/2 l kochendes Wasser*

Die Kartoffeln schälen und in 2 oder 3 Stücke zerteilen. Die Pastinaken und die Möhren schälen und in 2,5 cm dicke Scheiben schneiden. Den Sellerie schälen und achteln. Den Kürbis der Länge nach halbieren und die Kerne herausschaben. Mit der Schnittfläche nach unten auf ein Küchenbrett legen und die Schale wegschneiden. Das Fleisch in 2,5 cm große Stücke zerteilen. Die Korianderblättchen abzupfen, hacken und zur Seite stellen. Die Stengel zu dem Kräutersträußchen geben.

Das Öl in einem großen Topf erhitzen und die Zwiebel 3 bis 4 Minuten darin weich dünsten, ohne daß sie Farbe annimmt. Die Gewürze dazugeben und etwa 30 Sekunden anbraten, bis sie ihr Aroma entfalten. Die Tomaten in den Topf geben und unter Rühren 4 bis 5 Minuten weich garen. Zum Schluß die Brühe angießen, das Wurzelgemüse und das Kräutersträußchen dazugeben und mit Salz und Pfeffer würzen. Den Topf zudecken, das Gemüse zum Kochen bringen und anschließend unter gelegentlichem Rühren 15 bis 20 Minuten köcheln lassen. Den Kürbis, die Rosinen und die Chilischoten hinzufügen, gegebenenfalls noch etwas Brühe nachgießen und das Ganze weitere 10 bis 15 Minuten köcheln lassen, bis das Gemüse sehr weich ist. Das Kräutersträußchen und die Zimtstange entfernen und abschmecken.

In der Zwischenzeit die Mandeln rösten und das Couscous zubereiten. Den Backofen auf 175 °C (Gas Stufe 2) vorheizen. Die Mandeln auf ein Backblech streuen und im Ofen 12 bis 15 Minuten leicht anrösten. Dabei einmal wenden. Den Safran mit 2 oder 3 Eßlöffeln kochendem Wasser übergießen und ziehen lassen. Das Couscous mit der Butter in eine große Schüssel geben, mit dem restlichen kochenden Wasser übergießen und den Safran mit der Flüssigkeit dazugeben (oder das Couscous nach Packungsanweisung zubereiten). Das Couscous rasch mit einer Gabel durchrühren, anschließend etwa 5 Minuten ruhenlassen, bis es gequollen ist, und abschmecken.

Das Couscous auf Suppenteller verteilen, in die Mitte jeweils eine Mulde drücken und das Gemüse hineinfüllen. Mit Gemüsebrühe übergießen und mit den gerösteten Mandeln und dem gehackten Koriander bestreuen.

## Gemüsebrühe

3 in Ringe geschnittene Zwiebeln, 3 in dünne Scheiben geschnittene Möhren, 3 in Scheiben geschnittene Stangen Sellerie und 2 leicht zerdrückte Knoblauchzehen mit 1 Kräutersträußchen und 1 gehäuften TL schwarzen Pfefferkörnern in einen großen Topf geben und mit ca. 2 l Wasser aufgießen. Langsam zum Kochen bringen und dabei immer wieder abschäumen. Anschließend bei geöffnetem Topf 45–60 Minuten köcheln lassen, bis die Flüssigkeit um etwa ein Viertel eingekocht ist. Durchseihen, abkühlen lassen und im Kühlschrank aufbewahren. Ergibt 1 1/2 l.

## Mein Tip

Zerkochtes Wurzelgemüse verarbeitet man am besten zu einem Püree. Dazu das Gemüse zunächst auf einem Backblech ausbreiten. Den Backofen auf 175 °C (Gas Stufe 2) vorheizen und das Gemüse 5–10 Minuten darin trocknen. Anschließend mit 4 EL Crème double und 2 EL Butter (bei 375 g Gemüse) im Mixer oder mit dem Pürierstab pürieren. Holziges Gemüse außerdem noch durch ein Sieb streichen. Das Püree unter Rühren erhitzen, bis es sehr heiß ist. Gegebenenfalls noch etwas Crème double hinzufügen (das Gemüse sollte leicht vom Löffel fallen) und mit Zucker, Salz, Pfeffer und anderen Gewürzen Ihrer Wahl abschmecken. Ergibt 4 Portionen.

# Kartoffeln

*Backen, schmoren, dämpfen, kochen*

BEI DER LANDLÄUFIGEN WEISSFLEISCHIGEN KARTOFFEL unterscheidet man zwischen festkochenden Sorten, die auch nach dem Garen noch fest sind, und mehligkochenden, die sich gut pürieren lassen. Festkochende Kartoffeln eignen sich zum Kochen, Dämpfen, Schmoren und Dünsten. Denken Sie beim Kochen daran, Kartoffeln (wie anderes Wurzelgemüse auch) stets ins kalte Wasser zu geben, den Topf zuzudecken, die Kartoffeln dann aufkochen zu lassen und anschließend bei schwacher Hitze zu garen, damit sie nicht zerfallen. Festkochende Kartoffeln lassen sich mit einer Vinaigrette, Mayonnaise oder einfach nur mit Weißwein und Öl (siehe Seite 167) zu Salaten verarbeiten. Man kann sie aber auch nach griechischer Art mit Tomaten und Feta-Käse schmoren oder wie in Spanien mit Zwiebel, Chili, Knoblauch und Kreuzkümmel zubereiten. Vorwiegend festkochende und mehligkochende Kartoffeln eignen sich vor allem zum Backen, für Kartoffelpürees, zum Fritieren (siehe Seite 167), als Bratkartoffeln oder für Gratins. Einfach zuzubereiten ist ein Gratin, bei dem die Kartoffeln mit der Schale in Milch überbacken werden. Ein *gratin savoyard* wird mit Zwiebel, Kalbsbrühe und Gruyère zubereitet und das berühmte *gratin dauphinois* mit Sahne und Käse. Mehligkochende Sorten finden außerdem Verwendung für Klöße, Gnocchi, Suppen und süße Kartoffelgerichte.

Die begrenzte Auswahl an Kartoffeln, die auf den Märkten zu finden ist, läßt nur wenig von ihrer Vielfalt ahnen. Es werden inzwischen aber auch mehr und mehr neue Züchtungen in ungewöhnlichen Farben, etwa Dunkelrot oder Rosa, und Formen, wie zum Beispiel die zylindrische *ratte* aus Frankreich, angeboten. Sie sind zwar fest- oder mehligkochend wie die herkömmliche Kartoffel, haben aber meist einen besseren Geschmack.

RICHTIG – die Kartoffel ist weich, zerfällt aber nicht, wenn man mit der Messerspitze hineinsticht; nach dem Kochen ist das Fleisch saftig, aber nicht wäßrig; der Geschmack hat eine erdige Note. So gegart können gekochte oder gedämpfte Kartoffeln auch mit einer Sauce serviert werden.

RICHTIG WEICH GEKOCHT – die Schale läßt sich ganz leicht abziehen, außen ist die Kartoffel mehlig. So müssen Ofenkartoffeln aussehen oder gekochte oder gedämpfte Kartoffeln, die für ein Kartoffelpüree verwendet werden sollen.

ZERKOCHT – die Kartoffel ist sehr mehlig, mit Flüssigkeit vollgesogen oder beim Backen eingeschrumpft.
*Grund:* zu schnell gegart und deshalb außen früher gar als innen; zu lange gegart
→ gut abtropfen lassen, auf ein Backblech legen und im warmen Backofen trocknen. Siehe auch Mein Tip.

*von links nach rechts*
NICHT GAR – die Kartoffel fühlt sich beim Einstechen hart an; in der Mitte ist das Fleisch durchsichtig.
RICHTIG GAR – die Kartoffel ist innen nicht durchsichtig.
RICHTIG WEICH GEKOCHT – die Kartoffel ist so weich, daß sie beinahe zerfällt.
ZERKOCHT – die Kartoffel ist sehr weich und beginnt zu zerfallen.

## WEITERE PROBLEME

NICHT GAR
*Grund:* Garzeit zu kurz; Temperatur zu niedrig; besonders feste Kartoffelsorte
→ weitergaren und dabei gegebenenfalls die Temperatur erhöhen.

ZU WENIG GESCHMACK
*Grund:* die Kartoffeln waren nicht mehr frisch oder von minderer Qualität; nicht ausreichend gewürzt; zu lange gegart
→ mit Salz, Pfeffer, Muskat und gehackten Kräutern bestreuen; mit Butterflöckchen besetzen, mit Olivenöl beträufeln oder mit saurer Sahne begießen.

STRENGER GESCHMACK
*Grund:* die Kartoffeln waren nicht mehr frisch, von minderer Qualität oder wurden falsch gelagert (häufig haben sie dann grüne Flecken und beginnen zu keimen). Zu beachten: Grüne Stellen sind giftig und müssen herausgeschnitten werden
→ mit knusprigem Speck, angebratener Zwiebel oder Knoblauch verfeinern oder den strengen Geschmack mit Sahne oder Joghurt mildern.

VERFÄRBT
*Grund:* die Kartoffeln waren nicht mehr frisch, von minderer Qualität oder wurden falsch gelagert; geschälte Kartoffeln wurden der Luft ausgesetzt; die Kartoffeln waren beim Kochen nicht mit Wasser bedeckt
→ die Kartoffeln sorgfältig putzen; geschälte Kartoffeln in kaltes Wasser legen; in genügend Salzwasser garen.

## MEIN TIP

Falls Ihre Kartoffeln zerfallen, bereiten Sie daraus ein Püree mit Kräutern zu. Dazu die Kartoffeln gut abtropfen lassen, in den Topf zurückgeben und bei schwacher Hitze 1–2 Minuten trocknen. Pro Kartoffel 3 EL Milch, 1 EL Butter und 1 EL gehackte Kräuter dazugeben. Das Ganze bei schwacher Hitze zu einer lockeren Masse aufschlagen (siehe Seite 167) und abschmecken.

## *Warmer Kartoffelsalat mit Estragon und Weißwein*

4 PORTIONEN

Kartoffeln haben mehr Geschmack, wenn man sie mit der Schale gart. Schält man sie, solange sie noch warm sind, nehmen sie das Dressing besser auf. Traditionell wird dieser Salat warm mit einer scharfen Knoblauchsauce serviert. Den Estragon können Sie auch durch glatte Petersilie ersetzen.

*750 g festkochende Kartoffeln, gewaschen und ungeschält*
*4 EL Weißwein*
*Salz und frisch gemahlener schwarzer Pfeffer*
*1 Bund Estragon*
*1/8 l Olivenöl*

Die Kartoffeln in einen großen Topf mit kaltem Salzwasser geben, zudecken und aufkochen lassen. Anschließend 15 bis 20 Minuten bei schwacher Hitze garen und dann abgießen.

Die Kartoffeln, sobald sie etwas abgekühlt sind, schälen und in etwa 2,5 cm große Stücke zerteilen. Den Wein darüberträufeln, abschmecken und vorsichtig durchmischen. Den Salat dann abkühlen lassen, bis er lauwarm ist.

Die Estragonblättchen abzupfen, grob hacken und über die Kartoffeln streuen. Mit dem Öl übergießen und vorsichtig durchmischen. Abschmecken und warm servieren.

### KARTOFFELPÜREE

Aufgrund ihres zarten Fleischs und ihres relativ neutralen Geschmacks eignet sich die Kartoffel hervorragend zum Pürieren. Das klassische Kartoffelpüree sollte gehaltvoll und doch locker sein und leicht vom Löffel fallen. Die Zubereitung ist einfach: Zunächst einmal benötigen Sie mehligkochende Kartoffeln (siehe Seite 166). Diese schneiden Sie in etwa 2,5 cm große Stücke (ich schäle die Kartoffeln vorher nicht, denn so bekommen sie mehr Geschmack und zerfallen beim Kochen nicht), geben sie sofort in einen Topf mit Salzwasser, decken den Topf zu und bringen die Kartoffeln zum Kochen. Dann lassen Sie sie 15 bis 20 Minuten köcheln, bis sie sehr weich sind, und gießen sie danach ab. Die Kartoffeln dann abkühlen lassen, schälen und im Topf oder auf dem Backblech bei schwacher Hitze trocknen.

Da Kartoffeln sehr viel Stärke enthalten, müssen die Fasern beim Pürieren ausgedehnt und aufgelockert werden, damit sie nicht verkleben. Dazu drücken Sie die Kartoffeln durch die Kartoffelpresse oder streichen sie durch ein grobes Sieb oder zerdrücken sie einfach im Topf. Damit das Püree schön locker und glatt wird, schlägt man es auf dem Herd mit Milch oder Sahne und reichlich Butter mit einem Kochlöffel auf (wird es zu heftig geschlagen, wie dies in der Küchenmaschine der Fall ist, wird es schwer, ja fast zäh). Wieviel Milch oder Sahne verwendet wird, hängt zum Teil von der Kartoffelsorte ab, ist aber letztlich Geschmackssache. Zum Schluß wird das Püree mit Salz und weißem Pfeffer (damit es keine dunklen Sprenkel bekommt) abgeschmeckt.

# Kartoffeln

*Sautieren, in der Pfanne braten, fritieren*

ICH MÖCHTE MICH HIER vor allem auf das Fritieren konzentrieren, ein Garverfahren, das für die vorwiegend festkochenden und die mehligkochenden Kartoffelsorten gut geeignet ist, denn ihr stärkehaltiges Fleisch hält hohen Temperaturen besonders gut stand. Beim Fritieren kommt es darauf an, daß die Kartoffeln gleichzeitig außen braun und innen weich werden. Das ist nicht ganz einfach, und wie immer sind die Franzosen Meister darin. Hier einige Punkte, die Sie beachten sollten: Zunächst einmal müssen die Kartoffeln in gleich große, möglichst kleine oder dünne Stücke geschnitten werden. Denken Sie nur an die hauchdünnen Scheiben, wie man sie für einen Kartoffelkuchen benötigt, oder die streichholzgroßen *pommes allumettes* und nicht zu vergessen die Bällchen für *pommes parisiennes*. Nach dem Schneiden sollte man die Kartoffeln abspülen oder für 10 Minuten in Wasser legen, um ihnen etwas Stärke zu entziehen und so zu vermeiden, daß sie beim Fritieren zusammenkleben oder nicht knusprig werden. Und schließlich muß die Gartemperatur genau eingehalten werden. Bratkartoffeln werden bei großer Hitze gegart, damit sie innen gar und außen gleichzeitig braun und knusprig werden. Bei Kartoffelchips und -sticks muß das Fett sehr heiß sein, damit sie in nur etwa 1 Minute braun sind. Beim Fritieren größerer Stücke, einschließlich der klassischen Pommes frites, werden die Kartoffeln zweimal gegart – einmal bei 160 °C, um sie weich zu garen, und einmal bei 190 °C, damit sie eine schöne goldbraune Farbe bekommen.

NICHT GAR UND BLASS – die Kartoffeln haben kaum Farbe angenommen; sie sind schlaff und nicht knusprig und schmecken nach Fett.
*Grund:* Garzeit zu kurz; zu langsam fritiert; es wurden zu viele Kartoffeln auf einmal fritiert
→ fritierte Kartoffeln abtropfen lassen, das Fett auf 190 °C erhitzen und die Kartoffeln noch einmal rasch fritieren, bis sie braun und knusprig sind; bei Bratkartoffeln die Wärmezufuhr erhöhen und die Kartoffeln zunächst auf der einen, dann auf der anderen Seite kräftig anbraten, bis sie braun und knusprig sind.

**RICHTIG** – die Kartoffeln sind außen goldbraun, nach dem Braten am Rand etwas dunkler und knusprig; innen sind sie weich, fast mehlig; sie haben einen nussigen Geschmack, schmecken aber nicht nach Fett. Zu beachten: Damit Ihre Kartoffeln knusprig bleiben, sollten Sie, insbesondere beim Braten in der Pfanne, darauf achten, daß sie richtig durchgebraten werden.

### WEITERE PROBLEME

DURCHWEICHT
*Grund:* nicht ausreichend gegart; zu langsam fritiert; nach dem Fritieren nicht genügend abgetropft; nicht sofort serviert; zu früh gesalzen
→ fritierte Kartoffeln noch einmal kurz fritieren (siehe Nicht gar und blaß); Bratkartoffeln auf Küchenpapier abtropfen lassen und im warmen Backofen erhitzen, um ihnen überschüssiges Fett zu entziehen. In derselben Pfanne Zwiebelringe goldgelb anbraten und die Kartoffeln mit Petersilie und den Zwiebelringen bestreuen.

ANGEBRANNT
*Grund:* zu lange gegart; Temperatur zu hoch; Fett oder Öl waren bereits verbrannt, als die Kartoffeln hineingegeben wurden
→ sehr verbrannte Kartoffeln herausnehmen und den Rest mit Schnittlauchröllchen oder gehackter Petersilie bestreuen.

# Zwiebeln

DIE ZWIEBEL IST ALS GRUNDLAGE SO VIELER SCHMACKHAFTER GERICHTE nahezu unverzichtbar. Wichtig ist dabei nicht nur, die jeweils geeignete Zwiebelsorte auszuwählen, sondern auch, sie auf den Punkt genau zu garen. Am vielseitigsten ist die Gemüsezwiebel. Roh hat sie zwar einen etwas scharfen Geschmack, schwitzt man sie aber in Öl oder Butter und im eigenen Saft an, wird sie mild und süßlich und paßt dann ausgezeichnet zu gegrillter Hähnchenbrust oder Pfeffersteaks. Gart man die Zwiebeln noch länger, beginnt der Saft zu karamelisieren, und sie ergeben einen leckeren Belag für eine Quiche (siehe Seite 169). Die Gemüsezwiebel eignet sich auch hervorragend für eine Zwiebelsuppe. Achten Sie aber darauf, daß Ihre Zwiebeln nicht anbrennen, sie werden sonst unangenehm bitter.

Andere Zwiebelsorten sind nicht so vielseitig verwendbar. Die jungen weißen Zwiebeln, die im Frühjahr auf den Markt kommen, sind mild und süßlich und schmecken köstlich, wenn man sie mit Butter und Zucker glaciert oder in einer mit etwas Honig abgeschmeckten Hühnerbrühe gart. Frühlingszwiebeln sind scharf und knackig. Ich finde, man genießt sie am besten roh, sie eignen sich aber auch zum Braten im Wok. Reifere weiße und gelbe Zwiebeln können mit Hackfleisch gefüllt und in Weißwein, Kräutern und Sahne gegart oder mit Rosinen, Schokolade und Essig geschmort werden. Die rote Zwiebel schließlich ist nicht nur ausgesprochen dekorativ, sondern auch besonders mild und paßt deshalb hervorragend in Salate und auf Sandwiches.

**MEIN TIP**

Ein Zwiebelconfit oder eine ganze gebratene Zwiebel, die etwas zu wenig Geschmack hat, können Sie mit pikant gewürzten, gerösteten Nüssen verfeinern. Dazu 60 g Butter bei mittlerer Hitze in einer Pfanne zerlassen, 90 g halbierte Pekannüsse oder ganze blanchierte Mandeln dazugeben und in der Butter schwenken, bis sie gut damit überzogen sind. 1/2 TL Worcestersauce und je 1 Msp. Curry, gemahlenen Ingwer, Salz und Cayennepfeffer hinzufügen und alles gut durchmischen. Die Nüsse auf ein Backblech streuen und im vorgeheizten Backofen bei 175 °C (Gas Stufe 2) 15 – 20 Minuten rösten, bis sie schön braun sind. Dabei gelegentlich umrühren. Die Gewürze bräunen dabei ebenfalls an, schmecken aber sehr gut. Die Nüsse dann auf Küchenpapier abtropfen lassen, grob hacken und die Zwiebeln damit bestreuen. Ergibt 4 – 6 Portionen.

**RICHTIG WEICH** – Zwiebelringe oder gehackte Zwiebeln sind durchsichtig, saftig und zart schmelzend, haben aber noch keine Farbe angenommen; ganze Zwiebeln sind prall und saftig; sticht man mit einem Spieß hinein, fühlen sie sich weich an, behalten aber ihre Form; bei allen Sorten ist der Geschmack kräftig und süßlich.

**RICHTIG ANGEBRÄUNT** – Zwiebelringe oder gehackte Zwiebeln haben eine schöne, goldbraune Farbe, sind leicht knusprig, und die Flüssigkeit ist verdunstet; der Geschmack ist angenehm mild.

**RICHTIG BRAUN UND KARAMELISIERT** – die Zwiebelringe sind zu einem dunklen Confit eingekocht, sind dabei aber nicht verbrannt; der Geschmack ist intensiv, mild und hat eine süße Karamelnote.

## PROBLEMFÄLLE

ZU WENIG GESCHMACK
*Grund:* das Garverfahren war für die Zwiebelsorte ungeeignet; nicht ausreichend gewürzt; die Zwiebeln wurden nicht lange genug gegart, und der Karamelgeschmack konnte sich deshalb nicht entwickeln
→ weitergaren und mit Salz, Pfeffer und Portwein, braunem Zucker oder Honig verfeinern. Die fertigen Zwiebeln mit scharfen, sauren oder süßen Zutaten wie getrockneten roten Chilischoten, Essig oder Wein, Rosinen und anderen Trockenfrüchten anreichern.

VERBRANNT
*Grund:* zu lange oder zu schnell gegart
→ noch verwendbare Zwiebeln in einen zweiten Topf geben und mit der Zubereitung fortfahren. Sind die Zwiebeln stark verbrannt, ist keine Abhilfe möglich.

ZERFALLEN (ganze Zwiebeln)
*Grund:* zu lange gegart
→ mit gehackter Tomate, Walnußkernen oder Kräutern wie Thymian, Salbei oder Petersilie bestreuen.

# Zwiebelquiche

6 BIS 8 PORTIONEN

Hier eine moderne Variante der klassischen Quiche mit einem Belag aus Zwiebeln, die mit Rotwein eingekocht werden. Servieren Sie das Gericht warm als Vorspeise oder mit einem grünen Salat zum Brunch oder als Mittagessen.

*30 g Butter*
*500 g gelbe Zwiebeln, in feine Ringe geschnitten*
*Salz und Pfeffer*
*2 – 3 EL Zucker*
*75 ml Rotwein*
*1 EL gehackter Thymian*

*FÜR DEN MÜRBTEIG:*
*200 g Mehl*
*100 g Butter*
*1 Eigelb*
*1/2 TL Salz*
*3 EL Wasser (ggf. etwas mehr)*

*FÜR DIE EIERMILCH:*
*3 Eier und 3 Eigelb*
*1/2 l Milch*
*125 g Crème double*
*1 Prise geriebene Muskatnuß*
*weißer Pfeffer*

eine Springform mit 24 cm Durchmesser

Für den Teig das Mehl auf die Arbeitsfläche sieben und in der Mitte eine Mulde formen. Die Butter mit dem Nudelholz klopfen, damit sie etwas weich wird. Die Butter dann mit dem Eigelb, dem Salz und dem Wasser in die Mulde geben und die Zutaten mit den Fingern sorgfältig durchmischen. Das Mehl mit einem Teigschaber darübergeben und sämtliche Zutaten zu einem krümeligen Teig verkneten. Ist der Teig zu trocken, noch 1 bis 2 Eßlöffel Wasser hinzufügen. Den Teig zum Schluß zu einer Kugel formen.

Die Arbeitsfläche leicht mit Mehl bestäuben und den Teig 1 bis 2 Minuten mit dem Handballen kneten, bis er sehr glatt ist und nicht mehr an der Arbeitsfläche klebenbleibt. Den Teig dann erneut zu einer Kugel formen, in Frischhaltefolie wickeln und mindestens 30 Minuten kalt stellen.

In der Zwischenzeit das Zwiebelconfit zubereiten. Dazu die Butter in einer Pfanne erhitzen, die Zwiebeln hineingeben und mit etwas Salz und Pfeffer würzen. Mit einer mit Butter bestrichenen Alufolie abdecken, den Deckel auf die Pfanne setzen und die Zwiebeln unter gelegentlichem Rühren 10 bis 15 Minuten weich dünsten. Anschließend mit dem Zucker bestreuen, die Wärmezufuhr erhöhen und die Zwiebeln 5 bis 10 Minuten goldbraun anbraten. Den Wein angießen und die Zwiebeln weitere 15 bis 20 Minuten garen, bis die Flüssigkeit verdunstet ist und die Zwiebeln eine dunkelbraune Farbe angenommen haben. Dabei gelegentlich umrühren. Zum Schluß den Thymian untermischen, abschmecken und das Confit abkühlen lassen.

Die Form mit dem Teig auskleiden (siehe Seite 295) und für etwa 15 Minuten in den Kühlschrank stellen. Den Backofen auf 220 °C (Gas Stufe 4) vorheizen und die Teighülle blindbacken (siehe Seite 295). Die Temperatur dann auf 190 °C (Gas Stufe 2 – 3) herunterschalten.

Für die Eiermilch die Eier in einer Schüssel mit den Eigelben, der Milch, der Crème double, dem Muskat und mit Salz und Pfeffer verquirlen. Die abgekühlten Zwiebeln in die Teighülle füllen, mit der Eiermilch übergießen und 30 bis 35 Minuten backen, bis die Eiermilch fest und goldbraun ist. Die Quiche etwas abkühlen lassen und dann aus der Form nehmen.

Die Quiche kann warm oder bei Zimmertemperatur serviert werden.

## Ganze Knoblauchknollen und Schalotten

Schon seit Jahrhunderten werden Knoblauch und Schalotten zum Würzen verwendet, doch inzwischen spielen sie als Confit oder in gerösteter Form auch eine eigenständige Rolle. Und zu Lammbraten wird in England traditionell ein Püree aus Knoblauch und Schalotten gereicht – ein herrlicher pikant-süßer Kontrast. Um den bisweilen recht scharfen Geschmack von Winterknoblauch zu mildern, entfernt man die grünen Keime im Inneren der Zehen und blanchiert sie 1 – 2 Minuten in kochendem Wasser. Wenn ich Knoblauch oder Schalotten röste, drücke ich das gegarte Fleisch anschließend aus den Schalen und hacke oder püriere es mit Thymian oder Oregano und etwas Olivenöl. Das Püree dann abschmecken und als Aufstrich für knuspriges Brot verwenden. Bei leicht verbranntem Gemüse die angebrannten Teile entfernen, das Fleisch hacken und andere Gerichte damit verfeinern.

RICHTIG – das Fleisch läßt sich mühelos aus der Knolle drücken; beim Einstechen fühlen sich die Knoblauchzehen oder Schalotten weich an; das Fleisch ist saftig und sehr aromatisch.

# Pilze

ZUCHTPILZE ZÄHLEN, WIE ICH FINDE, mit zum Besten, was es an Gemüse auf dem Markt gibt, und sie können es durchaus mit den edlen Wildpilzen aufnehmen, die ich als Kind sammelte. Abgesehen vom Champignon, der in jedem Geschäft angeboten wird, bekommt man heute nahezu überall eine Reihe heimischer und exotischer Pilze. Dazu gehören der Steinpilz, der Pfifferling, das Judasohr, der Maronenröhrling, der Semmelstoppelpilz, die Morchel, der Austern- und der Shiitakepilz. Sie sind zwar nicht ganz billig, verleihen den Gerichten aber Farbe und einen fleischigen Geschmack. Ich esse Pilze besonders gerne säuerlich, mit Zitronensaft oder Rotwein zubereitet, oder nach italienischer Art mit Knoblauch, Tomate und Oregano. Bei Zuchtpilzen sind die Hüte kaum verschmutzt, und man muß auch nur noch wenig von den Stielen wegschneiden. Eine Ausnahme bildet da lediglich der Shiitakepilz mit seinem holzigen Stiel, den man ganz abschneidet. Die Hüte aller Pilze haben in der Regel eine zarte Haut, die nur bei einigen Maronenröhrlingen gelegentlich entfernt werden muß.

NICHT GAR UND HOLZIG – das Fleisch ist fest und läßt sich mit der Gabel nicht zerteilen; die Pilze haben noch kein Wasser gezogen; die Farbe ist blaß, und der Geschmack hat sich noch nicht entfaltet.
*Grund:* Garzeit zu kurz; zu schnell oder mit zu wenig Flüssigkeit gegart
→ bei schwacher Hitze weitergaren und gegebenenfalls noch etwas Flüssigkeit (nicht zuviel, da die Pilze unter Umständen selbst noch Flüssigkeit abgeben) oder Fett hinzufügen.

**RICHTIG** – die Pilze sind weich und saftig und lassen sich mit einer Gabel zerteilen; die Farbe ist kräftig (bei Champignons hell) und der Geschmack intensiv.

### WEITERE PROBLEME

TROCKEN UND ZERKOCHT
*Grund:* die Pilze waren nicht mehr frisch oder von minderer Qualität; zu lange oder zu schnell gegart; zu wenig Flüssigkeit
→ Brühe, Sahne oder Wasser angießen und 1–2 Minuten weitergaren. Zu beachten: Pilze vertragen zu langes Garen ohne weiteres.

NASS
*Grund:* die Pilze waren von minderer Qualität; wurden im Plastikbeutel aufbewahrt; nicht ausreichend gegart. Zu beachten: Manche Sorten, insbesondere Champignons und Austernpilze, geben sehr viel Flüssigkeit ab, wenn sie weich werden
→ überschüssige Flüssigkeit gegebenenfalls abschöpfen und die Pilze dann bei starker Hitze weitergaren, bis sämtliche Flüssigkeit verdunstet ist.

ZU WENIG GESCHMACK
*Grund:* die Pilze waren nicht mehr frisch oder von minderer Qualität; nicht ausreichend gewürzt
→ mit gebratener, gehackter Zwiebel, Schalotte oder Knoblauch anreichern, mit Salz, Pfeffer, Muskat, Koriander, Kreuzkümmel und Selleriesamen würzen oder mit Kräutern, etwa Estragon, Schnittlauch, Thymian oder Petersilie, verfeinern.

## *Wildpilzpfanne mit Haselnüssen*

4 BIS 6 PORTIONEN

Ich halte die Kombination von gerösteten Nüssen und Wildpilzen einfach für unwiderstehlich – eine hervorragende Beilage zu gebratenem Federwild. Am besten nehmen Sie gemischte Pilze, etwa Steinpilze und Pfifferlinge.

*125 g Haselnüsse, gehackt*
*500 g gemischte Wildpilze*
*60 g Butter*
*2 Schalotten, fein gehackt*
*1 Knoblauchzehe, fein gehackt*
*Salz und Pfeffer*
*2 EL gehackte Petersilie*
*1 Spritzer Zitronensaft*

Den Backofen auf 175 °C (Gas Stufe 2) vorheizen. Die Haselnüsse auf ein Backblech streuen und 12 bis 15 Minuten im Ofen rösten, bis sie leicht angebräunt sind. Dabei einmal umrühren.

Die Pilze vom Schmutz befreien und die Stielansätze abschneiden. Anschließend kurz unter fließendem Wasser waschen (die Pilze dürfen sich nicht mit Wasser vollsaugen, sonst zerfallen sie zu Brei) und gut trocknen. Kleine Pilze ganz lassen, große halbieren oder vierteln.

Die Hälfte der Butter in einer Pfanne zerlassen und die Schalotten 1 bis 2 Minuten darin weich dünsten, ohne daß sie Farbe annehmen. Die Pilze und den Knoblauch dazugeben, mit Salz und Pfeffer würzen und 3 bis 5 Minuten kräftig anbraten. Dabei laufend umrühren. Die restliche Butter, die Nüsse und die Petersilie hinzufügen und alles noch 1 bis 2 Minuten braten. Mit Zitronensaft beträufeln, abschmecken und sofort servieren.

**MEIN TIP**

Sind Ihre Pilze trocken oder fade, gießen Sie etwas Brühe an und lassen sie 1–2 Minuten köcheln, bis sie saftig sind. Anschließend mit Salz oder Sojasauce, Pfeffer oder frischen Kräutern bestreuen. So erhalten Sie eine köstliche Füllung für Omeletts oder Sandwiches.

# Gemüse im Wok garen

Ob blatt-, wurzel-, stengel- oder sprossengemüse – nahezu jedes Gemüse eignet sich zum Garen im Wok. Die übrigen Zutaten verleihen ihm dabei eine besondere Note. Nach dem klassischen asiatischen Rezept werden zuerst Knoblauch, Ingwer und Frühlingszwiebel angebraten, und zum Schluß wird das Ganze mit Reiswein und etwas dunklem Sesamöl verfeinert. Inzwischen finden auch mehr und mehr Zutaten aus der westlichen Welt Eingang, wie zum Beispiel Tabasco, Zitronensaft, Chili und aromatisierte Öle. In der amerikanischen Küche vereint man hingegen asiatische Zutaten wie Kokosnuß, Fünf-Gewürze-Pulver, Kaffernlimettenblätter und Zitronengras mit heimischen Zutaten wie Zucchini und Basilikum. Bei der Auswahl des Gemüses sollten Sie sowohl auf Farben- als auch auf Geschmacksvielfalt achten. Das Gemüse wird am besten möglichst rasch angebraten, damit es knackig bleibt und seinen frischen Geschmack behält. In welcher Reihenfolge die Zutaten gegart werden, richtet sich nach ihrer jeweiligen Garzeit. Überlegen Sie sich also vorher, welches Gemüse jung und welches bereits älter ist und wie lange es braucht. Härteres Gemüse in kleine, möglichst gleich große Stücke zerteilen – so ist alles zur gleichen Zeit gar. Ist das Gemüse am Ende der Garzeit noch zu hart, gießen Sie etwas Brühe oder Wasser an, decken den Wok zu und garen es bei schwacher Hitze fertig.

**RICHTIG** – das Gemüse ist gerade weich, hat aber noch Biß; das Gericht ist farbenfroh, und die Farben leuchten; das Gericht ist kräftig gewürzt, der Geschmack des Gemüses wird aber nicht überdeckt.

ZERKOCHT – das Gemüse ist weich, vielfach hat es sich mit Flüssigkeit vollgesogen; die Farben sind verblaßt; der Geschmack ist fade.
*Grund:* zu lange gegart; zu langsam gegart, etwa weil zuviel Gemüse auf einmal in den Wok gegeben wurde
→ das Gemüse in einem Sieb abtropfen lassen, den Wok wieder erhitzen, einige frische Zutaten, zum Beispiel gehackten Stangensellerie oder Frühlingszwiebel, darin anbraten und anschließend das welke Gemüse mit erhitzen.

### WEITERE PROBLEME

ZU WENIG GESCHMACK
*Grund:* nicht ausreichend gewürzt; zu lange gegart
→ mit Soja-, Austern- oder Fischsauce, Reiswein, Zitronensaft, Tabasco oder dunklem Sesamöl abschmecken.

MATTE FARBE
*Grund:* die Zutaten waren von minderer Qualität; zu lange gegart
→ mit frischen, bunten Zutaten, etwa gehacktem Paprika, Frühlingszwiebel, Zitronen-, Orangen- oder Limonenschale, gerösteten Sesamsamen, Koriandergrün oder Petersilie vermischen.

UNGLEICHMÄSSIG GEGART
*Grund:* das Gemüse wurde in der falschen Reihenfolge gegart und war deshalb nicht zur gleichen Zeit gar; es wurde nicht laufend umgerührt
→ wenn möglich, bereits gegartes Gemüse aus dem Wok nehmen und den Rest weitergaren.

## *Vietnamesische grüne Bohnen mit Sesam*

3 bis 4 Portionen

In vietnamesischen Restaurants ist oft die ganze Familie damit beschäftigt, die Bohnen für ein Gericht wie dieses zu putzen. Die hier verwendeten Gewürze passen auch gut zu Kohl und natürlich zu Wachsbohnen.

*1 Stück (1,25 cm) frischer Ingwer, fein gehackt*
*1 EL schwarze chinesische Bohnen, fein gehackt*
*3 Knoblauchzehen, fein gehackt*
*3 EL Pflanzenöl*
*500 g grüne Bohnen, abgefädelt*
*2 EL dunkle Sojasauce*
*1 EL Reiswein*
*1 TL Zucker*
*1 TL dunkles Sesamöl*
*1 EL geröstete Sesamsamen*

Den Ingwer, die schwarzen Bohnen und den Knoblauch in einer kleinen Schüssel vermischen. Den Wok auf großer Flamme sehr heiß werden lassen und die Wände und den Boden mit Öl benetzen. Die Ingwermischung hineingeben und 5 bis 10 Sekunden unter Rühren anbraten, bis sie ihr Aroma zu entfalten beginnt.

Die grünen Bohnen hinzufügen und bei großer Hitze 5 bis 7 Minuten unter Rühren braten, bis sie dunkler werden und aufzuplatzen beginnen. Die Sojasauce, den Reiswein und den Zucker unterrühren und die Bohnen unter Rühren 3 bis 4 Minuten weiterbraten, bis sie leicht schwarz und welk aussehen. Den Wok dann vom Herd nehmen, das Sesamöl und die Sesamsamen hineingeben und alles gut durchmischen. Abschmecken, gegebenenfalls mit Sojasauce und Sesamöl nachwürzen und sofort servieren.

**MEIN TIP**

Ist Ihnen Ihr Gemüse nicht ganz gelungen, können Sie daraus eine Füllung für chinesische Eiercrêpes zubereiten. Das Gemüse dazu zunächst gut abtropfen lassen und dann grob hacken. Für 375 g Gemüse 1 Frühlingszwiebel und 1 Knoblauchzehe fein hacken. 4 Eier würzen und schaumig schlagen. Den Wok sparsam mit Öl einstreichen und so lange erhitzen, bis das Öl raucht. Den Wok dann vom Herd nehmen, 3–4 EL der Eiermasse hineingeben und zu 13 cm großen Crêpes zerlaufen lassen. Bei großer Hitze auf jeder Seite 1–2 Minuten goldbraun braten, die Crêpe anschließend auf eine Platte gleiten lassen und warm halten. Die restlichen Crêpes ebenso zubereiten. Anschließend noch einmal etwas Öl im Wok erhitzen und die Zwiebel und den Knoblauch 1 Minute unter Rühren darin anbraten. Das Gemüse dazugeben und rasch noch einmal erhitzen. Mit Sojasauce abschmecken und die Crêpes damit füllen. Ergibt 4 Portionen.

# Gemüse fritieren

WAS FÄLLT IHNEN BEI FRITIERTEM GEMÜSE EIN? Ich denke da ganz spontan an Zwiebeln, Süßkartoffeln, Shiitakepilzen und Lotoswurzel in goldgelbem, japanischem Tempura-Teig. Doch die Japaner sind keineswegs die einzigen, die sich für fritiertes Gemüse begeistern. Artischocken, Auberginen, Zucchini und Brokkoli finden im italienischen *fritto misto* Verwendung. Beliebt sind aber auch fritierte Zwiebelringe und Zucchiniblüten. Damit das Gemüse nicht direkt mit dem heißen Fett in Berührung kommt, taucht man es vor dem Fritieren in Milch oder Eischnee und wälzt es anschließend in Mehl. Die Tempura ist ein besonders zarter Fritierteig, gehaltvollere Fritierteige macht man durch Zugabe von Ei, Bier oder Hefe locker. Statt in einem Fritierteig kann man das Gemüse auch in Mehl, Ei und Paniermehl wälzen, eine solche Panade ist allerdings nur für weniger empfindliches Gemüse wie Auberginen, Okra und Zucchini geeignet.

Die Panade oder der Fritierteig sollte stets gut gewürzt sein, damit das Gemüse Geschmack bekommt. Einige wenige Gemüse, wie zum Beispiel dünne Zucchinischeiben oder feine Porreestifte, können auch direkt ins heiße Fett gegeben werden und schmecken dann besonders leicht. Aus Wurzelgemüse, etwa Knollensellerie, Roter Bete und Süßkartoffeln, können Sie sogar Chips herstellen. Und der Kartoffel habe ich sogar ein eigenes Kapitel gewidmet (siehe Seite 166–167).

NICHT GAR UND BLASS – die Hülle hat eine blasse Farbe und ist matschig; das Gemüse ist fettig und häufig zäh.
*Grund:* das Fett war nicht heiß genug (meist weil zuviel Gemüse auf einmal fritiert wurde); Garzeit zu kurz
→ das Gemüse herausnehmen, das Fett noch einmal auf 190 °C erhitzen und das Gemüse, gegebenenfalls portionsweise, erneut fritieren, bis es braun und knusprig ist.

**RICHTIG** – die Hülle ist gleichmäßig goldgelb bis goldbraun und nach dem Abtropfen knusprig und locker (vielfach zeichnet sich das Gemüse darunter ab); das Gemüse hat einen kräftigen Geschmack, ist weich oder fest, hat sich aber nicht mit Fett vollgesogen.

### WEITERE PROBLEME

DURCHWEICHT
*Grund:* nicht ausreichend gegart; der Fritierteig war zu feucht; das Fett war nicht heiß genug; das Gemüse war nicht richtig abgetropft; feucht vom Salzen
→ das Gemüse im geöffneten Backofen warm halten und binnen 15 Minuten servieren; erst unmittelbar vor dem Auftragen salzen; siehe auch Zerkocht und schwer.

ZU WENIG GESCHMACK
*Grund:* das Gemüse war von minderer Qualität; der Fritierteig oder die Panade war nicht ausreichend gewürzt
→ nachwürzen oder eine pikante Sauce dazu reichen.

DIE HÜLLE HAT SICH AUFGELÖST
*Grund:* das Gemüse war zu saftig; der Fritierteig oder die Panade war zu dünn; das Fett war nicht heiß genug
→ keine Abhilfe möglich.

ZERKOCHT UND SCHWER – die Hülle ist sehr braun und knusprig; der Gemüsegeschmack wird vom Fettgeschmack und dem Geschmack des Fritierteigs oder der Panade überdeckt
*Grund:* zu lange oder zu schnell gegart; der Fritierteig oder die Panade war zu dick
→ mit Zitronenschnitzen oder einem pikanten Dip servieren.

## *Japanisches fritiertes Gemüse*

4 BIS 6 PORTIONEN

Statt der hier angegebenen Gemüse können Sie auch Frühlingszwiebeln, Auberginen, Zucchini und feste Avocados verwenden. Dazu reichen Sie den unten (in Mein Tip) beschriebenen Dip.

*250 g grüner Spargel*
*1 kleine Aubergine (ca. 375 g)*
*250 g Shiitakepilze*
*6 EL Mehl*
*Öl zum Fritieren*

*FÜR DEN TEMPURA-TEIG:*
*1 Ei*
*1/4 l kaltes Wasser*
*1 EL Erdnußöl*
*125 g Mehl*
*1 TL Backpulver*
*1 TL Salz*

Den Spargel schälen. Die Aubergine ebenfalls schälen und in 6 mm dicke Scheiben schneiden. Die Pilze mit einem feuchten Tuch abreiben, die Stiele ganz abschneiden und die Köpfe bei größeren Pilzen halbieren. Das Gemüse sorgfältig trocknen und anschließend im Mehl wälzen.

Für den Tempura-Teig das Ei in einer Schüssel verquirlen. Das Wasser und das Öl unterrühren, das Mehl mit dem Backpulver und dem Salz darübersieben und alles vorsichtig vermengen. Der Teig sollte sehr luftig sein, damit er beim Fritieren nicht schwer wird.

Das Öl im Wok oder in der Friteuse auf 190 °C erhitzen. Die in Mehl gewälzten Spargelstangen nacheinander in den Fritierteig tauchen und abtropfen lassen. Ins heiße Fett geben und 2 bis 3 Minuten fritieren. Dabei mit einem Schaumlöffel vorsichtig drehen.

Auf Küchenpapier abtropfen lassen und im warmen Backofen bei geöffneter Tür warm halten. Dabei aber nicht zudecken. Mit dem anderen Gemüse ebenso verfahren. Das Gemüse auf einer Platte anrichten und sofort servieren.

### MEIN TIP

Fritiertes Gemüse, besonders wenn es etwas fade ist, schmeckt mit diesem asiatischen Dip noch besser: 4 EL Wasser mit 2 EL Sojasauce, 2 EL Erdnußöl, 2 EL Rotweinessig, 2 EL Zucker, 2 EL Sherry, 1 Msp. Chiliflocken, 1 feingehackten Knoblauchzehe und etwas feingehacktem Ingwer verrühren.

# Gemüse schmoren und glacieren

WENN ICH GEMÜSE SCHMORE, LASSE ICH ES IN DER REGEL IN WEIN, Brühe oder Wasser und mit Zutaten wie Tomate oder Trockenfrüchten köcheln, damit es seinen feinen Geschmack entfalten kann. Damit das Aroma kräftiger wird, kann man es vorher auch noch in Butter oder Öl anbräunen. Zum Schmoren und Glacieren eignen sich besonders Möhren, Knollensellerie, Porree, Süßkartoffeln, weiße Rüben, Zwiebeln und Fenchel. Zum Verfeinern nimmt man in beiden Fällen möglichst aromatische Kräuter, etwa Rosmarin, Thymian und Lorbeer, und wenn Sie außerdem noch Speckwürfel oder Wurst dazugeben, wird Ihr Gemüse sogar zu einem Hauptgericht.

**RICHTIG** – das Gemüse ist weich, zerfällt aber beim Einstechen nicht; Butter und Zucker sind goldgelb angebräunt, und das Gemüse hat eine leuchtende Farbe; der Geschmack ist kräftig und süß.

ZERKOCHT – das Gemüse ist sehr weich und kann beim Einstechen leicht zerfallen; der Zucker beginnt zu karamelisieren, der Geschmack ist oft bitter.
*Grund:* zu lange oder zu langsam gegart
→ großzügig mit gehackten Walnußkernen, Frühlingszwiebeln oder Petersilie bestreuen; bei geschmortem Gemüse den Geschmack mit 2 – 3 EL Tomatenmark heben; glaciertes Gemüse mit etwas braunem Zucker bestreuen und gratinieren.

## WEITERE PROBLEME

NICHT GAR UND HOLZIG
*Grund:* Garzeit zu kurz; Temperatur zu niedrig; durch Beigabe von säuerlichen Zutaten, etwa Tomaten, hat sich die Garzeit verlängert; ist das Gemüse holzig, war es nicht mehr frisch oder von minderer Qualität
→ weitergaren und dabei gegebenenfalls die Temperatur erhöhen.

ZU WENIG GESCHMACK
*Grund:* das Gemüse war von minderer Qualität; nicht ausreichend gewürzt; zu lange gegart
→ mit gehacktem Knoblauch verfeinern und mit Salz, Pfeffer und etwas Zucker abschmecken; siehe auch Zerkocht.

## MEIN TIP

Ist Ihr Gemüse nach dem Schmoren oder Glacieren zu weich oder hat zu wenig Geschmack, bestreuen Sie es mit knusprig fritiertem Ingwer oder Porree. Dazu 1 Stück frischen Ingwer (7,5 cm) quer zur Faser zunächst in dünne Scheiben und anschließend in ganz feine Stifte schneiden. 1 Stange Porree in streichholzgroße Stifte schneiden. Das Gemüse dann 1 – 2 Minuten in 190 °C heißem Fett fritieren, bis es knusprig ist. Mit einem Schaumlöffel herausheben, auf Küchenpapier abtropfen lassen und über das Gemüse streuen.

# *Glaciertes Wurzelgemüse*

6 BIS 8 PORTIONEN

Einfaches Wurzelgemüse wie die hier verwendeten Möhren, Rüben und Zwiebeln kann man durch Glacieren veredeln. Junges Gemüse muß vorher nicht zerkleinert werden. Größere Wurzeln sollte man hingegen in kleine, möglichst gleich große Stücke schneiden. Die Stücke dabei am besten abrunden, damit sie sich leichter am Topfboden hin und herrollen lassen und gleichmäßig glaciert werden.

*500 g Möhren, geschält und in gleich große Stücke zerteilt, oder ganze junge Möhren*
*500 g Rote Bete, geschält und in gleich große Stücke zerteilt, oder ganze junge Rüben*
*500 g junge Zwiebeln, geschält*
*60 g Butter*
*6 TL Zucker*
*Salz und Pfeffer*
*1/2 l Wasser (ggf. etwas mehr)*
*3–4 EL gehackte Petersilie*

Das rohe Gemüse jeweils in einen eigenen Topf geben. Der Topf sollte so groß sein, daß das Gemüse nebeneinander liegt. Jeweils 1 bis 2 Eßlöffel Butter und 2 Teelöffel Zucker hinzufügen und mit Salz und Pfeffer würzen. So viel Wasser angießen, daß das Gemüse zur Hälfte bedeckt ist, und die Töpfe zudecken. Zum Kochen bringen und das Gemüse anschließend je nach Art und Größe 10 bis 25 Minuten köcheln lassen, bis es fast weich ist.

Die Deckel dann abnehmen und die Flüssigkeit sirupartig einkochen lassen. Die Töpfe dabei von Zeit zu Zeit rütteln, damit das Gemüse rundherum mit der Flüssigkeit überzogen wird.

Das fertige Gemüse mit der Petersilie bestreuen, gut durchmischen und abschmecken. Das Gemüse kann vor dem Auftragen zusammengemischt (die Rote Bete kann allerdings leicht ausbluten) oder aber getrennt serviert werden.

# Gemüse pürieren

GEMÜSEPÜREES HERZUSTELLEN, IST SCHWIERIGER, als es auf den ersten Blick scheinen mag. Richtig zubereitet, werden sie aber mit einer besonders delikaten Beilage belohnt, die gut zu Kalbfleisch, Federwild und edlen Schalentieren paßt. Zunächst einmal müssen Sie ein Gemüse auswählen, daß sich gut zum Pürieren eignet, wie zum Beispiel Möhren oder Kürbis. Faseriges Gemüse, etwa Porree, ist ungeeignet. Die in getrocknetem Gemüse, beispielsweise Kidneybohnen, enthaltene Stärke macht das Püree locker und bindet es zugleich.

Achten Sie darauf, daß das Gemüse ausreichend gegart ist (in der Regel wird es gekocht oder gedünstet), damit das Püree schön glatt wird. Durch das lange Garen wird Gemüse mit wenig Eigengeschmack, wie zum Beispiel Kürbis, allerdings noch fader und sollte deshalb nicht zu sparsam gewürzt werden. Damit sie schön locker werden, schlägt man die meisten Pürees auf dem Herd mit reichlich Butter und Sahne auf. Besonders ansprechend sieht das Püree aus, wenn es aus einem Gemüse mit kräftiger Farbe hergestellt wird, aber auch ein Püree aus weißen Rüben oder Knollensellerie hat seinen Reiz.

In der modernen Küche geht man mehr und mehr dazu über, verschiedene Pürees zu mischen – beispielsweise Rote Bete mit Apfel oder Kürbis mit gelber Kohlrübe –, ich beschränke mich allerdings lieber auf ein mit den richtigen Gewürzen fein abgeschmecktes Gemüse.

**MEIN TIP**

Butter und Sahne geben jedem Püree den besonderen Schliff. Für 250 g Püree benötigen Sie 1 – 2 EL Butter und 2 – 3 EL Crème double. Den Topf auf die Herdplatte stellen und das Püree mit der Butter und der Crème double bei mittlerer Hitze mit dem Pürierstab oder dem Kochlöffel 2 – 3 Minuten kräftig aufschlagen, bis es locker und glatt ist. Zum Schluß mit einem oder mehreren der unter Zu wenig Geschmack aufgelisteten Gewürze abschmecken.

ZU DÜNN – das Püree ist wäßrig und noch fast flüssig; die Farbe ist blaß und der Geschmack fade.
*Grund:* das Gemüse war ungeeignet oder nicht reif, enthielt nicht genug Stärke; es wurde vor dem Pürieren nicht sorgfältig genug abgegossen; es wurde nicht ausreichend gegart und hat deshalb keine Stärke zum Andicken der Flüssigkeit abgegeben
→ bei mittlerer Hitze weiterkochen, bis die Flüssigkeit verdunstet ist, dabei laufend umrühren.

**RICHTIG** – das Püree (hier Süßkartoffel) ist glatt und locker und fällt leicht vom Löffel; der Löffel hinterläßt eine deutliche Spur, das Püree ist aber nicht zäh; die Farbe ist leuchtend und meist hell; der Geschmack ist aromatisch.

KLUMPIG – das Püree ist nicht glatt, an den Rändern setzt sich Flüssigkeit ab; oft ist es klebrig; die Farbe ist häufig matt.
*Grund:* das Gemüse war nicht zum Pürieren geeignet; nicht ausreichend gegart oder püriert
→ durch ein Sieb oder durch die Lotte streichen.
Zu beachten: Faseriges Gemüse wie Knollensellerie oder Porree läßt sich mit der Lotte oder dem Kartoffelstampfer nicht richtig pürieren.

## WEITERE PROBLEME

ZU DICK
*Grund:* das Gemüse enthält sehr viel Stärke; beim Garen wurde zu wenig Flüssigkeit verwendet
→ mit Sahne, Milch, Brühe oder Wasser verdünnen.

ZÄH ODER KLEBRIG
*Grund:* stärkehaltiges Gemüse, etwa Kartoffeln oder Linsen, wurde in der Küchenmaschine püriert und dabei zu stark durchgearbeitet
→ gehackte Nüsse oder rohen Stangensellerie untermischen, um das Püree aufzulockern.

ZU WENIG GESCHMACK
*Grund:* das Gemüse war von minderer Qualität; zu lange gegart; nicht ausreichend gewürzt
→ mit Salz und Pfeffer nachwürzen und mit einem oder mehreren der folgenden Gewürze verfeinern: Muskat; Koriander, Kreuzkümmel und Kardamom (heben vor allem den Geschmack von Linsen, Trockenerbsen und Kidneybohnen); Piment (paßt gut zu Maronen und Kürbis); Knoblauch und frische Kräuter wie Oregano, Basilikum und Petersilie (besonders für Sommergemüse, etwa Zucchini, Tomaten und grüne Bohnen geeignet).

UNAPPETITLICHE FARBE
*Grund:* das Gemüse wurde zu langsam oder zu lange gegart; das Püree wurde beim Aufschlagen nicht erhitzt
→ das Püree bei schwacher Hitze noch einmal 1 – 2 Minuten aufschlagen und gehackte Kräuter untermischen, damit es Farbe bekommt.

## *Möhrenpüree mit Kardamom*

4 PORTIONEN

Wegen seines süßlichen Geschmacks harmoniert Wurzelgemüse besonders gut mit milden, süßlichen Gewürzen wie Zimt, Muskat und Knoblauch. Sehr gut passen Möhre und Kardamom zusammen. Ich verwende am liebsten Kardamomsamen, denn frisch zerdrückt entfalten sie ihr feines Aroma am besten. Wenn Ihnen dazu die Zeit fehlt, können Sie aber auch gemahlenen Kardamom nehmen.

*1 kg Möhren, geschält und in dicke Stücke geschnitten*
*1 TL Kardamomsamen*
*1 EL Butter*
*1/2 TL Zucker*
*Salz und Pfeffer*
*60 g Crème double (ggf. etwas mehr)*

In einem großen Topf Salzwasser zum Kochen bringen. Die Möhren hineingeben, den Topf zudecken und das Gemüse 15 bis 20 Minuten köcheln lassen, bis es sehr weich ist.

In der Zwischenzeit die Kardamomsamen im Mörser zerstoßen oder auf einem Küchenbrett mit einer schweren Pfanne zerdrücken.

Die gegarten Möhren abgießen und in der Küchenmaschine pürieren oder durch ein Sieb streichen.

Die Butter in einem Topf zerlassen, das Möhrenpüree, den Kardamom und den Zucker unterrühren und mit Salz und Pfeffer abschmecken. Dann die Crème double unterschlagen. Das Püree unter Rühren erhitzen, bis es sehr heiß ist und die gewünschte Konsistenz hat. Ist es zu dick, noch etwas Crème double unterrühren und anschließend abschmecken. Das Püree in eine vorgewärmte Schüssel füllen, glattstreichen und mit einem Plastikschaber oder einem Messer mit einem Wellenmuster verzieren.

# Gemüse grillen und rösten

DA DAS GEMÜSE BEIM GRILLEN UND RÖSTEN TROCKENER HITZE AUSGESETZT IST, sollten Sie dazu nur weniger empfindliche und möglichst saftige Arten verwenden. Deshalb kommen hier in erster Linie Fruchtgemüse wie Tomaten, Paprikaschoten sowie Sommer- und Winterkürbisse in Frage. Wurzelgemüse, etwa Möhren und Knollensellerie, eignen sich gut zum Rösten. Spargel, Chicorée und Radicchio lassen sich hingegen gut grillen, dabei ist allerdings eine gewisse Vorsicht geboten. Achten Sie darauf, daß das Gemüse nicht verbrennt und sein meist relativ feiner Geschmack nicht überdeckt wird.

Beim Grillen und Rösten muß das Gemüse laufend begossen werden oder man muß es während des Garens mit Alufolie oder einem Deckel abdecken. Vorher sollten Sie es großzügig mit Butter oder Öl bestreichen, mit Salz und Pfeffer würzen und mit Zitronensaft, Sojasauce, aromatisiertem Essig oder einer Vinaigrette beträufeln. Noch besser wird es allerdings, wenn Sie es 5 bis 10 Minuten marinieren.

Damit der Grillrost auf dem Gemüse ein hübsches Streifenmuster hinterläßt, heizen Sie ihn gut vor und bestreichen ihn, bevor Sie das Gemüse darauf geben, mit Öl. Lassen Sie das Gemüse dann so lange auf dem Rost liegen, bis sich Streifen gebildet haben.

**RICHTIG** – das Gemüse ist saftig und zart, behält aber immer noch seine Form; oben ist es leicht gebräunt und an den Rändern etwas verbrannt; der Geschmack ist intensiv und etwas rauchig, die Farbe ist kräftig.

ZERKOCHT UND TROCKEN – das Gemüse ist ausgetrocknet und zusammengeschrumpft; die Farben sind verblaßt und der Geschmack häufig streng.
*Grund:* das Gemüse war ungeeignet oder von minderer Qualität; zu lange gegart; Temperatur zu hoch; nicht ausreichend begossen
→ mit Olivenöl, zerlassener Butter oder einer Vinaigrette bestreichen; mit Rotweinessig, Limonen- oder Zitronensaft beträufeln und mit aromatischen Kräutern, zum Beispiel Basilikum und Thymian, bestreuen; ist das Gemüse verbrannt, ist keine Abhilfe mehr möglich.

### WEITERE PROBLEME

FASERIG UND NICHT GAR
*Grund:* das Gemüse war ungeeignet; Garzeit zu kurz; Temperatur zu niedrig
→ faseriges Gemüse quer zur Faser in kleinere Stücke zerteilen; weitergaren, dabei gegebenenfalls die Temperatur erhöhen, laufend begießen.

ZU WENIG GESCHMACK
*Grund:* das Gemüse war nicht mehr frisch oder von minderer Qualität; nicht ausreichend begossen
→ mit einer Vinaigrette bestreichen oder mit Oliven- oder Haselnußöl und Zitronensaft beträufeln; dünn mit einer Mischung aus 1 zerdrückten Knoblauchzehe, 2 EL Reiswein, je 1 TL Fischsauce, Sojasauce und dunklem Sesamöl, dem Saft von 2 Zitronen und 1/2 TL Zucker bestreichen.

### MEIN TIP

Fades oder zerkochtes Gemüse können Sie als Füllung für ein Baguette verwenden. Dazu das Baguette halbieren, eine Hälfte mit Olivenöl oder einer Vinaigrette bestreichen, das Gemüse darauf verteilen und mit Gruyère oder Ziegenkäse belegen. Die Hälften gut zusammendrücken und schräg in Stücke schneiden.

# Gemüseterrinen und -flans

EINE TERRINE AUS EINEM GEMÜSE MIT KRÄFTIGER FARBE, wie Möhren, grüne Bohnen, Brokkoli, weiße Rüben, Spinat, Artischocken und Erbsen, sieht besonders ansprechend aus. Ungeeignet ist sehr saftiges Gemüse wie Tomaten oder Kürbisse und sehr faseriges Gemüse wie zum Beispiel Porree, denn die Terrine könnte beim Aufschneiden zerfallen. Gemüsepürees, die zu Terrinen verarbeitet werden sollen, müssen fester sein als herkömmliche Pürees (siehe Gemüse pürieren, Seite 176).

Bei den Gemüseterrinen lassen sich im wesentlichen zwei Arten unterscheiden: der einfache Flan aus einem mit Ei gebundenen Gemüsepüree und die aufwendigere Terrine, bei der ganze oder grobgehackte Gemüsestücke in Schichten eingefüllt und beispielsweise durch eine gestockte Eiermilch zusammengehalten werden. In beiden Fällen wird das Gemüse zunächst vorgegart und dann in der Terrine fertiggegart. Dabei muß man darauf achten, daß Farbe und Geschmack des Gemüses erhalten bleiben, das Gemüse dabei aber so fest wird, daß es sich aufschneiden läßt. Beim Vorgaren (in der Regel kochen oder dünsten) sollte das Gemüse sehr gut gewürzt werden. Besonders wichtig ist es aber, ihm dabei möglichst viel Flüssigkeit zu entziehen, damit die fertige Terrine ihre Form behält.

Zum Binden von Gemüseterrinen und -flans verwendet man für gewöhnlich Eier. Eventuell kann noch eine weiße Sauce, Paniermehl oder auch eine Hühner- oder Kalbsmousseline – bei einer kalten Terrine Aspik – zum Binden dazugegeben werden. Beim Einfüllen sollte das zarteste Gemüse zuunterst liegen, so daß das festere Gemüse beim Stürzen eine stabile Grundlage bildet. Wenn Sie die Terrine im Wasserbad garen, ist durch die feuchte, gleichmäßige Hitze gewährleistet, daß das Gemüse nicht zerkocht und die Eiermilch nicht klumpt.

**RICHTIG** – der Flan ist gerade fest und oben noch saftig; die Masse fühlt sich fest an; sticht man in der Mitte mit einem Spieß hinein und zieht ihn nach 30 Sekunden wieder heraus, fühlt er sich heiß an; die Farbe ist kräftig und der Geschmack ausgeprägt.

ZERKOCHT – die Masse löst sich von den Wänden der Form, und am Rand setzt sich Flüssigkeit ab; der Geschmack ist fade.
*Grund:* Temperatur zu hoch; zu lange gegart
→ die Masse, wenn sie fest genug ist, stürzen und mit gehackten Kräutern bestreuen; einen heißen Flan mit einer Buttersauce, einen kalten mit Mayonnaise überziehen; ist der Flan zerfallen, siehe Mein Tip, Seite 179.

*von links nach rechts*
NICHT GAR – der Flan fühlt sich in der Mitte weich an und zerfällt beim Stürzen.
**RICHTIG** – der Flan ist schön aufgegangen und fest; innen ist er locker.
ZERKOCHT – der Flan hat eine grobe Beschaffenheit, ist etwas braun und beginnt zu zerbröckeln.

# *Zweifarbige Gemüseflans mit roter Paprikasauce*

4 PORTIONEN ALS VORSPEISE (8 Portionen als Beilage)

Für einen Gemüseflan läßt sich nahezu jedes Gemüse verwenden, das gerade auf dem Markt ist. Es sollte nur eine möglichst kräftige Farbe haben. Servieren Sie diese Flans als Vorspeise oder als Beilage zu gegrilltem Fisch oder Hähnchen.

*1 kg Blumenkohl*
*2 EL Crème double*
*1 kg Spinat*
*Salz und weißer Pfeffer*
*1 Msp. geriebene Muskatnuß*
*2 Eier*

FÜR DIE SAUCE:
*2 rote Paprikaschoten*
*1 EL Butter*
*1 Zwiebel, gehackt*
*2 Knoblauchzehen, gehackt*
*2 Tomaten, enthäutet, entkernt und gehackt*

8 Förmchen mit 125 ml Fassungsvermögen

Den Backofen auf 175 °C (Gas Stufe 2) vorheizen. Den Blumenkohl putzen und in Röschen zerteilen. Die Stiele abschneiden und die Röschen waschen und abtropfen lassen. In einem Topf Salzwasser zum Kochen bringen und die Röschen bei geöffnetem Topf 8 bis 12 Minuten köcheln lassen, bis sie sehr weich sind. Gut abtropfen lassen, mit der Crème double zu einem glatten Püree verarbeiten und zur Seite stellen.

Die Stiele der Spinatblätter entfernen. Die Blätter gründlich in reichlich kaltem Wasser waschen und anschließend gut ausdrücken, um das Wasser möglichst vollständig herauszupressen. Den Spinat in einen großen Topf mit schwerem Boden geben, zudecken und unter gelegentlichem Rühren 3 bis 4 Minuten garen, bis er zusammenfällt. Abkühlen lassen, dann das Wasser herauspressen und den Spinat pürieren.

Die Gemüsepürees auf zwei Töpfe verteilen und bei schwacher Hitze unter gelegentlichem Rühren 5 bis 7 Minuten kochen, bis die Flüssigkeit fast vollständig verdunstet ist und sich die Pürees von den Topfwänden lösen. Abkühlen lassen und abschmecken. Den Spinat mit Muskat würzen.

Für die Sauce den Backofengrill vorheizen und die Paprikaschoten 7 bis 10 Minuten rösten, bis die Schale dunkel wird und aufplatzt. Die Schoten dabei einmal umdrehen. Anschließend in einen Plastikbeutel geben und abkühlen lassen. Die Haut dann abziehen, die weißen Häutchen und die Kerne entfernen und das Fleisch hacken. Die Butter in einer Pfanne zerlassen und die Zwiebel und den Knoblauch 3 bis 4 Minuten darin weich dünsten, ohne daß sie Farbe annehmen. Mit den Paprikaschoten und den Tomaten in die Küchenmaschine geben und mit Salz und Pfeffer würzen. Das Gemüse pürieren, anschließend in einen kleinen Topf geben und bei schwacher Hitze 1 bis 2 Minuten kochen, bis es heiß und etwas eingedickt ist. Abschmecken.

Die Förmchen mit Butter einstreichen. Einen Bräter zur Hälfte mit Wasser füllen und das Wasser auf dem Herd aufkochen lassen. 1 Ei in einer kleinen Schüssel mit Salz und Pfeffer verquirlen und unter das erkaltete Blumenkohlpüree rühren. Das zweite Ei ebenfalls verquirlen und unter den Spinat mischen. Jedes Förmchen zunächst mit etwas Blumenkohlpüree und dann mit Spinat füllen (der Spinat wird zuoberst eingefüllt, damit die Flans beim Stürzen eine feste Grundlage haben). Die Förmchen ins Wasserbad stellen, das Wasser noch einmal aufkochen lassen und die Flans anschließend 15 bis 20 Minuten im vorgeheizten Ofen garen.

Die Sauce noch einmal erwärmen und vier oder acht vorgewärmte Teller mit etwas Sauce begießen. Die Flans mit einem Messer von den Wänden der Förmchen lösen, auf die Teller stürzen und sofort servieren.

## WEITERE PROBLEME

NICHT GAR UND WEICH – der Flan ist weich und zerfällt vor allem in der Mitte leicht; sticht man in der Mitte mit einem Spieß hinein und zieht ihn nach 30 Sekunden wieder heraus, fühlt er sich warm an; beim Aufschneiden zerfällt die Terrine oder der Flan; der Geschmack ist noch nicht ausgeprägt.
*Grund:* Garzeit zu kurz; Temperatur zu niedrig; das Gemüse war zu saftig; zu wenig Bindemittel
→ ist die Terrine oder der Flan noch nicht gar (sie sind dann nur in der Mitte weich), weitergaren und dabei gegebenenfalls die Temperatur erhöhen; war das Gemüse zu saftig oder war zu wenig Bindemittel vorhanden, siehe Mein Tip, da weiteres Garen hier nicht helfen wird.

ZUSAMMENGEFALLEN
*Grund:* das Gemüse war zu saftig oder zu faserig und war deshalb ungeeignet; das Gemüse war nach dem Garen naß; nicht genug Bindemittel; die Terrine oder der Flan wurde zu lange gegart
→ siehe Mein Tip.

ZU WENIG GESCHMACK
*Grund:* nicht ausreichend gewürzt; das Gemüse war ungeeignet oder von minderer Qualität
→ die Flans oder Terrinenscheiben mit Salz und Pfeffer bestreuen; eine pikant abgeschmeckte Sauce, etwa eine Meerrettich-Sahne-Sauce oder eine Kräutervinaigrette, dazu reichen; mit einem frischen Relish, wie zum Beispiel Gemüsemais mit Schalotte und Koriander, servieren.

MATTE FARBE
*Grund:* das Gemüse war von minderer Qualität oder wurde zu lange gegart
→ mit einer Kräutermayonnaise oder einem Tomatencoulis servieren; mit gehackter Tomate, Paprikaschote oder Kräutern bestreuen.

## MEIN TIP

Ist Ihre Terrine oder Ihr Flan gänzlich zusammengefallen, füllen Sie die Masse mit reichlich knackigen Sojasprossen in Pittabrote; oder Sie streichen sie auf Knoblauchbrot, das Sie anschließend noch mit Parmesanspänen oder kleingehackten getrockneten Tomaten bestreuen.

# NUDELN, KÖRNER &

Mein Vater, ein Brite vom Scheitel bis zur Sohle, hat Nudeln und Reis nur angerührt, wenn es sich gar nicht vermeiden ließ – »ausländisches Zeug«, pflegte er dazu zu sagen. Unsere Generation ist da ganz anders! Nudeln – seien es nun einfache Spaghetti oder selbstgemachte und mit Leckerbissen wie Hummer und Wildpilzen gefüllte Ravioli – gehören heute fast zu den Grundnahrungsmitteln. In den Geschäften sind in der Regel auch eine ganze Reihe verschiedener Körner erhältlich. Und Bohnenkerne sowie Linsen, die lange Zeit in Vergessenheit geraten waren, kommen ebenfalls wieder in Mode.

Obwohl Nudeln lediglich aus Weizenmehl und Wasser und eventuell auch noch Eiern bestehen, sind sie doch vielseitiger als Körner, denn sie werden nicht nur in den verschiedensten Formen angeboten, sondern auch gefüllt wie Ravioli oder Cannelloni oder als Blätter, die in Sauce gegart werden, wie bei der Lasagne. Unter den Nudelgerichten finden wir heute neben den italienischen Klassikern, etwa Tagliatelle mit Sauce Bolognese und Penne mit Pesto, auch Kreationen wie Fettuccine mit geschmortem Knoblauch und Balsamico-Essig oder Ravioli mit Garnelenfüllung in aromatischer Brühe (siehe Seite 187). Wie Sie Ihren Pastateig selbst zubereiten, können Sie auf Seite 183 nachlesen.

Körner sind dagegen besonders knackig und bieten eine große Geschmacksvielfalt. Sie müssen allerdings sorgfältig gegart werden, denn sonst sind sie hart und unverdaulich. In den westlichen Ländern werden sie nach wie vor im wesentlichen auf drei verschiedene Arten zubereitet: Entweder man kocht oder dünstet sie, damit sie aufgehen und locker werden, oder man gart sie langsam wie in einem Pilaw oder mit viel Flüssigkeit wie bei einem Risotto. Die Körner können im Ganzen oder, wie bei Polenta und Hafergrütze, geschrotet oder als grobes Mehl verarbeitet werden. Kocht man sie sehr weich, entfaltet sich ihr Geschmack besonders gut, wie etwa beim nussigen Buchweizen oder dem aromatischen Basmati-Reis. In einem Pilaw oder Risotto verbindet sich der Geschmack des Reises mit dem von Gemüse und Gewürzen, manchmal auch mit Fisch, Meeresfrüchten oder Fleisch. Die Zutaten sollten den Reisgeschmack aber keinesfalls überdecken.

Bohnenkerne, Erbsen und Linsen werden von Land zu Land auf unterschiedliche Weise zubereitet. So werden etwa in Portugal Dicke Bohnen mit Schweinefleisch, Kreuzkümmel und Koriander kombiniert, und in Frankreich macht man Linsen mit einer Vinaigrette als *salade de lentilles* an. Aus all diesen Hülsenfrüchten werden außerdem herzhafte winterliche Suppen und würzige Pürees hergestellt, von denen viele asiatischen Ursprungs sind.

Nudeln, Körner und Hülsenfrüchte sind die Grundlage einer ganzen Reihe einfacher Alltagsgerichte. Da sie sehr preiswert sind, sollte man stets auf Qualität und Frische achten. Sie alle haben einen hohen Nährwert und sind reich an Kohlenhydraten, verlieren aber mit zunehmendem Alter an Geschmack und Festigkeit – feiner Staub am Boden der Packung ist ein schlechtes Zeichen.

# HÜLSENFRÜCHTE

*Französische weiße Bohnensuppe mit Gemüse,*
*Rezept Seite 195*

Rezept Seite 195

# Spaghetti und Bandnudeln, Makkaroni und geformte Nudeln

Der Lebensmittelhandel hält heute erstaunlich viele gute Nudelsorten bereit, angefangen von Spaghetti und Bandnudeln bis hin zu »frischen« Nudeln (die in Wirklichkeit ebenfalls leicht getrocknet sind). Achten Sie also auf Qualität – und alles, was Sie dann noch zu tun haben, ist, den Nudeln Geschmack zu verleihen. Bandnudeln können einfach nur in Öl oder Butter und Kräutern geschwenkt oder in einer pikanten Sauce serviert werden – zu den Klassikern zählen beispielsweise *spaghetti alla carbonara* mit magerem Schweinespeck, Parmesan und Ei, *spaghetti alla puttanesca* mit Sardellen, Kapern, Oliven und Tomaten und Spaghettini mit Venusmuscheln, Knoblauch, Petersilie und Olivenöl.

Geformte Nudeln, insbesondere röhrenförmige wie Penne oder Rigatoni, nehmen mehr Sauce auf und passen deshalb auch sehr gut zur traditionellen Fleischsauce. Muschelnudeln verbinde ich im Geiste sofort mit Meeresfrüchten, während ich bei anderen Formen, etwa Lumache, an einfachere, herzhaftere Zubereitungsarten, zum Beispiel mit viel Knoblauch und Kräutern, denke. Aus Thailand stammen Gerichte wie Reisnudeln mit Sojasprossen und Bohnenkeimen in Curry-Kokos-Sauce, und im Elsaß ißt man Hasenrücken mit Spätzle und Wildpilzen. Die winzigen Buchstaben- oder Sternchennudeln sind für Suppen bestimmt, und die reisförmigen Nudeln mit Namen Orzo können wie richtiges Getreide zubereitet werden. Wenn Sie Ihre Nudeln gerne selbst herstellen möchten, finden Sie dazu Tips auf Seite 183.

Von einem italienischen Freund stammt die folgende Anweisung zum Nudelkochen: Verwenden Sie reichlich Salzwasser – für 500 g Nudeln rechnen Sie 4 l Wasser und 1 Eßlöffel Salz. 1 Eßlöffel Öl ins Kochwasser gießen, damit es nicht überkocht, wenn Sie die Nudeln hineingeben. Sobald das Wasser wieder kocht, umrühren, damit die Nudeln nicht zusammenkleben, und dann köcheln lassen, bis sie gar sind (werden sie zu schnell gekocht, zerfallen sie, bevor sie gar sind).

**RICHTIG** – die Nudeln sind weich, aber noch bißfest (*al dente*); Bandnudeln lassen sich mit dem Fingernagel zerteilen; die Nudeln kleben nicht zusammen; der Geschmack ist nussig.

**RICHTIG** (*links*) – die Nudeln sind fest und glatt und lassen sich leicht voneinander trennen.
ZERKOCHT (*rechts*) – die Nudeln sind aufgequollen, schlaff und weich und kleben (insbesondere Bandnudeln) zusammen.

**MEIN TIP**

Sind Ihre Nudeln sehr zerkocht, sollten Sie nicht versuchen, sie zu retten, denn Sie werden nur eine Enttäuschung erleben. Kochen Sie also neue.
Sind die Nudeln hingegen nur etwas zerkocht, können Sie sie durchaus weiterverwenden. Damit sie nicht reißen, sollten Sie sie allerdings nicht mit der Sauce mischen, sondern sie lediglich damit begießen – und vergessen Sie den geriebenen Parmesan nicht!

GÄNGIGE BANDNUDELN
Bucatini, Capelli d'angelo (Engelshaar), Fettuccine, Linguine, Pappardelle, Spaghetti, Tagliatelle, Vermicelli

GÄNGIGE GEFORMTE NUDELN UND RÖHRENNUDELN
Boccolotti (Röhren), Conchiglie (Muscheln), Farfalle (Schmetterlinge), Fusilli (Spiralen), Lumache (Schnecken), Makkaroni, Orecchiette (kleine Ohren), Penne, Rigatoni (gerippte Röhren), Ruote (Räder)

## PROBLEMFÄLLE

NICHT GAR, INNEN HART UND MEHLIG
*Grund:* Garzeit zu kurz; das Wasser hat nicht richtig gekocht
→ weitergaren und dabei gegebenenfalls die Temperatur erhöhen.

ZERKOCHT
*Grund:* zu lange gegart; frische Nudeln wurden vor dem Kochen nicht getrocknet; getrocknete Nudeln waren von minderer Qualität und hatten einen zu geringen Glutengehalt
→ die Nudeln abgießen, mit heißem Wasser abspülen, um die Stärke zu entfernen; kurz in Öl schwenken, damit die Nudeln nicht verkleben; die Sauce nur darübergießen und nicht untermischen.

SCHWER UND KLEBRIG
*Grund:* zu wenig Kochwasser; die Nudeln wurden während des Kochens nicht umgerührt und sind zusammengeklebt; zu lange gekocht; die Sauce ist zu dick; die Nudeln wurden nicht sofort serviert
→ falls die Nudeln nicht bereits mit Öl, Butter oder Sauce vermischt wurden, in heißes Wasser geben, umrühren, um die Nudeln zu trennen, und abgießen; wurden die Nudeln bereits mit Sauce vermischt, einige Löffel Öl, Wein, etwas Kochflüssigkeit oder einfach nur Wasser unterrühren und die Nudeln noch einmal vorsichtig erhitzen; siehe auch Zerkocht.

ZU WENIG GESCHMACK
*Grund:* nicht ausreichend gewürzt; die Sauce hat zu wenig Geschmack; die Nudeln waren von minderer Qualität
→ mit etwas Salz nachwürzen und mit reichlich frisch gemahlenem Pfeffer, roten Chiliflocken und italienischen Kräutern wie Basilikum, Oregano und Thymian verfeinern; Fisch- und Gemüsesaucen mit abgeriebener Zitronenschale und Zitronensaft abschmecken und mit geriebenem Parmesan – außer bei Fischsauce – servieren.

# Cannelloni und Lasagne

NIEMAND VERSTEHT SICH SO GUT AUF GEFÜLLTE TEIGWAREN WIE DIE ITALIENER. Bißfest gegarte Teigblätter und -rollen sind die ideale Hülle für die Fleisch- und Béchamelsauce in der beliebten *lasagne bolognese* oder für Wildpilze, Schinken und Kräuter, mit denen die *cannelloni ai funghi* gefüllt werden. Vegetarier können statt Schinken auch Paprikaschote, Kürbisfleisch, Tomate und Aubergine verwenden und das Ganze dann noch mit Oliven, Knoblauch, Kräutern und Parmesan überbacken.

Nudeln und Lasagneblätter werden frisch oder getrocknet angeboten – und natürlich können Sie sie auch selbst herstellen (siehe rechts). Ich habe zwar bislang mit fertigen Cannelloni und Lasagneblättern keine schlechten Erfahrungen gemacht – was vielleicht auch den gehaltvollen Saucen und Füllungen zu verdanken ist, mit denen sie kombiniert werden –, an selbstgemachte Pasta kommen sie jedoch nicht heran.

Vor dem Füllen müssen die Teigblätter und -rollen selbstverständlich zunächst in reichlich Salzwasser gegart und dann auf Küchenpapier getrocknet werden. Nach dem Kochen sollten sie noch relativ fest sein, da sie anschließend mit der Füllung weitergegart werden. Cannelloni lassen sich besonders einfach füllen, wenn man dazu einen Spritzbeutel ohne Düse verwendet. Wenn Sie sie mit selbstgemachtem Pastateig zubereiten, schneiden Sie den Teig in Rechtecke und rollen sie mit der Füllung auf.

Achten Sie auf ein ausgewogenes Verhältnis von Pasta, Füllung und Sauce. Verwenden Sie zuviel Pasta, wird das Gericht schwer, verwenden Sie zuviel Füllung, wird es leicht matschig, und ist zu wenig Sauce dabei, wird es trocken. Und wenn Sie auch bei den Gewürzen an Ausgewogenheit denken, werden Sie beim Genuß Ihrer Pasta mit Sicherheit keine unangenehme Überraschung erleben. Buon appetito!

**RICHTIG ZUBEREITET** – die Pasta ist gerade weich; die Füllung ist gehaltvoll, saftig und heiß; der Geschmack ist herzhaft, und die Farben sind kräftig.

### MEIN TIP

Zerkochte und trockene Cannelloni oder Lasagne mit 1/4 l Milch, Brühe oder Wasser begießen, zudecken und anschließend noch einmal kurz in den Ofen schieben, bis die Zutaten die Flüssigkeit aufgesogen haben. Unmittelbar vor dem Servieren noch reichlich mit Schnittlauchröllchen, gehacktem Basilikum oder Petersilie bestreuen.

### PROBLEMFÄLLE

NICHT GAR, PASTA HART
*Grund:* die Pasta war nicht ausreichend gebacken; Backzeit zu kurz; Ofentemperatur zu niedrig
→ ist die Pasta noch hart, hat aber die Sauce bereits aufgenommen, etwas Brühe, Sahne oder Wasser angießen und weiterbacken; ist die Sauce zu dünn, weiterbacken; hat das Gericht noch keine Farbe angenommen, die Temperatur erhöhen oder unter dem Grill bräunen lassen.

ZERKOCHT UND TROCKEN
*Grund:* zu lange gebacken; Ofentemperatur zu hoch; zu wenig Füllung oder Sauce
→ in kleine Portionen aufteilen und mit Sauce oder einer warmen Vinaigrette mit Walnuß- oder Haselnußöl servieren.

SCHWER
*Grund:* zuviel Pasta; die Sauce oder die Füllung war zu dick; zu lange gegart
→ mit Sauce und einer leichten, frischen Beilage, wie zum Beispiel Mais- und Paprikarelish, mit Essig angemachten Fenchel-, Sellerie- oder Gurkenscheiben oder einem Rucolasalat servieren.

### FRISCHEN PASTATEIG KNETEN UND AUSROLLEN

Für einen Eiernudelteig eignet sich am besten normales Weizenmehl – in der Regel rechnet man auf 100 g Mehl 1 großes Ei und eine Prise Salz. Flüssigkeit wird nicht zugegeben, denn der Teig sollte so fest sein, daß er sich nur schwer kneten läßt. Für 4–6 Personen verwendet man 400 g Mehl und entsprechende Zutaten.

Für den Teig wird das Mehl auf ein Holzbrett gehäuft, in die Mitte eine Mulde gedrückt, in welche man die nacheinander aufgeschlagenen Eier und das Salz gibt und mit einer Gabel verrührt. Dann wird das Mehl vom Rand aus mit den Eiern vermischt, untergearbeitet und durchgeknetet. Um einen glatten und elastischen Teig zu erhalten, formt man eine Teigkugel, die man auf einer leicht mit Mehl bestäubten Arbeitsfläche mit der Hand flachdrückt. Den Teig erst auf die Hälfte, dann auf ein Viertel zusammenklappen, wieder mit der Hand flachdrücken und erneut zusammenlegen. Diesen Vorgang wiederholt man so lange (etwa 10–15 Minuten), bis der Teig geschmeidig ist und nicht mehr auf der Arbeitsfläche kleben bleibt. Den Teig dann unter eine Schüssel legen und mindestens 30 Minuten ruhenlassen, damit er seine Elastizität verliert. Die Arbeitsfläche wieder mit Mehl bestäuben und den Teig mit dem Nudelholz dünn (2 mm) ausrollen. Bei einer größeren Teigmenge die Teigkugel halbieren oder dritteln.

Puristen bestehen zwar darauf, daß ein guter Pastateig von Hand geknetet und ausgerollt sein muß, einfacher geht es aber mit einer Nudelmaschine. Dazu den Teig in zwei oder drei Stücke teilen. Das Gerät auf die breiteste Stufe einstellen und den Teig durch die Walzen drehen. Den Teig zwei- bis dreimal zusammenklappen und 8–10 Minuten lang durch die Maschine lassen, bis er glänzt, glatt und elastisch ist. Beginnt der Teig zu kleben, etwas mit Mehl bestäuben. Da Pastateig immer sehr fest sein sollte, können Sie während des Knetens getrost noch etwas Mehl unterarbeiten.

Sobald der Teig sehr glatt ist, die Einstellung allmählich bis auf 15 cm Breite und dünnste Walzeneinstellung verringern. Mit den restlichen Teigstücken ebenso verfahren. Die Teigstreifen dann wie im jeweiligen Rezept angegeben zu Tagliatelle, Lasagneblättern oder Cannelloni zurechtschneiden oder als Ravioli füllen.

# *Cannelloni mit Kalbfleischfüllung*

4 PORTIONEN

Das italienische Wort Cannelloni bedeutet »dicke Röhren«. Wundern Sie sich nicht, daß für die Füllung rohes Kalbfleisch verwendet wird – es wird beim Backen köstlich zart.

*8 Cannelloni (ca. 150 g)*
*375 g Kalbfleisch, gehackt*
*4 EL gemischte, gehackte Kräuter, zum Beispiel Salbei, Thymian und Petersilie*
*60 g geriebener Parmesan*
*1 Ei*
*1/8 l Milch (ggf. etwas mehr)*

*FÜR DIE BÉCHAMELSAUCE:*
*1/2 l Milch (ggf. etwas mehr)*
*1 dicke Scheibe Zwiebel*
*1 Lorbeerblatt*
*1/2 TL schwarze Pfefferkörner*
*45 g Butter*
*2 EL Mehl*
*Salz und weißer Pfeffer*
*1 Msp. geriebene Muskatnuß*

eine Spritztüte ohne Düse

Den Backofen auf 175 °C (Gas Stufe 2) vorheizen. Ein Backblech mit Butter einstreichen. In einem großen Topf Salzwasser zum Kochen bringen.

Für die Béchamelsauce die Milch mit der Zwiebel, dem Lorbeerblatt und den Pfefferkörnern aufkochen lassen. Den Topf vom Herd nehmen, zudecken und 10 bis 15 Minuten ziehen lassen. Die Butter in einem Topf mit schwerem Boden zerlassen, das Mehl einrühren und etwa 1 Minute unter Rühren kochen lassen, bis es Blasen wirft, aber noch nicht angebräunt ist. Den Topf vom Herd nehmen und die heiße Milch hineinseihen. Gut umrühren, aufkochen lassen und die Sauce unter Rühren etwas andicken lassen. Mit Salz, weißem Pfeffer und Muskat abschmecken und noch 1 bis 2 Minuten köcheln lassen. Den Topf dann vom Herd nehmen, zudecken und die Sauce abkühlen lassen.

Die Cannelloni in das kochende Wasser geben und 8 bis 10 Minuten bzw. nach Packungsanweisung garen. Anschließend mit einem Schaumlöffel herausheben und in einer Schüssel mit kaltem Wasser abschrecken. Die Cannelloni dann gut trocknen.

Für die Füllung das Hackfleisch in einer Schüssel mit der Hälfte der Béchamelsauce, den gehackten Kräutern und der Hälfte des Parmesans vermengen. Kräftig mit Salz und Pfeffer würzen und zum Schluß das Ei unterschlagen. Die Füllung in die Spritztüte geben, die Cannelloni damit füllen und dann in eine Auflaufform legen.

Die Milch unter die restliche Sauce rühren und noch einmal kurz aufkochen lassen. Die Sauce sollte etwas an einem Löffelrücken haftenbleiben. Die Sauce gegebenenfalls mit etwas Milch verdünnen und abschmecken. Die Cannelloni damit überziehen, mit dem restlichen Parmesan bestreuen und im vorgeheizten Ofen 40 bis 50 Minuten backen.

*Cannelloni mit Kalbfleischfüllung*

# *Spaghetti mit Speck, Tomaten und Chili*

4 BIS 6 PORTIONEN

Dieses Gericht eignet sich besonders als schnelles Abendessen. Die Tomaten sind hier besonders wichtig und sollten deshalb schön reif sein. Um Zeit zu sparen, können Sie auch Eiertomaten verwenden, die nicht enthäutet werden müssen.

*500 g Spaghetti*
*175 g Speck, in Würfel geschnitten*
*1 Zwiebel, in dünne Ringe geschnitten*
*1/8 l trockener Weißwein*
*1 kg Tomaten, enthäutet, entkernt und gehackt*
*1 Msp. rote Chiliflocken*
*Salz und Pfeffer*
*75 g geriebener Parmesan*

Eine große Bratpfanne erhitzen und den Speck 3 bis 5 Minuten darin anbraten, bis er Fett abgibt und braun zu werden beginnt. Die Zwiebel dazugeben und 4 bis 5 Minuten mitbraten, bis sie weich und leicht angebräunt ist.

Den Wein angießen und auf die Hälfte einkochen lassen. Die Tomaten und die Chiliflocken untermischen, aufkochen lassen und 12 bis 15 Minuten köcheln, bis die Sauce eingedickt ist. Mit Salz und Pfeffer abschmecken.

In einem großen Topf Salzwasser zum Kochen bringen, die Spaghetti hineingeben und umrühren. Die Nudeln dann in 7 bis 10 Minuten bißfest garen. Abtropfen lassen, in den Topf zurückgeben und die Tomatensauce und die Hälfte des Parmesans hinzufügen. Alles gut durchmischen, abschmecken und auf vorgewärmte Teller verteilen. Sofort servieren und den restlichen Parmesan getrennt dazu reichen.

## *Spaghetti mit Oliven, Tomaten und Chili*

Vegetarier lassen bei diesem Gericht den Speck weg und braten die Zwiebel in 2 Eßlöffeln Olivenöl an. Statt des Specks 60 g schwarze Oliven in die Sauce geben, die sie zuvor auch noch entsteinen können.

# Ravioli und andere Teigtaschen

AN DIESER STELLE WOLLEN WIR UNS MIT DEN KÖSTLICHEN GEFÜLLTEN TEIGTASCHEN – Ravioli, Tortellini und wie sie alle heißen – beschäftigen, die früher ausschließlich eine Domäne italienischer Hausfrauen waren, inzwischen aber überall auf der Welt auf den Tisch kommen. Für den Teig rechnet man auf 100 g Mehl ein großes Ei und eine kräftige Prise Salz. Wasser wird nicht zugegeben.

Der Teig sollte so fest sein, daß er ähnlich schwer zu kneten ist wie Brotteig. Ich würde Ihnen dringend empfehlen, zum Ausrollen die Nudelmaschine zu verwenden und sie nach und nach immer feiner einzustellen, bis der Teig glänzt, glatt und elastisch ist und Sie am Ende lange Teigstreifen haben, aus denen Sie dann Ihre Teigtaschen zurechtschneiden. Wenn Sie Nudeln zubereiten wollen, lassen Sie den Teig vor dem Schneiden allerdings erst 10 bis 15 Minuten trocknen.

Die Fertigstellung der Teigtaschen erfordert etwas Geduld, denn sie müssen mit großer Sorgfalt zurechtgeschnitten und verschlossen werden. Achten Sie darauf, daß die Füllung gut gewürzt ist, und verwenden Sie nicht zuviel davon, damit die Taschen nicht aufplatzen – ein Fehler, der mir immer wieder unterläuft. Ravioli und andere Teigtaschen sollten in reichlich sprudelndem Wasser gekocht werden. So drehen sie sich laufend und kleben nicht zusammen. Sind sie allerdings besonders zerbrechlich, ist es besser, sie zu dämpfen; dabei müssen Sie darauf achten, daß sie nicht übereinander zu liegen kommen.

Die klassische italienische Füllung besteht aus Frischkäse oder Ricotta und wird mit Kräutern und Gemüse, zum Beispiel Spinat oder Kürbisfleisch, verfeinert. Die Asiaten füllen ihre Teigtaschen meist mit Garnelen- oder Krabbenfleisch und servieren sie in einer aromatischen Brühe (siehe Seite 187) oder mit einem pikanten Tomatencoulis. Damit der Geschmack der Teigtaschen besser zur Geltung kommt, sollte die Sauce möglichst einfach sein. Etwas Sahne, eine Vinaigrette oder ein asiatischer Dip reichen in der Regel vollkommen aus.

GÄNGIGE GEFÜLLTE TEIGTASCHEN
Cappelletti (Hütchen), Pansotti (Dreiecke), Maultaschen, Ravioli, Gnocchi, Tortellini, Wantans

**MEIN TIP**

Sind Ihnen Ihre Teigtaschen einmal nicht recht gelungen, läßt sich das mit einer der drei folgenden Möglichkeiten auf einfache Weise kaschieren. Für welchen Vorschlag Sie sich entscheiden, hängt vom Problem oder der Pasta ab:

- mit einer einfachen Tomatensauce überziehen
- die Tomatensauce noch mit ein paar Löffeln Crème double oder Crème fraîche verfeinern
- mit knusprig gebratenen Speckstückchen bestreuen.

**RICHTIG** – die Päckchen (hier Ravioli) sind ordentlich geformt, und die Füllung ist fest eingeschlossen; beim Einstechen mit dem Daumennagel oder einem Messer fühlt sich der Pastateig durch und durch weich an; die Pasta ist weich, aber noch bißfest (*al dente*); der Geschmack ist kräftig und frisch.

ZERKOCHT – die Päckchen sind aufgequollen und vielfach aufgeplatzt; die Pasta ist schlaff und klebrig; der Geschmack ist teigig.
*Grund:* der Teig war zu feucht oder wurde vor dem Garen nicht getrocknet
→ die Teigtaschen vorsichtig abgießen, damit sie nicht aufplatzen; nicht mit der Sauce vermischen, sondern nur damit begießen; mit knackigen Zutaten, etwa gehackter Frühlingszwiebel, Stangensellerie, gerösteten Pinienkernen oder Mandelblättchen, bestreuen. Sind die Teigtaschen sehr zerkocht, ist keine Abhilfe mehr möglich.

## WEITERE PROBLEME

NICHT GAR UND TEIGIG
*Grund:* Garzeit zu kurz; das Wasser hat nicht richtig gekocht
→ weitergaren und dabei gegebenenfalls die Temperatur erhöhen.

DIE PÄCKCHEN ZERFALLEN
*Grund:* zuviel Füllung; die Päckchen waren nicht richtig verschlossen; zu lange gegart; das Wasser hat zu stark gekocht
→ siehe Zerkocht.

ZU WENIG GESCHMACK
*Grund:* der Pastateig war zu wenig gesalzen; Füllung, Sauce oder Belag waren nicht ausreichend gewürzt
→ die Sauce kräftig abschmecken, zum Beispiel mit Muskat, Piment, Zimt, roten Chiliflocken, Safran oder Anissamen; die Teigtaschen mit einem aromatisierten Öl beträufeln oder mit sehr fein gehacktem Knoblauch, Schalotte, Kapern, unbehandelter Zitronen- oder Limonenschale, Chili- oder Paprikaschote bestreuen.

FARBLOS
*Grund:* die Sauce ist hell ohne farbenfrohe Garnitur
→ gehackte Kräuter, Tomatenstückchen oder gewürfeltes, gemischtes Gemüse zugeben.

# *Ravioli mit Garnelenfüllung in Brühe*

6 Portionen

Diese Ravioli erfordern zwar etwas Zeit, aber die Mühe lohnt sich. Zum Kneten und Ausrollen des Pastateigs benutze ich die Nudelmaschine (siehe Seite 183), es geht aber auch von Hand. Die Garnelen können Sie auch durch Krabben- oder Hummerfleisch ersetzen.

*375 g mittelgroße Garnelen, ungekocht und mit Schalen*
*1 Eiweiß*
*1 EL Crème double*
*Salz*
*1 Prise Cayennepfeffer*
*2 Frühlingszwiebeln*

Für den Pastateig:
*300 g Mehl (ggf. etwas mehr)*
*3 Eier*
*2 TL Pflanzenöl*
*1 TL Salz*

Für die Brühe:
*2 EL Pflanzenöl*
*1 Schalotte, gehackt*
*1/8 l trockener Weißwein*
*2 1/2 l Hühner- oder Gemüsebrühe*
*3 Sternanis*
*1 Zimtstange (7,5 cm)*
*Salz und Pfeffer*

Das Garnelenfleisch aus den Schalen lösen und die Därme entfernen, die Schalen aufheben. Für die Brühe das Öl in einer Pfanne erhitzen und die Schalotte 4 bis 5 Minuten darin weich dünsten, ohne daß sie Farbe annimmt. Die Garnelenschalen hineingeben und unter Rühren 2 bis 3 Minuten anbraten, bis sie leuchtend rosa sind. Den Wein und die Brühe angießen, den Anis und die Zimtstange hinzufügen und aufkochen lassen. Die Wärmezufuhr dann verringern und die Brühe bei geöffnetem Topf 30 Minuten köcheln lassen, bis sie ihr Aroma entfaltet.

In der Zwischenzeit den Pastateig zubereiten. Dazu das Mehl auf die Arbeitsfläche sieben und in der Mitte eine Mulde formen. Die Eier, das Öl und das Salz hineingeben und mit den Fingern gründlich vermengen. Anschließend das Mehl unterarbeiten, bis ein krümeliger Teig entstanden ist. Den Teig dann so lange weiterkneten, bis er glatt und zäh ist (erscheint er Ihnen zu klebrig, noch etwas Mehl unterarbeiten), und zu einer Kugel formen. Den Teig unter eine Schüssel legen und 30 Minuten ruhenlassen.

Für die Füllung die Brühe durchseihen (Sie benötigen etwa 2 Liter), mit Salz und Pfeffer abschmecken und zum Kochen bringen. Die Garnelen hineingeben und kurz aufkochen lassen. Die Garnelen dann mit einem Schaumlöffel herausnehmen und grob hacken. Die Brühe aufheben. Das Eiweiß mit der Crème double, Salz und Cayennepfeffer verquirlen und das gehackte Garnelenfleisch untermengen. Die weißen Teile der Frühlingszwiebeln fein hacken und unter die Füllung mischen. Die grünen Teile in streichholzgroße Stifte schneiden und zur Seite stellen.

Den Teig kneten und ausrollen (siehe Seite 183).

Die Hälfte der etwa 5 cm breiten Teigstreifen mit etwas Wasser bestreichen und die Füllung in Abständen von etwa 3 cm teelöffelweise darauf verteilen. An den Seiten und den Enden jeweils 1 cm Platz lassen. Mit einem trockenen Teigstreifen abdecken und den Teig zwischen den Häufchen gut andrücken.

Mit einem Teigschneider 5 cm große Quadrate ausschneiden, die Ränder leicht andrücken, die Ravioli auf ein bemehltes Küchenbrett legen und mit Mehl bestäuben. Anschließend 1 bis 2 Stunden kalt stellen, damit der Teig etwas trocknet. Die Ravioli dabei nicht zudecken.

In einem flachen, breiten Topf Salzwasser zum Kochen bringen, die Ravioli in kleinen Portionen hineingeben und umrühren, damit sie nicht zusammenkleben. Anschließend 3 bis 4 Minuten garen, mit einem Schaumlöffel herausheben und auf Küchenpapier abtropfen lassen. Mit den übrigen Ravioli ebenso verfahren. Sie können 30 Minuten im voraus gekocht werden.

Zum Schluß die Brühe noch einmal aufkochen lassen und abschmecken. 3 bis 4 Ravioli in die vorgewärmten Teller geben, mit Brühe begießen, mit dem Grün der Frühlingszwiebeln bestreuen und sofort servieren.

# Ganze und geschrotete Körner

GETREIDEKÖRNER MÜSSEN IN DER REGEL MIT VIEL WASSER GEGART WERDEN. Dabei spielt es keine Rolle, ob man sie kocht oder dünstet. Damit die enthaltene Stärke leichter verdaulich ist, kommt es lediglich darauf an, sie lange genug zu garen. Wieviel Stärke sich aus den Körnern herauslöst, hängt davon ab, ob sie ganz oder geschrotet sind. Ganze Körner geben sehr viel weniger Stärke ab als geschrotete, bei denen die Struktur aufgebrochen ist.

Vor dem Garen sollte das Getreide gründlich unter fließendem kaltem Wasser gewaschen werden. Dadurch verkürzt sich die Kochzeit, und die Körner werden gleichzeitig gereinigt. Gehen Sie beim Kochen mit dem Wasser nicht sparsam um – rechnen Sie mindestens das vierfache Volumen der Körner. Damit sie nicht verkleben, muß das Wasser sprudelnd kochen. Beim Dünsten sollten die Körner in einem möglichst großen Topf liegen – so saugen sie sich gleichmäßiger mit der Flüssigkeit voll.

Mit ihrem zarten, nussigen Geschmack eignen sich Körner für die verschiedensten Gerichte und können mit den unterschiedlichsten Gewürzen kombiniert werden. Sie schmecken pur oder mit Kräutern, Gewürzen oder gekochtem Gemüse, wie zum Beispiel angebratener Zwiebel und Pilzen. Am beliebtesten ist wohl der Reis, der auf der ganzen Welt gegessen wird. In Indonesien brät man ihn beispielsweise mit Hähnchenfleisch, Knoblauch, Ei und roter Chilischote im Wok, und im Iran bereitet man knusprige Reiskuchen daraus zu, die mit Safran verfeinert werden.

GÄNGIGE GANZE KÖRNER
Naturreis, Buchweizen, Mais, weißer Langkornreis, Hirse, Haferkörner, Perlgraupen, Quinoa, Roggen, Wildreis

GÄNGIGE GESCHROTETE KÖRNER
Bulgur, Weizenschrot, Haferflocken

NICHT GAR – die Körner (hier gekochter weißer Reis) sind zwar nicht zusammengeklebt, aber auch nicht körnig und haben einen harten, mehligen Kern.
*Grund:* die Körner waren sehr trocken; Garzeit zu kurz; Temperatur zu niedrig
→ weitergaren, gegebenenfalls noch etwas Flüssigkeit zugeben und die Temperatur erhöhen.

**RICHTIG GAR** – der gekochte Reis ist locker und körnig; große Körner lassen sich mit den Fingernägeln zerteilen; sie sind weich und trotzdem noch bißfest; der Geschmack ist erdig, die Farbe klar.

ZERKOCHT – die Körner sind weich, häufig aufgeplatzt und zerfallen beim Umrühren zu Brei; der Geschmack ist mehlig, die Farbe matt.
*Grund:* zu lange oder zu schnell gegart
→ auf einem mit Öl bestrichenen Blech ausbreiten und 10–15 Minuten im warmen Ofen trocknen; sind die Körner sehr zerkocht, siehe Mein Tip.

## WEITERE PROBLEME

UNGLEICHMÄSSIG GEGART
*Grund:* die Körner haben unterschiedliche Größen oder stammen aus verschiedenen Ernten, deshalb sind manche trockener als andere
→ weitergaren und gegebenenfalls noch etwas Flüssigkeit zugeben.

ZU WENIG GESCHMACK
*Grund:* nicht ausreichend gewürzt; die Körner waren von minderer Qualität oder wurden falsch gelagert
→ mit Salz und Pfeffer abschmecken und mit Cayennepfeffer, Tabasco, Sojasauce, Chili- oder Sesamöl und Gewürzen wie Piment, Koriander, Muskat, Paprika, Safran, Curry oder Garam masala verfeinern.

MATTE FARBE
*Grund:* die Körner sind von Natur aus matt; es wurden zu viele verschiedenfarbige Zutaten, insbesondere gemahlene Gewürze, zugegeben
→ mit farbintensiven Zutaten, zum Beispiel Gelbwurz (und anderen Gewürzen), Tomatenmark (und Gemüse) oder gehackten Kräutern, anreichern.

## MEIN TIP

Ist Ihr Reis zerkocht oder hat zu wenig Geschmack, können Sie einen schmackhaften Reisauflauf daraus zubereiten. Dazu den Backofen auf 220 °C (Gas Stufe 4) vorheizen. 500 g gekochten Reis mit 1 leicht verquirlten Ei, 1 feingehackten Knoblauchzehe und 1 EL gehackter Petersilie vermischen und großzügig mit frisch gemahlenem Pfeffer würzen. Die Masse in eine gebutterte Auflaufform füllen und mit 2 EL Paniermehl bestreuen. Mit Butterflöckchen besetzen und 12–15 Minuten im Ofen überbacken, bis der Reis sehr heiß und leicht gebräunt ist. Ergibt 2 Portionen.

# Risottos

Bei einem Risotto wird der Reis (in aller Regel Rundkornreis – die bekannteste Sorte ist hier wohl der Arborio-Reis) in relativ kurzer Zeit, nämlich in etwa 25 Minuten, gegart. Dabei muß laufend umgerührt werden. Wie bei einem Pilaw wird der Reis vor dem Garen kurz in Butter oder Öl (oder einer Kombination aus beidem) angebraten. Dadurch wird verhindert, daß die Körner zusammenkleben, trotzdem können sie aber noch Stärke abgeben, so daß der Risotto cremig wird.

Je länger Sie den Reis anbraten, desto länger braucht er, um eine cremige Beschaffenheit zu erlangen. Geschmack verleiht man ihm gerne mit etwas Wein, meist Weißwein, den man unter Rühren einkochen läßt. Die Kochflüssigkeit – in der Regel eine Brühe – wird nach und nach schöpflöffelweise zugegeben, damit der Reis nicht abkühlt. Durch ständiges Rühren verhindern Sie, daß die Körner verkleben. Mit der Zeit wird der Reis weich, und die Flüssigkeit nimmt eine cremige Konsistenz an. In Venedig serviert man den Risotto *all'onda,* das heißt noch leicht flüssig, während man ihn im übrigen Italien lieber *al dente* ißt. In jedem Fall sollte ein Risotto aber stets cremig, dabei aber nicht flüssig oder trocken und keinesfalls breiig sein. Und das zu erreichen ist nicht einfach! Ein guter Risotto muß außerdem immer sofort auf den Tisch kommen, denn beim Aufwärmen wird er schwer.

**RICHTIG WEICH** – der Reis fällt leicht vom Löffel, die Flüssigkeit hat eine cremige Konsistenz angenommen; der Geschmack ist mild und die Farbe klar.

**RICHTIG BISSFEST** – der Reis ist etwas aufgequollen, hat dabei aber seine Form behalten und ist nicht klebrig; der Geschmack ist kräftig.

### PROBLEMFÄLLE

NICHT GAR UND KLEBRIG
*Grund:* Garzeit zu kurz; Temperatur zu niedrig; zu wenig Flüssigkeit
→ weitergaren und noch etwas Flüssigkeit zugeben, gegebenenfalls die Temperatur erhöhen.

ZU WENIG GESCHMACK
*Grund:* nicht ausreichend gewürzt; der Reis war von minderer Qualität oder wurde nicht richtig gelagert; die übrigen Zutaten hatten zu wenig Geschmack
→ nachwürzen; mit Muskat, Kreuzkümmel oder gemahlenem Koriander verfeinern; gehackte Frühlingszwiebel oder Stangensellerie, karamelisierte Zwiebeln oder grobgehackte Nüsse untermischen; mit abgeriebener Zitrusschale aromatisieren.

### MEIN TIP

Aus einem zerkochten Risotto lassen sich Reiskroketten, sogenannte *arancini*, herstellen. Dazu 1 kg kalten Reis mit 2 leicht verquirlten Eiern, 90 g geriebenem Parmesan und 1 EL gehackter Petersilie vermischen. Die Masse in 12 gleiche Portionen aufteilen und zu Kroketten formen. 2 EL Olivenöl in einer großen Pfanne erhitzen und die Hälfte der Kroketten 2–3 Minuten darin goldbraun braten. Wenden und auf der anderen Seite ebenfalls goldbraun braten. Mit den restlichen Kroketten ebenso verfahren. Ergibt 4–6 Portionen.

## *Risotto mit Rucola und Parmesan*

4 bis 6 Portionen

Für einen Risotto sollte man nur den besten Rundkornreis, etwa Arborio-, Carnaroli- oder Maratelli-Reis, verwenden sowie einen richtig ausgereiften Parmesan, zum Beispiel einen Parmigiano reggiano.

*2 Liter Hühner- oder Gemüsebrühe (ggf. etwas mehr)*
*60 g Butter*
*1 kleine Zwiebel, sehr fein gehackt*
*2 Schalotten, sehr fein gehackt*
*400 g Rundkornreis*
*1/8 l trockener Weißwein*
*90 g geriebener Parmesan*

*Für das Gemüse:*
*750 g Rucola*
*3 EL Olivenöl*
*1 Knoblauchzehe, leicht zerdrückt*
*Salz und Pfeffer*

Die harten Stiele der Rucolablätter entfernen, die Blätter waschen und in einem Sieb abtropfen lassen. Das Öl in einer großen Pfanne erhitzen und den Knoblauch etwa 30 Sekunden darin anbraten, bis er sein Aroma entfaltet. Den Knoblauch dann herausnehmen, das Gemüse in die Pfanne geben und mit Salz und Pfeffer würzen. Die Pfanne zudecken und das Gemüse unter gelegentlichem Rühren circa 5 Minuten weich garen. Abschmecken und warm stellen.

Für den Risotto die Brühe zum Kochen bringen. Die Wärmezufuhr dann verringern, bis sie nur noch köchelt. In der Zwischenzeit die Butter bis auf 1 Eßlöffel in einer großen Pfanne mit schwerem Boden erhitzen und die Zwiebel und die Schalotten 3 bis 4 Minuten darin weich dünsten, ohne daß sie Farbe annehmen. Den Reis einrühren und 2 bis 3 Minuten unter laufendem Rühren anbraten, bis er durchsichtig wird. Den Wein angießen und fast vollständig einkochen lassen. Bei mittlerer Hitze 1/4 l Brühe schöpflöffelweise zugießen. Sobald der Reis die Flüssigkeit fast vollständig aufgesogen hat, erneut Brühe angießen und dabei laufend umrühren. Wird der Reis weicher, die Flüssigkeitsmengen verringern. Den Vorgang 20 bis 25 Minuten wiederholen, bis der Reis gar ist.

Den Topf dann vom Herd nehmen, die restliche Butter und die Hälfte des Käses unterrühren und abschmecken. Etwas Risotto auf die vorgewärmten Teller geben, das Gemüse darauf verteilen und den übrigen Risotto darübergeben. Mit dem restlichen Parmesan bestreuen und sofort servieren.

# Pilaws

BEI EINEM PILAW werden die Körner zunächst in heißem Fett angebraten und anschließend so lange gegart, bis sie eine bestimmte Menge Flüssigkeit aufgesogen haben. Braten Sie die Körner stets gut an, damit sie außen versiegelt werden und nicht zusammenkleben. Ich kenne sogar ein Rezept mit Buchweizen, bei dem die Körner zunächst bei starker Hitze und unter laufendem Rühren mit einem Ei gekocht werden, damit sie nicht verkleben.

Die Flüssigkeitsmenge beträgt in der Regel das anderthalbfache Volumen der Körner. Verwendet man weniger Flüssigkeit, werden die Körner trockener und lockerer. Manche härteren Sorten, wie zum Beispiel Wildreis und Graupen, haben allerdings eine längere Garzeit und müssen in einer größeren Menge Flüssigkeit gegart werden.

Der Pilaw ist fertig, wenn die Körner die Flüssigkeit vollständig aufgesogen haben. Vorsichtshalber sollten Sie aber probieren, ob sie auch wirklich weich sind. Anschließend läßt man das Gericht mindestens 10 Minuten abkühlen, damit sich die Körner etwas zusammenziehen, und lockert sie dann vorsichtig mit einer Gabel auf, ohne sie zu zerdrücken. Zum Verfeinern bieten sich, vor allem wenn Sie den Pilaw mit weißem Reis zubereiten, Gewürze wie Kardamom, Kreuzkümmel und Safran an. Sie können ihn aber auch noch mit kräftigeren Zutaten anreichern, zum Beispiel mit Schinken, Garnelen und Tomate wie im amerikanischen *jambalaya* oder mit Lammfleisch, Tomate und Zwiebel wie beim russischen *Pilaw* (siehe Seite 191).

**RICHTIG** – PILAW AUS GANZEN KÖRNERN (hier brauner Reis), die Körner sind nicht verklebt und haben die Flüssigkeit weitgehend aufgesogen, die restliche Flüssigkeit ist etwas eingedickt und cremig; die Körner sind weich, aber noch bißfest; der Geschmack ist kräftig.

**RICHTIG** – PILAW AUS GESCHROTETEM KORN (hier Bulgur), die Körner sind nicht zusammengeklebt; sie sind locker und haben noch etwas Biß; der Geschmack ist kräftig, die Farbe klar.

## PROBLEMFÄLLE

NICHT GAR
*Grund:* Garzeit zu kurz; zu wenig Flüssigkeit
→ weitergaren und gegebenenfalls noch etwas Flüssigkeit zugeben.

ZU WENIG GESCHMACK
*Grund:* nicht ausreichend gewürzt; das Korn war zu alt oder von minderer Qualität
→ nachwürzen; mit gehackter Frühlingszwiebel, Stangensellerie, gerösteter Zwiebel oder Nüssen oder abgeriebener unbehandelter Zitrusschale verfeinern.

## MEIN TIP

Ist Ihr Pilaw klebrig oder fade, können Sie daraus pikant gewürzte Reisküchlein herstellen. Für 1 kg gekochten Pilaw 1 Stück (2,5 cm) feingehackten Ingwer mit 2 feingehackten Knoblauchzehen, 1 TL Anissamen und je 1/2 TL gemahlenem Zimt und Kardamom vermischen. 125 g Joghurt und den Saft sowie die abgeriebene Schale von 1 unbehandelten Zitrone untermischen und die Mischung unter den kalten Pilaw rühren. 12 Küchlein formen und diese in 2 EL heißem Pflanzenöl auf beiden Seiten jeweils 2 – 3 Minuten goldbraun braten. Ergibt 4 – 6 Portionen.

# *Russischer Reispilaw mit Lamm*

4 bis 6 Portionen

*Pilaw*-Rezepte gibt es in ebenso großer Zahl, wie es einstmals russische Republiken gab. Ich lernte dieses Rezept bei einer usbekischen Familie in Moskau kennen. Es kann mit Hähnchenfleisch, Fisch, Eiern oder, wie ich es bevorzuge, mit Lamm zubereitet werden. Damit es mehr Geschmack bekommt, werden die Knochen mitgegart und vor dem Servieren entfernt. Ich habe einmal probiert, weniger Öl zu verwenden, doch der *Pilaw* schmeckt dann nicht mehr so gut. Entscheiden Sie also selbst.

*500 g weißer Langkornreis*
*175 ml Pflanzenöl*
*1 kg Lammschulter mit Knochen, ausgelöst und in etwa 4 cm große Stücke zerteilt*
*2 Zwiebeln, grob gehackt*
*2 Möhren, in Würfel geschnitten*
*3 Knoblauchzehen*
*500 g Tomaten, enthäutet, entkernt und gehackt*
*1 Liter Wasser (ggf. etwas mehr)*
*2 EL Paprikapulver*
*1 EL Tomatenmark*
*Salz*

Den Reis unter fließendem kaltem Wasser spülen und gut abtropfen lassen. Das Öl in einer Kasserolle mit schwerem Boden sehr heiß werden lassen und die Lammknochen 10 bis 15 Minuten darin anbräunen. Die Wärmezufuhr dann verringern und die Zwiebeln 3 bis 4 Minuten darin weich dünsten, ohne daß sie Farbe annehmen. Die Möhren und den Knoblauch dazugeben und 4 bis 6 Minuten weich garen. Die Knochen und das Gemüse anschließend mit einem Schaumlöffel herausnehmen.

Das Fleisch in den Topf geben und 5 bis 7 Minuten rundherum anbräunen (damit der Topf nicht zu voll wird, das Fleisch gegebenenfalls in mehreren Portionen anbraten). Die Knochen, das Gemüse und die Tomaten hinzufügen und das Wasser angießen. Den Topf zudecken und das Ganze 1 Stunde unter gelegentlichem Rühren köcheln lassen. Die Knochen danach herausnehmen, den Reis, den Paprika und das Tomatenmark untermischen und mit einer kräftigen Prise Salz abschmecken.

Falls der Reis nicht ganz mit Wasser bedeckt ist, noch etwas Wasser nachgießen und das Ganze aufkochen lassen. Den Topf zudecken und das Gericht 20 bis 25 Minuten bei mittlerer Hitze garen, bis die Flüssigkeit verdunstet und der Reis weich ist. Anschließend 10 Minuten ruhenlassen, dann umrühren und mit Salz und Paprika abschmecken. Den Pilaw in der Kasserolle servieren. Noch besser schmeckt er, wenn man ihn 1 oder 2 Tage im voraus zubereitet und noch einmal aufwärmt.

# Polenta und gemahlenes Korn

GROB GEMAHLENES KORN WIRD AUCH ALS SCHROTMEHL BEZEICHNET. Bekannt sind der Maisgrieß, aus dem die Polenta zubereitet wird, und das Maismehl, aus dem man die im Süden Amerikas so beliebten Brote und Süßspeisen herstellt. Ein kräftiges, zwischen Mühlsteinen gemahlenes Maismehl ist etwas ganz anderes als die geschmacklosen Fabrikerzeugnisse, und es lohnt sich, danach Ausschau zu halten. Zu geschmackvollem Mehl werden vorwiegend Buchweizen sowie Maisgrieß und Dinkel verarbeitet. Weizengrieß und Tapioka, die aus getrockneten Maniokwurzeln hergestellt wird, lassen sich ähnlich wie Mehl verwenden.

Gemahlenes Korn wird für gewöhnlich gegart, indem man es in köchelndes Wasser oder Milch einrieseln läßt und dabei laufend umrührt. Am besten nehmen Sie dazu einen schweren Topf, der auf der Herdplatte einen festen Stand hat. So können Sie mit der einen Hand das Mehl einrieseln lassen und mit der anderen rühren. Die Garzeit hängt vor allem davon ab, wie grob oder fein das Mehl ist. Und mit Gewürzen sollte man nicht sparen, damit das Ganze nicht wie ein Brei für Kleinkinder schmeckt. Gemahlenes Korn wird häufig wie gekochter Reis als Beilage zu Ragouts gereicht. Bei der Polenta haben Sie zwei Möglichkeiten: Entweder Sie bereiten sie als weiches Püree zu, oder Sie lassen sie fest werden und überbacken sie, um sie anschließend nach Piemonteser Art zu Fleisch oder mit Pilzen als sogenannte *pasticciata* zu servieren. In den Südstaaten der USA stellt man aus gemahlenem Getreide für gewöhnlich schmackhafte Puddings her, die mit Butter und Käse verfeinert werden. Moderne Köche reichern sie außerdem noch mit grünem Gemüse oder Tomaten, Garnelen, Sahne und Parmesan an.

### MEIN TIP

Ist Ihr Getreidebrei zu schwer geworden, läßt er sich mit Sahne glätten und auflockern. Dazu fügen Sie dem Brei so viel Sahne oder Crème double zu, daß er locker vom Löffel fällt, und schmecken ihn anschließend kräftig mit Salz, Pfeffer und aromatischen Kräutern, etwa Koriander oder Kreuzkümmel, ab.

**RICHTIG** – die Masse (hier Polenta) ist glatt und dick, aber nicht zäh und fällt leicht vom Löffel; der Geschmack ist kräftig, die Farbe leuchtend.

ZERKOCHT – die Masse ist schwer und klebrig und bleibt am Löffel haften; die Farbe ist matt.
*Grund:* zu lange oder mit zu wenig Flüssigkeit gegart
→ ist die Masse zerkocht, ist keine Abhilfe möglich; ist sie trocken, etwas Flüssigkeit angießen und weitergaren, bis die gewünschte Konsistenz erreicht ist.

### WEITERE PROBLEME

NICHT GAR UND DÜNN
*Grund:* Garzeit zu kurz; Temperatur zu niedrig; zuviel Flüssigkeit
→ weitergaren, bis die Polenta fester ist.

ZÄH
*Grund:* das Korn war nicht richtig gegart
→ noch etwas Flüssigkeit angießen und weitergaren.

KLUMPIG
*Grund:* das Mehl ist zu schnell eingerieselt; während des Kochens nicht häufig genug umgerührt
→ den Topf vom Herd nehmen und die Masse kräftig schlagen; ist sie danach immer noch klumpig, in der Küchenmaschine aufschlagen und dann noch einmal erhitzen.

ZU WENIG GESCHMACK
*Grund:* nicht ausreichend gewürzt; das Korn war zu alt oder von minderer Qualität
→ mit Salz und Pfeffer abschmecken; mit Cayennepfeffer, Muskat, Kreuzkümmel, Ingwer und Senf verfeinern; geriebenen Käse untermischen.

# *Gnocchi alla romana*

4 BIS 6 PORTIONEN

Diese einfachen Gnocchi werden aus einer Polenta zubereitet, die man fest werden läßt und anschließend aufschneidet. Traditionell sind sie zwar rund, um Zeit zu sparen, kann man die Polenta aber auch in Quadrate zerteilen. Polenta wird aus grobem gelbem Maismehl oder Maisgrieß hergestellt. In Italien wird sie lediglich mit Parmesan verfeinert. Ich habe allerdings festgestellt, daß Dijonsenf ihr noch etwas mehr Geschmack verleiht.

*1 Liter Milch (ggf. etwas mehr)*
*1 Zwiebel, mit 1 Nelke gespickt*
*1 Lorbeerblatt*
*1 TL Pfefferkörner*
*1 Msp. geriebene Muskatnuß*
*Salz und Pfeffer*
*150 g grobes gelbes Maismehl oder Maisgrieß*
*3 Eigelb*
*1 TL Dijonsenf*
*125 g geriebener Parmesan*
*45 g Butter, zerlassen*

Ein Backblech dick mit Butter bestreichen. Die Milch in einem Topf mit der Zwiebel, dem Lorbeerblatt, den Pfefferkörnern, dem Muskat und etwas Salz erhitzen. Den Topf zudecken, die Milch kurz aufkochen lassen und dann 10 bis 15 Minuten bei schwacher Hitze ziehen lassen. Anschließend durchseihen und in den Topf zurückgießen.

Das Maismehl oder den Grieß langsam in die heiße Milch einrieseln lassen, zum Kochen bringen und dann 8 bis 10 Minuten unter Rühren köcheln lassen, bis die Masse dick ist und sich von den Topfwänden löst.

Den Topf vom Herd nehmen und die Eigelbe einzeln unterschlagen. Den Senf und die Hälfte des Käses untermischen und mit Salz und Pfeffer abschmecken (die Polenta sollte kräftig gewürzt sein).

Die Masse 1 cm dick auf das Backblech streichen, mit der zerlassenen Butter bestreichen und 1 bis 2 Stunden kalt stellen, bis die Polenta fest ist. Den Backofen auf 230 °C (Gas Stufe 4–5) vorheizen.

Sobald die Polenta fest ist, mit einem Glas oder einem Teigausstecher 5 cm große Kreise ausstechen oder die Masse in 5 cm große Quadrate zerteilen. Diese schuppenförmig in eine Auflaufform schichten und mit dem restlichen Käse bestreuen. Im vorgeheizten Ofen 5 bis 10 Minuten überbacken, bis sie sehr heiß und schön braun sind, und sofort servieren.

# Getrocknete Bohnenkerne, Erbsen und Linsen

LASSEN SIE SICH VOM GROSSEN ANGEBOT AN GETROCKNETEN BOHNENKERNEN – hell- und dunkelrote, weiße, grüne, schwarze oder gestreifte – nicht verwirren. Sie alle werden ähnlich zubereitet, und viele haben zudem einen ähnlichen Geschmack und können daher problemlos gegeneinander ausgetauscht werden. Rechnen Sie noch die ganzen und halbierten Erbsen und die Linsen dazu, haben Sie die verschiedensten Möglichkeiten. Beliebte Gerichte sind beispielsweise mexikanische Wachtelbohnen mit Reis oder, wie in den amerikanischen Südstaaten, Augenbohnen mit Schinken und Reis. Halbierte Erbsen und Linsen werden meist gekocht und mit Schinken oder gepökeltem Fleisch serviert. Man kann sie wie im indischen *dal* aber auch pürieren oder eine Suppe daraus zubereiten (siehe Bohnen-, Erbsen- und Linsenpürees, Seite 195).

Beim Kauf sollten Sie darauf achten, daß die Hülsenfrüchte prall sind und eine kräftige Farbe haben. Sind sie verschrumpelt, lassen Sie die Finger davon. Waschen Sie sie unter fließendem Wasser und verlesen sie. Da Bohnenkerne und ganze Erbsen eine dicke Haut haben, müssen sie mehrere Stunden in kaltem Wasser eingeweicht werden. Um den Vorgang zu beschleunigen, können Sie sie auch mit kochendem Wasser übergießen, dann müssen sie nur noch etwa 30 Minuten weichen. Je länger Sie sie allerdings weichen lassen, desto mehr verkürzt sich die Garzeit. Im Handel sind vielfach auch gegarte Hülsenfrüchte in Dosen erhältlich. Was Sie hier an Zeit einsparen, geht Ihnen jedoch an Geschmack verloren.

Damit Ihre Hülsenfrüchte mehr Geschmack bekommen, können Sie dem Kochwasser eine mit einer Nelke gespickte Zwiebel und ein Kräutersträußchen, bestehend aus Lorbeerblatt, Thymian und Petersilie, beigeben. Gut eignen sich aber auch ganze oder gemahlene Gewürze wie schwarzer Pfeffer, Koriander, Muskat und Nelken. Salz oder saure Zutaten, wie zum Beispiel Essig oder Tomate, sollten Sie allerdings erst hinzufügen, wenn die Hülsenfrüchte bereits fast gar sind, denn sonst werden sie außen hart. Ist Ihr Leitungswasser sehr mineralstoffhaltig, kann die Haut ebenfalls hart werden. Verwenden Sie in diesem Fall am besten gefiltertes Wasser. Bei einigen Hülsenfrüchten befinden sich unter der Schale Giftstoffe, die beim Garen häufig freigesetzt werden. Bohnenkerne sollten deshalb mindestens 10 Minuten gekocht werden, bei Linsen und halbierten Erbsen reicht es hingegen aus, sie lediglich aufkochen zu lassen.

Die Garzeit kann je nach Sorte und Alter erheblich schwanken. Sind Ihre Hülsenfrüchte – das gilt insbesondere bei Bohnenkernen – also ungleichmäßig gegart, das heißt, ist ein Teil noch hart, während der Rest bereits gar ist, stammen sie höchstwahrscheinlich aus verschiedenen Ernten und sind deshalb nicht gleichmäßig getrocknet.

GÄNGIGE TROCKENBOHNENSORTEN
schwarze, rote und weiße Bohnen, Augenbohnen, Cannellini-Bohnen, Dicke Bohnen, Flageoletbohnen, Limabohnen, Perlbohnen, Wachtelbohnen

WEITERE GÄNGIGE HÜLSENFRÜCHTE
braune, grüne, rote und gelbe Linsen, Kichererbsen, halbierte grüne und gelbe Erbsen

**MEIN TIP**

Sind Ihre Bohnen zerkocht und haben zu wenig Geschmack, können Sie daraus gebratene mexikanische Bohnen zubereiten. Die Bohnen dazu abtropfen lassen und grob zerstampfen. Für 1 kg Bohnen 6 dünne Scheiben Speck in Würfel schneiden und in einer großen Pfanne anbraten, bis sie Fett abgeben. 1 gehackte Zwiebel, 2 zerdrückte Knoblauchzehen und, falls Sie mögen, 1 kleine grüne Chilischote (enthäutet, entkernt und gehackt) dazugeben. Das Ganze unter Rühren braten, bis der Schinken und die Zwiebel angebräunt sind. Zum Schluß die Bohnen untermischen und unter laufendem Rühren 5 – 7 Minuten erhitzen. Ergibt 6 Portionen.

NICHT GAR UND HART – das Fleisch ist zäh, und die Haut, insbesondere bei Bohnen und Linsen, ist hart; die Flüssigkeit ist wäßrig; der Geschmack hat sich noch nicht entfaltet.
*Grund:* die Hülsenfrüchte waren ausgetrocknet und zu alt; Garzeit zu kurz; durch Zugabe von Salz oder sauren Zutaten ist die Schale beim Garen hart geworden
→ reichlich Flüssigkeit zugeben und weitergaren.

**RICHTIG** – die Bohnen (hier Perlbohnen), Erbsen oder Linsen sind zart und weich; bei Bohnen oder Erbsen beginnt die Schale aufzuplatzen; die Hülsenfrüchte haben die Flüssigkeit weitgehend aufgesogen, die verbliebene Flüssigkeit ist etwas eingedickt; die Farbe ist klar und der Geschmack mild.

## WEITERE PROBLEME

ZERKOCHT
*Grund:* zu lange gegart
→ die Hülsenfrüchte pürieren und als Suppe oder Püree servieren.

FLÜSSIGKEIT WÄSSRIG
*Grund:* zuviel Flüssigkeit; nicht ausreichend gegart
→ sind die Hülsenfrüchte noch hart, den Deckel abnehmen und weitergaren; sind sie bereits weich, die Kochflüssigkeit mit Mais- oder Kartoffelstärke oder mit geknetetem Butter andicken.

ZU WENIG GESCHMACK
*Grund:* die Hülsenfrüchte waren zu alt; nicht ausreichend gewürzt
→ mit gehackten Kräutern, insbesondere Majoran, Bohnenkraut oder Thymian, verfeinern; angebratene Zwiebel und Knoblauch hinzufügen; mit Zitronensaft oder Rotweinessig, Bohnen zusätzlich noch mit 2 – 3 EL Tomatenmark, Erbsen mit 1 – 2 TL Zucker abschmecken.

# *Französische weiße Bohnensuppe mit Gemüse*

6 bis 8 Portionen *Foto Seite 180/181*

Diese sättigende Suppe wird in den ländlichen Gegenden Südwestfrankreichs gerne als Abendessen serviert. Dazu gibt es geröstete Weißbrotscheiben, die mit dem heimischen Cantal-Käse überbacken werden. Die Grundlage der Suppe bilden Bohnenkerne und Wurzelgemüse, außerdem kann sie je nach Jahreszeit noch mit Erbsen, grünen Bohnen und Zucchini angereichert werden. Das Rezept ist sehr reichlich bemessen, aber die Suppe schmeckt nach dem Aufwärmen noch einmal so gut.

*75 g Butter*
*2 weiße Rüben, geschält und in 1 cm große Würfel geschnitten*
*2 große Möhren, geschält und in 1 cm große Würfel geschnitten*
*1 Weißkohl (500 g), in Streifen geschnitten*
*weiße Teile von 3 Stangen Porree, in feine Ringe geschnitten*
*2 – 3 Stangen Sellerie, in kleine Würfel geschnitten*
*2 Kartoffeln, geschält und in 1 cm große Würfel geschnitten*
*2 1/2 l Wasser (ggf. etwas mehr)*
*1 Bund Petersilie, gehackt*

Für die Bohnen:
*200 g getrocknete kleine weiße Bohnen oder Perlbohnen*
*1 Zwiebel, mit 2 Nelken gespickt*
*1 Möhre, geschält und geviertelt*
*1 Kräutersträußchen*
*Salz und Pfeffer*

Für die Weissbrotscheiben:
*1 Baguette, in 1 cm dicke Scheiben geschnitten*
*2 EL Olivenöl, ausgelassener Speck oder Gänsefett*
*60 g geriebener Cantal-Käse oder Cheddar*

Die Bohnen über Nacht in reichlich kaltem Wasser einweichen und anschließend abtropfen lassen. Oder in einem Topf mit Wasser bedecken und aufkochen lassen. Den Topf dann zudecken und vom Herd nehmen. Die Bohnen 1 Stunde weichen lassen und dann abgießen.

Die Bohnen mit der Zwiebel, der geviertelten Möhre und dem Kräutersträußchen in einen Topf geben und mit Wasser bedecken. Den Topf zudecken und die Bohnen 1 1/2 bis 2 Stunden köcheln lassen (sollten sie während des Garens zu trocken werden, noch etwas Wasser angießen). Wenn die Bohnen fast gar sind, mit Salz und Pfeffer würzen. Zum Schluß die Zwiebel, die Möhre und das Kräutersträußchen herausnehmen.

30 g Butter in einem großen Topf mit schwerem Boden zerlassen. Das Gemüse hineingeben, mit Salz und Pfeffer würzen und mit einer gebutterten Alufolie abdecken. Den Topf zudecken und das Gemüse unter gelegentlichem Rühren 15 bis 20 Minuten fast weich garen, ohne daß es Farbe annimmt.

Die Bohnen mit der Kochflüssigkeit dazugeben, das Ganze mit Wasser bedecken und mit Salz und Pfeffer abschmecken. Den Topf zudecken und das Gemüse 20 bis 30 Minuten köcheln lassen, bis es weich ist. Die Suppe anschließend noch einmal abschmecken.

In der Zwischenzeit die Weißbrotscheiben zubereiten. Dazu den Backofen auf 200 °C (Gas Stufe 3) vorheizen. Die Brotscheiben auf dem mit Öl bestrichenen Backblech verteilen, mit Öl bepinseln und 8 bis 10 Minuten goldbraun rösten. Anschließend umdrehen, mit dem geriebenen Käse bestreuen und weitere 8 bis 10 Minuten rösten.

Die Suppe gegebenenfalls noch einmal aufkochen lassen, mit der gehackten Petersilie bestreuen und auf vorgewärmte Suppentassen verteilen. Die Weißbrotscheiben darauf legen und sofort servieren.

## Bohnen-, Erbsen- und Linsenpürees

Da sie bei längerem Garen rasch zu Brei zerfallen, läßt sich aus getrockneten Bohnenkernen, Erbsen und Linsen eine Vielzahl herzhafter Suppen und schmackhafter Pürees herstellen. Denn im Unterschied zu frischem Gemüse wird ihr Geschmack durch längeres Kochen nicht beeinträchtigt. Wollen Sie sie für eine Suppe oder ein Püree verwenden, müssen die Hülsenfrüchte so lange gekocht werden, daß sie zu zerfallen beginnen. Zu diesem Zeitpunkt sollten sie die Kochflüssigkeit weitgehend aufgesogen haben. Anschließend können Linsen und halbierte Erbsen in der Küchenmaschine oder mit dem Pürierstab püriert werden. Bohnen und ganze Erbsen müssen hingegen durch ein Sieb passiert werden, um die harten Schalen zu entfernen. Soll die Suppe oder das Püree allerdings nicht glatt sein, zerdrückt man sie lediglich zu einem groben Brei. Mehr dazu siehe Gemüse pürieren, Seite 176.

Die Pürees und Suppen verlangen geradezu nach aromatischen Gewürzen wie Koriander, Zimt und Nelke. Denken Sie nur an den indischen *dal* mit Kreuzkümmel, Knoblauch, Chili und Gelbwurz oder die amerikanische Bohnensuppe mit Schinken, Zwiebel und Lorbeer. Grundsätzlich harmonieren getrocknete Bohnen sehr gut mit Schweinefleisch.

**RICHTIG** – das Püree ist sehr weich, fällt leicht vom Löffel und ist nicht klebrig; es ist glatt, enthält aber noch einige Stückchen; der Geschmack ist kräftig und aromatisch.

# FRÜCHTE

Früchte schmecken am besten, wenn sie möglichst einfach zubereitet werden. Was gibt es Besseres als eine herrlich aromatische, mit Vanille und Gewürzen in Zuckersirup pochierte Birne, einen mit Honig gebratenen oder in etwas Butter und Zucker karamelisierten Apfel? Feste Früchte, wie zum Beispiel Äpfel, eignen sich auch gut zum Fritieren, grillen sollte man hingegen nur besonders saftiges Obst, etwa Pfirsiche und Ananas. Ich habe die Erfahrung gemacht, daß sich der Geschmack von Früchten beim Garen erheblich verändern kann. Achten Sie beim Kauf stets darauf, daß die Früchte schön reif und aromatisch sind, denn der fehlende Geschmack einer zu früh geernteten Frucht läßt sich selbst durch richtiges Garen nicht wettmachen.

Bei den meisten Gerichten reicht es aus, die Früchte gerade weich zu garen. Werden sie darüber hinaus noch weitergegart, zerfallen sie häufig von selbst zu Brei. Sie passen dann hervorragend zu Eis und eignen sich zum Verfeinern von Cremedesserts oder Saucen oder zum Konservieren (eine kleine Auswahl an Obstkonserven finden Sie am Ende dieses Kapitels).

Zucker und Honig sind die wichtigsten – und meist auch die einzigen Zutaten –, die beim Garen von Früchten benötigt werden. Sie haben eine ähnliche Funktion wie das Salz bei pikanten Gerichten, das heißt, sie dienen dazu, den Geschmack zu heben und zu unterstreichen. Wieviel Zucker oder Honig Sie verwenden, hängt nicht nur davon ab, wie süß oder sauer die jeweilige Frucht ist, sondern auch davon, ob sie als Beilage zu Fleisch oder Geflügel oder aber als Dessert dienen soll. Bei den verschiedenen im folgenden vorgestellten Früchten finden Sie zusätzlich Anregungen für andere Verfeinerungsmöglichkeiten, etwa mit Gewürzen, Süßweinen oder Likören. Bei der Zugabe von Flüssigkeit kommt es darauf an, wie saftig die jeweilige Frucht ist.

Da Früchte eine besonders ansprechende Form und Farbe haben, zerteile ich sie nach Möglichkeit nicht oder orientiere mich dabei zumindest an ihrer Form. So sollte man Äpfel in Spalten schneiden, Aprikosen und Pflaumen halbieren und Feigen blütenförmig zurechtschneiden, damit ihr schönes, rosafarbenes Fleisch gut zur Geltung kommt. Ein Berg Früchte auf dem Küchentisch hellt selbst den trübsten Tag auf, und deshalb hoffe ich, daß Sie mit Freude weiterlesen werden.

*Tarte Tatin,*
*Rezept Seite 199*

# Äpfel

SCHLIESSEN SIE DOCH EINMAL DIE AUGEN UND ERINNERN SIE SICH. Denn hat nicht jeder von uns Erinnerungen, in denen Äpfel eine Rolle spielen? Seien es nun die herabgefallenen Früchte, die wir im Herbst im feuchten Gras aufsammelten, oder sei es ein herrlich duftender Apfelkuchen mit Vanilleeis. Ich weiß noch gut, wie ich als Kind in einen knackigen Apfel biß, den ich meiner Mutter aus ihrem Wintervorrat stibitzt hatte, und dabei einen meiner ersten Milchzähne verlor.

Das Garverhalten der Äpfel hängt vor allem von der Sorte ab. Im wesentlichen lassen sich hier drei Gruppen unterscheiden: Äpfel, die beim Garen nicht zerfallen. Sie können entweder mit der Schale gebacken, in Scheiben geschnitten und gebraten oder in Sirup pochiert werden (dazu zählt in erster Linie der Golden Delicious). Zum anderen gibt es Äpfel, die beim Erhitzen rasch zerfallen (etwa Granny Smith oder Boskoop). Sie eignen sich hervorragend für Pürees und Saucen. Für Kuchen kommen sowohl feste als auch mehlige Sorten in Frage. Nur wenige Äpfel, die sogenannten Tafeläpfel, sollten ausschließlich roh gegessen werden. Denn sie verlieren, wenn man sie der Hitze aussetzt, ihren Geschmack und ihre Knackigkeit. Dazu zählen beispielsweise Elstar, Gala und Red Delicious. Wir können uns glücklich schätzen, daß heute immer mehr Sorten – teils Neuzüchtungen, teils alte, fast vergessene Sorten – auf den Markt kommen.

Keine Frucht findet so häufig in Desserts Verwendung wie der Apfel. Apfelkuchen gibt es in den unterschiedlichsten Varianten, sei es mit einer knusprigen Kruste, sei es als glacierte Torte. Ein Apfelkuchen kann karamelisiert und dann als *tarte Tatin* (siehe Seite 199) gestürzt werden, oder die Früchte können unter einem Streuselteig eingeschlossen sein. Äpfel eignen sich aber nicht nur zum Backen, Braten oder Pochieren, man kann sie auch zu Mus oder Puddings verarbeiten. Ich esse sie gerne mit Zimt, Ingwer, Salbei, Orange, Rosinen, Vanille, Schokolade und Mandeln, aber auch mit Käse – schließlich stamme ich aus dem englischen Wensleydale, wo ein feiner Hartkäse hergestellt wird. Außerdem passen sie sehr gut zu Schinken, Speck, Schweine- und Gänsebraten. Das Kerngehäuse sollte stets sorgfältig ausgeschnitten werden, denn die harten Teile lösen sich beim Garen nicht auf. Um den Apfel statt in die üblichen Spalten in dünne, gleichmäßige Scheiben zu schneiden, halbieren Sie ihn, entfernen das Kerngehäuse, legen ihn mit der Schnittfläche nach unten auf ein Küchenbrett und schneiden ihn dann wie eine Zwiebel auf.

**MEIN TIP**

Sind Ihre Äpfel zerkocht oder haben zu wenig Geschmack, bestreuen Sie sie mit diesem würzigen Krokant: 30 g Butter in einer mittelgroßen Pfanne mit 1 TL gemahlenem Zimt und 1 Msp. gemahlenem Ingwer zerlassen und 70 g grobgehackte, blanchierte Mandeln oder Walnußkerne bei mittlerer Hitze 5 bis 7 Minuten unter Rühren darin anrösten. Die Pfanne dann vom Herd nehmen und 2 EL Zucker unterrühren. Die Nüsse anschließend auf ein Backblech streuen und abkühlen lassen. Die Äpfel unmittelbar vor dem Servieren damit bestreuen. Ausreichend für 6 Portionen.

NICHT GAR UND BLASS – beim Einstechen mit der Messerspitze spürt man einen Widerstand; beim Aufschneiden ist der Apfel in der Mitte hart und undurchsichtig; die Form ist unverändert (dabei spielt es keine Rolle, ob es sich um eine ganze Frucht handelt oder der Apfel in Scheiben geschnitten oder gehackt wurde).
*Grund:* der Apfel war unreif; es handelt sich um eine besonders feste Sorte; Temperatur zu niedrig; Garzeit zu kurz; zu wenig Flüssigkeit
→ mit Zuckersirup, Wasser, Apfel- oder Orangensaft oder Weißwein beträufeln; weitergaren und dabei gegebenenfalls die Temperatur erhöhen.

**RICHTIG** – der Apfel fühlt sich beim Einstechen weich an; das Fleisch ist durchsichtig; wurde er mit der Schale gebacken, ist er etwas aufgequollen, behält aber immer noch die Form; die Farbe ist je nach Zubereitungsart blaß oder braun karamelisiert; der Geschmack ist kräftig und frisch.

ZERKOCHT – der Apfel ist sehr weich und beginnt zu zerfallen; nach dem Braten oder Grillen kann die Frucht an den Rändern verbrannt sein; ganze Äpfel fallen zusammen; der Geschmack ist nicht mehr ganz so frisch.
*Grund:* für die Zubereitungsart ungeeignete Sorte; die Frucht wurde zu klein oder zu fein geschnitten; zu schnell oder zu lange gegart
→ zerfallen die Äpfel, in der Küchenmaschine pürieren oder durch ein Sieb passieren und das Mus mit abgeriebener unbehandelter Zitrusschale, gemahlenem Zimt oder Piment oder Calvados abschmecken; sind die Äpfel verbrannt, mit Apfel- oder Orangensaft und mit Calvados oder Portwein beträufeln.

## FRÜCHTE ÜBERBACKEN

Ein Krümel- oder Streuselteig oder eine Kruste – das sind nur ein paar Beläge, mit denen frische oder gekochte Früchte überbacken werden können. Und das Ergebnis ist einfach köstlich. Der Belag, ob nun knusprig, krümelig oder weich, ist stets sehr gehaltvoll und süß. Ein *crumble*, eine Mischung aus Butter, Zucker und Mehl (siehe Mein Tip, Seite 203), die häufig auch noch mit gehackten Nüssen oder Haferkleie angereichert wird, ist die amerikanische Variante der deutschen Streusel.

Der Streuselkuchen hat hingegen in der Regel auch noch einen Teigboden. In Frankreich bezeichnet man jede Art von überbackenem Obst als *gratin*. Der Belag kann eher saftig oder knusprig sein, er kann aus einem weichen Teig, etwa einem Sandteig, ja sogar aus einem Mürbeteig bestehen.

Die amerikanischen Köche, die Meister auf diesem Gebiet sind, haben noch eine ganze Reihe weiterer überbackener Obstgerichte kreiiert, darunter der *betty* mit einem Belag aus Paniermehl und Butter, der *buckle* mit Kuchenteig und der *grunt*, der mit einem ganz weichen Scone-Teig (siehe Seite 270) überbacken wird. Eine besondere Spezialität ist schließlich der *pandowdy*. Dabei wird das Obst mit einem Pie-Teig (siehe Seite 299) belegt, der kurz gebacken und dann aufgeschnitten und in die Früchte gedrückt wird, so daß sich der knusprige Teig mit dem Saft vollsaugt.

Und wie sieht es mit den Früchten aus? Hier gibt es für mich nur eines: Früchte, die mit einem Belag gebacken werden sollen, müssen säuerlich und saftig sein, um einen Kontrast zu der süßen Kruste zu bilden. Pflaumen, säuerliche Äpfel, Kirschen, Rhabarber und Brombeeren sind hier besonders gut geeignet. Pfirsiche, Aprikosen, Birnen und Heidelbeeren kommen ebenfalls in Frage, sollten aber etwas sauer sein – fügen Sie gegebenenfalls reichlich Zitronensaft hinzu. Ich süße die Früchte nur wenig und verzichte bei einfachen Belägen auch weitgehend auf andere Zutaten. Vanille, abgeriebene unbehandelte Orangen- oder Zitronenschale und Gewürze wie Zimt und Muskat oder ein Spritzer Fruchtlikör oder Cognac sind anderen Rezepten vorbehalten – Sie sollten also unbedingt weiterlesen.

Mehr zum Thema Obsttorten finden Sie auf Seite 299, Aufläufe mit Früchten siehe Seite 229.

### WEITERE PROBLEME

ZU WENIG GESCHMACK
*Grund:* die Äpfel waren unreif oder von minderer Qualität; ungeeignete Apfelsorte; nicht ausreichend gesüßt
→ mit Zucker, Zitronensaft, Calvados oder Likör verfeinern; mit Zucker bestreuen und unter dem Grill karamelisieren lassen.

SAUER
*Grund:* die Äpfel waren unreif; ungeeignete Apfelsorte; nicht ausreichend gesüßt
→ mit Zucker, Honig oder einer anderen süßen Zutat süßen und mit Apfelsaft abschmecken.

VERFÄRBT ODER RUNZELIG
*Grund:* die Äpfel waren nicht saftig genug; wurden zu früh geschält; mit zu wenig Flüssigkeit oder zu schnell gegart
→ geschälte Äpfel zunächst mit Zitronensaft einreiben und dann in Scheiben schneiden; die Äpfel nach dem Garen großzügig mit Zuckersirup, zerlassener Butter, Fruchtsaft, Wasser oder Aprikosenglasur bestreichen; mit Zucker bestreuen und unter dem Grill karamelisieren lassen.

# *Tarte Tatin*

8 BIS 10 STÜCKE — *Foto Seite 196/197*

Das Geheimnis dieses gestürzten Apfelkuchens besteht darin, die Äpfel mit Butter und Zucker in einem schweren Topf karamelisieren zu lassen, so daß der Geschmack die Früchte durchzieht. Am besten eignen sich feste Äpfel, etwa Golden Delicious, die beim Garen nicht so leicht zerfallen. Die Tarte sollte warm mit Schlagsahne oder Crème fraîche serviert werden.

*175 g Butter*
*400 g Zucker*
*2,8 kg feste Äpfel*

eine Pfanne mit schwerem Boden
(30 bis 35 cm Durchmesser)

*FÜR DEN MÜRBETEIG:*
*200 g Mehl*
*100 g Butter*
*1 Eigelb*
*1/2 TL Salz*
*3 EL Wasser (ggf. etwas mehr)*

Für den Mürbeteig das Mehl auf die Arbeitsfläche sieben und in der Mitte eine Mulde formen. Die Butter mit dem Nudelholz klopfen, damit sie etwas weich wird, und mit dem Eigelb, Salz und Wasser in die Mulde geben. Die Zutaten sorgfältig mit den Fingern vermengen. Das Mehl mit einem Teigschaber darübergeben und alles zu einem krümeligen Teig verkneten. Ist der Teig zu trocken, noch 1 bis 2 Eßlöffel Wasser hinzufügen. Den Teig dann zu einer Kugel formen und die Arbeitsfläche mit Mehl bestäuben. Den Teig 1 bis 2 Minuten kneten, bis er glatt ist und nicht mehr auf der Arbeitsfläche klebenbleibt. Zu einer Kugel formen, in Frischhaltefolie einschlagen und für mindestens 30 Minuten in den Kühlschrank legen, bis er fest ist. Den Backofen auf 220 °C (Gas Stufe 4) vorheizen.

Die Butter in der Pfanne zerlassen, den Zucker einstreuen und bei mittlerer Hitze karamelisieren lassen. Umrühren, etwas eindicken und dann abkühlen lassen (die Butter kann sich dabei unter Umständen an der Oberfläche absetzen).

Die Äpfel schälen, halbieren und die Kerngehäuse entfernen. Die Hälften mit der Wölbung nach oben dicht an dicht auf dem Karamel anordnen (die Pfanne sollte vollständig mit Äpfeln gefüllt sein). Die Äpfel dann 15 bis 20 Minuten bei starker Hitze karamelisieren lassen (der Saft, den die Äpfel abgeben, muß vor dem Karamelisieren verdunstet sein). Die Äpfel mit einer Gabel umdrehen, weitere 10 bis 15 Minuten garen und anschließend etwas abkühlen lassen.

Den Teig zu einem Kreis ausrollen, der etwas größer sein sollte als die Pfanne. Die Äpfel damit bedecken und den Teig an den Seiten etwas nach innen drücken (das muß relativ schnell gehen, damit der Teig durch die heißen Äpfel nicht weich wird). Den Kuchen dann im Backofen 20 bis 25 Minuten backen, bis er fest und leicht angebräunt ist. Die Tarte anschließend in der Pfanne auskühlen lassen.

Die Tarte 30 Minuten vor dem Servieren gegebenenfalls noch einmal auf dem Herd erwärmen und auf eine Platte stürzen. Äpfel, die am Pfannenboden haften, mit einem Teigschaber abheben.

# Birnen und Quitten

MEINE MUTTER SAGTE IMMER, eine reife Birne müsse man über dem Waschbecken essen. Ganz so weit würde ich zwar nicht gehen, aber eine gute Birne sollte tatsächlich sehr saftig sein. Das trifft allerdings nur auf wenige Früchte zu; dafür eignen sich viele Sorten aber gut zum Garen. Gart man sie vorsichtig und langsam genug, zerfallen sie nicht und entfalten einen aromatischen Geschmack. Besonders dazu geeignet sind die Sorten Anjou und Williams Christ. Die saftige Comice-Birne würde ich hingegen nicht empfehlen, denn ihr zartes Fruchtfleisch hält dem Kochen nicht gut stand. Zum Verfeinern bieten sich die verschiedensten Zutaten an, vor allem aber Honig, Vanille, Zitrone und Gewürze wie Anis, Kardamom, Zimt und Ingwer. Und auch eine Prise Pfeffer kann nicht schaden. Schokolade paßt ausgezeichnet zu Birnen – denken Sie nur an die klassische Birne Helene mit Vanilleeis und Schokoladensauce –, aber auch Karamel und Rotwein.

Die Quitte, deren Aussehen an eine knorrige, gelbe Birne erinnert, ist eine traditionsreiche Frucht, die heute wieder in Mode kommt. Quitten müssen vor dem Verzehr bis zu 3 oder 4 Stunden mit viel Zucker gegart werden, bis das harte Fruchtfleisch weich ist und eine schöne dunkelrosa Farbe angenommen hat. Roh ißt man sie in der Regel nicht. Bei Quitten denke ich zuallererst an das klassische Quittengelee, man findet sie inzwischen aber auch in Gerichten wie Ente mit Quitten oder Blätterteiggebäck mit Quitten und Mascarpone. Birnen und Quitten harmonieren sehr gut mit Käse.

Vor dem Garen müssen beide Früchte unbedingt geschält werden. Da sie sich leicht verfärben, sollte man sie danach mit Zitronensaft einreiben. Anschließend werden sie in reichlich Flüssigkeit gekocht (gebratene Birnen sind eher eine Ausnahme). Birnen sind sehr empfindlich und bekommen leicht Druckstellen. Werden sie zu früh geerntet, kann sich das Fruchtfleisch um das Kerngehäuse vor oder nach dem Garen dunkel verfärben. Wollen Sie sie im Ganzen kochen, kratzen Sie das Kerngehäuse mit einem Teelöffel heraus. Wenn Sie Birnen oder Quitten vierteln oder in Scheiben schneiden, achten Sie darauf, den faserigen inneren Teil des Stiels mit zu entfernen.

**RICHTIG** – die Birne fühlt sich beim Einstechen weich an; das Fleisch ist undurchsichtig (bei Quitten ist das Fleisch immer etwas körnig); Fruchtstücke behalten ihre Form; die Farbe ist je nach Zubereitung blaß oder leicht karamelisiert; der Geschmack ist frisch (bei Birnen) bzw. aromatisch (bei Quitten). Zu beachten: Die Garprobe macht man bei Birnen und Quitten genauso wie bei Äpfeln (siehe Seite 198).

### WEITERE PROBLEME

NICHT GAR
*Grund:* die Frucht war unreif; es handelte sich um eine besonders feste Birnensorte; Temperatur zu niedrig; Garzeit zu kurz; zu wenig Flüssigkeit
→ sind die Früchte trocken, in eine Flüssigkeit, etwa Zuckersirup, Apfel- oder Orangensaft oder Weißwein, legen; weitergaren und dabei gegebenenfalls die Temperatur erhöhen.

ZERKOCHT – die Früchte sind sehr weich und zerfallen zu Mus; ganze Früchte fallen zusammen; der frische Geschmack ist verlorengegangen.
*Grund:* ungeeignete Sorte (bei Birnen); zu klein geschnitten; zu schnell oder zu lange gegart
→ in der Küchenmaschine pürieren oder durch ein Sieb passieren und dann mit abgeriebener unbehandelter Zitrusschale und gemahlenem Zimt oder Ingwer abschmecken; mit Eis und knusprigen Keksen servieren.

ZU WENIG GESCHMACK
*Grund:* die Früchte waren unreif; zu wenig gesüßt; zu schnell gegart
→ mit Zucker bestreuen und mit Zitrussaft, Obstessig, Birnenschnaps oder Kirschwasser beträufeln; mit Schokoladensauce servieren.

VERFÄRBT
*Grund:* die Früchte wurden zu früh geschält; waren beim Pochieren nicht mit Wasser bedeckt
→ mit gehackter Minze bestreuen; mit Schlagsahne oder Englischer Creme (siehe Seite 130) servieren.

## *Pochierte Ingwerbirnen in Süßwein*

4 PORTIONEN

Dieses Rezept läßt sich auf verschiedenste Weise abwandeln. Ich ersetze den Ingwer zum Beispiel gern durch eine Zimtstange oder zerdrückte Pfefferkörner. Und damit die Birnen eine schöne rosa Farbe bekommen, können Sie statt Weißwein auch Rotwein verwenden. Zum Pochieren eignen sich feste Birnen.

*4 Birnen (ca. 750 g)*
*1 unbehandelte Zitrone*
*1 Flasche Sauternes oder ein anderer süßer Weißwein*
*1/4 l Wasser*
*1 Stück (2,5 cm) frischer Ingwer, in feine Scheiben geschnitten*
*50 g Zucker*

Die Zitrone schälen und eine Hälfte auspressen. Die Birnen schälen – dabei die Stiele nicht entfernen – und mit der zweiten Zitronenhälfte abreiben, damit sie sich nicht verfärben. Die Kerngehäuse mit einem Gemüseschäler oder einem Teelöffel herauskratzen, ohne die Birnen zu beschädigen. Die Birnen am unteren Ende begradigen, damit sie aufrecht stehen.

Den Wein in einem hohen, schmalen Topf mit Wasser, Zitronenschale und -saft, Ingwer und Zucker verrühren und unter gelegentlichem Rühren erhitzen, bis sich der Zucker aufgelöst hat. Anschließend aufkochen lassen und die Birnen hineingeben. Noch einmal kurz aufkochen lassen, die Wärmezufuhr dann verringern und die Früchte 25 bis 35 Minuten pochieren.

Die Birnen danach an den Stielen aus dem Wasser nehmen und aufrecht in eine Schüssel oder vier Dessertschälchen setzen. Die Zitronenschale und den Ingwer entfernen und den Sud 10 bis 15 Minuten sirupartig einkochen lassen. Die Birnen damit begießen, zudecken und abkühlen lassen. Gekühlt oder bei Zimmertemperatur servieren.

### MEIN TIP

Sind Ihre Birnen oder Quitten zerkocht oder haben zu wenig Geschmack, kombinieren Sie sie am besten mit kräftig schmeckenden Zutaten oder Beilagen:
- mit frisch gemahlenem schwarzem Pfeffer bestreuen
- mit einer Schokoladensauce (siehe Seite 138) servieren
- eine schnelle, frische Minzsauce dazu reichen. Dafür 30 g frische Minzeblätter in der Küchenmaschine mit 3 EL Himbeeressig und 3 EL Zucker pürieren und anschließend 375 g Crème double unterrühren. Die Sauce gut gekühlt servieren. Ergibt 4–6 Portionen.

# Aprikosen und Pflaumen

BEI APRIKOSEN UND PFLAUMEN GIBT ES NUR ZWEI MÖGLICHKEITEN: Entweder sie sind herrlich saftig und aromatisch und haben eine leuchtende Farbe, oder sie sind einfach eine herbe Enttäuschung. Jeder von uns hat schon einmal Aprikosen gegessen, denen es mangels Sonne an Geschmack fehlte, oder Pflaumen, die so sauer waren, daß es einem den Mund zusammenzog. Bei Pflaumen läßt sich das Problem noch am ehesten lösen, denn mit Zucker werden sie zumindest süß, wenn sich ihr Geschmack auch nicht verbessert. Bei Aprikosen ist das schon schwieriger. Haben sie zu wenig Geschmack, würde ich empfehlen, sie in einem Sirup mit viel Zitronensaft, Vanille und etwas Likör zu pochieren. Oder Sie verfeinern sie nach arabischer Art (Aprikosen zählen im Orient zu den beliebtesten Früchten) mit Zimt, Kardamom oder Nelken, Rosenwasser und Honig. Beide Früchte eignen sich hervorragend für Torten. Dazu werden sie halbiert oder geviertelt und mit der Schnittfläche nach oben (damit der Saft verdunstet und der Teig schön knusprig bleibt) rosettenförmig auf dem Boden angerichtet. Reife Früchte lassen sich leicht halbieren, indem man sie mit dem Messer entlang der Einkerbung aufschneidet und die Hälften dann gegeneinander dreht. Sind sie noch unreif, lösen sie sich allerdings meist nur schwer vom Stein. Aprikosen sollten Sie mit Zitronensaft beträufeln, damit sie sich nicht verfärben.

Aprikosen wie Pflaumen sind zum Backen und Grillen geeignet und passen wegen ihres säuerlichen Geschmacks gut zu saftigem Fleisch und Geflügel wie etwa Schwein und Ente. Ich habe Pflaumen auch schon mit Kürbisfleisch und Speck als Beilage zum Weihnachtstruthahn gegart.

**RICHTIG** – die Pflaumen fühlen sich beim Einstechen weich an; das Fruchtfleisch ist durchsichtig; die Früchte zerfallen nicht; die Farbe ist kräftig und der Geschmack intensiv.

**RICHTIG (FÜR MUS)** – das Fruchtfleisch ist zu Brei zerfallen; beim Einstechen fühlen sich die Früchte sehr weich an; der Geschmack ist milder, die Farbe etwas verblaßt.

### PROBLEMFÄLLE

NICHT GAR UND HART
*Grund:* die Früchte waren unreif; Temperatur zu niedrig; Garzeit zu kurz; Aprikosen wurden mit zu wenig Flüssigkeit gegart
→ weitergaren, gegebenenfalls die Temperatur erhöhen und etwas Flüssigkeit zugeben.

ZERKOCHT
*Grund:* die Früchte waren unreif; zu schnell oder zu lange gegart
→ die Früchte heiß mit Eis oder kalt mit Schlagsahne servieren; sind sie sehr weich, in der Küchenmaschine pürieren oder durch ein Sieb passieren und zu einer Sauce verarbeiten, die Sie zu Eis, Kuchen oder anderen Früchten, zum Beispiel Birnen (Pflaumen) oder Bananen (Aprikosen), reichen können.

SAUER
*Grund:* die Früchte waren unreif; zu wenig gesüßt (insbesondere Pflaumen)
→ mit Zucker oder Honig süßen.

## *Aprikosenschnee*

6 PORTIONEN

Für dieses Rezept lassen sich die verschiedensten Früchte verwenden. Aprikosen verleihen dem Schnee eine helle, orange Farbe, bei Pflaumen wird er hingegen zartrosa. Dazu reicht man knusprige Kekse.

*750 g Aprikosen, halbiert und entsteint*
*200 g Zucker (ggf. etwas mehr)*
*1/4 l Wasser*
*Schale und Saft von 1 unbehandelten Orange*
*1 Eiweiß*
*6 Minzezweige*

6 Parfaitformen mit 250 ml Fassungsvermögen

Den Zucker bis auf 3 oder 4 Eßlöffel mit dem Wasser in einer Pfanne unter Rühren erhitzen, bis er sich aufgelöst hat. Kurz aufkochen lassen, die Pfanne dann vom Herd nehmen und die Aprikosen und die Orangenschale hineingeben. Die Pfanne wieder auf die Herdplatte stellen und die Aprikosen bei schwacher Hitze 5 bis 7 Minuten pochieren. Anschließend die Hälfte der Früchte mit einem Schaumlöffel herausnehmen und zur Seite stellen.

Die restlichen Aprikosen 3 bis 5 Minuten weitergaren, bis sie sehr weich sind. Abkühlen lassen. Die Früchte, sobald sie lauwarm sind, in der Küchenmaschine oder im Mixer mit der Kochflüssigkeit pürieren. Sie sollten etwa 375 g Püree erhalten. Das Püree dann kalt stellen.

Das Eiweiß 1 bis 2 Minuten schaumig schlagen, den restlichen Zucker eßlöffelweise unterschlagen und dann noch mindestens 1 Minute zu einem steifen Schnee schlagen. Das gekühlte Aprikosenpüree und den Orangensaft unterrühren und das Ganze weitere 3 bis 5 Minuten schlagen, bis der Schnee glatt, locker und etwas dick ist. Abschmekken und gegebenenfalls noch etwas nachsüßen.

Den Schnee und die Aprikosenhälften abwechselnd in die Förmchen füllen und mit Minzezweigen garnieren. Vor dem Servieren mindestens 1 Stunde kalt stellen.

**MEIN TIP**

Gebackene Pflaumen oder Aprikosen, die nicht ganz gelungen sind, können Sie mit einem fein gewürzten Joghurt überziehen. Dazu 250 g Joghurt mit 1 TL gemahlenem Kardamom und 2 EL braunem Zucker verrühren. Über die Früchte gießen und mit 3–4 EL gerösteten Mandelblättchen bestreuen.

# Nektarinen und Pfirsiche

EIN FRISCHER, SONNENGEREIFTER PFIRSICH schmeckt so köstlich, daß ich oft ganz vergesse, daß er sich ebensogut garen läßt. Pfirsiche sind ein Genuß mit Cognac flambiert, in einem Sirup mit Zitrone und Vanille pochiert oder wie in Italien mit kandiertem Gartenkürbis, Zitrusschale und Weißwein gegart. Sie passen besonders gut zu Mandeln und Amaretto, da ihr Stein, wie übrigens auch der von Aprikosen und Kirschen, ein leichtes Mandelaroma hat. Pfirsiche lassen sich in jedem Rezept durch Nektarinen austauschen; meiner Meinung nach büßen Nektarinen beim Garen allerdings etwas an Geschmack ein und werden leicht matschig.

Nektarinen und Pfirsiche sollte man möglichst vorsichtig behandeln, denn sie bekommen rasch Druckstellen. Da sich das Fleisch schnell verfärbt, reibt man sie nach dem Aufschneiden am besten mit Zitronensaft ein und legt sie, falls man sie nicht sofort gart, in kaltes Wasser. In Europa bevorzugt man die säuerlicheren weißfleischigen Pfirsiche, in Amerika hingegen die süßeren, gelbfleischigen Sorten. Achten Sie beim Kauf darauf, ob es sich um eine Sorte handelt, bei der sich der Stein leicht auslösen läßt oder am Fleisch haftet. Beim Halbieren schneidet man die Früchte entlang der Einkerbung ein und dreht die Hälften dann auseinander. Bei Sorten, bei denen der Stein am Fleisch haftet, läßt sich dieser nicht nur schlechter herauslösen, die Früchte sind auch schwerer zu schälen. Damit das Schälen leichter geht, geben Sie die Früchte für 10 bis 15 Sekunden in kochendes Wasser, lassen sie dann abkühlen und ziehen die Schale danach ab. Werden sie in Sirup pochiert, schält man sie erst nach dem Garen, und dabei werden Sie entdecken, daß sich das Fleisch unter der Schale rosa gefärbt hat. Nektarinen können selbst nach dem Blanchieren noch schwer zu schälen sein, ihre Schale ist allerdings so dünn, daß ich sie häufig gar nicht entferne.

**RICHTIG** – das Fruchtfleisch fühlt sich beim Einstechen weich an, die Früchte sind aber noch so fest, daß sie beim Anheben nicht zerfallen; ganze oder halbierte Früchte haben ihre Form behalten; die Frucht ist glasig; die Farbe ist kräftig und der Geschmack fruchtig und frisch.

ZERKOCHT UND MATSCHIG – die Früchte beginnen, ihre Form zu verlieren; der Saft läuft in die Pfanne; beim Einstechen fühlen sich die Früchte sehr weich an und fallen beim Herausheben auseinander; die Farbe ist matt und der Geschmack fade.
*Grund:* die Früchte waren überreif; wurden zu klein oder zu fein geschnitten; zu schnell oder zu lange gegart
→ damit die Früchte mehr Biß bekommen, mit gehackten Walnußkernen, gerösteten Pinienkernen oder Mandelblättchen bestreuen; siehe auch Zu wenig Geschmack.

## WEITERE PROBLEME

NICHT GAR
*Grund:* die Früchte waren unreif; Temperatur zu niedrig; Garzeit zu kurz; zu wenig Flüssigkeit
→ sind die Früchte zu trocken, mit Sirup, Likör, Rot- oder Weißwein oder Wasser begießen; weitergaren und dabei gegebenenfalls die Temperatur erhöhen.

ZU WENIG GESCHMACK
*Grund:* die Früchte waren unreif oder von minderer Qualität; nicht ausreichend gesüßt
→ mit Zitronensaft, Pfirsichlikör oder Kirschwasser beträufeln; mit abgeriebener unbehandelter Zitronenschale, gehackter Minze und gerösteten Mandeln bestreuen; mit Muskat oder Zimt verfeinern.

# *Pfirsich-Erdbeer-Spieße*

4 Portionen

Fruchtspieße sind ein hervorragendes Dessert für sommerliche Grillpartys, lassen sich aber auch in der Küche zubereiten. Ich verzichte darauf, die Pfirsiche zu schälen, denn durch die Hitze wird die Schale sehr weich. Dazu können Sie die pikante Karamelsauce von Seite 240 reichen.

*4 große Pfirsiche (ca. 500 g)*
*12 große Erdbeeren*
*45 g zerlassene Butter*
*100 g Zucker*

vier 25 cm lange Holzspieße

Den Backofengrill vorheizen. Die Spieße in kaltem Wasser einweichen, damit sie beim Grillen nicht verbrennen.

Die Pfirsiche entlang der Einkerbung halbieren und mit einem kurzen Ruck auseinanderdrehen, damit sich das Fruchtfleisch vom Stein löst. Die Hälften anschließend noch einmal halbieren oder, falls die Stücke sehr groß sind, dritteln. Die Stielansätze von den Erdbeeren abzupfen, die Früchte aber nur waschen, wenn sie stark verschmutzt sind.

Die Spieße aus dem Wasser nehmen und abwechselnd 3 Erdbeeren und 4 Pfirsichstücke auf jeden Spieß aufstecken. Großzügig mit der zerlassenen Butter bestreichen und sorgfältig im Zucker wenden, bis die Früchte vollständig damit überzogen sind. Die Spieße dann auf den mit Alufolie ausgelegten Grillrost legen.

Den Rost 7,5 cm unterhalb des Grills einschieben und die Spieße 4 bis 6 Minuten grillen, bis die Früchte weich und karamelisiert sind. Dabei einmal umdrehen.

**MEIN TIP**

Sind Ihre Pfirsiche zerkocht, matschig oder haben zu wenig Geschmack, können Sie sie mit einer knusprigen Kruste überbacken. Für 500 g Früchte 90 g Butter mit 125 g Mehl in der Küchenmaschine zu einem feinen, krümeligen Teig verarbeiten und anschließend 60 g Zucker untermischen. Die Früchte abtropfen lassen, in grobe Stücke zerteilen und eine Auflaufform 2,5 cm hoch damit füllen. Mit den Krümeln bestreuen und bei 230 °C (Gas Stufe 4 – 5) 25 – 35 Minuten im Backofen überbacken, bis sich eine goldbraune Kruste gebildet hat und der Saft an den Rändern Blasen wirft. Ergibt 4 Portionen.

# Kirschen

KIRSCHEN ZÄHLEN ZU DEN WENIGEN FRÜCHTEN, die man nach wie vor nur während der Saison bekommt. Man unterscheidet zwischen Sauer- und Süßkirschen, wobei die Sauerkirschen meist nicht roh verzehrt werden und häufig, aber nicht immer, eine kräftige rote Farbe haben. Sie sind am besten für Kirschkuchen, Ente mit Kirschen und süß-saure orientalische Fleischbällchen geeignet, denn ihr saurer Geschmack läßt sich selbst mit viel Zucker nicht ganz neutralisieren. Andere Rezepte wie Schwarzkirschmarmelade und Flambierte Kirschen (siehe rechts) verlangen süßere Früchte. Hier verwendet man meist Herzkirschen.

Die Kirschen mit Stein zu garen, kann später lästig sein, allerdings bekommen sie so mehr Geschmack, denn die Steine haben ein leichtes Mandelaroma. Das Entsteinen kostet, selbst wenn Sie dazu einen Entsteiner benutzen, Zeit, und die Früchte zerfallen zudem leichter. In den meisten Rezepten bleibt Ihnen die Entscheidung überlassen. Entsteinen Sie Ihre Kirschen aber auf jeden Fall stets über einer Schüssel, um den Saft aufzufangen.

Die Garzeit kann je nach Sorte und Reife sehr stark variieren. Und Kirschen sind wie Beeren bereits nach 1 oder 2 Minuten zerkocht, wenn sie bei zu hoher Temperatur gegart werden.

**RICHTIG** – die Kirschen sind weich und beginnen gerade etwas die Form zu verlieren; sie haben reichlich Saft abgegeben; die Farbe ist kräftig und der Geschmack säuerlich.

**MEIN TIP**

Sind Ihre Kirschen zerkocht oder haben zu wenig Geschmack, können Sie sie mit 1 oder 2 EL Rotwein- oder Balsamico-Essig süß-sauer abschmecken.

**PROBLEMFÄLLE**

ZERKOCHT
*Grund:* die Kirschen waren unreif; Temperatur zu hoch; Garzeit zu lange
→ überschüssige Flüssigkeit abschöpfen und den Rest mit Kartoffelstärke andicken; sind die Früchte sehr zerkocht, pürieren und für eine Sauce oder Rote Grütze (siehe Seite 207) verwenden.

ZU WENIG GESCHMACK
*Grund:* die Kirschsorte war für das Garverfahren ungeeignet; die Früchte waren unreif; nicht ausreichend gesüßt
→ mit Zucker, Zitronensaft und Portwein oder Kirschwasser abschmecken; mit gemahlenem Zimt und abgeriebener unbehandelter Orangen- oder Zitronenschale verfeinern; siehe auch Mein Tip.

## *Flambierte Kirschen*

6 PORTIONEN

Flambierte Kirschen werden meist mit Eiscreme serviert, verwenden Sie allerdings weniger Zucker, schmecken sie auch köstlich zu Schweinefleisch und Ente. Zum Flambieren eignen sich am besten dunkelrote, süße Kirschen wie etwa Herzkirschen.

*750 g dunkle Süßkirschen*
*1 Liter Vanilleeis*
*30 g Butter*
*3 EL Zucker*
*1 EL rotes Johannisbeergelee*
*175 ml Cognac*

Das Eis in Kugeln zerteilen, auf sechs Schälchen verteilen und ins Gefrierfach stellen. Die Kirschen entsteinen.

Die Butter in einer Pfanne zerlassen, den Zucker einrühren und unter Rühren etwa 1 Minute erhitzen, bis er sich vollständig aufgelöst hat. Die Kirschen in die Pfanne geben und 1 Minute bei großer Hitze anbraten. Dann das Johannisbeergelee unterrühren, bis es sich aufgelöst hat. Die Kirschen anschließend 3 bis 5 Minuten köcheln lassen.

Den Cognac in einer kleinen Pfanne erwärmen, anzünden und brennend über die Kirschen gießen.

Sobald die Flammen erloschen sind, die heißen Kirschen mit der Sauce über das Eis gießen und sofort servieren.

### *Cognackirschen*

Wenn Sie sich das Flambieren ersparen möchten, können Sie die Kirschen auch einfach nur über Nacht mit dem Zucker in dem Cognac einlegen. Rühren Sie dabei gelegentlich um. Sie können sie dann kalt servieren oder in einem Topf vorsichtig erwärmen. Einen noch kräftigeren Geschmack bekommen die Kirschen, wenn Sie sie unmittelbar vor dem Servieren noch mit 2 Eßlöffeln Kirschwasser beträufeln.

# Beeren

Beeren müssen, ob man sie gart oder roh isst, in jedem Fall reif sein. Die natürliche Süße und Saftigkeit einer reifen Erdbeere läßt sich durch nichts ersetzen. Ich bin immer wieder erstaunt, was ein paar Sonnentage bei den Johannisbeeren in unserem Garten ausmachen können und wie sich der zunächst unangenehm saure Geschmack in einen angenehm säuerlichen verwandelt. Von den mehr als ein Dutzend Beerenarten, die auf den Märkten erhältlich sind, zeigen Erdbeeren und Johannisbeeren das unterschiedlichste Garverhalten. Denn empfindliche Früchte wie Erdbeeren und Himbeeren sind zum Garen meist nicht geeignet. Hier reicht es oft aus, sie kurz in Zucker und Wein oder Fruchtsaft zu mazerieren. Johannisbeeren und Stachelbeeren werden hingegen in den meisten Fällen noch besser, wenn man sie mit Zucker gart, und Preiselbeeren müssen sogar in jedem Fall gekocht werden. Anderes Beerenobst liegt zwischen diesen beiden Extremen.

Der Zuckergehalt schwankt je nach Art und Reife erheblich, deshalb sollten Sie die Früchte vor der Zubereitung erst einmal probieren. Dabei können Sie auch feststellen, ob sie, beispielsweise mit etwas Zitronensaft, noch weiter verfeinert werden müssen. Zu Erdbeeren paßt am besten Rotwein, zu Stachelbeeren Rosenpelargonienblätter und zu Heidelbeeren und Preiselbeeren Orange. Viele Beeren sind so saftig, daß es zum Garen keiner weiteren Flüssigkeit bedarf. Sie müssen vorher lediglich verlesen und gesäubert werden, auf das Waschen sollte man nach Möglichkeit verzichten. Sind sie stark verschmutzt, wäscht man sie in einem Sieb kurz unter fließendem Wasser, sie dürfen aber niemals ins Wasser gelegt werden. Und denken Sie daran, daß Beeren sehr schnell zerkocht sind. Waren sie in der einen Minute noch prall und weich, können sie in der nächsten bereits zerfallen sein. Passen Sie also gut auf und garen Sie sie nur bei schwacher Hitze.

Wegen ihrer schönen Farbe werden Beeren auch gerne mit anderen Früchten gegart. Klassische Kombinationen sind beispielsweise Rhabarber und Erdbeeren oder Brombeeren und Apfel. Rote Stachelbeeren schmecken köstlich mit Pfirsichen, Heidelbeeren mit gebackener Banane und Johannisbeeren mit Birne.

GÄNGIGE FESTE BEERENARTEN
Heidelbeeren, Rote und Schwarze Johannisbeeren, Brombeeren, Preiselbeeren, Stachelbeeren

GÄNGIGE WEICHE BEERENARTEN
Himbeeren, Erdbeeren (werden nur selten, meist nur für Marmeladen, gegart)

**RICHTIG GEGART** – die Beeren sind weich, zerfallen aber nicht; sie haben reichlich Saft abgegeben; die Farbe ist kräftig und der Geschmack säuerlich (meist durch Zucker gemildert).

**RICHTIG WEICH** – die Beeren sind sehr weich und beginnen zu zerfallen; der Geschmack ist weniger sauer, aber intensiver; die Farbe ist nicht mehr so leuchtend. So eignen sich die Beeren am besten zum Pürieren.

## MEIN TIP

Zerkochte oder sehr saure Beeren mit Schlagsahne überziehen und unter dem Grill überbacken. Dazu benötigen Sie 250 g fertigen Biskuitteig oder Kekse, die Sie in große Stücke zerschneiden oder brechen. Anschließend eine Auflaufform damit auslegen, die Beeren mit dem Saft darübergeben und stehenlassen, bis das Gebäck den Saft aufgesogen hat. 750 g Crème double steifschlagen und die Beeren damit überziehen. Möglichst dicht unter dem Grill einschieben und 3–4 Minuten überbacken, bis die Creme zerläuft und braun zu werden beginnt. Sofort servieren. Ergibt 4 Portionen.

## PROBLEMFÄLLE

NICHT GAR UND HART
*Grund:* die Beeren waren unreif; Garzeit zu kurz
→ weitergaren und dabei gegebenenfalls die Temperatur erhöhen.

ZERKOCHT
*Grund:* die Beeren waren überreif; zu schnell oder zu lange gegart
→ überschüssige Flüssigkeit abschöpfen und den Rest mit Kartoffelstärke andicken; sind die Früchte sehr zerkocht, in der Küchenmaschine pürieren und für eine Sauce oder Rote Grütze (siehe Seite 207) verwenden.

HERBER, SAURER GESCHMACK
*Grund:* die Beeren waren unreif; nicht ausreichend gesüßt
→ mit Zucker oder Honig nachsüßen; mit Eiscreme, Vanillesauce oder Schlagsahne servieren.

ZU WENIG GESCHMACK, BLASSE FARBE
*Grund:* die Beeren waren unreif oder von minderer Qualität
→ mit braunem Zucker, abgeriebener unbehandelter Orangen- oder Zitronenschale, Obstessig oder Grand Marnier, Rotwein oder Portwein verfeinern.

# Dänische Rote Grütze

4 BIS 6 PORTIONEN

Dieses Dessert ist in Dänemark fast so etwas wie ein Nationalgericht, erfreut sich aber auch in Deutschland großer Beliebtheit. Ich verwende dafür gerne eine Kombination aus festen Beeren, die, wie zum Beispiel Rote Johannisbeeren oder Heidelbeeren, gegart werden müssen, und weicheren Beeren wie Erdbeeren und Himbeeren, die möglichst nur ganz kurz gekocht werden sollten. Dazu reichen Sie eine dicke Crème double.

*175 g Erdbeeren*
*250 g Himbeeren*
*250 g Rote Johannisbeeren oder Heidelbeeren*
*50 g Zucker*
*1/2 l Wasser*
*2 EL Pfeilwurzelmehl, mit 4 EL Wasser angerührt*
*Saft von 1 Zitrone (nach Belieben)*
*Crème double und Streuzucker zum Servieren*

Die Beeren verlesen, säubern und die Stielansätze entfernen (nur waschen, wenn sie stark verschmutzt sind). Die Erdbeeren etwa auf die Größe der Himbeeren zerkleinern.

Den Zucker in einem Topf mit dem Wasser verrühren und unter Rühren erhitzen, bis er sich auflöst. Den Sirup zum Kochen bringen und anschließend 2 Minuten köcheln lassen. Die Johannisbeeren oder Heidelbeeren hineingeben und 8 bis 12 Minuten garen, bis sie sehr weich sind.

Die Früchte im Sirup etwas abkühlen lassen, mit dem Schaumlöffel herausheben und in der Küchenmaschine oder mit dem Pürierstab pürieren. Das Püree in den Topf zurückgeben und noch einmal kurz aufkochen lassen. Das angerührte Pfeilwurzelmehl einrühren, die Himbeeren und die Erdbeeren untermischen und 3 bis 5 Minuten köcheln lassen, bis sie weich sind.

Den Topf von Herd nehmen, gegebenenfalls mit Zitronensaft und Zucker nachwürzen. Die Grütze abkühlen lassen, in eine Glasschüssel oder vier Schälchen umfüllen und kalt stellen. Sie wird beim Kühlen merklich eindicken, sollte sich aber immer noch gießen lassen. Gegebenenfalls mit etwas kaltem Wasser verdünnen. Gut gekühlt servieren und die Crème double und den Zucker getrennt dazu reichen.

## BEEREN KOCHEN

Viele Beeren, insbesondere die festen, werden beim Garen noch besser. Am besten läßt man sie in einem leichten Zuckersirup köcheln, den man noch mit unbehandelter Zitronen- oder Orangenschale und einer aufgeschlitzten Vanilleschote anreichern kann. Honig eignet sich ebenfalls gut zum Süßen. Wie sehr die Früchte gesüßt werden müssen, ist ganz unterschiedlich – Rote Johannisbeeren und Preiselbeeren müssen beispielsweise sehr viel stärker gesüßt werden als etwa Heidelbeeren. Die meisten Beeren können auch gut mit Zucker und anderen Zutaten in einer geschlossenen Kasserolle im Ofen gegart werden und bekommen dann einen noch kräftigeren Geschmack. Das mache ich etwa dann, wenn ich die Beeren anschließend zu Eis oder Cremedesserts, etwa einer Mousse oder einer Bayerischen Creme, reichen will.

Achten Sie darauf, daß die Beeren nicht verkochen, denn vor allem sehr saftige Beeren zerplatzen leicht, wenn die Hitze ins Innere eindringt – besonders anfällig dafür sind Stachelbeeren und Preiselbeeren. Sollen die Beeren anschließend allerdings püriert werden, ist dies genau richtig.

Beeren eignen sich auch gut zum Backen, beispielsweise für Muffins (siehe Seite 289), einen Pudding oder Auflauf (siehe Seite 229). Und verwenden Sie nur reife Früchte, denn sonst werden sie nicht richtig durchgegart und schmecken sauer.

## Kandierte Früchte

Beim Kandieren werden die Früchte zunächst kurz blanchiert und anschließend in einen Zuckersirup gelegt. Neben zeitaufwendigen Methoden können Sie aber Früchte auch ganz einfach kandieren, die sich dann bis zu einer Woche halten. Vor allem kandierte Zitrusfrüchte eignen sich gut zum Garnieren.

Langsames Kochen bei schwacher Hitze gewährleistet, daß der Sirup bis ins Innere der Frucht dringt, sie süß und haltbar macht. Achten Sie darauf, daß die Stücke möglichst klein sind und die gleiche Größe haben, damit der Sirup die Früchte gleichmäßig durchziehen kann. Ganze Früchte, etwa Kirschen, müssen vorher mit einem Cocktailspieß eingestochen werden. Fruchtstücke, die leicht bitter werden, zum Beispiel Zitrusschalen, sollten vor dem Kandieren blanchiert werden. Ist der Sirup zu dick, kann er nicht in die Früchte eindringen, ist er zu dünn, werden die Früchte nicht richtig weich und durchsichtig.

Beim Kandieren gelten die gleichen Regeln wie beim Garen mit Zucker. Bei der Herstellung des Sirups müssen Sie darauf achten, daß sich der Zucker vollständig aufgelöst hat, bevor Sie ihn aufkochen lassen. Zucker neigt dazu, zu kristallisieren. Das passiert vor allem dann, wenn der Sirup umgerührt wird oder wenn Kristalle vom Topfrand oder von den Früchten hineinfallen. Das läßt sich vermeiden, indem man dem Sirup 1 Löffel Traubenzucker oder Honig, einen Spritzer Zitronensaft oder etwas Weinstein beigibt. Und passen Sie auf, daß der Sirup nicht zu schnell oder zu lange kocht. Sonst karamelisiert er, und die schönen, bunten Früchte verbrennen und werden dunkel. Am besten gelingen Ihre Früchte, wenn Sie sie im Sirup abkühlen lassen und sie erst danach zum Trocknen herausnehmen.

NICHT AUSREICHEND KANDIERT (*oben*) – die Frucht ist undurchsichtig, außen ist sie noch nicht mit Zucker überzogen.
**RICHTIG** (*unten*) – die Frucht ist durchsichtig und gleichmäßig mit Zucker überzogen.
ZU LANGE KANDIERT (*rechts*) – die Frucht hat sich dunkel verfärbt; außen ist sie hart und innen sehr zäh; der Geschmack erinnert an Karamel.

# Rhabarber

RHABARBER AUS DEM TREIBHAUS IST ZU BEGINN DER SAISON meist leuchtend rosa und zart, Gartenrhabarber hingegen ist immer etwas härter und hat dicke, kräftig grüne Stiele, die wie beim Stangensellerie geschält werden müssen. An Geschmack mangelt es ihm nie, denn der Rhabarber ist genauso sauer wie Preiselbeeren und muß deshalb stets mit viel Zucker und kräftigen Gewürzen zubereitet werden. Und achten Sie darauf, daß er nicht zu lange kocht, denn ist er erst einmal gar, zerfällt er schnell zu Brei.

Ich bereite meinen Rhabarber einfach mit Himbeer- oder Erdbeermarmelade zu, da er seinen Geschmack so am besten entfaltet. In Amerika wird er sehr gerne mit Erdbeeren kombiniert und für Kuchen verwendet. Ein Rhabarberkompott (siehe Seite 209) ist nicht nur ein köstliches Dessert, sondern eignet sich auch als Beilage zu gebratener Ente oder Federwild. Diese Kombination war mir bis zu dem Zeitpunkt, als ich die ungarische Rote-Bete-Suppe mit Rhabarber und den iranischen *khoreshe rivas*, ein Lammragout mit Rhabarber, kennenlernte, fremd. Beide Gerichte kann ich nur empfehlen.

**RICHTIG** – der Rhabarber fühlt sich beim Einstechen weich an; er hat reichlich Saft abgegeben und beginnt gerade zu zerfallen; die Farbe ist kräftig und der Geschmack säuerlich und frisch.

ZERKOCHT – die Stücke sind zusammengeschrumpft und zerfallen beim Einstechen; der Rhabarber hat sehr viel Flüssigkeit abgegeben; die Farbe ist verblaßt und der Geschmack herb.
*Grund:* die Stücke waren zu klein; zu schnell oder zu lange gegart
→ in der Küchenmaschine pürieren oder durch ein Sieb passieren, mit einem Fruchtlikör oder gehacktem, kandiertem Ingwer verfeinern und eine Sauce oder ein Sorbet daraus zubereiten.

## WEITERE PROBLEME

ZU SAUER
*Grund:* der Rhabarber war unreif; nicht ausreichend gesüßt
→ mit Zucker, Honig, Himbeer- oder Erdbeermarmelade nachsüßen.

## MEIN TIP

Ist Ihr Rhabarber zerkocht oder unangenehm sauer, können Sie ihn mit zerkrümelten Baisers oder Makronen vermischen. Für 500 g Rhabarber benötigen Sie 175 g Baisers oder Makronen. Anschließend 175 g Crème double steifschlagen, den Rhabarber in eine Auflaufform geben, mit der Sahne überziehen und gut gekühlt servieren. Ergibt 4–6 Portionen.

# *Rhabarberkompott*

4 BIS 6 PORTIONEN

Die hier verwendeten Blätter lassen sich auch durch Holunderblätter, Rosenpelargonienblätter, Schwarzwurz oder Zitronenmelisse ersetzen. Statt frischer Blätter können Sie auch einen Teebeutel mit Früchtetee nehmen. Dazu passen gut die Mandelplätzchen von Seite 317.

*1 kg Rhabarber*
*1/4 l Wasser*
*1/4 l Weißwein*
*400 g Zucker*
*2 EL frische Brombeerblätter*
*2 EL frische Erdbeerblätter*
*2 EL frische Himbeerblätter*
*1 Beutel Ceylontee*
*500 g Erdbeeren*

Den Rhabarber schälen, die Stangen in dünne Scheiben schneiden und in eine Edelstahlschüssel geben. Das Wasser in einem Topf mit dem Wein und dem Zucker vermischen und unter Rühren erhitzen, bis sich der Zucker aufgelöst hat. Anschließend aufkochen lassen und die Blätter und den Teebeutel hineingeben. Den Topf vom Herd nehmen, zudecken und das Ganze 15 Minuten ziehen lassen.

Den Sud danach durch ein feines Sieb seihen und noch einmal aufkochen lassen. Den Rhabarber hineingeben und zum Kochen bringen. Anschließend in eine Schüssel umfüllen und zunächst mit Frischhaltefolie und dann mit Alufolie abdecken (der Rhabarber gart so in der Schüssel weiter). Den Rhabarber abkühlen lassen und danach mindestens 6 Stunden kalt stellen, damit er seinen Geschmack entfalten kann.

Die Erdbeeren von den Stielen befreien, halbieren (nur waschen, wenn sie stark verschmutzt sind) und unmittelbar vor dem Servieren in das Kompott geben. Gegebenenfalls noch einmal mit Zucker abschmecken, auf Glasschälchen verteilen und gut gekühlt servieren.

# Bananen

IN EUROPA UND NORDAMERIKA WERDEN BANANEN viel zu selten gegart. Dabei entfaltet sich ihr Geschmack dann besonders gut, und ihr etwas trockenes Fruchtfleisch wird saftiger und fruchtiger. Im allgemeinen bäckt man sie mit braunem Zucker und Rum (schließlich wachsen Bananen und Zuckerrohr ja auch in unmittelbarer Nachbarschaft). Man kann sie aber auch in einen Fritierteig tauchen und Beignets daraus zubereiten oder sie mit Orangen- und Ananastücken auf Spießen braten und anschließend mit Zimt und Orange verfeinern. In Brasilien bäckt man sie mit Zucker, Weißwein und Muskat in einem Kuchen, und in Thailand werden sie mit rohem Palmzucker in Kokosmilch gegart.

Zum Garen verwenden Sie am besten möglichst feste Früchte. Die Schale darf zwar einige braune Sprenkel haben, die Bananen sollten aber nie braun und matschig sein. Die Obstbanane ist nicht zu verwechseln mit der Kochbanane, die größer und fester, aber auch weniger süß ist. Kochbananen kann man wie stärkehaltiges Gemüse zubereiten, und sie schmecken gut, wenn man sie bäckt oder fritiert. Damit sie ihre Form behalten, läßt man die Bananen beim Garen am besten ganz oder zerteilt sie in große Stücke. Da sie sich nach dem Schälen rasch verfärben, sollte man sie anschließend möglichst sofort zubereiten. Zitronensaft ist hier nicht zu empfehlen, da er den süßen Geschmack der Frucht verfälscht.

**RICHTIG** – die Banane ist weich, hat ihre Form aber behalten; die Farbe kann je nach Rezept von Goldgelb bis zu dunklem Karamel reichen; der Geschmack ist kräftig und mild.

**PROBLEMFÄLLE**

NICHT GAR UND HART
*Grund:* die Bananen waren unreif; für die Zubereitungsart ungeeignet; Temperatur zu niedrig; Garzeit zu kurz; zu wenig Flüssigkeit
→ sind die Früchte trocken, mit Orangensaft, Aprikosennektar oder Wasser beträufeln; weitergaren und dabei gegebenenfalls die Temperatur erhöhen.

ZERKOCHT UND MATSCHIG
*Grund:* die Bananen waren zu reif; die Stücke waren zu klein; zu schnell oder zu lange gegart
→ mit gerösteten Mandelblättchen, gerösteten Kokosraspeln, zerkrümelten Schokoladenkeksen oder in Scheiben geschnittenen Erdbeeren bestreuen oder mit Naturjoghurt überziehen.

**MEIN TIP**

Zu trockenen, mehligen oder zerkochten Bananen können Sie diese Sauce reichen: In einer kleinen Schüssel 4 EL Limonensaft, 1 EL feingehackten Ingwer und 2 EL braunen Zucker verrühren und anschließend nach und nach 250 g Crème double unterschlagen. Die Sauce über die Bananen gießen oder getrennt dazu reichen. Ergibt 375 ml bzw. 4 Portionen.

## *Bananenpudding mit Sesam*

6 PORTIONEN

Dieses Dessert schmeckt noch besser, wenn man dazu Kokoseis (siehe Seite 250) serviert.

*8 Bananen (ca. 1,4 kg)*
*1 EL Sesamsamen*
*1 TL Zitronensaft*
*2 EL Rum*
*1 EL Zucker*

FÜR DIE CREME:
*175 ml Milch*
*1 Vanilleschote, aufgeschlitzt*
*2 Eier, getrennt*
*2 EL Zucker*
*1 EL Mehl*

6 Auflaufförmchen mit 15 cm Durchmesser

Den Backofen auf 220 °C (Gas Stufe 4) vorheizen und die Förmchen mit Butter einstreichen. Die Sesamsamen in einer kleinen Pfanne bei schwacher Hitze 2 bis 3 Minuten unter Rühren anrösten. 6 Bananen schälen, der Länge nach halbieren und die Förmchen an den Seiten damit auslegen. Die Schnittfläche muß dabei nach unten zeigen.

Für die Creme die Milch mit der Vanilleschote in einem mittelgroßen Topf aufkochen lassen. Den Topf dann zudecken und vom Herd nehmen und die Milch 5 bis 10 Minuten ziehen lassen. In der Zwischenzeit die Eigelbe mit 1 Eßlöffel Zucker aufschlagen, bis eine dicke, lockere Masse entstanden ist. Dann zunächst das Mehl und zum Schluß die Milch unterrühren und die Masse in den Topf zurückgießen. Bei schwacher Hitze unter ständigem Rühren zum Kochen bringen und eindicken lassen. Anschließend noch 1 bis 2 Minuten köcheln lassen und dabei laufend umrühren. Die Vanilleschote herausnehmen und die Creme zur Seite stellen (die Vanilleschote kann man unter fließendem Wasser abspülen und wiederverwenden).

Die restlichen 2 Bananen schälen, in der Küchenmaschine mit dem Zitronensaft, dem Rum und dem Zucker pürieren und anschließend unter die Creme rühren.

Die Eiweiße, am besten in einer Kupferschüssel, steifschlagen, den restlichen Zucker hineingeben und weitere 30 bis 60 Sekunden schlagen, bis die Masse glänzt und sehr steif ist.

Falls die Bananencreme zu stark abekühlt ist, noch einmal leicht erwärmen, ein Viertel des Eischnees unterrühren und diese Mischung dann vorsichtig unter den restlichen Eischnee heben. Die Masse anschließend auf die Förmchen verteilen.

Im vorgeheizten Ofen 12 bis 15 Minuten backen, bis der Pudding aufgegangen ist und die Bananen weich sind. Mit den gerösteten Sesamsamen bestreuen und sofort servieren.

# Feigen

FEIGEN SIND HEUTE wegen ihrer hübschen Form und ihres roten Fruchtfleischs bei Küchenprofis sehr beliebt und kommen in Gerichten wie Schweinemedaillons mit Feigen und Rotwein oder Gänsestopfleber mit gebratenen Feigen zu Ehren. Meistens werden sie in einem Rumsirup oder in Orangensaft und mit Ingwer gegart. Am einfachsten ist es, sie im Ganzen, in Vierteln oder in dicken Scheiben zu backen oder zu pochieren. Die beiden gängigsten Sorten, die blauen und die grünen Feigen, sind jederzeit gegeneinander austauschbar. Entfernen Sie die Schale nicht – zum einen wegen der schönen Farbe und zum anderen, weil so das weiche Fleisch zusammengehalten wird.

**RICHTIG** – das Fruchtfleisch gibt nach, die Frucht hat aber ihre Form behalten; beim Einstechen fühlt sich das Fleisch weich an; die Frucht beginnt, Saft abzugeben; der Geschmack ist mild.

### PROBLEMFÄLLE

NICHT GAR UND TROCKEN
*Grund:* die Feigen waren unreif; Temperatur zu niedrig; Garzeit zu kurz; zu wenig Flüssigkeit
→ etwas Flüssigkeit zugeben und weitergaren, dabei gegebenenfalls die Temperatur erhöhen.

ZERKOCHT
*Grund:* die Feigen waren überreif; Temperatur zu hoch; zu lange gegart
→ mit einer Mischung aus gehackten Walnußkernen, abgeriebener unbehandelter Orangenschale und grobem braunem Zucker bestreuen (in pikanten Gerichten statt Zucker Stangensellerie nehmen).

SCHWAMMIG UND ZU WENIG GESCHMACK
*Grund:* die Feigen waren unreif oder überreif; zu lange gegart
→ mit Balsamico-Essig beträufeln, mit zerkrümeltem Ziegenkäse oder säuerlichen Früchten, zum Beispiel Himbeeren oder Passionsfruchtkernen, bestreuen.

## *Feigentoasts*

4 PORTIONEN

Frische Feigen mit ihrem tiefroten Fruchtfleisch und dem feinen Geschmack verlangen nach einer möglichst einfachen Zubereitung, damit sie selbst unverfälscht zur Geltung kommen. Für dieses sommerliche Dessert werden sie nur kurz in Butter und Zucker angebraten und mit gerösteten Mandeln bestreut. Wenn Sie es etwas üppiger mögen, ersetzen Sie den Joghurt durch Mascarpone.

*12 mittelgroße Feigen (ca. 750 g)*
*4 Scheiben Brioche oder Challah (siehe Seite 262), in 2,5 cm dicke Scheiben geschnitten*
*100 g Zucker*
*45 g Butter*
*45 g Mandelsplitter*
*125 g Naturjoghurt*

Den Backofen auf höchster Stufe vorheizen. Das Brot direkt auf den Bratrost legen und 4 bis 5 Minuten goldbraun rösten. Anschließend auf vier vorgewärmte Teller verteilen.

Die Stiele der Feigen abschneiden, die Früchte halbieren und in den Zucker tauchen, so daß sie gut damit überzogen sind. Die Feigen dann zur Seite stellen.

1 Eßlöffel Butter in einer Pfanne erhitzen, die Mandelsplitter 2 bis 3 Minuten goldbraun anrösten und beiseite stellen.

Die restliche Butter in der Pfanne erhitzen, bis sie zu schäumen beginnt. Die Feigen mit der Schnittfläche nach unten hineingeben und 3 bis 5 Minuten anbraten. Die Früchte nach der Hälfte der Zeit umdrehen.

Die Feigen auf den Broten verteilen und mit der Bratflüssigkeit begießen. Mit Joghurt überziehen, mit den Mandeln bestreuen und sofort servieren.

**MEIN TIP**

Sind Ihre Feigen zerkocht oder haben zu wenig Geschmack, können Sie sie mit braunem Zucker und Nelke bestreuen und grillen. Für 250 g Feigen 2 EL Zucker mit 1 Msp. gemahlenen Nelken vermischen. Die Feigen in eine flache, feuerfeste Form geben, mit der Mischung bestreuen und 3–4 Minuten grillen, bis sie karamelisiert sind. Ergibt 2 Portionen.

# Früchte fritieren

DA FRÜCHTE MEIST SEHR SAFTIG SIND, ist das Fritieren etwas schwieriger als beim Gemüse, dafür schmecken sie aber auch besonders köstlich. Die Früchte, die möglichst fest und noch etwas unreif sein sollten, zunächst in relativ dicke Scheiben oder Stücke zerteilen (so zerkochen sie nicht so leicht) und sorgfältig trocknen. Anschließend werden sie stets mit einem Teig überzogen. Eine Panade kommt hier nicht in Frage, da sie zu schwer wäre, und das einfache Wälzen in Mehl bietet keinen ausreichenden Schutz. Am besten eignet sich ein lockerer Tempurateig oder eine schaumige Mischung wie im Rezept auf Seite 213. Da Zucker bei starker Hitze leicht verbrennt, sollten Sie den Teig nur sparsam süßen. Um festzustellen, ob das Fett die richtige Temperatur hat, ob die Teighülle dick genug ist und wie sich die Frucht beim Fritieren verhält, fritiere ich zunächst probeweise eine Frucht. Falls die Früchte nach dem Fritieren sauer schmecken, gibt es eine Reihe von Abhilfemöglichkeiten (siehe unten). Auf weitere Zutaten sollten Sie weitgehend verzichten, denn der Eigengeschmack der Früchte entfaltet sich beim Fritieren besonders gut. Deshalb genügt es vollkommen, sie vor dem Servieren mit Zitronensaft, Likör oder Rum zu beträufeln oder mit Zucker zu bestreuen. Und dann müssen sie unbedingt sofort auf den Tisch kommen.

ZUM FRITIEREN EIGNEN SICH BESONDERS Äpfel, Ananas, Aprikosen, Bananen, Erdbeeren und Pflaumen.

RICHTIG – die Beignets haben eine goldgelbe bis goldbraune Farbe und sind nach dem Abtropfen knusprig und leicht; die Früchte sind gleichmäßig mit Teig überzogen; der Geschmack ist fruchtig und kräftig; das Fruchtfleisch ist weich oder fest und hat sich nicht mit Fett vollgesogen.

*von links nach rechts*
NICHT GAR – der Teig hat eine blasse Farbe und ist durchweicht; das Fruchtfleisch ist vielfach noch roh und hat sich mit Fett vollgesogen.

RICHTIG – der Teig ist knusprig und goldbraun; das Fruchtfleisch ist weich.
TEIGHÜLLE ZERFÄLLT – Teig ist ungleich gebräunt und löst sich ab, freiliegendes Fruchtfleisch kann verbrennen.

**MEIN TIP**

Hier ein paar schnelle Serviervorschläge:

- 2 EL blanchierte Mandeln mit 2 EL braunem Zucker in der Küchenmaschine grob hacken und die Beignets damit bestreuen.
- 1/8 l Weißwein mit 2 EL Zitronensaft und 2 EL Honig verrühren. 2 EL gehackte Himbeeren, getrocknete Kirschen oder Preiselbeeren untermischen und als Dip zu den Beignets servieren. Ergibt 4 Portionen.
- Weiche oder nicht ausreichend fritierte Beignets in einer flachen Auflaufform verteilen, mit Zucker bestreuen und unter dem Backofengrill karamelisieren lassen. Mit Zitronenschnitzen servieren.

## PROBLEMFÄLLE

NICHT GAR
*Grund:* das Fett war nicht heiß genug (meist weil zu viele Früchte auf einmal fritiert wurden); die Früchte waren zu groß; Garzeit zu kurz
→ die Früchte herausnehmen, das Fett auf 190 °C erhitzen und die Früchte, gegebenenfalls portionsweise, noch einmal fritieren, bis der Teig braun und knusprig ist.

DIE TEIGHÜLLE ZERFÄLLT
*Grund:* der Teig war zu dünn; das Fett war nicht heiß genug
(meist weil zu viele Früchte auf einmal fritiert wurden)
→ keine Abhilfe möglich; den Teig beim nächsten Mal mit mehr Mehl zubereiten.

ZERKOCHT UND SCHWER
*Grund:* zu lange oder zu schnell gegart; der Teig war zu dick
→ mit Zitronensaft beträufeln und mit Puderzucker bestäuben; mit einer säuerlichen Sauce, etwa einer Himbeer- oder Zitrussauce, servieren.

DURCHWEICHT
*Grund:* die Früchte waren ungeeignet oder überreif; das Fett ist nicht richtig abgetropft; nicht ausreichend gegart; der Teig war zu feucht; die Beignets haben zu lange gestanden; sie wurden mit Zitronensaft beträufelt oder mit Zucker bestreut und sind dadurch aufgeweicht
→ im warmen Backofen bei geöffneter Tür 15 Minuten trocknen; erst unmittelbar vor dem Servieren mit Zucker oder anderen Gewürzen bestreuen; siehe auch Zerkocht und schwer.

ZU WENIG GESCHMACK
*Grund:* die Früchte waren ungeeignet oder von minderer Qualität; sie hatten zu wenig Fruchtzucker
→ siehe Mein Tip.

SAUER
*Grund:* die Früchte waren unreif
→ mit Zucker bestreuen, mit Honig beträufeln oder mit Gelee oder Marmelade servieren.

# *Champagnerbeignets*

ERGIBT CIRCA 18 STÜCK

Die beiden hier verwendeten Früchte – Apfel und Ananas – lassen sich gut in Ringe zerteilen, bei der Ananas erfordert das allerdings ein wenig Geduld. Vielleicht besitzen Sie aber auch ein Gerät, mit dem sich die Früchte mühelos schälen und zerteilen lassen. Und wenn nicht, folgen Sie einfach meiner Anleitung. Den Champagner können Sie selbstverständlich durch Sekt ersetzen. Besonders leicht wird der Teig aber auch mit Mineralwasser, dann fehlt ihm allerdings die besondere Note.

*1 Ananas (ca. 750 g)*
*2 säuerliche Äpfel (ca. 500 g)*
*2 EL Zucker*
*1 EL gemahlener Zimt*
*Pflanzenöl zum Fritieren*
*Puderzucker zum Bestäuben*

*FÜR DEN FRITIERTEIG:*
*250 g Mehl*
*1/2 TL Salz*
*375 ml Champagner (ggf. etwas mehr)*

Für den Fritierteig das Mehl mit dem Salz in eine Schüssel sieben und in der Mitte eine Mulde formen. Den Champagner hineingießen und das Mehl nach und nach mit dem Schneebesen unterrühren, bis ein glatter Teig entstanden ist. Der Teig sollte locker vom Löffel fallen – gegebenenfalls noch mit etwas Champagner verdünnen. Den Teig nur vorsichtig rühren, sonst wird er schwer. Zudecken und 30 bis 60 Minuten bei Zimmertemperatur ruhenlassen.

Den Schopf und den Stielansatz der Ananas abtrennen und die Schale senkrecht in Streifen herunterschneiden. Dabei auch die »Augen« aus dem Fruchtfleisch entfernen. Die Frucht in 1,25 cm dicke Scheiben schneiden und das holzige Innere mit einem Ausstecher heraustrennen.

Die Äpfel schälen und das Kerngehäuse mit einem Ausstecher oder einem kleinen Messer entfernen. Die Äpfel dann in 1 cm dicke Scheiben schneiden und die kleineren Scheiben aussortieren.

Den Zucker in einer kleinen Schüssel mit dem Zimt vermischen. Die Apfel- und die Ananasringe auf ein Küchenbrett legen und auf beiden Seiten damit bestreuen.

Das Öl im Wok oder in der Friteuse auf 190 °C erhitzen. Die Apfelringe in den Fritierteig tauchen, so daß sie vollständig damit überzogen sind. Herausnehmen und 1 bis 2 Sekunden abtropfen lassen. Die Ringe – damit der Topf nicht zu voll wird – portionsweise in das heiße Fett geben und 3 bis 4 Minuten fritieren. Dabei einmal wenden und vorsichtig mit einem Schaumlöffel hin und her bewegen, damit die Früchte gleichmäßig garen. Auf Küchenpapier abtropfen lassen und im warmen Backofen bei geöffneter Tür warm halten. Dabei nicht zudecken. Mit den Ananasringen ebenso verfahren.

Die warmen Beignets mit Puderzucker bestäuben und sofort servieren.

## GLASIERTE FRÜCHTE

Wie ich bereits eingangs erwähnte, sind Früchte wegen ihrer kräftigen Farbe und ihrer ansprechenden Form ausgesprochen dekorativ. Bietet sich da nicht geradezu ein feiner Überzug an, unter dem Farbe und Form noch zu erkennen sind? Glasierte Früchte schmecken köstlich zu Kaffee und sind eine hübsche Verzierung für Kuchen und Desserts.

Sehr gut eignen sich Kirschen, Erdbeeren, Trauben sowie Orangen- und Mandarinenspalten. Die Früchte der Kapstachelbeeren sehen besonders hübsch aus, wenn man ihre pergamentartige Membran zurückstreift, um die orangefarbene Frucht freizulegen. Zum Glasieren verwendet man am besten Früchte mit fester Schale, so ist gewährleistet, daß kein Saft austritt und mit dem Überzug in Berührung kommt. Deshalb sollte man bei Kirschen, Weintrauben und Erdbeeren auch die Stiele nicht entfernen und beim Zerteilen von Zitrusfrüchten darauf achten, daß die Häutchen nicht verletzt werden. Die Stiele sind außerdem beim Eintauchen hilfreich. Gegebenenfalls können Sie sich aber auch mit Zahnstochern behelfen.

Als Überzug wird meist ein Zuckersirup verwendet, der nach dem Abkühlen durchsichtig und knusprig wird. Der Sirup wird dazu entweder aufgekocht (das Zuckerthermometer muß dann eine Temperatur von 146 °C anzeigen), oder man läßt ihn bei 160 °C zu einer hellen Karamelmasse einkochen. Für 200 g Früchte benötigt man Sirup aus 300 g Zucker und 1/4 l Wasser. Außerdem brauchen Sie ein mit Pergamentpapier ausgelegtes Backblech und eine Schüssel mit warmem Wasser.

Sobald der Sirup die richtige Temperatur erreicht hat, tauchen Sie den Topfboden in das Wasser, um den Kochvorgang zu beenden. Anschließend werden die Früchte einzeln in den heißen Sirup getaucht. Danach läßt man sie abtropfen und setzt sie auf das Backblech, bis der Zuckerguß hart ist. Der Zuckerguß wird allerdings, vor allem bei hoher Luftfeuchtigkeit, nach 3 bis 4 Stunden weich. Servieren Sie die Früchte in Papiermanschetten für Konfekt.

Statt Zuckersirup können Sie auch eine Schmelzglasur verwenden. Am einfachsten kaufen Sie sie fertig. Sie können sie aber auch selbst herstellen. Dafür die Glasur lediglich mit etwas Zuckersirup erwärmen und anschließend die Früchte, wie beim Sirup, eintauchen. Die Farbe der Frucht kommt bei der Schmelzglasur allerdings nicht mehr so gut zur Geltung. Das gilt auch für weiße oder dunkle Schokoladenglasuren, weshalb man die Früchte damit häufig nur zur Hälfte überzieht.

Einen hübschen, geeisten Überzug erhalten Sie, wenn Sie die Früchte in leicht geschlagenes Eiweiß tauchen, dann in Streuzucker wälzen und anschließend 1 Stunde trocknen lassen. Dazu eignen sich besonders Johannisbeertrauben und kleine Weinreben. In einem luftdicht verschlossenen Behälter halten sich die Früchte bis zu 12 Stunden.

# Marmeladen

Ich frage mich, weshalb um das Marmeladekochen soviel Aufhebens gemacht wird. Denn es ist wirklich ausgesprochen einfach. Man muß Säure, Zucker und Pektin nur im richtigen Verhältnis verwenden, damit die Marmelade die richtige Konsistenz, eine kräftige Farbe und einen guten Geschmack bekommt. Wieviel Säure Sie zugeben müssen, läßt sich leicht feststellen, indem Sie die Früchte probieren. Sind sie nicht sehr sauer, etwas Zitronensaft (2 Eßlöffel auf 500 g Früchte) oder auch ein oder zwei säuerliche Äpfel hinzufügen. Beim Zucker kommt es auf die Frucht und ihren Reifegrad an – als Faustregel gilt hier zwei Teile Zucker auf drei Teile Früchte beziehungsweise gleiche Teile Früchte und Zucker. Statt Zucker kann zum Süßen auch Honig verwendet werden. Wieviel Pektin Sie benötigen, läßt sich durch einen einfachen Test (siehe Seite 217) ermitteln.

Bei Marmeladen und anderen Obstkonserven verweise ich immer wieder gerne auf die Französin Roseline Fontaine, die auf diesem Gebiet eine wahre Meisterin ist und Jahr für Jahr etwa 200 verschiedene Sorten herstellt. Madame Fontaine zufolge ist es zunächst einmal wichtig, nur beste Früchte zu verwenden, die vor allem nicht zu reif sein sollten, so daß sie viel Pektin und Säure enthalten. 24 Stunden vor der Zubereitung mazeriert sie die rohen Früchte mit Zucker. Auf die Zugabe von Pektin verzichtet sie ganz, denn ihrer Ansicht nach müssen Marmeladen längere Zeit kochen, um ihren vollen Geschmack entfalten zu können. Damit sie aber nicht zu lange gekocht werden müssen und ihren frischen Geschmack und ihre Farbe behalten, verwendet sie höchstens 4 kg Früchte. Weiche Früchte läßt sie ganz oder zerteilt sie in Stücke. Bei festen Früchten gibt sie den Zucker erst nach dem Kochen bei und erwärmt ihn vorher im Backofen, damit sich die Kochzeit verringert.

Bevor die Marmelade zum Kochen gebracht wird, muß sich der Zucker erst vollständig aufgelöst haben. Danach läßt man sie sprudelnd kochen. Rühren Sie dabei um, damit sie nicht überkocht oder anbrennt, und schöpfen Sie gegen Ende der Kochzeit häufig den Schaum ab. Ist die Marmelade fast fertig, schmeckt Madame Fontaine sie noch einmal ab. Und damit die Marmelade nicht verdirbt, muß sie in sterilisierte Gläser abgefüllt, luftdicht verschlossen und an einem kühlen, trockenen Ort gelagert werden. Das Abfüllen ist nicht weiter schwierig, und Sie können dabei eigentlich nichts falsch machen (siehe Seite 217).

Für Marmeladen eignen sich besonders Äpfel, Aprikosen, Birnen, Brombeeren, Erdbeeren, Grapefruits, Heidelbeeren, Himbeeren, Kirschen, Limonen, Orangen, Pfirsiche, Pflaumen, Preiselbeeren, Quitten, Rhabarber, Rote und Schwarze Johannisbeeren, Stachelbeeren und Zitronen.

Für Gelees *(siehe Seite 215)* eignen sich besonders Äpfel, Brombeeren, Himbeeren, Quitten, Rote und Schwarze Johannisbeeren, Trauben und Zitrusfrüchte.

**MEIN TIP**

Ist Ihre Marmelade zu dick oder hat zu wenig Geschmack, rühren Sie unmittelbar vor dem Servieren einige frische, gehackte Himbeeren, Brombeeren oder Pfirsiche und 1 Löffel Himbeer- oder Erdbeerlikör unter. Die Marmelade wird dann geschmeidiger und bekommt mehr Geschmack.

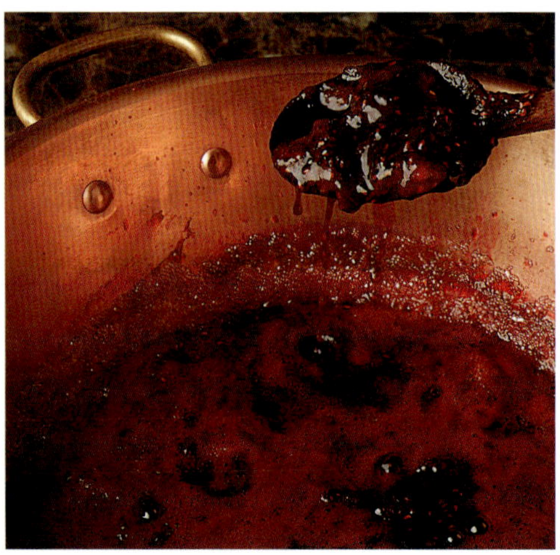

Nicht ausreichend gekocht – die Marmelade ist fast noch flüssig und schäumt; das Zuckerthermometer zeigt weniger als 106 °C an.
*Grund:* Kochzeit zu kurz; Temperatur zu niedrig
→ die Marmelade in möglichst kurzer Zeit fertigkochen.

**Richtig** – die Marmelade fällt in gleichmäßigen Tropfen vom Löffel; gibt man einige Tropfen auf einen gekühlten Teller, werden sie in 3–5 Sekunden fest; die Marmelade hört allmählich auf zu kochen und schäumt nicht mehr; das Zuckerthermometer zeigt 106 °C an; die Farbe ist kräftig, der Geschmack intensiv und ausgewogen.

Verkocht – die Marmelade ist dunkel und zäh und bleibt am Löffel kleben; das Thermometer zeigt mehr als 106 °C an; die Farbe ist bräunlich, die Marmelade hat einen intensiven, häufig verbrannten Geschmack.
*Grund:* zu lange oder zu langsam gekocht; ist die Marmelade angebrannt, wurde sie nicht häufig genug umgerührt
→ wenig Abhilfe möglich; einige Verbesserungsvorschläge siehe Mein Tip.

# Gelees

## WEITERE PROBLEME

ZU FLÜSSIG
*Grund:* zu wenig Pektin, Säure oder Zucker; nicht ausreichend oder zu langsam gekocht
→ ist die Marmelade nicht allzu flüssig, die Gläser einige Tage unverschlossen an einem sonnigen Platz stehen lassen, damit etwas Flüssigkeit verdunstet; flüssige Marmelade sofort verbrauchen; ist sie sehr flüssig, noch einmal bei 110 °C kochen.

ZU FEST
*Grund:* zu lange gekocht; es wurde zuviel Pektin beigegeben; die Früchte waren sehr faserig
→ für Füllungen oder Saucen verwenden.

ZU WENIG GESCHMACK
*Grund:* die Früchte waren überreif oder von minderer Qualität; wenig geschmacksintensive Früchte (zum Beispiel Feigen); es wurde zuviel Pektin beigegeben und dadurch hat sich die Kochzeit verkürzt; zu langsam oder zu lange gekocht; zuviel Zucker
→ die heiße Marmelade mit Zitronensaft, Obstbränden oder -likören, aromatischen Kräutern wie Minze, Thymian oder Rosmarin (gehackt oder ganze Zweige) oder Gewürzen, etwa gemahlenem Ingwer oder Zimt, verfeinern.

SAUER ODER BITTER
*Grund:* die Früchte waren unreif oder von minderer Qualität; zuviel Zucker; die Marmelade ist angebrannt
→ ist die Marmelade zu sauer, den Topf vom Herd nehmen, Zucker oder Honig unterrühren und die Marmelade dann noch einmal kochen, bis sie fest ist; ist sie bitter oder angebrannt, ist keine Abhilfe möglich.

BLASSE ODER MATTE FARBE
*Grund:* die Früchte waren unreif oder von minderer Qualität; zu wenig Früchte; zu langsam oder zu lange gekocht; zu lange oder zu warm gelagert; die Gläser waren nicht richtig verschlossen (die Marmelade verfärbt sich oben dunkel)
→ zu frischen Früchten servieren oder für eine Sauce verwenden.

DIE MARMELADE KRISTALLISIERT IM GLAS AUS
*Grund:* der Zucker hatte sich noch nicht aufgelöst, als die Marmelade zum Kochen gebracht wurde
→ die Kristalle abkratzen und die restliche Marmelade zum Kochen verwenden.

DIE FRÜCHTE SETZEN SICH IM GLAS AB
*Grund:* die Früchte waren unreif oder wurden nicht ausreichend gekocht; die Stücke waren zu groß
→ die Marmelade vor dem Abfüllen 15–20 Minuten abkühlen lassen und die Gläser erst verschließen, wenn sie vollständig erkaltet ist; ist sie bereits abgefüllt, die lauwarme Marmelade noch einmal umrühren.

SCHIMMLIG ODER GEGOREN
*Grund:* nicht ausreichend gekocht; zu wenig Zucker; nicht richtig verschlossen; die Gläser wurden verschlossen, als die Marmelade lauwarm war; die Marmelade wurde an einem warmen oder feuchten Ort gelagert
→ wegwerfen.

FÜR EIN GELEE WIRD DER SAFT von gekochten Früchten durchgeseiht und dann wie eine Marmelade mit Zucker gekocht. Dabei gelten, insbesondere was das Verhältnis von Säure, Zucker und Pektin anbelangt, die gleichen Regeln wie beim Marmeladekochen. Die Früchte sollten einen möglichst kräftigen Geschmack und eine ebenso kräftige Farbe haben. Besonders geeignet sind deshalb Himbeeren, Rote und Schwarze Johannisbeeren, aber auch das blasse Fruchtfleisch von Äpfeln und Quitten verwandelt sich beim Kochen in ein schönes Rosa. Ist die Frucht reich an Geschmack, enthält sie für gewöhnlich auch genug Säure. Wieviel Zucker man verwenden muß, hängt von der Frucht und dem Reifegrad ab. Als Faustregel gilt auch hier zwei Teile Zucker auf drei Teile Früchte beziehungsweise gleiche Teile Früchte und Zucker. Da ein Gelee anders als eine Marmelade keine Fruchtfasern enthält, durch die es ebenfalls gebunden werden kann, spielt das Pektin hier eine wichtige Rolle, und man sollte deshalb nur Früchte mit einem hohen Pektingehalt verwenden. Ganz wichtig ist auch, daß Sie die Früchte beim Abseihen nicht ausdrücken, damit der Saft nicht trüb wird. Lassen Sie sie deshalb am besten über Nacht abtropfen. So bekommen Sie ein klares, glänzendes Gelee.

NICHT AUSREICHEND GEKOCHT UND TRÜB (*links*) – das Gelee ist zu flüssig und zerläuft, wenn man einige Tropfen auf einen gekühlten Teller gibt; es ist dünn und nicht durchsichtig. **RICHTIG** (*Mitte*) – gibt man einige Tropfen Gelee auf einen gekühlten Teller, werden sie in 3–5 Sekunden fest; das Zuckerthermometer zeigt 106 °C an; das Gelee hört allmählich auf zu kochen und schäumt nicht mehr; die Farbe ist leuchtend, der Geschmack ist fruchtig und ausgewogen. VERKOCHT (*rechts*) – das Gelee ist dunkel, zäh und zu dick zum Streichen; ist es stark verkocht, hat es einen karamelartigen Geschmack.

## MEIN TIP

Hat Ihr Gelee zu wenig Geschmack, geben Sie 2–3 frische Kräuterblätter in die Gläser, füllen das heiße Gelee ein und verschließen die Gläser. Der Kräutergeschmack durchzieht dann das Gelee. Besonders geeignet sind hier Lorbeer, Eisenkraut, Minze, Rosmarin, Salbei und Thymian.

## PROBLEMFÄLLE

NICHT AUSREICHEND GEKOCHT
*Grund:* Kochzeit zu kurz; Temperatur zu niedrig
→ das Gelee in möglichst kurzer Zeit fertigkochen.

VERKOCHT
*Grund:* zu lange oder zu langsam gekocht; ist das Gelee karamelisiert, wurde es nicht oft genug umgerührt
→ keine Abhilfe möglich.

TRÜB
*Grund:* die Früchte wurden beim Durchseihen zerdrückt
→ das fertige Gelee vom Herd nehmen und gehackte Kräuter, zum Beispiel Minze, Eisenkraut oder Basilikum, unterrühren.
Siehe auch Mein Tip; weitere Problemfälle siehe Marmeladen.

## Großmutters Himbeermarmelade

Ergibt circa 1 Kilogramm

Reife Beeren enthalten unter Umständen zu wenig Pektin, deshalb füge ich stets noch einige unreife Beeren oder einen säuerlichen, in Scheiben geschnittenen Apfel hinzu.

*1 kg reife Himbeeren*
*600 g Zucker*
*1 Handvoll unreife Himbeeren oder 1 säuerlicher Apfel*

Sämtliche Beeren verlesen, aber nur waschen, wenn sie stark verschmutzt sind. Die Beeren und den Zucker abwechselnd in eine Schüssel schichten, zudecken und mindestens 8 Stunden oder über Nacht bei Zimmertemperatur mazerieren lassen.

Die Beeren mit dem Zucker in einen großen Topf geben. Den Apfel gegebenenfalls schälen, das Kerngehäuse entfernen, das Fruchtfleisch in Scheiben schneiden und zu den Beeren geben. Die Früchte unter gelegentlichem Rühren vorsichtig erhitzen, bis sich der Zucker auflöst. Anschließend zum Kochen bringen und 20 bis 30 Minuten sprudelnd kochen lassen, bis die Marmelade fest wird. Dabei laufend umrühren und gegen Ende der Kochzeit abschäumen.

Die Marmelade 4 bis 5 Minuten abkühlen lassen. Danach wie unten beschrieben in sterilisierte Gläser abfüllen und verschließen.

### DEN PEKTINGEHALT PRÜFEN

Der natürliche Pektingehalt von Früchten hängt vom Reifegrad (reife Früchte enthalten weniger Pektin) und der Obstart ab. Säuerliche Äpfel und Pflaumen enthalten sehr viel Pektin, die meisten Beeren haben einen etwas geringeren Pektingehalt, und Aprikosen, Pfirsiche, Feigen und Ananas sind arm an Pektin. Wieviel Pektin die Früchte aufweisen, läßt sich ermitteln, indem man 1 EL Fruchtsaft (der gekochten, aber noch nicht gezuckerten Früchte) mit 1 EL 70prozentigem Alkohol mischt. Früchte mit hohem Pektingehalt bilden dann einen großen, Früchte mit mittlerem Pektingehalt einen kleineren Klumpen, und bei Früchten mit niedrigem Pektingehalt bildet sich lediglich etwas flockiger Bodensatz. Falls erforderlich, kann man den Früchten etwas Pektin zugeben, das in flüssiger oder in Pulverform erhältlich ist. Verwenden Sie aber nicht zuviel davon, sonst wird das Gelee oder die Marmelade zäh.

### OBSTKONSERVEN ABFÜLLEN UND VERSCHLIESSEN

Die hier vorgestellte Methode ist nur eine von vielen Möglichkeiten, Marmeladen, Gelees und andere Fruchtkonserven abzufüllen und zu verschließen. Sie können dazu Gläser beliebiger Größe verwenden. Ich finde allerdings kleine Gläser (250 ml) mit Schraubverschlüssen praktischer, denn sie sind schneller geleert, und der Inhalt verdirbt nicht.

Um die Gläser und die Deckel zu sterilisieren, bringen Sie in einem großen Topf Wasser zum Kochen, geben die Gläser und Deckel hinein und kochen sie 10 Minuten ab. Anschließend lassen Sie sie auf Küchenpapier trocknen (sie dürfen keinesfalls abgetrocknet werden). Stellen Sie die Gläser dann auf ein Brett und füllen Sie die noch sehr heiße Marmelade oder das Gelee mit einem Trichter, dickere Marmeladen auch mit einem hitzebeständigen Meßbecher in die Gläser ab. Die Gläser bis 1 cm unter dem Rand füllen und den Deckel fest zuschrauben. Dann auf den Kopf stellen, damit der Inhalt mit dem Deckel in Berührung kommt, und abkühlen lassen. Sobald die Marmelade erkaltet ist, die Gläser wieder umdrehen. Sie werden feststellen, daß unter dem Deckel ein Vakuum entstanden und genug Luft entwichen ist, damit der Inhalt nicht schimmelt.

*Großmutters Himbeermarmelade und Apfelgelee mit Rosmarin*

## Apfelgelee mit Rosmarin

Ergibt circa 1 Kilogramm

Für ein Gelee müssen Sie Äpfel mit hohem Pektin- und Säuregehalt verwenden. Da ich säuerliche Gelees bevorzuge, die hervorragend zu Schweinefleisch und Ente passen, nehme ich nur wenig Zucker.

*1,8 kg Äpfel*
*ca. 2 l Wasser*
*1 großes Bund Rosmarin (ca. 90 g)*
*3 EL schwarze Pfefferkörner*
*2 EL Kreuzkümmelsamen*
*2 EL Korianderkörner*
*ca. 800 g Zucker*
*Saft von 2 Zitronen*

Musselin

Die Äpfel vierteln und die Blüten- und Stielansätze entfernen. Die Viertel mit Schalen und Kerngehäusen in einen großen Topf geben, knapp mit Wasser bedecken und bei geöffnetem Topf 1 bis 1 1/4 Stunden köcheln lassen, bis die Früchte sehr weich sind und zu zerfallen beginnen. Dabei laufend umrühren.

Ein Haarsieb mit einem sauberen feuchten Tuch auskleiden. Die Äpfel hineinschütten und den Saft über Nacht in eine große Schüssel tropfen lassen. Die Früchte nicht ausdrücken, sonst wird das Gelee trüb.

Die Rosmarinzweige grob hacken. Den Pfeffer, den Kümmel und den Koriander in eine Plastiktüte geben und mit dem Nudelholz zerdrücken. Den Rosmarin mit den Gewürzen in ein Stück Musselin binden.

Den Apfelsaft abmessen, in einen großen Topf gießen und bei geöffnetem Topf 5 Minuten köcheln lassen. Dabei gegebenenfalls abschäumen. In der Zwischenzeit pro 1/4 l Saft 135 g Zucker abmessen. Den Zucker in den Saft geben und unter gelegentlichem Rühren langsam erhitzen, bis er sich auflöst. Anschließend den Zitronensaft und das Säckchen mit dem Rosmarin und den Gewürzen hinzufügen.

Das Ganze zum Kochen bringen und 30 bis 45 Minuten sprudelnd kochen lassen, bis das Gelee dick zu werden beginnt. Dabei laufend umrühren und gegen Ende der Kochzeit abschäumen. Das Kräutersäckchen dann herausnehmen und dabei ausdrücken.

Das Gelee 4 bis 5 Minuten abkühlen lassen, in sterilisierte Gläser abfüllen und verschließen (siehe links).

# Chutneys, Confits und Relishes

Ich bin mit Chutneys gross geworden – diesen herrlichen, dunklen, süß-sauren Mischungen aus Früchten, Gemüse und Gewürzen, die man als Beilage zu kaltem Fleisch, Geflügel und Käse reicht. Selbst mein Vater, sonst in Essens- und anderen Dingen durch und durch konservativ, akzeptierte diese exotischen Beilagen. In Frankreich entdeckte ich dann die leckeren Confits (*confire* heißt einlegen), die für gewöhnlich aus einer einzigen Frucht oder einem einzelnen Gemüse hergestellt werden, das mit Butter, Wein oder Essig und etwas Zucker gegart wird. Sie sind zwar weniger aufwendig, aber ebenso pikant wie die Chutneys. Aus Amerika stammen die gekochten Relishes, wie zum Beispiel eingelegte grüne Tomaten oder Kakirelish mit Zwiebel, Weißwein, Zimt und braunem Zucker. Da Gewürze und Essig hier nicht nur zur Verfeinerung, sondern auch zur Haltbarmachung dienen, sind Chutneys, Confits und Relishes sehr viel einfacher zuzubereiten als Marmeladen und Gelees. Im Unterschied zu anderen Konserven spielen hier nicht so sehr die Früchte und das Gemüse, sondern die Gewürze die Hauptrolle. Und damit sich der Geschmack entfalten kann, müssen sie lange gekocht werden. Für Chutneys und Confits wird außerdem noch Zucker verwendet, der zu einem kräftigen, dunklen Karamel einkochen muß. Achten Sie aber darauf, daß er am Ende der Kochzeit nicht anbrennt.

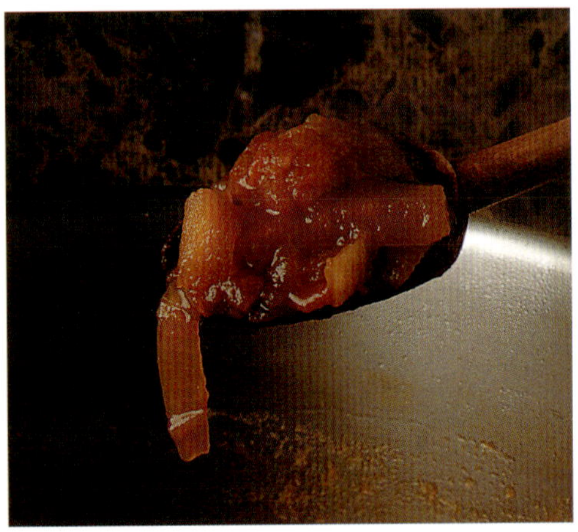

Nicht ausreichend gekocht – die Mischung ist dünn, häufig auch wäßrig; einige Zutaten sind noch nicht weich; der Geschmack hat sich noch nicht entfaltet; die Farben sind relativ blaß.
*Grund:* Kochzeit zu kurz; zu wenig Zucker (bei Chutneys und Confits)
→ bei schwacher Hitze weiterkochen; bei Chutneys und Confits gegebenenfalls noch etwas Zucker hinzufügen.

**Richtig** – die Mischung ist so dick, daß der Löffel eine Spur hinterläßt, fällt aber immer noch leicht vom Löffel; sämtliche Zutaten sind weich (bei Chutneys und Confits) oder zart (bei Relishes); die Farbe ist kräftig; der Geschmack ist intensiv und ausgewogen.

### Weitere Probleme

Verkocht und schwer
*Grund:* zu lange gekocht
→ mit frischen Zutaten, etwa gehackter Tomate, Stangensellerie oder Zwiebel, oder gehackten Früchten wie Mango oder Pfirsich anreichern.

Sauer oder bitter
*Grund:* zu viele saure Zutaten; zu wenig Zucker; nicht ausreichend gekocht; angebrannt
→ mit Zucker oder Honig süßen und 2 – 3 Minuten weiterkochen; ist das Chutney, Confit oder Relish angebrannt, ist keine Abhilfe möglich.

Farbe blass oder matt
*Grund:* die Zutaten waren unreif; nicht ausreichend gekocht (insbesondere Chutneys und Confits)
→ Chutneys mit gehackter Tomate und Paprika anreichern und so lange kochen, bis sämtliche Zutaten gar sind; bei Confits etwas Zucker hinzufügen, die Temperatur erhöhen und karamelisieren lassen; Relishes mit gehackten Kräutern verfeinern.

Schimmlig oder gegoren
*Grund:* nicht ausreichend gekocht; zu wenig Zucker; nicht richtig verschlossen; die Gläser wurden verschlossen, als der Inhalt lauwarm war; an einem warmen oder feuchten Ort gelagert
→ wegwerfen.

# *Apfel-Tomaten-Chutney*

Ergibt circa 3 Kilogramm

Hier eine herrliche Möglichkeit, zwei Früchte zu verarbeiten, die uns der Herbst im Übermaß beschert.

*1,8 kg reife Tomaten*
*750 g Zwiebeln, in Ringe geschnitten*
*400 g dunkelbrauner Zucker*
*1 1/4 l Weißweinessig*
*1 EL gemahlener Ingwer*
*2 EL Salz*
*2 TL Pfefferkörner*
*1,8 kg säuerliche Äpfel*

In einem großen Topf Wasser zum Kochen bringen. Die Stielansätze der Tomaten herausschneiden und die Tomaten oben kreuzförmig einschneiden. 8 bis 15 Sekunden ins kochende Wasser legen. Sobald sich die Schale zu kräuseln beginnt, in eine Schüssel mit kaltem Wasser geben. Die abgekühlten Tomaten enthäuten und in dicke Scheiben schneiden.

Die Tomaten anschließend in einer großen Schüssel mit den Zwiebeln, dem Zucker, dem Essig, dem Ingwer und dem Salz vermischen. Die Pfefferkörner in ein Mullsäckchen binden und zu den Tomaten geben. Zudecken und über Nacht an einem kühlen Ort ziehen lassen.

Die Äpfel schälen, die Kerngehäuse entfernen und das Fruchtfleisch in Scheiben schneiden. In einem großen Topf mit den Tomaten vermischen. Das Ganze dann vorsichtig erhitzen, bis sich der Zucker aufgelöst hat. Dabei gelegentlich umrühren. Das Chutney zum Kochen bringen und unter häufigem Rühren etwa 1 1/2 bis 1 3/4 Stunden köcheln lassen.

Das Chutney danach 4 bis 5 Minuten abkühlen lassen und das Säckchen mit den Pfefferkörnern herausnehmen. In sterilisierte Gläser abfüllen und verschließen (siehe Seite 217).

## MEIN TIP

Hat Ihr Chutney, Confit oder Relish zu wenig Geschmack, reichern Sie es mit einem süß-sauren Karamel an. Dazu für 750 g Chutney, Confit oder Relish 50 g Zucker mit 4 EL Wasser langsam erhitzen, bis sich der Zucker aufgelöst hat. Zum Kochen bringen und zu einem dunklen Karamel einkochen lassen. Den Topf vom Herd nehmen, warten, bis die Masse nicht mehr kocht, und dann 5 EL Rotweinessig dazugeben (dabei vom Herd zurücktreten, damit der Essigdampf die Augen nicht reizt). Unter Rühren vorsichtig erhitzen, bis sich der Karamel auflöst. Abkühlen lassen und unter das Chutney, Confit oder Relish rühren.

Für Chutneys, Confits und Relishes eignen sich besonders Äpfel, Ananas, Birnen, Feigen, Kochbananen, Mangos, Pflaumen, Quitten, Rhabarber und Tomaten.

# DESSERTS

Wie konservativ wir doch in unseren Essgewohnheiten sind! Ein Küchenchef berichtete mir einmal, daß es ihm nahezu unmöglich sei, sein Dessertangebot abzuwandeln, denn die Gäste verlangten jahraus jahrein die bewährten Klassiker. Diese Erfahrung wird gewiß auch die folgende Rezeptsammlung bestätigen, denn hier dominieren ebenfalls vor allem sechs Zutaten, nämlich Vanille, Schokolade, Kaffee, Karamel, Zitrusfrüchte und rote Beeren. Und auch bei den übrigen Zutaten ist die Auswahl nicht viel größer. Braucht man doch für die meisten Desserts nur Eier, Zucker, Milch oder Sahne und eventuell noch Mehl oder ein Getreide. Diese kleine Auswahl reicht jedoch aus, um eine Vielzahl beliebter Klassiker zuzubereiten. Wir schlagen Eier für heiße und kalte Soufflés oder Baisers, wir bereiten Cremespeisen damit zu und reichern eine Reihe traditioneller heißer Aufläufe damit an. Aus Zucker machen wir Karamel oder wir rösten ihn mit Nüssen für Krokant. Schokolade ist die Grundlage für zahlreiche gehaltvolle Süßspeisen, und mit Gelatine verleihen wir kalten Desserts Festigkeit. Und den Abschluß bilden Eis, Sorbets und Parfaits.

Sie finden hier ganz einfache Desserts, wie zum Beispiel einen Auflauf mit knuspriger, brauner Kruste, und daneben ausgesprochen phantasievolle, etwa ein luftiges, kaltes Soufflé. In jedem Fall sollte das Dessert aber einen ganz besonderen Eindruck hinterlassen und den krönenden Abschluß eines Essens bilden. Wichtig sind ein kräftiger Geschmack und leuchtende Farben, die hier und da von weißer Schlagsahne und Baisers, goldgelbem Karamel und dunkelbrauner Schokolade durchzogen sind. Stellen Sie sich doch nur einmal ein gestürztes Fruchtgelee vor, das aussieht wie ein buntes Glasfenster, oder ein Sorbet, das in Kugeln in einer geeisten Glasschale oder in Ovalen auf einem Teller angerichtet wurde.

All diese Desserts sind so bekannt, daß ein kurzer Blick genügt, um zu wissen, was Sie erwartet. Aber wo bleibt etwas Abwechslung? Sie kommt mittels neuer Geschmacksrichtungen, etwa von Kapstachelbeeren, Hagebutten oder Macadamianußöl, und neuer Kombinationen, wie zum Beispiel einem Panettonepudding oder einer mit Limone verfeinerten Englischen Creme, sowie in Gestalt ungewöhnlicher Dekorationen. Und warum sollte nicht auch der alte Brauch, Desserts bei festlichen Anlässen zu flambieren, wieder aufleben? Nun ist es an Ihnen, das alles auszuprobieren.

*Beeren in Rotweingelee,*
*Rezept Seite 247*

# Sahne schlagen

SAHNE DARF NICHT ZU LANGE GESCHLAGEN WERDEN, sonst wird sie zu Butter. Das habe ich selbst schon erfahren müssen. Das Butterfett setzt sich dann ab und bildet Klümpchen. Die Gefahr ist um so größer, wenn die Sahne nicht kalt genug ist. Deshalb sollte nicht nur die Sahne stets gut gekühlt sein, sondern auch die Schüssel und der Schneebesen. Damit sie schön steif wird, muß die Sahne ausreichend Butterfett enthalten – mindestens 30 Prozent, besser noch 40 Prozent (Crème double, die ich meist verwende, hat 45 Prozent). Eine Sahne mit sehr hohem Fettgehalt (über 50 Prozent) kann beim Schlagen schwer werden. Deshalb verdünnt man sie am besten mit etwas kaltem Wasser. Sterilisierte Sahne enthält Stabilisatoren und wird deshalb schneller steif als pasteurisierte, hat dafür aber weniger Geschmack.

Da die handelsübliche Sahne oft nicht sehr geschmacksintensiv ist, mische ich sie nach dem Schlagen entweder mit anderen Zutaten oder bereite daraus eine Chantillycreme zu. Dazu die geschlagene Sahne mit Vanille oder Cognac aromatisieren und mit Streu- oder Puderzucker süßen. Mit Puderzucker wird sie glatter, mit etwas Maisstärke wird sie besser steif. Crème fraîche (siehe Seite 109) mit ihrem nussigen, etwas säuerlichen Geschmack ist zum Schlagen und für Desserts weniger geeignet.

Sie können die Sahne entweder fast steif oder ganz steif schlagen. Ist sie fast steif, bildet sie beim Herausheben des Schneebesens eine lockere, weiche Spitze. So ist sie gerade richtig, um sie unter eine Baisermasse oder eine Tortencreme zu heben. Schlägt man sie weiter, wird die Sahne so fest, daß eine feste Spitze stehenbleibt, und hat dann die richtige Konsistenz zum Aufspritzen von Verzierungen. Ist die Sahne zu steif, kann sie allerdings Klümpchen bilden, wenn sie durch die Spritztüte gepreßt wird – jeder von uns hat schon einmal Sahnerosetten gesehen, die an den Rändern ausgefranst waren. Verfärbt sich die Sahne zu irgendeinem Zeitpunkt gelblich, deutet das darauf hin, daß das Butterfett zu gerinnen beginnt und die Sahne klumpen wird. Hören Sie dann sofort auf zu schlagen und kühlen Sie die Sahne noch einmal. Bei längerem Stehen kann selbst steifgeschlagene Sahne etwas gerinnen – dann schlägt man sie einfach noch einmal kurz auf.

**MEIN TIP**

Falls die Sahne Klümpchen bildet, können Sie daraus immer noch Butter herstellen. Die Sahne dazu 1–2 Minuten weiterschlagen, bis sich die Butter in Klumpen absondert. Die Butterklümpchen dann mit einem Schaumlöffel in eine Schüssel mit kaltem Wasser geben und die Klümpchen 1–2 Minuten in der Faust zusammendrücken, um die Molke herauszupressen. Die Butter dann aus dem Wasser nehmen und auf Küchenpapier trocknen lassen. Wenn Sie mögen, können Sie sie anschließend noch mit 1/2 TL Salz bestreuen. Die Butter dann zu einem gleichmäßigen Stück formen, einpacken und kalt stellen. 500 g Sahne mit 40 Prozent Butterfett ergeben etwa 150 g Butter.

**RICHTIG (ZUM UNTERHEBEN)** – die Sahne ist locker und bildet beim Herausheben des Schneebesens eine weiche Spitze; sie hat eine helle Cremefarbe.

**RICHTIG STEIF** – die Sahne ist locker und bildet beim Herausheben des Schneebesens eine steife, fest umrissene Spitze; die Farbe ist etwas dunkler.

KLUMPIG – die Sahne ist feucht und körnig; die Butterklümpchen haben sie gelblich verfärbt.
*Grund:* die Sahne wurde zu lange geschlagen, und das Butterfett ist geronnen; Sahne, Schüssel und Schneebesen waren nicht kalt genug; die Sahne hatte einen zu geringen Fettgehalt und wurde deshalb nicht richtig steif; es wurden saure Zutaten, etwa Zitronensaft, zugegeben
→ siehe Mein Tip.

## WEITERE PROBLEME

ZU WEICH
*Grund:* die Sahne hatte einen zu geringen Fettgehalt; nicht ausreichend geschlagen; die Sahne wurde zu lange geschlagen und beginnt zu gerinnen; die Sahne hat längere Zeit gestanden und ist wieder weich geworden
→ weiterschlagen, bis die Sahne steif wird, dabei darauf achten, ob sie sich gelblich verfärbt, was darauf hindeutet, daß sie zu klumpen beginnt.

ZU WENIG GESCHMACK
*Grund:* die Sahne war von minderer Qualität (häufig sterilisiert); der Fettgehalt war zu gering; sie wurde nicht verfeinert
→ bei pikanten Gerichten mit Salz, weißem Pfeffer, Cognac oder gemahlenen Gewürzen, zum Beispiel Kardamom oder Zimt, abschmecken; bei Desserts mit Zucker und Vanille, Cognac, Kaffeepulver oder Likör, beispielsweise Grand Marnier, verfeinern.

# Eiweiß schlagen

IN DEN FRÜHEN 60ER JAHREN BETRIEB ICH EINEN CATERING-SERVICE IN PARIS und war berühmt für meine Soufflés. Ausgerüstet mit einer Kupferschüssel, einem Schneebesen und viel Energie gelang es mir stets, ein leichtes, luftiges Soufflé herzustellen, das selbst im primitivsten Ofen aufging. Denn ich hatte herausgefunden, worauf es bei Soufflés, Baisers und manchen Biskuitteigen vor allem ankommt – nämlich darauf, das Eiweiß zu einem feinen, gleichmäßigen Schnee zu schlagen und dabei möglichst viel Luft mit einzuschlagen. Glücklicherweise sind die meisten Haushalte inzwischen mit elektrischen Rührgeräten ausgestattet, die einem die schwere Arbeit abnehmen. Es ist wichtig, daß Sie das Eiweiß ohne Unterbrechung mit einem großen Schneebesen schlagen, und, sobald es schaumig zu werden beginnt, das Tempo laufend steigern. Hören Sie erst auf zu schlagen, wenn der Eischnee steif ist. Das Eiweiß selbst sollte Zimmertemperatur haben und darf nicht feucht oder mit Fett oder Eigelb verunreinigt sein (Eigelb gegebenenfalls mit der Eierschale herausfischen). Besonders frische Eier sind deshalb für Eischnee nicht sehr geeignet, denn sie enthalten mehr Feuchtigkeit.

Auch das Material der Rührschüssel spielt eine Rolle. Eine kupferne Oberfläche stabilisiert das Eiweiß, und es läßt sich leichter zu einem glatten, festen Schnee schlagen, der beim Unterheben nicht zusammenfällt. Edelstahl ist ebenfalls gut geeignet, Glas- und Keramikschüsseln sind hingegen weniger zu empfehlen. Die Kupferschüssel vor Gebrauch (maximal 15 Minuten vorher) mit 1 oder 2 Eßlöffeln Salz und 1 bis 2 Eßlöffeln Essig oder einer halbierten Zitrone ausreiben. Danach unter fließendem Wasser ausspülen und sorgfältig abtrocknen.

Das Eiweiß darf keinesfalls zu lange und zu heftig geschlagen werden, deshalb sollte man es auch nicht in der Küchenmaschine schlagen. Es gerinnt dann von einer Minute zur anderen, wird grob und läßt sich nicht mehr gut unterheben. Bei pikanten Gerichten kann man etwas Essig beigeben. Dadurch wird das Eiweiß langsamer steif und gerinnt nicht so leicht. Bei süßen Gerichten rührt man pro Eiweiß 1 Eßlöffel Zucker unter den bereits steifen Schnee, um ihn zu stabilisieren. Geronnener Eischnee läßt sich aber in den meisten Fällen retten (siehe Mein Tip).

**MEIN TIP**

Ist Ihr Eischnee geronnen, fügen Sie noch einmal die halbe Menge an ungeschlagenen Eiweißen hinzu und schlagen die Eiweiße 45 Sekunden kräftig, bis der Schnee glatt und locker ist. Den Eischnee dann sofort verbrauchen.

ZU WEICH – das Eiweiß bildet beim Herausnehmen des Schneebesens eine lange Spitze.
*Grund:* nicht ausreichend oder zu langsam geschlagen; Schüssel oder Eiweiß waren verunreinigt oder zu kalt; die Eier waren sehr frisch
→ etwas Essig oder 1 Prise Zucker hinzufügen und kräftig weiterschlagen; gegebenenfalls die Schüssel 30–40 Sekunden bei schwacher Hitze erwärmen und dabei laufend weiterschlagen.

**RICHTIG** – das Eiweiß bildet beim Herausnehmen des Schneebesens eine feste Spitze; der Eischnee ist sehr glatt, hat eine matte Farbe und haftet an den Wänden der Schüssel, er ist frei von Klümpchen; dreht man die Schüssel um, läuft der Eischnee nicht heraus.

GERONNEN – der Eischnee ist vor allem an den Rändern körnig; er löst sich von den Wänden der Schüssel und bildet keine steife, fest umrissene Spitze.
*Grund:* zu lange oder zu langsam geschlagen; es wurde eine Glas- oder Keramikschüssel verwendet; nicht ununterbrochen geschlagen, so daß das Eiweiß beim Weiterschlagen geronnen ist; das Eiweiß wurde nicht sofort geschlagen
→ bei Baisers und Desserts pro Eiweiß 1 EL Zucker hinzufügen und das Ganze etwa 1 Minute weiterschlagen, bis die Masse glatt ist und glänzt; siehe auch Mein Tip.

**WEITERE PROBLEME**

ZU WENIG VOLUMEN
*Grund:* zu langsam geschlagen; der Schneebesen war zu klein; das Eiweiß war sehr frisch
→ siehe Zu weich.

GRAUE ODER GRÜNLICHE FARBE (in der Kupferschüssel)
*Grund:* die Schüssel wurde nicht richtig gereinigt; das Eiweiß hat zu lange in der Schüssel gestanden
→ wegwerfen, denn das Eiweiß ist jetzt giftig.

## *Mango-Limonen-Fool*

4 BIS 6 PORTIONEN

Der *fool*, ein traditionelles englisches Dessert, das man bereits zur Zeit der Renaissance kannte, wird mit geschlagener Sahne zubereitet. Diese köstliche und luftige tropische Variante eignet sich hervorragend für warme Sommerabende. Verwenden Sie nur sehr reife Mangos.

*1 kg Mangos*
*3 unbehandelte Limonen*
*1 EL Zucker*
*250 g Crème double*

Die Schalen der Mangos mit einem Sparschäler entfernen. Das Fruchtfleisch rund um den Stein mit einem kleinen, spitzen Messer ablösen und in Würfel schneiden.

Die Schale der Limonen abreiben und die Früchte halbieren. Eine Hälfte in 4 bis 6 dünne Scheiben schneiden und zum Garnieren aufheben. Die restlichen Hälften auspressen. Das Mangofleisch mit der Limonenschale und dem Limonensaft in der Küchenmaschine pürieren oder das Mangofleisch durch ein Sieb passieren und anschließend die Limonenschale und den -saft unterrühren. Zum Schluß mit Zucker abschmecken.

Die Crème double fast steif schlagen. Etwas Creme unter das Mangopüree rühren, damit es lockerer wird. Die Mischung anschließend unter die restliche Creme heben. Noch einmal abschmecken und gegebenenfalls noch mit etwas Zucker und Limonensaft verfeinern. Die Masse in Glasschalen füllen und mindestens 2 Stunden oder über Nacht kalt stellen, damit sich der Geschmack entfalten kann.

Die Desserts unmittelbar vor dem Servieren mit 1 Limonenscheibe verzieren.

## *Haselnuß-Birnen-Soufflé*

4 PORTIONEN

Geröstete Haselnüsse verleihen diesem Soufflé Geschmack und Festigkeit.

*75 g Haselnüsse*
*1 reife Birne*
*½ Zitrone*
*4 Eiweiß*
*1½ EL Streuzucker*
*Puderzucker zum Bestäuben*

*FÜR DIE DICKE TORTENCREME:*
*150 ml Milch*
*1 Vanilleschote, aufgeschlitzt*
*2 Eigelb*
*1½ EL Streuzucker*
*2 EL Mehl*

eine Souffléform mit 1,5 l Fassungsvermögen

Den Backofen auf 175 °C (Gas Stufe 2) vorheizen. Die Souffléform mit zerlassener Butter einstreichen. Die Nüsse auf ein Backblech streuen und im Ofen 12 bis 15 Minuten goldbraun rösten. Dabei einmal wenden. Die Nüsse abkühlen lassen und anschließend die Schalen mit einem Tuch abreiben. Die Nüsse dann in der Küchenmaschine mahlen (nicht zu lange mahlen, sonst werden sie ölig). Den Backofen auf 220 °C (Gas Stufe 4) heraufschalten.

Für die Tortencreme die Milch mit der Vanilleschote aufkochen lassen. Den Topf dann zudecken, vom Herd nehmen und die Milch 5 bis 10 Minuten ziehen lassen. In der Zwischenzeit die Eigelbe mit dem Zucker zu einer lockeren, dicken Masse verschlagen und das Mehl untermischen. Die Milch unterrühren und die Masse in den Topf zurückgeben. Bei schwacher Hitze unter Rühren erhitzen, bis die Creme aufkocht und eindickt. Anschließend noch 1 bis 2 Minuten köcheln lassen. Die Creme dann in eine Schüssel passieren (die Vanilleschote kann gespült und wiederverwendet werden), etwas abkühlen lassen und die Haselnüsse untermischen.

Die Birne schälen, vierteln und das Kerngehäuse entfernen. Mit der Zitrone abreiben, zu einem glatten Püree verrühren und unter die Haselnußmasse rühren.

Die Eiweiße, am besten in einer Kupferschüssel, fast steif schlagen. Den Zucker hinzufügen und 30 bis 60 Sekunden weiterschlagen, bis der Eischnee glänzt und sehr steif ist.

Die Haselnußmasse gegebenenfalls noch einmal erwärmen und ein Viertel des Eischnees unterrühren. Die Mischung dann vorsichtig unter den restlichen Eischnee heben. Die Masse in die gefettete Souffléform füllen und glattstreichen. Am Rand mit dem Daumen entlangfahren, damit das Soufflé wie ein Hut aufgeht.

Das Soufflé 15 bis 18 Minuten backen, bis es aufgegangen und leicht angebräunt ist (in der Mitte sollte es noch etwas weich sein). Mit Puderzucker bestäuben und sofort servieren.

*Haselnuß-Birnen-Soufflé*

# Baisers

Bei den Baisermassen unterscheidet man zwischen drei Zubereitungsarten. Alle drei werden aus Eischnee und Zucker hergestellt. Bei kalt geschlagenen Baisers wird der Zucker dem Eischnee in zwei Portionen zugegeben: Die ersten zwei Drittel werden untergeschlagen, bis sie sich auflösen und den Eischnee stabilisieren, der Rest wird locker untergemischt. Beim zweiten Schritt bin ich immer gescheitert, bis ich lernte, so lange zu rühren, bis die Masse eine lange, glänzende Spitze bildet. Sie sollte dabei aber noch so steif sein, daß man sie spritzen kann. Wird die Masse zu lange oder nicht ausreichend geschlagen, zerläuft sie beim Backen, klebt am Blech fest und brennt an.

Kalt geschlagene Baisers sollten sehr langsam gebacken werden, so daß sie eher trocknen als backen – traditionelle Köche lassen sie sogar über Nacht im warmen Ofen. Damit sie richtig knusprig werden, benötigt man pro Eiweiß mindestens 45 g Zucker. Verwenden Sie weniger Zucker, werden die Baisers selbst bei ausreichendem Backen nicht knusprig. Feuchtigkeit, etwa Küchendämpfe oder feuchte Luft von draußen, können ihre Beschaffenheit ebenfalls beeinträchtigen. Da Baisers immer dazu neigen, am Blech festzukleben, würde ich Ihnen empfehlen, Backpapier oder ein beschichtetes Backblech zu verwenden oder Ihr Backblech gleichmäßig mit Butter einzustreichen und mit Mehl zu bestäuben.

Da Eischnee bei Zugabe von Flüssigkeit zusammenfällt, kommen zum Verfeinern nur Kaffeepulver, Kakao, trockene Gewürze oder einige Tropfen Vanilleessenz in Frage. Selbst gemahlene Nüsse, wie in der klassischen *gâteau progrès*, weichen die Baisers auf. Eine Besonderheit stellen die sogenannten Schnee-Eier dar, bei denen man von der Baisermasse Klößchen absticht, die anschließend eher pochiert als gebacken und in einer Englischen Creme serviert werden. Auch hier sind die Baisers eher weich als knusprig.

Für kalt geschlagene Baisers wird gelegentlich auch weniger Zucker – nur 1 bis 2 Eßlöffel pro Eiweiß – verwendet. Die Baisers werden dann besonders leicht und lassen sich, zum Beispiel für ein Soufflé oder einen Biskuitteig, sehr gut mit anderen Zutaten kombinieren. Man verwendet die Masse aber auch zum Verzieren von Zitronen- oder anderen Obsttorten. Nach dem Backen halten sich diese Baisers allerdings nicht lange und müssen binnen 1 oder 2 Stunden serviert werden.

Wie ich bereits eingangs erwähnte, habe ich mit dieser Zubereitungsart bisweilen so meine Schwierigkeiten. Wesentlich sicherer fühle ich mich bei der italienischen Baisermasse und warm geschlagenen Baisers, die, obwohl fester, in den meisten Rezepten gegen die kalt geschlagenen austauschbar sind. Man kann sie vor dem Backen sogar einige Tage im Kühlschrank lagern. Sie sind schnell gebacken und getrocknet und werden dann glatt und knusprig. Sie lassen sich auch bei relativ hohen Temperaturen (150 °C) backen. Dadurch trocknen die Baisers außen und bleiben innen weich. Warm geschlagene Baisers werden häufig für Petits fours, die italienische Baisermasse meist zum Verzieren von Kuchen oder zum Süßen von Schlagsahne und Eisparfaits verwendet.

Bei der Zubereitung der italienischen Baisermasse wird kochend heißer Zuckersirup, den man auf 120 °C erhitzt hat, unter das geschlagene Eiweiß gerührt. Am einfachsten geht das in der Küchenmaschine – achten Sie aber darauf, daß sich die Schneebesen sehr schnell drehen, wenn Sie den heißen Sirup hineingeben, damit er in der Schüssel nicht gerinnt. Für warm geschlagene Baisers wird das Eiweiß mit dem Zucker über einer Schüssel mit heißem Wasser schaumig geschlagen und dickt dann zu einer festen, weißen Masse ein. Dabei kann man zwar nichts falsch machen, aber da die Eier von Hand sehr schwer zu schlagen sind, würde ich Ihnen hier den Handmixer empfehlen.

**RICHTIG (KALT GESCHLAGENE BAISERS)** – die Masse ist steif und glänzt; am Schneebesen bildet sich beim Herausheben eine lange Spitze; an den Rändern setzt sich keine Flüssigkeit ab.

**RICHTIG (ITALIENISCHE BAISERMASSE)** – die Masse ist sehr steif und glänzt, sie sieht fast gläsern aus; sie ist fest; es bildet sich eine steife, fest umrissene Spitze.

# Zitronenbaisers

ERGIBT CIRCA 20 STÜCK

François Pierre de la Varenne, der Begründer der klassischen französischen Küche, nach dem ich die La Varenne-Kochschule benannt habe, soll die Baisers erfunden haben. Ich habe das Originalrezept, das um 1650 entstanden ist, etwas abgewandelt, denn die Masse war so dick, daß man sie von Hand formen konnte, und auch dementsprechend süß.

*4 Eiweiß*
*200 g Zucker*
*abgeriebene Schale von 1 unbehandelten Zitrone*

Den Backofen auf 110 °C (Gas Stufe 1) vorheizen und ein Backblech mit Backpapier auslegen.

Die Eiweiße, am besten in einer Kupferschüssel, steifschlagen. 3 Eßlöffel Zucker hinzufügen und 1 bis 2 Minuten weiterschlagen, bis die Masse glänzt. Den restlichen Zucker dazugeben und nochmals 1 bis 2 Minuten schlagen, bis die Masse schön steif ist. Zum Schluß die Zitronenschale untermengen.

Die Masse mit zwei Teelöffeln abstechen und die Häufchen auf das Backblech setzen. Dabei genug Platz lassen, denn die Häufchen laufen etwas auseinander. 1 bis 1½ Stunden backen. Die Baisers anschließend auf einem Kuchengitter vollständig auskühlen lassen (sie werden beim Abkühlen knusprig).

## WEITERE PROBLEME

UNGLEICHMÄSSIGE, KÖRNIGE BESCHAFFENHEIT
*Grund:* es wurde ein grobkörniger Zucker verwendet; das Eiweiß wurde nicht ausreichend geschlagen; die Baisermasse wurde nach Zugabe des Zuckers nicht ausreichend geschlagen
→ siehe Mein Tip.

INNEN ZÄH
*Grund:* die Baisermasse wurde nach Zugabe des Zuckers nicht ausreichend geschlagen; zu schnell oder nicht lange genug gebacken
→ Machen Sie sich nichts daraus, viele mögen zähe Baisers ganz gerne.

## MEIN TIP

Hier ein paar Tips für nicht ganz gelungene Baisers:
- Die Baisers zerkrümeln und abwechselnd mit frischen Früchten und Crème fraîche in eine Form schichten.
- Die Baisers zerkrümeln, mit zerdrückten Erdbeeren belegen und mit einem mit Grand Marnier und abgeriebener Orangenschale verfeinerten Sabayon (siehe Seite 134) überziehen.
- Die Baisers zerstoßen und für eine Eisbombe verwenden.
- Sind Ihre Baisers zu dunkel, mit Puderzucker oder Kakaopulver bestäuben.

FEUCHT – um die Baisers setzt sich eine sirupartige Flüssigkeit ab; vielfach sind sie aufgesprungen; innen sind sie klebrig und nicht locker.
*Grund:* das Eiweiß wurde zu lange oder nicht ausreichend geschlagen (siehe Eiweiß schlagen, Seite 223); die Baisermasse wurde nach Zugabe des Zuckers zu lange oder nicht ausreichend geschlagen; die verwendete Zuckermenge hat nicht ausgereicht, um das Eiweiß zu stabilisieren; nicht lange genug gebacken; die Baisers wurden feucht gelagert
→ im warmen Backofen am besten mehrere Stunden trocknen, in einem luftdicht verschlossenen Behälter aufbewahren.

**RICHTIG** – die Baisers sind weiß oder haben eine helle Cremefarbe; sie sind oben und unten gleichmäßig gebräunt; innen sind sie locker, aber nicht weich und durch und durch knusprig.

ZU DUNKEL – die Farbe erinnert an Milchkaffee, die Baisers sind an den Rändern verbrannt; innen sind sie heller und in der Mitte häufig zäh.
*Grund:* Temperatur zu hoch; zu lange gebacken
→ verbrannte Stellen entfernen und die Baisers für Gerichte verwenden, bei denen man die Farbe nicht sieht; mit geschmolzener Bitterschokolade überziehen oder in heiße Schokolade tauchen.

# Cremespeisen

ES IST ERSTAUNLICH, WIE VIELE VERSCHIEDENE CREMESPEISEN sich aus Eiern, Milch und Zucker herstellen lassen, indem man diese Zutaten auf verschiedenste Weise aromatisiert. Die Karamelcreme ist auf jeder Speisekarte zu finden. Als Kinder begannen wir mit Vanille- oder Muskatcremespeisen und gingen später zu *pots de crème* (siehe Seite 230) über, die wir mit Kaffee, Schokolade, Gewürzen oder Zitrusfrüchten verfeinerten. Und schließlich wagten wir uns sogar an eine *crème brûlée*, die wir mit Vanille, Kürbis oder kandiertem Ingwer verfeinerten. Aus Spanien stammt der *flan de manzana* mit Karamel und Äpfeln und aus Israel die Orangencreme mit braunem Zucker. In Thailand werden Cremespeisen gerne in einer Kokosnuß gegart.

Wurden zum Andicken ganze Eier – üblicherweise rechnet man 1 Ei und 1 Eigelb auf 1/4 l Milch – verwendet, kann die Creme gestürzt werden. Gehaltvollere, weichere Cremes, wie zum Beispiel *pots de crème* und *crème brûlée*, werden nur mit Eigelb angedickt und können nicht gestürzt werden. Mitunter wird auch Mais- oder Kartoffelstärke verwendet; gehen Sie damit aber sparsam um, damit die Stärke nicht durchschmeckt. Da die Grundzutaten wenig Eigengeschmack haben, kann die Creme unter Umständen fade sein. Schmecken Sie sie deshalb vor dem Garen immer noch einmal ab. Wenn Sie in die Form zuunterst etwas Karamel oder 1 bis 2 Eßlöffel einer säuerlichen Marmelade, zum Beispiel Rote Johannisbeermarmelade, geben, haben Sie nach dem Stürzen eine leckere, leichte Sauce. Sie können die Creme vor dem Garen aber auch einfach nur mit frisch geriebener Muskatnuß bestreuen.

Cremespeisen werden stets im Wasserbad gegart, so garen sie langsam und gründlich bei gleichbleibender Temperatur. Das Wasser sollte etwas über die Mitte der Form reichen, und ich würde Ihnen empfehlen, das Wasserbad mit einem Geschirrtuch abzudecken, damit kein Wasser in den Creme gelangt. Damit Sie die Zeit genauer bemessen können, stellen Sie die Form zuerst in das Wasserbad und lassen das Wasser erst dann auf dem Herd aufkochen. Denken Sie am Ende der Garzeit daran, daß die Creme noch einige Minuten durch die eigene Resthitze weitergart. Wird sie zu lange gegart, bekommt sie eine grobe, klumpige Beschaffenheit, die sich nicht mehr beheben läßt. Aber keine Angst – ich mag eine etwas zähe und klumpige Creme auch ganz gerne und damit stehe ich sicher nicht allein da. Cremespeisen werden beim Abkühlen noch etwas fester und werden im allgemeinen gekühlt serviert.

## MEIN TIP

Ist Ihnen Ihre Cremespeise nicht recht gelungen, lassen Sie sie in der Form und bestreuen sie dick mit geraspelter Schokolade. Wenn Sie mögen, können Sie sie außerdem noch mit einer Apfelsauce überziehen, sie dann mit Chantillycreme (siehe Seite 222) verzieren und zum Schluß noch einmal etwas Schokolade darüberraspeln.

## WEITERE PROBLEME

DIE CREME IST FADE ODER SCHMECKT NACH EI
*Grund:* nicht ausreichend gewürzt; zu wenig Zucker (wenn die Creme nach Ei schmeckt); die Gewürze haben nicht lang genug in der Milch gezogen
→ mit flüssigem Honig, Ahornsirup oder Fruchtgelee (siehe Seite 246 – 247) überziehen; siehe auch Mein Tip.

WEICH UND DÜNN – sticht man mit einem Spieß hinein, bleibt Creme daran haften; rüttelt man an der Form, bewegt sich die Creme in der Mitte.
*Grund:* Garzeit zu kurz; Temperatur zu niedrig; zu wenig Eier; aus dem Wasserbad ist Wasser in die Form gelangt
→ weitergaren; wurden zu wenig Eier verwendet oder ist Wasser in die Form gelangt, ist keine Abhilfe möglich. In der Form mit Beeren oder Fruchtwürfeln belegt servieren; siehe auch Mein Tip.

RICHTIG – sticht man mit einem Spieß in die Creme hinein, ist er beim Herausziehen sauber; rüttelt man an der Form, bewegt sich die Creme kaum; die Masse ist sehr glatt und cremig; die Farbe ist je nach Anzahl der Eier blaß- bis dunkelgelb; der Geschmack ist fein und kräftig. Zu beachten: Festere Cremespeisen, etwa eine Karamelcreme, können problemlos gestürzt werden.

KLUMPIG – die Creme ist fest; die Creme ist an den Rändern verbrannt; die Oberfläche weist Blasen auf; innen ist die Creme klumpig und voller Blasen.
*Grund:* zu lange gegart; Temperatur zu hoch
→ mit einem Fruchtcoulis (siehe Seite 136), einer Schokoladen- oder Karamelsauce (siehe Seite 138 und 238) überziehen; mit Krokant, zerstoßenem Karamel oder zerkrümelten Keksen bestreuen.

# Aufläufe

AUFLÄUFE AUS EIERN, MILCH UND MEHL zählen zu den beliebtesten klassischen Desserts. Die Eier machen sie locker, und damit sie schön aufgehen, können Sie zusätzlich noch Backpulver verwenden. Nüsse, Zitronenschale oder Gewürze bieten sich zum Verfeinern an. Vielfach werden Aufläufe mit Obst, etwa Rhabarber, Brombeeren oder Pflaumen, zubereitet. Dabei sollte die Form möglichst dicht mit den Früchten ausgelegt werden, denn der Teig verläuft um sie herum. So geht der Auflauf gut auf, und es bildet sich eine schöne, braune Kruste. Zum Backen verwende ich meist eine flache Auflaufform, die nicht höher als 5 cm ist. Bestäubt man den Auflauf noch mit etwas Zucker, bildet sich eine hübsche Karamelschicht. Ich bevorzuge schwere französische Gratinformen aus Gußeisen; feuerfestes Glas oder Keramik sind aber ebenso geeignet.

Der Teig wird traditionell aus ganzen Eiern, Milch und etwas Mehl zubereitet. Sahne sollte man nicht hinzufügen, da der Auflauf sonst unter Umständen schwer wird. Als Beilage gehören Sahne, Schlagsahne oder Crème fraîche aber unbedingt dazu. Neben süßen Aufläufen, auf die ich mich in diesem Kapitel konzentriere, gibt es natürlich noch die unterschiedlichsten pikanten Varianten, etwa auf Basis einer Béchamelsauce oder einer Gemüse-Kartoffel-Mischung, die am Ende mit Eiermilch übergossen wird. Allen gemeinsam ist, daß sie gleich direkt aus dem Ofen auf den Tisch kommen sollten.

NICHT AUSREICHEND GEBACKEN UND SCHWER – der Auflauf ist blaß und nicht aufgegangen; er schmeckt nach Teig.
*Grund:* zu langsam gebacken; Backzeit zu kurz; zuviel Mehl
→ mit Zucker bestreuen und unter dem Backofengrill karamelisieren lassen; mit einer Englischen Creme oder einer gekochten Fruchtsauce (siehe Seite 130 und 137) servieren.

RICHTIG – der Auflauf ist schön aufgegangen; am Rand ist er etwas fester, innen etwas weicher; außen ist er goldbraun, häufig mit karamelisiertem Zucker überzogen; der Geschmack ist kräftig.

## WEITERE PROBLEME

ZU WENIG GESCHMACK
*Grund:* zu wenige geschmacksintensive Zutaten; zu wenig Zucker; Backzeit zu kurz
→ mit einer säuerlichen gekochten Fruchtsauce servieren.

## MEIN TIP

Ist Ihr Auflauf nicht richtig aufgegangen oder hat zu wenig Geschmack, beträufeln Sie ihn noch warm mit Cognac oder Rum (der Alkohol verdunstet dann und durchzieht den Auflauf) oder mit Orangen- oder Zitronensaft.

## AUFLAUF- UND PUDDINGFORMEN

Die Form, in der eine Süßspeise gegart wird, ist ein wesentlicher Bestandteil des Gerichts – und das nicht nur, weil es darin serviert wird, sondern auch im Hinblick auf die Art des Garens. Zum Dünsten eignet sich am besten schweres Steingut, das den Teig isoliert, so daß die Hitze langsam ins Innere vordringt und der Pudding außen weich bleibt. Für den englischen *Christmas pudding* verwendet man traditionell eine Schüssel, so bekommt er seine typische Kegelform. In unserer Schulküche wurden die Süßspeisen in langen, schmalen Metallformen gegart. Dadurch ließen sich die großen Mengen leichter zubereiten.

Für Reis- und Grießpuddings eignet sich, da sie möglichst langsam gegart werden müssen, ebenfalls am besten Steingut. In der Regel verwendet man eine flache Form, zum Beispiel eine Pieform, eine flache Soufflé-form oder eine Quicheform aus Keramik.

Bei Cremespeisen kommt es ebenfalls auf langsames Garen an, damit sie ihre typische Beschaffenheit erhalten. Sie werden in einer Steingut- oder Porzellanform im Wasserbad gegart. Nehmen Sie für Cremespeisen, die, wie beispielsweise die Karamelcreme, gestürzt werden, am besten eine flache Souffléform bzw. einzelne -förmchen, denn wenn die Form zu hoch ist, kann die Creme zusammenfallen. Für bestimmte Cremespeisen gibt es sogar spezielle Formen, wie zum Beispiel die dekorativen Töpfchen mit Deckel für *pots de crème* oder die flachen Formen für *crème brûlée*.

Bei einem Brotpudding liegt die Sache etwas anders. Damit er eine schöne braune Kruste bekommt, bietet sich hier in erster Linie eine Metallform an. Die Form für einen Brotpudding kann relativ dünn sein (ich denke da vor allem an Apfelcharlotte), ich bevorzuge allerdings Gußeisen, da es die Hitze gleichmäßig verteilt. Emailliertes Gußeisen ist zwar leichter zu reinigen, für das Garen spielt es aber keine Rolle, welche Art von Gußeisenform Sie verwenden.

Die bislang vorgestellten Formen sind alle abgerundet, damit die Süßspeise nicht anhängen kann. Anders ist das bei Fruchtgelees, die nicht gegart werden, sondern die man im Kühlschrank fest werden läßt. Sie sollten in der Regel eine scharf umrissene Form haben, und deshalb verwendet man hier am besten eine hohe Kastenform. Die Form muß aus Metall sein, damit sowohl die Kälte, die die Mischung benötigt, um fest zu werden, als auch die Wärme, die zum Stürzen erforderlich ist, rasch weitergeleitet werden.

## *Cremetöpfchen mit Zitrusfrüchten*

4 BIS 6 PORTIONEN

Traditionell werden die *pots de crème* immer als Dreigespann – mit Vanille-, Kaffee- und Schokoladengeschmack – serviert. Hier eine kalifornische, mit Zitrusfrüchten verfeinerte Variante.

*3 unbehandelte Orangen*
*4 unbehandelte Zitronen*
*4 unbehandelte Limonen*
*1 Liter Milch*
*12 Eigelb*
*150 g Zucker*

*ZUM KANDIEREN DER SCHALEN:*
*150 g Zucker*
*175 ml Wasser*

12 Moussetöpfchen mit Deckel oder kleine Förmchen

Den Backofen auf 175 °C (Gas Stufe 2) vorheizen. Für das Wasserbad einen Bräter mit einem zusammengefalteten Geschirrtuch auslegen, etwa 4 cm hoch mit Wasser füllen und auf dem Herd aufkochen lassen. Von jeder Fruchtsorte 2 bis 3 große Stücke Schale abschälen, in feine Streifen schneiden und getrennt beiseite stellen. Die restliche Schale abreiben und auf drei Schüsseln verteilen. Die Milch aufkochen lassen.

Die Eigelbe 3 bis 5 Minuten mit dem Zucker zu einer lockeren, dicken Masse verschlagen. Die heiße Milch unterrühren, die Mischung auf die drei Schüsseln mit den geriebenen Schalen verteilen und 10 bis 15 Minuten ziehen lassen.

Die Masse in die Töpfchen oder Förmchen seihen (je vier für jede Geschmacksrichtung), die Förmchen in das Wasserbad stellen, die Deckel darauf setzen oder die Förmchen mit einem Küchenbrett zudecken. Das Wasserbad auf dem Herd noch einmal aufkochen lassen und dann in den Backofen stellen. Die Cremes 15 bis 20 Minuten garen. Die Förmchen anschließend herausnehmen und abkühlen lassen.

In der Zwischenzeit die Schalenstreifen kandieren. Die Streifen dazu getrennt jeweils 2 Minuten in einem kleinen Topf mit kochendem Wasser blanchieren und danach abtropfen lassen. Den Zucker und das Wasser in einem weiteren Topf langsam erhitzen, bis sich der Zucker aufgelöst hat und zu einem Sirup eingekocht ist. Den Sirup in drei Portionen aufteilen und die Schalen getrennt jeweils 8 bis 10 Minuten darin köcheln lassen, bis das Wasser vollständig verdunstet ist. Die Schalen mit einer Gabel herausholen, auf Pergamentpapier auslegen und abkühlen lassen.

Die Cremes unmittelbar vor dem Servieren mit den kandierten Schalen garnieren und gut gekühlt servieren.

## *Kirschauflauf*

6 PORTIONEN

Damit sie möglichst viel Geschmack haben, werden die Schattenmorellen für diesen Auflauf aus Zentralfrankreich in der Regel nicht entsteint. Das ist natürlich beim Essen nicht so angenehm. Deswegen entsteine ich die Kirschen mit einem Kirschenentsteiner oder der Spitze eines Gemüseschälers. Die Kirschen können Sie je nach Jahreszeit zum Beispiel auch durch Äpfel, Aprikosen oder Pflaumen ersetzen.

*500 g Schattenmorellen*
*3 EL Mehl*
*60 g Streuzucker*
*1 Prise Salz*
*4 Eier*
*1/4 l Milch*
*4 EL Cognac oder 3 EL Kirschwasser*
*Puderzucker zum Bestäuben*

eine flache Auflaufform mit 1,5 l Fassungsvermögen

Den Backofen auf 175 °C (Gas Stufe 2) vorheizen. Die Form mit Butter einstreichen und mit Zucker ausstreuen. Die Kirschen gegebenenfalls entsteinen und in der Form verteilen.

Für den Teig das Mehl mit dem Zucker und dem Salz in eine Schüssel sieben und in der Mitte eine Mulde formen. Die Eier hineinschlagen und gut verquirlen. Die Hälfte der Milch unterrühren und dann das Mehl unterheben, bis ein glatter Teig entstanden ist. Zum Schluß die restliche Milch unterrühren.

Den Teig über die Kirschen gießen und 35 bis 45 Minuten backen. Den heißen Auflauf mit Cognac oder Kirschwasser beträufeln. Der Auflauf wird beim Abkühlen etwas zusammenfallen. Unmittelbar vor dem Auftragen mit Puderzucker bestäuben und heiß oder noch warm servieren.

*Kirschauflauf*

# Brotpuddings

IN EINER GUT GEFÜHRTEN KÜCHE WIRD ALTES BROT NIE WEGGEWORFEN. Denn wozu gibt es die vielen Brotpuddings, die meist mit einer Englischen Creme zubereitet werden? Wie gut der Pudding schmeckt, hängt von der Qualität des Brotes ab. Am besten eignet sich ein festes Brot, das möglichst 1 oder 2 Tage alt sein sollte. Ist das Brot noch zu frisch, legen Sie es zum Trocknen in den warmen Ofen. Manche Köche garen ihren Brotpudding im Wasserbad; ich finde allerdings, die braune Kruste – eine seiner wesentlichsten Eigenschaften – wird dann weniger knusprig. Sie können Ihren Brotpudding mit gemahlenen Mandeln oder Kokosraspeln verfeinern, Sie können das Brot mit Butter bestreichen oder abwechselnd mit Trockenfrüchten in die Form schichten (bestreuen Sie ihn aber nicht damit, denn die Trockenfrüchte verbrennen sonst). In vielen Rezepten wird außerdem noch Portwein oder Marsala verwendet. Das ist eigentlich schon alles – ein einfaches Hausmannsdessert, das inzwischen auch in den Restaurants Einzug gehalten hat.

RICHTIG – der Pudding ist etwas fest und hat, vor allem an den Rändern, eine goldbraune Farbe; er läßt sich mit dem Löffel abstechen, ist aber nicht schwer; der Geschmack ist mild und aromatisch; die Farbe ist hell, aber nicht grau.

AUSGETROCKNET– der Pudding ist trocken und zäh; die Oberfläche ist häufig dunkelbraun und ausgetrocknet.
*Grund:* zu lange gegart; Temperatur zu hoch; zu wenig Creme; das Brot war sehr trocken
→ mit Milch anfeuchten und 5–10 Minuten vorsichtig erwärmen; mit Eis, Vanillesauce oder einer gekochten Fruchtsauce (siehe Seite 137) servieren.

## WEITERE PROBLEME

DURCHWEICHT UND ZU WENIG GESCHMACK
*Grund:* Garzeit zu kurz; Temperatur zu niedrig; das Brot war zu frisch oder zu weich
→ wenn die Creme noch nicht fest ist, weitergaren; ist die Creme bereits fest, den Pudding mit Zucker bestreuen und unter dem Backofengrill karamelisieren lassen; mit Honig oder einem säuerlichen Fruchtcoulis (siehe Seite 136) servieren.

## MEIN TIP

Mit einer Rum- oder Cognacbutter bekommt Ihr Brotpudding mehr Geschmack. Dazu 90 g Butter cremig rühren und anschließend 2–3 Minuten mit 75 g Zucker zu einer sehr weichen, lockeren Masse verschlagen. Dann nach und nach 3 EL Rum oder Cognac unterrühren. Sollte die Masse gerinnen, die Schüssel auf einen Topf mit warmem Wasser setzen und weiterschlagen, bis sie glatt ist. Zum Schluß die abgeriebene Schale von 1 unbehandelten Zitrone untermischen. Die Butter im Kühlschrank fest werden lassen und vor dem Servieren Kugeln daraus ausstechen. Ergibt 175 g bzw. 4–6 Portionen.

# *Panettonepudding*

6 bis 8 Portionen

Ich lernte diesen köstlichen Pudding in einem der besten italienischen Restaurants Londons kennen. Als ich ihn das erste Mal selbst ausprobierte, habe ich ihn noch mit etwas Grappa verfeinert, die man aber auch durch Cognac ersetzen kann. Dazu reichen Sie am besten eine eisgekühlte Crème double.

*500 g Panettone*
*3–4 EL Butter*
*500 g Crème double*
*1/8 l Milch*
*75 ml Grappa*
*4 Eier, leicht verquirlt*
*2 EL Zucker*
*1 Prise Salz*

eine Souffléform mit
2 l Fassungsvermögen

Den Backofen auf 160 °C (Gas Stufe 1) vorheizen. Die Form großzügig mit Butter einstreichen. Den Panettone der Länge nach vierteln und die Viertel dann quer in 2,5 cm dicke Scheiben schneiden. Jede Scheibe auf einer Seite mit Butter bestreichen und dann den Boden und die Wände der Form damit auskleiden. Die gebutterte Seite muß dabei nach innen zeigen. Die restlichen Scheiben in die Mitte legen.

Die Crème double in einer mittelgroßen Schüssel mit der Milch, der Grappa, den Eiern, dem Zucker und dem Salz verrühren und die Mischung dann über den Panettone gießen. Die Scheiben gut andrücken, damit sie mit Flüssigkeit bedeckt sind, und 10 Minuten stehenlassen, damit sich der Kuchen vollsaugt. Die Form lose mit Alufolie abdecken und den Pudding 30 Minuten backen. Die Folie danach abnehmen, den Pudding weitere 30 bis 40 Minuten backen und warm servieren.

# Reis- und Grießpuddings

REIS- UND GRIESSPUDDINGS KÖNNEN ENTWEDER AUF DEM HERD GEGART oder langsam im Ofen gebacken werden. Die Körner nehmen dabei das Vier- bis Fünffache ihres Volumens an Flüssigkeit (in der Regel Milch) auf, werden prall, zerfallen aber nicht. Die benötigte Flüssigkeitsmenge hängt sehr stark von der Körnersorte ab. So nimmt beispielsweise Rundkornreis mehr Flüssigkeit auf als Langkornreis und gibt dabei Stärke ab, durch die die Kochflüssigkeit cremig eindickt. Da der Zucker im allgemeinen erst gegen Ende der Garzeit beigegeben wird, kann der Pudding nicht so leicht anbrennen. Grießpuddings müssen beim Garen auf dem Herd öfter umgerührt werden, als wenn man sie im Ofen bäckt. Um mir Arbeit zu ersparen, bevorzuge ich letztere Methode. Dazu stelle ich die Form ohne Deckel in den Ofen und rühre überhaupt nicht um – sind die Puddings mit Milch zubereitet, bekommen sie so eine schöne, braune Kruste.

Auf gleiche Weise werden auch Puddings aus ganzen oder geschroteten Getreidekörnern, zum Beispiel Haferflocken, gegart. Sie können pikant oder süß zubereitet werden und heiß oder, wie der Indische Reispudding auf Seite 235, gekühlt serviert werden. Denken Sie daran, daß Grießpuddings während des Abkühlens beträchtlich eindicken.

**MEIN TIP**

Ist Ihr Grießpudding zu schwer oder hat zu wenig Geschmack, bestreuen Sie ihn dick mit dunklem, braunem Zucker und lassen ihn unter dem Backofengrill karamelisieren.

NICHT AUSREICHEND GEGART UND DÜNN – der Pudding ist wäßrig; die Körner sind vielfach zäh; der Geschmack hat sich noch nicht entfaltet.
*Grund:* Garzeit zu kurz; Temperatur zu niedrig; das Korn war ungeeignet
→ weitergaren und dabei gegebenenfalls die Temperatur erhöhen; unmittelbar vor dem Servieren verquirltes Eigelb oder ganze Eier unterrühren.

**RICHTIG** – die Körner haben die Flüssigkeit aufgesogen und sind cremig; sie fallen locker vom Löffel, und die Flüssigkeit ist leicht eingedickt; nach dem Backen hat sich eine goldbraune Kruste gebildet; die Körner sind sehr weich; der Geschmack ist kräftig und aromatisch.

VERKOCHT UND SCHWER – der Pudding ist zäh und fällt nur schwer vom Löffel; die Körner sind aufgeplatzt und zerfallen; nach dem Backen ist der Pudding zusammengeschrumpft; der Geschmack ist teigig, die Farbe blaß.
*Grund:* zu lange oder mit zu wenig Flüssigkeit gegart; der Pudding wurde, vor allem gegen Ende der Garzeit, zu häufig umgerührt
→ sind die Körner noch nicht zerfallen, Flüssigkeit zugeben und vorsichtig erwärmen; sind die Körner zerfallen, mit Crème double, Schlagsahne oder einer Englischen Creme (siehe Seite 130) servieren. Aus dem erkalteten Pudding Reisküchlein zubereiten (siehe Pilaws, Mein Tip, Seite 190).

## WEITERE PROBLEME

KLUMPIG (wenn mit Milch zubereitet)
*Grund:* es wurden zusätzlich saure Zutaten, etwa Zitrone, oder Melasse beigegeben; Temperatur zu hoch; die Milch war nicht mehr frisch
→ 1–2 EL Maisstärke mit 4–5 EL Milch oder Wasser anrühren, unter den Pudding rühren und eindicken lassen.

ZU WENIG GESCHMACK
*Grund:* nicht ausreichend gewürzt; zu wenig gesüßt
→ mit Zucker oder Honig nachsüßen und mit Vanille, abgeriebener unbehandelter Zitronen- oder Orangenschale, Zimt, Muskat oder Piment abschmecken.

ANGEBRANNT
*Grund:* der Pudding wurde, vor allem gegen Ende der Garzeit, nicht oft genug umgerührt; Temperatur zu hoch. Zu beachten: Milch und Zucker brennen leicht an
→ in einen anderen Topf umfüllen und dabei darauf achten, daß der angebrannte Teil im Topf zurückbleibt; mit geschmacksintensiven Zutaten, zum Beispiel Rosinen oder getrockneten Aprikosen, abgeriebener Zitronenschale, gemahlenen Nelken, Zimt oder Piment oder mit Kräutern, etwa Minze, verfeinern. Ist der Pudding stark verbrannt, ist keine Abhilfe möglich.

## *Indischer Reispudding*

6 PORTIONEN

Im Unterschied zu den einfachen Reispuddings ist dies ein Dessert, das sogar bei Staatsbanketten und Hochzeitsessen serviert wird.

*1½ l Milch (ggf. etwas mehr)*
*75 g Rundkornreis*
*4 Kardamomschoten, zerdrückt*
*1 Stück (2,5 cm) Zimtstange*
*2 Nelken*
*75 g Zucker*
*45 g Sultaninen*
*2 EL Rosenwasser*
*60 g geröstete Mandelblättchen*
*45 g Pistazien, blanchiert und gehackt*

Musselin

Die Milch in einem großen Topf aufkochen lassen, den Reis einrühren und bei geöffnetem Topf und schwacher Hitze 15 Minuten garen. Dabei laufend umrühren.

Den Kardamom, die Zimtstange und die Nelken in ein Musselinsäckchen binden, zu dem Reis geben und alles weitere 60 Minuten bei geöffnetem Topf köcheln lassen. Dabei gelegentlich umrühren. Anschließend den Zucker und die Rosinen hinzufügen und nochmals 45 bis 60 Minuten leise köcheln lassen, bis der Reis gar ist und die Rosinen prall sind.

Den Topf dann vom Herd nehmen und das Säckchen mit den Gewürzen herausholen. Das Rosenwasser und zwei Drittel der Mandeln unterrühren und gegebenenfalls mit Zucker nachsüßen. Den Reis in eine Schüssel umfüllen, zudecken und mindestens 12 Stunden oder über Nacht kalt stellen. Der Pudding entfaltet dann seinen Geschmack und dickt etwas ein.

Den Pudding vor dem Servieren gegebenenfalls mit etwas Milch verdünnen, auf sechs Schälchen verteilen und mit den restlichen Mandeln und den Pistazien garnieren.

# Englische Puddings

JEDER, DER WIE ICH IN ENGLAND AUFGEWACHSEN IST, liebt diese saftigen Puddings, die mit aromatischen Gewürzen verfeinert und mit Honig oder Sirup überzogen werden. Man kann sie aber auch mit Schokolade und getrockneten oder kandierten Früchten zubereiten. In Irland werden sie mit einem Schuß Guinness angereichert, und der amerikanische *carrot pudding* geht noch auf die Zeit der Pioniere zurück. Der Teig besteht zum Beispiel aus Früchte- oder Ingwerbrot. Traditionell wird er aus Paniermehl und Rindertalg hergestellt. Während des Dämpfens muß der Pudding mit Papier und einem Tuch abgedeckt werden, damit die Feuchtigkeit den Teig nicht verwässert. Vor dem Servieren wird er entweder mit Honig oder Sirup überzogen, oder man reicht dazu eine Englische Creme, eine Schokoladensauce oder Cognacbutter. Die englischen Puddings lassen sich gut aufwärmen, und der *plum pudding* – der wohl bekannteste – wird sogar zweimal gebacken: einmal, damit die Trockenfrüchte und die Nüsse ihren Geschmack entfalten können, und ein zweites Mal, um ihn erneut kurz zu erwärmen, bevor er brennend auf den Tisch kommt.

**RICHTIG** – der Pudding fühlt sich in der Mitte fest an, ein hineingestochener Spieß ist beim Herausziehen sauber; der Pudding ist schön aufgegangen; innen ist er glatt und locker; der Geschmack ist würzig.

### MEIN TIP

Ist Ihr Pudding schwer oder wurde nicht ausreichend gegart, überziehen Sie ihn mit einer Karamelkruste. Dazu den Backofen vorheizen und den Pudding in 2 cm dicke Scheiben zerteilen. Die Scheiben auf ein gebuttertes Backblech legen, großzügig – auch am Rand – mit weißem oder braunem Zucker bestreuen und anschließend 3–5 Minuten unter dem Grill karamelisieren lassen.

### PROBLEMFÄLLE

NICHT AUSREICHEND GEGART UND DURCHWEICHT

*Grund:* Garzeit zu kurz (ein besonders großer oder gehaltvoller Pudding kann mehrere Stunden brauchen); das Wasser zum Dämpfen hat nicht gekocht; Wasser ist in den Pudding gelangt

→ war die Garzeit zu kurz, weitergaren und dabei gegebenenfalls die Temperatur erhöhen; wurde der Pudding verwässert, das Wasser soweit wie möglich mit Küchenpapier aufsaugen; mit einer säuerlichen Fruchtsauce (siehe Seite 137) servieren; siehe auch Mein Tip.

SCHWER

*Grund:* zu wenig Eier oder Treibmittel; der Teig wurde nicht genügend durchgerührt; nicht ausreichend gegart

→ in dünne Scheiben aufschneiden und reichlich mit einem Belag überziehen oder einer Sauce begießen; siehe auch Mein Tip.

ZERKOCHT UND TROCKEN

*Grund:* der Teig war zu trocken; zu lange gegart; Wasser ist verdunstet, deshalb nicht gleichmäßig gedämpft

→ vor dem Stürzen mehrmals mit einem Spieß einstechen und mit Orangen- oder Apfelsaft beträufeln; mit Cognacbutter (siehe Mein Tip, Seite 232) servieren.

# Fritiertes Gebäck

WENN MAN ES RECHT BEDENKT, läßt sich eigentlich jeder Teig fritieren, sei es nun ein Hefeteig (Krapfen), ein Brandteig (Beignets, Spritzkuchen) oder ein süßer Kuchen- oder Biskuitteig (amerikanische *crullers*, französische *bugnes*, spanische *churros*). Sie sind nicht nur als schneller Imbiß beliebt, sondern man serviert sie auch gerne als Dessert mit Honig oder einer Fruchtsauce. Wie stets beim Fritieren kommt es auch hier auf die richtige Temperatur des Fetts an: bei Krapfen und großem Gebäck sollte sie bei 180 °C, bei kleineren, dünneren Stücken, wie zum Beispiel Spritzgebäck, bei 190 °C liegen. Flache Stücke können auch in der Pfanne, am besten in Butter, herausgebacken werden.

Besonders leichte Beignets werden für gewöhnlich mit Ei oder einem anderen Treibmittel, zum Beispiel Hefe oder Backpulver, zubereitet. Mit dem Zucker sollte man sparsam umgehen, denn Krapfen mit hohem Zuckergehalt werden schnell braun und verbrennen im heißen Öl. Beim Fritieren gehen Aromen leicht verloren; Gewürze wie Anis, Kardamom und abgeriebene Zitrusschale halten dem allerdings relativ gut stand. In der Regel wird das Gebäck aber erst unmittelbar vor dem Servieren mit Zucker oder Honig und Gewürzen, wie zum Beispiel Zimt, bestreut. Und danach sollte es so schnell wie möglich gegessen werden – die lockeren Beignets halten sich nur wenige Minuten, und auch Krapfen schmecken warm am besten.

RICHTIG – die Stücke (hier Windbeutel) haben alle die gleiche Größe, sie sind schön aufgegangen und goldbraun; sie sind locker und knusprig, aber nicht fettig.

BLASS UND WEICH (*links*) – das Gebäck (hier Windbeutel) ist zwar aufgegangen, innen ist es allerdings schwer und hat sich mit Fett vollgesogen; es ist nur leicht oder ungleichmäßig gebräunt.
RICHTIG (*Mitte*) – das Gebäck ist außen braun und knusprig und innen hohl.
SCHLECHT AUFGEGANGEN (*rechts*) – das Gebäck ist klein, liegt schwer in der Hand und hat häufig eine dunkelbraune Farbe; innen ist der Teig roh.

# Griechische Krapfen mit Honigsirup

ERGIBT CIRCA 36 STÜCK

Diese Krapfen werden in Griechenland traditionell am 30. November, dem Tag des griechischen Schutzheiligen Andreas, serviert. Man taucht sie entweder nur kurz in den Sirup oder läßt sie etwas darin weichen, dann werden sie weicher und gehaltvoller.

*2 TL Trockenhefe*
*1/8 l warmes Wasser (ggf. etwas mehr)*
*375 g Mehl*
*1/2 TL Salz*
*1/8 l Milch*
*3 Eier*
*Pflanzenöl zum Fritieren*
*gemahlener Zimt zum Bestreuen*
*frisch geriebene Muskatnuß zum Bestreuen*

FÜR DEN SIRUP:
*100 g Zucker*
*1/8 l Wasser*
*250 g Honig*

Die Hefe in das Wasser einstreuen und etwa 5 Minuten stehenlassen, bis sie sich aufgelöst hat. Dabei einmal umrühren. Das Mehl mit dem Salz in eine große Schüssel sieben und in der Mitte eine Mulde formen. Die Milch, die Eier und die Hefe hineingeben und mit einem Kochlöffel vermischen. Dann nach und nach das Mehl unterrühren, bis ein dicker, zäher Teig entstanden ist. Damit der Teig weicher wird, gegebenenfalls noch etwas Wasser hinzufügen. Den Teig dann 3 bis 4 Minuten schlagen, bis er glatt und elastisch ist. Mit einem feuchten Tuch zudecken und 1 1/2 bis 2 Stunden an einem warmen Ort gehen lassen, bis sich sein Volumen verdoppelt hat.

Für den Sirup den Zucker mit dem Wasser und dem Honig in einem Topf verrühren und langsam erhitzen, bis sich der Zucker aufgelöst hat und der Sirup Blasen wirft. Dabei gelegentlich umrühren. Den Sirup dann zum Kochen bringen, 12 bis 15 Minuten bei schwacher Hitze einkochen lassen und anschließend warm stellen.

Das Öl auf 180 °C erhitzen (es muß zischen, wenn man ein Stückchen Teig hineingibt). Den Teig noch einmal mit dem Kochlöffel aufschlagen, damit die Luft entweicht. Mit zwei Teelöffeln Häufchen davon abstechen, in das heiße Fett gleiten lassen und 3 bis 4 Minuten fritieren. Auf Küchenpapier abtropfen lassen und im warmen Backofen warm halten, bis die restlichen Krapfen fertig sind.

Die Krapfen auf einer Platte anrichten, mit Zimt und Muskat bestreuen und sofort servieren. Den Honigsirup getrennt dazu reichen.

## PROBLEMFÄLLE

BLASS UND WEICH
*Grund:* Backzeit zu kurz; das Fett war nicht heiß genug; der Teig war zu feucht
→ das Gebäck gut abtropfen lassen, das Fett auf 190 °C erhitzen und das Gebäck in kleinen Portionen noch einmal fritieren, bis es goldbraun und knusprig ist; oder das Gebäck halbieren und 4–5 Minuten im sehr heißen Ofen knusprig backen.

SCHLECHT AUFGEGANGEN
*Grund:* der Teig war zu schwer; es wurden zu wenig Eier oder Treibmittel verwendet; das Fett war zu heiß
→ mit Honig, flüssiger Marmelade oder einem Fruchtcoulis servieren; ist das Gebäck schwer, Eiscreme dazu reichen.

ÖLIGER GESCHMACK
*Grund:* zu langsam fritiert; das Öl war alt oder wurde bereits zu häufig verwendet
→ mit Zitronenschnitzen servieren; siehe auch Mein Tip.

## MEIN TIP

Mißlungenes fritiertes Gebäck läßt sich retten, indem man es halbiert, auf ein mit Küchenpapier ausgelegtes Backblech setzt und 3–5 Minuten im warmen Backofen erwärmt. Anschließend füllt man es mit säuerlicher Marmelade oder einem Fruchtgelee (siehe Seite 246–247).

# Karamel

KARAMEL IST NICHTS ANDERES ALS GERÖSTETER ZUCKER – die Schwierigkeit besteht nur darin, den Zucker richtig zu rösten. Denn manchmal muß er hell sein – beispielsweise, wenn man Früchte damit überziehen will oder um ein Dessert mit einem Gittermuster zu verzieren (dazu wird der flüssige Karamel in feinem Strahl über die mit Öl bestrichene Rückseite eines Schöpflöffels gegossen, dann läßt man ihn abkühlen und erstarren und nimmt ihn schließlich in einem Stück ab). Soll er für eine Sauce oder zum Auskleiden der Formen für eine Karamelcreme verwendet werden, muß er hingegen dunkler sein. Wie dunkel, das ist eine Sache des Geschmacks. Ich mag ihn am liebsten relativ dunkel, fast herb, aber ich bin auch nicht so sehr für Süßes. Viele bevorzugen ihn hingegen heller, in einem goldenen Honigton.

Normalerweise kocht man für Karamel erst einmal Zuckersirup. Sie können aber auch trockenen Zucker ohne Wasser schmelzen und dann kochen (siehe *Semifreddo al croccante*, Seite 240). Beim Kochen von Zuckersirup besteht die Gefahr, daß er auskristallisiert. Achten Sie deshalb darauf, daß sich der Zucker vollständig aufgelöst hat, bevor der Sirup zum Kochen kommt, rühren Sie während des Kochens nicht um und passen Sie auf, daß sich keine Kristalle von den Topfwänden lösen und in den Sirup fallen. Ein Löffel Traubenzucker oder Honig, ein Spritzer Zitronensaft oder etwas Weinstein verhindern die Kristallbildung.

Der Sirup muß sprudelnd kochen – seien Sie dabei aber vorsichtig, denn der Zucker wird sehr heiß (165 bis 175 °C) und kann schwere Verbrennungen verursachen. Sobald das Wasser verdunstet, kocht der Sirup nur noch leise und nimmt schließlich Farbe an. Danach karamelisiert er rasch. Verringern Sie deshalb die Wärmezufuhr etwas. Schwenken Sie den Topf von Zeit zu Zeit, damit der Sirup gleichmäßig bräunt, und nehmen Sie ihn, kurz bevor er die richtige Farbe hat, vom Herd. Denken Sie daran, daß Karamel sehr schnell anbrennt und daß er im heißen Topf weitergart. Den Garprozeß beenden Sie, indem Sie den Topfboden in kaltes Wasser setzen oder, falls Sie eine Sauce daraus zubereiten wollen, die Flüssigkeit zugeben. Knusprig wird der Karamel, wenn Sie die Masse auf ein mit Öl bestrichenes Backblech gießen. Sie wird dann fest und glänzend. Das Stück können Sie anschließend zerstoßen und damit Ihre Desserts verzieren. Karamel muß stets sofort verbraucht werden, da er schnell weich wird, sobald er mit Luft in Berührung kommt.

**MEIN TIP**

Wenn der Zuckersirup zu kristallisieren beginnt, bevor er karamelisiert, 1 EL Honig hineingeben und durch Schwenken des Topfs untermischen. Ist er bereits kristallisiert, den Topf vom Herd nehmen und ein wenig abkühlen lassen. Dann etwas Wasser unterrühren, bis sich die Kristalle auflösen, und anschließend weiterkochen und dabei nicht umrühren. Haben die Kristalle bereits einen festen Klumpen gebildet, ist keine Abhilfe mehr möglich.

**WEITERE PROBLEME**

ZU BLASS
*Grund:* Kochzeit zu kurz
→ noch einmal zum Kochen bringen, ohne umzurühren, und fertiggaren.

DER SIRUP KRISTALLISIERT AUS
*Grund:* der Zucker hatte sich noch nicht aufgelöst, als der Sirup zum Kochen kam; der Sirup wurde während des Kochens umgerührt; vom Topfrand sind Zuckerkristalle in den Sirup gelangt
→ siehe Mein Tip.

DER KARAMEL WIRD FEST
*Grund:* zu schnell abgekühlt
→ bei schwacher Hitze erwärmen, bis der Karamel geschmolzen ist; damit der Karamel warm und flüssig bleibt, den Topfboden in warmes Wasser stellen.

DER KARAMEL WIRD BEIM STEHEN ZÄH
*Grund:* er hat Wasser oder Luftfeuchtigkeit aufgenommen
→ keine Abhilfe möglich; so schnell wie möglich verbrauchen.

**RICHTIG HELL** – kippt man den Topf, hat der Sirup eine schöne hellgelbe Farbe; das Zuckerthermometer zeigt 160 °C an.

**RICHTIG DUNKEL** – der Sirup ist am Topfboden dunkelbraun; er beginnt zu rauchen; das Zuckerthermometer zeigt 165–175 °C an.

VERBRANNT – der Sirup ist schwarz, es steigt ein dicker, beißender Rauch auf.
*Grund:* zu lange gekocht; der Topf war zu heiß, und der Karamel hat weitergekocht
→ keine Abhilfe möglich.

# Krokant

## ZUCKER KOCHEN

Beim Kochen von Zuckersirup verdunstet das Wasser, bis der Sirup seinen Sättigungspunkt erreicht und seine Temperatur zu steigen beginnt. Je höher die Temperatur, desto mehr Wasser verdampft, desto konzentrierter ist der Sirup und um so härter wird er nach dem Erkalten sein. Die verschiedenen Stadien prüft man mit einem Zuckerthermometer oder mit der Hand. Bereits ein oder zwei Grad mehr oder weniger können darüber entscheiden, ob der Sirup anschließend geschmeidig ist und sich beispielsweise wie eine leichte, glatte Buttercreme verwenden läßt oder ob er fest ist.

Nehmen Sie mit der Spitze eines Teelöffels etwas Sirup aus dem Topf. Tauchen Sie den Löffel dann sofort in Eiswasser und kneten die Masse anschließend zwischen Daumen und Zeigefinger:

- Bildet sich beim Auseinanderziehen ein feiner Faden, hat der Sirup eine Temperatur von 110 °C und ist für Fruchtpasten und Süßigkeiten geeignet.
- Entsteht ein weiches Bällchen, hat der Sirup eine Temperatur von 115 °C und ist dann für Fondants, Buttercremes und Glasuren geeignet.
- Entsteht ein festes, aber noch verformbares Bällchen, hat der Sirup eine Temperatur von 120 °C und ist dann für eine italienische Baisermasse (siehe Seite 226) und Mandelmasse geeignet.
- Ist das Bällchen bröckelig und klebt beim Probieren an den Zähnen, hat der Sirup eine Temperatur von 125 °C und ist dann für weichen Krokant, Karamelbonbons und Toffees geeignet.
- Ist das Bällchen sehr bröckelig und klebt beim Probieren nicht an den Zähnen, hat der Sirup eine Temperatur von 146 °C und ist dann für Karamelgitter, glasierte Früchte und Süßigkeiten geeignet.

Hat sich der Sirup schließlich von einem durchsichtigen Goldgelb in ein dunkles Braun verfärbt, spricht man von Karamel (siehe Seite 238). Dann ist er zu heiß, um die Temperatur mit der Hand zu prüfen.

DER KROKANT ZÄHLT ZU JENEN GELUNGENEN BEISPIELEN, bei denen zwei Zutaten mehr als die Summe ihrer Teile ergeben. Hergestellt wird er zu gleichen Teilen aus Nüssen (in der Regel rohe Mandeln) und Zucker, der zu Karamel verarbeitet wurde. Dabei spielt es keine Rolle, ob der Karamel aus gekochtem Zuckersirup (siehe Seite 238) oder wie beim *Semifreddo al croccante* auf Seite 240 aus trockenem Zucker zubereitet wurde. In jedem Fall sollte er aber schön braun sein, und die Nüsse müssen geröstet werden, damit sie ihren Geschmack entfalten.

Sobald er erkaltet und fest ist, wird der Krokant zerstoßen und zum Bestreuen oder zum Verfeinern – meist von Tortencremes, Buttercreme oder Eis – verwendet. Ich zerhacke ihn nur grob, Sie können ihn aber auch in der Küchenmaschine oder im Mörser fein zerstoßen. Da sich der Karamel im Krokant in einer Flüssigkeit aufzulösen beginnt, werden Englische Cremes und ähnliche Desserts, die damit verfeinert sind, weich, wenn sie längere Zeit stehen. Selbst luftdicht verschlossen aufbewahrt, wird Krokant zäh. Seinem Geschmack tut das aber keinen Abbruch.

**RICHTIG** – der Sirup ist gleichmäßig zu einem dunklen Karamel eingekocht; die Mandeln puffen in dem heißen Karamel (ein Anzeichen dafür, daß sie richtig geröstet sind); die Mandeln sind innen braun und geröstet.

### PROBLEMFÄLLE

BITTER
*Grund:* zu lange oder zu schnell gekocht, deshalb war der Zucker verbrannt, bevor die Nüsse geröstet waren
→ keine Abhilfe möglich.

ZU WENIG GESCHMACK
*Grund:* der Krokant wurde nicht ausreichend gegart; der Karamel ist braun, aber die Nüsse sind nicht geröstet; der Krokant ist zu alt
→ siehe Mein Tip.

### MEIN TIP

Fehlt es Ihrem Krokant an Geschmack, unterstreicht man den Mandelgeschmack am besten mit etwas Amaretto oder einigen Tropfen Mandelessenz (hochkonzentriert!).

## *Semifreddo al croccante*

8 Portionen

Da dieses Dessert sehr viel Sahne und Zucker enthält, friert es nicht richtig durch, sondern man erhält nur »Halbgefrorenes« oder einen *semifreddo*. Den Karamel für den Krokant können sie statt mit trockenem Zucker auch mit Zuckersirup herstellen. Dazu muß der Zucker lediglich in 3 Eßlöffeln Wasser aufgelöst und dann zu Karamel eingekocht werden. Zum Schluß mischt man die Mandeln unter und röstet sie in dem heißen Sirup.

*500 g Crème double*
*200 g Zucker*
*6 Eiweiß*

*Für den Krokant:*
*100 g Zucker*
*100 g ganze, ungeschälte Mandeln*

eine Eisbombenform mit 2 l Fassungsvermögen

Ein Backblech oder ein Marmorbrett mit Öl einstreichen. Für den Krokant den Zucker und die Mandeln in einem kleinen Topf mit schwerem Boden bei mittlerer Hitze erhitzen. Sobald der Zucker zu schmelzen beginnt, ganz vorsichtig mit einem Holzpfannenwender umrühren, bis er vollkommen flüssig ist – er beginnt dann sofort zu karamelisieren. Unter langsamem Rühren (damit der Karamel nicht auskristallisiert) weiterkochen, bis der Zucker relativ dunkel ist und die Nüsse zu puffen beginnen (ein Zeichen, daß sie geröstet sind).

Den Topf dann vom Herd nehmen und die Krokantmasse auf das Backblech oder das Marmorbrett gießen. Verstreichen und abkühlen lassen, bis der Krokant fest ist. Anschließend in ganz kleine Stücke brechen oder in der Küchenmaschine zerstoßen. Den Krokant dabei nicht zu lange mahlen, sonst wird er durch das in den Mandeln enthaltene Öl schwer.

Für den *semifreddo* die Crème double fast steif schlagen. Zwei Drittel des Zuckers dazugeben und die Creme richtig steif schlagen. Anschließend mit dem Krokant vermischen. Die Eiweiße, am besten in einer Kupferschüssel, zu Schnee schlagen, den restlichen Zucker hinzufügen und weitere 30 bis 60 Sekunden schlagen, bis die Masse glänzt. Den Eischnee unter die Krokantcreme heben, in die Form füllen, glattstreichen und mindestens 6 Stunden gefrieren lassen.

Die Form vor dem Stürzen 10 bis 20 Sekunden in kaltes Wasser tauchen. Herausnehmen, trockenreiben und mit einem Messer am Rand entlangfahren. Eine gekühlte Platte darauf setzen, die Form umdrehen und den *semifreddo* auf die Platte stürzen. Aufschneiden und sofort servieren.

## *Pikante Karamelsauce mit Pfirsichen und Vanilleeis*

4 Portionen

Ein bekannter Koch aus Burgund kam auf die Idee, der Karamelsauce mit gesalzener Butter eine feine, pikante Note zu geben. Sie schmeckt heiß und kalt, und Sie können sie auch auf Vorrat zubereiten und im Kühlschrank aufbewahren. Servieren Sie die Sauce kalt zu gegrillten Pfirsichen, Orangen oder Erdbeeren oder heiß zu Eiscreme oder Früchtebrot.

*6 Pfirsiche*
*3 EL dunkler brauner Zucker*
*3 EL Butter*
*Vanilleeis*

*Für die Sauce:*
*200 g Zucker*
*1/8 l Wasser*
*60 g gesalzene Butter*
*250 g Crème double*

Den Backofengrill vorheizen. Die Pfirsiche halbieren, entsteinen und mit der Schnittfläche nach oben in eine gebutterte Auflaufform legen. Mit dem braunen Zucker bestreuen und mit Butterflöckchen besetzen. Den Grillrost etwa 7,5 cm unterhalb des Grills einschieben und die Pfirsiche 7 bis 10 Minuten grillen, bis sie weich sind und braun zu werden beginnen.

In der Zwischenzeit einen dunklen Karamelsirup zubereiten. Dazu den Zucker mit dem Wasser in einem Topf mit schwerem Boden erhitzen, bis sich der Zucker aufgelöst hat. Dabei ein- oder zweimal umrühren. Dann rasch kochen, bis der Sirup am Rand braun zu werden beginnt. Dabei nicht rühren. Anschließend 1 bis 2 Minuten bei mittlerer Hitze weiterkochen und den Topf dabei gelegentlich schwenken, damit der Sirup gleichmäßig bräunt.

Sobald der Karamel die richtige Farbe hat, den Topf vom Herd nehmen und warten, bis der Karamel aufhört zu kochen. Dann die Butter unterrühren und die Creme double hineingießen. Dabei vom Herd zurücktreten, denn der Karamel spritzt und wirft Blasen.

Die heißen Pfirsiche auf vier Teller verteilen und mit dem Saft begießen. Je 1 Kugel Vanilleeis daneben anrichten. Die Sauce gegebenenfalls noch einmal erhitzen, bis sich der Karamel vollständig verflüssigt hat, die Pfirsiche damit begießen und sofort servieren.

*Pikante Karamelsauce mit Pfirsichen und Vanilleeis*

# Ganachecreme

Ganachecreme wird aus Schokoladenraspeln und Sahne hergestellt. Dabei wird die kochende Sahne entweder über die Schokolade gegossen, oder die Schokolade wird mit der Sahne erhitzt. So einfach ist das. Da der Geschmack sehr von der Qualität der Schokolade abhängt, würde ich Ihnen dringend empfehlen, nur beste Bitterschokolade zu verwenden. Die Ausgabe lohnt sich, denn die Ganachecreme ist so gehaltvoll, daß Sie nur geringe Mengen benötigen. Die Konsistenz ist abhängig vom Mengenverhältnis von Schokolade und Sahne – für Trüffel und anderes Konfekt müssen Sie für 250 g Schokolade 125 g Crème double rechnen. Für eine weiche Ganachecreme, zum Beispiel für Füllungen oder Glasuren, brauchen Sie mehr Sahne. Wenn Sie zu wenig Sahne verwenden (weniger als 1 1/2 Teelöffel für 30 g Schokolade), kann die Ganachecreme von einer Minute zur anderen steif werden (siehe Schokolade schmelzen, Seite 139). Achten Sie deshalb darauf, ob in Rezepten stets eine ausreichende Flüssigkeitsmenge angegeben ist. Die Ganachecreme läßt sich noch mit Rum, Cognac, Orange, Kaffee oder Krokant – den klassischen Partnern der Schokolade – verfeinern. Ich habe sie aber auch schon mit Zimt, Nelke und Rosenwasser genossen. Sie haben also die Qual der Wahl.

**RICHTIG (ZUM GLASIEREN UND SPRITZEN)** – die Masse glänzt und ist sehr glatt; sie ist fest genug, um nach dem Aufspritzen die Form zu behalten, läßt sich dabei aber leicht spritzen; der Geschmack ist fein und intensiv; die Farbe hängt von der verwendeten Schokolade ab.

**RICHTIG (ZUM FORMEN)** – die Masse ist dunkel, formbar und fest genug, um die Form zu behalten; der Geschmack ist kräftig.

**PROBLEMFÄLLE**

SCHWER ODER KÖRNIG
*Grund:* die Schokolade war nicht richtig geschmolzen; zu wenig Sahne verwendet (Creme steif)
→ ist die Creme steif geworden, einige Löffel Sahne unterschlagen; um die körnige Beschaffenheit zu kaschieren, mit gehackten Nüssen bestreuen.

*links*
KLUMPIG – die erkaltete Creme ist noch flüssig, am Boden haben sich Klümpchen gebildet.
*Grund:* die Sahne war nicht heiß genug, und die Schokolade ist deshalb nicht richtig geschmolzen
→ die Ganachecreme in einer Schüssel mit heißem Wasser erwärmen, dann umrühren, bis sie glatt ist, und anschließend abkühlen und fest werden lassen.

# *Pekannußtrüffel*

ERGIBT CIRCA 50 STÜCK

Ein Schokoladentrüffel sollte gehaltvoll sein und einen kräftigen, aber nicht zu süßen Geschmack haben. Ich habe die Ganachecreme hier mit gehackten Pekannüssen verfeinert und die Trüffel zum Schluß in Kakao gewälzt, um ihnen eine etwas herbe Note zu verleihen.

*FÜR DIE GANACHECREME:*
*45 g Pekannüsse*
*125 g Crème double*
*175 g Bitterschokolade, fein gehackt*
*1 EL weiche Butter*

*FÜR DEN ÜBERZUG:*
*250 g Blockschokolade, fein gehackt*
*90 g ungesüßtes Kakaopulver (ggf. etwas mehr)*

Den Backofen auf 175 °C (Gas Stufe 2) vorheizen. Die Nüsse auf dem Backblech verteilen und 12 bis 15 Minuten rösten, bis sie leicht angebräunt sind. Dabei einmal wenden. Etwas abkühlen lassen und dann mit einem großen Messer oder in der Küchenmaschine hacken (nicht zu fein hacken, damit sie nicht ölig werden).

Für die Ganachecreme die Crème double kurz aufkochen lassen und über die Schokolade gießen. 2 bis 3 Minuten stehenlassen, bis die Schokolade geschmolzen ist, und dann glattrühren. Die Masse dazu gegebenenfalls noch einmal einige Sekunden bei schwacher Hitze erwärmen. Anschließend 8 bis 12 Minuten kalt stellen. Dabei nicht umrühren. Die Ganachecreme muß danach kalt, aber noch weich sein. Zum Schluß vorsichtig die Nüsse und die Butter untermischen (die Creme darf nicht geschlagen werden, da sie sonst gerinnt). Zudecken und 30 bis 60 Minuten kalt stellen.

Die Ganachecreme in vier gleiche Teile aufteilen. Die Arbeitsfläche mit Kakaopulver bestäuben und die Ganachecreme zu 15 cm langen und 1,25 cm breiten Rollen formen. Auf ein mit Pergamentpapier ausgelegtes Backblech legen und 1 bis 2 Stunden kalt stellen, bis sie fest sind.

Die Blockschokolade in einer Schüssel über einem Topf mit heißem Wasser schmelzen. Das Kakaopulver in eine flache Schale schütten. Die Ganacherollen in mundgerechte Stücke zerteilen. Die Handballen in den Kakao tauchen und die Ganachestücke zu Kugeln formen. Die Trüffel mit zwei Gabeln in die geschmolzene Schokolade tunken, abtropfen lassen und anschließend im Kakao wälzen. Auf ein mit Pergamentpapier ausgelegtes Küchenbrett legen und noch einmal mit Kakao bestreuen. Die Trüffel dann 1 bis 2 Stunden kalt stellen, bis sie fest sind. In einem mit Pergamentpapier ausgelegten Behälter luftdicht verschlossen aufbewahren.

**MEIN TIP**

Hat Ihre Ganachecreme zu wenig Geschmack, rühren Sie einige TL Rum, Cognac oder abgeriebene unbehandelte Orangenschale unter und schmecken mit Zucker ab. Geben Sie aber nicht zuviel Flüssigkeit zu, damit die Masse nicht weich wird. Haben Sie die Creme bereits zu Rollen geformt, bestreuen Sie diese mit einer Mischung aus Zucker und gemahlenem Zimt oder Kakaopulver. Schmeckt die Ganachecreme bitter, fügen Sie 1 oder 2 gehäufte EL gemahlenen Zimt hinzu.

# Mousse au chocolat

DIE MOUSSE AU CHOCOLAT WAR EINES DER ERSTEN DESSERTS, das ich als Kind zubereitet habe. Sie bestand lediglich aus zwei Zutaten, nämlich geschmolzener Schokolade und geschlagenem Eiweiß, und schmeckte auch ohne weitere Aromen sehr gut. Das ist ja gerade das Schöne an Mousse au chocolat und anderen luftigen Schokoladendesserts, die mit Eiweiß aufgelockert werden – es kann eigentlich gar nichts schiefgehen, und zugleich schmecken sie ganz köstlich. Variieren Sie die Schokoladensorten. Kinder lieben Mousse aus Vollmilchschokolade, ich bevorzuge inzwischen Bitterschokolade, die ich mit Sahne anreichere und mit Rum oder Kaffeepulver verfeinere. Die Mousse au chocolat eignet sich nicht nur als Dessert, sondern als leichtere Alternative zu einer Ganachecreme auch zum Füllen von Kuchen und Baisers. Informationen zu Mousses, die mit Gelatine zubereitet werden, finden Sie auf Seite 248–249.

**RICHTIG** – die Mousse ist glatt, locker und gehaltvoll; sie ist fest, aber nicht zäh; die Farbe ist glänzend braun; der Geschmack ist mild.

GERONNEN – die Masse ist körnig und fest und enthält Spuren von Eiweiß; bei längerem Stehen kann sich am Boden Flüssigkeit absetzen; die Farbe ist matt.
*Grund:* die Schokolade war zu heiß, als das Eiweiß oder die Sahne zugegeben wurde; die Masse wurde zu lange gerührt; die Mousse wurde zu lange gelagert (manche Mischungen können nach einigen Stunden etwas gerinnen, bleiben aber locker)
→ mit gehackten Walnußkernen, gerösteten Mandeln oder zerkrümelten Makronen bestreuen; mit Sahne oder einer Minzsauce (siehe Seite 132) servieren.

### MEIN TIP

Wird Ihre Mousse au chocolat nicht fest und Sie haben wenig Zeit, verwenden Sie sie am besten als Schokoladensauce und

- servieren sie zu Vanilleeis
- füllen sie abwechselnd mit Orangenspalten und Birnenstücken in Gläser und garnieren sie mit kandierter Orangenschale und Minzezweigen
- servieren sie als Dip zu Erdbeeren
- verwenden sie als Füllung für eine Biskuitrolle (siehe Seite 282).

### WEITERE PROBLEME

DIE MOUSSE WIRD NICHT FEST
*Grund:* beim Schmelzen der Schokolade wurde zuviel Flüssigkeit verwendet; die Schokolade war zu heiß, als das Eiweiß oder die Sahne zugegeben wurde; die Mousse wurde nicht ausreichend gekühlt
→ gefrieren lassen und als Schokoladenparfait servieren; siehe auch Mein Tip.

## *Mousse au chocolat mit Himbeeren*

4 PORTIONEN

Eine Mousse au chocolat kann bisweilen arg süß sein. Deshalb schichte ich gerne als Überraschung eine Lage Himbeeren dazwischen. Verwenden Sie nur beste Bitterschokolade, und lassen Sie die Mousse vor dem Servieren mindestens 6 Stunden durchziehen.

*250 g Himbeeren*
*175 g Bitterschokolade, gehackt*
*1/8 l Wasser*
*3 Eier, getrennt*
*1 EL Himbeerlikör oder Cognac*
*3 EL Zucker*

FÜR DIE CHANTILLYCREME:
*125 g Crème double*
*1 EL Zucker*
*2 TL Himbeerlikör oder Cognac*

4 Förmchen mit 125 ml Fassungsvermögen
Spritzbeutel mit mittlerer Sterndüse

Die Himbeeren verlesen und nur waschen, wenn sie sehr verschmutzt sind. 4 Beeren zum Garnieren zur Seite legen.

Die Schokolade mit dem Wasser unter Rühren erhitzen, bis sie geschmolzen ist. Anschließend 1 bis 2 Minuten köcheln lassen, bis sie etwas eingedickt ist, aber noch locker vom Löffel fällt. Den Topf dann vom Herd nehmen und die Schokolade 1 bis 2 Minuten abkühlen lassen. Die Eigelbe nacheinander unterschlagen und zum Schluß den Likör oder Cognac unterrühren.

Die Eiweiße steifschlagen, den Zucker dazugeben und etwa 30 Sekunden weiterschlagen, bis der Eischnee glänzt. Anschließend unter die warme Schokoladenmasse heben.

Die Hälfte der Mousse auf die Förmchen verteilen, mit Himbeeren belegen und die restliche Mousse darauf verteilen. Danach mindestens 2 Stunden kalt stellen, bis die Mousse fest ist.

Unmittelbar vor dem Servieren die Chantillycreme zubereiten: Die Crème double fast steif schlagen. Den Zucker und den Likör hinzufügen und weiterschlagen, bis die Creme richtig steif ist. In die Spritztüte füllen, die Mousses mit Sahnerosetten verzieren und mit den restlichen Himbeeren garnieren. Gut gekühlt servieren.

# Nougat

## *Nougat mit Kaffee-Sahne-Sauce*

8 BIS 10 PORTIONEN

NOUGAT MUSS SO FEST SEIN, daß er in Scheiben geschnitten werden kann. Er ist die gehaltvollste und üppigste Süßspeise, die es überhaupt gibt. In der Regel wird er aus Bitterschokolade zubereitet, man kann dazwischen aber auch Schichten aus Vollmilch- und weißer Schokolade einarbeiten. Ihre Festigkeit bekommt die Masse durch Butter oder Eier. Außerdem können Nüsse und Maronenpüree enthalten sein. Die Herstellung ist ganz einfach, vorausgesetzt, Sie beachten die Regeln für das Schmelzen von Schokolade (siehe Seite 139). Während es sich bei der Mousse au chocolat um ein Dessert handelt, bietet sich Nougat eher für Verzierungen, etwa Schokoladenspiralen oder -blätter, an, mit denen man beispielsweise eine gezuckerte Johannisbeerrispe oder eine fächerförmig aufgeschnittene, in Wein pochierte Birne garnieren kann. Da der Nougat sehr gehaltvoll ist, sollten Sie unbedingt eine Sauce dazu reichen, zum Beispiel eine Mokka-, Pistazien- oder Minzsauce, eine Orangen- oder Grand-Marnier-Creme oder eine Rotweinsauce mit Pflaumen, die ich in einer ländlichen Gaststätte in England kennenlernte.

RICHTIG – die Masse ist glatt und fest, sie schmeckt leicht und zergeht auf der Zunge; sie ist so fest, daß sie aufgeschnitten werden kann; die Farbe hängt von der verwendeten Schokolade ab; der intensive Schokoladengeschmack wird beispielsweise noch durch Likör oder Zitrusschale unterstrichen.

KÖRNIG – die Masse ist grob und etwas körnig; sie kann schwer und hart sein oder, falls Eier verwendet wurden, auch feucht; sie behält kaum die Form; die Farbe ist matt, der Geschmack unangenehm.
*Grund:* die Schokolade war nicht richtig geschmolzen; sie ist plötzlich fest geworden (siehe Schokolade schmelzen, Seite 139); sie war zu heiß, als die Eier zugegeben wurden
→ mit gehackten gerösteten Mandeln, Pistazien oder zerstoßenem Krokant (siehe Seite 239) bestreuen.

### MEIN TIP

Zerfällt der Nougat, können Sie daraus Trüffel herstellen. Die Masse dazu in grobe Stücke zerteilen. Die Handballen in Puderzucker oder Kakaopulver tauchen und die Masse zu Bällchen formen. In gehackten gerösteten Mandeln oder Walnußkernen wälzen, auf ein Backblech legen und kalt stellen.

Ist der Nougat zu weich und läßt sich nicht schneiden, Bällchen daraus abstechen, auf Kekse setzen und auf Tellern anrichten. Mit Schlagsahne überziehen und einen zweiten Keks wie bei einem Sandwich darauf setzen.

### WEITERE PROBLEME

ZU WEICH
*Grund:* zu viele flüssige Zutaten; zu wenig Schokolade oder Butter; die Masse wurde nicht ausreichend gekühlt
→ die Masse in die Gefriertruhe stellen, sobald sie fest ist, aufschneiden und vor dem Servieren auftauen lassen; siehe auch Mein Tip.

Seltsamerweise paßt der Karamel trotz des enthaltenen Zuckers hervorragend zu dem gehaltvollen Nougat. Der Karamel sollte möglichst dunkel sein, damit der Nougat eine etwas herbe Note bekommt.

*250 g Zucker*
*1/8 l Wasser*
*250 g Crème double*
*500 g Bitterschokolade, gehackt*
*250 g weiche Butter*

*FÜR DIE SAUCE:*
*500 g Crème double*
*2 – 3 EL Instantkaffeepulver*
*1 – 2 EL Zucker*
*2 EL Cognac*

eine Terrinen- oder Kastenform mit 1 Liter Fassungsvermögen

Die Form mit Frischhaltefolie auskleiden. Die Schokolade in eine Schüssel geben.

Den Zucker in einem Topf mit schwerem Boden mit dem Wasser erhitzen, bis er sich aufgelöst hat. Dabei zweimal umrühren. Dann rasch – ohne zu rühren – kochen lassen, bis der Sirup an den Rändern braun zu werden beginnt. Bei mittlerer Hitze weiterkochen und die Pfanne dabei gelegentlich schwenken, damit der Sirup gleichmäßig braun wird. Hat der Karamel die richtige Farbe, den Topf vom Herd nehmen und warten, bis er aufhört zu kochen. Dann die Crème double hineingießen (dabei vom Herd zurücktreten, denn der Karamel wird spritzen und Blasen werfen). Die Sauce noch einmal erhitzen und so lange rühren, bis der Karamel vollkommen flüssig ist.

Die heiße Karamelcremesauce über die Schokolade gießen und 2 bis 3 Minuten stehenlassen, bis die Schokolade geschmolzen ist. Die Butter in einer Schüssel cremig rühren. Die Schokoladen-Karamel-Mischung glattrühren, die Schüssel dann in Eiswasser stellen und 5 bis 8 Minuten rühren, bis die Masse abgekühlt und eingedickt ist. Anschließend die Butter in kleinen Portionen darunterschlagen (dabei darauf achten, daß die Schokolade nicht zu warm ist, sonst zerläuft die Butter zu Öl). Die Masse danach in die Form gießen und mindestens 4 Stunden kalt stellen. Der Nougat ist bis zu 1 Woche haltbar und entfaltet seinen Geschmack bei längerem Lagern erst richtig.

Für die Sauce etwa ein Viertel der Crème double mit dem Kaffeepulver und dem Zucker erhitzen. Dabei rühren, bis sich der Zucker aufgelöst hat. Die Mischung dann mit dem Cognac unter die restliche Crème double rühren. Gegebenenfalls noch einmal mit Kaffee und Zucker abschmecken und kalt stellen.

Den Nougat vor dem Servieren auf ein Küchenbrett stürzen und die Frischhaltefolie entfernen. Ein Messer in heißes Wasser tauchen und den Nougat in hauchdünne Scheiben schneiden. Auf Tellern anrichten und mit der Kaffee-Sahne-Sauce umgießen.

# Fruchtgelees

FRUCHTGELEES SIND DURCH FERTIGPRODUKTE etwas in Verruf geraten, dabei hat ein selbstgemachtes Fruchtgelee nichts mit den bunten, gummiartigen Gelees gemein, wie sie im Handel angeboten werden. Sie brauchen dazu nur frischen Fruchtsaft oder pochierte und pürierte Früchte und geschmacksneutrale Gelatine und zum Verfeinern eventuell noch einen Schuß Wein oder Likör. Und vergessen Sie nicht, das Gelee noch einmal abzuschmecken, bevor es fest wird. Eierflips, ob mit oder ohne Früchte, eignen sich ebenso zum Gelieren wie Mandelmilch, die man in China mit Litchis und Kumquats kombiniert. Gelatine wird immer auf dieselbe Art verwendet (siehe Mit Gelatine kochen, Seite 247), und im allgemeinen kann man damit nahezu jedes Gericht festigen. Einige rohe Früchte, darunter Feigen, Ananas und Kiwis, enthalten allerdings ein Enzym, das die festigenden Eigenschaften der Gelatine zerstört, und das kann unerwünschte Folgen haben.

ZU FLÜSSIG – das Gelee bewegt sich, wenn man an der Form rüttelt; beim Stürzen platzt das Gelee auf und fällt zusammen.
*Grund:* zu wenig Gelatine; es wurden frische Früchte verwendet, die die festigende Eigenschaft der Gelatine zerstören; die Form stand zu lange an einem warmen Platz; das Gelee wurde zu stark gekühlt, ist gefroren und hat sich beim Auftauen aufgelöst
→ das Gelee erst unmittelbar vor dem Servieren aus dem Kühlschrank nehmen. Ist es zum Stürzen zu flüssig, in grobe Stücke zerteilen und in Gläsern mit kandierter Zitrusschale oder Minzezweigen garniert servieren.

**RICHTIG** – das Gelee ist so fest, daß es die Form behält, wenn man es nach dem Kühlen mit den Fingern von den Wänden der Form zu lösen versucht; nach dem Stürzen bewegt es sich, wenn man daran rüttelt, ist dabei aber so fest, daß es sich schneiden läßt, und zergeht auf der Zunge; die Farbe ist leuchtend, der Geschmack frisch.

**RICHTIG** (*rechts*)
ZU FEST (*links*) – das Gelee ist fest und bewegt sich nicht, wenn man daran rüttelt; beim Aufschneiden ist es innen gummiartig; auf der Zunge ist es klebrig.
*Grund:* das Gelee hat zu lange im Kühlschrank gestanden; zuviel Gelatine
→ das Gelee bis zu 1 Stunde bei Zimmertemperatur stehenlassen, ist es danach immer noch steif, ist kaum noch Abhilfe möglich; siehe Mein Tip.

## WEITERE PROBLEME

UNGLEICHMÄSSIGE BESCHAFFENHEIT, MIT ZÄHEN FÄDEN DURCHZOGEN
*Grund:* die Gelatine wurde vor dem Auflösen nicht lange genug eingeweicht; sie wurde beim Auflösen zu stark erhitzt, und es haben sich Fäden gebildet; die aufgelöste Gelatine wurde in die kalte Mischung gegeben; die Gelatine war zu früh fest und konnte sich nicht mit den übrigen Zutaten verbinden
→ bilden sich Fäden, bevor die Masse fest ist, durchseihen und dann mit der Zubereitung fortfahren; ist das Gelee bereits fest, siehe Mein Tip.

GELATINE SCHMECKT DURCH
*Grund:* die Gelatine wurde nicht richtig aufgelöst (meist zu stark erhitzt); die Grundmischung hatte zu wenig Geschmack; zuviel Gelatine
→ ist das Gelee noch nicht fest, mit einigen EL Zitronen- oder Limonensaft, Rum, Grand Marnier oder einem anderen Likör verfeinern; ist es bereits fest, mit einem kräftig schmeckenden Fruchtcoulis (siehe Seite 136) servieren.

## MEIN TIP

Ist Ihr Gelee nach dem Stürzen steif oder haben sich Fäden gebildet, geben Sie es auf ein großes Stück Pergamentpapier, das Sie zuvor naß gemacht haben, und zerteilen es mit einem Messer (vorher anfeuchten, damit das Gelee nicht daran kleben bleibt) in grobe Stücke. Für 1 kg Gelee schlagen Sie dann 250 g Crème double fast steif (siehe Seite 222), heben die Geleestücke unter und verteilen das Ganze auf Dessertgläser. Gut kühlen. Ergibt 4–6 Portionen.

## MIT GELATINE KOCHEN

Geschmacksneutrale Gelatine bekommt man in Form von Pulver oder Blättern. Für 1 Liter Flüssigkeit benötigen Sie nur 15 g Gelatine, bei einer Creme oder einem Fruchtmus ist die Menge sogar noch geringer. Die Gelatine, ob nun Pulver oder Blätter, muß zunächst einige Minuten in kaltem Wasser eingeweicht werden; Blattgelatine drückt man anschließend aus. Manche Köche verwenden ein Wasserbad, um die Gelatine nach dem Einweichen aufzulösen; ich finde allerdings, es reicht aus, sie in einem schweren Topf bei schwacher Hitze aufzulösen.

Dabei ist es wichtig, die Temperatur genau zu kontrollieren, denn die Gelatine wird bei etwa 20 °C sehr schnell fest. Deshalb sollte die Mischung, die mit der Gelatine angedickt werden soll, ebenfalls warm sein oder zumindest nicht so kalt, daß die Gelatine fest wird, bevor man sie unterarbeiten kann. Gelatine neigt dazu, sich am Boden abzusetzen, deshalb muß die Masse laufend umgerührt werden, bis sie steif zu werden beginnt. Sobald die Gelatine anfängt, fest zu werden, muß die Masse sofort in die Form gegossen werden.

Das fertige Gelee muß stets im Kühlschrank aufbewahrt werden, darf dabei aber nicht gefrieren, da das Gelee sonst auskristallisiert. Ist die Gelatine erst einmal fest, löst sie sich, vorausgesetzt, man lagert sie kühl, nicht mehr so leicht auf. In einem warmen Raum sollte sie allerdings nicht länger als 30 Minuten stehen. Ich kann nur zu gut mit dem berühmten französischen Koch Antonin Carême mitfühlen, der vor 200 Jahren beklagte, daß seine Charlotten bei einem Büffet im Freien in der heißen Sonne zusammengefallen waren!

# *Beeren in Rotweingelee*

6 BIS 8 PORTIONEN *Foto Seite 220/221*

Beim Aufschneiden zeigt dieses leckere, farbenfrohe Dessert ein buntes Mosaik verschiedener Beeren, die von einem Rotweingelee zusammengehalten werden. Dazu eignet sich am besten ein fruchtiger Rotwein, etwa ein Beaujolais. Im Winter können Sie die Beeren durch pochierte und in Scheiben geschnittene Birnen, Feigen, Trauben und Orangenspalten ersetzen. Dazu reichen Sie eine Schüssel mit Chantillycreme (siehe Seite 222).

*250 g Erdbeeren*
*125 g Heidelbeeren*
*125 g Himbeeren*
*125 g Brombeeren*

FÜR DAS GELEE:
*15 g gemahlene Gelatine*
*1/4 l Wasser*
*100 g Zucker*
*3/4 l fruchtiger Rotwein*

eine Terrinenform mit 1,5 l Fassungsvermögen

Für das Gelee die Hälfte des Wassers in eine mittelgroße Schüssel gießen, die Gelatine einstreuen und etwa 5 Minuten stehenlassen, bis sie weich ist und sich vollgesogen hat. Den Zucker unter gelegentlichem Rühren in einem kleinen Topf im restlichen Wasser erhitzen, bis er sich aufgelöst hat. Den Sirup dann kurz aufkochen lassen, über die Gelatine gießen und so lange rühren, bis sich die Gelatine aufgelöst hat. Zum Schluß den Wein unterrühren.

Einen Bräter zur Hälfte mit Eiswürfeln und Wasser füllen und die Terrinenform hineinstellen. Den Boden 1 cm hoch mit dem Rotweingelee füllen und das Gelee fest werden lassen.

In der Zwischenzeit die Stiele der Erdbeeren entfernen und die Früchte halbieren. Die übrigen Beeren verlesen und nur waschen, wenn sie sehr verschmutzt sind (nach dem Waschen gut trocknen). Sämtliche Beeren dann in einer Schüssel vermengen.

Die Beeren über das feste Gelee streuen, das restliche Gelee darübergießen und die Form anschließend hin und herschwenken, damit es auch in die Zwischenräume eindringt (die Früchte müssen vollständig mit dem Gelee bedeckt sein, damit das Dessert nach dem Stürzen einen guten Stand hat). Zudecken und mindestens 6 Stunden kalt stellen, bis das Gelee fest ist.

Die Form vor dem Stürzen 5 bis 10 Sekunden in eine Schüssel mit warmem Wasser tauchen und das Gelee mit der Messerspitze oder mit den Fingern vorsichtig von den Rändern der Form lösen. Die Form mit einem Backblech oder einem Küchenbrett abdecken, umdrehen und die Form dann abnehmen. Das Gelee mit einem gezackten Messer in gut 1 cm dicke Scheiben aufschneiden und diese auf Tellern anrichten. Einer Verzierung bedarf dieses farbenfrohe Dessert nicht.

# Kalte Soufflés und Mousses

Kalte Soufflés und Mousses, die mit geschlagenen Eiern und Gelatine zubereitet werden, sind der Höhepunkt jedes Büffets. Ein Ring cremiger Mousse, gefüllt mit mazerierten Früchten, ein luftiges Soufflé, das hoch über die Form hinausragt und mit Schokoladenblättern gekrönt ist, eine fruchtige Charlotte, umschlossen von Biskuit – solche Desserts fallen sicherlich jedem ins Auge. Damit auch der Gaumen auf seine Kosten kommt, nimmt man für diese feinen Desserts kräftige Zutaten, etwa Karamel, Zitrusfrüchte oder Liköre, zum Beispiel Anis- oder Birnenlikör. Haben Sie außerdem noch etwas Farbenfrohes, etwa Himbeeren oder Blutorangen, zur Hand – um so besser. Denn Soufflés und Mousses werden stets mit geschlagener Sahne oder Eischnee aufgelockert und sehen deshalb meist etwas farblos aus. Verzierungen mit Schlagsahne, frischen oder kandierten Früchten, Kräuterzweigen oder Schokoladenspiralen sind ebenso ein Muß wie eine kontrastreiche Sauce.

Bei der Zubereitung von kalten Mousses und Soufflés muß jeder Handgriff sitzen. Bereiten Sie deshalb, bevor Sie die Eier schlagen, die Form vor, messen Sie die Zutaten ab, schlagen die Sahne und weichen die Gelatine ein. Die Zubereitung muß rasch gehen, da die Gelatine sehr schnell fest wird (siehe Mit Gelatine kochen, Seite 247). Die Schlagsahne und der Eischnee, die erst zuletzt untergehoben werden, wenn die Grundmasse bereits fest zu werden beginnt, müssen griffbereit sein, denn die meisten Probleme entstehen dadurch, daß die Masse bereits fest ist, bevor alle Zutaten zugegeben wurden. Füllt die Masse die angegebene Formgröße nicht aus, ist das ein Zeichen dafür, daß sie schwer und steif sein wird. Was Sie dagegen tun können, finden Sie auf Seite 249.

Manche Mousses müssen nicht unbedingt mit Gelatine gefestigt werden, vor allem dann nicht, wenn die Zutaten eine ausreichend feste Konsistenz haben. Das beste Beispiel dafür ist die Mousse au chocolat (siehe Seite 244).

**MEIN TIP**

Mit dieser Kiwisauce können Sie den Geschmack von schweren oder faden Soufflés und Mousses heben: 6 Kiwis schälen und 2 Stück zum Garnieren beiseite legen. Die restlichen Früchte im Mixer oder in der Küchenmaschine mit 4 EL Weißwein, 1 EL Honig und Saft und Schale von 1 unbehandelten Zitrone pürieren. Mit 1 EL Zucker abschmecken und das Püree dann durch ein Sieb streichen. Die Mousse oder das Soufflé auf Teller verteilen, mit der Sauce überziehen und mit Kiwischeiben garnieren. Ergibt circa 375 ml.

**RICHTIG** – das Soufflé (hier kaltes Zitronensoufflé) ist ganz locker und luftig und behält gerade eben die Form; Mousses sind gerade so fest, daß sie gestürzt werden können; der Geschmack ist fein und doch intensiv; die Farbe ist hell.

GROB – die Masse ist klumpig und schwer, häufig hat die Gelatine Fäden gebildet; auf der Zunge fühlt sich die Masse grob an.
*Grund:* die Gelatine wurde vor dem Auflösen nicht lange genug eingeweicht; sie wurde beim Auflösen zu stark erhitzt, und es haben sich Fäden gebildet; die Masse wurde nicht richtig geschlagen; die aufgelöste Gelatine wurde in die kalte Mischung gegeben; die Gelatine war zu früh fest und konnte sich nicht mit der Schlagsahne oder dem Eischnee verbinden; die Masse war bereits fest, bevor sie in die Form gegeben wurde
→ mit zerkrümelten Makronen oder Schokoladenkeksen bestreuen; siehe auch Mein Tip.

# *Grapefruitsoufflé mit Campari*

4 BIS 6 PORTIONEN

Rosa Grapefruit und Campari geben diesem Dessert eine hübsche Färbung. Der Campari paßt gut zu der Grapefruit, Sie können statt dessen aber auch entsprechend mehr Grapefruitsaft und etwas Zitronensaft verwenden. Verzieren Sie dieses ansprechende Dessert am besten mit Zitrusschale oder Minzeblättern, das bildet einen hübschen Kontrast.

*60 ml Campari*
*10 g gemahlene Gelatine*
*1 unbehandelte rosa Grapefruit*
*4 Eier, getrennt*
*200 g Zucker*
*250 g Crème double*

*FÜR DIE CHANTILLYCREME:*
*125 g Crème double*
*2 TL Zucker*
*1 TL Cognac*

eine Souffléform mit 1 Liter Fassungsvermögen, Spritzbeutel mit Sterndüse

Die Form mit Alufolie umkleiden; dabei sollte die Folie etwa 5 cm über den Rand der Form reichen, damit das Soufflé schön gleichmäßig aufgehen kann.

Den Campari in einen kleinen Topf geben, die Gelatine einstreuen und etwa 5 Minuten weichen lassen, bis sie sich vollgesogen hat. Die Schale der Grapefruit abreiben und die Frucht auspressen (Sie benötigen 3 Eßlöffel Schale und 1/8 l Saft).

Die Eigelbe in einer großen Schüssel mit zwei Drittel des Zuckers verschlagen. Anschließend nach und nach die Grapefruitschale und den -saft unterschlagen. Die Schüssel in einen Topf mit siedendem Wasser setzen und die Masse 8 bis 10 Minuten weiterschlagen, bis sie locker und so dick ist, daß der Schneebesen eine Spur hinterläßt. Die Gelatine bei schwacher Hitze auflösen und unter die Eigelbmischung schlagen. Die Schüssel dann vom Herd nehmen und die Masse so lange rühren, bis sie erkaltet ist.

Die Crème double fast steif schlagen. Die Eiweiße, am besten in einer Kupferschüssel, zu Schnee schlagen. Den restlichen Zucker hinzufügen und das Eiweiß weiterschlagen, bis es glänzt.

Die Schüssel mit der Eigelbmischung zum Abkühlen in einen Topf mit Eiswasser setzen. Dabei laufend rühren, bis die Masse fest zu werden beginnt. Die Schüssel dann aus dem Topf nehmen und zunächst die geschlagene Crème double und danach den Eischnee unterheben (dabei sehr schnell arbeiten, denn die Masse wird rasch fest). Die Masse in die Form gießen, die Form auf dem Tisch aufstoßen, damit eventuelle Luftblasen entweichen können. Die Form sollte bis etwa 5 cm unter dem Rand gefüllt sein. Anschließend 3 bis 12 Stunden kalt stellen, bis das Soufflé fest ist.

Frühestens 2 Stunden vor dem Servieren die Chantillycreme zubereiten. Dazu die Crème double fast steif schlagen, den Zucker und den Cognac hinzufügen und weiterschlagen, bis die Creme richtig steif ist. In den Spritzbeutel füllen, die Folie bis zum Rand des Soufflés abschneiden und das Soufflé mit Sahnerosetten verzieren. Anschließend 2 Stunden kalt stellen. Unmittelbar vor dem Auftragen die Folie vorsichtig entfernen.

## *Zitronensoufflé mit Wodka*

Die zahlreichen aromatisierten Wodkas, die im Handel erhältlich sind, können in der Küche recht nützlich sein. Ersetzen Sie den Campari doch einmal durch Wodka Lemon (oder auch einfachen Wodka) und die Grapefruit durch 2 große Zitronen.

### WEITERE PROBLEME

SCHWER UND FEST, DIE FORM IST NICHT AUSREICHEND GEFÜLLT
*Grund:* die Masse wurde zu lange oder nicht ausreichend geschlagen; die Gelatine, der Eischnee oder die Schlagsahne wurden zu lange untergerührt
→ mit ganzen Beeren, Kräuterzweigen oder eßbaren Blüten verzieren.

ZU WENIG GESCHMACK
*Grund:* nicht ausreichend verfeinert
→ mit einer geschmacksintensiven Sauce, etwa Schokoladen- oder Karamelsauce (siehe Seite 138 und 238), oder einem Fruchtcoulis (siehe Seite 136), servieren; im Notfall mit Likör, beispielsweise Grand Marnier, bestreichen.

ZU FEST
*Grund:* zuviel Gelatine; die Masse wurde nicht richtig geschlagen und ist deshalb nicht locker; das Soufflé oder die Mousse hat zu lange im Kühlschrank gestanden
→ bis zu 1 Stunde bei Zimmertemperatur stehenlassen; portionieren und mit einer Sauce und viel Schlagsahne servieren.

ZU WEICH
*Grund:* zu wenig Gelatine; es wurden frische Früchte verwendet, die die festigende Eigenschaft der Gelatine beeinträchtigen (siehe Fruchtgelees, Seite 246); das Soufflé oder die Mousse hat zu lange im Warmen gestanden; wurde zu stark gekühlt, und die Gelatine hat sich beim Auftauen aufgelöst
→ erst unmittelbar vor dem Servieren aus dem Kühlschrank nehmen; notfalls in der Form servieren oder auf Dessertgläser verteilen und mit kandierter Zitrusschale, Schokoladenraspeln oder Minzezweigen verzieren.

SCHMECKT NACH GELATINE
*Grund:* die Gelatine wurde nicht richtig aufgelöst oder zu stark erhitzt; es wurde zuviel Gelatine verwendet
→ ist die Masse noch nicht fest, einige EL Zitronen- oder Limonensaft, Rum, Grand Marnier oder einen anderen Likör hinzufügen; ist sie bereits fest, mit einem säuerlichen Fruchtcoulis servieren.

# Eis

Es gibt so viele Geräte, mit denen sich Eis ganz leicht selbst zubereiten läßt – angefangen von preiswerten handbetriebenen bis hin zu elektrischen Geräten, die das Kühlen und Rühren selbsttätig übernehmen. Da ist es nicht verwunderlich, daß viele Köche ihrer Phantasie freien Lauf lassen und die verschiedensten Eiscremes, etwa mit geröstetem Gewürzkuchen (siehe Mein Tip, Seite 288), Ahornsirup, Avocado und Vanille, Rotwein und Pflaumen, grünem Tee oder Mango und Muskateller, kreieren. Auch ich experimentiere gerne, vor allem mit Sommerfrüchten aus dem Garten. Das Eis kann dann für einen Eisbecher, zum Beispiel einen *coupe Jacques* mit Obstsalat, als Füllung für Windbeutel oder Eistorten oder für eine bunte Eisbombe verwendet werden.

Meines Erachtens ist Milcheis weit vielseitiger als Fruchteis und bildet auch nicht so leicht Kristalle, wenn es nicht richtig durchgerührt wird oder zu viele feuchte Zutaten verwendet werden. Alles, was man braucht, ist zunächst eine Englische Creme (siehe Seite 130) oder eine andere gehaltvolle Creme. Geeignet sind aber auch Joghurtmischungen und Eismilch. Je mehr Zucker das Eis enthält, desto niedriger liegt der Gefrierpunkt und um so länger braucht es, bis es durchgefroren ist. Deshalb sollte die Masse vor dem Durchrühren stets gut gekühlt werden. Alkohol hat den gleichen Effekt wie Zucker. Da Crème double bei zu langem Rühren oft gerinnt, gebe ich sie erst bei, wenn das Eis bereits etwas fest ist. Eine gehaltvolle Eiscreme sollte sich ohne weiteres mehrere Wochen in der Gefriertruhe halten. Dabei entfaltet sich der Geschmack, sie wird nach einigen Stunden allerdings auch fester. Deshalb empfiehlt es sich, das Eis vor dem Servieren einige Zeit in den Kühlschrank zu stellen, damit es weicher wird. Und denken Sie auch daran, die Schüsselchen oder Teller vorher zu kühlen.

**RICHTIG** – das Eis ist glatt, cremig und gehaltvoll; es ist weich genug, daß es sich mit einem Löffel abstechen läßt, zugleich aber so fest, daß es die Form behält; der Geschmack ist kräftig, die Farbe hell.

### PROBLEMFÄLLE

HART ODER KÖRNIG
*Grund:* die Masse enthielt zu wenig Ei, Sahne oder andere Stabilisatoren; wurde während des Durchfrierens nicht laufend umgerührt; zu lange gelagert
→ vor dem Servieren 1–2 Stunden im Kühlschrank weich werden lassen; eine warme Schokoladen- oder Karamelsauce (siehe Seite 138 und 238) oder eine Fruchtsauce (siehe Seite 136) dazu reichen (siehe auch Mein Tip).

ZU WEICH
*Grund:* das Eis ist nicht richtig durchgefroren
→ weiter gefrieren lassen, wenn möglich bei einer niedrigeren Temperatur.

## *Kokoseis*

Ergibt 1 Liter

Damit das Eis einen besonders kräftigen Geschmack bekommt, lasse ich die Gewürze so lange wie möglich in der Creme ziehen. Hier wird die Creme erst durchpassiert, wenn sie bereits angedickt ist.

*1 Vanilleschote, der Länge nach aufgeschlitzt, oder 1/2 TL Vanilleessenz*
*200 g Kokosraspel*
*1/2 l Milch*
*7 Eigelb*
*100 g Zucker*
*250 g Crème double*

Die Vanilleschote gegebenenfalls auskratzen und das Mark und die Schote zusammen mit den Kokosraspeln in die Milch geben. Aufkochen lassen, den Topf dann zudecken und das Ganze 10 bis 15 Minuten bei schwacher Hitze ziehen lassen.

Die Eigelbe 1 bis 2 Minuten mit dem Zucker schlagen, bis eine lockere, dickliche Masse entstanden ist. Die Hälfte der heißen Milch unterrühren und die Mischung dann unter die restliche Milch rühren. Die Creme vorsichtig erhitzen, bis sie etwas eindickt, und dabei laufend mit einem Kochlöffel rühren. Sie darf aber nicht zum Kochen kommen, da sie sonst klumpt. Den Topf dann sofort vom Herd nehmen, die Creme in eine Schüssel passieren und gegebenenfalls die Vanilleessenz unterrühren. Die Schüssel luftdicht verschließen, damit sich keine Haut bildet, und die Creme abkühlen lassen.

Die Creme in die Eismaschine geben und so lange rühren, bis sie teilweise fest ist. Die Crème double fast steif schlagen, unter die Eiscreme rühren und so lange weiterrühren, bis das Eis fest ist. In eine gekühlte Schüssel umfüllen, zudecken und in die Gefriertruhe stellen. Das Eis vor dem Servieren 1 bis 2 Stunden in den Kühlschrank stellen, damit es etwas weich wird.

**MEIN TIP**

Ist Ihr Eis körnig oder hat zu wenig Geschmack, servieren Sie es mit Waffeln und dieser Schokoladensauce, die zu fast jeder Geschmacksrichtung paßt: 175 g Bitterschokolade hacken und in einen Topf geben. 250 g Crème double kurz aufkochen lassen und über die Schokolade gießen. 2–3 Minuten stehenlassen, bis die Schokolade geschmolzen ist, und dann glattrühren. Unter Rühren aufkochen lassen und 1–2 Minuten köcheln lassen, bis die Sauce etwas eindickt. Jeweils 3 kleine Kugeln Eis abstechen und im Dreieck auf vier gekühlten Tellern anrichten. Jeweils 3 Waffeln dazwischenstecken, das Eis und die Waffeln mit etwas Schokoladensauce überziehen und sofort servieren.

# Parfaits

FÜR MICH IST EIN PARFAIT IN DER TAT ETWA »PERFEKTES« – eine einfache Mischung aus geschlagenen Eiern und Schlagsahne, die gefroren werden kann, ohne daß sie wie Eiscreme oder Sorbet gerührt werden muß. Ein Parfait läßt sich mit einfachen Mitteln, etwa mit Schokolade oder eingelegten, getrockneten oder kandierten Früchten, klassisch mit Kaffee oder phantasievoll mit Pekannußkaramel, kandierten Kirschen mit Orange oder einer würzigen Apfelsauce verfeinern. Als meine Kinder noch klein waren, habe ich sogar zerstoßene Schokolinsen verwendet. Wenn etwas Eiweiß übrig bleibt, können Sie daraus eine italienische Baisermasse (siehe Seite 226) herstellen und diese beispielsweise in nebenstehendem Rezept anstelle der Eigelb-Zucker-Mischung verwenden.

RICHTIG – das Parfait ist so weich, daß es sich mit einem Löffel abstechen läßt; es ist leicht, aber nicht schaumig und sehr gehaltvoll; der Geschmack ist konzentriert; die Farbe ist klar. Zu beachten: Das klassische Parfaitglas ist so dick, daß man es sogar in die Gefriertruhe stellen kann.

ZU HART – das Parfait läßt sich nicht mit dem Löffel abstechen; auf der Zunge hinterläßt es einen butterartigen Eindruck; der Geschmack ist häufig fade.
*Grund:* das Parfait ist zu kalt; enthält zuviel Schlagsahne; die Masse wurde zu lange gerührt, und dabei ist zuviel Luft entwichen; zu viele schwere Zutaten
→ 1–2 Stunden im Kühlschrank weich werden lassen.

## MEIN TIP

Ist Ihr Parfait schwer oder hat zu wenig Geschmack, belegen Sie es mit flambierten Bananenscheiben. Dazu für 4 Personen 2 Bananen in Scheiben schneiden. Das Parfait auf vier Schüsselchen verteilen. 30 g Butter in einer Pfanne zerlassen, die Bananen hineingeben und mit 1 EL Zucker bestreuen. Die Bananenscheiben wenden und auf der anderen Seite ebenfalls mit 1 EL Zucker bestreuen. 2–3 Minuten kräftig anbraten, bis der Zucker braun wird und karamelisiert und die Bananen weich sind. Dabei gelegentlich umrühren. 60 ml Rum oder Cognac angießen und mit einem Streichholz oder an der Gasflamme entzünden. Die Bananen damit begießen, noch brennend auf dem Parfait verteilen und sofort servieren.

## WEITERE PROBLEME

ZU WEICH
*Grund:* das Parfait ist nicht richtig durchgefroren
→ weiter gefrieren lassen, wenn möglich bei einer niedrigeren Temperatur.

DIE MASSE KRISTALLISIERT AUS
*Grund:* die Masse enthielt zuviel Flüssigkeit, zum Beispiel Fruchtsaft oder -mus
→ mit einer warmen Schokoladensauce (siehe Seite 138) servieren.

ZU WENIG GESCHMACK
*Grund:* Zutaten nicht sehr geschmacksintensiv oder in zu geringer Menge verwendet
→ die Masse vor dem Einfrieren abschmecken und gegebenenfalls mit Vanille, gemahlenem Zimt oder Piment, in heißem Wasser aufgelöstem Instantkaffee, Rum, Cognac oder Kirschwasser verfeinern; ist sie bereits gefroren, siehe Mein Tip.

## *Kaffeeparfait mit Rumrosinen*

4 PORTIONEN

Ursprünglich wurde das Parfait mit Kaffee aromatisiert, und dieser Klassiker erfreut sich trotz der zahlreichen Varianten, die es inzwischen gibt, besonderer Beliebtheit. Ich habe hier noch in Rum eingelegte Rosinen hinzugefügt.

*75 g Rosinen*
*90 ml Rum*
*100 g Zucker*
*90 ml Wasser*
*3 Eigelb*
*3 EL Instantkaffeepulver, in 3 EL heißem Wasser aufgelöst*
*300 g Crème double*

FÜR DIE CHANTILLYCREME:
*125 g Crème double*
*1 EL Zucker*
*1 TL Rum*

4 Parfaitgläser
Spritzbeutel mit großer Sterndüse

Die Rosinen hacken und in einem kleinen Topf mit dem Rum vermischen. Aufkochen lassen, den Topf dann vom Herd nehmen, zudecken und 30 Minuten stehenlassen, bis die Rosinen den Rum aufgesogen haben. Die Parfaitgläser kalt stellen.

In einem kleinen Topf den Zucker mit dem Wasser erhitzen, bis er sich aufgelöst hat. Aufkochen lassen und so lange kochen, bis der Sirup eine Temperatur von 115 °C erreicht hat. Dabei nicht umrühren. Anschließend warten, bis der Sirup zu kochen aufhört. In der Zwischenzeit die Eigelbe verquirlen und nach und nach unter den heißen Sirup schlagen. Die Mischung dann 3 bis 5 Minuten so kräftig wie möglich weiterschlagen, bis sie dick, locker und vollständig erkaltet ist.

Den Kaffee unterschlagen und die Rosinen unterheben. Die Crème double fast steif schlagen und ebenfalls unterheben (die Eiermasse darf aber nicht mehr warm sein, da die Crème double sonst schmilzt).

Die Masse auf die Parfaitgläser verteilen und 3 bis 5 Stunden sehr fest gefrieren lassen. War das Parfait länger in der Kühltruhe, vor dem Servieren 1 bis 2 Stunden in den Kühlschrank stellen, damit es etwas weich wird.

Für die Chantillycreme die Crème double fast steif schlagen. Den Zucker und den Rum hinzufügen und weiterschlagen, bis die Creme richtig steif ist. In die Spritztüte füllen und die Parfaits mit Sahnerosetten verzieren.

# Sorbets

Mein erstes Sorbet, das ich bei einem Kinderfest aß, war nichts anderes als zu einem festen Klumpen gefrorener Fruchtsaft. Die Köchin wußte damals wohl nicht, daß es ständig gerührt werden muß, um die Kristalle, die sich beim Gefrieren des Wassers bilden, aufzubrechen. Wir Kinder waren unbarmherzig in unserer Kritik. Ich bin sicher, Ihre Gäste wären da höflicher. Neben dem Rühren hängt auch viel von der Mischung selbst ab. Zucker macht sie zwar weicher, aber die Masse braucht auch länger, bis sie fest wird. Ein wenig leicht verquirltes Ei (höchstens 1 Teelöffel auf 1 Liter Sorbetmischung, sonst schmeckt das Sorbet teigig) macht die Masse lockerer und verhindert zudem die Kristallbildung. Vor dem Gefrieren sollte die Mischung noch einmal abgeschmeckt werden. Wollen Sie das Sorbet als Zwischengang und nicht als Dessert reichen, nehmen Sie weniger Zucker.

In jedem Fall sollte ein Sorbet einen intensiven Geschmack haben – besonders beliebt sind hier Zitrusfrüchte und säuerliche Früchte wie Himbeeren oder Passionsfrucht. Traditionsreiche Kräutersorbets aus Lavendel, Rosmarin und Thymian werden heute als Alternative zu Süßweinen, Champagner und Spirituosen wie Calvados und Grappa wiederentdeckt. Alkohol sollten Sie stets nur sparsam verwenden, da er die Gefriertemperatur senkt und das Sorbet dann nicht so schnell fest wird. Im Zweifelsfall beträufeln Sie das Sorbet unmittelbar vor dem Servieren mit etwas Schnaps oder Likör.

Sie werden feststellen, daß sich der Geschmack des Sorbets nach einigen Stunden in der Gefriertruhe erst richtig entfaltet. Bleibt es länger als 12 Stunden in der Gefriertruhe, wird es allerdings hart, und man sollte es deshalb vor dem Servieren im Kühlschrank etwas weich werden lassen. Im Vergleich zu Milcheis, das so gut mit anderen Zutaten harmoniert, schmeckt ein Sorbet meines Erachtens am besten, wenn man es ohne weitere Zutaten in einem gekühlten Glas oder einem Schüsselchen serviert. Mir reicht das völlig, allerdings muß ich zugeben, daß eine Auswahl verschiedener selbstgemachter Sorbets, die man mit frischen Fruchtscheiben auf einem Teller anrichtet, den perfekten Abschluß einer Mahlzeit bildet.

**RICHTIG** – das Sorbet (hier Zitronen-Tee-Sorbet) ist glatt und so fest, daß es sich mit dem Eisportionierer zu einer Kugel formen läßt; der Geschmack ist kräftig und frisch; die Farbe ist klar.

KÖRNIG – das Sorbet ist körnig und enthält Eiskristalle; es lassen sich keine glatten Kugeln abstechen; die Farbe ist trüb.
*Grund:* die Mischung enthielt zuviel Wasser; wurde während des Durchfrierens nicht ausreichend umgerührt; wurde zu schnell gefroren; der Behälter war zu voll; das Sorbet wurde zu lange gelagert
→ das Sorbet gegebenenfalls auftauen lassen und noch einmal einfrieren; siehe auch Mein Tip.

**MEIN TIP**

Enthält Ihr Sorbet Eiskristalle, servieren Sie es am besten als *granita*. Lassen Sie es dazu in der Gefriertruhe fest werden und rühren dann mit einer Gabel um, um die Eiskristalle aufzubrechen. Anschließend füllen Sie es, eventuell abwechselnd mit Beeren oder Pfirsichscheiben, in gekühlte Gläser und verzieren es mit Minzezweigen oder Zitronenschalenspiralen.

# *Kamillen-Hagebutten-Sorbet*

ERGIBT 1 LITER

Soll dieses Sorbet zwischen den Gängen gereicht werden, nehmen Sie etwas weniger Zucker, soll es als Dessert serviert werden, nehmen Sie etwas mehr. Sie werden feststellen, daß die Hagebutte dem Sorbet eine hübsche rosa Färbung verleiht.

*3/4 l Wasser*
*5 Beutel Kamillentee*
*5 Beutel Hagebuttentee*

FÜR DEN ZITRONENSIRUP:
*1/2 l Wasser*
*400 g Zucker*
*abgeriebene Schale und Saft von 2 unbehandelten Zitronen (ggf. etwas mehr)*

Für den Sirup das Wasser mit dem Zucker bei schwacher Hitze heiß werden lassen, bis sich der Zucker aufgelöst hat. Dabei gelegentlich umrühren. Anschließend 1 bis 2 Minuten kochen lassen. Die Zitronenschale und den -saft unterrühren und abkühlen lassen.

Für den Tee das Wasser zum Kochen bringen und die Teebeutel hineingeben. Den Topf vom Herd nehmen, den Tee 5 bis 10 Minuten ziehen lassen und die Teebeutel dann herausnehmen.

Den Zitronensirup mit dem Tee verrühren und abkühlen lassen. Gegebenenfalls noch einmal mit Zucker oder Zitronensaft abschmecken. In die Eismaschine gießen und rühren, bis das Sorbet fest ist. In eine gekühlte Schüssel umfüllen, zudecken und in die Gefriertruhe stellen.

Das Sorbet vor dem Servieren gegebenenfalls 30 bis 60 Minuten in den Kühlschrank stellen, damit es etwas weicher wird.

## WEITERE PROBLEME

ZU HART
*Grund:* die Masse enthielt zuviel Wasser; ist beim Lagern hart geworden
→ vor dem Servieren 1 Stunde im Kühlschrank weich werden lassen.

ZU WEICH
*Grund:* das Sorbet ist nicht richtig durchgefroren; die Masse enthielt zuviel Zucker oder Alkohol
→ weiterrühren – mit etwas Glück wird die Masse so fest, daß Sie sie auf Eis oder einem Fruchtcocktail servieren können; siehe auch Mein Tip, Seite 252.

ZU WENIG GESCHMACK
*Grund:* die Ausgangsmasse hatte zu wenig Geschmack; zu wenig Zucker; zuviel Eiweiß
→ vor dem Servieren mit Kirschwasser (Fruchtsorbets) oder Cognac (Weinsorbets) beträufeln.

# BROTE & PFANNKUCHEN

Zu den ersten Aufgaben, mit denen wir unsere Kinder betrauten, als wir in der Normandie lebten, gehörte das Brotholen. Und so machten sie es den Jungen aus der Nachbarschaft nach, die zweimal täglich mit einem Schubkarren loszogen, um das knusprige, ofenfrische Brot für die Großfamilie beim Bäcker zu besorgen.

Brot ist nach wie vor eines der wichtigsten Nahrungsmittel, und nichts ist typischer für die Ernährung eines Volkes, als das Brot, das man aus dem heimischen Korn bäckt. In Frankreich werden vorwiegend Baguette, Landbrot und Croissants gegessen. Die portugiesische *broa* wird aus Maismehl, Olivenöl und Weizenmehl hergestellt. Skandinavien und Mitteleuropa sind hingegen bekannt für ihre Roggen- und Vollkornbrote. In Marokko ist das Mehl besonders weich, und man bereitet daraus lockere, feine Brote zu, die vielfach noch mit Anis- oder Sesamsamen gewürzt werden. All diese Brote sind leicht und mit einfachen Zutaten herzustellen.

Der Grundteig aus Weizenmehl, Hefe, Salz und Wasser – daraus wird das Brot in den allermeisten Fällen zubereitet – ist dutzend-, ja hundertfach abgewandelt worden. Deshalb wollen wir uns in diesem Kapitel auch besonders ausführlich mit dem einfachen Hefebrot beschäftigen. Da das Backen mit Sauerteigen ganz spezielle Kniffe und Techniken erfordert, werden die Sauerteigbrote und das französische Weißbrot hier gesondert behandelt. Bei Brioches, Napfkuchen, dem italienischen *panettone* und dem Schweizer Birnbrot – um nur die bekanntesten Beispiele zu nennen – wird der Hefeteig noch mit Eiern, Milch oder Butter angereichert. Etwas komplizierter zuzubereiten sind die so beliebten Croissants.

Neben diesen Klassikern finden Sie am Ende des Kapitels Brote aus den verschiedensten Ländern der Welt, darunter Pitta- und Naan-Brot, sowie Pizza. Und schließlich können Sie sich mit Crêpes und Pfannkuchen verwöhnen, die mit Backpulver und Natron zubereitet werden. Sie sind in Minutenschnelle angerührt und gebacken und lassen sich mit den verschiedensten Mehlsorten, etwa Mais-, Buchweizen-, Gersten- oder Hafermehl herstellen, die kein oder nur wenig Klebereiweiß (Gluten, siehe Seite 256 und 257) enthalten und bei denen Hefe als Treibmittel deshalb nicht in Frage kommt. Die meisten dieser Köstlichkeiten sind einfach zuzubereiten und schmecken am besten, wenn sie ofenfrisch gegessen werden.

*Maisbrot mit Kräutern,*
*Rezept Seite 271*

# Einfache Hefebrote

ICH HATTE DAS GLÜCK, BEI EINEM MEISTER SEINES FACHS, dem französischen Bäckermeister Haumonté, in die Lehre gehen zu können. Er verwendete einfachste Zutaten: Mehl aus dem Supermarkt, abgepackte Hefe, Tafelsalz und Leitungswasser. Unseren alten Brotofen heizte er mit Streichhölzern an, und Temperatur und Feuchtigkeit ermittelte er nach dem Gefühl. Er knetete, formte und glasierte den Teig, ließ ihn anschließend aufgehen und schob die fertigen Laibe schließlich mit einem gekonnten Griff mit dem hölzernen Backschieber zum Backen in den heißen Ofen. Heraus kam dann ein wunderbar weiches Brot mit einer herrlich knusprigen Kruste und köstlichem Geschmack.

Von Monsieur Haumonté habe ich auch gelernt, wie sehr das Mehl als wesentlicher Bestandteil den Geschmack und die Beschaffenheit des Brots bestimmt. Bei einfachen Hefebroten, sei es nun Weißbrot, Weizen-, Roggen- oder Mehrkornbrot, kommt es ganz besonders auf das Mehl an. Beim Kneten wird das Gluten (Klebereiweiß) im Mehl aufgeschlossen, deshalb muß der Teig so lange geknetet werden, bis er sich glatt und elastisch anfühlt (siehe Brotteig kneten und gehen lassen, Seite 257). Hat man den Teig gehen lassen (manchmal sogar zweimal), wird er noch einmal 1 bis 2 Minuten (besonders lockere Teige auch länger) durchgeknetet, damit die Luft entweicht. Die Brotlaibe sollten möglichst fest geformt und ihre Nahtstellen gut zusammengedrückt werden, damit sie die Form behalten. Feste Teige, die meist mit Vollkornmehl hergestellt werden, können dann sofort auf das Backblech gelegt werden. Weichere Teige müssen in einer Form gebacken werden. Die Form sollte dabei nur zu zwei Dritteln gefüllt sein, denn der Teig verdoppelt sein Volumen noch einmal und würde sonst beim Backen über den Rand der Form hinausquellen.

Dann ist es an der Zeit, das Brot zu bestreichen und oben einzukerben. Eine Glasur oder ein anderer Überzug verleiht dem Brot erst seinen typischen Charakter: Landbrot wird beispielsweise meist mit Mehl bestäubt, das feinere Weißbrot hingegen mit Ei überglänzt. Damit das Brot eine knusprige Kruste bekommt, bestreichen Sie den Teig mit Wasser oder verquirltem Eiweiß. Soll die Kruste dagegen weich sein, verwenden Sie zerlassene Butter. Den Teig erst unmittelbar vor dem Backen bestreichen und einritzen (am besten mit einer Rasierklinge oder der Spitze eines sehr scharfen Messers). So kann er sich auf sein Maximum ausdehnen und bekommt ein schönes, gleichmäßiges Muster. Bevor Sie ihn dann in den Ofen schieben, setzen Sie das Backblech in der richtigen Höhe ein. Große Brote und Brote aus grobem Mehl werden meist auf der untersten Schiene im Ofen, kleinere Brote auf der mittleren Schiene gebacken. Um ein gleichmäßiges Backen zu gewährleisten, sollte zwischen den einzelnen Laiben ein ausreichend großer Abstand sein.

Hefebrote müssen bei einer relativ hohen Temperatur gebacken werden. Dadurch wird die Hefe zerstört, und die Feuchtigkeit im Teig verwandelt sich in Dampf. Bei großen Laiben empfehlen die meisten Bäcker eine Temperatur von 200 °C (Gas Stufe 3). Sobald die Kruste braun zu werden beginnt, schaltet man den Herd herunter und läßt das Brot durchbacken. Der Dampf, der sich während des Backens im Ofen entwickelt, trägt dazu bei, daß das Brot aufgeht und sich eine knusprige Kruste bildet. Er läßt sich auf unterschiedliche Weise herstellen, zum Beispiel, indem man einen Behälter mit Eiswürfeln oder einen Bräter mit heißem Wasser in den Ofen stellt oder das Brot während des Backens mit Wasser bestreicht oder besprüht. Auf der Unterseite wird das Brot knusprig, wenn Sie das Backblech oder den Backstein vorher erhitzen.

Lassen Sie sich von der Fülle der Informationen zum Thema Brotbacken nicht abschrecken. Ich kann Ihnen versichern, selbst Profis machen Fehler – eine Bäckerin sagte einmal zu mir, an dem Tag, an dem ihr ein Brot wirklich perfekt gelänge, würde sie sich zur Ruhe setzen. Es kann passieren, daß Ihr Brot ungleichmäßig bräunt, daß es einmal locker und beim nächsten Mal klumpig und feucht ist, aber auch dann wird es noch schmecken. Und wenn man ihm ansieht, daß es selbst gebacken ist, macht das doch eigentlich seinen besonderen Reiz aus.

## HEFE UND MEHL

Hefe ist ein lebender Organismus, der Kohlendioxid erzeugt. Das Kohlendioxid ist wiederum dafür verantwortlich, daß ein Teig aufgeht. Hefe wird meist als Pulver oder in Form gepreßter Blöcke angeboten. Wenn Sie statt Trockenhefe Hefewürfel nehmen, benötigen Sie die doppelte Menge.

Die wichtigste Zutat bei Hefebroten ist Weizenmehl. Denn es enthält reichlich Gluten oder Klebereiweiß, das dem Teig die notwendige Elastizität verleiht (siehe Brotteig kneten und gehen lassen, Seite 257). Der Glutengehalt ist je nach Mehlsorte (Brotmehl, Kuchenmehl etc.) und dem zur Herstellung verwendeten Weizen verschieden. Der Eiweißgehalt kann zwischen 12 Prozent bei Brotmehl, das aus sogenannten »harten« oder »groben« Mehlen gewonnen wird, und 6 Prozent bei sehr weichem Kuchenmehl differieren. Achten Sie deshalb beim Einkauf darauf, daß das Mehl einen für Ihre Zwecke ausreichenden Glutengehalt hat. Bei den meisten Hefebroten empfiehlt sich ein besonders glutenreiches Mehl.

Wie sich das Weizenmehl beim Backen verhält, hängt unter anderem davon ab, wie es behandelt wurde. Das heißt, ob es aus dem vollen Korn gewonnen oder ob es wie weißes Mehl ohne Kleie und Keimlinge gemahlen wurde. Die meisten Bäcker empfehlen zum Brotbacken steingemahlenes Vollkornmehl. Dabei spielt es keine Rolle, ob es sich um Weizen oder ein anderes Getreide handelt. Vollkornmehl ist nährstoffreicher und hat sehr viel mehr Geschmack. Das Mehl kann allerdings von Jahreszeit zu Jahreszeit und von Ernte zu Ernte unterschiedlich ausfallen. Da der Glutengehalt anderer Mehle, zum Beispiel Gersten- oder Buchweizenmehl, geradezu verschwindend gering ist, müssen sie bei der Herstellung von Hefeteigen mit Weizenmehl gemischt werden. Der Roggen, der ebenfalls nur wenig Klebereiweiß enthält, bildet hier eine Ausnahme.

Ein guter Brotteig enthält nur gerade so viel Hefe – ob nun Trockenhefe, Preßhefe oder einen Sauerteig –, daß der Teig aufgeht und locker wird und einen ganz leicht säuerlichen Geschmack bekommt. In der Regel rechnet man 1 EL (10 g) Hefe für 500 g Mehl. Bei gehaltvolleren Teigen und Teigen aus Vollkornmehl kann sich die Menge etwas erhöhen. Da Zucker den von der Hefe in Gang gesetzten Spaltungsprozeß beschleunigt, der Teig also schneller aufgeht, sollten Sie stets einige Löffel Zucker hinzufügen. Verwenden Sie allerdings zuviel Zucker, kehrt sich der Prozeß ins Gegenteil um. Salz hingegen zerstört die Hefe und wird deshalb für gewöhnlich unter das Mehl gemischt, damit es nicht unmittelbar mit der Hefe in Berührung kommt.

Die Hefe muß vor Gebrauch in handwarmer (35 °C) Flüssigkeit (meist Milch oder Wasser) aufgelöst werden. Die Temperatur können Sie mit dem Finger prüfen.

## Brotteig kneten und gehen lassen

BROTTEIG RICHTIG KNETEN

Beim Anrühren sollte der Brotteig möglichst feucht sein. Denn Mehl (kneten Sie den Teig stets gründlich durch) läßt sich nachträglich leicht unterarbeiten, ein zu trockener Teig wird hingegen nur schwer wieder weich. Der Teig wird dann flachgedrückt, mit Flüssigkeit (für gewöhnlich Milch oder Wasser) besprüht, zusammengerollt und anschließend so lange geknetet, bis er glatt ist und nicht mehr klebt.

Beim Kneten verteilt sich die Hefe und, was noch wichtiger ist, das Klebereiweiß bildet ein elastisches Netz, in dem sich die Kohlendioxidblasen, die durch die Hefe freigesetzt wurden, verfangen. So kann der Teig schön aufgehen und eine regelmäßige Struktur bilden, die nach dem Backen etwas klebrig ist. Wird der Teig nicht ausreichend geknetet, ist er zu weich und läßt sich anschließend nicht richtig formen. In diesem Fall knetet man ihn noch einmal einige Minuten gründlich durch, um das Klebereiweiß wieder aufzuschließen, und formt ihn daraufhin erneut. Teige, die viel Ei oder Butter enthalten, werden beim Gehen häufig weich. Brote, bei denen der Teig nicht genügend geknetet wurde, sind nach dem Backen krümelig, und es fehlt ihnen an Elastizität.

Daß der Teig zu sehr geknetet wird, kommt weitaus seltener vor – wenn man ihn von Hand knetet, ist das ja auch nahezu unmöglich. Kneten Sie ihn allerdings in der Küchenmaschine, kann das schon eher passieren. Der Teig wird dann allmählich immer fester und schließlich fast steif. Dann verliert er von einer Minute zur anderen seine Elastizität und Lockerheit und wird zäh. Die zähe Beschaffenheit ist nach dem Gehen, vor allem an der Oberfläche, noch stärker zu bemerken. In diesem Fall können Sie höchstens versuchen, noch etwas Wasser unterzuarbeiten.

Zum Kneten legt man den Teig auf die bemehlte Arbeitsfläche, drückt ihn flach und bewegt ihn stets mit den Händen vom Körper weg. Dann rollt man ihn auf, dreht ihn um 90 Grad und knetet ihn wieder vom Körper weg. Weichere und gehaltvollere Teige lassen sich leichter kneten, wenn man sie wie in Frankreich hochhebt und sie abwechselnd mit der einen und dann mit der anderen Hand auf das Küchenbrett wirft. Das ist zugleich eine gute Gymnastik! Die meisten Teige sind nach 7–10 Minuten richtig durchgeknetet. Vollkornteige können etwas länger brauchen.

Um Zeit zu sparen und sich die Arbeit zu erleichtern, können Sie den Teig auch in der Küchenmaschine zubereiten und kneten. Prüfen Sie aber zuerst, ob die Maschine für den schweren Teig überhaupt geeignet ist. Bei Brotbackgeräten gehen die Meinungen auseinander, doch ist auch hier das Ergebnis häufig besser als bei gewöhnlichem, handelsüblichem Brot.

RICHTIG AUFGEGANGENER BROTTEIG

Die Hefe entfaltet ihre Triebkraft am schnellsten in einer feuchten Atmosphäre bei einer Temperatur von 30 °C. Bei niedrigeren Temperaturen verlangsamt sich der Gärungsprozeß. Gefriert sie gar, kommt die Triebkraft der Hefezellen zum Erliegen. Bei ca. 54 °C sterben die Hefezellen ab. Der Teig geht am besten auf, wenn man ihn in eine tiefe Schüssel legt. Damit er nicht austrocknet und um ihn vor Zugluft zu schützen, deckt man ihn dann noch mit einem feuchten Tuch oder mit Frischhaltefolie zu.

Läßt man den Teig unter optimalen Bedingungen gehen, verdoppelt er sein Volumen in weniger als 2 Stunden. Schwere oder gehaltvolle Teige können länger brauchen, in manchen Rezepten wird sogar empfohlen, den Teig über Nacht gehen zu lassen. Geht der Teig zu schnell auf, wird das fertige Brot höchstwahrscheinlich eine unregelmäßige Beschaffenheit aufweisen, und das Mehl und die Hefe werden nicht ihren vollen Geschmack entfaltet haben. Ist der Teig zu lange gegangen, fällt er in der Schüssel zusammen, und das Brot schmeckt nach Hefe. Sie können ihn dann zwar wiederherstellen, indem Sie die Luft herausschlagen, aber der Hefegeschmack wird bleiben. Geht der Teig überhaupt nicht auf, arbeitet die Hefe nicht mehr, entweder weil sie verdorben war oder weil sie durch zu große Hitze (meist war die Flüssigkeit, in der sie aufgelöst wurde, zu heiß) zerstört wurde. In diesem Fall bereitet man einen neuen Teig mit frischer Hefe zu und mischt die beiden Teige anschließend.

Die gleichen Regeln gelten auch, wenn der Teig, nachdem man ihn zu einem Laib geformt hat, ein zweites Mal gehen muß (bei manchen Weißbroten ist dies erforderlich). Das Volumen sollte sich dann nahezu verdoppeln. Ist der Teig nicht genug aufgegangen, wird das fertige Brot schwer sein, ist er zu sehr aufgegangen, verliert es beim Backen die Form, und die Krume hat große Löcher.

RICHTIG GEKNETET – der Teig ist glatt, feucht, aber nicht klebrig; er ist geschmeidig und zugleich so elastisch, daß er, wenn man darauf drückt, sofort wieder seine ursprüngliche Form annimmt.

RICHTIG ELASTISCH – der Teig glänzt und läßt sich nur schwer ziehen.

RICHTIG AUFGEGANGEN – die Finger hinterlassen Abdrücke; das Volumen des Teigs hat sich verdoppelt; er ist locker, und die Oberfläche ist feucht.

**RICHTIG GEBACKEN** – klopft man mit der Faust auf die Unterseite des Brots (hier ein Kastenweißbrot), klingt es hohl; oben und unten hat sich eine goldbraune (bei hellen Teigen) oder dunkelbraune (bei Vollkornteigen) Kruste gebildet.

**RICHTIG (KRUME)** – die Krume ist gleichmäßig und locker (bei hellen Teigen) oder saftig (bei Vollkornteigen); das Brot ist schön aufgegangen, und die Einschnitte in der Kruste sind deutlich zu erkennen; die Farbe ist weiß oder beige, aber nicht grau; das Brot hat einen vollen, erdigen Geschmack und schmeckt ganz leicht nach Hefe.

SCHWER UND NICHT AUFGEGANGEN – die Krume ist fest und zäh; die Kruste ist vielfach hart; der Geschmack hat sich noch nicht entfaltet.
*Grund:* die Hefe war zu alt oder wurde in heißer Flüssigkeit aufgelöst; der Teig war zu trocken; ist nicht lange genug gegangen; die Backtemperatur war zu hoch, und die Kruste ist zu früh fest geworden
→ ist der Teig zu trocken, vor dem Backen noch etwas Flüssigkeit hinzufügen; darauf achten, daß der Teig sein Volumen verdoppelt (insbesondere nach dem Formen); das fertige Brot in möglichst dünne Scheiben schneiden.

## MEIN TIP

Hier einige Tips zur Verwertung von altbackenem, einfachem Hefebrot:

- Brösel: Die Rinde abschneiden. Die Krume in Stücke reißen und die Stücke nacheinander im Mixer oder in der Küchenmaschine fein zerkleinern. Einfrieren und für Füllungen verwenden.
- Geröstete Brösel: Die Brotscheiben bei 175 °C (Gas Stufe 2) 10–15 Minuten im Backofen rösten, bis sie trocken und goldbraun sind. Wie Brösel (oben) fein zerkleinern und in einem luftdicht verschlossenen Behälter aufbewahren. Zum Bestreuen von Gratins oder Aufläufen verwenden.
- Croûtes: Das Brot in gut 1 cm dicke Scheiben schneiden und mit zerlassener Butter, Oliven- oder Pflanzenöl bestreichen, nach Belieben noch mit Knoblauch einreiben und mit geriebenem Käse bestreuen. Kleine Scheiben ganz lassen, große Scheiben vierteln. Bei 175 °C (Gas Stufe 2) 10–15 Minuten knusprig goldbraun backen.
- *Melba toast* (für Baguette): Das Brot in 1 cm dicke Scheiben schneiden und im Toaster leicht anbräunen. Die Rinde abschneiden. Die Scheiben mit der Handfläche auf die Arbeitsfläche drücken und horizontal halbieren. Die halbierten Scheiben bei 175 °C (Gas Stufe 2) 12–15 Minuten knusprig braun backen.

DURCHWEICHT UND NICHT DURCHGEBACKEN – die Rinde ist blaß und weich; der Laib bleibt nicht in Form; klopft man auf die Unterseite, klingt es nicht hohl; die Krume ist feucht und etwas klebrig.
*Grund:* ist die Rinde blaß, war die Backzeit zu kurz oder die Temperatur zu niedrig; ist das Brot schwammig, war der Teig zu feucht oder wurde nicht richtig durchgeknetet; beim Abkühlen konnte der Dampf nicht entweichen; noch warm verpackt
→ ist das Brot nicht richtig durchgebacken, weiterbacken und dabei gegebenenfalls die Temperatur erhöhen; ist das Brot noch warm, noch einmal 5–10 Minuten ohne Form backen; nach dem Backen in Scheiben schneiden und für Croûtes oder *Melba toast* (siehe Mein Tip) verwenden.

ZU LOCKER UND ZU SEHR AUFGEGANGEN – beim Backen ist der Teig über den Rand der Form getreten oder zusammengefallen; die Krume ist, vor allem unter der Kruste, löchrig; sie kann trocken sein und schmeckt nach Hefe, manchmal auch säuerlich.
Zu beachten: Ein Brot, das zu sehr aufgegangen ist, kann trotzdem gut schmecken.
*Grund:* der Teig war zu weich; wurde nicht richtig durchgeknetet; ist nicht lange genug gegangen oder war zu warm; die Form war zu klein
→ vor dem Backen die Luft aus dem Teig schlagen und den Teig noch einmal neu formen, gegebenenfalls auch noch einmal durchkneten; während des Backens die Temperatur erhöhen, damit sich schneller eine feste Kruste bildet und der Teig nicht mehr so sehr aufgeht.

# Lockeres Vollkornbrot

ERGIBT 1 GROSSEN LAIB

## WEITERE PROBLEME

UNGLEICHMÄSSIG AUFGEGANGEN, EVTL. AUF EINER SEITE AUFGEPLATZT
*Grund:* der Teig wurde nicht sorgfältig geformt; wurde oben nicht ordentlich oder gar nicht eingeritzt, und die Kruste ist beim Backen aufgesprungen; Temperatur nicht konstant (wenn die Ofentür nicht richtig schließt oder das Brot im Umluftherd zu nahe am Ventilator stand)
→ ist der Laib schlecht geformt, vor dem Backen die Luft aus dem Teig schlagen und das Brot noch einmal neu formen; das Brot während des Backens drehen, damit es gleichmäßig bäckt.

UNREGELMÄSSIG GEBRÄUNT
*Grund:* die Backtemperatur war nicht konstant; das Backblech wurde nicht in der richtigen Höhe eingesetzt, deshalb ist das Brot oben oder unten verbrannt; die Brote lagen zu dicht nebeneinander; wurden nicht gleichmäßig bestrichen
→ das Brot während des Backens auf einer höheren bzw. niedrigeren Schiene plazieren und die Form drehen.

ZU DUNKEL
*Grund:* die Backtemperatur war zu hoch; zu lange gebacken; der Teig enthielt sehr viel Zucker; die Glasur enthielt Zucker
→ enthält der Teig viel Zucker, bei niedrigerer Temperatur backen; das Brot, sobald es braun zu werden beginnt, lose mit Alufolie abdecken, die Temperatur dann herunterschalten und weiterbacken; verbrannte Stellen entfernen.

DIE KRUME HAT GROSSE LÖCHER UND EINE UNREGELMÄSSIGE BESCHAFFENHEIT
*Grund:* zuviel Hefe; der Teig wurde nicht richtig durchgeknetet (Löcher); ist zu schnell oder zu lange gegangen; der Laib war zu locker geformt; der Teig war nach dem ersten Gehen zu weich; die Backtemperatur war nicht konstant. Zu beachten: Manche Brote, wie zum Beispiel Baguette, müssen große Löcher haben und etwas zäh sein.
→ für Brösel verwenden (siehe Mein Tip, Seite 258).

DIE RINDE LÖST SICH VON DER KRUME
*Grund:* löst sie sich oben, war der Laib zu locker geformt; die Oberfläche des Teigs ist während des Gehens ausgetrocknet, so hat sich eine Kruste gebildet, und der Teig konnte sich nicht ausdehnen; löst sich die Rinde unten, war die Form zu voll, das Backblech zu heiß oder wurde zu weit unten eingeschoben
→ lose Rinde vor dem Aufschneiden entfernen.

DIE KRUME IST STREIFIG
*Grund:* handelt es sich um Mehlstreifen, war die Arbeitsfläche beim Formen zu sehr bemehlt; handelt es sich um Lufttaschen, wurde der Laib zu lose geformt; handelt es sich um Teigstreifen, war der Teig zu sehr aufgegangen und ist beim Backen unter der Kruste zusammengefallen
→ für Brösel verwenden (siehe Mein Tip, Seite 258).

KRÜMELIG
*Grund:* der Teig wurde nicht richtig durchgeknetet; das Mehl enthielt wenig Klebereiweiß; das Brot war beim Aufschneiden noch warm oder zu frisch
→ das Brot vor dem Aufschneiden völlig auskühlen lassen und zum Schneiden ein gezacktes Messer verwenden; siehe auch Mein Tip, Seite 258.

WEICHE RINDE
*Grund:* der Teig war zu feucht; zuviel oder ungeeignete Glasur; nicht genug Dampf beim Backen; das Brot wurde warm verpackt oder ist zu alt
→ beim Backen einen Topf mit heißem Wasser in den Ofen stellen; das Brot nach dem Backen 5–10 Minuten im warmen Ofen trocknen, damit es knusprig wird.

HARTE RINDE
*Grund:* der Teig wurde während des Gehens nicht zugedeckt, und die Oberfläche ist ausgetrocknet; zuviel Dampf beim Backen; das Brot wurde zu lange offen gelagert
→ vor dem Backen mit Milch, zerlassener Butter oder Öl bestreichen; nach dem Backen in Frischhaltefolie wickeln und eine Nacht liegen lassen.

ZU WENIG GESCHMACK
*Grund:* der Teig wurde nicht ausreichend gesalzen; das Mehl war von minderer Qualität; der Teig ist zu schnell aufgegangen, deshalb hat sich der Geschmack von Mehl und Hefe nicht entfaltet
→ Salz in etwas Wasser auflösen, die Rinde damit bestreichen und das Brot noch einmal 5–10 Minuten in den warmen Ofen schieben; für Knoblauchbrot (siehe Mein Tip, Seite 260) verwenden. Zu beachten: In manchen Gegenden, etwa in der Toskana, wird das Brot ohne Salz gebacken.

DAS BROT SCHMECKT SAUER ODER NACH HEFE
*Grund:* der Teig ist nicht genug gegangen (insbesondere bei saurem Geschmack); zuviel Hefe; der Teig ist zu lange oder zu sehr gegangen (insbesondere bei Hefegeschmack). Zu beachten: Bei Sauerteigbroten muß der Geschmack so sein.
→ das Brot toasten; mit pikanten Zutaten, etwa Schinken und Käse, belegen; für Bruschetta (siehe Mein Tip, Seite 260) verwenden.

Vollkornbrote sind meist relativ fest und saftig. Anders dieses lockere, aber trotzdem kräftige Brot, das sich hervorragend für Sandwiches eignet. Statt einen großen Laib zu backen, können Sie den Teig auch auf mehrere kleine Formen verteilen. Nehmen Sie einen besonders aromatischen Honig, damit man ihn gut herausschmeckt.

*1 EL Honig*
*425 ml lauwarmes Wasser*
*10 g Trockenhefe*
*250 g grobes Weizenmehl (ggf. etwas mehr)*
*1 EL Salz*
*250 g Vollkornmehl (ggf. etwas mehr)*

eine Brotbackform von 23 cm Länge

Den Honig in einem kleinen Topf mit dem Wasser verrühren. Die Hefe einstreuen und etwa 5 Minuten stehenlassen, bis sie sich aufgelöst hat. Dabei einmal umrühren.

Das weiße Mehl mit dem Salz in eine große Schüssel sieben. Die Hälfte des Vollkornmehls untermischen und in der Mitte eine Mulde formen. Die angerührte Hefe hineingießen und die Zutaten mit den Händen zu einem glatten, dicken Teig vermengen. Dann nach und nach so viel von dem restlichen Vollkornmehl unterarbeiten, daß sich der Teig von den Wänden der Schüssel löst. Er sollte geschmeidig und leicht zäh sein.

Eine große Schüssel mit Pflanzenöl einstreichen. Den Teig 8 bis 10 Minuten auf der bemehlten Arbeitsfläche durchkneten, bis er glatt und elastisch ist. Bleibt er auf der Arbeitsfläche kleben, mit etwas Mehl bestäuben. Den Teig ein paar Mal in der geölten Schüssel drehen, so daß die Oberfläche mit Öl überzogen ist. Mit einem feuchten Tuch zudecken und 1 bis 1 1/2 Stunden an einem warmen Platz gehen lassen, bis sich sein Volumen verdoppelt hat.

Die Form mit Öl einstreichen. Den Teig noch einmal vorsichtig durchkneten, damit die Luft entweicht, und anschließend zu einem ovalen Laib formen (der Laib muß länger sein als die Form) und flachdrücken. Anschließend zu einer festen Rolle formen und die Enden einschlagen, so daß er in die Form paßt. Den Teig mit der Nahtstelle nach unten in die Form geben, mit einem trockenen Tuch zudecken und noch einmal 45 bis 60 Minuten an einem warmen Ort gehen lassen, bis er den Rand der Form erreicht hat.

Den Backofen auf 190 °C (Gas Stufe 2–3) vorheizen. Das Brot mit Mehl bestäuben – überschüssiges Mehl gegebenenfalls mit einem Pinsel entfernen – und anschließend 45 bis 60 Minuten backen. Das fertige Brot 5 Minuten auf einem Gitter abkühlen lassen. Das Brot dann aus der Form stürzen und vollständig auskühlen lassen.

# Sauerteigbrote und französisches Weißbrot

BEI SAUTERTEIGBROTEN WIRD ALS TREIBMITTEL ein sogenannter Sauerteigansatz verwendet. Das ist ein weicher Teig aus Mehl und Wasser (oder Milch), bei dem sich durch das Stehenlassen Milchsäurebakterien und Hefen entwickeln und der dadurch zur Gärung kommt. Das Mehl und die Hefe sind bei Sauerteigbroten meist deutlich herauszuschmecken. Ein gutes Sauerteigbrot, etwa ein Baguette oder eine Ciabatta, hat eine knusprige Kruste und eine lockere, saftige Krume. Wie problemlos sich ein Sauerteig mit Hefe herstellen läßt, können Sie im Rezept auf Seite 261 nachlesen. Schwieriger ist es, wenn Sie sich auf die ohnehin im Sauerteig entstandenen Hefepilze verlassen. Deshalb setze ich dem Sauerteig dann stets noch etwas Hefe zu. Backen Sie öfter, können Sie etwas fertigen Teig als sogenannten Vorteig für die Zubereitung des nächsten Teigs zurückbehalten. Einfacher ist es, wenn Sie fertigen Sauerteig im Reformhaus oder Naturkostladen kaufen.

Für Sauerteigbrote und französisches Weißbrot gelten die gleichen Regeln wie für einfaches Hefebrot: Der Teig muß sorgfältig durchgeknetet werden, damit sich die Hefe verteilt und das Klebereiweiß aufgeschlossen wird. Wie schnell der Teig aufgeht, hängt auch hier von der Temperatur ab. Allerdings sind die Zeitangaben beim Sauerteig nicht ganz so zuverlässig wie bei Hefeteigen. Damit der Sauerteig seine Wirkung besonders gut entfaltet, kann man den Teig vor dem Formen zweimal gehen lassen. Eine knusprige Kruste bekommt das Brot, wenn sich während des Backens im Ofen möglichst viel Dampf entwickelt. Ein französisches Weißbrot so hinzubekommen wie ein professioneller Bäcker, das ist schwer. Ich überlasse das deshalb lieber den Profis und beschränke mich auf andere Sauerteigbrote, insbesondere Weizen- oder Roggenvollkornbrote, die ich gerne noch mit Mohn, Fenchelsamen oder Kümmel bestreue.

*von links nach rechts*
ZU LOCKER UND ZU SEHR AUFGEGANGEN – das Brot (hier Roggenbrot) bleibt flach und geht in die Breite; die Rinde ist uneben; die Krume ist locker und porös; das Brot schmeckt nach Hefe, manchmal auch sauer.
**RICHTIG GEBACKEN** – die Rinde ist knusprig, regelmäßig und goldbraun; klopft man auf die Unterseite, klingt es hohl; der Laib ist schön aufgegangen, und die Kerben in der Kruste sind deutlich zu erkennen; bei Vollkornbroten ist die Krume gleichmäßig und saftig; bei Baguette und französischem Weißbrot ist sie locker, etwas zäh und hat große oder kleine Löcher; beide haben einen würzigen Geschmack.
SCHWER UND NICHT AUFGEGANGEN – das Brot ist klein und zusammengeschrumpft; die Rinde ist blaß und zäh; die Einkerbungen sind nicht so deutlich ausgeprägt; die Krume ist fest und zäh und hat große Löcher; der Geschmack ist fade.

**MEIN TIP**

- Wenn mein Baguette nicht mehr ganz frisch ist, mache ich Knoblauchbrot daraus. Dazu 125 g Butter mit 2 gehackten Knoblauchzehen und 2 EL gehacktem Basilikum oder Petersilie zerlassen. Das Baguette in dicke Scheiben schneiden. Das Brot dabei aber nicht ganz durchschneiden, so daß die Scheiben unten noch zusammenhängen. Die Scheiben auf einer Seite großzügig mit der Butter bestreichen und das Brot anschließend 10–12 Minuten bei 175 °C (Gas Stufe 2) backen, bis es knusprig ist und der Knoblauch sein Aroma entfaltet.
- Ausgetrocknetes Sauerteig- oder Vollkornbrot eignet sich gut für Bruschetta: Das Brot in 2 cm dicke Scheiben schneiden und im Ofen auf beiden Seiten goldbraun rösten. Mit Olivenöl bestreichen, eventuell noch mit Knoblauch einreiben und anschließend mit Schinken, Tomatenscheiben und Basilikum oder mit in Balsamico-Essig geschmorter Hühnerleber und Zwiebeln belegen.

**PROBLEMFÄLLE**

SCHWER UND NICHT AUFGEGANGEN
*Grund:* der Sauerteig war nicht mehr aktiv; der Teig ist zu trocken; ist nicht lange genug gegangen; die Backtemperatur war zu hoch
→ ist der Teig zu trocken, noch etwas Flüssigkeit zugeben; darauf achten, daß der Teig, vor allem nach dem Formen, sein Volumen verdoppelt; fertiges Brot für Brösel verwenden (siehe Mein Tip, Seite 258).
ZU LOCKER UND ZU SEHR AUFGEGANGEN
*Grund:* der Teig war zu feucht; wurde nicht richtig durchgeknetet; ist vor dem Backen zu sehr aufgegangen; das Brot wurde zu langsam gebacken und hat die Form verloren
→ die Luft aus dem Teig schlagen und einen neuen Laib formen, gegebenenfalls noch einmal durchkneten und noch etwas Mehl unterarbeiten; beim Backen die Temperatur erhöhen, damit die Rinde schneller braun wird und der Teig nicht so sehr aufgeht; fertiges Brot für Croûtes verwenden (siehe Mein Tip, Seite 258).
DURCHWEICHT UND NICHT DURCHGEBACKEN
*Grund:* der Teig war zu feucht; wurde nicht richtig durchgeknetet; ist nicht lange genug gegangen; die Backtemperatur war zu niedrig; Backzeit zu kurz; das Brot wurde zum Auskühlen nicht auf ein Gitter gelegt; wurde noch warm verpackt
→ ist das Brot noch warm, weiterbacken und dabei gegebenenfalls die Temperatur erhöhen; für Toast oder Croûtes verwenden.
ZU WENIG GESCHMACK
*Grund:* der Sauerteig war nicht mehr aktiv; zu wenig Salz; das Mehl war von minderer Qualität; der Teig ist zu schnell aufgegangen
→ Salz in etwas Wasser auflösen und die Rinde vor oder nach dem Backen damit bestreichen; mit gesalzener Butter, Sahnekäse oder einem pikanten Belag, beispielsweise einer *tapenade*, servieren; siehe auch Mein Tip.

# Roggenbrot

Ergibt 2 grosse Laibe

Der Sauerteig für dieses kräftige, schmackhafte Brot wird mit einer ganzen Zwiebel aromatisiert.

*500 g grobes Weizenmehl*
*1 EL Salz*
*300 g Roggenmehl (ggf. etwas mehr)*
*375 ml lauwarmes Wasser*
*1 EL Kümmel*
*1 Ei, mit 1 EL Wasser verquirlt (zum Bestreichen)*

Für den Sauerteig:
*1/2 l lauwarmes Wasser*
*10 g Trockenhefe*
*300 g Roggenmehl*
*1 große Zwiebel, halbiert*

Für den Sauerteig die Hälfte des Wassers in eine Schüssel gießen. Die Hefe einstreuen und etwa 5 Minuten stehenlassen, bis sie sich aufgelöst hat. Dabei einmal umrühren. Das Roggenmehl mit den Händen untermengen und zu einem glatten Teig formen. Das restliche Wasser untermischen, so daß ein dickflüssiger Teig entsteht. Zum Schluß die Zwiebel hineingeben und vollständig mit dem Teig bedecken. Mit einem feuchten Tuch zudecken und den Sauerteig 1 bis 3 Tage an einem warmen Platz gären lassen.

Das Weizenmehl mit dem Salz in eine große Schüssel sieben. Das Roggenmehl untermengen und in der Mitte eine Mulde formen. Aus dem fertig gegärten Sauerteig die Zwiebel entfernen, die Luft herausschlagen und den Teig mit dem Wasser und dem Kümmel in die Mulde gießen. Mit den Händen zu einem glatten Teig vermengen. Der Teig sollte klebrig und etwas naß sein. Gegebenenfalls noch etwas Roggenmehl unterarbeiten.

Eine große Schüssel mit Pflanzenöl einstreichen. Den Teig 8 bis 10 Minuten durchkneten, bis er weich, glatt und etwas elastisch ist. Bleibt er auf der Arbeitsfläche kleben, mit etwas Roggenmehl bestäuben. Den Teig ein paar Mal in der geölten Schüssel drehen, so daß die Oberfläche mit Öl überzogen ist. Mit einem feuchten Tuch zudecken und 1 1/2 bis 2 Stunden an einem warmen Platz gehen lassen, bis sich sein Volumen verdoppelt hat.

Zwei Backbleche mit Roggenmehl bestäuben, den Teig noch einmal vorsichtig durchkneten, damit die Luft entweicht, und anschließend halbieren. Jede Hälfte zu einem ovalen Laib formen und flachdrücken. Anschließend zu einer festen Rolle formen und die Enden einschlagen. Die Rolle dann vorsichtig hin und her rollen, um sie zu verlängern. Mit der Nahtseite nach unten auf die Backbleche legen, mit einem bemehlten Tuch zudecken und an einem warmen Ort noch einmal 45 bis 60 Minuten gehen lassen, bis der Teig sein Volumen verdoppelt hat.

Den Backofen auf 190 °C (Gas Stufe 2–3) vorheizen und einen Bräter auf den Boden oder die erste Schiene des Ofens stellen. Die Brote mit dem Ei bestreichen und die Oberfläche fünfmal diagonal jeweils 6 mm tief einritzen. Die Bleche in den Ofen schieben und 2 Handvoll Eiswürfel in den Bräter geben. Die Brote 35 bis 45 Minuten backen und anschließend auf einem Gitter auskühlen lassen.

## Hefebrötchen

Brötchen werden aus einem Weißbrot- oder Sauerteig hergestellt, den man eventuell noch mit etwas Vollkornmehl anreichern kann. Vor dem Backen bestreicht man sie mit etwas Wasser, damit sie knusprig werden, bestreut sie mit Mohn oder Sesam oder bestäubt sie mit Mehl (verwenden Sie dazu das restliche Mehl von der Arbeitsfläche, die zum Formen der Brötchen dick mit Mehl bestreut werden muß). Damit sie hübscher aussehen, ritzt man sie vor dem Backen, zum Beispiel kreuz- oder rautenförmig, mit dem Messer ein. Weichere Brötchen aus einem Milch- oder Eierteig werden gewöhnlich mit etwas Zucker gesüßt und haben eine zarte Kruste, die mit Ei oder Milch glasiert wird. Bei den Formen kann man seiner Phantasie freien Lauf lassen: Zöpfe, Spiralen, Achter und Kleeblätter sind nur einige von vielen Möglichkeiten. Einfache Brötchen werden unabhängig vom Teig stets bei einer hohen Temperatur – in der Regel 220 °C (Gas Stufe 4) – gebacken. Für eine gleichmäßigere Bräunung lassen Sie zwischen den einzelnen Brötchen ausreichend Platz und legen sie nicht an den Rand des Blechs. Am besten kneten Sie den Teig zunächst zu einer langen Rolle, zerteilen diese dann in gleich große Stücke und formen daraus schließlich die Brötchen.

Die Zubereitung von süßen Brötchen geht etwas anders. Der Teig ist ähnlich, wird aber meist mit Milch oder Ei angereichert, damit er weich wird. Vor dem Backen kann man die Brötchen mit Ei bestreichen und mit grobem Zucker bestreuen oder mit einem Überzug aus geschmolzenem braunen Zucker, Honig oder Ahornsirup mit gehackten Nüssen versehen. Einen Überraschungseffekt erzielen Sie, wenn Sie sie mit etwas Marmelade füllen, den Teig mit Gewürzen oder Trockenfrüchten anreichern oder ihn ausrollen und mit Zucker bestreuen, so daß beim Aufschneiden ein Spiralmuster zum Vorschein kommt. Durch den Zucker im Teig gehen die Brötchen allerdings oft nicht gleichmäßig auf.

**RICHTIG** – die Brötchen sind schön aufgegangen und haben eine regelmäßige Form; die Kruste ist gleichmäßig gebräunt (hell bei weißen Brötchen, dunkler bei Vollkornbrötchen und goldbraun bei süßen Brötchen); die Krume ist gleichmäßig und je nach Teig locker oder eher saftig; der Geschmack ist nussig, und die Hefe schmeckt etwas durch.

# Süße Hefebrote und Brioches

SÜSSE HEFEBROTE SIND DER STOLZ JEDES BÄCKERS. Nicht selten haben sie den Status eines Nationalgerichts – man denke nur an den deutschen Stollen, den italienischen *panettone* mit Rosinen, Orangeat und Zitronat, die jüdische *challah* (siehe Seite 264) und die verschiedenen Osterbrote. Am bekanntesten und vielseitigsten ist der französische Briocheteig. Er wird nicht nur zu dem beliebten Frühstücksbrot gebacken, sondern kann als knusprige Kruste auch ein Rinderfilet oder Lachs umhüllen oder als salziges Brot mit Käse zubereitet werden.

In Anbetracht der Zutaten – Fett (im allgemeinen Butter, manchmal auch Olivenöl), Eier, Sahne oder Milch und Zucker – ist es nicht weiter verwunderlich, daß diese Brote nicht immer einfach zuzubereiten sind. Da sich durch die Zugabe von Fett der von der Hefe in Gang gesetzte Gärungsprozeß verlangsamt, wird die Butter häufig erst zugegeben, wenn der Teig aufgegangen ist. Eier, Milch und Sahne machen den Teig geschmeidig, das Brot wird dadurch aber auch etwas krümelig und ähnelt einem Kuchen. Beim Zucker sollte man keinesfalls zuviel des Guten tun – etwas Zucker beschleunigt zwar die Wirkung der Hefe, zuviel Zucker hat aber genau den gegenteiligen Effekt. Das ist auch der Grund, weshalb die Bäcker ihre Hefebrote lieber mit Trockenfrüchten süßen oder sie erst zum Schluß mit Zucker bestreuen. Schwere Zutaten wie Trockenfrüchte und Nüsse dürfen erst unmittelbar vor dem Formen unter den Teig geknetet werden, denn sonst geht er nicht auf. Und vor dem Backen wird das Brot noch mit Ei bestrichen.

Damit der Teig schön glatt wird, muß er lange geknetet werden und langsam aufgehen. Je gehaltvoller der Teig, desto geschmeidiger und lockerer wird er. Häufig muß er in der Form gebacken werden. Wichtig ist auch die Raumtemperatur. Sie darf nicht zu hoch sein, da der Teig sonst weich werden könnte. Briocheteig und andere gehaltvolle Teige sollten vor dem Backen stets einige Zeit – am besten über Nacht – gekühlt werden. Außerdem werden sie, da sie leicht verbrennen, in der Regel auch bei niedrigeren Temperaturen gebacken als andere Brote. Allgemeine Informationen siehe Einfache Hefebrote, Seite 256.

**RICHTIG GEBACKEN** – der Teig ist schön aufgegangen und hat eine regelmäßige Form; die Kruste ist gleichmäßig goldbraun; die Krume ist weich, locker und hat je nach Teig eine beige bis goldgelbe Farbe; klopft man mit der Faust auf die Unterseite, klingt es hohl; das Brot hat einen aromatischen Buttergeschmack.

ZU LOCKER UND ZU SEHR AUFGEGANGEN – das Brot ist unregelmäßig und tritt über den Rand der Form hinaus; die Krume ist häufig ungleichmäßig und löchrig; das Brot kann nach Hefe und sogar sauer schmecken.
*Grund:* zuviel Hefe; der Teig ist zu schnell gegangen; ist vor dem Backen zu sehr aufgegangen; wurde vor dem ersten Aufgehen oder vor dem Formen nicht richtig geknetet; beim Formen zu warm, Butter wurde weich; die Form war zu klein; das Brot wurde zu langsam gebacken und hat seine Form eingebüßt
→ vor dem Backen die Luft herausschlagen, den Teig dann kühlen und erneut formen, gegebenenfalls noch einmal durchkneten und noch etwas Mehl unterarbeiten; beim Backen die Temperatur erhöhen, damit der Teig nicht mehr so sehr aufgeht; fertiges Brot für Toast oder Brotpudding verwenden.

## MEIN TIP

Aus altem süßem Hefebrot können Sie Arme Ritter zubereiten. Dazu die Brotkanten abschneiden und das restliche Brot in 2,5 cm dicke Scheiben zerteilen. In einer flachen Schüssel 4 Eier mit 1/4 l Milch, 1 TL Zimt, 1/2 TL Vanilleessenz und 1 Prise Salz verquirlen. 1 EL Butter in einer großen Pfanne zerlassen, die Brotscheiben durch die Eiermischung ziehen (aber nicht darin einweichen, da sie sonst weich werden) und anschließend 1–1 1/2 Minuten portionsweise auf beiden Seiten goldbraun herausbacken. Mit Ahornsirup oder Honig beträufeln oder mit Puderzucker bestäuben und sofort servieren.

## WEITERE PROBLEME

SCHWER ODER DURCHWEICHT
*Grund:* die Hefe war zu alt oder wurde in heißer Flüssigkeit aufgelöst; der Teig enthielt zuviel Zucker; ist beim zweiten Mal nicht lange genug gegangen; der Raum war zu warm, und die Butter ist beim Gehen weich geworden; ist das Brot durchweicht, war der Teig zu feucht oder wurde nicht richtig durchgeknetet; das Brot ist nicht richtig durchgebacken; wurde zum Auskühlen nicht auf ein Gitter gestellt; wurde noch warm verpackt
→ den Teig vor dem Backen langsam an einem kühlen Ort gehen lassen, dann bleibt die Butter fest, und das Klebereiweiß kommt wieder zur Ruhe; darauf achten, daß der Teig, vor allem nach dem Formen, sein Volumen verdoppelt; ist das Brot blaß und nicht richtig durchgebacken, aber noch warm, weitere 5–10 Minuten backen; fertiges Brot für Toast verwenden.

ZÄH
*Grund:* das Mehl hatte einen hohen Glutengehalt; der Teig war zu trocken; ist zu schnell aufgegangen, und das Klebereiweiß konnte nicht wieder zur Ruhe kommen
→ den Teig vor dem Formen 2–3 Stunden in den Kühlschrank stellen, damit das Klebereiweiß zur Ruhe kommt; vor dem Servieren dünn aufschneiden oder aushöhlen und mit Meeresfrüchten, Geflügel oder Pilzen füllen.

DAS BROT VERLIERT SEINE FORM
*Grund:* der Teig war zu weich; wurde nicht richtig durchgeknetet; der Laib wurde zu locker geformt; der Teig war zu warm, und die Butter ist weich geworden; der Teig ist vor dem Backen zu sehr aufgegangen; die Backtemperatur war zu hoch, und die Kruste war zu schnell fest
→ den Teig vor dem Backen gut kühlen (gehaltvolle Teige am besten über Nacht); die Luft herausschlagen, den Teig noch einmal kühlen und dann erneut formen; beim Backen die Temperatur erhöhen, damit die Kruste schneller braun wird; vor dem Servieren so aufschneiden, daß man die unregelmäßige Form nicht bemerkt.

# Plundergebäck und Croissants

SIND SÜSSE HEFEBROTE UND BRIOCHES DES BÄCKERS GANZER STOLZ, so stellen Plundergebäck und Croissants die größte Herausforderung für ihn dar. Denn um Croissants, *pain au chocolat* und anderes Plundergebäck zu formen und zu backen, muß man eigentlich zugleich Bäcker und Konditor sein. Der Teig besteht lediglich aus weißem Mehl, Hefe und Milch. Großes Geschick erfordert aber das Ausrollen und Falten des Teigs, das ähnlich kompliziert ist wie bei einem Blätterteig. Ich habe Generationen von Bäckern und Bäckerlehrlingen zugesehen, wie sie sich daran versuchten, und habe dabei folgendes gelernt:

Obwohl er mit Hefe zubereitet wird, muß der Teig kühl gehalten werden, damit die Butter fest bleibt und sich nicht mit dem Teig vermischt. Am besten eignet sich ein Mehl mit einem mittleren Glutengehalt, denn ein zu elastischer Teig läßt sich nur schwer ausrollen. Nehmen Sie sich also Zeit, um den Teig zwischen den einzelnen Arbeitsschritten lange genug ruhen zu lassen.

Viele Bäcker stellen den Teig über Nacht in den Kühlschrank, holen ihn frühmorgens heraus, lassen ihn gehen und formen dann daraus das Frühstücksgebäck (für Croissants muß man besonders früh aufstehen!). Im Unterschied zu einfachen Brötchen muß ein Plunderteig locker geformt werden, damit er sich beim Backen ausdehnen kann.

Wie Blätterteig muß Plunderteig bei starker Hitze gebacken werden, damit die Teigschichten aufgehen und fest werden, bevor die Butter schmelzen kann und auf dem Backblech zerläuft. Durch die hohe Temperatur wird das Mehl geröstet und bekommt ein feines, nussiges Aroma. Dieses Gebäck darf niemals teigig sein. Anfänger backen es häufig nicht lange genug, weil sie sich nur nach der goldbraunen Kruste richten. Machen Sie sich nichts daraus – ein Plunderteilchen oder ein Croissant schmeckt immer gut, auch wenn es zu kurz oder zu lange gebacken wurde, nicht schön geformt oder sogar leicht verbrannt ist. Für weitere Informationen siehe Einfache Hefebrote, Seite 256.

*von links: schwer und nicht aufgegangen, richtig, zu sehr aufgegangen und zusammengefallen*

SCHWER UND NICHT AUFGEGANGEN – das Gebäck (hier Croissants) ist klein und fest; häufig ungleichmäßig gebräunt; die Krume ist fest und zäh.
*Grund:* die Hefe war nicht mehr aktiv oder wurde in heißer Flüssigkeit aufgelöst; der Teig wurde zu sehr geknetet und war zu elastisch; nach dem Formen nicht lange genug gegangen; zu schnell gebacken
→ ist der Teig elastisch, einige Stunden kalt stellen, damit das Klebereiweiß wieder zur Ruhe kommt; lange genug gehen lassen.

**RICHTIG GEBACKEN** – die Croissants sind schön aufgegangen und haben eine regelmäßige Form; es hat sich eine goldbraune Kruste gebildet; darunter ist das Gebäck locker und blättrig, saftig, aber nicht zäh; es hat einen kräftigen Buttergeschmack und schmeckt ganz leicht nach Hefe.

ZU SEHR AUFGEGANGEN UND ZUSAMMENGEFALLEN – die Croissants sind flach; innen sind sie schwammig; sie schmecken nach Hefe.
*Grund:* der Teig war zu feucht; wurde nicht richtig durchgeknetet; ist zu schnell aufgegangen; der Teig war zu warm, und die Butter ist weich geworden; die Croissants wurden zu langsam gebacken und haben ihre Form eingebüßt
→ den Teig vor dem Backen gut kühlen; beim Backen die Temperatur erhöhen, damit das Gebäck rasch braun wird und nicht mehr so sehr aufgeht; fertiges Gebäck aufschneiden und mit Käse, Schinken oder einer anderen Füllung servieren.

## WEITERE PROBLEME

BLASS UND WEICH
*Grund:* Schichten zusammengeklebt; der Teig nicht richtig durchgebacken; zu langsam gebacken; Butter wurde weich und Schichten gingen nicht auf
→ beim Backen die Temperatur erhöhen, damit die Kruste braun und knusprig wird; ist das Gebäck innen weich, aufschneiden und rösten.

SCHLECHT GEFORMT, AN MANCHEN STELLEN FEST
*Grund:* der Teig wurde zu sehr geknetet, war deshalb zu elastisch und ist beim Backen zusammengeschrumpft; die Teigschichten waren ungleichmäßig; sind an manchen Stellen zusammengeklebt
→ siehe Mein Tip.

## MEIN TIP

Bäcker verwerten altbackene Croissants auf diese Weise: 125 g Mandelmasse mit 1–2 EL Rum glattrühren. 4 Croissants aufschneiden, dabei aber nicht ganz durchschneiden, mit der Mandelmasse bestreichen und 2–3 Minuten unter den Backofengrill schieben, bis sie leicht gebräunt sind.

# Schokoladenbrötchen

Ergibt 12 Stück

Diese luftigen, mit Schokoladenstückchen gefüllten Brötchen gibt man französischen Kindern gerne als Belohnung für besonders gutes Betragen.

*175 ml lauwarmes Wasser*
*7 g Trockenhefe*
*500 g grobes Weizenmehl*
*3 EL Zucker*
*1 1/2 TL Salz*
*1/8 l lauwarme Milch*
*250 g Butter*
*500 g Bitterschokolade*
*1 Ei, mit 1/2 TL Salz verquirlt (zum Bestreichen)*

Die Hälfte des Wassers in eine kleine Schüssel gießen, die Hefe einstreuen und etwa 5 Minuten stehenlassen, bis sie sich aufgelöst hat. Dabei einmal umrühren. Das Mehl mit dem Zucker und dem Salz auf ein Marmorbrett oder die Arbeitsfläche sieben und in der Mitte eine Mulde formen. Die angerührte Hefe, die Milch und das restliche Wasser hineingießen, mit den Fingern gut durchmischen und dann nach und nach das Mehl unterarbeiten, bis ein krümeliger Teig entstanden ist. Nur so lange kneten, bis alle Zutaten gut durchgemischt sind und noch etwas Mehl hinzufügen, falls der Teig klebrig ist. Den Teig dann zu einer Kugel formen, zudecken und 15 Minuten im Kühlschrank ruhenlassen.

Die Butter mit etwas Mehl bestäuben, zwischen zwei Lagen Butterbrotpapier legen und mit dem Nudelholz flachwalzen. Zusammenfalten, wieder mit Butterbrotpapier bedecken und flachwalzen. Den Vorgang so lange wiederholen, bis die Butter geschmeidig ist (sie sollte die gleiche Konsistenz haben wie der Teig). Die Butter dann zu einem 20 cm großen Quadrat formen und mit etwas Mehl bestäuben. Den Teig zu einem 40 cm großen Quadrat ausrollen, die Butter in die Mitte setzen und den Teig wie einen Umschlag darüber verschließen. Die Ränder dabei zusammendrücken.

Das Teigpäckchen vorsichtig mit dem Nudelholz flachwalzen, umdrehen und zu einem 60 x 20 cm großen Rechteck ausrollen. Dann zunächst die eine kurze Seite um 20 cm nach innen schlagen und die andere kurze Seite darüberschlagen, so daß ein aus drei Schichten bestehendes Quadrat entsteht. Die offenen Ränder vorsichtig mit dem Nudelholz zusammendrücken, um das Päckchen zu verschließen.

Das Päckchen nochmals ausrollen, genauso falten und weitere 20 bis 30 Minuten zugedeckt im Kühlschrank ruhenlassen, bis der Teig fest ist. Anschließend noch zweimal ausrollen und falten und weitere 20 bis 30 Minuten ruhenlassen.

Die Schokolade in zwölf Stifte mit je 13 cm Länge zerteilen. Den Teig zu einem 45 x 50 cm großen Rechteck ausrollen und in drei Streifen mit 15 cm Breite schneiden. Jeden Streifen in vier 13 cm große Quadrate zerteilen, in die Mitte jedes Quadrats ein Stück Schokolade legen, die Ränder mit Wasser bestreichen und den Teig über der Schokolade zusammenfalten. Die Brötchen dann mit der Nahtseite nach unten auf Backbleche legen, mit einem feuchten Tuch zudecken und 45 bis 60 Minuten an einem kühlen Platz gehen lassen, bis sich ihr Volumen nahezu verdoppelt hat.

Sobald die Brötchen fast das richtige Volumen erreicht haben, den Backofen auf 220 °C (Gas Stufe 4) vorheizen. Die Brötchen mit dem Ei bestreichen, 25 bis 30 Minuten backen und anschließend auf einem Gitter auskühlen lassen.

# Challah

Ergibt 1 grossen Zopf

Dieses traditionelle jüdische Brot – hebräisch *challah* bedeutet im übertragenen Sinn »Opfer« – bringt man an Feiertagen und am Sabbat in die Synagoge. Meist wird es zu einem Zopf geflochten.

*1/4 l lauwarmes Wasser*
*10 g Trockenhefe*
*60 ml Pflanzenöl*
*50 g Zucker*
*2 Eier, verquirlt*
*2 TL Salz*
*550 g grobes Weizenmehl (ggf. etwas mehr)*
*1 Eigelb, mit 1 EL Wasser verquirlt (zum Bestreichen)*
*1 TL Mohn (zum Bestreuen)*

3 bis 4 Eßlöffel Wasser in eine Schüssel geben, die Hefe einstreuen und etwa 5 Minuten stehenlassen, bis sie sich aufgelöst hat. Dabei einmal umrühren. Das Öl und den Zucker mit dem restlichen Wasser verrühren, bis sich der Zucker aufgelöst hat.

Die Eier in einer großen Schüssel mit dem Salz, der aufgelösten Hefe und dem Zuckerwasser vermischen. Die Hälfte des Mehls dazugeben und alles mit den Händen vermengen. Dann nach und nach so viel von dem restlichen Mehl unterarbeiten, daß sich der Teig von den Wänden der Schüssel löst. Er sollte geschmeidig und leicht zäh sein.

Eine große Schüssel mit Öl einstreichen. Den Teig auf der bemehlten Arbeitsfläche 5 bis 8 Minuten durchkneten, bis er glatt und sehr elastisch ist. Den Teig ein paarmal in der geölten Schüssel drehen, so daß die Oberfläche mit Öl überzogen ist. Mit einem feuchten Tuch zudecken und 1 bis 1 1/2 Stunden an einem warmen Platz gehen lassen, bis sich sein Volumen verdoppelt hat.

Ein Backblech mit Öl einstreichen. Den Teig noch einmal vorsichtig durchkneten, damit die Luft entweicht, und dann in drei gleich große Stücke zerteilen. Die Stücke mit den Handballen zu langen Strängen ausrollen und die Enden zu einer Spitze formen. Die Stränge nebeneinanderlegen. Von der Mitte aus in einer Richtung zu einem Zopf flechten, der sich zum Ende hin verjüngt. Den Teig dann herumdrehen und die zweite Hälfte flechten. Die Enden flachdrücken und unter dem Zopf einschlagen. Mit einem trockenen Tuch zudecken und an einem warmen Ort noch einmal 45 bis 60 Minuten gehen lassen, bis der Teig sein Volumen verdoppelt hat.

Den Backofen auf 190 °C (Gas Stufe 2–3) vorheizen. Den Zopf mit dem Ei bestreichen und mit dem Mohn bestreuen. 35 bis 40 Minuten backen und anschließend auf einem Gitter auskühlen lassen.

*Challah*

# Pizza und Focaccia

HEUTE WIRD EINE PIZZA REICH BELEGT, etwa mit karamelisierten roten Zwiebeln, jungen Artischocken, Wildpilzen und anderem mehr – ein meilenweiter Unterschied zum traditionellen Belag mit Tomaten, Sardellen, Oliven, Paprika und Mozzarella. Besonders gerne mag ich die mallorquinische *coca* mit Tomaten und Knoblauch und die Drei-Käse-Pizza mit rotem Paprika (siehe Seite 269). Wieder zu Ehren kommt zu meiner Freude inzwischen auch die einfache Focaccia, die mit Olivenöl bestrichen und mit etwas Meersalz, grob gemahlenem Pfeffer und gehacktem Rosmarin oder Salbei bestreut wird.

Je einfacher die Zubereitung, desto besser muß der Teig sein (zur Information siehe Einfache Hefebrote, Seite 256). Angesichts eines reichhaltigen Belags vergißt man nur zu leicht, daß nicht er, sondern der Teig eine gute Pizza oder Focaccia ausmacht. Hier ein paar kurze Tips: Der Teig sollte möglichst geschmeidig und etwas zäh sein. Achten Sie darauf, daß er nicht zu trocken ist. Damit er eine knusprige Kruste bekommt und nicht anhaftet, bestreut man das Blech am besten nach italienischer Art mit Maismehl. Bevor man ihn belegt, drückt man den ausgerollten Pizzateig mit den Fingerspitzen leicht ein oder fährt mit einem Pizzaroller darüber, um die Glutenstränge zu durchtrennen. So wird der Boden dünn und gleichmäßig.

Ein Pizzateig kann dünn oder eher dick, zu kleineren oder größeren Kreisen oder auch zu einem Rechteck ausgerollt werden, das man nach dem Backen in Quadrate zerteilt. Sie können Pizza auch in einer Auflaufform backen – dann ähnelt sie eher einem Kuchen – und, wenn Sie eine besonders knusprige, rauchig schmeckende Kruste bevorzugen, sogar grillen.

**MEIN TIP**

Hier ein paar Tips für eine nicht ganz gelungene Pizza:

- Mit zerkrümeltem Ziegen- oder Fetakäse oder mit geriebenem Pecorino oder Parmesan bestreuen und anschließend eventuell noch überbacken.
- Mit Pesto oder einer *tapenade* bestreichen oder mit einem Chili- oder Kräuteröl beträufeln.
- Reichlich schwarzen Pfeffer darübermahlen.
- Mit einer *gremolata* aus abgeriebener Schale von 2 unbehandelten Orangen, 2 feingehackten Knoblauchzehen und 2 EL gehackter Petersilie bestreuen.
- Den Belag mit hauchdünnen Tomatenscheiben bedecken, mit geriebenem Käse bestreuen und überbacken.

*von unten nach oben*
**RICHTIG GEBACKEN** – der Teig (hier Focaccia) ist schön aufgegangen und leicht gebräunt; sie ist gleichmäßig belegt und gebräunt; unten ist sie knusprig, aber nicht hart; die Krume ist gleichmäßig, etwas zäh und schmeckt leicht nach Mehl.
ZU SEHR AUFGEGANGEN – die Krume ist ungleichmäßig, und unter der Kruste haben sich Löcher gebildet; in der Mitte ist die Focaccia zusammengefallen; sie kann trocken sein und nach Hefe, manchmal auch sauer schmecken. Zu beachten: Ein Teig, der zu sehr aufgegangen ist, kann durchaus gut schmecken.
DURCHWEICHT UND NICHT DURCHGEBACKEN – der Teig ist blaß, zäh und nicht knusprig, er schmeckt teigig und nach Mehl.

## PROBLEMFÄLLE

ZU SEHR AUFGEGANGEN
*Grund:* zuviel Hefe; der Teig ist zu lange oder zu schnell gegangen; wurde zu langsam gebacken und hat deshalb seine Form eingebüßt
→ den Teig vor dem Backen 5 Minuten in die Gefriertruhe stellen, damit er langsam geht.

DURCHWEICHT UND NICHT DURCHGEBACKEN
*Grund:* die Hefe war zu alt oder wurde in heißer Flüssigkeit aufgelöst; der Teig war zu feucht; wurde nicht richtig durchgeknetet und ist nicht richtig aufgegangen; Backzeit zu kurz; Temperatur zu niedrig; zuviel oder zu feuchter Belag
→ ist der Teig auf der Unterseite zu blaß, das Backblech weiter unten einschieben; ist der Belag blaß, unter den Grill schieben.

ZU WENIG GESCHMACK
*Grund:* mit Meersalz oder salzigen Zutaten, zum Beispiel gehackten Oliven, Sardellen oder ganzen Kapern, bestreuen.

UNAPPETITLICHES AUSSEHEN
*Grund:* zu lange oder nicht ausreichend gebacken; Belag nicht sehr farbenfroh oder nicht ausreichend gebräunt
→ mit Olivenöl bestreichen, damit die Pizza oder Focaccia mehr Glanz bekommt; ist sie nicht braun, unter dem Grill rösten; mit gehackten getrockneten Tomaten oder gehackten Kräutern, etwa Oregano, Rosmarin, Basilikum oder glatter Petersilie, bestreuen.

TEIG UNGLEICHMÄSSIG GEBACKEN ODER VERBRANNT
*Grund:* der Teig wurde nicht gleichmäßig ausgerollt; der Belag wurde nicht gleichmäßig verteilt; Backtemperatur zu hoch oder nicht konstant; das Backblech wurde zu hoch bzw. zu tief eingesetzt
→ das Blech beim Backen umdrehen oder höher bzw. tiefer einsetzen; siehe auch Mein Tip.

# Fladenbrote

TORTILLAS, PITTA, NAAN – den meisten von uns sind diese Namen sicher geläufig. Unvergeßlich wird mir der Anblick eines *Naan*-Teigs sein, der an der Seite eines *Tandoor*-Ofens hing, in dem noch die Holzkohlenglut glimmte. Und einmal konnte ich einen verstohlenen Blick durch die Tür einer mexikanischen Tortilla-Fabrik werfen, wo ratternde Maschinen Hunderte von Broten ausspuckten. Inzwischen haben die einstmals exotischen Fladenbrote auch Einzug in unsere Lebensmittelgeschäfte gehalten. Probieren Sie sie einmal mit einem orientalischen *hummus*, einer mexikanischen *guacamole* mit Avocados und Chili oder als *enchiladas* mit Salatblättern und Hühner- oder Schweinefleisch gefüllt. Fladenbrote lassen sich hervorragend zu Sandwiches aufrollen, und Pittabrot kann man wie eine Tasche füllen.

Viele Fladenbrote sind aus der Notwendigkeit entstanden, die kräftigen und glutenarmen Mehle aus Buchweizen, Mais, Hirse, Hafer und Gerste, die für gewöhnliches Brot nicht in Frage kamen, zu verwerten. Der Teig ist von Brotsorte zu Brotsorte verschieden, allen gemein ist aber, daß sie geschmeidig, weich und sogar ein bißchen zäh sind. Man kann den Teig mit einem Nudelholz ausrollen, zu flachen Kuchen auseinanderziehen oder wie Tortillas mit einer Form flachdrücken. Da Fladenbrote sehr dünn sind, müssen sie nicht unbedingt gebacken werden, sondern können auch auf einem Backblech auf beiden Seiten geröstet werden. Sie sind dann meist schon in wenigen Minuten fertig und bleiben innen schön weich. Die Oberfläche ist häufig uneben, und die Blasen, die der Teig wirft, verwandeln sich in dunkle Flecken. Die Zubereitung und das Backen erfordern ein gewisses Geschick. Doch das Ergebnis lohnt die Mühe ganz bestimmt.

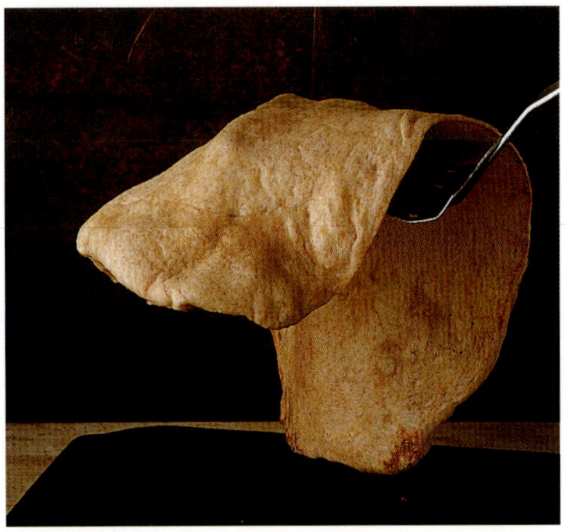

SCHLAFF UND NICHT DURCHGEBACKEN – das Brot ist weich und blaß und weist feuchte Stellen auf; der Geschmack ist mehlig.
*Grund:* der Teig war zu feucht; Backzeit zu kurz; Temperatur zu niedrig
→ weiterbacken und dabei gegebenenfalls die Temperatur erhöhen.

**RICHTIG** – das Brot (hier *Naan*-Brot) ist außen fest und goldbraun mit braunen Flecken; beim Anheben ist es biegsam; es kann durchgebacken oder nur leicht geröstet sein; der Teig ist saftig, aber nicht zäh oder hart; die Farbe ist hell; das Brot schmeckt erdig und hat keinen mehligen Beigeschmack.

## MEIN TIP

Die meisten Fladenbrote lassen sich gut für leichte Füllungen und Beläge verwenden, wie zum Beispiel diese aromatische Kräuter-Zwiebel-Mischung für Geflügel, Schweinefleisch und Gemüse: 250 g Fladenbrot in Stücke reißen und in der Küchenmaschine zu Bröseln zerkleinern. 4 mittelgroße, gehackte Zwiebeln in 2–3 EL Butter oder Pflanzenöl weich dünsten, ohne daß sie Farbe annehmen. Abkühlen lassen und anschließend mit der Brotkrume, 1/8 l Brühe, 3 EL gehackten Koriander- oder Minzeblättern, 1 TL gemahlenem Koriander und 1/2 TL geriebener Muskatnuß vermischen. Mit Salz, Pfeffer und gegebenenfalls noch etwas Muskat abschmecken. Soll die Mischung als Füllung verwendet werden, noch 2 verquirlte Eier untermengen. Ergibt ca. 500 g Füllung.

## WEITERE PROBLEME

DIE KRUSTE IST HART
*Grund:* der Teig war zu feucht; wurde zu langsam gebacken; das Korn war nicht fein genug gemahlen
→ beim Backen mit Öl bestreichen; nach dem Backen mit einem Tuch bedecken, damit der Dampf nicht entweichen kann.

ZU WENIG GESCHMACK
*Grund:* das Mehl war von minderer Qualität; zu wenig Salz; bei Hefebroten ist der Teig zu schnell aufgegangen
→ mit Salzwasser bestreichen und noch einmal 1–2 Minuten in den warmen Ofen schieben; mit Meersalz und grob gemahlenem Pfeffer bestreuen; mit einer Salsa (siehe Seite 126–127), einem pikant abgeschmeckten Joghurt oder einer *tapenade* bestreichen.

DAS BROT SCHMECKT SAUER ODER NACH HEFE
*Grund:* zuviel Hefe oder anderes Treibmittel; das Mehl war von minderer Qualität; der Teig hat zu lange an einem warmen Ort gestanden
→ mit Butter oder Marmelade bestreichen oder mit Tomaten oder Salat belegen. Ein leicht säuerlicher Geschmack, wie etwa beim *Naan*-Brot, ist durchaus angenehm.

FARBE GRAU ODER UNAPPETITLICH
*Grund:* es wurde kein weißes Mehl, sondern zum Beispiel Buchweizenmehl verwendet; das Mehl war von minderer Qualität
→ bunt mit gehackter Tomate, Kräutern und Salatblättern belegen.

# *Indisches Naan-Brot*

Ergibt 6 Stück

*Naan*-Brot gehört in Indien zu jeder Mahlzeit. Die Zutaten sind von Region zu Region verschieden. Traditionell wird es im *Tandoor*-Ofen gebacken, gelingt aber auch in einem herkömmlichen Backofen, wenn man es bei stärkster Hitze bäckt. Es kann heiß oder warm gegessen werden.

*1 TL Zucker*
*2 EL warmes Wasser*
*7 g Trockenhefe*
*175 g Weizenmehl*
*1 TL Salz*
*175 g Vollkornmehl (ggf. etwas mehr)*
*175 ml lauwarme Milch*
*175 g Naturjoghurt*

Den Zucker im Wasser auflösen, die Hefe darüberstreuen und etwa 5 Minuten stehenlassen, bis sie sich aufgelöst hat. Dabei einmal umrühren. Eine Schüssel mit Pflanzenöl einstreichen.

Das Weizenmehl mit dem Salz in eine große Schüssel sieben, das Vollkornmehl untermengen und in der Mitte eine Mulde formen. Die Milch und den Joghurt mit der Hefe verrühren und in die Mulde gießen. Sämtliche Zutaten dann zu einem geschmeidigen Teig vermengen. Der Teig sollte feucht und etwas zäh sein. Gegebenenfalls noch etwas Vollkornmehl unterarbeiten. Den Teig anschließend 5 bis 8 Minuten auf der bemehlten Arbeitsfläche kneten, bis er glatt und elastisch ist. Den Teig ein paarmal in der geölten Schüssel drehen, so daß die Oberfläche mit Öl überzogen ist. Mit einem feuchten Tuch zudecken und 2 bis 3 Stunden an einem warmen Platz gehen lassen, bis sich sein Volumen verdoppelt hat.

Den Teig dann noch einmal vorsichtig kneten, damit die Luft entweicht. Zu einer Rolle formen und in sechs gleich große Stücke zerteilen. Zu Kugeln formen, auf eine mit Öl bestrichene Platte legen, mit leicht eingeölter Frischhaltefolie zudecken und 10 bis 15 Minuten ruhenlassen.

Den Backofen auf 250 °C (Gas Stufe 5) vorheizen und das Backblech auf der obersten Schiene einschieben. Die Teigkugeln zu 25 cm langen und 13 cm breiten Fladen ausrollen.

2 bis 3 Fladen auf das heiße Backblech legen und 5 bis 8 Minuten backen, bis sie aufgegangen und gebräunt sind. Aus dem Ofen nehmen, aufeinanderlegen und mit einem Tuch zudecken, damit der Dampf nicht entweicht und das Brot weich wird. Mit den restlichen Fladen ebenso verfahren. Heiß oder warm servieren.

*Indisches Naan-Brot*

# *Drei-Käse-Pizza mit rotem Paprika*

4 Portionen

Weiche Mozzarella, nussige Fontina und säuerlicher Ziegenkäse – das mag Ihnen vielleicht etwas zuviel erscheinen, aber sie werden am Ende keinen dieser Käse missen wollen.

*3 rote Paprikaschoten*
*1/8 l Olivenöl*
*2 Zwiebeln, in dünne Ringe geschnitten*
*2 Knoblauchzehen, zerdrückt*
*Salz und Pfeffer*
*4 EL frisch gehackter Salbei*
*1/2 TL Chilipulver*
*125 g Ziegenkäse, zerkrümelt*
*125 g Fontina, grob gerieben*
*250 g Mozzarella, in dünne Scheiben geschnitten*

Für den Teig:
*175 ml lauwarmes Wasser*
*7 g Trockenhefe*
*250 g Weizenmehl (ggf. etwas mehr)*
*1 TL Salz*
*2 EL Olivenöl*
*1–2 EL Maismehl zum Bestäuben*

Für den Teig 3 bis 4 Eßlöffel Wasser in eine kleine Schüssel geben, die Hefe einstreuen und etwa 5 Minuten stehenlassen, bis sie sich aufgelöst hat. Eine große Schüssel mit Pflanzenöl einstreichen. Das Mehl mit dem Salz auf die Arbeitsfläche sieben und in der Mitte eine Mulde formen. Die Hefe, das restliche Wasser und das Olivenöl hineingießen und mit dem Mehl vermengen, bis ein etwas zäher Teig entstanden ist. Gegebenenfalls noch etwas mehr Mehl unterarbeiten. Den Teig dann 5 bis 8 Minuten auf der bemehlten Arbeitsfläche durchkneten, bis er glatt und elastisch ist. Den Teig ein paarmal in der geölten Schüssel drehen, so daß die Oberfläche mit Öl überzogen ist. Mit einem feuchten Tuch zudecken und 1 bis 1 1/2 Stunden an einem warmen Platz gehen lassen, bis sich sein Volumen verdoppelt hat.

In der Zwischenzeit die Paprikaschoten 7 bis 10 Minuten unter dem Backofengrill rösten, bis die Haut dunkel wird und aufplatzt. In eine Plastiktüte geben (damit der Dampf nicht entweicht und sich die Schale löst) und abkühlen lassen. Die Haut dann abziehen, die weißen Häutchen und die Kerne entfernen und das Fleisch in Streifen schneiden.

2 Eßlöffel Olivenöl in einer Pfanne erhitzen und die Zwiebeln 3 bis 4 Minuten darin weich dünsten, ohne daß sie Farbe annehmen. Den Knoblauch dazugeben, mit Salz und Pfeffer würzen und das Ganze 1 bis 2 Minuten bei schwacher Hitze köcheln lassen. Die Pfanne dann vom Herd nehmen, die Paprikastreifen und den Salbei untermischen und abschmecken. Das Chilipulver mit dem restlichen Olivenöl verrühren und zur Seite stellen.

Den Backofen auf 200 °C (Gas Stufe 3) vorheizen. Den Teig noch einmal vorsichtig durchkneten, damit die Luft entweicht. Die Arbeitsfläche mit etwas Mehl bestäuben und den Teig zu einem Rechteck in der Größe des Backblechs ausrollen.

Das Backblech mit dem Maismehl bestäuben und den Teig darauf legen. Mit dem Chiliöl bestreichen, die Paprikamischung darauf verteilen (dabei rundum einen 2 cm breiten Rand lassen) und zum Schluß den Käse darüberstreuen. Die Pizza dann noch einmal 20 bis 30 Minuten an einem warmen Platz gehen lassen, bis der Teig sein Volumen nahezu verdoppelt hat, und anschließend 15 bis 18 Minuten backen.

# Frühstücksbrote und Scones

Frühstücksbrote, etwa aus Maismehl, und Scones (kleine, runde Kuchen aus Mehl, Butter und Zucker) unterscheiden sich ganz erheblich von den Hefebroten. Als Treibmittel dienen hier Backpulver oder Natron (siehe Seite 271), und sie sind deshalb in wenigen Minuten zubereitet. Am besten gelingen sie, wenn man den Teig – anders als bei den Hefebroten – nur wenig bearbeitet, so daß das Klebereiweiß im Mehl nicht aufgeschlossen wird. Der Teig sollte grob und unregelmäßig sein.

Für Frühstücksbrot wird häufig ein glutenarmes Weizenmehl, zum Beispiel aus weichem Winterweizen, oder Maismehl verwendet. Dadurch bekommen sie einen besonders kräftigen Geschmack. Die meisten Frühstücksbrote schmecken angenehm nach Mehl. Deshalb sollte man sie am besten ohne alles essen, um das volle Kornaroma genießen zu können. Typische Beispiele sind hierfür das irische *soda bread* und die amerikanischen *corn sticks*. *Scones* werden für gewöhnlich zu Tee oder Kaffee serviert. In Amerika bezeichnet man sie als *biscuits*. Tatsächlich unterscheiden sich die amerikanischen *biscuits* aber etwas von den britischen *scones* und werden meist zu einem Hauptgericht gegessen. Britische Bäcker verwenden für ihre *scones* gerne etwas mehr Zucker und verfeinern sie vielfach noch mit Korinthen, Zitronat und Orangeat. Zu diesen luftigen, mehligen *scones* paßt am besten geschlagene Crème double und Erdbeermarmelade. Die Amerikaner servieren ihre *biscuits* hingegen mit dünnen Schinkenscheiben, mit einer Bratensauce oder mit einem Hühnerfrikassee oder Kaninchenragout.

**MEIN TIP**

Ausgetrocknete *scones* und Frühstücksbrote lassen sich mit einfachen Mitteln verbessern:

- Servieren Sie sie nach amerikanischer Art mit Bratensauce zu einem Hauptgericht oder weichen Sie sie in Buttermilch ein.
- *Scones* können Sie halbieren, mit Käse belegen und überbacken.
- Frühstücksbrote schneiden Sie in dünne Scheiben, bestreichen sie mit Butter und rösten sie unter dem Backofengrill.

**RICHTIG GEBACKEN** – die Kruste (hier ein *scone*) ist knusprig und je nach Zuckergehalt goldgelb bis goldbraun; der Geschmack ist frisch, eine Spur mehlig und säuerlich (bei *scones*) bzw. süßlich (bei Frühstücksbrot).

NICHT DURCHGEBACKEN (*links*) – das Gebäck ist außen blaß, innen feucht und zäh; es schmeckt stark nach Mehl.
**RICHTIG** (*Mitte*) – das Gebäck ist innen locker und leicht krümelig; die Krume ist mehlig (bei *scones*) oder eher krümelig (bei Frühstücksbrot).

SCHWER UND NICHT AUFGEGANGEN (*rechts*) – die Kruste ist dick; die Krume ist fest, häufig auch feucht; der Geschmack ist unangenehm.

# Maisbrot mit Kräutern

6 BIS 8 PORTIONEN

*Foto Seite 254/255*

## NATRON UND BACKPULVER

Wird kohlensaures Natron (Backnatron) mit einer sauren Zutat, etwa Buttermilch oder Zitronensaft, gemischt, wird Kohlensäure freigesetzt; dadurch geht der Teig auf und wird locker. Das gleiche passiert, wenn man Backpulver, eine Mischung aus Natron und einer Säure, verwendet. Damit Backpulver Kohlendioxid entwickeln kann, werden Feuchtigkeit und Hitze benötigt. Deshalb dürfen Backpulverteige, zum Beispiel wenn man Pfannkuchen zubereitet, auch einige Zeit stehen. Natron eignet sich hingegen am besten für Teige, die sofort gebacken werden. Bei einem Teig für Frühstücksbrot rechnet man normalerweise für 125 g Mehl 1½ TL Backpulver bzw. 1½ TL Natron und 1 EL Zitronensaft oder Essig. Zähe Pfannkuchenteige (siehe Seite 274) benötigen mehr Treibmittel. Verwendet man zuviel Treibmittel, bekommt das Gebäck einen scharfen, chemischen Geschmack. Wird das Natron mit zu wenig Säure angesetzt, nimmt das Gebäck eine grobe Beschaffenheit, einen seifigen Geschmack und eine gelbliche Farbe an (Schokoladenkuchen hat dann die Farbe von Maronen, und Heidelbeeren sehen grünlich aus).

### PROBLEMFÄLLE

SCHWER UND NICHT AUFGEGANGEN
*Grund:* der Teig war zu trocken oder zu feucht; wurde zu sehr durchgearbeitet; zu wenig Treibmittel; zu viele schwere Zutaten, zum Beispiel Maismehl oder Trockenfrüchte; das Gebäck wurde zum Auskühlen nicht auf ein Gitter gestellt, und der Dampf konnte nicht entweichen; es wurde noch warm verpackt; ist zu alt
→ zu festen Pfannkuchenteig mit etwas Flüssigkeit verdünnen; bei Frühstücksbrotteig, der zu trocken ist oder zu sehr durchgearbeitet wurde, ist keine Abhilfe möglich; das Gebäck vor dem Servieren in dünne Scheiben schneiden; siehe auch Mein Tip, Seite 270.

NICHT DURCHGEBACKEN
*Grund:* Backzeit zu kurz; Temperatur zu niedrig; die Form war zu groß, daher außen bereits gar, innen noch nicht durch
→ weiterbacken und dabei gegebenenfalls die Temperatur erhöhen.

DIE KRUSTE IST HART
*Grund:* der Teig war zu trocken; wurde zu lange gebacken
→ die Oberfläche beim Backen oder unmittelbar danach mit Milch oder zerlassener Butter bestreichen.

IN DER MITTE EINGEFALLEN
(bei Pfannkuchenteigen, siehe Seite 274)
*Grund:* der Teig war zu feucht; zuviel oder zu wenig Treibmittel; der Teig wurde nicht sofort gebacken; die Temperatur war zu niedrig
→ mit Kräuterzweigen garnieren.

IN DER MITTE NACH OBEN GEWÖLBT
(bei Pfannkuchenteigen, siehe Seite 274)
*Grund:* zuviel Treibmittel; Temperatur zu hoch
→ keine Abhilfe möglich, das Gebäck schmeckt aber trotzdem.

SCHWER
*Grund:* nicht durchgebacken; zuviel Säure (Sodabrot)
→ ist das Gebäck nicht durch, weiterbacken; wurde zuviel Säure verwendet, siehe Scharfer oder saurer Geschmack.

GROBE KRUME
*Grund:* zuviel Treibmittel
→ nicht in Scheiben, sondern in Stücke schneiden, um von der groben Beschaffenheit abzulenken.

SCHARFER ODER SAURER GESCHMACK
*Grund:* zuviel Treibmittel (insbesondere Natron); der Teig wurde nicht sofort gebacken
→ mit Frischkäse, Marmelade oder Apfelbutter bestreichen.

Das gelbe Maismehl läßt dieses Brot besonders attraktiv aussehen. Mögen Sie es gerne süßer, nehmen Sie einfach die doppelte Menge Zucker. Lieben Sie es pikant, lassen Sie etwas Speck aus und streichen die Kasserolle nicht mit Butter, sondern mit dem ausgelassenen Speckfett ein. Wenn Sie die Kasserolle erhitzen, bevor Sie den Teig hineingießen, bekommt das Brot eine besonders knusprige Kruste.

*125 g Weizenmehl*
*1 EL Backpulver*
*175 g gelbes Maismehl*
*1 EL Zucker*
*½ TL Salz*
*2 Eier*
*60 g Butter, zerlassen*
*300 ml Milch*
*2 EL gemischte, gehackte Kräuter, zum Beispiel Rosmarin, Salbei und Thymian*
*Butter zum Bestreichen*

eine Kasserolle mit 25 cm Durchmesser

Den Backofen auf 220 °C (Gas Stufe 4) vorheizen. Die Kasserolle sorgfältig mit Butter einstreichen und im Ofen erhitzen.

Das Weizenmehl mit dem Backpulver in eine große Schüssel sieben, das Maismehl, den Zucker und das Salz untermischen und in der Mitte eine Mulde formen. In einer zweiten Schüssel die Eier mit der zerlassenen Butter, der Milch und den Kräutern verquirlen und in die Mulde gießen. Das Ganze dann zu einem glatten Teig verrühren.

Den Teig in die Kasserolle gießen und die Kasserolle auf der Arbeitsfläche aufstoßen, um die Oberfläche zu glätten. 20 bis 25 Minuten backen, das ofenfrische Brot anschließend mit zerlassener Butter bestreichen, damit die Kruste weich wird, und sofort servieren.

# Crêpes

EINE GELUNGENE CRÊPE ZAUBERT SELBST einem noch so gestreßten Koch ein Lächeln ins Gesicht. Alles muß in Windeseile passieren: die Pfanne einmal kurz schwenken, damit sich der Teig rasch und gleichmäßig verteilt – und schon eine Minute später ist die goldbraune Crêpe fertig. Eine nussige Buchweizencrêpe wird jetzt vielleicht noch mit Rahmchampignons oder Schinkenwürfeln und Ei gefüllt, eine feine Weizencrêpe mit Orangenbutter bestrichen und als *crêpe Suzette* mit Grand Marnier flambiert oder als *crêpe normande* mit Calvadosäpfeln gefüllt. In einer lose aufgerollten Crêpe geht sogar ein Zitronen- oder Krokantsoufflé schön auf.

Am besten gelingen Ihre Crêpes in einer flachen Omelettpfanne, die in verschiedenen Größen erhältlich ist. Spülen Sie sie nach Gebrauch aber keinesfalls ab, sondern reiben Sie sie lediglich mit einem feuchten Tuch aus, solange sie noch warm ist. Eine beschichtete Pfanne ist zwar ebenfalls geeignet, ich finde allerdings, daß die Crêpes darin nicht so schön braun werden. Backen Sie die Crêpes auf großer Flamme und mit ganz wenig Fett, vorzugsweise Butter. Es genügt, wenn Sie die Pfanne nach jeder fünften oder sechsten Crêpe mit etwas Butter einstreichen. Der Teig sollte eher gerührt als geschlagen werden, damit das Klebereiweiß nicht aufgeschlossen wird und die Crêpes nicht zäh werden. Sparen Sie nicht an Eiern, denn sie machen die Crêpes locker und halten sie zusammen. Läßt man den Teig etwas ruhen, wird er ebenfalls lockerer, da sich die Stärke im Mehl ausdehnt und das Eiweiß zur Ruhe kommt.

Die erste Crêpe mißlingt in aller Regel, weil die Pfanne noch nicht die richtige Temperatur hat und man noch nicht die richtige Menge Butter ermittelt hat. Werfen Sie sie einfach weg und versuchen Sie es noch einmal. Die Seite, die zuerst gebacken wird, wird ein paar braune Sprenkel haben. Achten Sie deshalb darauf, daß diese Seite beim Zusammenklappen nach innen kommt. Die fertigen Crêpes stapeln Sie aufeinander, damit sie warm bleiben und nicht austrocknen. Und Sie können sie so auch bis zu 24 Stunden im Kühlschrank aufbewahren. Je nach Gericht rechnet man pro Person 2 bis 3 Crêpes.

Da die Crêpes sehr dünn sind, werden sie meist zusammengefaltet. Wie, das hängt vom Gericht ab: Flambierte Crêpes werden beispielsweise zu Dreiecken gefaltet, die man dann auf dem Teller so anrichtet, daß die Spitze vom Gast weg zeigt. Bei festen oder sahnigen Füllungen rollt man Crêpes auf, und bei loseren Füllungen schlägt man die Seiten ein und verschließt die Crêpes dann zu Päckchen. Man kann Crêpes auch zum Auskleiden von Förmchen verwenden und erhält so eine Art Becherpastete oder man stapelt sie wie bei einem Kuchen flach aufeinander und streicht die Füllung zwischen die einzelnen Schichten (siehe Mein Tip).

## MEIN TIP

Zerbrechliche oder ungleichmäßig gebräunte Crêpes können Sie wie ein Sandwich füllen, indem Sie sie flach aufeinanderstapeln. Für ein pikantes Gericht mit 3–4 EL Crème double bestreichen, die man gegebenenfalls noch mit 1 EL Tomatenmark vermischen kann. Als süßes Gericht mit 2–3 EL Honig beträufeln, den Sie vorher mit dem Saft von 1 Zitrone aufgelöst haben. Die Crêpes dann bei 175 °C (Gas Stufe 2) 15–20 Minuten goldbraun backen.

## WEITERE PROBLEME

BLASS
*Grund:* Temperatur zu niedrig; Backzeit zu kurz
→ die Temperatur erhöhen und weiterbacken, die Crêpes dabei gegebenenfalls mehrmals wenden.

ZU DUNKEL ODER VERBRANNT
*Grund:* Temperatur zu hoch; zu lange gebacken; die Butter ist verbrannt; der Teig enthielt zuviel Zucker
→ die Wärmezufuhr verringern; geklärte Butter verwenden.

DIE CREPES HÄNGEN IN DER PFANNE AN
*Grund:* die Pfanne wurde nicht richtig gereinigt; zu wenig Fett; zuviel Zucker
→ darauf achten, daß die Pfanne sorgfältig mit Butter eingestrichen wurde; hängen die Crêpes immer noch an, die Pfanne richtig reinigen: eine reichliche Menge Pflanzenöl und Meersalz so lange in der Pfanne erhitzen, bis es raucht, dann abkühlen lassen und ausreiben.

ZU DÜNN – die Crêpe hat Löcher, bricht leicht auseinander und ist trocken.
*Grund:* der Teig war zu dünn; es wurden nicht genug Eier verwendet, um den Teig zu binden
→ noch 1 oder 2 Eier unter den Teig rühren.

**RICHTIG** – die Crêpe ist sehr dünn und biegsam, hat aber keine Löcher; die Crêpe hat auf einer Seite ein goldbraunes Muster und auf der anderen Seite goldgelbe Flecken; sie ist gleichmäßig rund; der Geschmack ist fein und nicht teigig.

SCHWER – die Crêpe ist dick und gummiartig; häufig dunkelbraun; der Geschmack ist teigig.
*Grund:* der Teig war zu dick; enthielt zu wenig Eier; zuviel Teig in der Pfanne; die Crêpe wurde zu langsam gebacken
→ die Wärmezufuhr erhöhen; den Teig gegebenenfalls mit Milch verdünnen.

# Belgische Apfelcrêpes

ERGIBT 12 STÜCK/4 BIS 6 PORTIONEN

In Brüssel gibt es ein Restaurant, in dem man riesige Schüsseln mit gedünsteten Muscheln bekommt. Und im Anschluß daran serviert man Ihnen diese verführerischen Crêpes, die einen karamelisierten Apfelring umschließen. Damit die Äpfel nicht zerfallen, sollten Sie unbedingt eine feste Sorte, zum Beispiel Golden Delicious, verwenden. Ebenso gut eignen sich Cox Orange oder Gloster.

*3 mittelgroße Äpfel (ca. 500 g)*
*2–3 EL Zucker*
*1 EL gemahlener Zimt*
*2 EL Butter*
*Puderzucker zum Bestäuben*

eine Crêpepfanne mit 18 cm Durchmesser

*FÜR DIE CRÊPES:*
*60 g Mehl*
*2 TL Zucker*
*1 Prise Salz*
*3 Eier*
*1/4 l Milch*
*abgeriebene Schale von 1 unbehandelten Zitrone*
*75 g Butter, zerlassen*

Für den Crêpeteig das Mehl mit dem Zucker und dem Salz in eine Schüssel sieben und in der Mitte eine Mulde formen. Die Eier und die Hälfte der Milch hineingeben und gut verrühren. Das Mehl unterheben und alles zu einem glatten Teig verrühren. Die Hälfte der restlichen Milch unterrühren, zudecken und 15 bis 30 Minuten bei Zimmertemperatur ruhenlassen.

Die Äpfel schälen und die Kerngehäuse herausschneiden. Jeden Apfel in vier gleichmäßig dicke Ringe zerteilen, die dünnen Endstücke dabei aussortieren. Den Zucker und den Zimt in einer kleinen Schüssel vermischen und die Apfelringe darin wenden. Die Hälfte der Butter in einer großen Pfanne erhitzen und die Hälfte der Apfelringe auf beiden Seiten kräftig darin anbraten, bis sie karamelisiert sind. Die Ringe auf eine Platte geben und mit dem Rest ebenso verfahren.

Die Zitronenschale und 2 Eßlöffel der zerlassenen Butter unter den Crêpeteig rühren. Der Teig sollte die Konsistenz einer dünnen Creme haben, ist er zu dick, mit etwas Milch verdünnen. 2 bis 3 Teelöffel der zerlassenen Butter in der Pfanne sehr heiß werden lassen. 2 bis 3 Eßlöffel Teig hineingeben und die Pfanne dabei schwenken, damit sich der Teig über den ganzen Boden verteilt. Sofort 1 Apfelring in die Mitte setzen und mit etwas Teig bedecken.

Die Crêpe 1 bis 2 Minuten backen, dann wenden und auf der anderen Seite bräunen. Auf eine Platte legen und warm stellen. Die restlichen Crêpes ebenso backen. Pro Person 2 bis 3 Crêpes schuppenförmig auf Tellern anrichten, mit Puderzucker bestäuben und sofort servieren.

# Pfannkuchen

Pfannkuchen sind dicker und sättigender als Crêpes und werden daher oft als Hauptgericht gegessen. Besonders köstlich schmecken sie, wenn man sie mit Ahornsirup, Honig oder zerlassener Butter beträufelt. Wenn Sie für den Teig noch etwas Maismehl verwenden, erhalten Sie ein kräftiges Frühstück oder eine Beilage zu einem Brathuhn. In China serviert man Mandarinenpfannkuchen mit Sesamöl, in Vietnam Reismehlpfannkuchen mit Frühlingszwiebel und Gelbwurz, und aus Rußland kommen die *blini* aus Buchweizenmehl (siehe rechts). Einige Pfannkuchenteige werden mit Hefe zubereitet, andere mit Backpulver oder Natron. Die Größe kann je nach Laune des Kochs von der einer großen Münze bis hin zu 20 cm großen Fladen reichen. Und wenn Sie es ganz besonders gut machen wollen, schneiden Sie Ihre Pfannkuchen vor dem Servieren noch mit dem Teigschneider zu einem sauberen Kreis zurecht.

Wie Crêpeteig wird auch der Pfannkuchenteig lockerer, wenn man ihn einige Zeit stehenläßt. Hefeteige gehen dabei zudem noch auf. Bei kleinen Pfannkuchen sollte der Teig locker vom Löffel fallen, bei größeren sollte er sich leicht gießen lassen. Damit sich die Hitze gleichmäßig verteilt, verwendet man am besten eine schwere Pfanne. Backen Sie immer erst einen Probepfannkuchen, um festzustellen, ob der Teig die richtige Konsistenz hat. Ein zu dicker Teig läßt sich leicht mit Flüssigkeit verdünnen. Einen zu dünnen Teig mit Mehl anzudicken, ist hingegen komplizierter. Schmecken Sie den Teig bei dieser Gelegenheit auch gleich noch einmal ab. Wenn sich an der Oberfläche kleine Blasen bilden, die aufplatzen, ist das ein Anzeichen dafür, daß Sie den Pfannkuchen wenden können. Hat die Pfanne die richtige Temperatur, bekommt Ihr Pfannkuchen unten eine appetitliche goldbraune Farbe. Anders als Crêpes halten sich Pfannkuchen nicht gut. Sie schmecken am besten, wenn man sie ißt, solange sie noch warm und locker sind.

**RICHTIG** – der Pfannkuchen ist locker und dick; die Form ist regelmäßig und rund; oben ist er schön gebräunt, in der Mitte ist er genauso fest wie am Rand; er ist porös und weich; der Geschmack ist je nach Mehlsorte fein oder nussig, das Treibmittel schmeckt nicht vor.

**MEIN TIP**

Hier einige schnelle Aufstriche für schmackhafte Frühstückspfannkuchen:

- Orangenbutter: 125 g Butter mit 1 EL Puderzucker, 1 EL Orangensaft und 1 EL abgeriebener unbehandelter Orangenschale cremig rühren.
- Cremige Fruchtsauce: 3 – 4 EL Himbeermarmelade oder Rotes Johannisbeergelee glattrühren und mit 125 g Crème double zu einer glatten, dicken Sauce verrühren.

### PROBLEMFÄLLE

SCHWER

*Grund:* der Teig war zu dick; zu wenig Treibmittel; Hefeteig ist nicht aufgegangen

→ den Teig mit Wasser oder Milch verdünnen; noch etwas Treibmittel hinzufügen; Hefeteig noch einige Zeit an einem warmen Ort gehen lassen.

ZU DÜNN

*Grund:* der Teig war zu dünn; zu wenig Treibmittel; die Temperatur war zu niedrig, und der Teig ist deshalb nicht sofort gestockt

→ die Temperatur erhöhen; 60 g Mehl in eine kleine Schüssel geben und mit einigen Löffeln Teig glattrühren, die Mischung dann unter den restlichen Teig rühren; sind die Pfannkuchen zu schwer, noch etwas Treibmittel hinzufügen oder den Teig noch einige Zeit gehen lassen.

DIE PFANNKUCHEN ZERFALLEN

*Grund:* der Teig war zu dünn; die Pfannkuchen wurden zu schnell gebacken und waren deshalb unten bereits verbrannt, bevor der Teig richtig fest war

→ ist der Teig zu dünn, 1 verquirltes Ei unterrühren; sind die Pfannkuchen unten verbrannt, die Temperatur verringern.

ZU DUNKEL ODER VERBRANNT

*Grund:* Temperatur zu hoch; zu lange gebacken; die Butter war verbrannt; der Teig enthielt zuviel Zucker

→ die Temperatur verringern; geklärte Butter verwenden.

SCHARFER ODER SAURER GESCHMACK

*Grund:* zuviel chemisches Treibmittel; Hefeteig ist nicht lange genug gegangen

→ den Teig mit Curry oder Chilipulver oder mit Ingwer oder Nelke verfeinern.

## *Blini*

ERGIBT 12 STÜCK

Die klassischen russischen *blini* werden ausschließlich mit Buchweizenmehl zubereitet. Lockerer werden sie aber, wenn man das Buchweizenmehl mit Weizenmehl mischt. An den traditionellen Beilagen – Kaviar oder Räucherlachs, Zitronenschnitze, saure Sahne und vielleicht noch etwas zerlassene Butter – läßt sich hingegen nichts verbessern. Da Buchweizen kein Klebereiweiß enthält, muß der Teig länger gehen. Für das Warten werden Sie allerdings durch einen köstlichen Geschmack entschädigt.

*1/2 l Milch (ggf. etwas mehr)*
*10 g Trockenhefe*
*1/8 l lauwarmes Wasser*
*125 g Weizenmehl*
*200 g Buchweizenmehl*
*1/2 TL Salz*
*3 Eier, getrennt*
*45 g Butter, zerlassen*
*3 EL saure Sahne*

Die Milch aufkochen und anschließend abkühlen lassen, bis sie lauwarm ist. Die Hefe in das Wasser einstreuen und etwa 5 Minuten stehenlassen, bis sie sich aufgelöst hat. Dabei einmal umrühren. Die beiden Mehlsorten mit dem Salz in eine Schüssel sieben, in der Mitte eine Mulde formen und die Hefe und die Hälfte der Milch hineingießen. Das Ganze zu einem glatten Teig vermengen. Den Teig anschließend 2 Minuten kräftig schlagen, mit einem feuchten Tuch zudecken und circa 2 Stunden an einem warmen Platz gehen lassen.

Die Luft mit der Hand aus dem Teig schlagen und danach die restliche Milch, die Eigelbe, die zerlassene Butter und die saure Sahne unterschlagen. Der Teig sollte dann die Konsistenz einer Crème double haben. Ist er zu dick, mit etwas Milch verdünnen. Die Eiweiße steifschlagen und unter den Teig heben. Zudecken und noch einmal 30 Minuten gehen lassen.

Eine Pfanne erhitzen und dann mit wenig Butter einstreichen. Nun so viel Teig hineingießen, daß ein 15 cm großer Kreis entsteht. 2 bis 3 Minuten backen, bis die Unterseite leicht angebräunt ist und der Pfannkuchen oben Blasen wirft. Wenden und fertigbacken. Die fertigen *blini* aufeinanderlegen und warm halten, bis der Rest fertiggebacken ist. Sofort mit einer Beilage Ihrer Wahl servieren.

# KUCHEN, TORTEN & KEKSE

Beim Schreiben dieses Kapitels habe ich mich immer wieder an meine Kindheit erinnert – an die Donnerstage, wenn unsere Köchin Emily den Herd anzündete und den Teig für Kuchen und anderes Gebäck schlug, ausrollte und backte, woran wir uns dann während der ganzen folgenden Woche gütlich taten. Sie war eine wahre Meisterbäckerin, die ihrer Arbeit mit viel Geschick und großer Sorgfalt nachging und mir so zu einem großen Vorbild wurde.

Sie war es auch, die mir beibrachte, daß man einen Teig, wenngleich dies mit großer Anstrengung verbunden ist, gründlich schlagen muß. Das anschließende Unterheben des Mehls erfordert hingegen etwas Feingefühl, und ich durfte nur selten dabei mithelfen. Emily verstand es, mit einfachsten Mitteln – es war die Zeit des Zweiten Weltkriegs – etwas Leckeres zu zaubern und bei den Bauern der Nachbarschaft Eier und gelegentlich auch einmal eine Schüssel Quark zu ergattern. Erst später wurde mir bewußt, daß sie beinahe schon wie ein professioneller Bäcker oder Konditor arbeitete. So achtete sie beispielsweise stets darauf, daß das Gebäck gleich groß war, damit es gleichmäßig backte, und daß die Kuchenform die richtige Größe hatte. Den Backofen ließ sie nicht aus den Augen und, wenn notwendig, versetzte sie die Bleche immer wieder.

Ich möchte Ihnen hier einige Kniffe und Techniken vermitteln, mit deren Hilfe Ihr Gebäck mit Sicherheit gelingen wird. Unter anderem erfahren Sie in diesem Kapitel, wie man eine Kuchenform einfettet, einen Kuchen richtig bäckt oder zerfallene Waffeln retten kann. Sie werden erkennen, daß auch beim Backen das Salz, das nur zu gerne vergessen wird, eine wichtige Rolle spielt und Ihrem Gebäck erst den letzten Schliff gibt. Bei Torten rechnet man für gewöhnlich 1/2 Teelöffel Salz auf 500 g Mehl, bei Kuchen reicht hingegen meist eine Prise aus. Die Zutaten, vor allem Butter und Eier, sollten vor dem Backen stets auf Zimmertemperatur erwärmt werden. Der Kühlschrank dient also lediglich zum Lagern und Kühlen des Teigs. Sind beispielsweise die Eier zu kalt oder aber zu frisch (weniger als 3 Tage alt), lassen sie sich schlechter schlagen.

Beginnen wollen wir mit dem Biskuitteig, und es ist erstaunlich, wieviel es dazu zu sagen gibt. Sie finden an dieser Stelle aber auch einige allgemeine Regeln zum Kuchenbacken. Es folgen ein halbes Dutzend anderer Kuchen, darunter Rührkuchen, Biskuitrolle, Früchtebrote, Gewürzkuchen, Torten und Käsekuchen, die alle ihre besonderen Eigenheiten haben. Daran schließen sich eine ganze Reihe gedeckter und ungedeckter Obstkuchen sowie pikante Kuchen an – alles Spezialitäten von Emily. An Blätter- und Brandteige wagte sich Emily allerdings nie heran, das mußte ich erst in der Kochschule lernen. Und den Abschluß bilden eine Handvoll Plätzchenrezepte. Für mich ein besonders schöner Schluß, erinnert er mich doch daran, wie ich mich als Kind am Küchentisch hochzog, um einen Keks zu stibitzen, und dabei stets hoffte, nicht erwischt zu werden.

*Preiselbeer-Orangen-Kuchen,*
*Rezept Seite 289*

# Biskuit- und Rührkuchen

»AN LUFT MANGELT ES NICHT«, LAS ICH IN EINEM ALTEN KOCHBUCH, »die Kunst besteht nur darin, sie in den Teig einzuarbeiten«. Dann beschreibt der Autor, wie man einen Teig richtig anrührt und anschließend vorsichtig das Mehl unterhebt – die Grundvoraussetzungen für einen gelungenen Biskuitteig. Der klassische Genueser Teig wird mit ganzen Eiern, Zucker und Mehl, mit oder ohne Butter zubereitet. Der Biskuitteig ist eine Variante, bei der die Eier getrennt werden, das Eiweiß mit Zucker aufgeschlagen und dann mit dem Mehl vermischt wird. Der fertige Teig ist etwas fester und trockener als der echte Genueser Teig und wird meist für Löffelbiskuits verwendet. Bei beiden Teigen rechnet man in der Regel 3 Eier auf 100 g Mehl und 90 g Zucker.

Ich würde Ihnen dringend empfehlen, zum Rühren von Biskuitteig, inbesondere von Genueser Teig, eine leistungsfähige Küchenmaschine zu verwenden (wenn Sie Genueser Teig von Hand rühren, müssen Sie die Schüssel auf einen Topf mit heißem Wasser stellen). Hat man die Eier gut mit dem Zucker verschlagen, erhält man eine gleichmäßige, lockere Masse. Ob sie die richtige Konsistenz hat, können Sie daran erkennen, daß der Schneebesen eine Spur hinterläßt, die sich 10 bis 15 Sekunden hält, und daß der Teig keine Blasen mehr wirft. Als Treibmittel dienen hier lediglich Eier.

Das Mehl (das unbedingt gesiebt werden muß) wird ganz vorsichtig unter die Eiermasse gehoben. Noch mehr Vorsicht ist beim Unterrühren der Butter geboten, damit der Teig schön luftig bleibt. Um das zu gewährleisten, kann man auf verschiedene Methoden zurückgreifen. Ich lasse die Butter meist über einem Topf mit warmem Wasser sehr weich werden (lassen Sie sie aber keinesfalls zerlaufen), vermische sie dann sorgfältig mit einigen Löffeln Teig und rühre diese Mischung anschließend unter den restlichen Teig. Die Form sollte etwa zu zwei Dritteln mit Teig gefüllt sein. Vor dem Backen stößt man sie ein paarmal auf dem Küchentisch auf, damit die großen Luftblasen entweichen, die auf der Unterseite des Kuchens weiße Flecken hinterlassen können. Und danach gibt man die Form sofort in den – in der Regel auf 175 °C (Gas Stufe 2) – vorgeheizten Backofen (siehe Vorbereitungen zum Kuchenbacken, Seite 287).

Wenn Sie den fertigen Kuchen aus dem Ofen genommen haben, fahren Sie vorsichtig (damit die Kruste nicht beschädigt wird) mit einem Messer am Rand entlang und stürzen den Kuchen dann auf ein Gitter, damit der Dampf entweichen kann. Soll er aufgeschnitten und gefüllt werden, lassen Sie ihn erst vollständig auskühlen, dann krümelt er nicht so sehr. Einfache Biskuitkuchen schmecken am besten ganz frisch. Saftigkeit bekommen sie durch die Butter, aber auch durch die Füllungen, die ihren Geschmack erst nach einiger Zeit so richtig entfalten.

Zum Verfeinern der eher langweiligen Biskuitteige eignen sich besonders Vanille, abgeriebene Zitrusschale, Rosen- oder Orangenblütenwasser und aromatische Gewürze wie Kardamom und Anis. Das Mehl kann teilweise durch gemahlene Nüsse, Kakaopulver, Mais- oder Kartoffelstärke ersetzt werden, schwere Zutaten, beispielsweise Trockenfrüchte, sind für den zarten Biskuitteig allerdings nicht geeignet. Der fertige Kuchen wird gewöhnlich mit Puderzucker bestäubt oder mit einer Zuckerglasur überzogen. Aber warum sollte man ihn nicht auch einmal mit Erdbeeren und Sahne oder wie den klassischen englischen Victoria-Kuchen mit Schlagsahne und Himbeermarmelade füllen? In Frankreich wird zum Füllen hingegen gerne eine Buttercreme oder auch Mousse au chocolat verwendet.

Damit sind wir auch schon bei den besonderen Highlights der Konditorkunst, zu denen etwa der französische *marronnier* mit Maronen und Rum oder der spanische *pastel Sant Jordi* mit Schokoladenbuttercreme zählen. Oder auch die Schwarzwälder Kirschtorte, die keineswegs nur in ihrer Heimat beliebt ist. Aus Israel kommt ein Biskuitkuchen mit Orangen und Feigen, und in Japan aromatisiert man Biskuit gerne mit Honig.

**RICHTIG GEBACKEN** – drückt man leicht mit den Fingern darauf, gibt der Kuchen nach; am Rand beginnt er sich von der Form zu lösen; das Volumen hat sich nahezu verdoppelt; die Oberfläche ist goldbraun und eben; sticht man in der Mitte mit einem Spieß ein, ist er beim Herausziehen sauber.

**RICHTIG (KRUME)** – die Krume ist locker, gleichmäßig und etwas krümelig.

**MEIN TIP**

Ist Ihr Biskuitkuchen schwer, trocken oder ungleichmäßig gebacken

- schneiden Sie ihn waagrecht durch und bestreichen ihn mit einem Sirup aus 60 g Zucker, den Sie zuvor in 3 EL Wasser aufgelöst und mit 2 EL Cognac aromatisiert haben. Sie können auch noch eine Fruchtmousse oder eine andere Füllung aus Früchten und Sahne hinzufügen
- servieren Sie ihn mit dieser Orangensauce: 3 Orangen mit einem gezackten Messer schälen, in Spalten zerteilen und filetieren und den Saft dabei auffangen. In einem kleinen Topf 4 EL Orangenmarmelade flüssig werden lassen, $^1/_8$ l Orangensaft unterrühren und abkühlen lassen. Danach die Orangenfilets und 1 EL Grand Marnier untermischen. Noch schöner wird die Sauce mit Blutorangen. Ergibt $^1/_4$ Liter.

ZU LANGE GEBACKEN, SCHWER UND EINGEFALLEN – der Teig ist kaum aufgegangen, der Kuchen ist zusammengefallen und hat sich von den Rändern der Form gelöst; die Kruste ist dunkel; der Kuchen fühlt sich fest an; der Geschmack ist nicht frisch.

FLECKIGE OBERFLÄCHE – die Kruste hat weiße Flecken.

UNGLEICHMÄSSIGE, PORÖSE BESCHAFFENHEIT – die Kruste ist trocken und unregelmäßig; sie kann Blasen und Spuren von Mehl aufweisen; unter Umständen ist der Kuchen am Rand etwas eingefallen.

ZU LANGE GEBACKEN, SCHWER UND EINGEFALLEN – die Krume ist trocken und fest.
*Grund:* zu lange gebacken; die Eiermasse wurde zu lange geschlagen; zuviel Butter; das Mehl wurde nicht vorsichtig genug untergehoben; die Form hatte nicht die richtige Größe; der Kuchen wurde zum Auskühlen nicht auf ein Gitter gestürzt; wurde noch warm verpackt
→ aufschneiden und großzügig mit Buttercreme oder mit Schlagsahne und Beerenmarmelade füllen; mit einer Zuckerglasur versehen oder mit Puderzucker bestäuben.

FLECKIGE OBERFLÄCHE – beim Durchschneiden kann sich die Krume von der Kruste ablösen.
*Grund:* zuviel Zucker; der Zucker hat sich beim Schlagen der Eiermasse nicht vollständig aufgelöst
→ den Kuchen verkehrt herum servieren oder mit Buttercreme oder einer Zuckerglasur bestreichen (siehe Glasierter Zitronenkuchen, Seite 280).

UNGLEICHMÄSSIGE, PORÖSE BESCHAFFENHEIT – die Krume hat große Löcher, und die Zutaten haben sich nicht richtig verbunden.
*Grund:* die Eier wurden nicht ausreichend geschlagen; der Teig wurde nicht genug gerührt; eventuell zuviel Treibmittel
→ den Kuchen zwei- oder dreimal waagrecht durchschneiden und mit Marmelade oder Gelee füllen; siehe auch Mein Tip, Seite 278.

## WEITERE PROBLEME

NICHT DURCHGEBACKEN
*Grund:* Backzeit zu kurz; Temperatur zu niedrig
→ weiterbacken.

NACH OBEN GEWÖLBT
*Grund:* Temperatur zu hoch
→ den Kuchen begradigen, umdrehen und mit einer Glasur bestreichen.

IN DER MITTE EINGEFALLEN
*Grund:* zuviel Ei; zuwenig Mehl; die Eier wurden nicht richtig geschlagen; der Teig wurde zu stark gerührt; wurde nicht sofort gebacken; Temperatur zu hoch
→ den Kuchen mit flüssiger Aprikosenmarmelade oder Rotem Johannisbeergelee bestreichen, die Mulde mit Früchten, zum Beispiel Pfirsichscheiben, Beeren, Trauben oder pochierten Birnen, füllen und ebenfalls mit der Glasur bestreichen.

TROCKEN
*Grund:* zu wenig Butter; der Teig wurde zu stark gerührt; zu lange gebacken; der Kuchen wurde nicht luftdicht verschlossen aufbewahrt, ist zu alt
→ mit einer Englischen Creme oder einem Fruchtcoulis (siehe Seite 130 und 136) servieren.

ZU WENIG GESCHMACK
*Grund:* nicht genug gewürzt; zu lange gebacken; alt
→ mit einer gut abgeschmeckten Creme füllen.

# *Glasierter Zitronenkuchen*

ERGIBT 6 BIS 8 STÜCKE

Traditionell wird der Genueser Teig in einer Form mit schrägen Wänden gebacken. Der fertige Kuchen wird dann, anders als Kuchen, die in Formen mit senkrechten Wänden gebacken werden, umgedreht, so daß die warme Glasur an den Seiten herunterläuft. Statt mit Zitrone können Sie ihn auch mit Orangensaft und -schale zubereiten.

*60 g Butter*
*125 g Mehl*
*1 Prise Salz*
*4 Eier*
*125 g Streuzucker*
*abgeriebene Schale von 1 unbehandelten Zitrone*

*FÜR DIE GLASUR:*
*Schale und Saft von 1 unbehandelten Zitrone*
*200 g Puderzucker (ggf. etwas mehr)*

eine Kuchenform mit 24 cm Durchmesser

Den Backofen auf 175 °C (Gas Stufe 2) vorheizen. Die Kuchenform mit Butter einstreichen und mit Butterbrotpapier auskleiden. Das Papier ebenfalls mit Butter bestreichen und anschließend mit Mehl bestäuben. Die Butter über einem Topf mit heißem Wasser sehr weich, aber nicht flüssig werden lassen. Abkühlen lassen. Das Mehl mit dem Salz durchsieben.

Die Eier mit dem Zucker und der abgeriebenen Zitronenschale in der Küchenmaschine verrühren. Die Geschwindigkeit dann erhöhen und die Masse 8 bis 10 Minuten weiterrühren, bis sie locker und so dick ist, daß die Rührbesen beim Herausnehmen eine Spur hinterlassen. Wenn Sie die Masse mit dem Schneebesen rühren, die Schüssel auf einen Topf mit heißem, aber nicht kochendem Wasser setzen und so lange rühren, bis die Masse dick und locker ist. Die Schüssel dann vom Topf nehmen und die Masse weiterrühren, bis sie erkaltet ist.

Das durchgesiebte Mehl nach und nach über die Eiermasse sieben und so vorsichtig wie möglich unterheben. Einen Teil dieses Teigs mit der weichen Butter vermischen und die Mischung dann unter den restlichen Teig rühren (der Teig verliert nach Zugabe der Butter rasch an Volumen). Den Teig in die Form füllen und 35 bis 40 Minuten backen. Den fertigen Kuchen aus dem Ofen nehmen, mit einem Messer am Rand der Form entlangfahren, den Kuchen auf ein Gitter stürzen und abkühlen lassen.

Für die Glasur die Zitronenschale in hauchdünne Streifen schneiden, in einen Topf mit kaltem Wasser geben und aufkochen lassen. 1 Minute blanchieren und anschließend abtropfen lassen. Den Puderzucker in eine kleine Schüssel sieben und mit dem Zitronensaft zu einer festen Paste verrühren. Die Schüssel in ein heißes Wasserbad stellen und die Glasur erwärmen, bis sie einen Löffelrücken umhüllt. Ist sie zu dick, mit etwas Wasser verdünnen. Ist sie zu dünn, noch etwas Puderzucker hinzufügen. Zum Schluß die Zitronenschale untermischen und warm stellen.

Die warme Glasur über den Kuchen gießen und mit einer Palette verstreichen, so daß sie an den Seiten herunterläuft. Dabei schnell arbeiten, denn die Glasur wird rasch kalt und fest. Den Kuchen vor dem Servieren auf eine Platte geben.

# Angel food cake

*Angel food cake*

ERGIBT 10 BIS 12 STÜCKE

DER ANGEL FOOD CAKE (Engelskuchen) ist eine Besonderheit, und das nicht nur wegen seines luftigen, weißen Teigs, sondern auch wegen der Art der Zubereitung. Als Treibmittel dient hier lediglich geschlagenes Eiweiß, dem man – man höre und staune – einen Löffel Wasser und etwas Essig beigibt. Außerdem muß ein spezielles Kuchenmehl mit geringem Glutengehalt verwendet werden. Damit der Kuchen besser aufgeht, wird die Form weder eingefettet noch ausgelegt oder bestreut, und nach dem Backen läßt man ihn in der Form auskühlen. Heraus kommt ein süßer, seltsam zäher Kuchen, der wegen seines hohen Zuckergehalts eine tief goldbraune Kruste hat. Die Krume ist so locker, daß man zum Aufschneiden am besten ein gezacktes Messer verwendet. Der klassische *angel food cake* wird vor dem Servieren nicht glasiert, und zum Verfeinern nimmt man lediglich Vanille und Salz. Es gibt allerdings auch eine Schokoladenversion – ein Werk des Teufels, wie die Puristen meinen.

**RICHTIG GEBACKEN** – der Teig hat sein Volumen fast verdoppelt; drückt man darauf, gibt der Kuchen nach; er beginnt gerade, sich vom Rand der Form zu lösen; sticht man mit einem Spieß hinein, ist er beim Herausziehen sauber.

**RICHTIG (KRUME)** – der Kuchen ist rundherum gleichmäßig goldbraun; die Krume ist gleichmäßig und sehr schwammig.

## PROBLEMFÄLLE

SCHWER UND EINGEFALLEN
*Grund:* zu kurz oder zu lange gebacken; das Eiweiß wurde nicht ausreichend geschlagen; der Teig wurde zu stark gerührt; der Kuchen ist zu schnell ausgekühlt oder wurde zu früh aus der Form gestürzt
→ in dünne Scheiben schneiden und mit einem Fruchtcoulis oder einem Sorbet (siehe Seite 136 und 252) servieren

IN DER FORM FESTGEBACKEN
*Grund:* die Form wurde mit Spülmittel und Wasser gereinigt; der Kuchen hängt von Natur aus leicht an
→ eine Form mit herausnehmbarem Boden verwenden; den Kuchen abkühlen, aber nicht vollständig erkalten lassen und vor dem Stürzen mit einem dünnen, biegsamen Messer vorsichtig von der Form lösen.

Wer diesen typisch amerikanischen Kuchen, der ursprünglich in einer quadratischen Form gebacken wurde, erfunden hat, ist nicht ganz klar. Um 1870 kam er vorwiegend in Pennsylvania und New Jersey auf den Tisch, vor allem bei den sparsamen holländischen Siedlern in Pennsylvania, die diesen Kuchen auch heute noch backen, um das Eiweiß, das nach der Zubereitung ihrer traditionellen Eiernudeln übrigbleibt, zu verwerten. Dazu schmeckt ganz köstlich ein Erdbeercoulis mit schwarzem Pfeffer (siehe Seite 136).

*300 g Zucker*
*125 g weiches Kuchenmehl*
*10–11 Eiweiß, temperiert*
*1 TL Essig*
*2 EL kaltes Wasser*
*1 TL Vanilleessenz*
*½ TL Salz*

eine Frankfurter Kranzform mit 26 cm Durchmesser

Den Backofen auf 175 °C (Gas Stufe 2) vorheizen und das Gitter auf der dritten Stufe einsetzen. Den Zucker zweimal sieben und zur Seite stellen. Das Mehl mit einem Drittel des Zuckers viermal sieben und beiseite stellen. 375 ml Eiweiß abmessen.

Das Eiweiß 1 bis 2 Minuten bei mittlerer Geschwindigkeit in der Küchenmaschine schaumig schlagen. Essig, Wasser, die Vanilleessenz und das Salz hinzufügen, die Geschwindigkeit etwas erhöhen und weitere 4 bis 5 Minuten schlagen, bis das Eiweiß sehr steif ist. Den restlichen Zucker (immer nur 2 Löffel gleichzeitig) unterschlagen, bis der Eischnee glänzt und beim Herausnehmen der Rührbesen eine lange Spitze bildet. Dann das gesiebte Mehl-Zucker-Gemisch (immer nur 2 Löffel gleichzeitig) unterheben.

Den Teig in die Form gießen (die Form vorher nicht einfetten) und 40 bis 45 Minuten backen. Mit dem Spieß prüfen, ob der Kuchen durch ist. Die Form dann aus dem Ofen nehmen, umdrehen und auf einem Trichter, einer Flasche oder Tasse abstützen. Den Kuchen so etwa 1 Stunde auskühlen lassen. Mit einem Messer am Rand entlangfahren, um den Kuchen von der Form zu lösen. Auf ein Gitter stürzen und die Form abnehmen.

Den Kuchen vor dem Servieren mit einem gezackten Messer aufschneiden.

**MEIN TIP**

Ist der Kuchen zu schwer oder bleibt in der Form haften, zerteilen Sie ihn in Stücke und gießen eine pikante Karamelsauce (siehe Seite 240) darüber. Dazu können Sie noch ein paar frische Erdbeeren arrangieren.

# Biskuitrollen

Ich wüsste gerne, wer erstmals die Idee hatte, einen dünnen Biskuit zu backen und ihn anschließend mit einer Füllung aufzurollen. Als Füllungen kommen zum Beispiel eine leuchtend rote Marmelade, Schlagsahne mit Kirschen oder Espresso-Buttercreme (siehe Seite 285) in Betracht. Für eine Biskuitrolle eignet sich jeder Teig, der beim Backen feucht bleibt. Der Teig wird dünn auf gebuttertes Pergamentpapier aufgestrichen und anschließend kurz bei 190 °C (Gas Stufe 3–4) auf dem Blech gebacken. So trocknet er nicht aus und bleibt elastisch. Nach dem Backen sollte er noch sehr hell und nur am Rand etwas gebräunt sein.

Zum Aufrollen stürzt man den Kuchen am besten auf ein trockenes Geschirrtuch, löst das Papier ab und rollt ihn dann rasch mit dem Tuch auf. Es gibt auch andere Methoden, die Biskuitrolle zu formen – immer aber muß der Kuchen dabei noch warm sein und möglichst schnell und relativ fest aufgerollt werden. Dann läßt man ihn abkühlen, damit er saftig bleibt. Anschließend entrollt man ihn wieder, nimmt das Tuch weg, begradigt die Ränder, streicht die Füllung darauf und rollt ihn wieder zu einer schönen, festen Rolle auf. Damit sich die Rolle gut schneiden läßt, sollten Sie sie vorher einige Zeit kühlen. Vor dem Servieren können Sie sie noch mit Rosetten aus Schlagsahne, Mokka- oder Schokoladencreme verzieren oder einfach nur mit Puderzucker oder Kakao bestäuben. Wenn Sie die Enden der Rolle dann noch schräg anschneiden (das »Zurechtschneiden« zählt zu den Lieblingsbeschäftigungen der Köche) und die Rolle in schräge Scheiben zerteilen, kommt die Füllung besonders schön zur Geltung.

NICHT DURCHGEBACKEN UND WEICH – der Teig ist zwar aufgegangen, hat aber noch keine Farbe bekommen; nach dem Ablösen des Papiers ist er sehr schlaff; er fühlt sich klebrig an; innen ist er schwammig.
*Grund:* Backzeit zu kurz; Temperatur zu niedrig
→ weiterbacken und dabei gegebenenfalls die Temperatur erhöhen; nach dem Backen mit Puderzucker bestäuben.

**RICHTIG** – der Teig ist aufgegangen und außen leicht gebräunt; er ist saftig und elastisch; drückt man mit dem Finger darauf, hinterläßt er einen Abdruck, fühlt sich aber nicht trocken an; er ist so fest, daß er beim Aufrollen nicht zerbricht.

AUSGETROCKNET UND ZERBROCHEN – der Teig ist trocken und, vor allem am Rand, braun; beim Ablösen des Papiers zerbricht er.
*Grund:* der Teig wurde zu lange oder zu langsam gebacken; war beim Aufrollen nicht mehr heiß und elastisch
→ die braunen Ränder nach dem Erkalten wegschneiden; den Kuchen mit Zuckersirup und Likör tränken; ist er bereits mit Füllung aufgerollt, mit Schlagsahne oder Buttercreme bestreichen oder mit Puderzucker oder Kakao bestäuben, um die Bruchstellen zu kaschieren, und mit kleinen Baisers, Kräuterzweigen und eßbaren Blüten verzieren; siehe auch Mein Tip.

### MEIN TIP

Ist Ihre Biskuitrolle zerbrochen, machen Sie aus dem Teig diese hübschen Schmetterlinge: Pro Person mit dem Teigschneider drei Kreise mit einem Durchmesser von 7,5 cm ausschneiden und jeweils einen besonders schönen zum Belegen aufheben. Die beiden restlichen Kreise mit Ihrer Füllung bestreichen und aufeinanderlegen. Die zurückgelegten Kreise halbieren und wie Schmetterlingsflügel seitlich in die Füllung stecken. Eventuell noch mit einem »Körper« aus roten Beeren oder 1 Schokoladentrüffel verzieren.

### WEITERE PROBLEME

AM RAND VERBRANNT
*Grund:* Temperatur zu hoch; der Abstand zum Rand des Backblechs war nicht ausreichend
→ die Ränder vor dem Füllen wegschneiden.

UNGLEICHMÄSSIG AUFGEGANGEN
*Grund:* der Teig wurde nicht gleichmäßig aufgetragen; die Temperatur war nicht konstant
→ das Blech während des Backens umdrehen; unebene Stellen mit Füllung ausgleichen.

DER KUCHEN BLEIBT BEIM AUFROLLEN AM TUCH KLEBEN
*Grund:* nicht richtig durchgebacken; der Teig war sehr feucht (meist bei Schokoladenteig); das Tuch war feucht
→ fühlt sich die Oberfläche klebrig an, das Tuch vor dem Aufrollen mit Puderzucker bestäuben; die fertige Rolle mit Schlagsahne oder Buttercreme überziehen.

# Sandkuchen und Früchtekuchen

Ich kann mich noch genau erinnern, wie unsere Köchin Emily die Zutaten für ihre Früchtekuchen abwog: Sie legte 2 Eier in die eine Waagschale und wog in der anderen nacheinander Zucker, Butter und Mehl ab. So hatte sie immer das richtige Verhältnis. Manche Köche fügen dem Mehl noch etwas Backpulver zu – nicht so Emily. Sie schlug die Butter und den Zucker lieber so kräftig, bis sie hell und schaumig waren. Und ebenso kräftig mußten dann nacheinander auch die Eier untergeschlagen werden. Da der Teig, vor allem wenn die Eier kalt sind, klumpt und der Kuchen später schwer werden kann, schlug Emily sie direkt mit der warmen Hand unter. Sind die Eier wäßrig oder enthält die Butter viel Wasser, kann der Teig ebenfalls klumpen. Sollte Ihnen das passieren, erwärmen Sie die Schüssel leicht und schlagen den Teig noch einmal, bis er wieder glatt ist. Müssen danach noch weitere Eier untergeschlagen werden, rühren Sie zuvor noch einen Eßlöffel Mehl unter.

Der Früchtekuchen ist der König unter den vielen verschiedenen Sandkuchen, darunter etwa der australische Ananas-Karamel-Kuchen mit gemahlenen Mandeln, der amerikanische *devil's food cake*, der britische *Madeira cake* und der österreichische Haselnußkuchen (siehe Seite 285). Besonders gerne mag ich den englischen Teekuchen, ein heller Sandkuchen mit kandierten Kirschen.

Da Sandkuchenteige an sich schon sehr viel gehaltvoller sind als der Biskuitteig, verfeinert man sie höchstens noch mit etwas Zimt, Schokolade oder Kakao, Muskat oder Cognac. Dabei sollte man aber stets darauf achten, daß der Buttergeschmack nicht überdeckt wird. Hauchdünne, kandierte Zitrusschalen, die in den Teig eingebacken werden, oder eine Zuckerglasur sind meist vollkommen ausreichend. Wegen ihres hohen Fettgehalts sind Sandkuchen, wenn man sie gut verpackt, relativ lange haltbar und schmecken nach einer Woche sogar erst richtig gut.

*von unten nach oben*

**RICHTIG GEBACKEN** – der Teig hat sein Volumen fast verdoppelt, die Kruste ist goldbraun; sticht man mit dem Spieß hinein, haftet beim Herausziehen kein Teig daran; drückt man mit den Fingerspitzen auf den Kuchen, gibt er nach; er beginnt, sich etwas vom Rand der Form zu lösen; schmeckt angenehm nach Butter. Zu beachten: Eine leicht aufgesprungene Kruste ist normal.

NICHT DURCHGEBACKEN UND IN DER MITTE EINGEFALLEN – der Kuchen ist an den Seiten aufgegangen, in der Mitte aber eingefallen; sticht man mit einem Spieß hinein, fühlt er sich beim Herausziehen klebrig an.

AUSGETROCKNET UND SCHWER – der Teig ist kaum aufgegangen, und die Kruste ist dunkel; der Kuchen fühlt sich fest an.

NACH OBEN GEWÖLBT – der Kuchen ist in der Mitte höher als an den Seiten; unter der häufig aufgesprungenen Kruste kommt die blassere Krume zum Vorschein.

*von unten nach oben*

**RICHTIG (KRUME)** – die Krume ist locker, saftig und gleichmäßig.

NACH OBEN GEWÖLBT – die Krume ist unregelmäßig und etwas grob; die Kruste ist zerklüftet.

AUSGETROCKNET UND SCHWER – die Krume ist fest und unter Umständen von Mehl- und Fettstreifen durchzogen.

NICHT DURCHGEBACKEN UND IN DER MITTE EINGEFALLEN – die Krume ist sehr fest und feucht, unten bisweilen sogar naß.

## MEIN TIP

Ist Ihr Sandkuchen schwer oder nicht richtig durchgebacken, in dicke Scheiben schneiden, im Toaster oder unter dem Backofengrill rösten und anschließend mit Marmelade bestreichen oder mit Eis servieren.

## PROBLEMFÄLLE

NICHT DURCHGEBACKEN UND IN DER MITTE EINGEFALLEN
*Grund:* zuviel Ei oder Treibmittel; zu wenig Mehl; ist die Kruste fettig, enthält der Teig zuviel Fett; der Teig wurde nicht sorgfältig gerührt; Temperatur zu niedrig
→ den Kuchen oben begradigen, umdrehen und mit einer Glasur bestreichen oder mit Puderzucker bestäuben; die Mulde mit Beeren oder pochierten Früchten füllen und den Kuchen und die Früchte mit flüssiger Aprikosenmarmelade oder Rotem Johannisbeergelee bestreichen.

AUSGETROCKNET UND SCHWER
*Grund:* der Teig war klumpig; wurde zu stark gerührt; die Form hatte nicht die richtige Größe; zu lange gebacken; der Kuchen wurde zum Auskühlen nicht auf ein Gitter gestürzt oder noch warm verpackt
→ siehe Mein Tip.

NACH OBEN GEWÖLBT
*Grund:* zuviel Treibmittel; Temperatur zu hoch
→ mit einer leichten Glasur, zum Beispiel der Zitronenglasur von Seite 280, überziehen, die man unregelmäßig von oben herunterlaufen läßt.

OBERFLÄCHE FLECKIG
*Grund:* zuviel Zucker; der Zucker hat sich beim Schlagen der Eiermasse nicht vollständig aufgelöst
→ mit Puderzucker bestäuben.

KRUME UNREGELMÄSSIG
*Grund:* der Teig wurde nicht sorgfältig gerührt; zuviel Treibmittel
→ ist der Teig krümelig, siehe Mein Tip.

TROCKEN
*Grund:* zu wenig Fett; zuviel Treibmittel; der Teig wurde zu stark gerührt; der Kuchen wurde nicht in einem luftdicht verschlossenen Behälter aufbewahrt; ist zu alt
→ in dünne Scheiben schneiden und mit Eis und pochierten Früchten servieren.

## Haselnußkuchen

Ergibt 10 bis 12 Stücke

Geröstete Haselnüsse geben diesem Klassiker einen reichen Geschmack, und er bekommt eine knusprige, goldbraune Kruste. Im Winter können Sie eine Schokoladen-Bier-Sauce (siehe Seite 138) dazu reichen, und im Sommer schmeckt er gut mit Vanilleeis.

*125 g gehackte Haselnüsse*
*375 g Mehl*
*$1^1/_2$ EL Backpulver*
*1 TL Salz*
*375 g weiche Butter*
*375 g Zucker*
*6 Eier*
*2 EL Instant-Kaffeepulver, in 4 EL Milch aufgelöst*
*Puderzucker zum Bestäuben*

eine Kranzform mit 26 cm Durchmesser

Den Backofen auf 175 °C (Gas Stufe 2) vorheizen. Die Haselnüsse auf ein Backblech streuen und 12 bis 15 Minuten leicht anrösten. Dabei einmal wenden. Etwas abkühlen lassen und dann in der Küchenmaschine mahlen (nicht zu fein mahlen, damit sie nicht ölig werden).

Die Form großzügig mit Butter einstreichen und mit Mehl bestäuben. Das Mehl mit dem Backpulver und dem Salz in eine Schüssel sieben.

Die Butter mit dem Handmixer oder einem Kochlöffel schaumig schlagen und dann nach und nach den Zucker unterrühren. Anschließend noch 4 bis 5 Minuten weiterschlagen, bis eine lockere, schaumige Masse entstanden ist.

Die Eier nach und nach unter die Butter schlagen. Sollte die Butter dabei gerinnen, 1 Eßlöffel Mehl unterrühren. Die gemahlenen Nüsse und das aufgelöste Kaffeepulver untermischen. Zum Schluß nach und nach das Mehl über den Teig sieben und möglichst vorsichtig unterheben.

Den Teig in die Form füllen und 50 bis 60 Minuten backen. Anschließend 5 Minuten abkühlen lassen und dann zum Auskühlen auf ein Kuchengitter stürzen. Vor dem Servieren mit Puderzucker bestäuben.

*Haselnußkuchen*

## Schokobiskuitrolle mit Espresso-Buttercreme

Ergibt 8 bis 10 Stücke

Die fertige Biskuitrolle können Sie mit Buttercremerosetten verzieren, die Sie noch mit Schokoladenmokkabohnen belegen.

*45 g Mehl*
*3 EL Kakaopulver*
*$^1/_2$ TL Salz*
*4 Eier*
*125 g Streuzucker*
*$^1/_2$ TL Vanilleessenz*
*Puderzucker zum Bestäuben*

Für die Espresso-Buttercreme:
*4 Eigelb*
*100 g Streuzucker*
*75 ml Wasser*
*250 g weiche Butter*
*4 TL Instant-Espressopulver, in 2 EL heißem Wasser aufgelöst (ggf. etwas mehr)*

Für den Zuckersirup:
*60 g Streuzucker*
*3 EL Wasser*
*2 EL Cognac (nach Belieben)*

Den Backofen auf 190 °C (Gas Stufe 2–3) vorheizen. Ein 25 x 40 cm großes Backblech mit Backpapier auslegen und das Papier mit Butter einstreichen. Das Mehl mit dem Kakao und dem Salz in eine Schüssel sieben.

Die Eier mit dem Zucker und der Vanilleessenz in der Küchenmaschine verrühren. Die Geschwindigkeit dann erhöhen und die Masse 8 bis 10 Minuten weiterrühren, bis sie locker und so dick ist, daß die Rührbesen beim Herausnehmen eine Spur hinterlassen. Wenn Sie mit dem Schneebesen rühren, die Schüssel auf einen Topf mit heißem, aber nicht kochendem Wasser setzen und die Masse so lange rühren, bis sie dick und locker ist. Die Schüssel dann vom Topf nehmen und die Masse weiterrühren, bis sie erkaltet ist.

Das Mehl nach und nach über die Eiermasse sieben und möglichst vorsichtig unterheben. Den Teig gleichmäßig auf dem Backpapier verstreichen und anschließend 8 bis 10 Minuten backen.

Den fertigen Teig zunächst auf ein Gitter legen und dann auf ein Geschirrtuch stürzen und das Papier abziehen. Den warmen Kuchen von der langen Seite her mit dem Tuch aufrollen und abkühlen lassen.

In der Zwischenzeit die Espresso-Buttercreme zubereiten. Dazu die Eigelbe in einer großen Schüssel verschlagen. Den Zucker mit dem Wasser erhitzen, bis er sich aufgelöst hat. Aufkochen lassen und anschließend so lange kochen lassen, bis er eine Temperatur von 115 °C erreicht hat. Dabei nicht umrühren. Den heißen Sirup unter das Eigelb schlagen und die Mischung dann noch etwa 5 Minuten weiterschlagen, bis sie eingedickt und erkaltet ist. Die Butter schaumig rühren und nach und nach unter die erkaltete Eiermasse schlagen (ist die Eiermasse warm, zerläuft die Butter). Den aufgelösten Espresso unterrühren, die Creme zudecken und 15 bis 30 Minuten kalt stellen, bis sie gerade fest ist.

Für den Zuckersirup den Zucker mit dem Wasser erhitzen, bis sich der Zucker aufgelöst hat. Dabei gelegentlich umrühren. Anschließend 1 Minute kochen, bis der Sirup klar ist. Den Topf dann vom Herd nehmen und gegebenenfalls den Cognac unterrühren.

Den abgekühlten Kuchen entrollen und die Ränder begradigen. Mit dem Zuckersirup bestreichen, die Espresso-Buttercreme gleichmäßig darauf verteilen und den Kuchen wieder aufrollen. Dann 1 bis 2 Stunden in den Kühlschrank stellen, bis die Rolle fest ist.

Die Biskuitrolle unmittelbar vor dem Servieren mit Puderzucker bestäuben, die Enden schräg anschneiden und die Rolle auf eine Platte geben.

# Früchtebrot

ES IST GERADE HOCHSOMMER, UND UNSER FRÜCHTEBROT für Weihnachten liegt bereits seit drei Monaten zum Durchziehen in einer Blechdose. Hin und wieder tränke ich den Musselin, in den es gewickelt ist, mit Portwein oder Cognac, damit sich die Früchte damit vollsaugen und die Krume saftig und dunkel wird. Den gleichen Effekt erzielt man, wenn man einen aufgeschnittenen Apfel mit in die Dose legt. Wenn unsere Kinder Weihnachten nach Hause kommen, wird der Kuchen noch mit Marzipan überzogen und mit kandierten Früchten verziert. Für mich beginnt damit das Weihnachtsfest erst richtig. Der englische Weihnachtskuchen ist besonders gehaltvoll. Zu den Klassikern zählen der irische *porter cake* mit Rosinen, braunem Zucker und Bier oder das italienische Früchtebrot mit gerösteten Haselnüssen, Mandeln, Feigen und Bitterschokolade. Besonders saftig wird der Teig, wenn man ihn noch mit geriebenen oder pürierten Früchten, etwa Äpfeln oder Ananas, und mit Cognac oder einem anderen alkoholischen Getränk anreichert. Allen gemeinsam ist, daß sie nach einigen Wochen Lagerzeit erst richtig gut schmecken.

Trockenfrüchte setzen sich, vor allem wenn sie groß sind, häufig unten ab. Das läßt sich verhindern, indem man sie in Mehl wälzt, so daß der Teig an ihnen haftenbleibt. Sind sie etwas eingeschrumpelt, legen Sie sie einige Minuten in heißes Wasser oder besser noch in Cognac oder Whisky, bis sie wieder prall sind, und trocknen sie anschließend. Als Gewürze verwendet man in der Regel Ingwer, Zimt und Nelke.

Früchtebrote können wie Sandkuchen (siehe Seite 283) oder wie Gewürzkuchen (siehe Seite 288) zubereitet werden. Da die Früchte recht schwer sind, benötigt man viel Ei und Treibmittel. Einfache Früchtebrote werden meist in der Kastenform gebacken, in Scheiben geschnitten und mit Butter bestrichen. Gehaltvollere Früchtebrote bäckt man hingegen traditionell in einer runden Form. Dabei ist auch die Backtemperatur unterschiedlich, daß heißt, je größer der Kuchen, desto niedriger ist die Temperatur. Außerdem müssen diese saftigen, schweren Kuchen möglichst langsam gebacken werden. Unter Umständen kann es schwierig sein, festzustellen, ob der Kuchen wirklich fertig ist, denn am Spieß können Fett und Krümel haften, selbst wenn der Kuchen durch ist. Sicherheitshalber sticht man ihn deshalb gleich an mehreren Stellen ein. Wird der Kuchen oben bereits braun, bevor er richtig durchgebacken ist, decken Sie ihn lose mit Alufolie ab.

**MEIN TIP**

Ausgetrocknetes Früchtebrot in Scheiben schneiden, in Butter rösten und sofort mit einer Cognacbutter servieren.

**RICHTIG (KRUME)** – die Früchte sind gleichmäßig verteilt; die Krume ist schön saftig; die Früchte haben ihren vollen Geschmack entfaltet.

**RICHTIG GEBACKEN** – der Teig hat sein Volumen je nach Rezept um die Hälfte oder zwei Drittel vergrößert; die Kruste ist gleichmäßig goldbraun; der Kuchen beginnt, sich von den Wänden der Form zu lösen; sticht man mit einem Spieß hinein, ist er beim Herausziehen sauber (gelegentlich können aber auch Fett und Krümel daran haften); die Oberfläche ist eben.

NICHT DURCHGEBACKEN – die Oberfläche glänzt, und man sieht keine Früchte; häufig ist der Kuchen in der Mitte eingefallen, und Teig und Früchte haben sich als dunklere bzw. helle, klebrige Schicht voneinander abgesetzt. *Grund:* Backzeit zu kurz; Temperatur zu niedrig oder nicht konstant (zum Beispiel weil die Ofentür während des Backens aufgemacht wurde); der Teig wurde nicht richtig gerührt; zu viele Früchte; die Früchte waren nicht trocken und wurden nicht in Mehl gewälzt; zu wenig Treibmittel
→ den Kuchen in Stücke oder Streifen zerteilen und mit Schlagsahne, Englischer Creme (siehe Seite 130) oder Apfelsauce überziehen.

# Englischer Weihnachtskuchen

ERGIBT 12 BIS 16 STÜCKE

## VORBEREITUNGEN ZUM KUCHENBACKEN

Damit Ihr Gebäck auch wirklich gelingt, kommt es nicht zuletzt auf eine gute Organisation an. Beachten Sie also stets die folgenden Regeln:
1. Den Backofen mindestens 20 Minuten vor dem Backen einschalten.
2. Die Bleche oder Gitter in der richtigen Höhe einschieben. In den meisten Fällen sollte der Kuchen im unteren Drittel des Ofens gebacken werden. Die Einschubhöhe ist allerdings auch davon abhängig, wo sich die Wärmequelle, insbesondere bei einem Umluftherd, befindet. Bei manchen Öfen stellt man die Formen besser nebeneinander, bei anderen dagegen hintereinander. In jedem Fall sollte die Form aber während des Backens gedreht werden, damit der Kuchen gleichmäßig gebacken wird.
3. Die Kuchenform muß die richtige Größe und Form haben – schon die kleinste Abweichung kann den Erfolg in Frage stellen.
4. Die Form stets gemäß den Anweisungen im Rezept vorbereiten. Um sie gleichmäßig einfetten zu können (in der Regel nimmt man dazu Butter), zerlassen Sie die Butter am besten und streichen die Form dann damit ein. Bei Kuchen, die leicht anhängen, stellen Sie die Form danach ins Tiefkühlfach und streichen sie anschließend nochmals ein. Streut man die Form zusätzlich mit Zucker aus, bekommt der Kuchen zwar eine knusprige Kruste, der Zucker kann aber auch karamelisieren, und der Kuchen bräunt unter Umständen nicht gleichmäßig. Nimmt man Mehl statt Zucker, bildet sich eine feine Kruste, und der Kuchen läßt sich außerdem leichter aus der Form lösen. Blättrig oder in Stifte geschnittene Nüsse werden dabei schön goldbraun geröstet.
5. Vielfach muß der Boden der Form außerdem noch mit Pergament- oder Backpapier ausgelegt werden. Achten Sie dabei darauf, daß sich keine Falten bilden. Bei gehaltvollen Früchtebroten und bei Honigkuchen sollten auch die Wände mit Pergamentpapier ausgekleidet werden. Das Papier wird dann meist nicht entfernt, damit der Kuchen saftig bleibt. Pergamentpapier eignet sich am besten für Kuchen, die bei niedrigen Temperaturen gebacken werden. Das etwas dickere Backpapier verwendet man hingegen vor allem für Backbleche oder auch beim Blindbacken von Mürbteighüllen. Bei sehr gehaltvollen Früchtebroten, die eine lange Backzeit haben, wird die Form zusätzlich mit Alufolie abgedeckt, um zu verhindern, daß der Kuchen oben verbrennt.
6. Bevor Sie mit der Zubereitung beginnen, sollten Sie sämtliche benötigten Utensilien bereitstellen, die Zutaten abwiegen und vorbereiten (zum Beispiel die Butter weich werden lassen, Nüsse blanchieren oder Früchte in Mehl wälzen).

### WEITERE PROBLEME

NACH OBEN GEWÖLBT
*Grund:* Temperatur zu hoch
→ den Kuchen mit Aprikosenmarmelade bestreichen, die Wölbung mit kandierten Früchten verzieren und diese ebenfalls mit Aprikosenmarmelade glasieren.

IN DER MITTE EINGEFALLEN
*Grund:* nicht richtig durchgebacken; zu wenig Treibmittel; zuviel Mehl; die Früchte haben sich vom Teig abgesetzt; Temperatur zu niedrig
→ die Vertiefung mit einer Glasur ausgießen; ist sie sehr tief, die Ecken des Kuchens abschneiden, das Loch damit schließen und den Kuchen dann mit einer Glasur überziehen.

TROCKEN
*Grund:* zu lange gebacken; Temperatur zu hoch; zu wenig Früchte; zu wenig Fett; zuviel Treibmittel; der Kuchen wurde nicht in einem luftdicht verschlossenen Behälter aufbewahrt; ist noch zu frisch
→ den Kuchen mehrfach mit einem Spieß einstechen, mit Orangen- oder Apfelsaft, Süßwein oder Cognac beträufeln, fest verpacken und 2–3 Stunden durchziehen lassen; enthält er sehr viele Früchte, mindestens 2 Wochen in einem luftdicht verschlossenen Behälter durchziehen lassen.

ZU WENIG GESCHMACK
*Grund:* zu wenig Früchte; die Früchte waren von minderer Qualität, zu wenig Gewürze, der Kuchen ist noch zu frisch, und der Geschmack hat sich noch nicht entfaltet
→ siehe Trocken.

Dieses Rezept wird einer gewissen Mrs. Green zugeschrieben, die vor etwa 100 Jahren im viktorianischen England Köchin in einem großen Haushalt mit mehr als einem Dutzend Familienmitgliedern war. Sie hätte hier wohl die doppelte oder gar dreifache Menge benötigt und die Zutaten höchstwahrscheinlich mit den Händen vermengt, um sie zu erwärmen und den Teig leichter kneten zu können.

*375 g Mehl*
*1/2 TL frisch geriebene Muskatnuß*
*1/2 TL gemahlenes Piment*
*1/2 TL Salz*
*125 g kandierte Kirschen*
*125 g kandierte Orangenschale, gehackt*
*375 g weiche Butter*
*375 g Zucker*
*6 zimmerwarme Eier*
*500 g Rosinen*
*125 g Mandelblättchen*
*3 EL Cognac*

eine Springform mit 26 cm Durchmesser

Den Backofen auf 150 °C (Gas Stufe 1) vorheizen. Die Form großzügig mit Butter einstreichen und den Boden und die Wände mit Butterbrotpapier auskleiden. Das Papier ebenfalls mit Butter einstreichen und mit Mehl bestäuben.

Das Mehl mit dem Muskat, dem Piment und dem Salz in eine Schüssel sieben. Die Kirschen in einen kleinen Topf mit kaltem Wasser geben, aufkochen lassen und dann 30 Sekunden kochen lassen, um sie von Zucker- oder Siruprückständen zu befreien. Auf Küchenpapier abtropfen lassen und grob hacken. Die Kirschen und die Orangenschale anschließend in einer kleinen Schüssel in 2 bis 3 Eßlöffeln Mehl wälzen.

Die Butter mit dem Handmixer oder mit dem Schneebesen schaumig schlagen. Den Zucker unterschlagen und die Masse dann weitere 8 bis 10 Minuten schlagen, bis sie geschmeidig und locker ist. Anschließend nacheinander die Eier unterschlagen. Falls die Butter dabei gerinnt, nach jedem Ei etwas Mehl untermengen. Das restliche Mehl nach und nach mit der Hand oder einem Kochlöffel unterarbeiten. Zum Schluß die Kirschen, die Orangenschale, die Mandeln und den Cognac untermischen.

Den Teig in die Form füllen und in der Mitte eine kleine Vertiefung lassen. Den Kuchen dann 2 bis 3 Stunden backen.

Den fertigen Kuchen in der Form auskühlen lassen, danach aus der Form stürzen und in Musselin einschlagen. Mindestens 1 Monat in einem luftdicht verschlossenen Behälter lagern und dabei von Zeit zu Zeit mit Rum, Cognac oder Portwein bestreichen. Der Kuchen ist bis zu einem Jahr haltbar.

# Gewürzkuchen und Honigkuchen

GEWÜRZKUCHEN HABEN EINE SAFTIGE, KRÜMELIGE KRUME. Sie sind einfach zuzubereiten und können auch noch mit Früchten und Gemüse, im Sommer etwa mit Brombeeren, Heidelbeeren, geriebenen Möhren oder Zucchini und im Herbst mit Äpfeln, Trockenfrüchten, Nüssen oder Preiselbeeren, angereichert werden. Als Treibmittel dienen neben Eiern in erster Linie Natron und Backpulver (siehe Seite 271). Und als Gewürze kommen vor allem Piment, Muskat, Zimt, Kardamom, Anis und natürlich Ingwer in Frage.

Nachdem man das Mehl mit dem Backpulver, dem Zucker und den Gewürzen in eine Schüssel gesiebt hat, formt man eine Mulde, gibt die flüssigen Zutaten hinein und vermengt dann alles zu einem groben, fast klumpigen Teig. Werden die Zutaten zu lange vermischt, wird das Gewürzbrot meist schwer. Lockerer wird es auch, wenn man ein weiches Mehl aus einem relativ glutenarmen Weizen verwendet.

Beim Honigkuchen werden Fett, Zucker und die flüssigen Zutaten häufig zuerst zu einer glatten Masse verrührt und erst dann mit dem Mehl vermischt. Dadurch entfaltet sich der Geschmack besser, und die Gewürze verbinden sich gut mit dem Honig oder der Melasse. Bei mittlerer Hitze (190 °C, Gas Stufe 2–3) kann das Treibmittel seine Wirkung am besten entfalten. Zum Backen verwendet man in der Regel eine Kastenform, und der fertige Kuchen wird dann in Scheiben geschnitten, die man mit Butter bestreichen kann. Gewürzkuchen sind lange haltbar und entfalten bei längerer Lagerung ihren Geschmack und ihr Aroma erst richtig.

Anders als Biskuit- oder Sandkuchen werden Gewürzkuchen kleine Mängel ohne weiteres verziehen. Die Kruste darf ruhig auch einmal aufgeplatzt sein, vorausgesetzt, sie ist nicht nach oben gewölbt oder eingesunken. Bei Honigkuchen ist sie bisweilen feucht, manchmal sogar klebrig. Deshalb müssen Boden und Wände der Form vor dem Backen stets mit Pergamentpapier ausgekleidet werden. Blasen in der Krume sind lediglich ein Zeichen dafür, daß der Kuchen richtig aufgegangen ist. Bei Gewürzkuchen besteht allerdings immer die Gefahr, daß sie zu trocken sind. Das Problem können Sie vermeiden, indem Sie den Teig gut rühren und den Kuchen nicht zu lange backen.

**MEIN TIP**

Trockenen Honig- oder Gewürzkuchen können Sie zum Verfeinern von Eiscreme verwenden. Den Kuchen dazu von Hand oder in der Küchenmaschine in grobe Krümel zerkleinern. Für 1 Liter Vanilleeis benötigen Sie 250 g Krümel. Das Eis etwas weich werden lassen. Die Krümel 10–15 Minuten bei 175 °C (Gas Stufe 2) im Backofen rösten, bis sie trocken und knusprig sind. Mit der Eiscreme vermengen, gegebenenfalls noch mit gemahlenem Ingwer oder Zimt abschmecken und wieder einfrieren.

**RICHTIG GEBACKEN** (*vorne*) – der Teig (hier Gewürzkuchen) hat sein Volumen um die Hälfte oder zwei Drittel vergrößert, ist schön braun und beginnt, sich von den Wänden der Form zu lösen; sticht man mit einem Spieß hinein, haftet beim Herausziehen kein Teig daran; die Oberfläche glänzt, ist feucht und häufig aufgeplatzt. SCHWER, HÄUFIG NICHT DURCHGEBACKEN (*hinten*) – kaum aufgegangen, in der Mitte eingefallen; die Kruste ist trocken, dunkel und löst sich von der Form; sticht man mit einem Spieß hinein, fühlt er sich beim Herausziehen klebrig an.

**RICHTIG (KRUME)** – die Krume ist fest und sehr saftig; der Kuchen schmeckt intensiv nach Gewürzen und Früchten.

AUSGETROCKNET – die Kruste ist trocken und häufig aufgesprungen; die Krume ist trotz Luftblasen fest; der Geschmack ist fade.
*Grund:* Temperatur zu hoch; zu lange gebacken; zuviel Mehl; zuviel Treibmittel
→ den Kuchen mehrfach mit einem Spieß einstechen und mit Apfelsaft oder einem leichten Honigsirup bestreichen, fest verpacken und mindestens 1 Woche durchziehen lassen.

**WEITERE PROBLEME**

SCHWER, HÄUFIG NICHT DURCHGEBACKEN
*Grund:* der Teig wurde zu lange gerührt; zu wenig Treibmittel; zu wenig Mehl; zuviel Fett oder Flüssigkeit; Backzeit zu kurz; Temperatur zu niedrig
→ ist der Kuchen nicht durchgebacken, weiterbacken und dabei gegebenenfalls die Temperatur erhöhen; mit pochierten Früchten, einer Apfelsauce oder saurer Sahne servieren.

ZU WENIG GESCHMACK
*Grund:* zu wenig Salz oder Gewürze; die Gewürze waren zu alt
→ mit Butter oder Frischkäse bestreichen oder in Würfel schneiden und mit einer Pikanten Karamelsauce (siehe Seite 240) servieren.

NACH OBEN GEWÖLBT
*Grund:* zuviel Treibmittel; Temperatur zu hoch
→ in dicke Scheiben schneiden, um die Form zu kaschieren.

# Muffins

Ein gelungener Muffin liegt leicht in der Hand, ist etwas nach oben gewölbt und aufgesprungen, und die Krume ist saftig und locker. Mit einer oder zwei Scheiben knusprigem Speck belegt, ist ein Muffin für mich das ideale Frühstück. Sie können Ihre Muffins ohne weitere Zutaten backen, noch ein paar Früchte hinzufügen oder ein kräftig schmeckendes Mais- oder Hafermehl oder Kleie verwenden. Muffins schmecken so gut, daß ich im folgenden unbedingt genauer darauf eingehen möchte, was beim Backen unter Umständen alles schiefgehen kann.

Sind sie zu schwer, wurde der Teig meist zu lange gerührt (er sollte nur ganz leicht gerührt werden, so daß die Zutaten gerade vermischt sind). Ist die Krume löchrig, wurde der Teig vermutlich ebenfalls zu lange gerührt, vielleicht haben Sie aber auch zuviel Treibmittel verwendet. Und wie lange muß ein Muffin gebacken werden? Er darf keinesfalls trocken sein, muß aber dennoch so lange bei einer Temperatur von 200 °C (Gas Stufe 3) gebacken werden, daß sich eine schöne braune Kruste bildet, der Teig außen schnell fest wird und in der Mitte schön aufgeht. Damit der Teig nicht über den Rand der Form tritt, darf sie nur zu zwei Dritteln gefüllt sein, denn das Volumen sollte sich um ein Drittel bzw. die Hälfte vergrößern.

**RICHTIG** (*vorne*) – der Muffin ist goldgelb und beginnt, sich vom Rand der Form zu lösen; in der Mitte ist er etwas nach oben gewölbt; sticht man mit einem Spieß hinein, haftet beim Herausziehen höchsten etwas Fruchtfleisch daran; die Krume ist gleichmäßig, schwammig und etwas krümelig; der Geschmack ist aromatisch.

*hinten, von links nach rechts*
LÖCHRIG – der Muffin ist von Löchern durchzogen; häufig ist er hoch aufgegangen und aufgesprungen.
NICHT DURCHGEBACKEN – der Muffin ist feucht, in der Mitte sogar naß; außen ist er blaß, er ist nicht nach oben gewölbt und löst sich von den Wänden der Form; sticht man mit einem Spieß hinein, haftet beim Herausziehen Teig daran; der Geschmack ist teigig.
SCHWER – der Teig ist kaum aufgegangen, und der Muffin ist flach; außen ist er blaß; innen fest und trocken.

## *Preiselbeer-Orangen-Kuchen*

ERGIBT 10 STÜCKE *Foto Seite 276/277*

Falls Sie keine frischen Preiselbeeren bekommen, können Sie auch Heidelbeeren oder Stachelbeeren nehmen.

*250 g Mehl*
*150 g Zucker*
*3/4 TL Backpulver*
*1/2 TL Salz*
*2 Eier*
*175 ml Milch*
*150 ml Pflanzenöl*

*125 g Preiselbeeren*
*abgeriebene Schale von 1 unbehandelten Orange*

eine 20 cm lange Kastenform

Den Backofen auf 175 °C (Gas Stufe 2) vorheizen. Die Form mit Butter einstreichen und mit Mehl bestäuben. Überschüssiges Mehl abklopfen.

Das Mehl mit dem Zucker, dem Backpulver und dem Salz in eine große Schüssel sieben und in der Mitte eine Mulde formen. Die Eier in einer kleinen Schüssel mit der Milch und dem Öl verquirlen, in die Mulde gießen und das Mehl kurz mit dem Schneebesen unterrühren (den Teig nicht schlagen, sonst wird der Kuchen schwer). Zum Schluß die Preiselbeeren und die Orangenschale untermischen.

Den Teig in die Form füllen (sie sollte zu zwei Dritteln gefüllt sein) und im unteren Drittel des Backofens 1 bis 1 1/4 Stunden backen. Etwas abkühlen lassen und dann zum Auskühlen auf ein Kuchengitter stürzen.

### *Muffins mit Erdbeeren und Minze*

Den Backofen auf 200 °C (Gas Stufe 3) vorheizen. 12 mittelgroße Muffinförmchen mit Butter einstreichen und mit Mehl bestäuben. Einen Teig wie im Rezept oben beschrieben zubereiten. Die Preiselbeeren dabei durch gehackte Erdbeeren und die Orangenschale durch 3 Eßlöffel frische, gehackte Minze ersetzen. Den Teig in die Förmchen füllen und 20 bis 25 Minuten backen.

### MEIN TIP

Schwere oder alte Muffins lassen sich zu Rumkugeln verarbeiten. Dazu 175 g Muffins mit 125 g Walnußkernen in der Küchenmaschine fein hacken. 125 g Puderzucker mit 2 EL Kakaopulver in eine Schüssel sieben, 60 ml Rum und 1 EL Honig unterrühren und dann die Muffinmischung untermengen. Die Masse muß so feucht sein, daß sie sich formen läßt. Zu walnußgroßen Bällchen formen. Ein Brett mit Puderzucker bestäuben und die Kugeln mit zwei Gabeln darin wälzen. Ergibt ca. 40 Stück.

# Torten und Kuchen ohne Mehl

Das Wort Torte leitet sich vom lateinischen *torta* (»rundes Brot«) her. Heute verstehen wir darunter ein relativ festes, gehaltvolles Gebäck, das häufig mit gemahlenen Nüssen oder Paniermehl und meist nur wenig Mehl zubereitet wird. Ein gutes Beispiel ist die Mandeltorte auf Seite 291, die mein langjähriger Freund Fernand Chambrette kreiert hat. Gebunden wird der Teig in erster Linie durch die Eier, man kann aber auch noch Kartoffel- oder Maisstärke hinzufügen. Schokolade wird ebenfalls gerne zum Binden genommen, da sie den Teig zusätzlich verfeinert.

Da man für Tortenteige nur sehr wenig, zum Teil sogar gar kein Treibmittel verwendet, gehen sie beim Backen kaum auf, sondern werden im warmen Ofen lediglich fest und herrlich saftig. Gebacken wird eine Torte am besten in einer Springform, denn so läßt sich der zerbrechliche Teig anschließend besser auf die Platte befördern.

Zu besonderen Anlässen werden Torten auch mit Eis, Schlagsahne, Crème fraîche oder einer Sauce als Dessert serviert. Sie können bereits einige Zeit im voraus zubereitet werden und sind mindestens eine Woche haltbar. Ihr Geschmack wird mit der Zeit sogar noch besser.

NICHT DURCHGEBACKEN UND IN DER MITTE EINGEFALLEN – die Torte (hier Mandeltorte) ist kaum aufgegangen, hat sich eventuell vom Boden der Form gelöst; die Krume ist fest und feucht und kann unter Umständen sogar zerfallen.
*Grund:* Backzeit zu kurz; Temperatur zu niedrig; zu wenig Ei oder Treibmittel; zu wenig Mehl oder Nüsse; zu stark gerührt
→ ist der Teig nicht durchgebacken, weiterbacken und dabei gegebenenfalls die Temperatur erhöhen; mit einer Sauce servieren.

**RICHTIG** – die Krume ist fest und saftig, vielfach auch krümelig; die Form ist regelmäßig, flach und eben; die Torte beginnt, sich gerade von der Form zu lösen; sticht man mit einem Spieß hinein, ist er beim Herausziehen sauber, in manchen Fällen kann etwas Fett daran kleben; der Geschmack ist kräftig und entfaltet sich noch weiter, wenn die Torte in einem luftdicht verschlossenen Behälter aufbewahrt wird.

**MEIN TIP**

Ist Ihre Torte zu fest, überziehen Sie sie mit diesem luftigen Eischaum. Dazu in einer großen Schüssel 150 g dunklen braunen Zucker mit 2 Eiweißen verrühren. Die Schüssel über einem Topf mit heißem Wasser einsetzen und die Mischung 5–7 Minuten sehr steif schlagen. Die Schüssel dann vom Topf nehmen und die Masse noch 1–2 Minuten weiterschlagen, bis sie nur noch lauwarm ist. Zum Schluß 1 TL Vanilleessenz unterschlagen. Die Masse auf der Torte verstreichen (sie wird mit der Zeit fest) und dabei kleine Hügel formen. Ausreichend für eine Torte mit 25 cm Durchmesser.

## WEITERE PROBLEME

AUSGETROCKNET
*Grund:* zu lange gebacken; Temperatur zu hoch
→ Crème double mit Kaffeepulver oder Schokolade aromatisieren und die Torte damit bestreichen.

ZU WENIG GESCHMACK
*Grund:* zu wenig Zucker oder Gewürze (insbesondere Salz); zu lange gebacken
→ mit Puderzucker bestäuben; mit einer geschmacksintensiven Sauce, etwa einer Schokoladensauce (siehe Seite 138), servieren.

DIE TORTE IST IN DER FORM FESTGEBACKEN
*Grund:* die Form wurde nicht richtig eingefettet; die Torte wurde nicht lange genug gebacken; die Backtemperatur war zu niedrig, und die Torte ist nicht richtig trocken geworden
→ in der Form aufschneiden und dann auf Tellern anrichten; Bruchstellen mit Chantillycreme (siehe Seite 222) oder Crème fraîche kaschieren.

## *Chef Chambrettes Mandeltorte*

ERGIBT 6 BIS 8 STÜCKE

Mein Freund Fernand Chambrette ist bereits seit 50 Jahren in seinem Beruf tätig und versteht es, aus allem etwas zu machen. Hier zum Beispiel eine knusprige, goldgelbe Torte, die lediglich aus den Grundzutaten Mandeln, Eiweiß und Zucker besteht. Wenn Sie mögen, können Sie sie noch mit geschmolzener Schokolade verzieren.

*90 g Mandelblättchen*
*250 g gemahlene Mandeln*
*125 Puderzucker, gesiebt*
*4 Eiweiß*
*2 EL Streuzucker*
*1/2 TL Vanilleessenz*
*abgeriebene Schale von 2 unbehandelten Zitronen*
*1 Prise Salz*

eine Springform mit 24 cm Durchmesser

Den Backofen auf 160 °C (Gas Stufe 1–2) vorheizen. Die Form mit Butter einstreichen, den Boden mit Pergamentpapier auslegen und das Papier noch einmal mit Butter bestreichen. Die Form dann mit den Mandelblättchen ausstreuen und mindestens 15 Minuten in den Kühlschrank stellen. Die gemahlenen Mandeln mit dem Puderzucker vermischen.

Für den Teig die Eiweiße, am besten in einer Kupferschüssel (siehe Seite 223), steifschlagen. Den Streuzucker hinzufügen und etwa 1 Minute weiterschlagen, bis das Eiweiß glänzt und sich beim Herausnehmen des Schneebesens eine lange Spitze bildet. Die Vanilleessenz, die Zitronenschale und das Salz unterrühren und anschließend nach und nach das Puderzucker-Mandel-Gemisch unterheben.

Den Teig in die Form füllen und die Form auf dem Küchentisch aufstoßen, damit sich eventuelle Luftblasen auflösen. Die Torte dann 40 bis 45 Minuten backen und vor dem Stürzen in der Form vollständig auskühlen lassen.

# Käsekuchen

WIR KENNEN DIE VERSCHIEDENSTEN KÄSEKUCHEN, und für jeden muß ein besonderer Frischkäse oder Quark verwendet werden. Und wehe dem Koch, der dabei Zugeständnisse an die Qualität macht. Die verschiedenen Frischkäse, etwa Ricotta, Mascarpone oder Hüttenkäse, haben einen unterschiedlich hohen Fett- und Wassergehalt, und viele enthalten inzwischen zudem Stabilisatoren. Beim Verfeinern sollte man darauf achten, daß der Käsegeschmack nicht überdeckt wird. Hier eignen sich besonders kandierte oder getrocknete Früchte, Vanille, abgeriebene Zitrusschale und Schokolade. Einige Käsekuchen sind ausgesprochen einfach zuzubereiten – der Käse wird lediglich mit Zucker vermischt und in einer Teighülle (siehe Seite 295), einem Biskuitteig oder auf einem Mürbeteigboden gebacken. Die Käsemasse kann fest oder luftig und locker sein. Schwieriger ist die Zubereitung bei besonders gehaltvollen Käsekuchen, wie etwa dem Amerikanischen Käsekuchen auf Seite 293. Da der Frischkäse viel Feuchtigkeit enthält, fallen die Käsekuchen beim Backen etwas zusammen.

**RICHTIG** – der Kuchen hat oben eine blasse Cremefarbe; innen ist er je nach Käsesorte cremig und glatt oder krümelig; der Boden ist schön knusprig; der Kuchen beginnt, sich von den Wänden der Form zu lösen; der Teig ist rundherum fest, und die Käsemasse ist weich; der Geschmack ist kräftig und frisch.

AUSGETROCKNET – innen hat der Kuchen eine ungleichmäßige Beschaffenheit, ist trocken und krümelig; er hat sich von der Form gelöst und ist häufig relativ dunkel und zäh.
*Grund:* zu lange gebacken; Temperatur zu hoch → mit einem Fruchtcoulis (siehe Seite 136) oder einer Sauce servieren.

### WEITERE PROBLEME

NICHT DURCHGEBACKEN UND KLEBRIG
*Grund:* Backzeit zu kurz; Temperatur zu niedrig → ist der Kuchen nur etwas weicher als gewöhnlich, kann er sofort serviert werden (das Messer vor dem Aufschneiden am besten in kochendes Wasser tauchen); ansonsten siehe Mein Tip.

DER KUCHEN ZERFALLT UND IST IN DER MITTE EINGESUNKEN
*Grund:* zuviel Ei; ungeeignete Käsesorte; die Eier wurden nicht richtig geschlagen; zu schnell gebacken; zu lange oder nicht ausreichend gebacken; der Kuchen wurde zu früh aus dem Ofen genommen und ist zu schnell abgekühlt → ist der Kuchen fest und behält seine Form, mit Beeren, pochierten Pfirsich- oder Birnenscheiben belegen und mit einer Glasur überziehen; ansonsten siehe Mein Tip.

### MEIN TIP

Haben Sie Ihren Käsekuchen zu früh aus dem Ofen genommen und er fällt zusammen, verarbeiten Sie ihn zu einer Mousse, die Sie zu Ingwerkeksen oder frischem Obst reichen können. Die Käsefüllung dazu mit einem Löffel aus der Form schaben. 600 g Füllung mit 2 Eiweiß zu einer glatten, steifen Masse verschlagen und nach Belieben noch mit 1–2 EL Rum abschmecken. 125 g Crème double steifschlagen und unter die Masse heben. In Schälchen füllen und kalt stellen. Ergibt 4–6 Portionen.

# Amerikanischer Käsekuchen

ERGIBT 12 BIS 16 STÜCKE

Schneeweiß, schön hoch und cremig – so lieben die Amerikaner ihren Käsekuchen. Es gibt zahllose Varianten und Kniffe für die Zubereitung. Das wahre Geheimnis besteht jedoch darin, einen einfachen, möglichst sahnigen, abgepackten Frischkäse zu verwenden, den man nicht weiter verfeinert. Bereiten Sie den Kuchen mindestens 3 Tage im voraus zu, stellen Sie ihn kalt und reichen Sie dazu vielleicht noch eine Beerensauce (siehe Seite 137).

*1 kg sahniger Frischkäse, temperiert*
*200 g Zucker*
*1 TL Vanilleessenz*
*1/2 TL Salz*
*4 Eier*
*fein abgeriebene Schale von 1 unbehandelten Zitrone*

FÜR DEN BODEN:
*75 g Butter*
*200 g trockene Kekse, zerkrümelt*
*45 g Zucker*

eine Springform mit 24 cm Durchmesser

Den Backofen auf 150 °C (Gas Stufe 1) vorheizen. Die Form großzügig mit Butter einstreichen. Für den Boden die Butter zerlassen und die zerkrümelten Kekse und den Zucker unterrühren. Die Masse mit dem Rücken eines Löffels auf dem Boden der Form verstreichen und fest andrücken. Anschließend 13 bis 15 Minuten backen und danach auf einem Kuchengitter abkühlen lassen.

Den Käse in der Küchenmaschine auf niedriger Stufe schlagen, bis er weich ist. Nehmen Sie dazu am besten nicht die Rührbesen, damit keine Luft in die Masse geschlagen wird. Den Zucker, die Vanilleessenz und das Salz hinzufügen und 3 bis 4 Minuten weiterschlagen, bis die Masse locker und cremig ist. Dann nach und nach die Eier unterschlagen, bis eine glatte Creme entstanden ist. Zum Schluß die Zitronenschale untermischen. Den Teig in die Form füllen und 1 bis 1 1/2 Stunden backen.

Den Ofen danach ausschalten, die Tür etwas öffnen und den Kuchen 1 Stunde abkühlen lassen. Anschließend mindestens 12 Stunden oder über Nacht in den Kühlschrank stellen. Die Seiten der Form vor dem Servieren mit den Händen oder einem warmen Tuch erwärmen, damit die Butter weich wird. Den Ring dann vorsichtig (möglichst kein Messer zu Hilfe nehmen) abnehmen und den Kuchen mit dem Boden der Form auf eine Platte geben.

# Süße und pikante Tortenböden

EIN KNUSPRIGER, GOLD- ODER DUNKELBRAUNER TORTENBODEN ist die Grundlage für Biskuit- oder Mürbeteiggebäck mit süßer oder pikanter Füllung. Die Zubereitung der unterschiedlichen Teige (siehe Seite 311) erfordert ein gewisses Geschick. Sie müssen rasch und vorsichtig durchgearbeitet werden, damit das im Mehl enthaltene Klebereiweiß – anders als bei Brot- und Nudelteigen, die elastisch sein müssen – nicht aufgeschlossen wird. Damit der Teig nicht zäh wird, darf Wasser lediglich sparsam verwendet und die Arbeitsfläche nur mit wenig Mehl bestäubt werden. Da der Teig beim Backen etwas zusammenschrumpft, sollte man die Form großzügig damit auskleiden und ihn an den Seiten etwas überstehen lassen. Um zu verhindern, daß der Boden aufspringt oder einschrumpft, wird er anschließend mit einer Gabel eingestochen. Bei Obstkuchen wird der Teig dann zunächst blindgebacken (siehe Seite 295), so wird er schön knusprig und bildet eine köstliche Unterlage für den Obstbelag.

Eines sollten Sie keinesfalls vergessen: den Teig zwischen den einzelnen Arbeitsschritten immer wieder kalt zu stellen und in der warmen Küche möglichst schnell zu arbeiten. Nach dem Anrühren des Teigs wird durch das Kühlen gewährleistet, daß die Butter oder das Fett fest wird. So läßt sich der Teig leicht ausrollen und klebt nicht. Gleichzeitig ziehen sich die Eiweißstränge im Mehl zusammen, und der Teig wird nicht zäh. Sollte sich der weiche Teig nur schwer ausrollen lassen, legen Sie ihn zwischen Backpapier. Nachdem Sie die Form damit ausgekleidet haben, muß er erneut gekühlt werden. Dann wird er sofort fest, wenn man ihn in den heißen Ofen schiebt, und kann nicht zerlaufen und seine Form verlieren.

Zum Schluß noch einige Anmerkungen zum Belag oder zur Füllung, ein Thema, bei dem es mir schwerfällt, mich kurz zu fassen. Bei Früchten erzielen Sie einen besonders dekorativen Effekt, wenn Sie sie spiralförmig oder in Form eines Blumenmusters anordnen. Eine Cremefüllung hingegen sieht allein schon durch ihre Farbe ansprechend aus. Ist die Füllung sehr saftig, kann man sie noch mit Paniermehl bestreuen oder mit Aprikosenmarmelade überziehen. So läßt sich verhindern, daß der Teig durchweicht. Noch besser eignet sich in diesem Fall allerdings eine Tortencreme, da die Früchte dann gar nicht mit dem Teig in Berührung kommen. Wofür Sie sich auch immer entscheiden, mit einem gelungenen Teig ist schon einmal der erste Anfang gemacht.

**MEIN TIP**

Läßt sich der Teig nur schwer ausrollen und in die Form füllen oder sind die Seiten beim Backen eingebrochen, machen Sie eine runde Teigplatte daraus. Die Ränder des rohen oder noch nicht fertig gebackenen Teigs abschneiden und den Teig zu einem sauberen Kreis in der Größe einer Quicheform zurechtschneiden. Den Kreis dann fertigbacken. Die Füllung in die Form geben und ohne Teig backen. Vor dem Servieren mit dem Teig zudecken oder den Teig aufschneiden und getrennt dazu servieren.

**RICHTIG BLINDGEBACKEN (FERTIGGEBACKEN)** – Tortenböden und Nußteig (*rechts*) sind goldbraun, Mürbeteig (*links*) ist hellbraun und am Rand etwas dunkler; die Seiten sind gut hochgezogen und lösen sich von der Form, die Ränder sind schön regelmäßig; Mürbeteig ist dünn und knusprig, Tortenböden und Nußteig sind etwas krümelig; die Hülle hat keine Löcher und ist fest genug, um die Füllung aufzunehmen.

**RICHTIG BLINDGEBACKEN (VORGEBACKEN)** – der Teig (hier ein Tortenboden) ist fest und hat keine durchsichtigen, feuchten Stellen; die Farbe ist blaß, und die Ränder sind leicht gebräunt; er schmeckt noch etwas nach Mehl. Zu beachten: Ein blindgebackener Teig wird stets gefüllt und anschließend fertiggebacken.

DIE SEITEN SIND EINGEBROCHEN – die Seiten sind in unregelmäßigen Abschnitten eingebrochen und konnten die Füllung nicht mehr halten; der Teig kann Farbe angenommen haben.
*Grund:* der Teig wurde vor dem Blindbacken nicht gekühlt; wurde nicht gleichmäßig mit Backpapier abgedeckt und mit getrockneten Hülsenfrüchten beschwert; Temperatur zu niedrig; das Papier wurde zu früh entfernt
→ sind die Bruchstellen nicht zu groß, mit rohem Teig ausbessern und weiterbacken; ist der Rand sehr zerfallen, siehe Mein Tip.

# Bunte Obsttorte

Ergibt 6 bis 8 Stücke

Belegen Sie diese Obsttorte für festliche Anlässe mit mindestens drei der hier vorgeschlagenen Obstsorten – je nachdem, welche Früchte gerade auf dem Markt sind. Sie können sie entweder in Form eines Blumenstraußes oder schuppenförmig in konzentrischen Kreisen anordnen. Anschließend überziehen Sie sie leicht mit einer Aprikosenglasur.

*500 g Naturjoghurt*
*125 g Beeren (Erdbeeren, Brombeeren, Heidelbeeren, Himbeeren)*
*125 g Kiwis, Karambolen oder Feigen*
*etwas Steinobst (Aprikosen, Pfirsiche, Pflaumen)*
*Saft von 1/2 Zitrone*
*125 g kernlose Trauben*
*2 EL Puderzucker*
*4 EL Aprikosenmarmelade*
*2 EL Orangensaft*
*1 kleines Bund Minze zum Garnieren*

*Für den Mürbeteig:*
*200 g Mehl*
*1/2 TL Salz*
*100 g Zucker*
*3 Eigelb*
*1 TL Vanilleessenz*
*100 g weiche Butter*

eine Springform mit 24 cm Durchmesser

Ein Sieb mit Gaze auslegen und den Joghurt 2 bis 3 Stunden darin abtropfen lassen, bis er so fest ist, daß er an einem Löffel haftenbleibt. In der Zwischenzeit den Teig herstellen. Dazu das Mehl auf die Arbeitsfläche sieben und in der Mitte eine Mulde formen. Das Salz, den Zucker, die Eigelbe und die Vanilleessenz hineingeben und sorgfältig mit den Fingern vermengen. Die Butter mit dem Nudelholz klopfen, damit sie etwas weich wird. Zu den übrigen Zutaten in die Mulde geben und alles rasch miteinander vermischen. Anschließend nach und nach das Mehl unterarbeiten, bis ein krümeliger Teig entstanden ist. Den Teig dann zu einer Kugel formen.

Den Teig 1 bis 2 Minuten mit den Handballen kneten, bis er elastisch ist und nicht mehr auf der Arbeitsfläche klebenbleibt. Zu einer Kugel formen, in Frischhaltefolie einschlagen und mindestens 30 Minuten im Kühlschrank fest werden lassen.

Die Form mit dem Teig auskleiden (siehe links) und 15 Minuten kalt stellen, bis der Teig fest ist. Danach zunächst blindbacken, das Papier und die Hülsenfrüchte dann entfernen und den Boden fertigbacken (siehe links).

Die Stiele der Erbeeren entfernen, die Früchte nur waschen, wenn sie stark verschmutzt sind. Große Früchte halbieren. Die übrigen Beeren verlesen. Die Kiwis schälen und in Scheiben schneiden, die Karambolen oder Feigen in Scheiben schneiden. Die Aprikosen, Pfirsiche oder Pflaumen halbieren und die Steine entfernen. Große Früchte in Scheiben schneiden. Anschließend mit dem Zitronensaft vermischen, damit sie nicht braun werden.

Den abgetropften Joghurt 1 Stunde vor dem Servieren in einer kleinen Schüssel mit dem Puderzucker verrühren. Den gebackenen Boden damit bestreichen und großzügig mit den Früchten belegen, so daß der Joghurt vollständig bedeckt ist. Die Aprikosenmarmelade mit dem Orangensaft zu einer glatten Masse verrühren und die Früchte damit bestreichen. Die Torte mit Minzezweigen verzieren und bis zum Servieren in den Kühlschrank stellen.

## Weitere Probleme

Der Boden ist aufgebläht
*Grund:* der Boden wurde vor dem Blindbacken nicht eingestochen; wurde nicht sorgfältig mit Backpapier ausgelegt und mit getrockneten Hülsenfrüchten beschwert; Papier und Hülsenfrüchte wurden zu früh entfernt
→ bläht sich der Boden auf, während des Backens mit einer Gabel einstechen und flachdrücken; den Boden nach dem Backen flachdrücken und dabei darauf achten, daß keine Löcher entstehen.

Der Boden hat ein Loch
*Grund:* der Teig wurde zu dünn ausgerollt; ist beim Blindbacken eingeschrumpft und gebrochen
→ die Löcher vor dem Füllen mit rohem Teig ausbessern und noch einmal 3–5 Minuten backen; ist die Hülle bereits gefüllt, sofort backen – mit etwas Glück läuft die Füllung nicht aus. Zu beachten: Ein stark durchweichter Boden ist nicht mehr verwendbar.

Nicht durchgebacken und blass
*Grund:* Backzeit zu kurz; Temperatur zu niedrig
→ ist die Hülle noch nicht gefüllt, weiterbacken und dabei gegebenenfalls die Temperatur erhöhen; den gefüllten Kuchen möglichst weit unten im Ofen plazieren und weiterbacken, bis er richtig durchgebacken ist.

Ausgetrocknet und dunkel
*Grund:* zu lange gebacken; Temperatur zu hoch
→ verbrannte Teile wegschneiden oder mit Füllung kaschieren; pikante Kuchen mit geriebenem Käse bestreuen, süße mit Schlagsahne überziehen.

Teig elastisch oder zäh
*Grund:* der Teig wurde zu stark gerührt oder ausgerollt; enthielt zuviel Wasser
→ vor dem Backen möglichst lange kühlen, damit der Teig seine Elastizität verliert.

## Form auskleiden

Beim Einfüllen des Teigs in die Form müssen Sie ihn überall gut andrücken, so daß eine möglichst tiefe Hülle entsteht, die viel Füllung aufnehmen kann.
- Die Form zunächst mit Butter einstreichen, damit der Teig nicht anhängt. Den Teig dann zu einem Kreis ausrollen, der einen 5 cm größeren Umfang hat als die Form. Den Teig vorsichtig um das Nudelholz wickeln, anschließend über der Form entrollen und dabei darauf achten, daß er nicht gedehnt wird. Überstehenden Teig über den Rand der Form hängen lassen.
- Den Teigrand rundum vorsichtig mit einer Hand anheben und mit der anderen Hand den Teig gut am Boden der Form andrücken. Mit dem Nudelholz über den Rand der Form fahren, um den überstehenden Teig abzutrennen.
- Den Teig mit Daumen und Zeigefinger gleichmäßig an den Wänden der Form andrücken und dabei leicht hochziehen, so daß er etwas über den Rand steht. Den oberen Teigrand dann mit den Fingern fest an die Form drücken. Den Boden mit einer Gabel einstechen. So wird der Teig entlüftet, bäckt gleichmäßiger und bildet beim Backen keine Blasen.

## Blindbacken

Tortenböden werden, vor allem wenn sie eine sehr saftige Füllung aufnehmen sollen, vorher häufig ohne Füllung vorgebacken. Man nennt dies auch »blindbacken«. Dazu wird der Teig zunächst mit Backpapier abgedeckt und dann mit getrockneten Hülsenfrüchten oder Reiskörnern beschwert. Dadurch wird verhindert, daß die Seiten einbrechen und der Boden sich aufbläht.
- Den Backofen auf 220 °C (Gas Stufe 4) vorheizen und ein Backblech im Ofen erhitzen. Den Teigboden mit einer Gabel einstechen, damit er nicht aufgeht, mit Backpapier bedecken und den Boden dabei gut andrücken. Die Form anschließend halbvoll mit getrockneten Hülsenfrüchten oder Reis füllen. Die Form auf das heiße Backblech stellen und den Teig 10–15 Minuten backen, bis er fest ist und der Rand braun zu werden beginnt.
- Das Papier und die Hülsenfrüchte entfernen (sie können wiederverwendet werden) und den Backofen auf 190 °C (Gas Stufe 2–3) herunterschalten. Wird der Teig anschließend noch einmal mit Füllung gebacken, noch etwa 5 Minuten weiterbacken, bis der Boden trocken aussieht. Soll der Teig gleich fertiggebacken werden, weitere 10–15 Minuten backen, bis er goldbraun und knusprig ist. Danach auf einem Kuchengitter auskühlen lassen.

# Torteletts

EIN KLEINES, LEICHTES TORTELETT IST ETWAS VERFÜHRERISCHES, lädt es doch regelrecht dazu ein, es mit besonders edlen Zutaten, etwa Hummer und Räucherlachs, jungem Gemüse oder Früchten der Saison, zum Beispiel Walderdbeeren, Heidelbeeren oder goldenen Kapstachelbeeren, zu belegen. Torteletts können aber auch – wie eine kleine Quiche – mit Füllung gebacken werden. Eine süße Variante sind die Birnentorteletts mit Mandelcreme auf Seite 297. Nach dem Backen müssen die zarten Torteletts allerdings sofort serviert werden, denn lange kann man sie nicht aufbewahren.

Ich schneide den Teig meist mit einem Teigschneider zu Kreisen zurecht, deren Umfang 2,5 cm größer sein sollte als der Umfang der Förmchen. Den Teig legt man dann am besten lose auf die Förmchen und fährt mit dem Nudelholz über den Rand, um überstehenden Teig abzutrennen. Danach drücken Sie den Teig am Boden und an den Wänden gut an. Achten Sie dabei darauf, daß der Teig gleichmäßig verteilt ist, da dünnere Stellen leicht verbrennen.

Zum Blindbacken kann man die Torteletts statt mit Hülsenfrüchten mit einer zweiten Tortelettform beschweren. Und denken Sie auch hier wieder daran, den Teig zwischen jedem Arbeitsschritt zu kühlen. Zum Schluß wird er bei 200 °C (Gas Stufe 3) gebacken (süße Teigböden nehmen rasch Farbe an und verbrennen leicht). Da sie sehr zerbrechlich sind, füllen Sie die Torteletts nach dem Blindbacken in der Form und lassen sie etwas in der Form auskühlen, bevor Sie sie herausnehmen.

*oben*
RICHTIG – der Boden (hier Birnentorteletts mit Mandelcreme) ist schön tief, und die Seiten sind hochgezogen; die Krume ist knusprig und leicht, dabei aber fest genug, um die Füllung aufzunehmen; die Torteletts sind leicht gebräunt, die Ränder sind etwas dunkler; der Teig schmeckt leicht rauchig, die Füllung kräftig und fruchtig.

*links*
RICHTIG (*links*) – der Boden (hier Mürbeteig) ist schön tief, und die Seiten sind hochgezogen; die Krume ist knusprig und leicht, dabei aber fest genug, um eine Füllung aufzunehmen; die Torteletts sind leicht gebräunt und an den Rändern etwas dunkler; sie schmecken etwas rauchig und nach Butter.
DER BODEN IST AUFGEBLÄHT (*rechts*) – der Boden wölbt sich nach oben, und es ist kaum noch Platz für den Belag; der Teig ist eingeschrumpft, und die Ränder sind eingebrochen.

# *Birnentorteletts mit Mandelcreme*

ERGIBT 8 STÜCK

Birne und Mandeln sind in der Normandie eine beliebte Kombination. Am besten schmecken diese Törtchen, wenn Sie sehr reife Birnen verwenden. Die Mandelcreme schützt die Teighülle vor dem Durchweichen. Die Birnen sollten etwas schmaler sein als die Förmchen. Ansonsten müssen Sie sie vor dem Aufschneiden zurechtschneiden.

*4 reife Birnen*
*Zucker zum Bestreuen*
*3 – 4 EL Aprikosenmarmelade*
*2 EL Wasser*

FÜR DEN MÜRBETEIG:
*275 g Mehl*
*1/2 TL Salz*
*125 g Zucker*
*4 Eigelb*
*1 TL Vanilleessenz*
*125 g Butter*

FÜR DIE MANDELCREME:
*100 g weiche Butter*
*100 g Zucker*
*1 Ei und 1 Eigelb, leicht verquirlt*
*100 g gemahlene Mandeln*
*1 Prise Salz*

8 Tortelettförmchen

Für den Mürbeteig das Mehl auf die Arbeitsfläche sieben und in der Mitte eine Mulde formen. Das Salz, den Zucker, die Eigelbe und die Vanilleessenz hineingeben und sorgfältig mit den Fingern vermengen. Die Butter mit dem Nudelholz klopfen, damit sie etwas weich wird, zu den übrigen Zutaten in die Mulde geben und alles vermischen. Anschließend nach und nach das Mehl unterarbeiten, bis ein krümeliger Teig entstanden ist. Den Teig dann zu einer Kugel formen.

Den Teig 1 bis 2 Minuten mit den Handballen kneten, zu einer Kugel formen, in Frischhaltefolie verpacken und mindestens 30 Minuten in den Kühlschrank legen.

In der Zwischenzeit die Mandelcreme zubereiten. Dazu die Butter mit dem Handmixer oder einem Kochlöffel cremig rühren. Dann nach und nach den Zucker unterrühren und die Masse kräftig schlagen, bis sie locker und geschmeidig ist. Anschließend nach und nach das verquirlte Ei unterschlagen. Zum Schluß die Mandeln unterheben und mit dem Salz abschmecken.

Den Backofen auf 200 °C (Gas Stufe 3) vorheizen. Das Backblech im unteren Drittel des Ofens einschieben. Die Förmchen mit Butter einstreichen. Den Teig 6 mm dick ausrollen und acht 15 cm große Kreise daraus ausschneiden. Den Teig anschließend gegebenenfalls noch einmal ausrollen. Die Förmchen mit dem Teig auskleiden und den Teig dabei gut am Boden und an den Wänden andrücken. Die Förmchen dann für etwa 15 Minuten in den Kühlschrank stellen.

In der Zwischenzeit die Birnen schälen, halbieren und die Kerngehäuse herausschaben. Die Birnenhälften quer im Abstand von 6 mm tief einschneiden und fächerförmig flachdrücken. Die Torteletts gleichmäßig mit der Mandelcreme bestreichen, je 1 Birnenhälfte darauf legen und mit etwas Zucker bestreuen.

Die Torteletts auf das heiße Backblech stellen und 15 bis 20 Minuten backen, bis der Teig und die Creme schön goldbraun sind. Etwas abkühlen lassen und aus den Förmchen stürzen. Kurz vor dem Servieren die Aprikosenmarmelade mit dem Wasser in einem kleinen Topf unter Rühren erhitzen, die Torteletts damit bestreichen und servieren.

## PROBLEMFÄLLE

IN DER FORM FESTGEBACKEN
*Grund:* die Füllung ist über- oder ausgelaufen; die Form wurde mit Spülmittel und Wasser gereinigt
→ ist der Teig noch nicht fertiggebacken, weiterbacken, bis er sich von der Form löst; vor dem Stürzen abkühlen lassen; mit einem Messer von der Form lösen; mit Sahne überziehen oder mit Eis füllen.

ZERBROCHEN
*Grund:* der Teig war zu dünn; wurde nicht ausreichend gebacken; die Füllung war zu saftig
→ siehe Mein Tip.

## MEIN TIP

Bruchstellen bei festgebackenen und zerbrochenen Torteletts mit Kräutern oder eßbaren Blüten kaschieren.

# Gefüllte Kuchen und Quiches

HIER EIN PAAR KURZE ANMERKUNGEN ZU DEN KUCHEN, DIE MIT FÜLLUNG GEBACKEN WERDEN, wie zum Beispiel Quiches, Pekannußkuchen, Mandelcremetörtchen, die englische *treacle tart* und ähnliches mehr. Dabei können Sie auf zwei verschiedene Weisen vorgehen: Entweder Sie backen den Teig mit der Füllung, oder Sie backen den Boden zunächst vor (siehe Blindbacken, Seite 295), füllen ihn dann und backen ihn anschließend fertig. Bei Quiches und Kuchen mit Eiermilch- oder besonders saftigen Füllungen ist es ratsam, den Teig zuerst blindzubacken, denn so läßt sich vermeiden, daß er durchweicht.

Bevor Sie den vorgebackenen Teig füllen, können Sie den Boden noch mit etwas Paniermehl bestreuen oder ihn mit verquirltem Eiweiß bestreichen, das Sie dann einige Minuten im Backofen trocknen lassen. So bleibt der Teig schön knusprig. Das erreichen Sie aber auch, wenn Sie die Form beim Backen im heißesten Teil des Ofens, für gewöhnlich im unteren Drittel, plazieren und sie auf ein heißes Backblech stellen. Das Backblech hat zudem den Vorteil, daß es die Füllung, sollte sie auslaufen, auffangen kann.

Rohe Teigböden mit Füllung muß man bei einer relativ hohen Temperatur von 200 °C (Gas Stufe 3) backen. Quiches dürfen hingegen nur bei vergleichsweise niedrigen Temperaturen gebacken werden, damit die Eiermilch nicht klumpt – ein weiterer Grund, den Boden vorzubacken. Quiches und gefüllte Kuchen schmecken am besten, wenn sie innerhalb von 1 oder 2 Stunden serviert werden, denn der Teig verliert schnell an Knusprigkeit. Und am besten entfalten sie ihren Geschmack, wenn man sie bei Zimmertemperatur oder noch leicht warm serviert. Sind sie zu heiß, schmeckt die Eiermasse zu stark vor, und kalt schmecken sie nach gar nichts.

## MEIN TIP

Eine Quiche, die durchweicht ist oder zu lange gebacken wurde, können Sie mit Käse überbacken. Dazu 100 g geriebenen Gruyère mit 50 g gehacktem Stangensellerie und 3 – 4 EL gehackter Petersilie vermischen. Die Quiche damit bestreuen und großzügig mit frisch gemahlenem schwarzem Pfeffer würzen. Anschließend 8 – 10 Minuten bei 230 °C (Gas Stufe 4 – 5) überbacken, bis der Käse geschmolzen und leicht gebräunt ist.

## WEITERE PROBLEME

BODEN BRICHT BEIM HERAUSNEHMEN

*Grund:* Teig wurde nicht gleichmäßig ausgerollt und ist zerbrochen; nicht lange genug gebacken; sehr heiß aus der Form genommen; Füllung war noch nicht fest

→ wenn möglich wieder in die Form geben und noch warm darin auskühlen und fest werden lassen; in der Form servieren; Bruchstellen bei pikanten Kuchen mit Petersilie, bei süßen mit Schlagsahne überdecken.

INTENSIVER EIGESCHMACK

*Grund:* zuviel Eiermilch; für die Füllung wurden wenig geschmacksintensive Zutaten verwendet, oder sie wurde nicht genügend gewürzt; nicht ausreichend gebacken

→ Quiches mit gebratenen Speckwürfeln, Parmesan oder Salz und Pfeffer, süße Kuchen mit frisch geriebenem Muskat, Kakao oder Kaffeepulver bestreuen.

ZU KURZ GEBACKEN, BODEN DURCHWEICHT – die Füllung (hier Quiche Lorraine) kann fest und gebräunt sein, aber der Boden ist durchweicht, und die Füllung läuft beim Aufschneiden heraus.

*Grund:* der Boden wurde nicht vorgebacken; war nicht ausreichend gebacken, als sie gefüllt wurde; die Quiche wurde im oberen Teil des Ofens gebacken; die Quiche hat vor dem Servieren zu lange gestanden

→ im unteren Teil des Ofens weiterbacken, und die Form dabei auf ein heißes Blech stellen; ist die Quiche bereits fertiggebacken, lose mit Alufolie abdecken und weitere 10 – 15 Minuten bei 200 °C (Gas Stufe 3) backen.

**RICHTIG** – die Füllung ist gestockt und oben gleichmäßig gebräunt; der Boden ist knusprig und zerfällt beim Aufschneiden nicht; die Füllung ist saftig und nicht klumpig oder wäßrig; die Füllung hat einen kräftigen Geschmack, bei Quiches und Pies mit Eiermilchfüllung ist er angenehm cremig.

AUSGETROCKNET, FÜLLUNG KLUMPIG – die Quiche ist oben sehr braun, die Füllung ist trocken und eingesunken; die Füllung ist geronnen, und der Boden ist durchweicht.

*Grund:* zu lange oder bei zu hoher Temperatur gebacken

→ bunt mit Radieschen, Salatblättern und Kirschtomaten, süße Pies mit Erdbeeren, Minze- oder Basilikumzweigen oder Schokoladenstreuseln garnieren.

# Gedeckte Kuchen, Pasteten und Pies

BEI DER ZUBEREITUNG VON GEDECKTEN KUCHEN UND PIES, ob nun süß oder pikant, sind besondere Regeln zu beachten. So muß bei einem gedeckten Kuchen der Boden zwar gut durchgebacken werden, die Teigdecke darf dabei aber nicht braun werden. Der Boden sollte deshalb möglichst dünn sein, und damit er möglichst rasch bäckt, stellt man die Form zum Backen am besten auf ein heißes Backblech. Um zu verhindern, daß die Füllung den Boden aufweicht, kann man Fleisch oder saftige Früchte vorher in Mehl oder Maisstärke wälzen. Damit überschüssige Flüssigkeit verdunstet, können Sie den Kuchen statt mit einem Teigdeckel lediglich mit einem Teiggitter versehen. Beide Möglichkeiten kommen beim Amerikanischen Apfelkuchen auf Seite 301 zur Anwendung. Die Briten kleiden ihre berühmten Schweinefleischpasteten gerne mit Speck aus, damit keine Flüssigkeit in den Teig eindringen kann. Und achten Sie beim Füllen der Pastetenform darauf, die Teighülle sorgfältig zu verschließen, damit sich Boden und Deckel beim Backen nicht voneinander lösen. Pasteten bäckt man am besten in einer Glasform, denn so läßt sich der Boden beim Backen besser überwachen.

Bei der typischen Pie stellt sich hingegen das Problem, daß sie nicht durch einen Boden gehalten wird. Flache Pieformen legt man dann am besten mit einem Teigstreifen aus, um der Pie etwas Halt zu geben. Den Teigdeckel legt man nur lose auf die Füllung, damit er beim Backen nicht einschrumpft. Bei Füllungen, die beim Backen zusammenfallen, kann der Teigdeckel zerbrechen. Um das zu verhindern, können Sie beispielsweise eine Mokkatasse verkehrt herum in die Form setzen, um den Teigdeckel abzustützen.

Saftige Füllungen entwickeln beim Backen Dampf. Deshalb muß der Teigdeckel vorher mehrfach eingestochen werden, so daß der Dampf entweichen kann. Damit Ihr Kuchen eine schöne goldgelbe Kruste bekommt, bestreichen Sie ihn zum Schluß noch mit verquirltem Ei. Besonders knusprig wird er, wenn Sie ihn mit verquirltem Eiweiß und Zucker glasieren, und Milch verleiht ihm einen schönen Glanz. Und vergessen Sie nicht, den Teig vor dem Backen stets ausreichend zu kühlen, damit er nicht zerläuft.

**MEIN TIP**

Einen nicht ganz gelungenen Obstkuchen können Sie mit dieser herzhaften Zitronensauce, einer süßen Variante des griechischen *avgolemono*, servieren. Dazu 250 g Crème double aufkochen lassen und den Topf dann vom Herd nehmen. 3 Eigelb mit 1 EL Zucker und dem Saft von 1 Zitrone verrühren und unter die heiße Creme rühren. Den Topf wieder auf den Herd stellen und die Sauce bei schwacher Hitze unter Rühren etwas eindicken lassen. Sie darf dabei nicht mehr zum Kochen kommen, da sie sonst klumpt. Ergibt 375 ml, ausreichend für 4 – 6 Portionen.

## WEITERE PROBLEME

DIE FÜLLUNG HAT ZU WENIG GESCHMACK
*Grund:* nicht ausreichend gesüßt bzw. gesalzen oder gewürzt
→ pikante Kuchen oder Pies mit Ketchup, Senf, Oliven, Mixed Pickles o.ä. servieren; süße Kuchen mit Puderzucker bestäuben; siehe auch Mein Tip.

**RICHTIG** (*oben*) – der Kuchen (hier Amerikanischer Apfelkuchen) ist knusprig und gleichmäßig gebräunt, die Ränder sind etwas dunkler; der Boden ist knusprig und zerfällt beim Aufschneiden nicht; sticht man mit einem Spieß hinein, fühlt sich die Füllung weich an; Blätterteig schmeckt leicht rauchig, Mürbeteig etwas nach Butter, Nuß- oder süße Teige leicht salzig.
NICHT AUSREICHEND GEBACKEN, BODEN DURCHWEICHT (*unten*) – die Kruste ist zwar gebräunt und die Füllung gegart, der Boden ist aber weich und feucht.
*Grund:* Backzeit zu kurz; der Kuchen wurde zu weit oben im Ofen plaziert
→ den Kuchen lose mit Alufolie abdecken, auf ein heißes Backblech stellen und im unteren Teil des Ofens weiterbacken; ist er bereits fertiggebacken, auskühlen lassen, die Kruste abnehmen und wie einen Kuchen aufschneiden; die Füllung mit einem Löffel herausschaben, auf Tellern anrichten und mit der aufgeschnittenen Kruste servieren, den Boden wegwerfen.

# Fenchel-Roquefort-Quiche

ERGIBT 6 BIS 8 STÜCKE

Der pikante Roquefort paßt gut zu dem aromatischen Fenchel. Ebenso gut eignet sich aber auch ein anderer Blauschimmelkäse.

*3 Fenchelknollen (750 g), geputzt und in Scheiben geschnitten*
*30 g Butter*
*2 EL gehackter Thymian*
*Salz und Pfeffer*
*175 g Roquefort, zerkrümelt*

FÜR DEN MÜRBETEIG:
*200 g Mehl*
*100 g Butter*
*1 Eigelb*
*1/2 TL Salz*
*3 EL Wasser (ggf. etwas mehr)*

FÜR DIE EIERMILCH:
*1 Ei*
*1 Eigelb*
*1/8 l Milch*
*4 EL Crème double*
*1 Msp. geriebene Muskatnuß*

eine Quiche- oder Springform mit 24 cm Durchmesser

Für den Mürbeteig das Mehl auf die Arbeitsfläche sieben und in der Mitte eine Mulde formen. Die Butter mit dem Nudelholz klopfen, damit sie weich wird. Die Butter, das Eigelb, das Salz und das Wasser in die Mulde geben und mit den Fingern gründlich vermischen. Anschließend das Mehl darübergeben und alles zu einem krümeligen Teig verarbeiten. Ist der Teig sehr trocken, noch 1 bis 2 Eßlöffel Wasser hinzufügen. Den Teig zu einer Kugel formen und die Arbeitsfläche leicht mit Mehl bestäuben. Den Teig dann 1 bis 2 Minuten durchkneten, bis er schön glatt ist und nicht mehr auf der Arbeitsfläche klebenbleibt. Zu einer Kugel formen, in Frischhaltefolie verpacken und kalt stellen.

Die Form mit dem Teig auskleiden (siehe Seite 295) und etwa 15 Minuten kalt stellen, bis der Teig fest ist. Den Boden dann blindbacken (siehe Seite 295) und den Ofen anschließend auf 190 °C (Gas Stufe 2 – 3) herunterschalten.

Die Butter in einer Pfanne erhitzen, den Fenchel und den Thymian hineingeben und mit Pfeffer und wenig Salz würzen. Eine gebutterte Alufolie darauf legen und andrücken. Die Pfanne zudecken und den Fenchel 20 bis 30 Minuten dünsten, ohne daß er Farbe annimmt. Dabei gelegentlich umrühren.

In der Zwischenzeit das Ei, das Eigelb, die Milch, die Crème double und den Muskat in einer Schüssel verrühren und mit Salz und Pfeffer abschmecken.

Sobald der Fenchel weich ist, den Käse in die Pfanne geben und unter Rühren schmelzen. Die Mischung gleichmäßig auf dem Teig verstreichen, mit der Eiermilch übergießen und vorsichtig mit einer Gabel umrühren.

Die Quiche anschließend 30 bis 35 Minuten backen, etwas abkühlen lassen und dann aus der Form nehmen. Warm oder bei Zimmertemperatur servieren.

*Fenchel-Roquefort-Quiche*

# Amerikanischer Apfelkuchen

Ergibt 6 bis 8 Stücke

Bei diesem amerikanischen Klassiker werden die gewürzten Äpfel in Mehl gewälzt, damit der Saft, den sie beim Garen abgeben, etwas angedickt wird. Servieren Sie die Pie warm mit Vanilleeis oder wie in Neuengland mit einer Scheibe Cheddar.

*1 kg säuerliche Äpfel (am besten Granny Smith)*
*Saft von 1 Zitrone*
*100 g Zucker*
*2 EL Mehl*
*1/2 TL gemahlener Zimt*
*1 Msp. frisch geriebene Muskatnuß*
*1 Prise Salz*

Für den Teig:
*300 g Mehl*
*2 EL Zucker*
*1/2 TL Salz*
*150 g Pflanzenfett*
*6–7 EL kaltes Wasser (ggf. etwas mehr)*

eine Springform mit 24 cm Durchmesser

Für den Teig das Mehl mit dem Zucker und dem Salz in eine große Schüssel sieben. Das Fett dazugeben und mit zwei Messern mit runder Klinge oder dem Teigschneider zerteilen. Das Fett dann mit den Fingern mit dem Mehl verkneten, bis ein grober, krümeliger Teig entstanden ist. Das Wasser eßlöffelweise darüberträufeln und den Teig mit einer Gabel durchrühren, bis die Krümel zusammenkleben. Den Teig zu einer Kugel formen, fest in Frischhaltefolie verpacken und mindestens 30 Minuten kalt stellen, bis er fest ist.

Die Form mit Butter einstreichen und leicht mit Mehl bestäuben. Zwei Drittel des Teigs zu einem Kreis mit 28 cm Durchmesser ausrollen. Den Teig um das Nudelholz wickeln, über der Form abrollen und anschließend gut am Boden und an den Seiten andrücken. Überstehenden Teig mit einem Messer abschneiden und zum restlichen Teig geben. Die Form und den übrigen Teig dann etwa 15 Minuten in den Kühlschrank stellen, bis er fest ist.

In der Zwischenzeit die Äpfel schälen, halbieren und die Kerngehäuse entfernen. In dicke Scheiben schneiden und mit dem Zitronensaft beträufeln. Zucker (1 bis 2 Eßlöffel zum Bestreuen des Kuchens aufheben), Mehl, Gewürze und Salz vermischen und die Äpfel darin wälzen. Die Äpfel anschließend auf dem Teig verteilen und den Teigrand mit kaltem Wasser bestreichen. Den restlichen Teig zu einem 25 cm großen Quadrat ausrollen. Die Ränder begradigen und mit dem Teigschneider 16 gut 1 cm breite Streifen daraus zurechtschneiden.

Zwei Streifen aufheben, die anderen in Form eines geflochtenen Gitters auf den Äpfeln anordnen. Die Enden mit kaltem Wasser bestreichen und am Boden andrücken.

Das Gitter mit Wasser bestreichen und die beiden restlichen Streifen rund um den Rand legen. Die beiden Streifen ebenfalls mit Wasser bestreichen, den Kuchen mit 1 bis 2 Eßlöffeln Zucker bestreuen und etwa 15 Minuten kalt stellen.

In der Zwischenzeit den Backofen auf 230 °C (Gas Stufe 4–5) vorheizen und das Backblech im unteren Drittel des Ofens einschieben. Den Kuchen auf das heiße Blech stellen und 10 bis 15 Minuten backen, bis er fest, aber noch nicht gebräunt ist. Den Ofen dann auf 175 °C (Gas Stufe 2) herunterschalten und den Kuchen weitere 25 bis 30 Minuten backen, bis die Äpfel weich sind. Dabei lose mit Alufolie abdecken, damit er oben nicht zu braun wird. Auf einem Kuchengitter auskühlen lassen.

# Blätterteigpasteten

ZUR BLÜTEZEIT DER NOUVELLE CUISINE hat es mich sehr belustigt, daß man gerade den Blätterteig zu einem Favoriten auserkor. Paßt er mit seinem hohen Buttergehalt doch so gar nicht zu einer leichten, unverfälschten Küche. Die genaue Zubereitung eines Blätterteigs würde den Rahmen dieses Buches sprengen. Deshalb gehe ich der Einfachheit halber davon aus, daß wir bereits einen fertigen, festen und glatten Blätterteig vor uns haben (greifen Sie ruhig auf die im Handel angebotenen Fertigproduke aus der Tiefkühltruhe zurück). Unter der blassen Oberfläche verbergen sich 729 Butterschichten – das Ergebnis sechsmaligen Ausrollens und jeweils dreimaligen Faltens des Teigs. Vor dem Formen muß er mindestens 30 Minuten gekühlt werden. Zum Formen rollen Sie ihn gleichmäßig auf einer gekühlten Fläche aus, am besten auf einer Marmorplatte. Die faltigen Ränder müssen weggeschnitten werden, damit die einzelnen Schichten gleichmäßig aufgehen und ein tiefes Förmchen mit geraden Wänden entsteht. Zum Schneiden verwenden Sie am besten ein scharfes, spitzes Messer oder einen Teigschneider aus Metall, so werden die Ränder schön glatt. Bei den Formen sind Ihrer Phantasie keine Grenzen gesetzt – groß oder klein, rund, rechteckig oder ein langes Band. Am schwierigsten ist neben den kleinen, runden *bouchées* zweifelsohne der große *vol-au-vent* (großer Becher) zu formen, den ich auch anläßlich meiner Abschlußprüfung an der Pariser Cordon-Bleu-Schule herstellen mußte. Moderne Köche bevorzugen eher die sogenannten *feuilletés*. Das sind meist 10 bis 12 cm große Rauten, die nach dem Backen quer aufgeschnitten und dann wie Sandwiches gefüllt werden.

Die fertigen Teigförmchen kommen auf ein schweres, mit Wasser befeuchtetes Backblech (durch den dadurch entstehenden Dampf gehen die Pasteten schneller auf). Dann werden sie leicht angedrückt, damit sie nicht zusammenfallen. Ritzt man an den Seiten mit einem Messerrücken noch Rillen ein, gehen sie ebenfalls besser auf. Die Teigreste können Sie für Piehüllen und kleines Blätterteiggebäck verwenden (siehe Süßes und pikantes Blätterteiggebäck, Seite 306). Legen Sie die Reste sorgfältig aufeinander und bewahren Sie sie gut verpackt im Kühlschrank oder in der Gefriertruhe auf.

Bestreichen der Oberfläche mit Ei verleiht dem Blätterteig einen goldenen Glanz. Achten Sie dabei aber darauf, daß nichts an den Seiten herunterläuft und die einzelnen Schichten nicht verkleben. Zum Schluß verzieren Sie den Teig mit einem spitzen Messer noch mit einem Muster, etwa einem Gitter, einer Blume oder – falls es zur Füllung paßt – mit einem Fisch. Das Muster dient nicht allein der Dekoration, sondern sorgt auch dafür, daß der Teig im heißen Ofen langsam einschrumpft und keine Risse bekommt. Vor dem Backen muß der Teig noch einmal mindestens 30 Minuten im Kühlschrank oder 15 Minuten in der Gefriertruhe gekühlt werden, bis er fest ist. Da er sehr viel Butter enthält, ist ein Blätterteig in einem luftdicht verschlossenen Behälter 2 bis 3 Tage haltbar und läßt sich roh oder auch gebacken gut einfrieren.

Blätterteig muß bei hohen Temperaturen gebacken werden, denn nur dann gibt er Dampf ab und geht schön auf. In einem Ofen mit Unterhitze setzen Sie das Blech möglichst weit unten ein. Schwankt die Temperatur, müssen Sie das Blech während des Backens umdrehen. Achten Sie dabei aber darauf, daß der Teig bereits fest und aufgegangen ist, bevor Sie die Backofentür öffnen. Ein guter Teig wird sein Volumen beim Backen drei- bis viermal vergrößern. Damit die Pasteten einen vollen, nussigen Geschmack bekommen, sollten sie schön dunkelbraun gebacken werden. Einige Förmchen werden Ihnen bestimmt mißlingen. Machen Sie sich aber nichts daraus, das passiert jedem Koch, und ich habe noch nie erlebt, daß ein Blätterteig nicht bis auf den letzten Krümel gegessen wurde. Da die Blätterteigpasteten an sich schon sehr dekorativ sind, bedarf es weiter keiner großartigen Verzierung – vielleicht zwei gekreuzte Schnittlauchstengel oder ein Krönchen aus sautierten Pilzen oder jungen Zwiebeln.

## Füllungen für Blätterteig

Die Füllung richtet sich zum Teil auch nach der Form der Pastete. Ein großer *vol-au-vent* kann beispielsweise ganze Fleischstücke oder Meeresfrüchte aufnehmen und läßt sich daher etwa als *financière* mit Bries, Champignons, Oliven und Trüffeln in Madeirasauce oder mit Meeresfrüchten in Weißwein-Sahne-Sauce füllen. Für *bouchées* (was soviel wie »ein Mundvoll« bedeutet) werden ähnliche Füllungen verwendet. Allerdings müssen die Zutaten hier vorher fein gewürfelt werden. *Feuilletés* werden hingegen gerne mit Gemüse, zum Beispiel Spargel in Buttersauce (siehe Seite 304), gefüllt. Häufig serviert man sie aber auch mit Scampi, Austern und anderen Meeresfrüchten oder mit einer süßen Füllung aus einer leichten Tortencreme und Früchten.

Vor dem Servieren backen Sie die Blätterteigpasteten noch einmal im warmen Backofen auf, damit sie knusprig werden. Und füllen Sie sie erst unmittelbar vor dem Auftragen, damit sie nicht durchweichen (ein Loch läßt sich am besten mit einem Salatblatt schließen). Mit der Füllung sollte man nicht sparen – sie darf ruhig auf einer Seite etwas über den Rand hinauslaufen. Damit die Sauce aber nicht an der Pastete herunterläuft, muß sie relativ dick sein.

RICHTIG – der Teig ist schön gleichmäßig aufgegangen, und das Förmchen bietet Platz für reichlich Füllung (hier ein *bouchée* und ein *vol-au-vent*); die Farbe ist goldbraun; der Teig ist außen knusprig, und roher Teig wurde vom Boden abgekratzt.

NICHT DURCHGEBACKEN – die Pastete ist außen blaß; innen ist sie weich und teigig.
*Grund:* Backzeit zu kurz
→ weiterbacken und dabei gegebenenfalls die Temperatur herunterschalten, damit der Teig nicht weiter gebräunt wird. Bei großen Pastetenförmchen ist es durchaus normal, daß der Teig innen noch etwas roh ist. Schaben Sie ihn einfach heraus und geben das Förmchen noch einmal zum Trocknen in den Ofen.

**RICHTIG** – der Teig ist in lockeren Schichten aufgegangen; die Farbe ist schön goldbraun; der Boden ist dunkelbraun, aber nicht verbrannt; die Krume ist locker und zart; innen findet sich kaum noch roher Teig; die Pasteten schmecken leicht rauchig und etwas nach Butter und Salz.

*von links nach rechts*

**RICHTIG** – die Pastete (hier ein *bouchée*) hat eine schöne Farbe, ist gut aufgegangen, und die Seiten sind gerade.
NICHT DURCHGEBACKEN – der Teig ist zwar aufgegangen und gebräunt, innen ist er aber noch roh.
UNGLEICHMÄSSIG AUFGEGANGEN – der Teig ist nur auf einer Seite aufgegangen, das Förmchen kippt um.

NICHT AUFGEGANGEN – die Pastete ist flach, und die einzelnen Schichten kleben zusammen; häufig ist Butter aus dem Teig auf das Backblech gelaufen; außen ist die Pastete zwar schön braun, innen ist der Teig aber zum großen Teil noch roh, der Geschmack ist teigig und die Beschaffenheit zäh.

## WEITERE PROBLEME

UNGLEICHMÄSSIG AUFGEGANGEN
*Grund:* der Teig wurde nicht gleichmäßig oder nicht dünn genug ausgerollt; die faltigen Ränder wurden nicht abgeschnitten; der Teig wurde vor dem Backen nicht gekühlt; die Backtemperatur war nicht konstant; Glasur ist an den Seiten heruntergelaufen und hat die Schichten verklebt
→ die Pastete quer halbieren und den oberen Teil umdrehen, damit er gerade erscheint, vor dem Füllen auf eine Platte setzen, da Füllung auslaufen kann.
NICHT AUFGEGANGEN
*Grund:* der Teig wurde nicht richtig ausgerollt, und die Schichten sind zusammengeklebt; der Teig wurde vor dem Backen nicht gekühlt; Temperatur zu niedrig; die Ofentür wurde zu früh geöffnet, und der Teig ist zusammengefallen
→ rohen Teig mit einem Löffel herausschaben und die Form im warmen Ofen trocknen (auch schwerer Blätterteig schmeckt köstlich, wenn er lange genug gebacken wurde).
DIE PASTETE FÄLLT ZUSAMMEN UND VERLIERT IHRE FORM
*Grund:* der Teig war elastisch, da er zu lange ausgerollt wurde; hat vor dem Backen nicht geruht oder wurde nicht gekühlt
→ keine Abhilfe möglich.
OBEN ODER UNTEN VERBRANNT
*Grund:* das Backblech war zu dünn; Temperatur zu hoch. Zu beachten: Soll der Teig schön aufgehen und gut durchgebacken sein, läßt es sich gelegentlich nicht vermeiden, daß er etwas verbrennt
→ wird der Boden beim Backen dunkel, das Backblech weiter nach oben versetzen und unmittelbar darunter ein kaltes Blech einschieben; wird der Teig oben braun, lose mit Alufolie abdecken; verbrannte Stellen nach dem Backen mit einem gezackten Messer abkratzen.
ZU WENIG GESCHMACK
*Grund:* nicht ausreichend gesalzen
→ die Glasur großzügig salzen; darauf achten, daß die Füllung gut gewürzt ist.

## MEIN TIP

Haben Ihre Pasteten keine schöne Form, läßt sich das mit Kräutersträußchen und eßbaren Blüten kaschieren. Sind sie schwer, durchweicht oder haben zu wenig Geschmack, die Füllung mit gehackten Kräutern, Oliven, roten oder grünem Paprika, Zitronensaft und Cognac oder Madeira verfeinern.

# *Spargel im Blätterteig*

6 Portionen

Die Kombination von Spargel und Blätterteig ist in Frankreich ausgesprochen beliebt. Am besten bereiten Sie dieses Gericht im Frühjahr zu – während der Spargelsaison. Die Sauce wird einfach aus weicher Butter hergestellt und mit Zitronensaft und Estragon verfeinert.

*1 kg grüner oder weißer Spargel*

Für die Sauce:
*250 g kalte Butter in Stücken*
*Saft von 1/2 Zitrone*
*3 EL gehackter Estragon*
*Salz und weißer Pfeffer*

Für den Blätterteig:
*250 g Mehl*
*1 TL Salz*
*1/8 l kaltes Wasser (ggf. etwas mehr)*
*250 g Butter*
*1 Ei, mit 1/2 TL Salz verquirlt (zum Bestreichen)*

Für den Teig das Mehl mit dem Salz auf eine Marmorplatte oder die Arbeitsfläche sieben und in der Mitte eine Mulde formen. Das Wasser und 30 bis 45 g Butter hineingeben und mit den Fingern vermengen. Dann nach und nach das Mehl unterarbeiten, bis ein krümeliger Teig entstanden ist. Ist der Teig zu trocken, noch etwas Wasser hinzufügen. Den Teig zu einer Kugel formen, zudecken und 15 Minuten im Kühlschrank ruhenlassen (den Teig nicht zu sehr durcharbeiten, er sollte zu diesem Zeitpunkt noch relativ grob sein).

Die restliche Butter leicht mit Mehl bestäuben, zwischen Pergamentpapier legen und mit dem Nudelholz flach walzen. Zusammenfalten, zwischen Pergamentpapier legen und nochmals auswalzen. Den Vorgang so lange wiederholen, bis die Butter geschmeidig, aber nicht klebrig ist. Die Butter dann zu 15 cm großen Quadraten zurechtschneiden und leicht mit Mehl bestäuben. Den Teig zu einem 30 cm großen Quadrat ausrollen (er sollte in der Mitte etwas dicker sein als am Rand) und die Butter diagonal darauf setzen. Den Teig wie einen Umschlag darüber verschließen und die Ränder festdrücken.

Das Päckchen mit dem Nudelholz etwas flach walzen, umdrehen und zu einem 45 x 15 cm großen Rechteck ausrollen. Dann zunächst die eine kurze Seite um 15 cm nach innen schlagen und die andere kurze Seite darüberschlagen, so daß ein aus drei Schichten bestehendes Quadrat entsteht. Die offenen Ränder vorsichtig mit dem Nudelholz zusammendrücken, um das Päckchen zu verschließen.

Das Päckchen nochmals ausrollen, genauso falten und 20 bis 30 Minuten zugedeckt im Kühlschrank ruhenlassen, bis der Teig fest ist. Anschließend noch zweimal ausrollen und falten und weitere 20 bis 30 Minuten ruhenlassen. Den Teig kurz vor dem Backen erneut zweimal ausrollen und falten, in Frischhaltefolie verpacken und 30 Minuten kalt stellen.

Den Teig auf der bemehlten Arbeitsfläche zu einem 52 x 25 cm großen Rechteck ausrollen und die Ränder begradigen. Das Rechteck der Länge nach halbieren und aus jedem Streifen drei Rauten ausschneiden. Die Rauten umdrehen, auf ein mit Wasser besprühtes Backblech legen und leicht andrücken. Mit dem verquirlten Ei bestreichen und mit der Spitze eines Messers ein Gittermuster hineinritzen. 15 bis 30 Minuten kalt stellen, bis der Teig fest ist. In der Zwischenzeit den Backofen auf 240 °C (Gas Stufe 4–5) vorheizen.

Den Teig etwa 5 Minuten backen, bis er Farbe anzunehmen beginnt. Den Ofen dann auf 200 °C (Gas Stufe 3) herunterschalten und die Rauten weitere 15 bis 20 Minuten backen. Anschließend einmal quer durchschneiden und warm stellen.

Den Spargel mit dem Gemüseschäler von oben nach unten schälen und die Stangen zu sechs Bündeln zusammenbinden. Die Spitzen gleichmäßig ausrichten und die Enden mit einem Messer auf gleiche Länge schneiden. In kochendes Salzwasser geben und je nach Sorte und Größe 5 bis 12 Minuten köcheln lassen. Anschließend abgießen, mit kaltem Wasser abschrecken, gut trocknen und warm halten.

Für die Sauce 30 g Butter mit dem Zitronensaft in einem Topf mit schwerem Boden unter Rühren erhitzen. Sobald die Butter weich ist, die restliche Butter nach und nach in Stücken unterrühren. Den Topf dabei immer wieder vom Herd nehmen. So dickt die Sauce an, ohne daß die Butter zu Öl zerläuft. Zum Schluß den Estragon untermischen und mit Salz und Pfeffer abschmecken.

Die unteren Hälften der Blätterteigrauten auf vorgewärmte Teller verteilen, die Fäden von den Spargelbündeln entfernen und die Bündel so auf den Teigblättern anrichten, daß die Spitzen auf einer Seite darüber hinausragen. Mit Sauce begießen, die oberen Hälften der Teigblätter schräg darauf setzen und sofort servieren.

# Süßes und pikantes Blätterteiggebäck

Mit nichts kann man mich mehr erfreuen als mit einer Platte voller süßem oder salzigem Blätterteiggebäck, seien es nun Schweinsohren, Schmetterlinge, Bögen oder Stangen. Bei süßem Blätterteiggebäck läßt man den Zucker meist karamelisieren, damit es mehr Biß bekommt. Backen Sie es also lange genug, damit sich der Zucker in einen kräftigen Karamel verwandelt. Bei salzigem Blätterteiggebäck benötigt man möglichst pikante Zutaten – Käse, Anchovis, Anis, Tomatenmark, scharfen Senf und dazu Selleriesamen, Kümmel und Mohn –, um den Buttergeschmack auszugleichen.

Die Zubereitung ist etwas einfacher als bei Blätterteigpasteten. Blätterteiggebäck läßt sich auch aus Teigresten herstellen, und der Teig muß auch nicht so häufig ausgerollt werden wie bei Pasteten. Die einzelnen Stücke sollten möglichst gleich groß sein, damit sie gleichmäßig backen – eine wahre Geschicklichkeitsprobe, denn der Teig geht so sehr auf, daß Mängel noch mehr zum Tragen kommen.

Manche Köche legen ihre Backbleche mit Backpapier aus, damit das Gebäck gleichmäßig bräunt. Ich finde allerdings, es wird knuspriger, wenn man es direkt auf das Blech legt. Viel hängt dabei aber von Ihrem Ofen ab. Auch hier muß der Teig wieder gut gekühlt werden, damit er fest wird und beim Backen seine Form behält. Gleichzeitig kommen die Eiweißstränge dabei zur Ruhe, und das Gebäck schrumpft beim Backen nicht so stark ein. Blätterteiggebäck ist relativ lange haltbar, und sowohl der Teig als auch das fertige Gebäck eignen sich gut zum Einfrieren.

**RICHTIG** – das Gebäck (hier Schweinsohren, Käsestangen, Käsehütchen, Kümmel- und Mohnstangen) ist schön aufgegangen, hat eine goldbraune Farbe und schmeckt leicht rauchig und etwas nach Butter.

*von links nach rechts*

NICHT DURCHGEBACKEN – das Gebäck (hier Schweinsohren) ist zwar schön aufgegangen, aber nicht knusprig; innen ist der Teig noch roh; die Farbe ist blaß, und der Geschmack hat sich noch nicht entfaltet.

**RICHTIG** – daß Gebäck ist schön aufgegangen, ist knusprig und locker und hat eine regelmäßige Form; es schmeckt leicht rauchig, etwas nach Butter und kräftig nach karamelisiertem Zucker.

AUSGETROCKNET UND VERBRANNT – das Gebäck ist zusammengeschrumpft, und der Zucker ist verbrannt; der Geschmack ist bitter.

# Schweinsohren

ERGIBT CIRCA 28 STÜCK

## MEIN TIP

Ist Ihnen Ihr Blätterteiggebäck etwas mißlungen, bestreuen Sie pikantes Gebäck mit geriebenem Käse und überbacken es anschließend. Süßes Gebäck können Sie gegebenenfalls noch einmal mit etwas Zucker bestreuen und weiterbacken, bis der Zucker karamelisiert ist.

## PROBLEMFÄLLE

NICHT DURCHGEBACKEN
*Grund:* Backzeit zu kurz
→ weiterbacken und dabei gegebenenfalls die Temperatur verringern, damit das Gebäck außen nicht verbrennt.

AUSGETROCKNET UND VERBRANNT
*Grund:* das Gebäck wurde zu lange oder bei zu niedriger Temperatur gebacken, dabei ist die Butter ausgelaufen, und das Gebäck ist zusammengeschrumpft; der Teig wurde nicht gleichmäßig ausgerollt, und die Stücke hatten nicht die gleiche Größe
→ pikantes Gebäck mit geriebenem Käse bestreuen und überbacken; süßes Gebäck mit Puderzucker bestäuben; ist das Gebäck sehr verbrannt, die verbrannten Stellen wegschneiden, den Rest zerkrümeln und zum Bestreuen von Salaten oder Desserts verwenden.

NICHT AUFGEGANGEN
*Grund:* der Teig wurde nicht richtig ausgerollt, und die einzelnen Schichten sind zusammengeklebt; der Teig wurde vor dem Backen nicht gekühlt; Temperatur zu niedrig
→ keine Abhilfe möglich – das Gebäck wird zwar nicht locker sein, schmeckt aber trotzdem gut.

ZU WENIG GESCHMACK
*Grund:* der Teig wurde nicht ausreichend gesalzen; zu wenig oder zu milde Gewürze; der Teig ist nicht durchgebacken; bei süßem Gebäck ist der Zucker nicht karamelisiert
→ siehe Mein Tip.

Für gewöhnlich werden diese Schweinsohren aus Teigresten zubereitet. Für dieses Rezept benötigen Sie 1,4 kg Teigreste. Bei süßen Schweinsohren werden Teig und Arbeitsfläche während der beiden letzten Arbeitsgänge statt mit Mehl mit Zucker bestreut. Bei pikanten Schweinsohren ersetzen Sie den Zucker durch geriebenen Parmesan.

*400 g Zucker (ggf. etwas mehr)*

*FÜR DEN TEIG:*
*500 g Mehl*
*2 TL Salz*
*1/4 l Eiswasser (ggf. etwas mehr)*
*500 g weiche Butter*

Für den Teig das Mehl mit dem Salz auf eine Marmorplatte oder die Arbeitsfläche sieben und in der Mitte eine Mulde formen. Das Wasser und 30 bis 45 g Butter hineingeben und mit den Fingern vermengen. Dann nach und nach das Mehl unterarbeiten, bis ein krümeliger Teig entstanden ist. Ist der Teig zu trocken, noch etwas Wasser hinzufügen. Den Teig zu einer Kugel formen, zudecken und 15 Minuten im Kühlschrank ruhenlassen (den Teig nicht zu sehr durcharbeiten, er sollte zu diesem Zeitpunkt noch relativ grob sein).

Die restliche Butter leicht mit Mehl bestäuben, zwischen Pergamentpapier legen und mit dem Nudelholz flach walzen. Zusammenfalten, zwischen Pergamentpapier legen und nochmals auswalzen. Den Vorgang so lange wiederholen, bis die Butter geschmeidig, aber nicht klebrig ist. Die Butter dann zu 15 cm großen Quadraten zurechtschneiden und leicht mit Mehl bestäuben. Den Teig zu einem 30 cm großen Quadrat ausrollen (er sollte in der Mitte etwas dicker sein als am Rand) und die Butter diagonal darauf setzen. Den Teig wie einen Umschlag darüber verschließen und die Ränder festdrücken.

Das Päckchen mit dem Nudelholz etwas flach walzen, umdrehen und zu einem 45 x 15 cm großen Rechteck ausrollen. Dann zunächst die eine kurze Seite um 15 cm nach innen schlagen und die andere kurze Seite darüberschlagen, so daß ein aus drei Schichten bestehendes Quadrat entsteht. Die offenen Ränder vorsichtig mit dem Nudelholz zusammendrücken, um das Päckchen zu verschließen.

Das Päckchen nochmals ausrollen, genauso falten und 20 bis 30 Minuten zugedeckt im Kühlschrank ruhenlassen, bis der Teig fest ist. Anschließend noch zweimal ausrollen und falten und weitere 20 bis 30 Minuten ruhenlassen. Den Teig kurz vor der Weiterverwendung erneut zweimal ausrollen und falten, in Frischhaltefolie verpacken und 30 Minuten kalt stellen.

Den Teig danach auf der großzügig mit Zucker bestreuten Arbeitsfläche zu einem 50 x 20 cm großen Rechteck ausrollen, mit Zucker bestreuen und wiederum in ein aus drei Schichten bestehendes Quadrat falten. Umdrehen und noch einmal ausrollen. Mit Zucker bestreuen, zusammenfalten und 30 Minuten kalt stellen. Den Teig anschließend 6 mm dick zu einem 55 x 36 cm großen Rechteck ausrollen, die Seiten begradigen und mit Zucker bestreuen. Die kurzen Seiten so zusammenfalten, daß sie in der Mitte zusammenstoßen. Wieder mit Zucker bestreuen und so zusammenfalten, daß die kurzen Seiten in der Mitte zusammenstoßen. Das Ganze noch einmal der Länge nach falten und die entstandene Teigrolle leicht andrücken. Den Teig anschließend weitere 15 bis 30 Minuten kühlen, bis er fest ist.

Die Rolle in 1 cm dicke Scheiben schneiden (sie haben dann Herzform) und auf ein mit Wasser besprühtes Backblech legen. Die Scheiben leicht auseinanderziehen, damit sie lose gefaltet sind und besser aufgehen. Anschließend noch einmal 15 Minuten kalt stellen. Den Backofen auf 220 °C (Gas Stufe 4) vorheizen. Die Schweinsohren 15 bis 20 Minuten backen und dabei ein- oder zweimal umdrehen. Danach auf einem Kuchengitter auskühlen lassen.

# Brandteiggebäck

NACH JAHRELANGEM ÜBEN BEHERRSCHE ICH die Zubereitung von Brandteigen inzwischen so gut, daß das Gebäck zur Größe meiner Faust aufgeht, außen goldbraun und knusprig und innen warm und noch etwas weich ist. Ich verfeinere den Teig am liebsten mit Käse und bereite daraus *gougères* zu (siehe Seite 309), ein Gebäck, das aus Burgund stammt und hervorragend zu einem Glas Beaujolais oder einem gut gekühlten Chablis paßt. Der geformte Teig läßt sich auch einfrieren und kann in gefrorenem Zustand gebacken werden. Brandteig wird meist für Spritzkuchen, Windbeutel und Eclairs verwendet, die mit Tortencreme (siehe Seite 131), Schlagsahne oder Eis gefüllt werden (mit Tortencreme bleibt der Teig länger knusprig). Gelegentlich verwendet man auch eine pikante Füllung, wie zum Beispiel pochierte Eier in Rotweinsauce. Brandteig eignet sich aber auch zum Fritieren. Ein Brandteig wird aus Mehl, Butter und Wasser hergestellt, und als Treibmittel dienen ganze Eier. Je mehr Eier Sie verwenden, desto besser geht der Teig auf. Der Teig sollte locker vom Löffel fallen, dabei aber so fest sein, daß er sich formen läßt. Setzen Sie den Teig in Häufchen (dazu eignet sich am besten ein Spritzbeutel) auf ein mit Butter bestrichenes Backblech und lassen Sie dabei ausreichende Abstände, damit das Gebäck gleichmäßig aufgehen und der Dampf entweichen kann. Das ist wichtig, da der Brandteig in zwei Stufen bäckt: Zuerst geht er auf und wird innen hohl und danach trocknet er zu einer knusprigen, festen Hülle aus.

Brandteig wird bei mittlerer Hitze (190 °C, Gas Stufe 2 – 3) gebacken. Die Backofentür darf keinesfalls weit geöffnet werden, bevor der Teig nicht bereits weitgehend gebacken ist, sonst fällt das Gebäck durch den Luftzug zusammen. Am besten trocknet das Gebäck in einem Umluft- oder Gasherd, denn im Elektroherd kann Feuchtigkeit entstehen. Öffnen Sie deshalb nach 10 Minuten die Tür beim Elektroherd einen Spalt, um den Dampf entweichen zu lassen – Sie werden staunen, wieviel Dampf Ihnen da entgegenkommt. Wiederholen Sie dies noch ein- oder zweimal. Brandteiggebäck kann bereits lange bevor es tatsächlich durchgebacken ist, aufgegangen und braun sein. Ob es wirklich fertig ist, können Sie daran erkennen, daß es nach dem Abkühlen noch knusprig ist. Anschließend lassen Sie es auf einem Kuchengitter auskühlen. Brandteiggebäck schmeckt am besten, wenn es nach 1 oder 2 Stunden serviert wird. Gut verpackt hält es sich aber auch 1 Tag.

**MEIN TIP**

Zusammengefallene Windbeutel, die sich nicht füllen lassen, schneiden Sie einmal quer durch und füllen sie wie Sandwiches. Wenn Sie mögen, können Sie auch noch Himbeeren oder andere Früchte hinzufügen. Anschließend verteilen Sie das Gebäck auf Teller und bereiten eine Karamelmasse zu. Dazu 200 g Zucker mit 1/8 l Wasser unter gelegentlichem Rühren erhitzen, bis sich der Zucker aufgelöst hat. Aufkochen lassen und anschließend zu einem dunklen Karamel einkochen lassen. Dabei nicht rühren. Den Topf vom Herd nehmen und in warmes Wasser stellen, um den Kochvorgang zu beenden. Die Karamelmasse dann sofort gitterförmig über das Gebäck träufeln.

KAUM AUFGEGANGEN – das Gebäck ist flach und in die Breite gegangen; der Boden ist vielfach hart und ausgetrocknet; innen ist es nicht oder kaum hohl. *Grund:* ist das Gebäck klein und fest, wurde zu wenig Ei verwendet; ist es auf dem Blech zerlaufen, wurde zuviel Ei verwendet
→ so gut wie möglich füllen und die restliche Füllung auf die Platte oder die Teller spritzen und die Windbeutel darauf setzen; süße Windbeutel gitterförmig mit einer Sauce überziehen.

ZUSAMMENGEFALLEN – die Windbeutel sind innen mit feuchtem Teig angefüllt; außen sind sie meist blaß. *Grund:* nicht richtig durchgebacken; der Ofen wurde zu früh geöffnet, und der Teig war der Zugluft ausgesetzt und ist zusammengefallen
→ siehe Mein Tip.

RICHTIG – der Teig ist knusprig und schön aufgegangen; die Farbe ist gleichmäßig goldbraun und glänzend; innen sind die Windbeutel hohl und enthalten kaum oder keinen feuchten Teig; der Geschmack erinnert an Cracker.

# Gougères

Ergibt 9 Stück

Für Partys können Sie die *gougères* zu kleinen Bällchen in der Größe von Aprikosen formen. Ich mag sie allerdings eher faustgroß. Servieren Sie sie, so lange sie noch warm und innen weich sind.

*100 g Mehl*
*175 ml Wasser*
*75 g Butter*
*1/2 TL Salz*
*3 – 4 Eier*
*100 g Gruyère, grob gerieben*
*1 Ei, mit 1/2 TL Salz verquirlt (zum Bestreichen)*

Spritztüte mit einfacher Düse (1,25 cm)

Den Backofen auf 190 °C (Gas Stufe 2 – 3) vorheizen. Ein Backblech mit Backpapier auslegen. Das Mehl auf ein Stück Backpapier sieben. In einem Topf das Wasser mit der Butter und dem Salz erhitzen, bis die Butter flüssig ist, und anschließend aufkochen lassen. Den Topf dann sofort vom Herd nehmen, das Mehl hineingeben und 30 bis 60 Sekunden kräftig mit einem Kochlöffel schlagen, bis die Masse glatt ist und sich von den Topfwänden löst. Den Topf dann wieder auf die Herdplatte stellen und bei schwacher Hitze weitere 30 bis 60 Sekunden schlagen, bis die Masse trocken ist.

1 Ei in einer Schüssel verquirlen und zur Seite stellen. Die restlichen Eier nacheinander sorgfältig mit dem Kochlöffel oder dem Handmixer unter den Teig rühren. Anschließend so viel von dem verquirlten Ei unterschlagen, bis der Teig glänzt und locker vom Löffel fällt. Zum Schluß den Käse untermischen und 2 bis 3 Eßlöffel zum Bestreuen aufheben.

Den Teig in den Spritzbeutel füllen und neun 7 cm große Häufchen auf das Backblech spritzen. Mit dem verquirlten Ei bestreichen und mit dem restlichen Käse bestreuen. 30 bis 40 Minuten backen, das Gebäck etwas abkühlen lassen und anschließend auf einem Kuchengitter vollständig auskühlen lassen.

*von links nach rechts*

KAUM AUFGEGANGEN – das Gebäck ist auf dem Blech zerlaufen, ist deshalb flach und innen nicht richtig hohl.

**RICHTIG** – das Gebäck ist locker, knusprig und innen hohl und hat eine schöne goldbraune Farbe.

ZUSAMMENGEFALLEN – das Gebäck ist zusammengefallen und ist innen mit feuchtem Teig angefüllt.

## WEITERE PROBLEME

NICHT DURCHGEBACKEN UND WEICH, HÄUFIG BLASS
*Grund:* Backzeit zu kurz; Temperatur zu niedrig; das Gebäck wurde noch warm verpackt; wurde der Feuchtigkeit ausgesetzt
→ ist das Gebäck nicht richtig durchgebacken, noch einmal 5 – 7 Minuten bei 190 °C (Gas Stufe 2 – 3) backen; ist es nach dem Backen weich geworden, im warmen Ofen trocknen.

AUSGETROCKNET UND HART
*Grund:* zu lange gebacken; Temperatur zu hoch; das Gebäck wurde eingefroren und ist dabei ausgetrocknet; wurde zu lange aufgebacken
→ das Gebäck wird nach dem Füllen weicher werden, der frische Geschmack ist allerdings verlorengegangen.

DER BODEN IST ZERBROCHEN UND DAS GEBÄCK KANN NICHT GEFÜLLT WERDEN
*Grund:* Temperatur, insbesondere bei Unterhitze, zu hoch
→ keine Abhilfe möglich. Zu beachten: Ein oder zwei Stück gehen meist kaputt, daß alle zerbrochen sind, ist selten.

# Geschichtete Teige

DIE LUFTIGEN, ZARTEN UND VIELSEITIGEN TEIGBLÄTTER, wie zum Beispiel Filo-Teig, sind etwas Herrliches. Gute Fertigprodukte werden im Handel angeboten, daher muß man sie nicht selbst herstellen. Und davon würde ich Ihnen auch dringend abraten. Denn um den Filo-Teig, den hauchdünnen griechischen Strudelteig, richtig auszurollen und auszuziehen, bedarf es einiger Übung. Den Teig finden Sie – als Rolle oder als Teigblätter – in griechischen oder türkischen Geschäften. Ebenso können Sie die in verschiedenen Größen angebotenen türkischen Yufka-Teigblätter verwenden. Lediglich unser heimischer Strudelteig wird für gewöhnlich selbst gemacht. Teigblätter müssen möglichst rasch verarbeitet werden, damit sie geschmeidig und saftig bleiben. Die Fertigprodukte sind häufig in Plastik eingeschweißt und lassen sich deshalb leichter verarbeiten. Ist das nicht der Fall, legen Sie die Teigblätter auf ein Geschirrtuch und decken sie mit einem zweiten Tuch zu. Sieht der Teig trocken aus, feuchten Sie die Tücher vorher an. Nehmen Sie die Blätter dann bei Bedarf einzeln vom Stapel. In der Regel werden sie mit Butter oder Öl (besonders köstlich schmecken Oliven- oder Walnußöl) bestrichen und dann in die Backform geschichtet, aufgerollt (bei Strudel) oder zu den unterschiedlichsten Päckchen geformt (siehe Seite 311). Verwenden Sie zum Bestreichen nur sehr wenig Fett, damit sich die Teigblätter nicht damit vollsaugen und schwer werden.

Bei pikantem Gebäck sollte die Füllung einen möglichst kräftigen Geschmack haben. Hier sind in erster Linie Feta-Käse, Ziegenkäse, Oliven, Schinken und Anchovis zu empfehlen. Außerdem können Sie noch Kräuter, vor allem Petersilie und Schnittlauch, oder Kohl, beispielsweise blanchierten Weißkohl, verwenden. Bei süßem Gebäck erfreuen sich Honig und Nüsse großer Beliebtheit, bei Strudel außerdem Kirschen, Äpfel und Trockenfrüchte. Mit welchen Gewürzen man das Gebäck verfeinert, ist von Land zu Land verschieden: Für den österreichischen Strudel nimmt man Zimt, für die griechische *baklava* Nelken und Zimt und für die marokkanische *bistelya* Safran.

Damit der Teig richtig durchgebacken und außen schön braun wird, dabei aber nicht verbrennt, muß er bei einer gleichmäßigen mittleren Temperatur gebacken werden. Ist der Teig zu dick oder die Füllung sehr saftig, wird das Gebäck schwer. Die Teigblätter laden geradezu dazu ein, hübsche, duftige Dekorationen daraus herzustellen. Achten Sie aber darauf, daß sie nicht anbrennen, denn sie backen schneller als der übrige Teig. Backwaren aus geschichteten Teigen sind gut haltbar und können vor dem Servieren einfach nur noch einmal kurz im Backofen erwärmt werden.

NICHT DURCHGEBACKEN UND UNGLEICHMÄSSIG GEBRÄUNT – der Teig ist blaß, biegsam und nicht luftig; die Füllung ist schwer. *Grund:* das Backblech wurde zu weit oben oder zu weit unten eingeschoben; die Teigschichten wurden ungleichmäßig angeordnet; der Teig wurde nicht gleichmäßig oder zu großzügig mit Butter oder Öl bestrichen; die Füllung war zu saftig
→ das Blech oder die Form während des Backens höher oder tiefer einsetzen oder drehen; das Gebäck gegebenenfalls noch einige Zeit weiterbacken.

**RICHTIG** – der Teig ist knusprig, hat sich etwas aufgebläht und ist gleichmäßig gebräunt; innen ist er luftig, aber nicht zäh; er schmeckt leicht rauchig und etwas nach Butter oder Öl.

**MEIN TIP**

Sieht Ihr Gebäck nicht knusprig aus, zerteilen Sie es in Stücke, legen diese in ausreichend großen Abständen auf ein Backblech und backen sie noch einmal 10–15 Minuten bei 175 °C (Gas Stufe 2) auf, bis sie sehr heiß und an den Rändern knusprig sind.

**WEITERE PROBLEME**

RÄNDER VERBRANNT
*Grund:* der Teig war unregelmäßig geformt, einige Schichten waren lose; der Teig wurde nicht gleichmäßig mit Butter oder Öl bestrichen; Temperatur zu hoch
→ verbrannte Stellen abkratzen oder wegschneiden; das Gebäck mit geriebenem Käse oder gehackten Kräutern bestreuen oder mit Puderzucker bestäuben.

SCHWER
*Grund:* zu viele Teigschichten; zuviel Öl oder Butter; die Füllung war zu saftig; nicht ausreichend gebacken
→ ist der Teig nicht richtig durchgebacken, weiterbacken; vor dem Servieren mit gehackten, gerösteten Mandeln, Pinien- oder Walnußkernen bestreuen.

ZU WENIG GESCHMACK
*Grund:* nicht ausreichend gewürzt; wenig geschmacksintensive Zutaten; zuviel Teig
→ pikantes Gebäck mit einer *tapenade* oder einer Tomatensalsa mit Koriander (siehe Seite 129) servieren; zu süßem Gebäck eine Schüssel mit Ziegenmilchjoghurt oder warmem Honigsirup reichen.

# Kleingebäck aus Teigblättern

Mit fertigen Teigblättern lässt sich auch eine Vielzahl von Kleingebäck herstellen. Das Foto zeigt nur eine kleine Auswahl möglicher Formen, und Ihrer Phantasie sind hier keine Grenzen gesetzt. Sie werden allerdings feststellen, daß dieses besonders luftige Gebäck leicht verbrennt. Die unten abgebildeten Säckchen mit dem gekräuselten Rand backen beispielsweise weit besser, wenn der Rand vorher sorgfältig begradigt wird. Auch die Dicke des Teigs spielt eine Rolle: Hat das Gebäck zu viele Teigschichten, wird es schwer, sind es zu wenige, zerbricht es leicht. Und einen anderen Fehler, den ich selbst immer wieder häufig mache, sollten Sie ebenfalls vermeiden: Verwenden Sie nie zuviel Füllung, denn durch die heiße Füllung platzt das zarte Gebäck leicht auf. Zum Füllen eignen sich besonders gut Zutaten aus dem Mittelmeerraum, etwa 1 kleiner Löffel Auberginenmus (siehe Mein Tip, Seite 157), Tapenade, mit Chili gewürzter Feta-Käse und anderes mehr.

**RICHTIG** – das Gebäck ist knusprig und goldbraun; die phantasievoll geformten Stücke haben alle die gleiche Größe, und es tritt keine Füllung aus; Teig und Füllung ergänzen sich zu einem harmonischen Geschmack.

## Teige für gefülltes Kleingebäck

Es gibt ein halbes Dutzend verschiedener Teige, die sich zum Füllen eignen, und jeder von ihnen hat seine ganz besonderen Eigenschaften.

TEIGBLÄTTER (siehe Seite 310) sind zu empfehlen, wenn Ihr Strudel oder Ihr Kleingebäck besonders knusprig und zart sein soll. Die Füllung muß möglichst fest sein, damit sie nicht ausläuft. Außerdem sollte sie, da bei Teigblättern nur relativ wenig Füllung verwendet werden darf, einen kräftigen Geschmack haben. Teigblätter lassen sich auch zu großen runden oder rechteckigen Pies formen (siehe Seite 313).

MÜRBETEIG wird mit Butter, gelegentlich auch noch mit 1 oder 2 Eigelb, zubereitet, zu einem geschmeidigen Teig geknetet und anschließend dünn ausgerollt. Er eignet sich gut als neutrale Hülle für kleine Pasteten.

AMERIKANISCHER PIETEIG ist zarter und krümeliger. Die Zutaten werden nicht verknetet, sondern lediglich kurz durchgemischt. Die Butter wird ganz oder teilweise durch Pflanzenfett (in Großbritannien auch durch Speck) ersetzt, wodurch der Teig ebenfalls lockerer wird. Damit die Teighülle stabiler wird, sollte der Teig etwas dicker ausgerollt werden als ein Mürbeteig, dafür ist er aber auch besonders knusprig. Jeder dieser Teige kann mit Zucker gesüßt werden. Außerdem werden sie dadurch krümeliger und bräunen rascher.

ZUCKERTEIG ist noch süßer und enthält sehr viel Butter, Zucker und Eier. Es handelt sich dabei eigentlich um einen Biskuitteig. Damit er sich besser verarbeiten läßt, sollte er stets gut gekühlt werden. Er kann noch mit gemahlenen und gerösteten Nüssen angereichert werden und fällt dann noch krümeliger aus. Wird er nicht ausreichend gekühlt und beim Blindbacken (siehe Seite 295) nicht sorgfältig mit Backpapier abgedeckt und mit getrockneten Hülsenfrüchten beschwert, zerbricht er leicht.

BLÄTTERTEIG eignet sich vor allem für Pasteten und Pies. Teigreste lassen sich auch für Teigdeckel von Pies verwenden. Der Teig für den Boden muß immer erst blindgebacken werden, da er sonst wegen seines hohen Buttergehalts durchweichen kann. Wird er gut gekühlt, läßt er sich leicht verarbeiten. Blätterteighüllen haben allerdings die Eigenschaft, beim Backen etwas einzuschrumpfen. Einige Varianten des Blätterteigs, die aus weniger Teigschichten bestehen und auch weniger Butter enthalten, sind ein Mittelding zwischen dem einfachen Pieteig und dem gehaltvollen Blätterteig.

### Problemfälle

NICHT DURCHGEBACKEN UND SCHWER
*Grund:* Backzeit zu kurz; Temperatur zu niedrig; der Teig enthielt zuviel Butter oder Öl; zuviel Füllung; das Gebäck ist zu groß
→ weiterbacken, große oder sehr fettige Stücke vorher halbieren, damit sie austrocknen.

RÄNDER VERBRANNT
*Grund:* das Gebäck ist unregelmäßig geformt, und einige Teigblätter sind lose; Temperatur zu hoch; das Blech wurde zu weit oben eingesetzt
→ verbrannte Stellen abkratzen und pikantes Gebäck mit einer Pikanten Käsesauce (siehe Mein Tip), süßes Gebäck mit einer Fruchtsauce (siehe Seite 137) überziehen.

FÜLLUNG QUILLT HERAUS
*Grund:* Temperatur zu hoch; zuviel Füllung; die Füllung ist zu saftig; das Gebäck wurde nicht sorgfältig geformt
→ austretende Füllung entfernen und die Bruchstellen mit Kräuterzweigen verdecken.

### Mein Tip

Diese Sauce eignet sich hervorragend zu pikantem Kleingebäck aus Teigblättern, das etwas verbrannt oder zu schwer ist: 125 g weichen Sahnekäse in der Küchenmaschine mit 2 EL gehacktem Estragon oder Petersilie, 1 EL grobkörnigem Senf und saurer Sahne oder Crème double zu einer dickflüssigen Sauce verrühren und anschließend abschmecken. Ergibt 4 Portionen.

# Griechischer Spinatkuchen mit Feta-Käse

ERGIBT 6 BIS 8 STÜCKE

Hier wird der Filo-Teig (siehe Seite 310) nicht wie sonst meist üblich zu Kleingebäck, sondern zu einer appetitanregenden großen Pie mit einer Füllung aus Spinat und Feta-Käse verarbeitet.

*500 g Filo-Teigblätter*
*60 g Butter (ggf. etwas mehr)*
*4 EL Olivenöl (ggf. etwas mehr)*

FÜR DIE FÜLLUNG:
*1 kg Spinat*
*3 EL Olivenöl*
*2 Zwiebeln, fein gehackt*
*1 Msp. frisch geriebene Muskatnuß*
*Salz und Pfeffer*
*250 g Feta-Käse, zerkrümelt*
*1 kleines Bund glatte Petersilie, gehackt*

eine Quiche- oder Springform mit 28 cm Durchmesser

Für die Füllung die Stiele der Spinatblätter herausschneiden. Den Spinat in reichlich kaltem Wasser waschen und anschließend gut trocknen. In einen großen Topf mit schwerem Boden geben, zudecken und 3 bis 4 Minuten garen, bis er zusammengefallen ist. Den Spinat dann abkühlen lassen, mit den Händen ausdrücken und grob hacken. Das Olivenöl in einer großen Pfanne erhitzen und die Zwiebeln 3 bis 4 Minuten unter Rühren darin weich dünsten, ohne daß sie Farbe annehmen. Den Spinat untermischen und mit Muskat, Salz und Pfeffer würzen. Das Gemüse etwa 2 Minuten unter Rühren kochen, bis es sehr heiß ist und die Flüssigkeit vollständig verdunstet ist. Die Pfanne vom Herd nehmen und den Käse und die Petersilie untermischen. Abschmecken und abkühlen lassen.

Den Backofen auf 175 °C (Gas Stufe 2) vorheizen. Die Butter mit dem Olivenöl erhitzen und die Form mit etwas von dem Fett einstreichen. Ein feuchtes Geschirrtuch auf der Arbeitsfläche ausbreiten, die Teigblätter darauf entrollen und zu einem Kreis von 35,5 cm Durchmesser zurechtschneiden. Die Teigreste zum Verzieren aufheben. Den zugeschnittenen Teig und die Reste mit einem zweiten feuchten Tuch zudecken.

1 Teigblatt unter dem Geschirrtuch hervorziehen, leicht mit der Butter-Öl-Mischung bestreichen und die Form damit auskleiden. Den Teig dabei gut am Boden und an den Wänden andrücken. Mit der Hälfte der restlichen Blätter ebenso verfahren und dabei möglichst schnell arbeiten.

Die Spinatmischung gleichmäßig auf dem Teig verteilen und mit den übrigen Teigblättern belegen. Dabei jedes Blatt, einschließlich des letzten, mit der Butter-Öl-Mischung bestreichen.

Den überstehenden Teig zu einem dekorativen Rand formen. Die Teigreste in 5 cm breite Streifen schneiden, lose zu Blüten formen und den Kuchen damit besetzen (er sollte vollständig mit Blüten bedeckt sein). Mit der restlichen Butter beträufeln und anschließend 50 bis 60 Minuten backen. Den Kuchen dann etwas abkühlen lassen, aus der Form nehmen und sofort servieren.

# Kekse aus Knetteig

WENN WIR DAS BACKEN LERNEN, FÄNGT JEDER VON UNS wahrscheinlich zuerst einmal mit Keksen aus Knetteig an. Ich erinnere mich noch gut daran, daß ich meinen ersten Teig mit Zuckersirup und Ingwer verfeinerte. Er schmeckte roh noch viel besser als gebacken, und so blieb auch nicht mehr viel zum Backen übrig. Die Kekse, die schließlich noch in den Ofen kamen, wurden dann jeden Vormittag um elf Uhr in heißen Tee getunkt. Ein sehr einfaches, alltägliches Gebäck, das lediglich mit Zucker und Gewürzen zubereitet wurde, das sich aber ohne weiteres 1 Woche und länger hielt.

Gebäck aus Knetteig wird gerne mit Gewürzen wie Ingwer und Zimt, Samen wie Anis und Kümmel oder mit Schokolade, Kaffeepulver und geriebener Zitrusschale verfeinert. Und auch hier werden Sie feststellen, daß es einen Unterschied macht, ob man ein hartes oder ein weiches Mehl verwendet.

Wenn Sie bei solchen Keksen so richtig süßes Zuckergebäck vor Augen haben, so liegen Sie nicht verkehrt. Wird der Teig ausgerollt, muß er möglichst fest sein. Werden die Kekse dagegen in einer Form gebacken, kann er etwas weicher sein. In jedem Fall sollte er aber so fest sein, daß er in der Form nicht zerläuft, sich mit den Händen formen oder sich in Scheiben schneiden läßt. Kekse, die auf dem Blech gebacken werden, können jede beliebige Größe haben. Das Gebäck sollte allerdings nicht zu groß oder zu klein sein. Und denken Sie auch daran, daß sich die Backzeit nach der Größe richtet. Damit sich der Teig leichter verarbeiten läßt und beim Backen nicht zerläuft, muß er vor und nach dem Formen gekühlt werden. Lassen Sie außerdem stets einen ausreichenden Abstand zwischen den einzelnen Keksen, damit sie gleichmäßig backen.

Das Backergebnis hängt nicht zuletzt auch davon ab, welche Art von Blech Sie verwenden. Beschichtete Bleche eignen sich ganz hervorragend für Teige mit hohem Zuckergehalt. Auf einem schweren Blech bräunt der Boden besonders gut, sehr süße Teige können allerdings leicht verbrennen. Sie können das Backblech auch noch mit Backpapier auslegen. Nach dem Backen sollten die Kekse zum Auskühlen auf ein Kuchengitter gelegt werden, damit der Dampf entweichen kann. Und sobald sie ausgekühlt sind, verpacken Sie sie in einem luftdicht verschließbaren Behälter (Gebäck mit hohem Zuckergehalt wird sehr schnell weich, wenn man es offen lagert).

NICHT DURCHGEBACKEN – die Kekse sind kaum gebräunt, der Boden ist noch blaß; die Krume ist weich und schmeckt nach rohem Teig.
*Grund:* Backzeit zu kurz; Temperatur zu niedrig; der Teig enthält nur wenig Zucker und bräunt deshalb langsamer
→ weiterbacken und dabei gegebenenfalls die Temperatur erhöhen; ist das Gebäck dann noch blaß, mit Zuckerguß oder Schokoladenglasur überziehen.

**RICHTIG** – die Kekse sind oben und unten gleichmäßig goldbraun; je nach Fett- und Zuckergehalt zergeht die Krume auf der Zunge oder ist relativ hart; der Geschmack ist aromatisch. Zu beachten: Kekse, die sich weich anfühlen, solange sie noch heiß sind, werden beim Abkühlen häufig noch knusprig.

**MEIN TIP**

Haben Ihre Kekse zu wenig Geschmack, können Sie sie mit dieser Orangenglasur überziehen: 125 g gesiebten Puderzucker mit der abgeriebenen Schale und dem Saft von 1 Orange glattrühren. Ist die Masse zu dick (sie sollte locker vom Löffel fallen), noch mit etwas Orangensaft verdünnen. Ist sie zu dünn, noch etwas Puderzucker hinzufügen. Jeden Keks mit 1 TL Glasur bestreichen und die Glasur fest werden lassen. Ergibt 75 ml, ausreichend für 24 Kekse.

## WEITERE PROBLEME

UNGLEICHMÄSSIG GEBACKEN
*Grund:* die Kekse sind nicht regelmäßig geformt; die Backtemperatur war nicht konstant; das Backblech war zu dünn; wurde zu weit oben oder zu weit unten eingesetzt
→ das Blech während des Backens versetzen oder drehen; fertige Kekse aus dem Ofen nehmen und den Rest weiterbacken; blasse und dunkle Kekse getrennt servieren; das Gebäck schuppenförmig anrichten, um verbrannte Stellen zu verdecken.

DER TEIG ZERLÄUFT BEIM BACKEN
*Grund:* der Teig enthielt zuviel Flüssigkeit, Fett oder Zucker; wurde vor dem Backen nicht gekühlt; wurde auf das warme Backblech gegeben
→ die fertigen, aber noch warmen Kekse mit einem Teigschneider zurechtschneiden.

KRÜMELIG
*Grund:* der Teig war zu trocken; enthielt zu wenig Mehl oder Ei; das Gebäck wurde heiß aus dem Ofen genommen
→ sind die Kekse noch blaß, weiterbacken; im Backofen abkühlen lassen, bis sie lauwarm sind, und erst dann herausnehmen.

DIE KEKSE SIND AM BLECH FESTGEBACKEN
*Grund:* das Blech wurde nicht richtig mit Butter eingestrichen; die Kekse sind nicht ausreichend gebacken; sind auf dem Blech ausgekühlt
→ die Kekse mit einem scharfen, biegsamen Messer vom Blech lösen; haften sie auf dem Backpapier, unter das Papier auf das heiße Blech etwas Wasser gießen – durch den entstehenden Dampf lösen sich die Kekse; das Backblech gegebenenfalls noch einmal im Ofen erwärmen.

ZU WENIG GESCHMACK
*Grund:* zu wenig gezuckert oder gesalzen; wenig geschmacksintensive Zutaten
→ den Teig vor dem Backen mit einer Zucker- bzw. Salzglasur bestreichen; die fertigen Kekse mit Zimt und Zucker bestreuen oder mit einer Orangenglasur (siehe Mein Tip) bestreichen.

# Butterkekse mit Kräutern

ERGIBT 8 BIS 10 STÜCK

Als man mir zum ersten Mal süße Kekse mit Kräutern anbot, war ich überrascht. Aber warum nicht? Schließlich gehörten Kräuter schon vor Jahrhunderten zu den beliebtesten Zutaten für Desserts und Süßigkeiten, das war nur etwas in Vergessenheit geraten. Zu Zucker passen am besten Zitronenthymian, Beifuß, Zitronenmelisse und natürlich Minze.

*1 großes Bund gemischte Kräuter*
*200 g Mehl*
*4 Eigelb*
*100 g Puderzucker*
*1/2 TL Salz*
*100 g weiche Butter*
*1 Ei, mit 1/2 TL Salz verquirlt (zum Bestreichen)*

Die Blätter der Kräuter abzupfen und 10 große Zweige oder Blätter zum Garnieren zurückbehalten. Die restlichen Blätter hacken und dabei darauf achten, daß sie nicht zerdrückt werden. Sie sollten etwa 4 Eßlöffel erhalten.

Das Mehl auf die Arbeitsfläche sieben und in der Mitte eine Mulde formen. Die Eigelbe, den Zucker, die gehackten Kräuter und das Salz hineingeben und sorgfältig vermengen. Die Butter mit dem Nudelholz etwas weich klopfen und rasch mit den übrigen Zutaten in der Mulde vermischen. Anschließend nach und nach das Mehl unterarbeiten, bis ein krümeliger Teig entstanden ist. Den Teig dann zu einer Kugel formen.

Die Arbeitsfläche mit Mehl bestäuben und den Teig 1 bis 2 Minuten durchkneten, bis er glatt und geschmeidig ist und nicht mehr auf der Arbeitsfläche klebenbleibt. Zu einer Kugel formen, in Frischhaltefolie einschlagen und mindestens 30 Minuten kalt stellen.

Zwei Backbleche mit Butter einstreichen. Die Hälfte des Teigs 6 mm dick ausrollen und Kreise mit einem Durchmesser von 10 cm daraus ausstechen. Die Teigreste mit dem übrigen Teig verkneten, ausrollen und weitere Kreise ausstechen. Die Kekse mit dem verquirlten Ei bestreichen, jeweils 1 Kräuterzweig oder einige Blätter darauf legen und andrücken. Anschließend 15 Minuten kalt stellen. In der Zwischenzeit den Backofen auf 190 °C (Gas Stufe 2–3) vorheizen.

Die Kekse 12 bis 15 Minuten backen, danach etwas abkühlen lassen und anschließend auf einem Kuchengitter vollständig auskühlen lassen.

## Riegel

Riegel sind schon etwas anspruchsvoller in der Zubereitung als Knet- und Rührteiggebäck. Denn der Teig ist meist so gehaltvoll, daß Sie ihn mit der Faust in die Form drücken müssen. Es gibt aber auch Teige, die so weich sind, daß sie sich, wie etwa bei *brownies*, gießen lassen. Wenn Sie den Teig in einer quadratischen oder rechteckigen Form backen, können Sie ihn anschließend in Riegel zerteilen. Sie können aber auch eine runde Form verwenden und das Gebäck dann wie einen Kuchen aufschneiden. Den fertigen Teig läßt man gewöhnlich erst etwas abkühlen, zerteilt ihn, solange er noch warm und saftig ist, in der Form, läßt die Riegel vollständig auskühlen und nimmt sie erst dann heraus.

Ein guter Teig sollte möglichst viel Biß haben. Dazu tragen beispielsweise Zutaten wie Haferkleie oder Kokosnuß, zartschmelzender Honig oder Schokolade und knackige Nüsse bei. Zum Schluß kann man ihn noch mit einem dünnen Zucker- oder Schokoladengitter verzieren oder mit einer Glasur bestreichen – das ist aber nicht unbedingt nötig. Da der Teig am Rand meist schneller bräunt als in der Mitte, sollten Sie die Form während des Backens drehen. Und achten Sie darauf, daß er nicht austrocknet. Er darf nur gerade so lange gebacken werden, daß

die Riegel nach dem Erkalten nicht zerfallen. Wird er zu lange gebacken, verliert das Gebäck seine Saftigkeit. Riegel entfalten ihren Geschmack noch besser, wenn man sie in einem luftdicht verschlossenen Behälter aufbewahrt.

**RICHTIG** – der Teig (hier Haferriegel) ist gleichmäßig gebräunt, er ist fest, läßt sich aber, solange er noch warm ist, gut schneiden; sticht man mit einem Spieß hinein, ist er beim Herausziehen sauber; die Riegel sind saftig, aber nicht zäh; der Geschmack ist kräftig.

# Kekse aus Rührteig

KEKSE AUS RÜHRTEIG SIND AM SCHNELLSTEN ZUZUBEREITEN. Man muß lediglich den Teig anrühren und zum Backen in Häufchen auf ein Backblech setzen. Eines gilt es allerdings zu beachten: Wurde der Teig nicht richtig zubereitet oder hat der Backofen nicht genau die richtige Temperatur, trocknen Ihre Kekse zu kleinen, harten Klumpen ein oder, was noch schlimmer ist, zerläuft der Teig auf dem Blech. Deshalb würde ich Ihnen dringend raten, erst einmal einen Probekeks zu backen, wenn Sie ein neues Rezept ausprobieren oder Ihren Ofen noch nicht richtig kennen.

Aus Teigen mit ganzen Eiern werden so beliebte Kekse wie Schokoladensplitter, Makronen, Haferflockenplätzchen mit Rosinen und Erdnußbutterkekse hergestellt. Formen Sie den Teig auf dem Blech zu einem kleinen Häufchen und achten Sie stets auf ausreichend große Zwischenräume. Zum Verfeinern nimmt man meist Kokosraspel, Trockenfrüchte, Schokolade oder Krokant. Und damit das Gebäck schön knusprig wird, verwendet man am besten Haferkleie und Maismehl. Ansonsten gelten hier die gleichen Regeln wie bei Keksen aus Knetteig.

**RICHTIG** – das Gebäck ist gleichmäßig aufgegangen und leicht gebräunt, Boden und Ränder sind etwas dunkler; drückt man mit der Fingerspitze darauf, bleibt ein leichter Abdruck zurück; die Form ist regelmäßig und rund; die Kekse sind je nach Sorte knusprig oder saftig; der Geschmack ist kräftig. Zu beachten: Knusprige Kekse können noch weitergebacken werden, bis sie oben gleichmäßig gebräunt sind.

**PROBLEMFÄLLE**

ZU DÜNN
*Grund:* zu wenig Mehl; die Temperatur war zu niedrig, deshalb ist der Teig nicht gleich fest geworden und zerlaufen; der Teig wurde auf das warme Blech gegeben
→ dem Teig noch einige Eßlöffel Mehl hinzufügen; ausgefranste Ränder nach dem Backen mit dem Teigschneider begradigen. Zu beachten: Die Kekse werden sehr knusprig sein, schmecken aber in der Regel gut.

UNGLEICHMÄSSIG GEBACKEN
*Grund:* Temperatur nicht konstant; Backblech zu dünn; das Backblech wurde zu weit oben oder zu weit unten eingesetzt
→ das Blech während des Backens drehen oder versetzen; fertige Kekse sofort aus dem Ofen nehmen und den Rest weiterbacken; blasse und dunkle Kekse getrennt servieren.

ZU DICK
*Grund:* zuviel Mehl oder Ei; Temperatur zu hoch. Zu beachten: Manche Kekse müssen nach oben gewölbt, außen knusprig und innen weich sein
→ dem Teig noch einige Eßlöffel zerlassene Butter oder Pflanzenöl hinzufügen; den Ofen etwas herunterschalten; ist das fertige Gebäck sehr trocken, siehe Mein Tip.

DIE KEKSE SIND AM BLECH FESTGEBACKEN
*Grund:* das Blech wurde nicht richtig mit Butter eingestrichen; die Kekse wurden nicht ausreichend gebacken; sind auf dem Blech ausgekühlt
→ die noch warmen Kekse mit einem scharfen, biegsamen Messer vom Blech lösen; haften sie auf dem Backpapier, unter das Papier auf das heiße Blech etwas Wasser gießen – durch den entstehenden Dampf lösen sich die Kekse; das Backblech gegebenenfalls noch einmal im Ofen erwärmen.

ZU WENIG GESCHMACK
*Grund:* zu wenig gezuckert oder gesalzen; wenig geschmacksintensive Zutaten
→ den Teig vor dem Backen mit einer Zuckerglasur bestreichen; die fertigen Kekse mit Zimt und Zucker bestreuen oder mit einer Orangenglasur (siehe Mein Tip, Seite 314) bestreichen.

## *Cookies mit Schokoladenstückchen und Macadamianüssen*

ERGIBT 12 STÜCK

Dieses gehaltvolle Gebäck mit dunklen Schokoladenstückchen und gehackten Macadamianüssen ist einfach unvergleichlich. Unsere inzwischen erwachsenen Kinder verschlingen sie immer noch mit Begeisterung und trinken dazu ein großes Glas Milch.

*175 g Bitterschokolade*
*100 g Macadamianüsse*
*225 g Mehl*
*1/2 TL Natron*
*1 Prise Salz*
*90 g weiche Butter*
*50 g brauner Zucker*
*100 g Streuzucker*
*1 Ei*
*1/2 TL Vanilleessenz*

Den Backofen auf 190 °C (Gas Stufe 2–3) vorheizen. Ein Backblech mit Butter einstreichen. Die Schokolade mit einem großen Messer grob hacken, die Nüsse ebenfalls grob hacken. Das Mehl mit dem Natron und dem Salz in eine Schüssel sieben.

Die Butter in einer großen Schüssel weich rühren. Den braunen und den weißen Zucker vermischen und nach und nach unter die Butter rühren. Die Masse dann so lange schlagen, bis sie locker und schaumig ist. Anschließend zunächst das Ei und die Vanille und danach das Mehl in zwei Portionen unterrühren. Zum Schluß die Schokolade und die Nüsse unterheben.

Den Teig in Häufchen auf das Backblech setzen. Dabei ausreichend Zwischenraum lassen, denn der Teig läuft beim Backen etwas auseinander. 12 bis 15 Minuten backen, die Kekse dann auf dem Blech etwas abkühlen lassen und anschließend auf einem Kuchengitter vollständig auskühlen lassen.

**MEIN TIP**

Sind Ihre Kekse zu trocken oder haben zu wenig Geschmack, tauchen Sie sie nach dem Erkalten mit einer Ecke in geschmolzene Bitter-, Vollmilch- oder weiße Schokolade und legen sie anschließend auf Pergamentpapier, bis die Schokolade fest ist.

# Waffeln und Waffelröllchen

DIE ZERBRECHLICHEN, FEINEN WAFFELN sind eine besondere Versuchung für Auge und Gaumen und das genaue Gegenteil ihrer kräftigeren Verwandten. Schon die kleinste Abweichung bei der Zubereitung des Teigs oder bei der Backzeit kann zwischen Erfolg und Mißerfolg entscheiden. Deshalb gehe ich immer auf Nummer Sicher und backe zunächst probeweise eine Waffel. Waffeln dürfen nur kurz und bei relativ hohen Temperaturen gebacken werden. Sie sollten am Rand nur leicht braun und in der Mitte noch blaß sein. Werden sie länger gebacken, lassen sie sich häufig nicht mehr formen. Die Beschaffenheit des Backblechs spielt ebenfalls eine Rolle. Da Waffeln leicht anhängen, verwenden Sie am besten ein beschichtetes Blech (ein einfaches Backblech muß sorgfältig mit Butter eingestrichen werden). Es mit Backpapier auszulegen, ist wenig sinnvoll, denn die Waffeln müssen direkt auf der heißen Oberfläche gebacken werden. Die Waffeln anschließend vom Blech zu nehmen, ist eine wahre Kunst. Arbeiten Sie dabei möglichst schnell, denn sie werden hart und kleben fest, wenn sie abkühlen. Lösen Sie sie zunächst mit einem scharfen, biegsamen Messer vom Blech und heben sie dann mit einem Metallpfannenwender oder einer Palette an. Sollen die Waffeln gebogen werden, können Sie sie über ein Nudelholz legen. Waffelröllchen formt man, indem man die fertiggebackene Waffel um den Stiel eines Kochlöffels wickelt. Flache Waffeln sollten zum Abkühlen stets auf eine ebene Fläche gelegt werden. Sind die letzten Waffeln auf dem Blech bereits zu sehr abgekühlt und lassen sich nicht mehr formen, erwärmen Sie sie noch einmal kurz im Ofen. Aufgrund ihres hohen Zuckergehalts und ihrer zarten Beschaffenheit halten sich Waffeln nicht sehr gut – häufig werden sie bereits nach 2 oder 3 Stunden weich. Ich kenne allerdings einen Trick, wie sie wieder knusprig werden (siehe Mein Tip). Wenn Sie sie länger aufheben wollen, geben Sie Ihre Waffeln, sobald sie ausgekühlt sind, in einen luftdicht verschließbaren Behälter.

**RICHTIG** – die Waffeln sind sehr dünn, gleichmäßig und fast rund; sie haben eine blasse oder goldgelbe Farbe und sind am Rand leicht angebräunt; solange sie noch heiß sind, sind sie sehr biegsam, beim Abkühlen werden sie knusprig und sehr zerbrechlich; der Geschmack ist süß, am besten schmecken sie mit Nüssen, Zitrone oder anderen säuerlichen Zutaten.

NICHT DURCHGEBACKEN, BLASS UND WEICH – die Waffel zerreißt leicht; läßt sich schlecht formen und ist nach dem Erkalten nicht knusprig.
*Grund:* Backzeit zu kurz; Temperatur zu niedrig; zuviel Ei
→ weiterbacken und dabei gegebenenfalls die Temperatur erhöhen; lassen sich die Waffeln danach immer noch schlecht formen, 1 EL Zucker in den Teig geben.

### WEITERE PROBLEME

DIE WAFFELN ZERBRECHEN BEIM FORMEN
*Grund:* Temperatur zu niedrig; die Waffeln sind beim Backen ausgetrocknet; zuviel Mehl; die Waffeln wurden nicht gleich geformt
→ Temperatur erhöhen; 1 EL zerlassene Butter unter den Teig rühren; noch warm formen.

ZU DÜNN – zu dünn zum Formen, oft löchrig.
*Grund:* zuviel Zucker; zu wenig Mehl; der Teig wurde zu dünn aufgestrichen
→ 1 EL Mehl unter den Teig mischen.

TEIG VERTEILT SICH NICHT
*Grund:* Temperatur zu hoch; zuviel Mehl oder Ei
→ Temperatur verringern; 1 EL zerlassene Butter unter den Teig rühren.

## *Mandelziegel*

ERGIBT CIRCA 12 STÜCK

In ihrer französischen Heimat werden diese Plätzchen noch mit Orange oder Zitrone aromatisiert.

*60 g Butter*
*125 g Mandelblättchen*
*125 g Zucker*
*3 EL Mehl*
*1 Prise Salz*
*1 Ei*
*1 Eiweiß*

Die Butter bei schwacher Hitze schmelzen und dann abkühlen lassen. Die Mandeln in einer mittelgroßen Schüssel mit dem Zucker, dem Mehl, dem Salz und der zerlassenen Butter vermengen. Das Ei mit dem Eiweiß verquirlen und unter den Teig rühren. Zudecken und mindestens 1 Stunde im Kühlschrank ruhenlassen.

Den Backofen auf 200 °C (Gas Stufe 3) vorheizen und einige Backbleche mit Butter einstreichen. Den Teig in großen Häufchen darauf verteilen und dabei ausreichend Platz lassen. Eine Gabel in kaltes Wasser tauchen und die Häufchen zu Kreisen von 10 cm Durchmesser flachdrücken.

6 bis 8 Minuten backen und anschließend 30 bis 60 Sekunden abkühlen lassen. Das Gebäck, solange es noch nicht fest ist, mit Hilfe eines Metallpfannenwenders oder eines dünnen, scharfen Messers über ein Nudelholz legen und 3 bis 5 Minuten abkühlen lassen, bis es knusprig ist.

**MEIN TIP**

Sind Ihre Waffeln zu weich, schieben Sie sie noch einmal 4–5 Minuten in den auf 175 °C (Gas Stufe 2) erwärmten Ofen, bis sie trocken und knusprig sind. Sie fallen dann etwas zusammen und werden wieder biegsam. Anschließend formen Sie die noch heißen Waffeln erneut und lassen sie abkühlen.

# Glossar

**Abschrecken** siehe Blanchieren.

**al dente** Italienisch für »bißfest«; bezeichnet insbesondere Nudeln, die gerade weich gekocht sind und noch etwas Biß haben. Wird inzwischen auch auf andere Lebensmittel, etwa Gemüse und Reis, angewandt.

**Anschwitzen** Lebensmittel (in der Regel Zwiebeln oder anderes aromatisches Gemüse) langsam in wenig Fett oder Öl anrösten (ohne daß sie Farbe annehmen), bis sie ihren Saft abgeben.

**Beignets** Kleine gefüllte Gebäcke, die durch Backteig gezogen und dann im heißen Fett schwimmend ausgebacken werden.

**Blanchieren** Französisch für »weiß machen, reinigen«; die Lebensmittel werden entweder in kaltes, ungesalzenes Wasser gegeben und aufgekocht, um ihren Geschmack zu mildern (zum Beispiel bei manchen Innereien) und/oder um ihnen Salz zu entziehen (Speck und Schinken). Im allgemeinen versteht man darunter jedoch das kurze Vorgaren von Gemüse in kochendem Salzwasser, um seine Farbe zu erhalten und es vor dem Garen etwas weich zu machen. Nach dem Blanchieren werden die Lebensmittel in der Regel mit kaltem Wasser abgeschreckt, um den Garprozeß zu stoppen.

**Blindbacken** Einen Tortenboden vor dem Füllen vorbacken.

**Chantillycreme** Steifgeschlagene Sahne, die mit Puderzucker gesüßt und mit Vanille oder einem Likör aromatisiert wurde; wird meist zu Fruchtpürees serviert.

**Concassé** Französisch für »grob Gehacktes«; der Begriff wird meist auf enthäutete, entkernte und gehackte Tomaten angewandt, die zum Garnieren oder für Salate verwendet werden.

**Confit** Vom französischen *confire* »einmachen, einlegen«; der Begriff wurde ursprünglich nur auf kandierte Früchte und auf Fleisch und Geflügel angewandt, das im eigenen Fett gegart und anschließend darin haltbar gemacht wurde. Heute verwendet man ihn auch für Zwiebeln und ähnliche Zutaten, die langsam zu einem Brei eingekocht wurden.

**Corail** (Koralle) Rogen weiblicher Hummer, Langusten und anderer Krustentiere, der ungekocht schwarzgrün, gekocht korallenrot ist. Er gilt als besonderer Leckerbissen. Der orangefarbene Rogen bei Jakobsmuscheln wird ebenfalls Corail genannt.

**Coulis** Vom französischen *couler* »fließen«; ein flüssiges, süßes oder pikantes Püree, das vorwiegend aus einer Frucht oder einem Gemüse, etwa Himbeeren oder Tomaten, hergestellt wird. Es kann glatt sein oder Fruchtstückchen enthalten.

**Dämpfen** Garen im Wasserdampf auf einem Loch- oder Siebeinsatz, ohne daß die Speise mit der Flüssigkeit in Berührung kommt. Der Topf bleibt dabei geschlossen.

**Deglacieren** Das Ablöschen von eingekochter Garflüssigkeit mit Flüssigkeit (meist Brühe oder Wein). Die Flüssigkeit wird dann unter Rühren aufgekocht, damit sich der karamelisierte Satz vom Topfboden löst. Die dadurch entstehende kräftig schmeckende Flüssigkeit wird entweder für einen Bratensaft verwendet oder zu einer Sauce gegeben.

**Dressieren** In die ursprüngliche oder gewünschte Form bringen, bei bratfertigem Geflügel mit Hilfe eines Fadens.

**Dünsten** In wenig Flüssigkeit, Fett oder im eigenen Saft in geschlossenem Topf garen.

**Einbrenne** Mischung aus Mehl und Fett (in der Regel Butter), die als Grundlage und zum Andicken von Saucen dient.

**Emulgieren** Das Mischen von zwei Flüssigkeiten, die sich normalerweise nicht miteinander verbinden (zum Beispiel Wasser und Öl). Dabei werden Tröpfchen der einen Flüssigkeit in der anderen verteilt (bei Mayonnaise etwa die Eierfettkügelchen im Öl).

**Flambieren** Eine Speise mit hochprozentigem Alkohol, beispielsweise Cognac, übergießen und abbrennen. Dabei verfliegt der scharfe Alkoholgeschmack, und die Spirituose entfaltet ihr Aroma.

**Glasieren/Glacieren** Eine Speise mit einem Überzug (etwa eine Obsttorte mit warmer Aprikosenmarmelade) versehen, um ihr mehr Farbe und Glanz zu verleihen. Eine Speise, insbesondere Möhren, mit Butter und Zucker »überglänzen«.

**Gluten** (auch Kleber oder Klebereiweiß) Im Mehl enthaltenes Eiweiß, das in Verbindung mit Flüssigkeit eine klebrige Masse bildet und den Teig beim Kneten elastisch macht.

**Gratinieren** Ein Gericht im Backofen oder unter dem Grill überbacken, so daß es eine knusprige Kruste bekommt.

**Jus** Bratensaft, Fleischsaft, Fruchtsaft.

**Karamelisieren** Bräunen von Zucker oder Zuckersirup; wird auch durch Überbacken von Zuckerglasuren oder beim Einkochen von Bratensaft und anderen Garflüssigkeiten erzielt.

**Karkasse** Gerippe von kleinen Tieren, hauptsächlich von Geflügel.

**Klären** Eine Flüssigkeit, im allgemeinen eine Brühe oder Sauce, von Trübstoffen befreien. Brühen werden dazu mit Eiweiß (es bindet die Trübstoffe an sich) gekocht und anschließend abgeseiht. Butter wird geklärt, damit sie nicht verbrennt. Dazu wird sie geschmolzen, dann abgeschäumt und abgegossen, so daß die festen Bestandteile am Topfboden zurückbleiben.

**Marinieren** Das Einlegen roher Lebensmittel in einer würzigen, gekochten oder ungekochten Flüssigkeit (Marinade), um sie zarter zu machen und ihnen Geschmack zu verleihen. Durch das Marinieren läßt sich, beispielsweise bei zäherem oder sehr magerem Fleisch, außerdem verhindern, daß es beim Garen austrocknet. Das Bestäuben oder Bestreichen mit Gewürzen oder Würzmischungen wird ebenfalls als Marinieren bezeichnet.

**Mazerieren** Lebensmittel in Flüssigkeit, meist Fruchtsirup oder Alkohol, einlegen, um sie weich zu machen und ihnen Geschmack zu verleihen.

**Panade** Eine dicke Mischung, meist aus Brot, Mehl und Eiern, zum Binden bzw. Lockern von Füllungen.

**Pochieren** Eine Speise in Flüssigkeit unterhalb des Siedepunkts gar ziehen lassen; wird meist bei besonders zarten Lebensmitteln, zum Beispiel Fisch oder Eiern, angewandt.

**Reduzieren** Eine Flüssigkeit, etwa Brühe, bei starker Hitze einkochen lassen, um den Wassergehalt zu verringern und den Geschmack zu verstärken.

**Sautieren** Ein Garverfahren, das meist bei kleineren Lebensmitteln bzw. Stücken angewandt wird. Dabei werden sie bei starker Hitze unter laufendem Rühren angebraten, bis sie gleichmäßig gebräunt sind. Anschließend können sie noch in wenig Flüssigkeit im geschlossenen Topf fertiggeschmort werden.

**Schmoren** Das langsame Garen mit wenig Flüssigkeit (meist Wein oder Brühe) im geschlossenen Topf; wird in der Regel bei zäheren Fleischstücken angewandt, da dadurch das Bindegewebe zarter wird.

**Tapenade** Provenzalische Spezialität; dicke, würzige Paste aus Sardellen, Oliven, Knoblauch und Kapern; wird als Beilage serviert, zum Verfeinern von Gemüse und Eiern oder als Brotaufstrich u. ä. verwendet.

**Wasserbad** In der Regel ein flacher Topf, der ungefähr zur Hälfte mit heißem Wasser gefüllt ist und der kleinere Gefäße aufnehmen kann; dient zum schonenden Garen bei einer gleichmäßigen, niedrigen Temperatur; die Speisen, zum Beispiel eine Englische Creme, werden zum Garen meist in den Backofen gestellt.

# Register